NATUR Fotoschule

NATUR Fotoschule

Den Puls des Lebens im Sucher

Eric A. Soder

VERLAG PHOTOGRAPHIE

Bildredaktion: Eric A. Soder
Konzept, Gestaltung und DTP-Produktion: Peter Renn, CH-9053 Teufen
DTP-Belichtung: Heer Druck AG, CH-8583 Sulgen
Fotolithos: Cliché Litho Löpfe AG, CH-9434 Au
Druck: Druckerei Ernst Uhl GmbH & Co., D-7760 Radolfzell
Buchbinder: Eibert AG, CH-8733 Eschenbach

ISBN 3-7231-0023-6

Inhalt

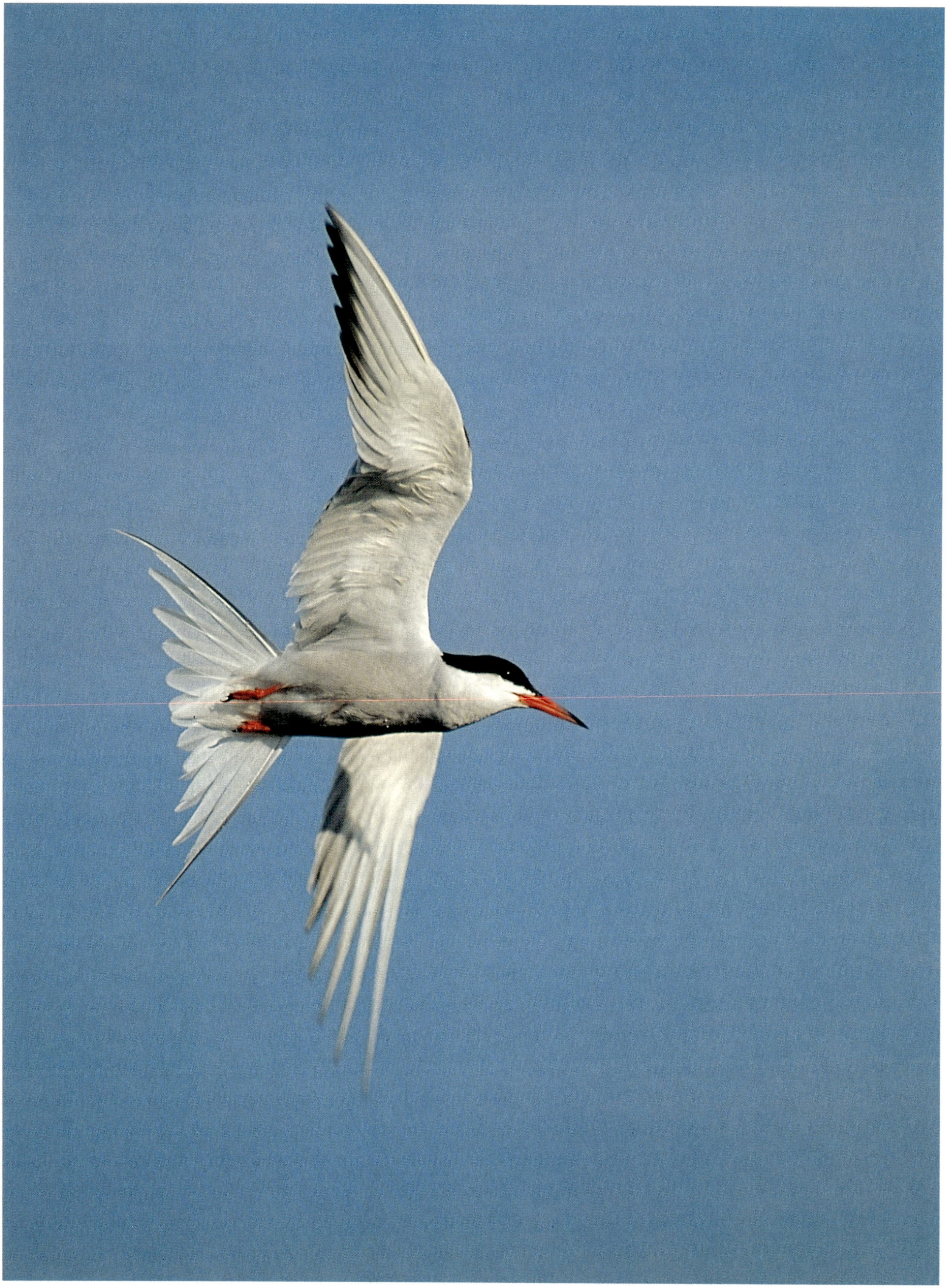

Vorwort

Liebe Leserin, lieber Leser

Sie brennen darauf, wilde Tiere aufzuspüren und sie in lebendigen Bildern festzuhalten? Oder urwüchsige Landstriche mit ihrer vielfältigen Flora zu porträtieren? Dann werden Sie in der Naturfotoschule bestimmt eine Menge nützlicher Informationen und Anregungen finden. Doch seien Sie gewarnt: Um solche Fotos zu schiessen, wie sie in diesem Buch enthalten sind, braucht es viel Geduld und Erfahrung. Diese beiden Dinge kann man nicht einfach im Laden kaufen wie ein Objektiv oder eine Kamera. Wer in der Naturfotografie etwas erreichen will, muss eine Menge Zeit investieren und auch manchen Misserfolg einstecken. Nur ganz selten lässt sich die Natur so bereitwillig von ihrer Schokoladenseite ablichten wie etwa ein Modell im Fotostudio. Gerade die vielen Unwägbarkeiten, die flüchtigen Augenblicke der Harmonie oder des Dramas machen jedoch oft den Reiz der Fotografie in der freien Natur aus. Egal, wie lange man sich schon damit beschäftigt, man kann immer wieder etwas Neues dazulernen.

Lassen Sie sich von der bunten Vielfalt der natürlichen Dinge inspirieren, die Sie fast ständig durchs Leben begleitet! Suchen Sie zuerst vor der eigenen Haustür nach Motiven, bevor Sie nach Afrika oder sonstwohin reisen. Zugegeben, der Reiz des Neuen ist oft ein besonderer Ansporn für grosse Taten. Oft aber folgt auf eine übereilte Fotosafari eine ziemliche Ernüchterung beim späteren Betrachten der Bildausbeute. Denn für die Qualität der Fotos ist es völlig unerheblich, wie weit man dafür gereist ist oder wie selten die fotografierten Motive sind. Weit mehr Bedeutung kommt der Art und Weise zu, wie eine gegebene Szene interpretiert und wie gekonnt die jeweilige «Vision» schliesslich auf den Film gebannt wird. Diese beiden Fertigkeiten übt man am besten erst einmal zu Hause. Wer nach einer gründlichen Vorbereitung wirklich alles im Griff hat, kann schliesslich immer noch auf Reisen gehen – und zwar mit erheblich besseren Erfolgsaussichten.

Achten Sie deshalb beim Betrachten der Abbildungen in diesem Buch nicht zu sehr darauf, welche (teils exotischen) Motive abgebildet sind, sondern vielmehr, wodurch deren Formen und Farben auf dem Foto ihre besondere Wirkung erlangen. Wird zum Beispiel ein Körper oder eine Struktur durch hartes Seitenlicht modelliert? Beruhen die fein nuancierten Farbtöne einer Aufnahme auf der gleichmässigen, diffusen Beleuchtung? Hat der Fotograf das Motiv durch einen engen Bildausschnitt und einen unscharfen Hintergrund zur dramatischen Quintessenz verdichtet? Oder wurde das Umfeld bewusst in die Gestaltung miteinbezogen, um den Charakter des Lebensraumes zu verdeutlichen? In solchen Details liegt der Schlüssel zu Ihrem Erfolg! Bewusstes Vorgehen braucht es allerdings nicht nur in Sachen Bildgestaltung. Schon der blosse Umgang mit der Natur verlangt Respekt und eine gewisse Sachkenntnis. Denn der Schutz unserer Umwelt ist schliesslich ein vorrangiges Anliegen. Fotografen und Filmer können mit eindrücklichen Bildern massgeblich zur Verbreitung dieses Gedankens beitragen. Doch ebenso können sie durch eigennütziges, zuweilen geradezu schonungsloses Verhalten beträchtlichen Schaden an der Natur anrichten. Ungeübte Fotografen sind für die Umwelt ein relativ grosser Störfaktor, weil sie in wachsender Zahl auch in bisher von der Zivilisation weitgehend verschonte Refugien vordringen und sich dort mitunter wie der sprichwörtliche Elefant im Glashaus benehmen. Die meisten nachteiligen Auswirkungen auf Lebensräume und ihre Bewohner lassen sich jedoch durch eine umsichtige Planung und rücksichtsvolles Arbeiten vermeiden. Deshalb enthält dieses Buch nicht nur eine Anleitung zum besseren Fotografieren, sondern immer wieder auch Hinweise zum schonenden und respektvollen Umgang mit der Natur.

Mönchaltorf, im Sommer 1992
Eric A. Soder

Dieses Foto kann man als einen Glückstreffer betrachten. In Wirklichkeit aber ist es das Resultat fleissiger Arbeit; denn ich habe an jenem Nachmittag an einer offenbar sehr fischreichen Stelle sicher über 100 Aufnahmen von fliegenden Flusseeschwalben belichtet.
Foto: Eric A. Soder

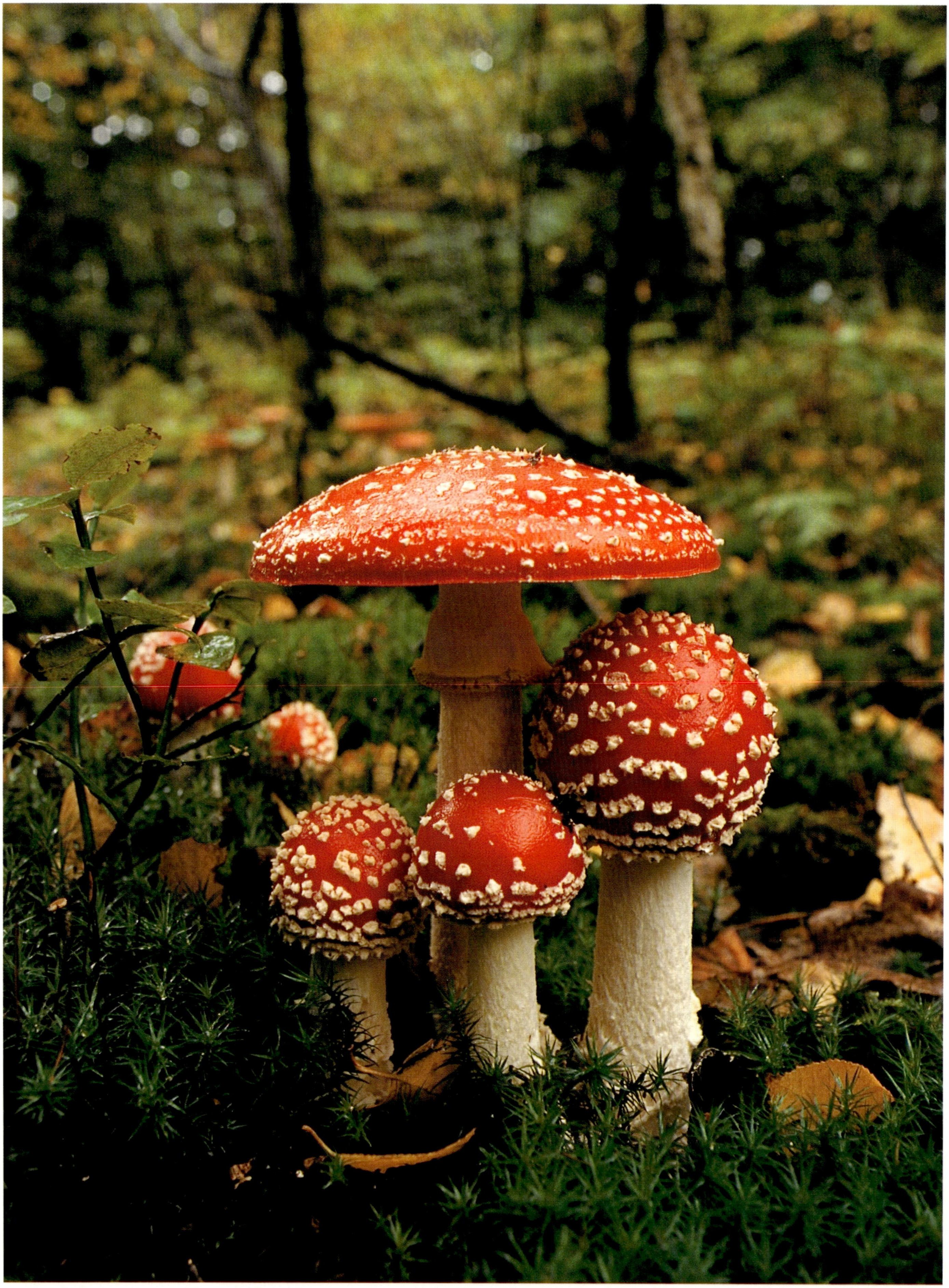

Motive

Zweifellos zählt die Naturfotografie zu den fotografischen Bereichen mit der grössten Vielfalt an Motiven. Die Auswahl reicht von mikroskopisch kleinen Einzellern bis hin zu kilometerhohen Bergen. Allein die Tierwelt umfasst weit über eine Million verschiedener Arten, von denen jede einzelne genügend Stoff für mehrere Bücher hergäbe. Um all diese verschiedenen Motive mit der Kamera zu erschliessen, ist mitunter ein gewaltiges Instrumentarium von Aufnahmegeräten vonnöten. Auf der anderen Seite kann man sich auch ohne weiteres auf eine sehr einfache Ausrüstung beschränken, weil dafür immer noch mehr als genug Sujets übrigbleiben.

Fliegenpilze sind ein gutes Beispiel für die kleinen Schönheiten der Natur, die man bei einem Spaziergang mit offenen Augen finden kann.
Die interessante Bildwirkung beruht auf dem gekonnt in die Darstellung miteinbezogenen Hintergrund.
Foto: Felix Labhardt

Je nach Ihren persönlichen Vorlieben in Bezug auf Motive und Aufnahmetechniken steht es Ihnen frei, sich auf das eine oder andere Teilgebiet zu spezialisieren. Zum Beispiel auf Vögel, Orchideen, Bergpanoramas oder auf die Tierwelt einer bestimmten Region. Eine solche Spezialisierung ist in aller Regel sehr zu empfehlen, zumal sie einen ja keineswegs von gelegentlichen Ausflügen in andere Themenbereiche abzuhalten braucht. Je eingehender man sich nämlich mit einem bestimmten Motiv befasst, um so grösser werden die Aussichten auf aussergewöhnliche Bilder. Trotzdem werde ich in diesem Buch versuchen, möglichst viele verschiedene Aspekte der Naturfotografie zu beleuchten, damit Sie Ihre Wahl am Schluss selbst treffen können.

Aus dem breiten Spektrum der Motive greife ich in der folgenden Übersicht die wichtigsten Interessengebiete heraus. Die Grenzen sind freilich nicht immer so eindeutig zu ziehen, weil jedes Foto – beziehungsweise sein Inhalt – sehr unterschiedlich interpretiert werden kann. In der

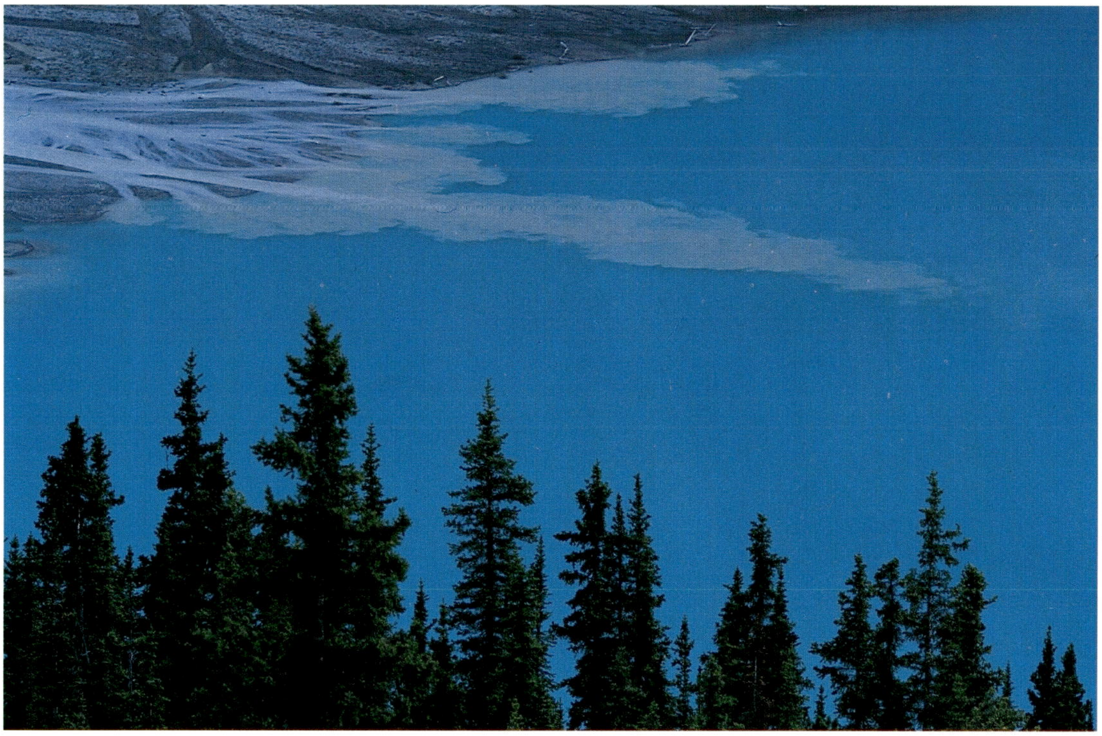

Hätten Sie dieses Motiv gesehen? Das Blau hinter den Baumwipfeln sieht auf den ersten Blick wie Himmel aus; erst das «merkwürdige» Gebilde weiter hinten verrät, dass es sich jedoch um einen See handelt.
Ein sehr geschickt ausgesuchter Ausschnitt.
Foto: Art Wolfe

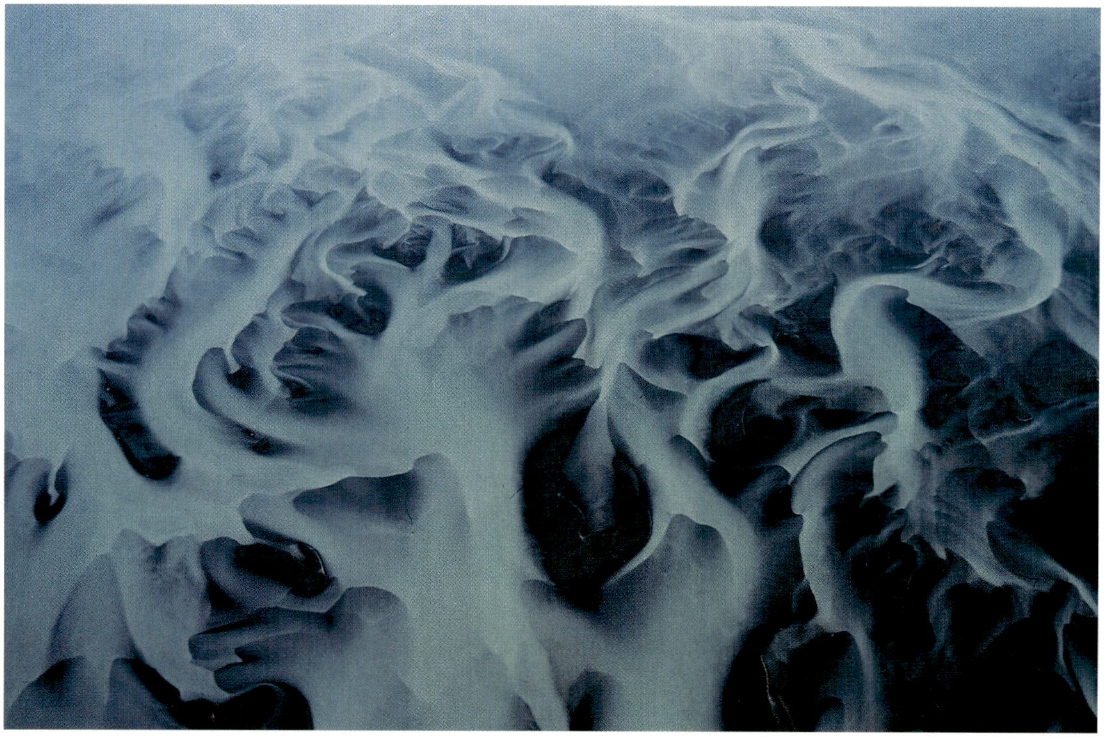

Rechts ein weiteres bizarres Bild: Es zeigt das Fliessmuster eines Gletscherbachs in Island, und zwar wurde es aus der Luft aufgenommen. Die Vogelperspektive bewirkt hier einen gewissen Verfremdungseffekt.
Foto: Max Schmid

Auch das untere Foto besticht durch eine ungewöhnliche Ansicht. Der kleine Wasserfall in der Nähe des Wohnorts des Fotografen sieht aus der Nähe betrachtet nicht minder spektakulär aus als gigantische Katarakte in fernen Ländern.
Foto: Max Schmid

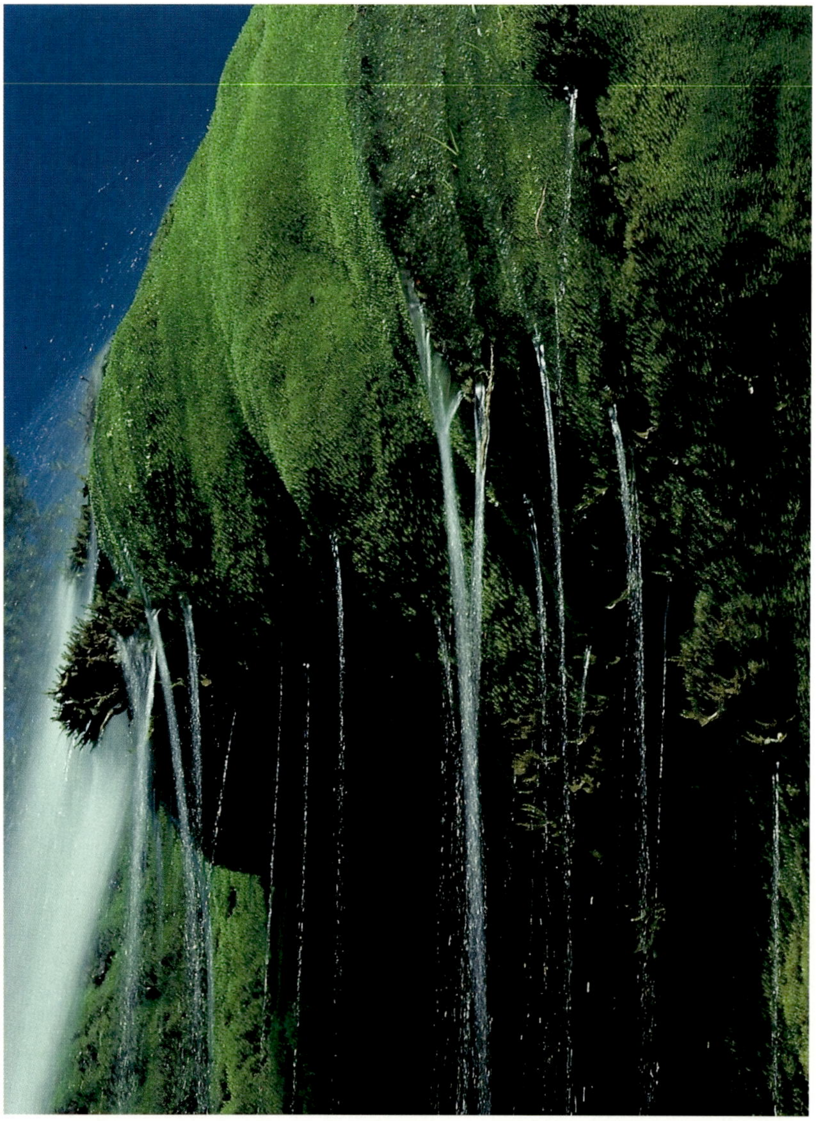

Praxis wird manchmal auch nach fototechnischen statt nach motivlichen Gruppen unterschieden. So gibt es innerhalb der Naturfotografie zum Beispiel Fachleute für Makro-, Lupen- und/oder Mikro-Aufnahmen sowie für Unterwasser-, Luft- oder Panorama-Fotografie.

Landschaften

Unter den Landschaftsfotografen dürften jene weit in der Mehrzahl sein, die sich ihre Motive nach rein ästhetischen Kriterien aussuchen. Auf sie üben grafische Strukturen, bizarre Formen und dramatische Farben die grösste Anziehungskraft aus. Urwüchsige Landschaften sind und bleiben ein beliebtes Thema für Meisterwerke der Lichtbildnerei, da sie völlig zeitlos und somit von bleibendem Wert sind.

Besonders auf Reisen erwächst immer wieder der Wunsch, schöne Landstriche im Bild festzuhalten, um sie mit nach Hause nehmen zu können. Daher ist heute in der Standardausrüstung fast jedes Reisenden ein Fotoapparat zu finden. Während sich «Allerweltstouristen» sinnvollerweise mit einer leichten Kompaktkamera begnügen, schleppen qualitätsorientierte Landschaftsfotografen gelegentlich imposante Grossformatkameras mit sich herum. Die Mehrzahl der «gewöhnlichen» Landschafts- und Reisefotografen benutzt jedoch Kleinbild- und/oder Mittelformat-Systeme.

Die Suche nach dem Eldorado

Natur heisst für die meisten Menschen etwa soviel wie «unberührte Wildnis» – ein Ort ohne die geringsten Spuren der Zivilisation, wo die Zeit sozusagen still steht. Bedauerlicherweise sind solche Urlandschaften in unseren Breiten ziemlich rar und in ihren Dimensionen vergleichsweise bescheiden. Aber auch in den entlegensten Winkeln dieser Erde ist man nie ganz vor der Zivilisation sicher. Selbst die Antarktis, der letzte noch als Ganzes in seiner ursprünglichen Form existierende Kontinent, ist unmittelbar vom massiven Ansturm der menschlichen Habgier bedroht.

Ein typischer Mitteleuropäer, der in einer Stadt lebt und im Takt der mehr oder weniger regelmässigen Arbeitszeiten von zuhause in ein Büro oder in eine Fabrik und wieder zurück pendelt, betrachtet «die Natur» gern als eine Stätte der Ruhe und Erholung. Die ideale Natur ist für ihn dort, wo es keine Hektik gibt, keinen Stossverkehr, kein Telefon und keinen Wecker, keinen Chef und keine neugierigen Nachbarn. Um die psychologische Distanz vom Alltag zu unterstreichen, siedeln wir die «echte» Natur immer irgendwo in der Ferne an: in einem entlegenen Winkel im Gebirge, an einem einsamen See oder auf einer fernen Insel mit dem obligaten Palmenstrand. Solche paradiesischen Orte üben auf erholungssuchende Touristen eine geradezu unwiderstehliche Anziehungskraft aus und sind daher einem raschen Verschleiss ausgesetzt. Denn ohne Infrastruktur fehlt dem Paradies doch noch eine Kleinigkeit und mit Infrastruktur hat es dann bereits zuviel...

Unter Naturfotografen ist erwartungsgemäss eine ähnliche Tendenz zu beobachten, wenn sie auf der Suche nach Motiven durch die Lande ziehen. Dabei müsste es für einen europäischen Fotoamateur doch ziemlich frustrierend sein, wenn er nur ein paarmal im Leben – unter beträchtlichem finanziellem Aufwand – im famosen Grand Canyon fotografieren kann, wo doch vor ihm schon unzählige Meister praktisch alle Motive längst «abgesahnt» haben.

Neue Perspektiven

Wer heute natürliche Landschaften fotografieren möchte, ist wohl am besten beraten, wenn er sich damit begnügt, «grüne Inseln» in der Zivili-

Eine banale Szene aus dem Nationalpark Bayerischer Wald? Ich finde nein: Das Foto ist vorbildlich gestaltet ruhig – und übersichtlich – und zeigt gleichzeitig alle wesentlichen Aspekte des betreffenden Lebensraumes.
Foto: Felix Labhardt

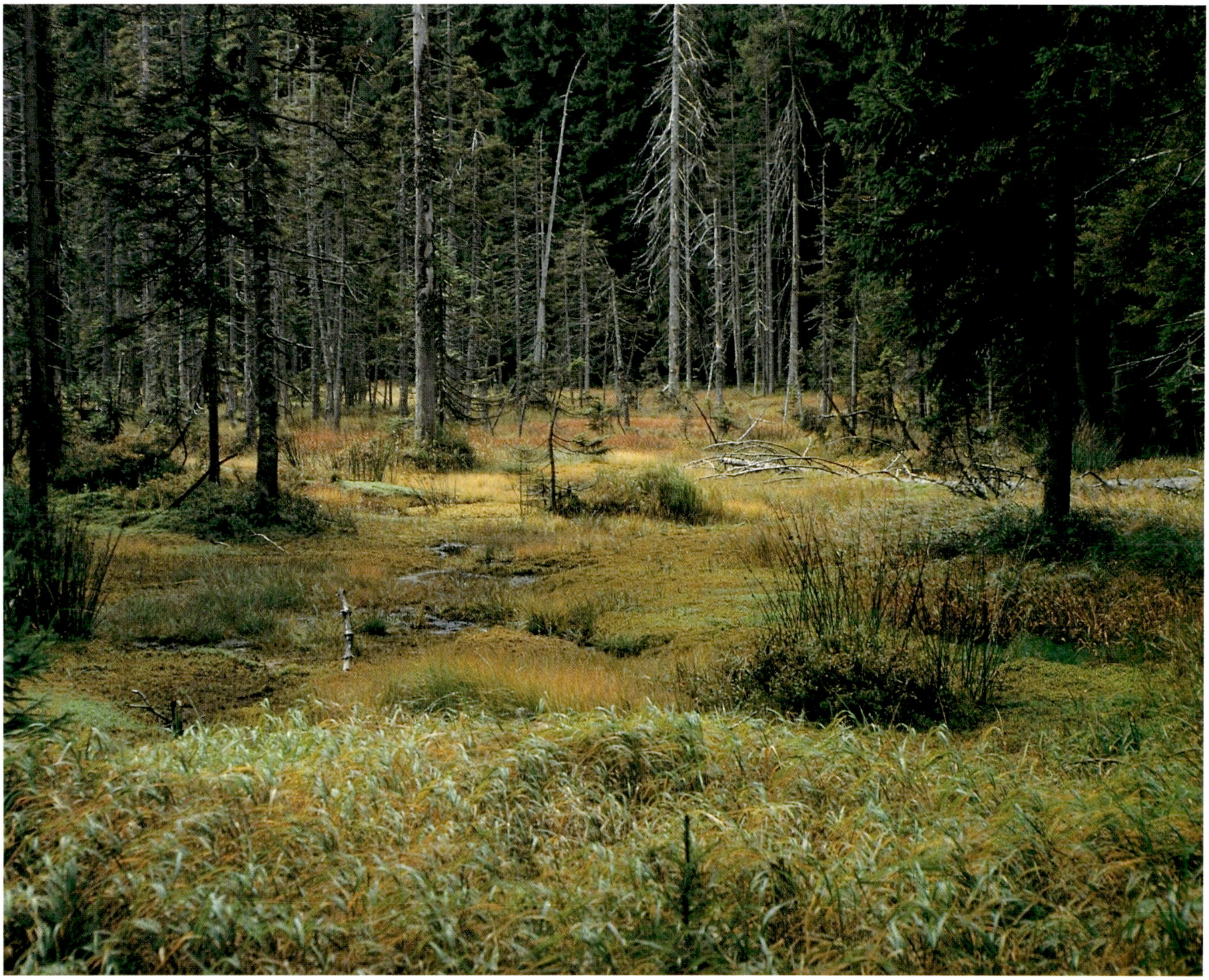

sationslandschaft zu suchen statt grossflächige Naturparadiese. Die Qualität eines Landschaftsfotos bemisst sich ja glücklicherweise nicht nach der Anzahl abgebildeter Quadratkilometer. Häufig genügt schon ein kleines Waldstück, ein Flecken Magerwiese, eine Felsklippe oder ein Wasserfall, um ein paar lohnende Motive zu finden. Man braucht nur ein wenig Fantasie zum Experimentieren mit verschiedenen Blickwinkeln, und schon eröffnen sich ungeahnte Möglichkeiten.

Man kann auch die Not zur Tugend machen und die weiter oben angesprochene Problematik der Zivilisationseinflüsse mit seinen Fotos aufzuzeigen versuchen. In diesem Fall ist es ratsam, sich über die erdgeschichtliche Entwicklung und die späteren menschlichen Einflüsse auf die Landschaft eingehend zu informieren. Denn das jetzige Erscheinungsbild trügt nicht selten über Jahrhunderte oder gar Jahrtausende weit zurückreichende Vorgänge hinweg. Man braucht sich nur ins Bewusstsein zu rufen, in welchen Zeiträumen sich zum Beispiel ein Baum entwickelt: Je nach Art sind es wenige hundert bis weit über tausend Jahre. Und doch ist eine Baumgeneration nur ein vergleichsweise flüchtiger Moment im Werdegang einer Landschaft.

Es ist uns Menschen leider nicht vergönnt, das Kommen und Gehen von Eiszeiten, die Entstehung und das Aberodieren von Gebirgen oder die Verschiebungen der Kontinente mit unseren Sinnen unmittelbar wahrzunehmen. Trotzdem wissen wir um diese Vorgänge, weil sie deutliche Spuren hinterlassen, die das Gesicht einer Landschaft prägen. Es klingt vielleicht etwas befremdlich, aber im Grunde ist ein Foto von den steilen Felsflanken eines Berges doch ebenso ein «Actionfoto» wie die Aufnahme eines Wellenbrechers im Kulminationspunkt. Der Unterschied liegt lediglich darin, dass sich die Erdkruste halt in geologischen Zeiträumen bewegt, während das emporspritzende Wasser eine um etliche Zehnerpotenzen höhere Geschwindigkeit erreicht. Wenn dieser Vergleich Sie nicht so ganz überzeugen sollte, habe ich dafür vollstes Verständnis; ich persönlich bin nämlich auch kein besonders fanatischer Erdkrusten-Beobachter...

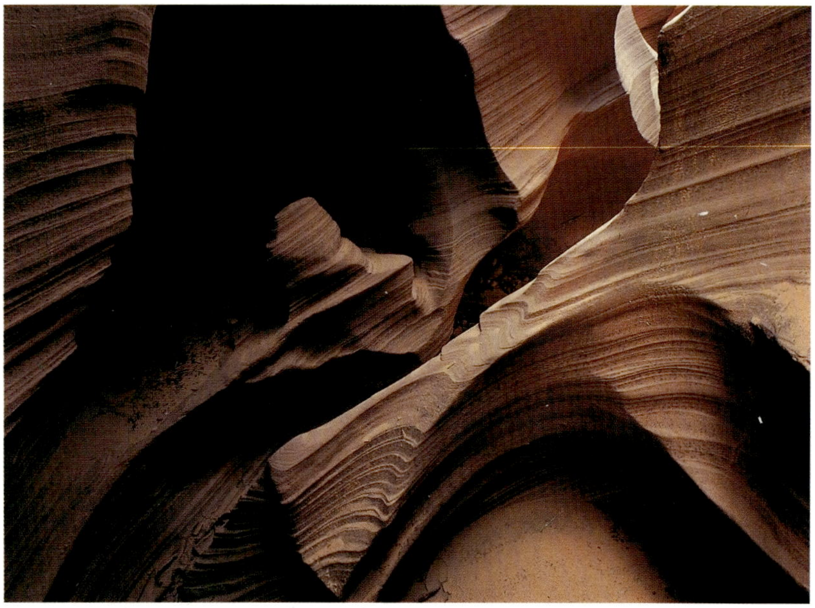

Felsen wie diese Sandsteinwände im Antelope Canyon faszinieren immer wieder durch ihre vielfältigen Formen und Farbschattierungen. Die enge Schlucht wurde von einem Bach über einen langen Zeitraum hinweg aus dem Gestein herausgespült.
Foto: Jeff Foott

Pflanzen

Die Flora birgt eine gewaltige Fülle an Formen, Farben und Strukturen, die dankbare Motive zum Fotografieren abgeben. Die Auswahl an verschiedenen Pflanzen – insgesamt sind es einige hunderttausend Arten – reicht von einzelligen Algen, die nur wenige Tausendstelmillimeter messen, bis zum über 100m hohen Mammutbaum. Obschon die meisten Arten in den tropischen Regenwäldern beheimatet sind, gedeiht auch bei uns noch eine stattliche Anzahl Spezies. Von den rund 10'000 Pflanzenarten, die beispielsweise in Deutschland vorkommen, zählen immerhin deren 3000 zu den Blütenpflanzen. Den Rest stellen die Pilze, Farne, Moose, Flechten und Algen. Viele dieser Pflanzen eignen sich nicht bloss als «Beigemüse» für Landschaftsfotos, sondern durchaus auch als Hauptmotiv. Dabei ist die Bildgestaltung indes gar nicht immer so einfach, wie es auf den ersten Blick scheinen mag. Wenn etwa in einer Wiese mancherlei Gräser und Blumen üppig ins Kraut schiessen, wird die Ausschnittwahl bald einmal zu einem kniffligen Pro-

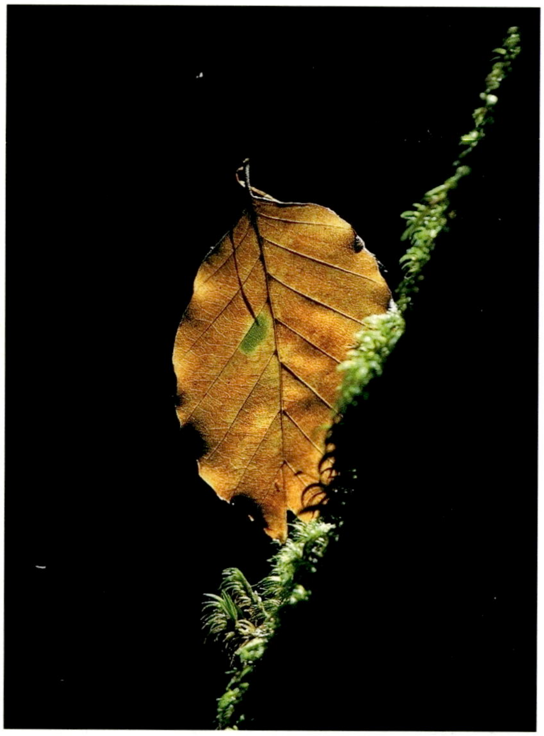

Ein einfaches Buchenblatt, das im Gegenlicht aufleuchtet, wird durch die geübten Augen eines kreativen Fotografen zum Kunstwerk. In stiller Ehrfurcht vor den kleinen Wundern der Schöpfung.
Foto: Fritz Pölking

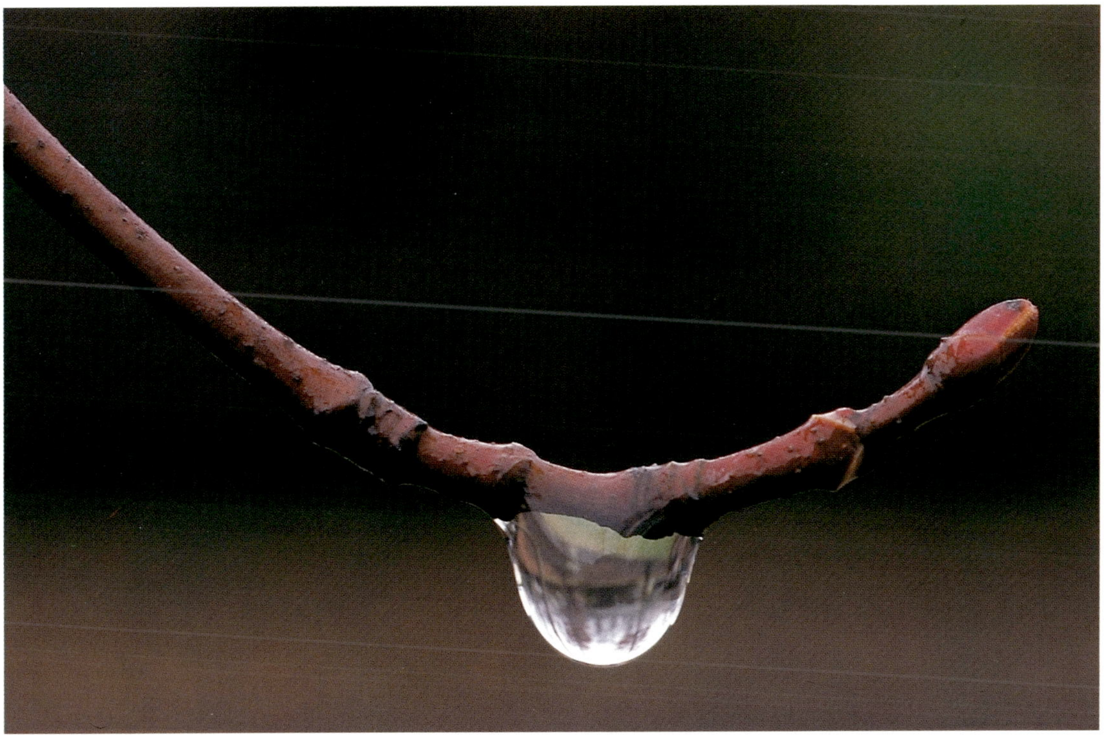

Hier demonstriert ein Meister der Nahaufnahme, wie man aus wenig mehr als einem simplen Regentropfen ein grandioses Foto herausholen kann. Präzises Arbeiten ist fürs Erreichen dieser hohen Bildqualität Voraussetzung.
Foto: John Shaw

blem. Simples Draufhalten von oben bringt praktisch nie den gewünschten Erfolg. Stattdessen wird der Könner versuchen, ein fotogenes Detail aus dem Gewirr von Stengeln, Blättern und Blüten zu isolieren. Selbstverständlich meine ich damit weder das Niedertrampeln oder Ausreissen unerwünschter Bildelemente noch das Abschneiden des Hauptmotivs. In der Naturfotografie dürfen «Freistellen» und verwandte Begriffe nicht wörtlich verstanden und handgreiflich ausgeführt werden. Es ist vielmehr von rein aufnahmetechnischen Verfahren die Rede: Die fotografische «Trennung» von Motiv und Hintergrund erfolgt bekanntlich durch die Wahl einer grossen Blende, den Einsatz einer geeigneten Brennweite oder durch Verlegen des Kamerastandpunktes. Sie können es sich auch leichter machen, indem Sie sich auf freistehende Gewächse konzentrieren. Oder auf solche, die den umliegenden Pflanzenteppich überragen.

Auf der technischen Seite kann die Pflanzenfotografie gelegentlich ziemlich anspruchsvoll werden. Die geringe Grösse einiger Pflanzen beziehungsweise jener Teile davon, die man gern abbilden möchte, erfordern bald einmal Makrozubehör. Um ernsthaft wildwachsende Pflanzen zu fotografieren, ist daher eine Spiegelreflexausrüstung schon fast Bedingung. Ein Stativ gehört unbedingt zur Standardausrüstung. Wenn einem schon der Wind immer wieder ins Handwerk pfuscht, dann darf sich die Kamera nicht auch noch bewegen und die Fotos unnötig verwackeln. Wohl wäre es in dieser Situation denkbar, das Verwacklungsproblem mittels Blitzlicht auszuschalten. Bei Pflanzenaufnahmen besteht dafür jedoch keine Veranlassung; eine natürliche Ausleuchtung ist in den meisten Fällen vorzuziehen. Auf diesen Punkt kommen wir an anderer Stelle noch ausführlich zu sprechen.

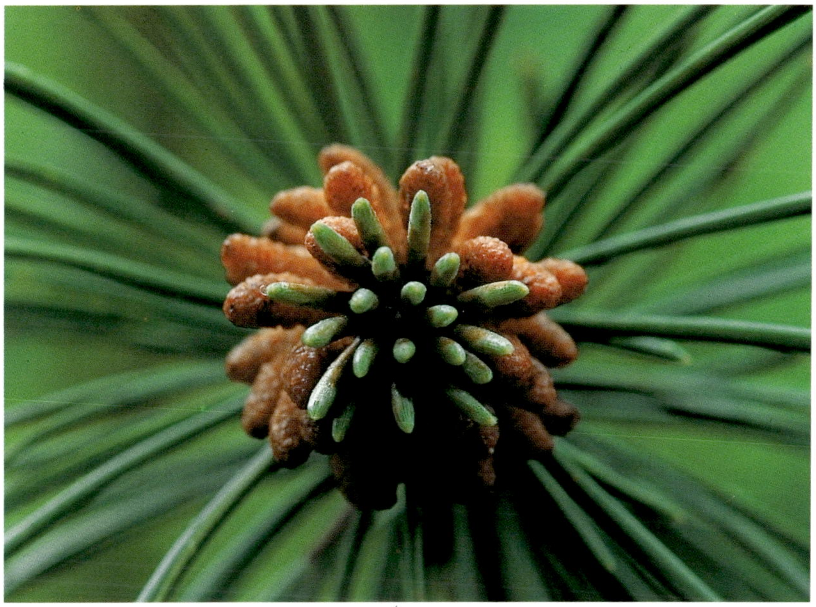

Auch dieses Makrofoto eines Kieferntriebes zeugt von bewusster Überlegung bei der Bildgestaltung. Die knappe Schärfentiefe wurde optimal eingesetzt, um die bildwichtigen Teile hervorzuheben.
Foto: Fritz Pölking

Experimentieren statt katalogisieren

Das Thema Pflanzen umfasst weit mehr als nur farbige Blütenfotos oder streng wissenschaftliche Bestimmungsaufnahmen. Leider aber betreiben manche Fotografen ihr Hobby oder ihren Beruf wie Briefmarkensammeln: Es gibt massenhaft Motive, und je mehr man sich davon in möglichst kurzer Zeit unter den Nagel reissen kann, um so besser. Fotografie hat aber mehr

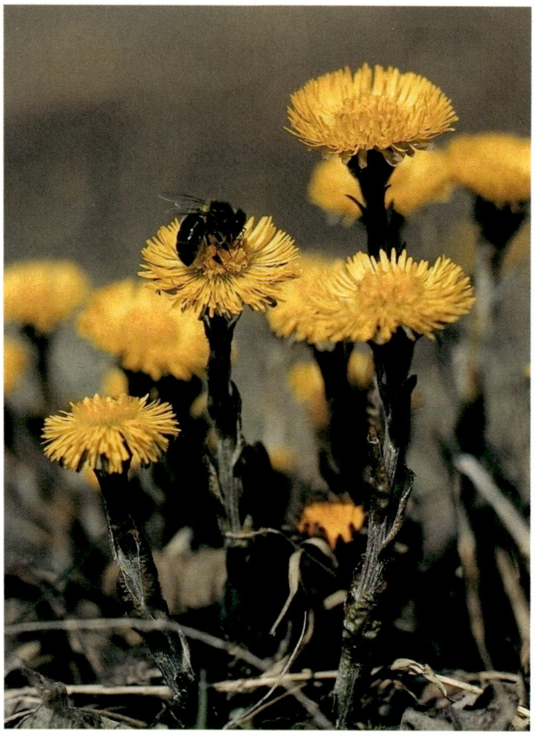

Wie die Biene an den Blüten zeigt, steht der Huflattich nicht einfach nutzlos in der Gegend herum. Jedes Ding erfüllt in der Natur verschiedene Aufgaben, die sich auch mit der Kamera darstellen lassen.
Foto: Eric A. Soder / Sutter

zu bieten als die blosse Befriedigung einer Sammelleidenschaft. Fotomotive besitzen schliesslich keine eingebaute Randbegrenzung und können auf jeder neuen Aufnahme wieder anders aussehen. Es lohnt sich unbedingt, die vorhandenen Darstellungs-Möglichkeiten durch eine längere und konzentriertere Beschäftigung mit ein und demselben Motiv besser auszuschöpfen. Bei der Bildauswahl zu diesem Buch habe ich denn auch den qualitativen Aspekt und die kreative Seite der Fotografie deutlich in den Vordergrund gerückt.

Hoffentlich lassen auch Sie sich dadurch für ausdrucksstarke Naturfotos begeistern.

Je offener man alles Natürliche auf sich und seine Sinne einwirken lässt, ohne es gleich benennen oder erklären zu wollen, um so interessantere Aspekte wird man dabei entdecken. Solch kindliches Staunen in allen Ehren, möchte ich zugleich aber auch für eine sachliche Auseinandersetzung mit dem Thema Pflanzen wie auch mit der Natur im allgemeinen plädieren. Denn allzu viel Naivität ist selten eine gute Basis für ernstzunehmendes fotografisches Schaffen.

Überall im Pflanzenreich finden sich verschiedenste Formen der Anpassung an die natürliche Umgebung, manchmal auch Symbiosen mit anderen Pflanzen oder Tieren. Jede Pflanze hat ihre besondere Funktion: Sie dient als lebender Transformator für die Sonnenenergie, als Nahrung für diverse Tiere oder auch als Stabilisator des Bodens, auf dem sie wächst. Es kann nie schaden, über diese Dinge Genaueres zu wissen; was man in neuem Licht sieht, fördert die Kreativität und lässt sich darum besser fotografieren.

Tiere

Obschon Landschaften und Pflanzen uns gelegentlich einen atemberaubend schönen Anblick bescheren, üben Tiere fast immer eine noch stärkere Faszination auf uns Menschen aus. Dies liegt ohne Zweifel an ihrer Lebendigkeit; sie *tun* etwas, bewegen sich, zeigen ein Verhalten. Je höher ein Tier entwickelt ist, um so mehr entfaltet es eine eigene Persönlichkeit und um so attraktiver wird es für uns. In dieser Hinsicht stehen uns

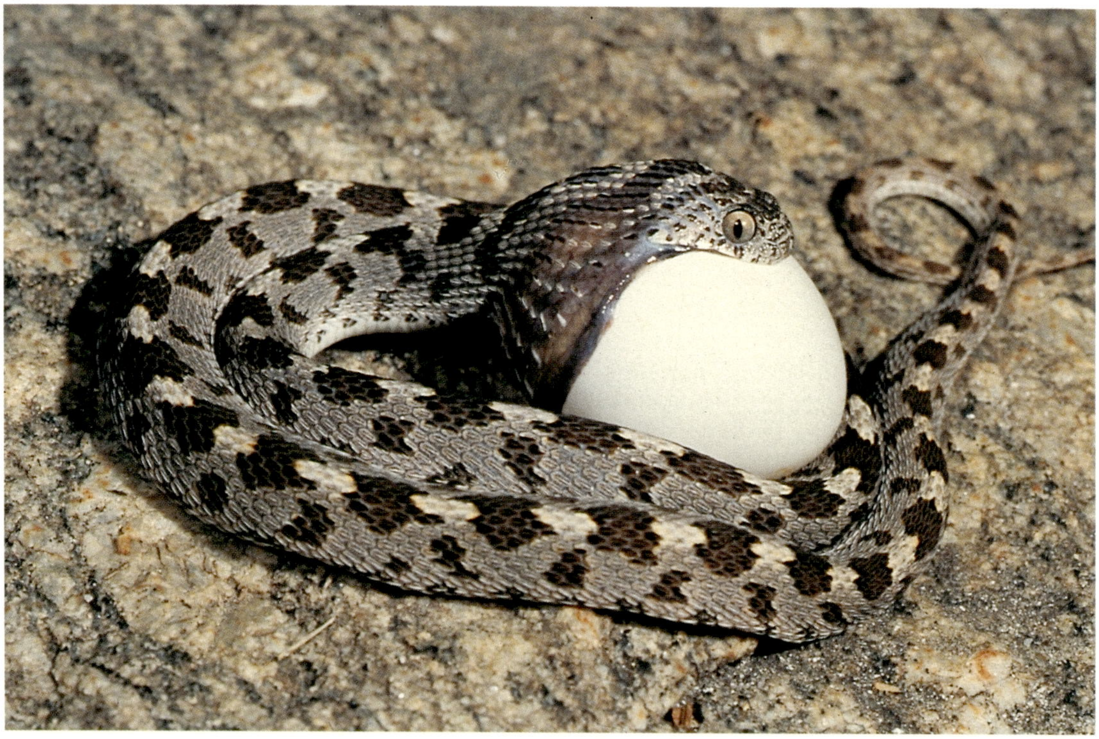

Tiere zeigen eine Vielzahl hochinteressanter Verhaltensweisen und besitzen zum Teil auch erstaunliche Fähigkeiten. Wie etwa diese Eierschlange, deren lose verbundene Kiefer ihr das Verschlingen der unzerkleinerten Beute ermöglichen.
Foto: John Visser / Bruce Coleman

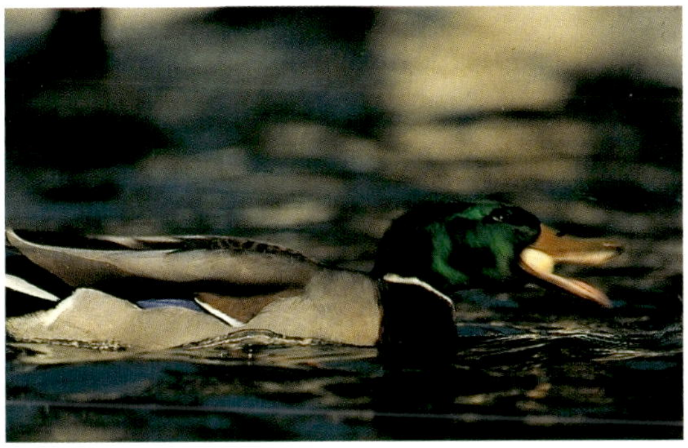

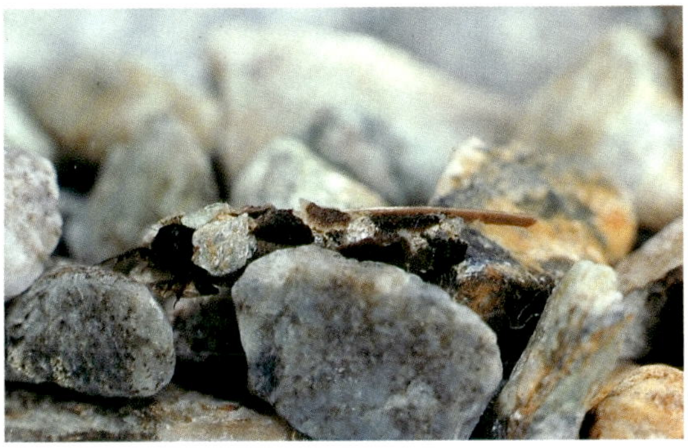

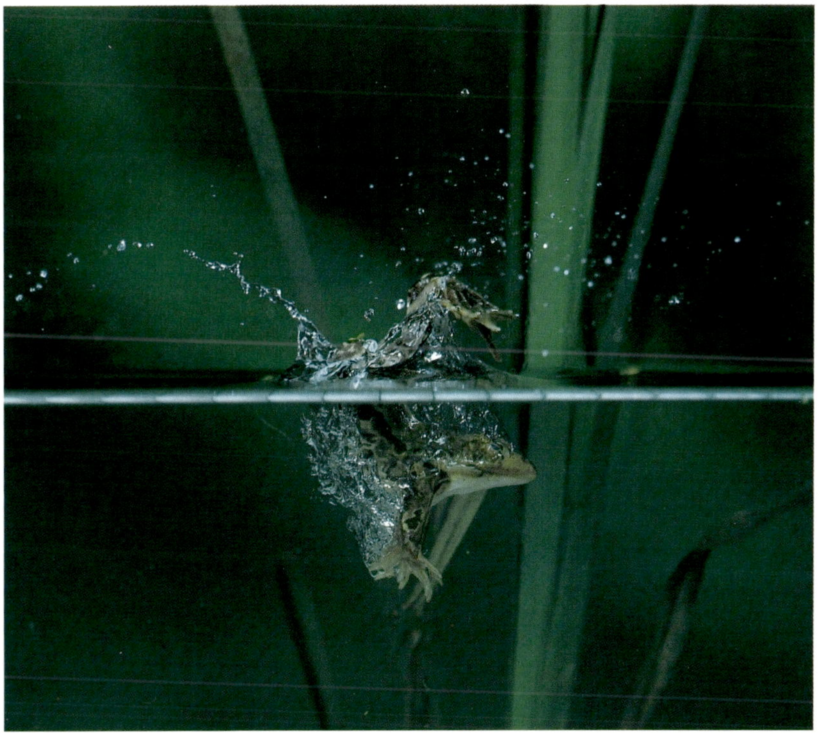

die Säugetiere am nächsten; ihre Verhaltensmuster sind uns folglich am besten vertraut. Obschon sie fast allgegenwärtig sind, bekommen wir die einheimischen Säuger viel seltener zu Gesicht als etwa Vögel, Insekten oder Reptilien. Dafür ist unter anderem die nächtliche Lebensweise mancher Säugetiere verantwortlich. Ihre Heimlichkeit erschwert zwar das Fotografieren, macht es jedoch gleichzeitig auch viel interessanter. Das stundenlange Ansitzen auf ein scheues Tier nimmt man viel eher in Kauf als ebenso langes Warten auf die optimale Beleuchtung einer zerklüfteten Felswand.

Von Drachen und heiligen Kühen

Schon uralte Höhlenmalereien und antike Tierskulpturen belegen die intensive Beziehung des Menschen zu den Tieren. Seit jeher wecken sie den in uns schlummernden Jagdinstinkt, beeindrucken uns mit ihren Fähigkeiten und Eigenarten oder provozieren eine unerklärliche reflexartige Abscheu. In einigen Religionen werden bestimmte Tiere als heilige Wesen verehrt, und auch im Aberglauben spielen Tiere eine wichtige Rolle. Oft werden ihnen bestimmte charakterliche Eigenschaften nachgesagt: Die Taube sei friedfertig, der Fuchs schlau, der Wolf böse, der Hase feige, die Schlange hinterhältig und so fort. Solche Pauschalurteile gehören natürlich ins Reich der Fabeln; dennoch halten sich einige Vorurteile gegenüber bestimmten Tieren mit grösster Hartnäckigkeit. Verheerende Folgen hat unsere Willkür für all jene Kreaturen, welche wir in die Kategorie der Schädlinge einteilen. Ihnen wird mit Gift, Falle und Flinte erbarmungslos nachgestellt – mit dem erklärten Ziel, sie restlos auszurotten. Bei solchen Säuberungsaktionen bleibt die vielgerühmte menschliche Vernunft meist auf der Strecke. So sehr ist der Mensch von der Notwendigkeit seines Eingreifens überzeugt, dass er bei seinen Vernichtungsfeldzügen häufig nicht einmal die «Nützlinge» verschont.

Auf der anderen Seite nehmen auch die Massnahmen übertrieben fürsorglich eingestellter Zeitgenossen bedenkliche Formen an. Da werden beispielsweise im Winter die «armen», «hungrigen» Vögel derart mit Brot oder anderer ungeeigneter Nahrung gemästet, bis ihnen fast der Kropf platzt. Und durch das Füttern mit viel zu grossen Brocken werden zum Beispiel die normalerweise geselligen Enten zu streitsüchtigen Raufbolden. In den allermeisten Fällen ist es kontraproduktiv, Wildtiere zu füttern, weil sie dadurch aus ihrem angeborenen Rhythmus und in eine Abhängigkeit vom angebotenen Futter gedrängt werden. Wenn der Natur wirklich geholfen werden soll, dann ist es viel sinnvoller, grossflächig Lebensräume zu erhalten, statt punktuell Symptome zu bekämpfen und willkürlich in die Evolution einzugreifen.

Sie fragen sich, was dies alles mit Fotografie zu tun hat? Nun, zum einen eignet sich das Thema Mensch und Tier bestens für kritische Fotos, und zum anderen werden Tierfotografen bei der Arbeit zwangsläufig mit solchen Fragen konfrontiert.

Fotografen als Wölfe im Schafspelz?

Beim Fotografieren besteht konstant die Gefahr, dass wir den Tieren schaden. Nämlich indem wir

Auf dem oberen kleinen Bild ist zu erkennen, wie ein Stockerpel hastig einen Brotbrocken herunterzuwürgen versucht. Diese Nahrung ist jedoch alles andere als artgerecht.
Foto: Eric A. Soder

Die Köcherfliegenlarve auf der unteren kleinen Abbildung habe ich in einer kleinen, mit Steinchen und Wasser gefüllten Glasküvette aufgenommen. Das Tierchen stammt aus einem Bergbach mit sauberem Wasser. Es gilt als Indikatorart für die Wasserqualität.
Foto: Eric A. Soder / Sutter

Der springende Frosch wurde ebenfalls im Studio fotografiert. Draussen liesse sich ein solches Bild wegen des grossen apparativen Aufwands kaum verwirklichen. Wilde Tiere dürfen deshalb aber nicht einfach nach Belieben gefangen und nach Hause verfrachtet werden. Unkundige sollen die Finger davon lassen.
Foto: Fritz Rauschenbach

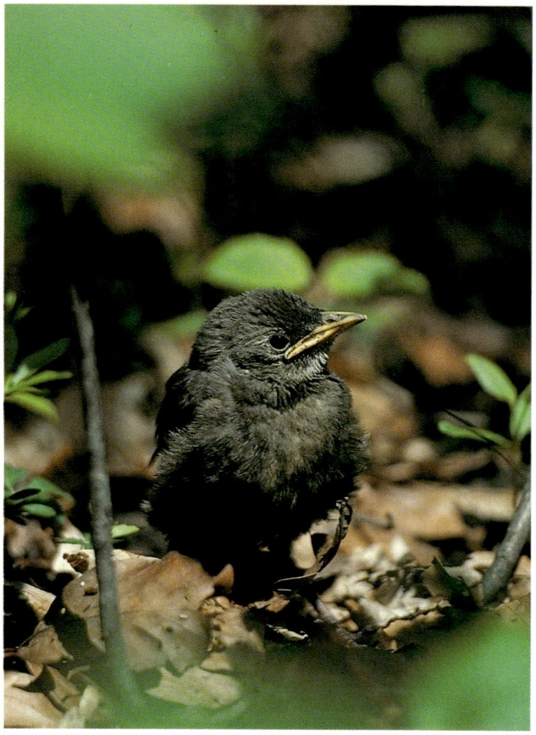

Am Boden wirkt dieser aus dem Nest gefallene junge Star ziemlich hilflos. Trotzdem sind seine Überlebenschancen am grössten, wenn er dort in Ruhe gelassen wird. Die Eltern füttern den kleinen Kerl dann weiter, bis er richtig fliegen kann.
Foto: Eric A. Soder / Sutter

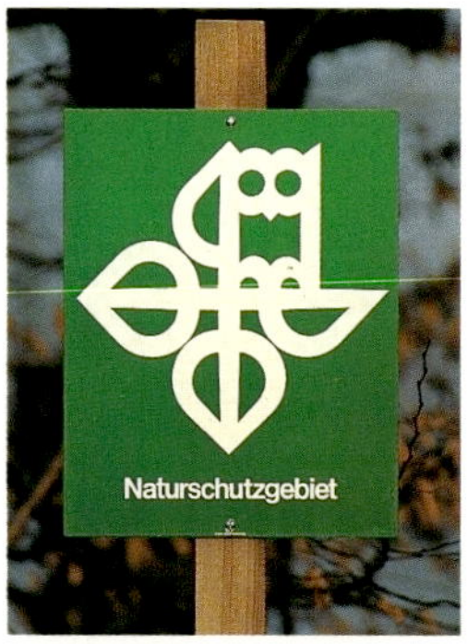

Ausgewiesene Naturschutzgebiete müssen auch von Naturfotografen respektiert werden. Wenn das Verlassen der markierten Wege stellenweise untersagt ist, so hat das seine guten Gründe. Die Natur geniesst in solchen Fällen gegenüber einem Foto den Vortritt.
Foto: Eric A. Soder

sie in ihrem Verhalten stören, Feinde auf sie aufmerksam machen, sie aus ihrem Territorium vertreiben oder ihren Nachwuchs dem Tod ausliefern. Der Schutz der Tierwelt vor solchen Übergriffen ist in vielen Ländern gesetzlich verankert. Die entsprechenden Verordnungen sind allerdings meist auf bestimmte Gebiete und Tiergruppen beschränkt, weil in der Regel verschiedene Stellen für allgemeinen Naturschutz, markierte Schutzgebiete, Nationalparks, Jagd, Fischerei und so weiter zuständig sind. Wegen fehlender oder ungenügender Kontrollmöglichkeiten und Vollzugsorgane geniesst insbesondere das nicht jagdbare Wild in der Praxis nur sehr beschränkten Schutz, solange es sich nicht um ausgesprochen seltene Arten handelt. Deshalb sind die Tiere letzten Endes vor allem auf das Verantwortungsbewusstsein der Fotografen selbst angewiesen. Um diesem Umstand gebührend Rechnung zu tragen, kennen praktisch alle Vereinigungen von Natur- und Tierfotografen eine Art Ehrenkodex, dem sich die Mitglieder (und hoffentlich auch viele Nichtmitglieder) freiwillig verpflichten.

Der Umgang mit Wildtieren

Im wesentlichen sind es drei Dinge, die man als Tierfotograf mitbringen sollte: gute Vorbereitung, Sorgfalt und Verantwortung.

Bevor Sie sich in der freien Wildbahn auf die Pirsch begeben, müssen Sie die Kamera und die Aufnahmetechnik sicher im Griff haben. Zur Vorbereitung gehört ausserdem, sich über das Motiv und dessen Umfeld zu informieren. Zum Beispiel über das Verhalten der Tierart, die Sie fotografieren möchten. Besonders wichtig ist die ungefähre Fluchtdistanz, denn diese bestimmt zur Hauptsache das weitere Vorgehen. Halten Sie sich wenn möglich an solche Tiere, die schon an Menschen gewöhnt sind.

Wilden Tieren sollte man sich immer sehr behutsam nähern, um sie nicht unnötig in die Flucht zu schlagen. Wo Wege vorhanden sind, ist es grundsätzlich klüger, diese zu benutzen, anstatt wahllos durchs Unterholz zu brechen oder hohes Gras niederzutreten. In unübersichtlichem Gelände sind die Aufnahmechancen ohnehin denkbar schlecht. Was sich vielleicht dort aufhält, verlässt die schützende Deckung in der Regel nur zum Fliehen.

Am empfindlichsten sind die Tiere in der Phase der Jungenaufzucht. Während der Trächtigkeit – beziehungsweise beim Brüten – und wenn der Nachwuchs noch sehr klein ist, sollte jegliche Störung unbedingt unterbleiben. Scheinbar verwaiste Jungtiere (Rehkitze, Hasenkinder, Vogelküken usw.) überleben am ehesten, wenn sie am Fundort in Ruhe gelassen werden. Fotografieren Sie allenfalls nur ganz kurz aus sicherer Entfernung, damit Sie keine Geruchsspur für hungrige Raubtiere legen, und gehen Sie anschliessend sofort weiter. Die Elterntiere sind nämlich meist in der Nähe und kommen ihre Jungen regelmässig füttern – es sei denn, Sie stehen ihnen dabei im Weg.

Bei kaltem Winterwetter haben es Tiere ebenfalls schon streng genug, ohne dass aufdringliche Fotografen sie in der Gegend umherhetzen. Niemals darf ein Tier aus seinem Winterschlaf geweckt oder an eine andere Stelle versetzt werden, denn dies könnte sein Todesurteil bedeuten. Denken Sie immer daran: Das Wohl der Tiere ist viel wichtiger als ein mögliches Foto. Im Zweifelsfall müssen Sie auf eine fürs Tier riskante Aufnahmegelegenheit verzichten können.

Eine Verantwortung trägt man als Fotograf sowohl gegenüber der Natur als auch gegenüber seinen Mitmenschen. Zum Beispiel wenn Sie Privatgrund oder ein Jagdrevier betreten. Halten Sie sich an allfällige Verbote und holen Sie eine Genehmigung zum Fotografieren ein, wo eine solche erforderlich ist. Fragen Sie unbedingt *vorher* nach, ob Sie bei Bedarf Hütten, Unterstände oder Hochsitze benützen dürfen, und orientieren Sie sich über laufende jagdliche Aktivitäten. Der Mann mit der Flinte hat nämlich nicht nur die durchschlagenderen Argumente zur Hand, sondern oft auch eine Menge nützlicher Informationen. Sie wiederum können Ihr Wissen gelegentlich auch an andere weitergeben. Passanten fühlen sich durch Leute mit Fernrohren oder Fotoapparaten oft magisch angezogen und zu eigenen Beobachtungen ermuntert. Kompetente Auskünfte darüber, welche Spezies es denn da zu sehen gibt, werden meist dankbar entgegengenommen. Bei empfindlichen Tieren sollte man dagegen jegliches Aufsehen vermeiden, indem man sich an nicht einsehbarer Stelle postiert oder gegebenenfalls ausreichend tarnt.

Zahme Tiere

Viele Naturfreunde lassen Haus-, Nutz- und Zootiere links liegen, wenn es ums Fotografieren geht. In ihren Augen sind Aufnahmen aus der «freien Wildbahn» prinzipiell höher einzustufen als Schnappschüsse von Hunden und Katzen, Hühnern und Zirkuslöwen. Objektiv gesehen ist das natürlich blanker Unsinn. Weil man zahme Tiere – zumindest in Bezug auf die Fluchtdistanz – tatsächlich leichter ablichten kann als scheues Wild, sind sowohl technisch als auch gestalterisch bessere Fotos möglich. Gerade für Anfänger sind zahme Tiere deshalb viel geeignetere Versuchskaninchen als freilebende Raritäten. Statt mit ständig zu grossen Distanzen und unhandlichen Telekanonen zu kämpfen, kann man sich beim Arbeiten mehr auf die Komposition und den richtigen Augenblick konzentrieren. Wenn Sie einmal versuchen, den direkten Blickkontakt mit einem sich bewegenden Tier oder doch wenigstens ein keckes Glanzlicht in seinem Auge festzuhalten, werden Sie schnell merken, dass es eben doch nicht immer so einfach ist, wie es zuerst scheint. Ausserdem sind die Erwartungen an das Bildresultat um so höher, je leichter sich das Motiv fotografieren lässt. Für ein besonderes Foto braucht es dann eben schon eine wirklich ausgefallene Pose des Tieres oder eine gehörige Portion «Action». Genauso wie es sich der Könner später bei der Pirsch auf Wildtiere wünscht. Es ist also sicher von Vorteil, die nötigen Arbeitsweisen schon vorher gut einzuüben.

Einige seltene oder besonders scheue Tierarten lassen sich überhaupt nur in Gefangenschaft mit vernünftigem Aufwand fotografieren. Ein gutes Beispiel hierfür ist der Luchs: Nach seiner erfolgreichen Wiederansiedlung in der Schweiz darf hier inzwischen mit einem Bestand von 50 bis 100 Tieren gerechnet werden (1990). Jeder Luchs beansprucht ein eigenes Revier in der Grössenordnung von 100 bis 400 Quadratkilometern, vorzugsweise in abgelegenen und bewaldeten Alpentälern. Luchse sind ausgesprochene Einzelgänger und wie die meisten unserer fleischfressenden Säugetiere vorwiegend dämmerungs- und nachtaktiv. Deshalb sind sie in der freien Wildbahn extrem schwer zu beobachten. Selbst die mit einem Halsbandsender versehenen Exemplare, die mittels Radiotelemetrie (d.h. Funkpeilung) genau geortet werden können, bekommen die Wissenschaftler nur alle paar Wochen oder Monate kurz zu Gesicht. Es ist somit wirklich sehr schwierig, innert nützlicher Frist brauchbare Fotos von einem wilden Luchs aufzunehmen. In einem Wildgehege gelingt das Fotografieren dagegen meistens auf Anhieb. Man weiss mit Sicherheit, dass sich eine bestimmte Anzahl Luchse dort befindet, und in nicht allzu dichter Vegetation sind sie auch des öfteren gut zu sehen. Da Gehegetiere die ständigen Besuche von Menschen gewöhnt sind, besitzen sie de facto keine Fluchtdistanz. Beim Fotografieren wird man also in erster Linie nur durch die Gehegeumzäunung behindert. Das Maschendrahtgitter lässt sich jedoch mit einem aufgeblendeten Teleobjektiv recht gut auflösen.

Es gibt zwischen in Gefangenschaft gehaltenen zahmen Tieren und scheuen Wildtieren natürlich auch eine Menge Zwischenstufen. An Orten, die häufig von Menschen aufgesucht werden, sind die Tiere Störungen gewöhnt und reagieren daher weniger empfindlich.

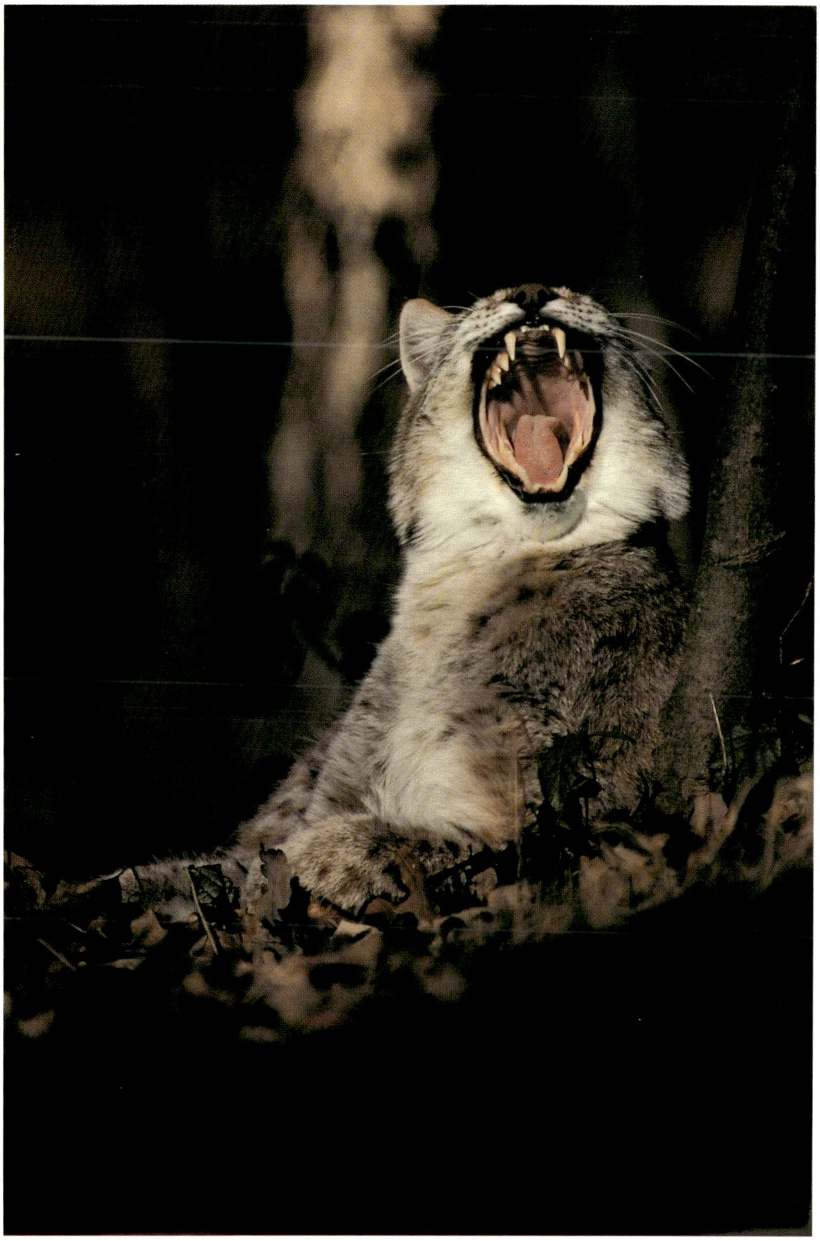

In einem relativ grossen Gehege, in dem die Luchse sogar auf die Bäume hinaufklettern können, habe ich schon verschiedene interessante Szenen im Bilde festgehalten. Wenn man die nötige Geduld zum Warten aufbringt, werden die oft träge herumliegenden Tiere früher oder später auch ein wenig «Action» bieten.
Foto: Eric A. Soder

Mensch und Natur

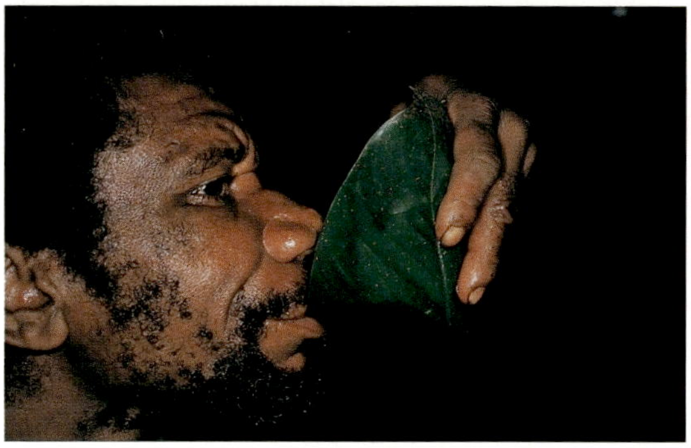

Ein Pygmäe trinkt aus einem Blätterkelch statt aus einer Aludose. Was gibt uns «Zivilisierten» das Recht, dieses ökologisch fortschrittlichere Verhalten als «primitiv» einzustufen?
Foto: S. Cordier / Explorer / Sutter

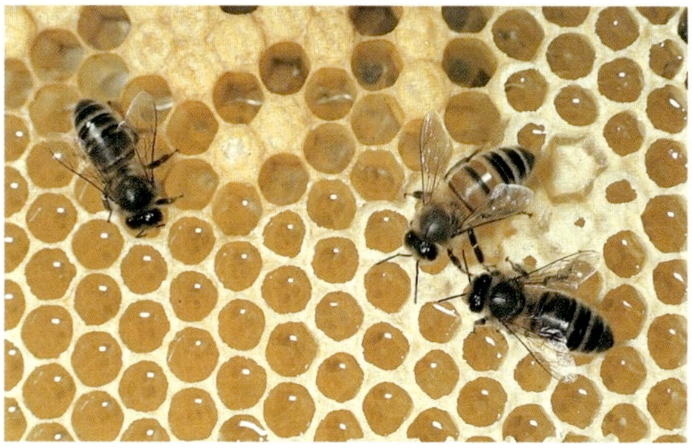

Die Natur im Dienste des Menschen: Des Imkers fleissiges Volk baut Waben und füllt diese nach und nach mit Honig. Dank der besonderen Architektur des Bienenstocks kann ein Fotograf jede Einzelheit bestens mitverfolgen und dokumentieren.
Foto: A.J. Deane / Bruce Coleman

Das Verhältnis zwischen Mensch und Natur ist immer schon ein aktuelles Thema gewesen. «Macht euch die Erde untertan», heisst es im Buch der Bücher, und diese Worte sind ganz und gar nicht auf taube Ohren gestossen. Der Mensch ist immer wieder in alle Himmelsrichtungen losgezogen, um die Welt zu erkunden und deren Schätze für sich zu erobern. In den letzten Jahrhunderten nimmt dieser Prozess immer grössere Dimensionen an, während die noch unerforschten Wildnisse erst auf der Landkarte und dann in natura zusammenschrumpfen.

Warnende Stimmen und Weltuntergangs-Visionen sind keine neue Erscheinung des 20. Jahrhunderts, doch inzwischen nimmt das Ausmass der Umweltzerstörung immer bedrohlichere Formen an. Dennoch zeigt sich die Menschheit bisher im grossen ganzen noch wenig beeindruckt. Es ist daher eine wichtige Aufgabe, die komplexen Lebensgemeinschaften und Regelmechanismen der Natur sowie die Wechselwirkungen zwischen Mensch und Umwelt zu erforschen und unters Volk zu bringen. Fotos sind hierfür ein hervorragend geeignetes Mittel.

«Primitive» Kulturen

Die klassische Form der Umweltfotografie beschäftigt sich namentlich mit den sogenannt primitiven Zivilisationen. Zum Beispiel mit Indianern, Inuits, Pygmäen, Aborigines und anderen Völkern dieser Welt. Die sich im Laufe vieler Generationen an ihre natürliche Umwelt angepasst haben und mit der Natur im Einklang leben. Einige von ihnen sind Nomaden, ziehen mit ihrem Vieh durch weite Steppen oder betreiben mitten im Regenwald Wanderfeldbau. Andere leben sesshaft, pflegen mit einfachen Mitteln gartenähnliche Pflanzenkulturen oder sammeln und jagen, was sie zum Überleben brauchen.

Das empfindliche Gleichgewicht zwischen Nehmen und Geben, das sich zwischen den Eingeborenen und ihrer Umwelt entwickelt hat, bietet uns manche lehrreichen Einblicke und ist auch fotografisch sehr ergiebig. Dies beweisen zahlreiche hochinteressante Fotoreportagen in namhaften Magazinen wie *Geo* oder *National Geographic*. Im Laufe der Jahre gehen die besten Artikel nicht selten buchstäblich um die Welt.

Trotz – oder gerade wegen – des genügsamen Lebensstandards vieler Eingeborenen strahlen diese Menschen oft eine beneidenswerte Fröhlichkeit und Gelassenheit aus. Wenn sie heutzutage allenfalls misstrauisch oder gar abweisend auf Weisse reagieren, liegt dies meist in schlechten Erfahrungen mit unserer gestressten, raffgierigen Art, die wir Zivilisation nennen, begründet: Dort, wo der moderne Mensch tüchtig abgesahnt hat, wächst manchmal buchstäblich kein Gras mehr. Was zurückbleibt, sind oft hässliche Wunden in der Landschaft, eine durcheinandergebrachte Kultur, Alkohol und Arbeitslosigkeit. Erst langsam scheint sich das Blatt zu wenden.

Da diese Thematik schon ziemlich weit vom Kernthema dieses Buches abschweift, werde ich hier aus Platzgründen nicht näher darauf eingehen. Reiselustige Naturfotografen sollten vor solchen Dingen jedoch nicht ihre Augen verschliessen. Die kulturelle und soziale Situation der Menschen wirkt sich letztlich ja auch auf ihre Umwelt aus.

Natur im Alltag

Richten Sie Ihre Aufmerksamkeit doch einmal auf so «banale» Dinge wie Viehweiden, Getreidefelder, Obstgärten, Kiesgruben und Torfstiche. Solche von Menschenhand – oder mit Hilfe von Maschinen – geformten Kulturlandschaften zeigen einerseits, wie wir mit «unserer» Natur umgehen, andrerseits aber auch, wie Tiere und Pflanzen darauf reagieren: Während viele ursprüngliche Arten aus ihrem angestammten Lebensraum verdrängt werden, können sich andere anpassen oder sogar neu ansiedeln.

Die Natur ist ständig im Wandel begriffen, und trotz der scheinbar alles dominierenden Macht des Menschen sind wir Zweibeiner eben doch nur ein Faktor unter vielen. Genauer gesagt: Wir sind ein Teil des Ganzen. Wenn wir über die Stränge schlagen und uns willkürlich über die Natur hinwegsetzen wollen, schaden wir uns folglich selbst.

Statt uns immer mehr von unserer eigenen Existenzgrundlage zu entfremden, sollten wir ihr die nötige Aufmerksamkeit und den verdienten Respekt schenken. Warum also nicht auch mit der Kamera?

Es braucht keinesfalls immer Urwaldindianer mit Blasrohr oder afrikanische Fischer im selbstgeschnitzten Einbaum, um die Verflechtung von Mensch und Natur aufzuzeigen. Auch in unserer eigenen Kultur gibt es eine Menge traditioneller Methoden, die sich durchaus zum Thema einer spannenden Bildreportage machen liessen. Woher kommen denn Honig, Wein, Käse und dergleichen? Gerade die feineren Spezialitäten entstehen selten in der voll automatisierten Massenproduktion.

Bilder der Zerstörung

Den beliebtesten Motiven, in der Malerei malerisch und in der Fotografie fotogen genannt, ist eines gemein: Sie entsprechen ästhetischen Idealvorstellungen oder kommen solchen zumindest sehr nahe. Vor unerfreulichen oder unansehnlichen Dingen verschliessen wir hingegen gar zu schnell unsere Augen und Objektivdeckel. Dabei steckt auch oder gerade im Hässlichen ein beachtliches Potential für starke Bilder. Während die möglicherweise fiktiven Horrorvisionen eines Gemäldes vom Betrachter schnell einmal als Schwarzmalerei abgetan werden, bestechen authentische Fotos durch die eindringlich realistische Wiedergabe bis ins kleinste Detail. In der unbeschönigten Abbildung des Entsetzlichen erreicht die Fotografie das absolute Maximum an emotionaler Wirkung. Zum Beispiel die Grossaufnahme einer klaffenden Fleischwunde, wie man sie in einem Erste-Hilfe-Kurs zu sehen bekommt: Bei einem derartigen Anblick kann es einem fast den Magen umdrehen.

Um mit Nachdruck auf negative Aspekte aufmerksam zu machen, darf man sein fotografisches Vokabular jedoch unter keinen Umständen auf effekthascherisches Vorzeigen besonders abscheulicher und ekelerregender Motive beschränken. Das Publikum soll ja schliesslich sensibilisiert, nicht abgestumpft werden. Ersteres erreicht man eher mit subtileren Methoden. Etwa, indem man mit Hilfe fotografischer Ausdrucksweisen «kleine Schönheitsfehler» in den Vordergrund rückt, um sie so anzuprangern.

Schon eine einzelne, achtlos weggeworfene Bierdose am Strand oder ein kleiner Kahlschlag im Wald lassen sich fotografisch sehr wirkungsvoll in Szene setzen. Statt solchen zivilisationsbedingten Makeln an der Natur mit der Kamera tunlichst auszuweichen, können wir sie auch gezielt im Bild festhalten. Dadurch errichten wir für uns selbst und unser Publikum ein Mahnmal an unser Gewissen. Vielen Umweltsündern wird die Tragweite ihres Tuns nämlich erst dann bewusst, wenn sie unmittelbar mit dem angerichteten Schaden konfrontiert werden. Weil die zeitliche Verzögerung zwischen Ursache (z.B. liegengelassene Verpackungsreste) und Wirkung (etwa ein im Abfall verfangenes Tier) in Fotos fehlt, ist die Aussage einer solchen Gegenüberstellung besonders konzentriert. Mit Recht fürchten sich daher die für einen Missstand – welcher Art auch immer – Verantwortlichen vor der Entlarvung durch die Medien.

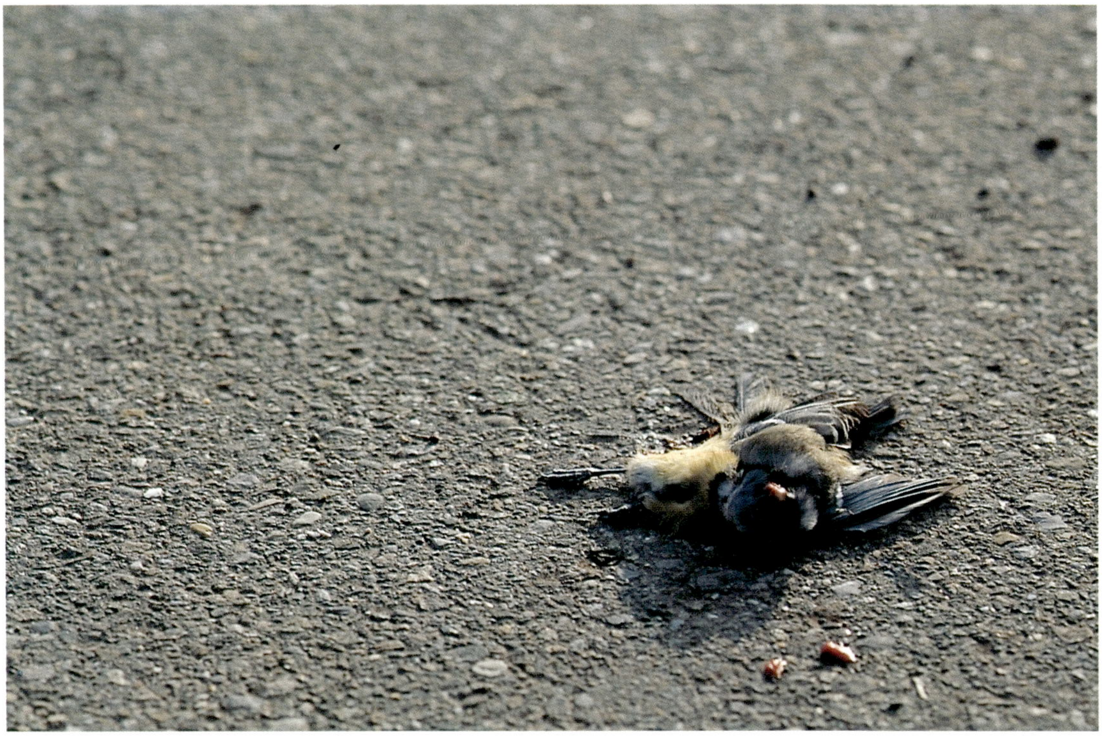

Einen ebenso abstossenden wie alltäglichen Anblick stellt diese überfahrene Meise dar. Unsere Wege sind stellenweise geradezu gepflastert mit Tierleichen, die jedoch ausser den Strassenkehrern niemand beachtet. Soundso viele Strassenopfer (Igel, Katzen, Marder, Rehe, Vögel usw.) pro Kilometer Strasse sind eben ganz «normal»…
Foto: Eric A. Soder

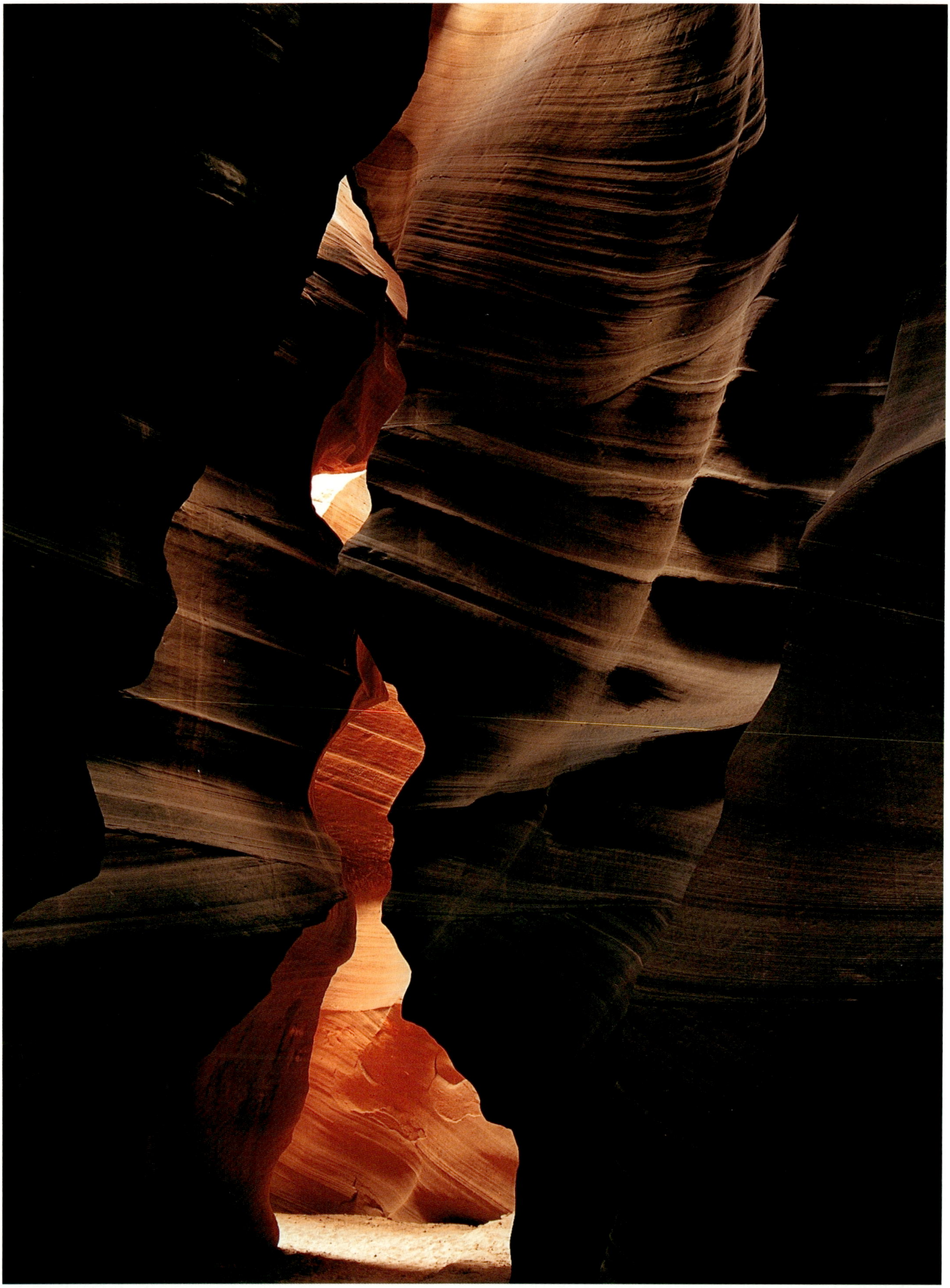

Zielsetzungen

Die Naturfotografie ist faszinierend. Nicht ausser acht gelassen werden darf, dass sie für Mensch und Material mit hohen Belastungen verbunden sein kann. Darüber sollte man sich rechtzeitig Gedanken machen. Wie hoch soll der geistige, körperliche und finanzielle Einsatz sein, der in die Naturfotografie investiert wird? Welches sind die Zielsetzungen?

Naturfotografen verwenden in der Regel eine Menge Zeit und Energie darauf, zu den gewünschten Fotos zu kommen. Profis sind zudem oft und lange auf Reisen (z.B. im Südwesten der USA, wo das nebenstehende Bild des Antelope Canyon entstanden ist).
Foto: Günter Ziesler

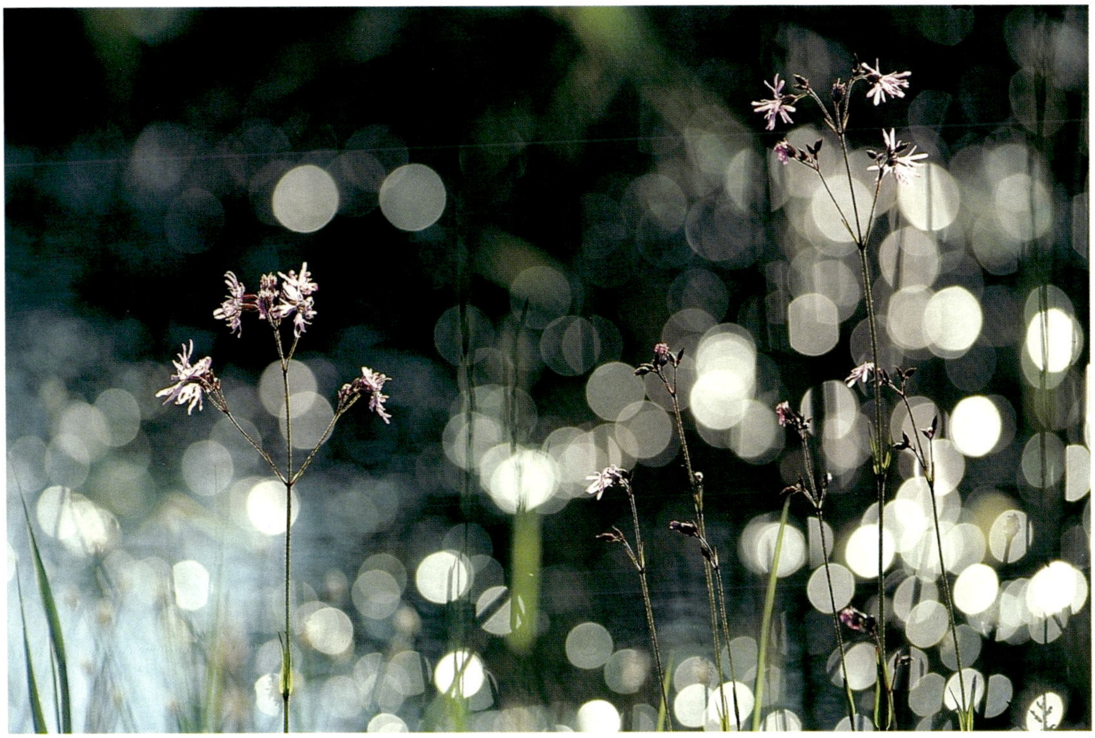

Manchmal sind mit der fortwährenden Suche nach neuen Motiven und Ausdrucksweisen auch spielerische Elemente verbunden, wie in dieser Aufnahme der Kuckuckslichtnelken zum Ausdruck gelangt. Der Lichteffekt entsteht durch die unscharfe Wiedergabe des Glitzerns im Wasser.
Foto: Roland Gerth

Nachfolgend werden ein paar Beweggründe und Erwartungshaltungen skizziert, die sich mehr oder weniger stark auf Ihr persönliches Engagement für die Naturfotografie auswirken. Vielleicht helfen Ihnen diese «Prototypen» dabei, sich irgendwo zwischen einem Sonntagsfotografen, der buchstäblich nur am Wochenende oder in den Ferien ein paar Schnappschüsse aufnimmt, und einem weltreisenden Profi, der beinahe in seiner eigenen Bilderflut ertrinkt, einzuordnen.

Fotografie als Steckenpferd

Wer Naturfotografie als Hobby betreibt, verfolgt bei der Auswahl und Interpretation seiner Motive nicht unbedingt eine bereits genau vordefinierte Absicht. Manchmal sind der Weg und das Ziel eben fast identisch. In diesem Fall dürfte die mehr oder weniger spielerische Beschäftigung sowohl mit dem Medium Fotografie als auch mit dem

Thema Natur in etwa die selbe Funktion erfüllen wie jedes andere Hobby: Es soll Spass machen und einem die freie Zeit vertreiben.

So völlig frei von Termin- und Erfolgsdruck lässt es sich herrlich experimentieren, wobei man seine Kreativität bestens entfalten kann. Man wählt Motive und Aufnahmetechnik ganz nach Belieben, wie es einem gerade einfällt. Hin und wieder kann man sich auch die Früchte seines bisherigen fotografischen Schaffens zu Gemüte führen. Zur Auffrischung von schönen Erinnerungen oder auf der Suche nach neuen Ideen. Oder Sie stellen den Fotokram kurzerhand in die Ecke und lauschen stattdessen Ihrer Lieblingsmusik oder gehen ins Kino. Von der Spontaneität ist es nämlich nicht weit zur Langeweile, wenn die grandiosen Einfälle einmal ausbleiben sollten.

Hie und da findet man einfach partout keine lohnenden Motive. Bei tristem Regenwetter macht sich bald eine allgemeine Lustlosigkeit breit – ausgerechnet wenn man sein Hobby am nötigsten bräuchte. Glücklich jene, die sich dann in ihrer Dunkelkammer beschäftigen können.

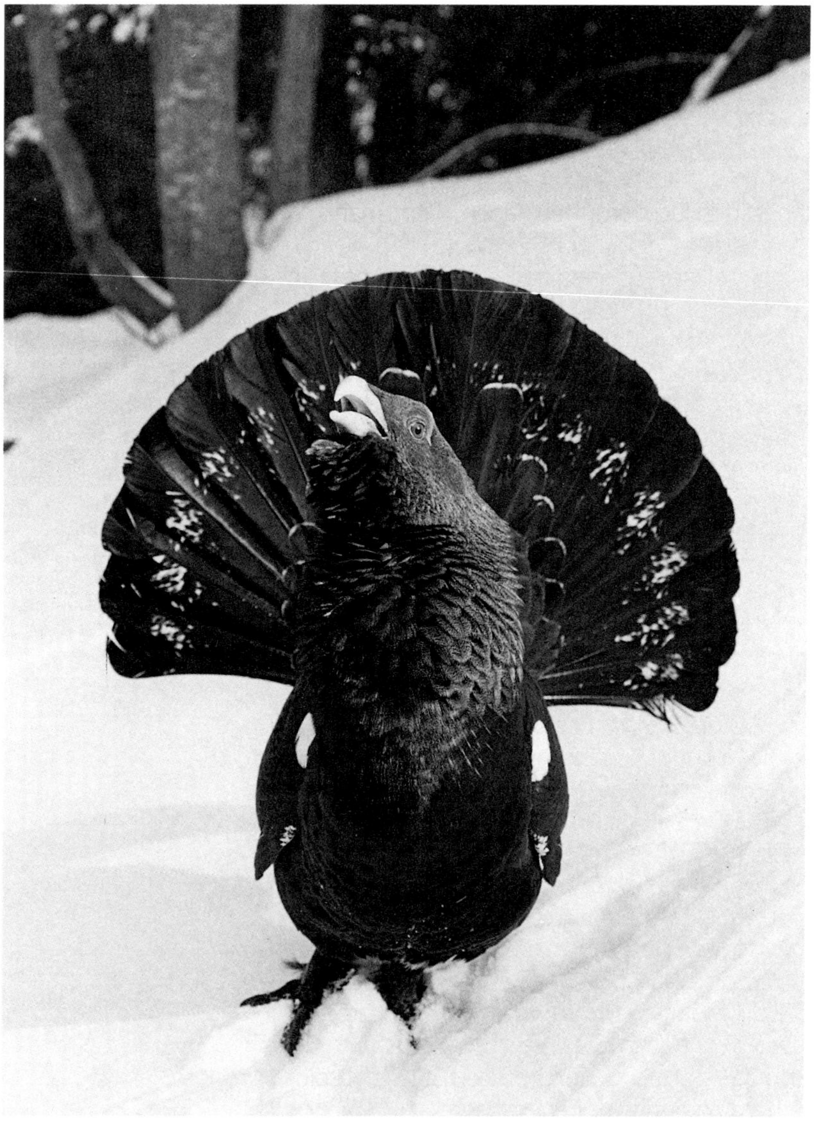

Das Interesse moderner Konsumenten gilt in erster Linie der Farbfotografie und in wachsendem Masse auch dem Videofilmen. Dennoch sind nach wie vor Produkte für die Schwarzweissfotografie erhältlich, die auch laufend weiterentwickelt werden. Dass die Beschäftigung damit durchaus lohnen kann, zeigt der balzende Auerhahn.
Foto: Manfred Loner

Früher eine Selbstverständlichkeit, hat die Selbstverarbeitung der eigenen Fotos auch in Amateurkreisen ihre Popularität mittlerweile deutlich eingebüsst. Ob dafür die immer ausgefeiltere Automation der Kameras verantwortlich ist, die zum oberflächlichen «Konsum» anerkannt fotogener Objekte anstelle der bewussten Kreation eigener Motive verführt? Tatsache ist, dass die Laborarbeit nicht nur eine technische Notwendigkeit darstellt, sondern auch eine Fülle schöpferischer Möglichkeiten beinhaltet, die den Rahmen dieses Buches bei weitem sprengen.

Der an und für sich erstrebenswerten Unbeschwertheit sind in der Naturfotografie verschiedentlich Grenzen gesetzt, die man wohl oder übel akzeptieren muss. Zum einen gilt es, juristische und ethische Richtlinien zu befolgen, und zum anderen sind längst nicht alle Naturmotive einfach auf Abruf zu haben. Einige Bildideen lassen sich nur mit viel Sachkenntnis oder mit einer speziellen Ausrüstung realisieren. In gewissen Fällen müssen Amateure halt passen, wenn solche Voraussetzungen nicht oder nur ungenügend erfüllt werden. Bringt alles Tüfteln wirklich nichts, wenden Sie sich besser einem anderen, weniger problematischen Thema zu. Schliesslich soll Ihnen das Hobby Freude bringen, nicht Frust.

Tieren auf der Spur

Angesichts der Vielzahl von Sujets erstaunt es kaum, dass sich einige Hobbyfotografen früher oder später für die Natur zu interessieren beginnen. Die andere Variante, dass nämlich Naturfreunde zur Fotografie finden, scheint jedoch häufiger zu sein. Wenn beispielsweise ein begeisterter Ornithologe durchs Fernglas einen seltenen Vogel oder eine interessante Verhaltensweise entdeckt, kommt unweigerlich der Moment, in dem er sich sagt: «Das hätte man fotografieren (oder filmen) sollen!» Während manche es bei der Idee bewenden lassen, schreiten andere zur Tat. Schliesslich braucht ein Naturbeobachter ausser dem Beobachtungsgerät, gutem Schuhwerk und einer warmen Jacke kaum Zubehör. Da könnte man eigentlich schon etwas Geld für eine Fotoausrüstung locker machen.

Gesagt, getan – und bei der nächsten günstigen Gelegenheit kommt anstelle des Fernrohrs die neue Kamera mit auf die Tour. Hier setzen dann in aller Regel bereits die ersten Probleme ein, wenngleich sie meist erst im nachhinein offenbar werden. Denn Beobachten und Fotografieren sind zwei verschiedene Paar Schuhe. Der wichtigste Unterschied: Was man mit dem Fernglas problemlos bestimmen kann, ist zum Fotografieren meist noch viel zu weit entfernt. Die Vergrösserungsleistung eines Teleobjektivs wird von Laien anfänglich immer haushoch über-

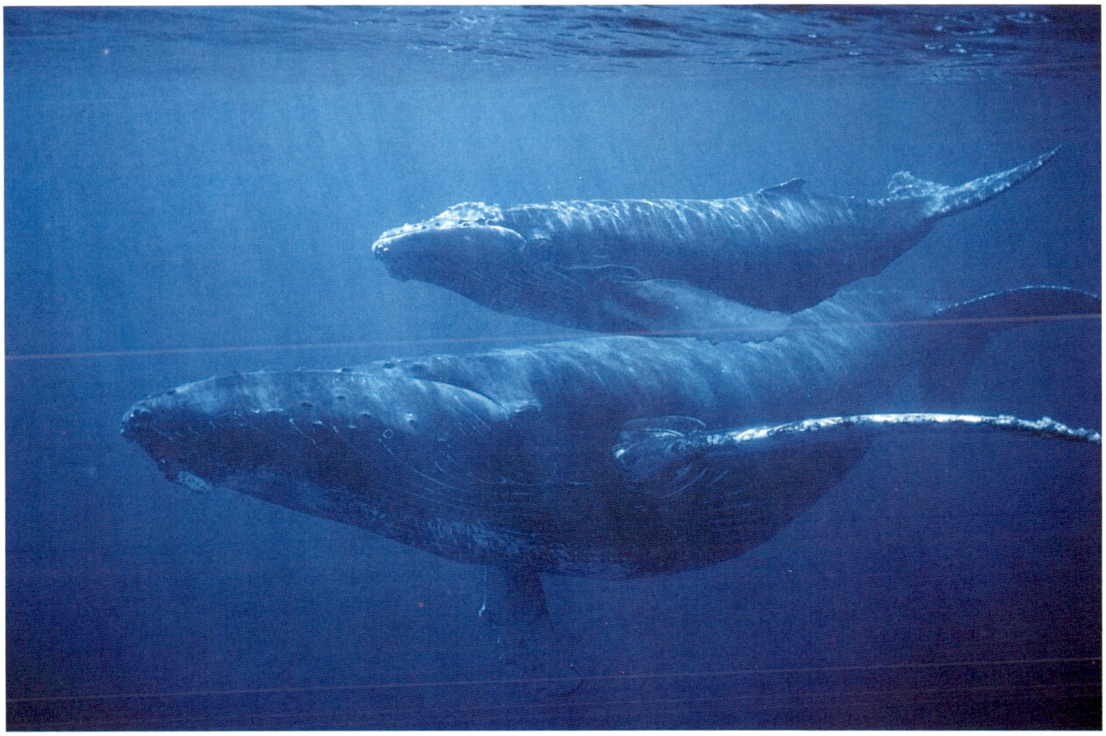

«Whale Watching» erfreut sich unter Naturfreunden grosser Beliebtheit. Um jedoch Meeressäuger wie den Buckelwal mit seinem Kalb unter Wasser fotografieren zu können, bedarf es der Taucherfahrung sowie einer ganz speziellen Fotoausrüstung.
Foto: Mike Osmond / Pacific Whale Foundation / Auscape

schätzt. In der Folge bleiben einem Novizen bittere Enttäuschungen natürlich nicht erspart.

Dazu ein Beispiel: Am Waldrand steht ein äsendes Reh. Mit einem üblichen Fernglas (z.B. 8x30 oder 10x25) scheint es aus 100m Entfernung schon «greifbar» nah. Ein Teleobjektiv mit gleich starker Vergrösserung – also 400mm beziehungsweise 500mm – ergibt jedoch ein Kleinbildnegativ, auf dem das Reh gerade vier oder fünf Millimeter gross abgebildet wird. Das entspricht einem Achtel bis einem Siebtel der längeren Formatkante – oder bestenfalls rund zwei Prozent der Bildfläche. Das Reh erscheint somit auf dem Foto nur verschwindend klein. Um es einigermassen formatfüllend abzubilden, müsste die Aufnahmedistanz weniger als 25m betragen. Im Normalfall wird ein Reh dann allerdings längst die Flucht ergriffen haben, wenn man sich ihm offen nähert. Erfolgversprechender – aber auch viel zeitaufwendiger – ist der Ansitz in einem geeigneten Fotoversteck.

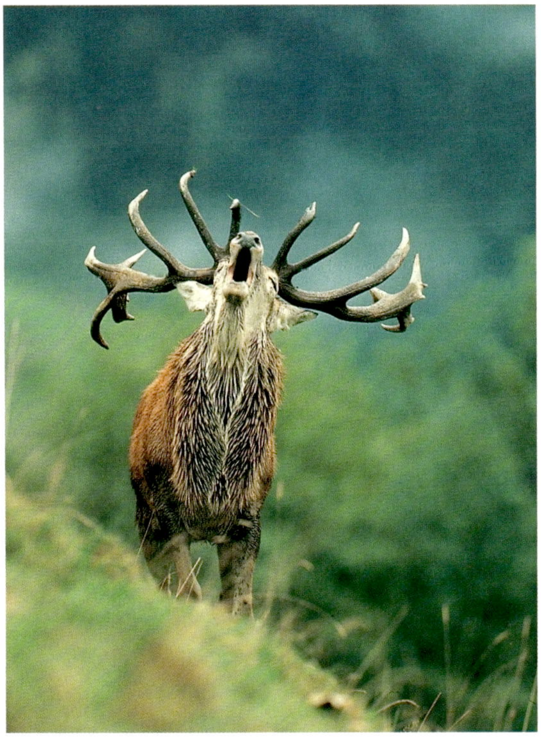

Ein Rothirsch mit kapitalem Geweih ist nicht nur bei Jägern, sondern auch bei Naturfotografen sehr begehrt. Zum Fotografieren eines urig röhrenden Stiers in der freien Wildbahn braucht es jedoch eine gehörige Portion Geduld und ein langes Teleobjektiv.
Foto: Manfred Danegger / NHPA

Es gibt zwar zumindest in den Kamerasystemen der bekannteren Marken auch Teleobjektive mit längeren Brennweiten als 500mm, doch sollte ein Anfänger solche teuren Glasklötze gar nicht erst in Betracht ziehen. Der Umgang mit derart langen Brennweiten erfordert sehr viel Erfahrung und ein absolut professionelles Stativ. Schon mit 400mm produzieren viele Fotografen anfänglich überwiegend Ausschuss. Bevor man von der Fotopirsch die ersten kapitalen «Trophäen» nach Hause bringt, muss man zunächst in der fotografischen Aufnahmetechnik sattelfest sein. Bis man soweit ist, bietet sich fleissiges Üben mit kürzeren Telebrennweiten, Alltagsgegenständen und zahmen Tieren an. Auch wenn es nicht jedesmal ausdrücklich dasteht, gehe ich davon aus, dass Sie die in der Naturfotoschule beschriebenen Geräte und Methoden zuerst jeweils gründlich ausprobieren werden, bevor es «ernst» gilt. Denn auch für die hohe Schule der Naturfotografie muss man eben seine Hausaufgaben machen, um in eine höhere Klasse zu gelangen. Wenn Sie Ihre Fotoausrüstung mit Erfolg einsetzen wollen, müssen Sie sie absolut sicher und gewandt beherrschen.

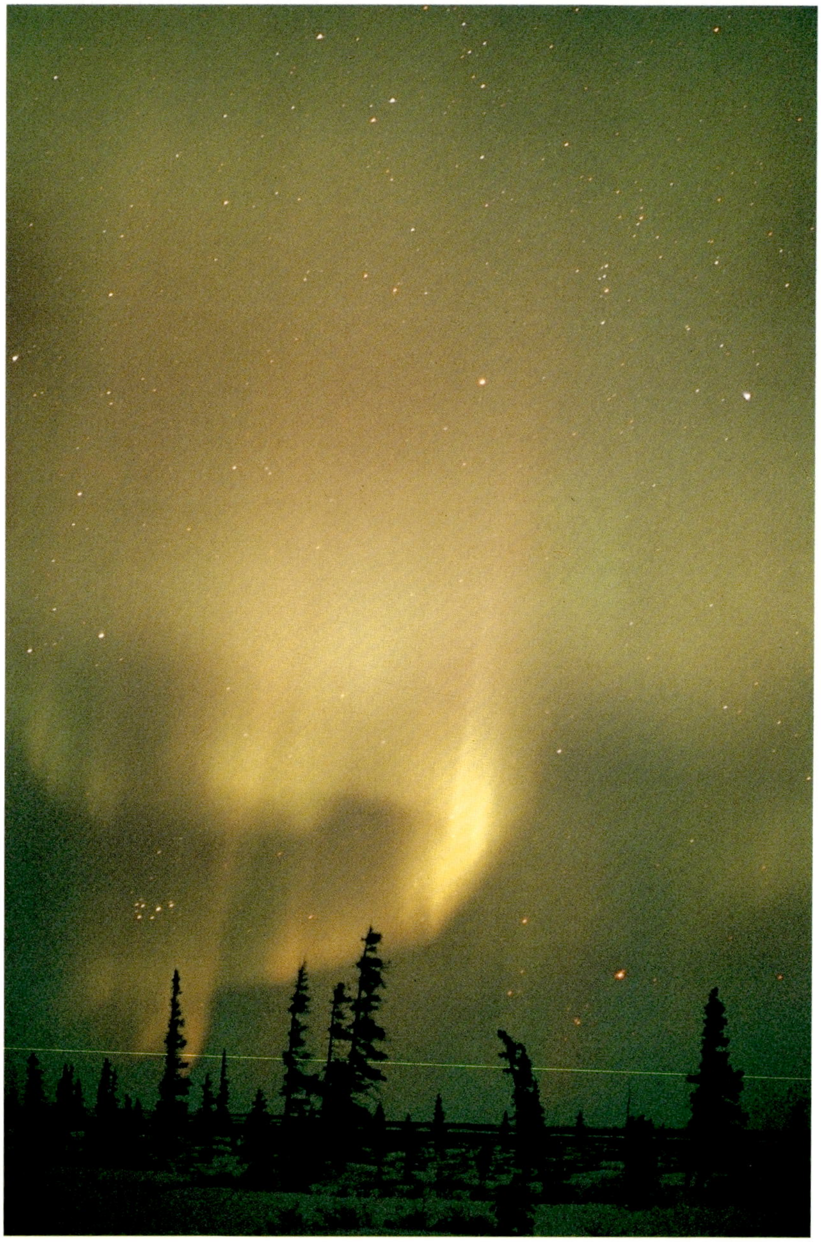

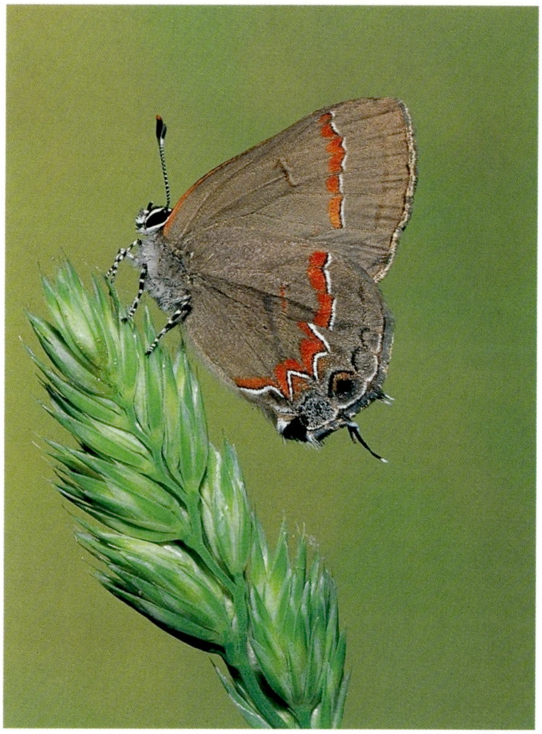

Die Kunst der Naturfotografie besteht darin, aus der überbordenden Fülle von Motiven die schönsten herauszustellen. Beispielsweise dieses an einen wehenden Schleier erinnernde Nordlicht...
Foto: Norbert Rosing / Bruce Coleman

...oder die zerbrechliche Eleganz dieses ruhenden Schmetterlings.
Foto: John Shaw

Naturfotos als Kunst

Die minimalen Anforderungen an eine fotografische Aufnahme sind ein passender Ausschnitt, richtige Belichtung und optimale Schärfe. Darüber hinaus kennzeichnen eine bewusste Bildkomposition und die sorgfältige Wahl einer motivgerechten Beleuchtung das Werk eines Könners. Dasselbe gilt in allen Teilgebieten der Fotografie und sollte daher für Sie nichts Neues sein. Das Spezielle an der Naturfotografie ist lediglich, dass die Möglichkeiten zur direkten Beeinflussung des Motivs sehr beschränkt oder überhaupt nicht vorhanden sind. Schliesslich legt schon der Begriff «Natur-Fotografie» nahe, dass man das Natürliche ablichtet, nicht etwas willkürlich Arrangiertes. Naturfotografie pur ist demnach wie Sachfotografie ohne Studio oder wie Porträtfotografie ohne Regieanweisungen, künstlichen Hintergrund und – mit einigen Ausnahmen – ohne künstliche Beleuchtung.

So paradox es auch tönen mag, die eigentliche Bildgestaltung im wörtlichen Sinne obliegt in der Naturfotografie nicht der Person hinter der Kamera. Das Formen, Anordnen und Ausleuchten der Motive übernimmt die Natur selbst. Dem Fotografen bleibt nur noch die Auswahl des Motivs und die Kontrolle der Parameter, die seine Wiedergabe auf dem Film bestimmen. Im Klartext: Sie «gestalten» ein Naturfoto, indem Sie den Aufnahmestandpunkt, die Objektivbrennweite und die Schärfentiefe so lange verändern, bis Sie genau das im Sucher sehen, was Sie auf dem Foto festhalten wollen. Und – was ebenso wichtig ist! – bis Sie all das nicht mehr sehen, was Sie auf der Aufnahme nicht drauf haben wollen. Während Sie auf diese Weise die Anordnung der Bildelemente auf dem Foto mit gewissen Einschränkungen aktiv steuern können, haben Sie auf das Wetter und den Sonnenstand keinen Einfluss. Falls die Ihnen vorschwebende ideale Konstellation überhaupt möglich ist, bleibt Ihnen nichts anderes übrig, als solange zu warten, bis sie eines Tages von selbst eintritt. Die einzige Ausnahme stellen jene Motive dar, die genügend nah und klein sind, um sie mit einem Elektronenblitz oder anderen künstlichen Lichtquellen beleuchten beziehungsweise aufhellen zu können.

Aus dem Gesagten geht hervor, dass bewusst getroffene Entscheidungen die mit Abstand wichtigste Ingredienz für gute Aufnahmen sind. Damit Sie ein visualisiertes Bild optimal auf den Film übertragen können, brauchen Sie auf jeden

Fall detailliertes Fotowissen. Eine automatische Kamera oder ein spezielles Objektiv kann Ihnen zwar da und dort die Arbeit erleichtern oder bestimmte Effekte überhaupt erst ermöglichen, niemals jedoch kann die Technik selbst entscheiden, wie sie von Fall zu Fall optimal einzusetzen ist. Das ist und bleibt immer Sache dessen, der fotografiert.

Wenn Sie die Naturfotografie als Kunstrichtung betrachten, steht und fällt Ihr Erfolg mit der Art und Weise wie Sie Ihre Motive sehen und interpretieren. Nutzen Sie alle verfügbaren Möglichkeiten der Fotografie, um mit Ihren Arbeiten einen persönlichen Stil zu kreieren. Nur so werden sich nämlich Ihre Kunstwerke als solche zu erkennen geben. Setzen Sie sich ein Thema und verfolgen Sie es konsequent, bis Sie eine in sich geschlossene Serie von exzellenten Bildern beisammen haben. Den krönenden Abschluss Ihrer Serie bildet schliesslich eine angemessene Präsentation, zum Beispiel in Form von aufgezogenen und gerahmten Vergrösserungen oder durch die fachgerechte Projektion von Dias. Auch wenn Sie mit Ihren fertigen Serien nicht an die grosse Öffentlichkeit treten wollen, wird Ihr Publikum neben Ihnen selbst ja wohl noch weitere Personen umfassen.

Dokumentation

Fotos sind prinzipiell immer Informationsträger. Aus physikalisch-technischer Sicht transportieren sie die Helligkeits- und Farbwerte Millionen einzelner Punkte, aus denen sich die fotografische Abbildung zusammensetzt. Ob und wie das Originalmotiv im Bild erkennbar ist, hängt neben dem handwerklichen Können des Fotografen auch von seiner gestalterischen Absicht ab. Im Normalfall sollte die Wiedergabe des Motivs im Bild so naturgetreu und so detailreich wie irgend möglich erfolgen. Dem effektiven Augeneindruck am nächsten kommt ein projiziertes Farbdia auf niedrigempfindlichem Film in einem grossen Aufnahmeformat. Aber auch eine grobkörnige Schwarzweiss-Vergrösserung kann unter Umständen ein brauchbares «Dokument»

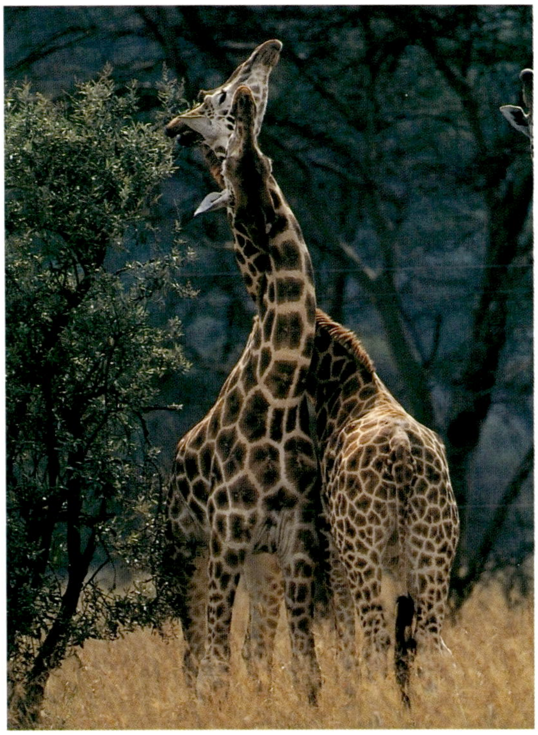

Was auf den ersten Blick wie eine zärtliche Umarmung aussieht, ist in Tat und Wahrheit ein Kampf zweier Giraffenbullen. Bei Dokumentationen sind oft entsprechende Fachkenntnisse nötig, um das Gesehene richtig zu interpretieren.
Foto: Jean-Michel Labat / Jacana / Sutter

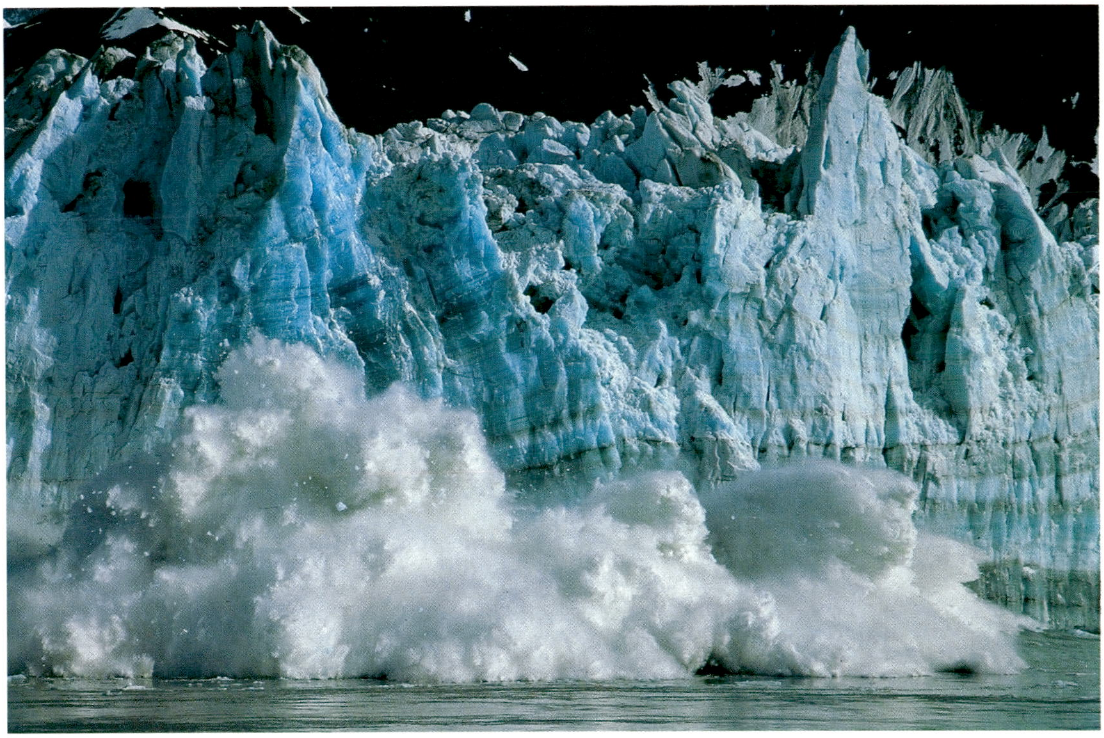

Ein «kalbender» Gletscher beweist, dass Landschaftsfotos keineswegs immer starr und langweilig sein müssen. Man braucht nur im richtigen Moment zur Stelle zu sein…
Foto: Michio Hoshino / Minden Pictures

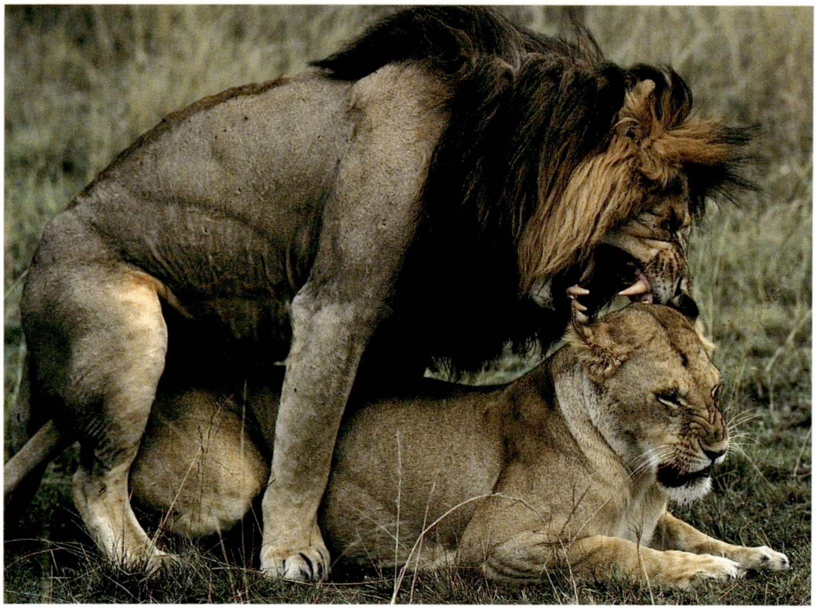

Bei diesen Löwen verhält es sich genau umgekehrt als bei den Giraffen auf der vorangehenden Seite. Das bedrohliche Zähnefletschen und der Nackenbiss sind bei der Paarung häufig zu beobachten. Dies gilt im übrigen auch für manche andere Tierarten.
Foto: Art Wolfe

abgeben. In der Praxis sind der vorgesehene Verwendungszweck und die jeweiligen Qualitätsansprüche massgebend.

Für die allgemeine Naturfotografie ist der Einsatz von Farbfilmen im Kleinbildformat gebräuchlich, und zwar bei Profis ebenso wie bei Amateuren. Ein paar Ausnahmen bestätigen auch hier die Regel: In Spezialgebieten wie der Landschaftsfotografie besteht eine Tendenz zu grösseren Aufnahmeformaten und im künstlerischen Bereich hat auch die Schwarzweiss-Fotografie Bedeutung. Die vorliegende Naturfotoschule orientiert sich indes grundsätzlich an der KB-Farbdia-Fotografie. Sollten Sie persönlich Negativ- oder Schwarzweiss-Material beziehungsweise ein anderes Aufnahmeformat als 24x36mm bevorzugen, müssen Sie bei der Aufnahmetechnik entsprechend umdenken. Dies sollte Ihnen nicht allzu schwerfallen; alles Elementare wird hier ohnehin vorausgesetzt.

Dokumentarische Fotos erfordern mehr als nur die sichere Beherrschung Ihrer Ausrüstung. Bevor man etwas dokumentieren kann, muss man logischerweise erst einmal über das Motiv Bescheid wissen. Man sollte insbesondere auch imstande sein, es mit ausreichender Sicherheit korrekt zu identifizieren. Im Pflanzen- und Tierreich gibt es nämlich zahlreiche Arten, die einander zum Verwechseln ähnlich sehen. Und wenn es um die Deutung tierischer Verhaltensweisen geht, bestehen mitunter krasse Unterschiede zum Verhalten des Menschen. Was für uns beispielsweise nach gelangweiltem Gähnen aussieht, kann in Wirklichkeit auch Imponiergehabe oder sogar eine ernste Drohgebärde sein. Ähnlich schwierig gestaltet sich für den Laien manchmal die Unterscheidung zwischen Kampf und Liebesspiel. Bei Fotos, die für wissenschaftliche Zwecke aufgenommen werden, ist die Beschriftung beziehungsweise die Bildlegende ein integraler Bestandteil des «Dokuments». Denn ohne präzise Angaben zu jeweils relevanten Details wie Ort, Zeit, Temperatur, Höhe über Meer oder dergleichen sind die meisten Aufnahmen für die Forschung wertlos. Je nach dem Zusammenhang, in dem etwas untersucht wird, können jedoch andere Faktoren ausschlaggebend sein. Fehlen die entsprechenden Aufzeichnungen zu bereits fotografierten Motiven, so müssen diese meist neu abgelichtet werden.

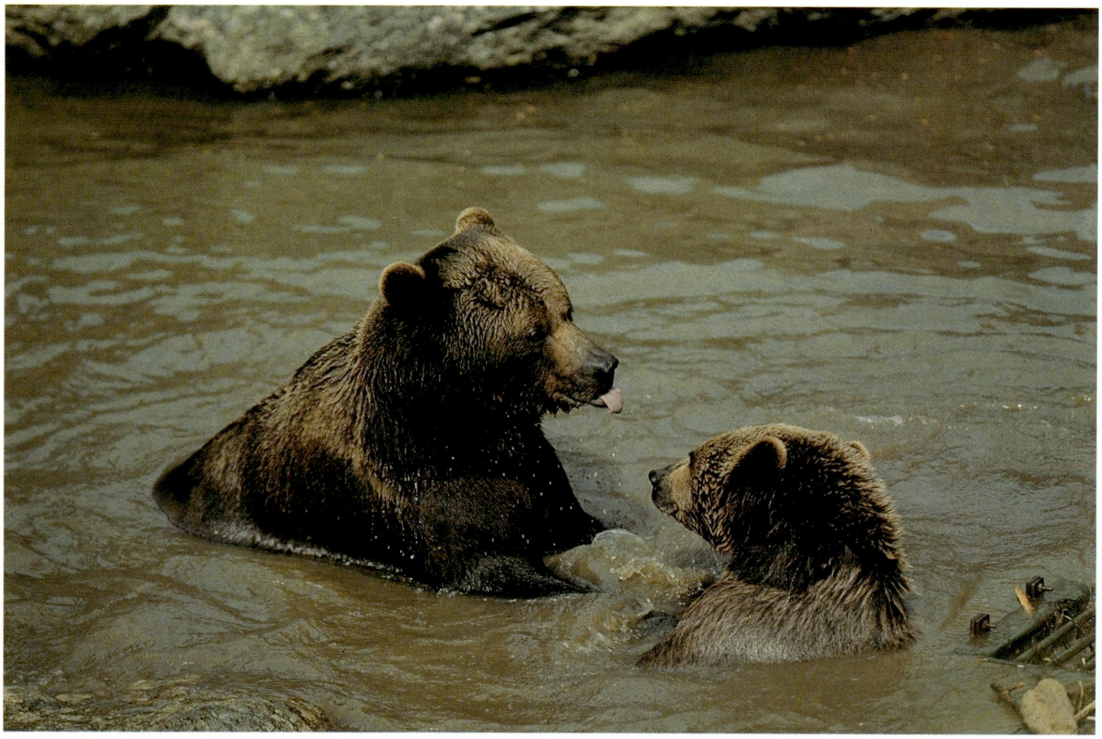

Wären da nicht am Bildrand Eisenteile erkennbar, würde man der Aufnahme nicht ansehen, dass sie in einem Tierpark entstanden ist. Braunbären in freier Wildbahn so zu fotografieren dürfte in Europa jedoch sehr schwierig sein.
Foto: Robert Maier / Sutter

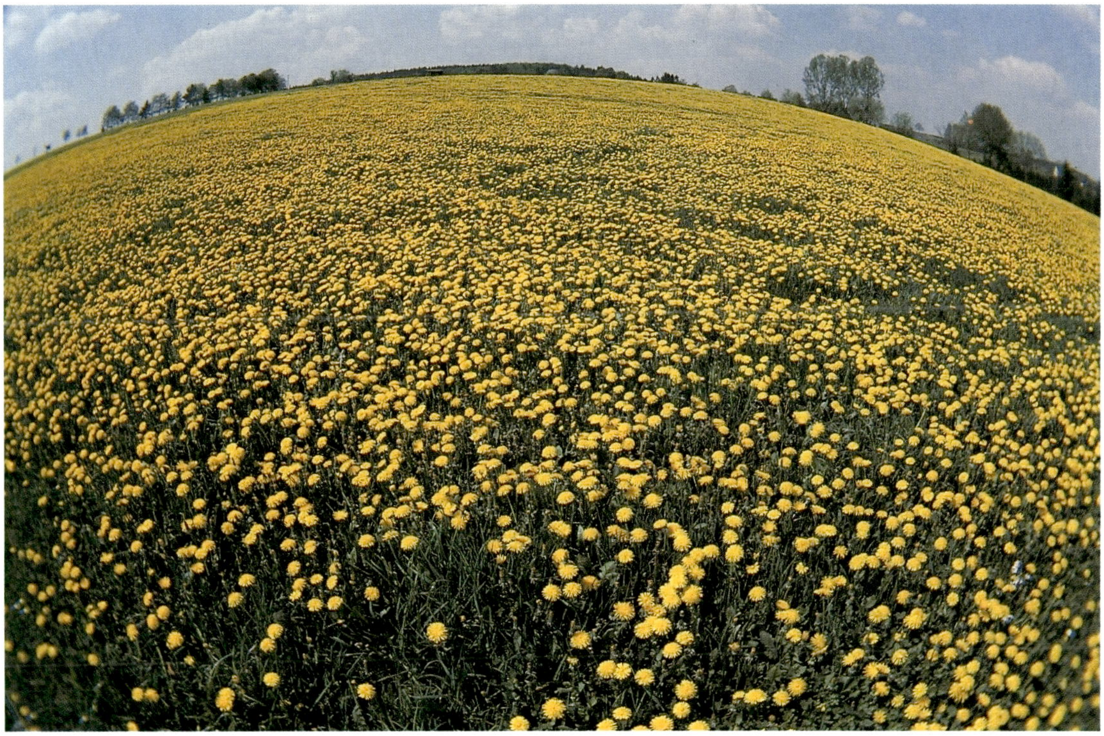

So präsentiert sich eine Blumenwiese durch ein Fischaugenobjektiv. Die markante tonnenförmige Verzeichnung bewirkt zusammen mit der steilen Perspektive eine ungewöhnliche Darstellung: Eine Weltkugel voller Löwenzahnblüten.
Foto: Hans-Dieter Krah

Interessant ist übrigens auch die Tatsache, dass Fachpublikationen im allgemeinen mit wissenschaftlichen Zeichnungen illustriert sind statt mit Fotos. Ein gutes Beispiel dafür sind unter anderem die Bestimmungsbücher aus den verschiedenen Bereichen der Botanik und der Zoologie: Während einige auf Naturthemen spezialisierte Verlage ihre populären (aber relativ «kurzlebigen») Feldführer neuerdings vermehrt mit Farbfotos ausstatten, findet man in den wissenschaftlichen Standardwerken fast durchwegs nur Bildtafeln mit Zeichnungen. Trotz der zuweilen recht unrealistisch anmutenden Wiedergabe einzelner Arten hat dieses System ein paar nicht von der Hand zu weisende Vorteile. Am wichtigsten ist die standardisierte Darstellungsweise: Bei Tieren wird zum Beispiel durchs ganze Buch hindurch stets die gleiche (linke oder rechte) Körperseite gezeigt, ausserdem können auf jeder Tafel die relativen Grössenverhältnisse zwischen den diversen Arten korrekt dargestellt werden.

Mit Fotografien ist diese Art der Vereinheitlichung aus praktischen und finanziellen Gründen kaum möglich. Ferner weisen Fotos gegenüber Zeichnungen einen weiteren Nachteil auf: Das jeweils abgelichtete Tier ist immer nur eines von vielen und besitzt unter Umständen einige sehr individuelle Merkmale, die beim Bestimmen Verwirrung stiften könnten. Ein guter Zeichner vermag dagegen eine Art Prototyp zu entwerfen, der trotz etwaiger Ungenauigkeiten eine prägnantere Darstellung der typischen Artmerkmale erlaubt als ein durchschnittliches Foto – von einer schlechten Aufnahme ganz zu schweigen.

Fotos – objektiv oder subjektiv?

Diese philosophisch anmutende Frage stellt sich sowohl in Bezug auf den blossen sachlichen Inhalt eines Fotos als auch im Hinblick auf einige Methoden bei der Aufnahme, die unter Naturfotografen zum Teil umstritten sind. Die Rede ist hier einerseits von direkten Eingriffen auf das Motiv (bei «gestellten» Aufnahmen) sowie anderseits von fotografischen Hilfsmitteln wie Filtern und Blitzlicht.

Um es gleich vorwegzunehmen: Das absolut objektive Foto gibt es nicht. Bereits die Ausschnittwahl drückt einem Bild den persönlichen Stempel des Fotografen auf, noch bevor er den Auslöser betätigt. Einbezug oder Weglassung von Teilen des Motivs oder seiner Umgebung haben mitunter einen erheblichen Einfluss auf die Bildaussage. Da gibt es etwa jene Fotos aus dem Zoo, bei denen Gitter und Betonmauern geschickt weggelassen werden. Oder idyllische Bilder einer verträumten Landschaft – ohne die Hochspannungsleitung, unter der man bei der Aufnahme gestanden hat.

Auch die reine Technik, die der Fotografie zugrunde liegt, wird oft zu Unrecht als unbestechlich angesehen. Der fotochemische Prozess verändert nämlich selbst ohne Filter oder andere Tricks die «Wirklichkeit», die wir wahrnehmen. Ein fertig verarbeitetes Bild kann im Vergleich zum Originalmotiv verfälschte oder gänzlich fehlende Farben, einen verstärkten oder geminderten Kontrast sowie beliebig verschobene Helligkeitswerte aufweisen. Ferner ist die optische Abbildung unvermeidlich mit geometrischen Fehlern verbunden. Jedes dreidimensionale Objekt wird ja auf zwei Dimensionen reduziert. Dabei entstehen unter Umständen Verzerrungen, wenn die Abbildungs-Charakteristik des verwendeten Objektivs sich von jener des menschlichen Auges stark unterscheidet. Dies trifft insbesondere bei Weitwinkel-Objektiven zu. Demgegenüber ist bei langen Brennweiten die Reduktion der Schärfentiefe am augenfälligsten. Da wir unsere Augen beim Betrachten eines Objektes ständig den wechselnden Entfernungen anpassen, nehmen wir diesen Effekt beim normalen Sehen nicht bewusst wahr, obwohl er hier natürlich ebenfalls auftritt.

Ein Foto ist immer das Produkt bewusster oder unbewusster subjektiver Entscheidungen jener Person, die es aufgenommen hat. Diese grundlegende Tatsache sollte man sich beim Beurteilen fotografischer Abbildungen stets vor Augen halten. Objektivität ist in der Fotografie nur ein relativer Begriff. Ein «absolut natürliches» Foto bleibt somit auch dann eine Fiktion, wenn man sich aller einschlägigen Kunstgriffe wie Filterung oder Blitzaufhellung, die in anderen Bereichen der Fotografie völlig gang und gäbe sind, enthält. Eine grundsätzliche Ablehnung alles «Künstlichen» scheint mir deshalb fehl am Platz, obschon ein anders begründeter Verzicht auf einzelne Hilfsmittel oder Techniken durchaus einen Sinn haben kann. Auf dieses Thema werden wir anhand von konkreten Beispielen noch an anderer Stelle näher eingehen.

Ein teures Hobby?

Bei den vorausgegangenen Ausführungen wird Ihnen nicht entgangen sein, dass Naturfotografie mit erheblichen Anstrengungen Ihrerseits verbunden sein kann. Um überdurchschnittliche «Leistungen» zu erbringen, brauchen Sie eine Menge Fachwissen, handwerkliches Geschick, Zeit – und ausserdem genügend Geld für Ausrüstung und Filmmaterial. Wenn es sich um den eigenen Geldbeutel dreht, hört bekanntlich jeder Spass auf. Damit Sie sich letzteren nicht verderben, ist es also ratsam, mit dem Geld erst einmal sparsam umzugehen. Eine teure Ausrüstung kann zwar in gewissen Fällen eine hilfreiche Voraussetzung, niemals aber eine Garantie für gute Bilder darstellen. Die Komposition herausragender Fotografien ist und bleibt nun mal in erster Linie eine Frage der musischen Begabung, nicht die eines möglichst perfekten Werkzeugs.

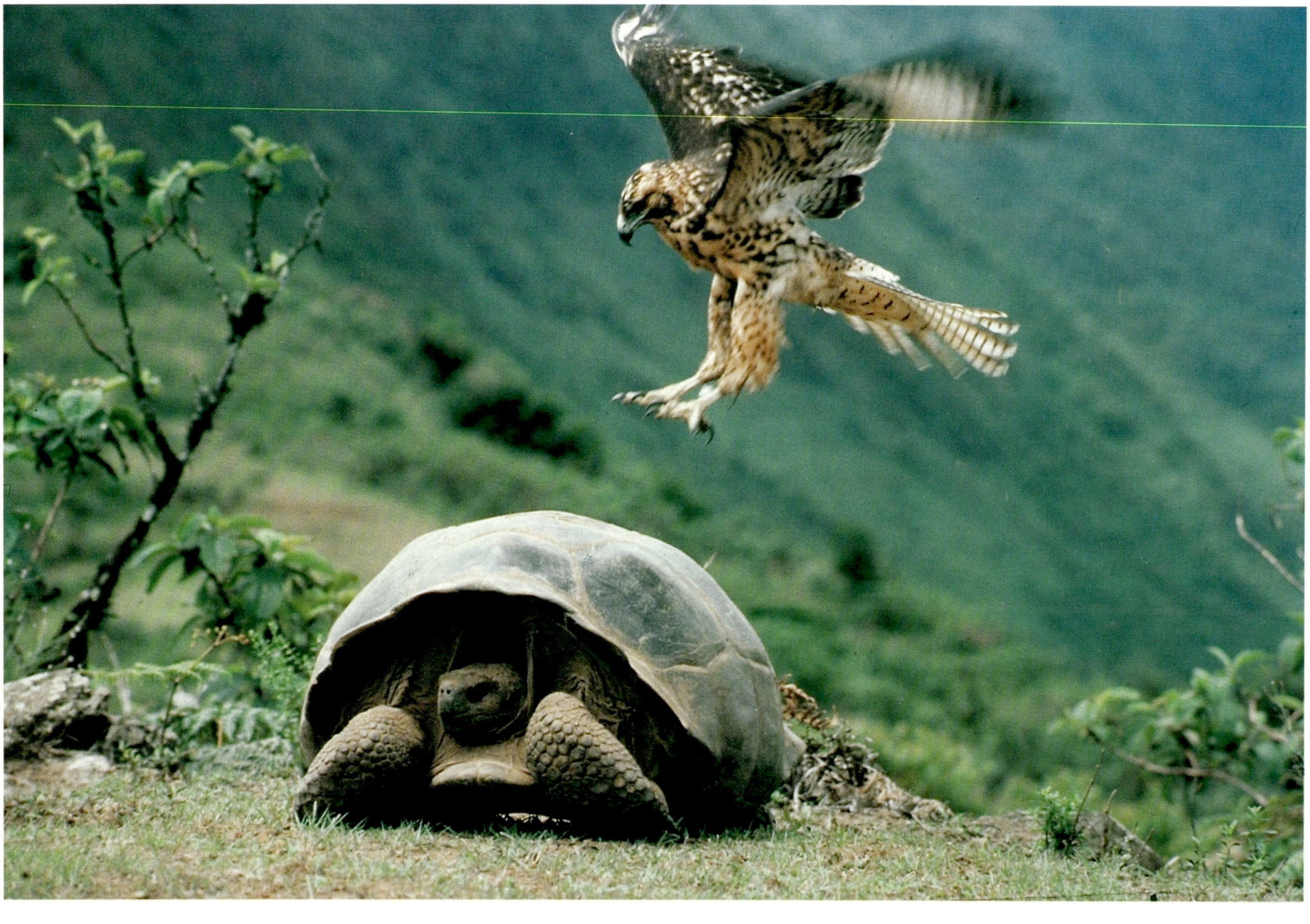

Dieses Bild eines Galapagosbussards, der auf einer Elefantenschildkröte landet, besitzt das gewisse Etwas, auf das es bei Wettbewerben ankommt. Es wurde bei einem Wettbewerb der Zeitschrift «National Wildlife» zum Gewinner unter 75'000 eingereichten Aufnahmen.
Foto: Fritz Pölking

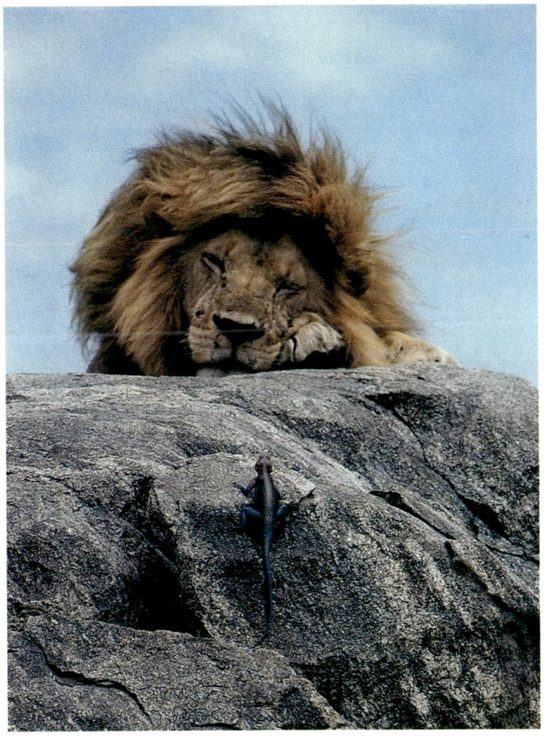

Auch dieser lustige Schnappschuss hat Fritz Pölking einen Preis eingebracht: Die Begegnung zwischen der Agame und dem Löwen besetzte den ersten Rang in einer Kategorie des hochangesehenen Wettbewerbs von «BBC Wildlife».
Foto: Fritz Pölking

Wenn man für sein Hobby immer mehr und immer teurere Geräte anschafft, kann der erhoffte angenehme Zeitvertreib leicht zu einer frustrierenden Materialschlacht ausufern. Statt sich auf die Technik zu fixieren, widmet man besser den Motiven die nötige Aufmerksamkeit. Dies zahlt sich eher in besseren Fotos aus. Sollte einem bestimmten Motiv mit der vorhandenen Ausrüstung wirklich nicht beizukommen sein, sucht man sich ganz einfach ein anderes. Der Verzicht auf ein paar Aufnahmen ist nicht weiter tragisch, wenn man die Grenzen seiner Ausrüstung und seiner eigenen Fähigkeiten kennt und akzeptiert. Schliesslich existieren mehr als genug andere Motive.

Achten Sie einmal auf die Siegerbilder von Fotowettbewerben zu Naturthemen in der Regenbogenpresse. Da geht der erste Preis meistens an einen witzigen oder spektakulären Schnappschuss. Ob dieser eventuell leicht unscharf oder ein bisschen verkantet ist, spielt dabei oft eine ziemlich untergeordnete Rolle (zum blanken Entsetzen all jener Mitbewerber, die technisch perfekte aber eben inhaltlich langweilige Fotografien eingesandt haben). Für ambitionierte Amateure gibt es auch anspruchsvollere Wettbewerbe bis hin zum «Wildlife Photographer of the Year Contest» der britischen Zeitschrift *BBC Wildlife*. An diesem wohl prestigeträchtigsten Fotowettbewerb zum Thema Natur messen sich alljährlich viele der besten Fotografen der Welt. Unter den diversen Bildautoren der Naturfotoschule sind übrigens einige vertreten, die mit ihren Aufnahmen teils schon mehrfach Kategoriensiege und/oder sogar den Titel des «Naturfotografen des Jahres» errungen haben. Obschon in Fotowettbewerben gelegentlich sehr attraktive Preise verliehen werden, dürfte auch ein regelmässiger Gewinner daraus kaum einen nennenswerten finanziellen Profit ziehen. Den Aufwand für all jene Fotos, die nicht prämiiert werden, muss man ja schliesslich auch berücksichtigen. Gleichwohl wäre gegen eine neue Kamera, eine interessante Reise zu zweit oder einen Zustupf für das langersehnte Traumobjektiv sicher nichts einzuwenden.

Um jedoch im Haupt- oder Nebenberuf mit Naturfotos richtig Geld zu verdienen, muss man sich schon ganz kräftig ins Zeug legen und sich gegen eine grosse Konkurrenz behaupten. Für Zeitschriftenbeiträge oder gar Bildbände ist jeweils eine grössere Anzahl Bilder in tadelloser Qualität vorzulegen. Und zwar stets auf einen vorgegebenen Termin, wenn es sich um Auftragsarbeiten handelt. Operiert man stattdessen mit einem eigenen Archiv oder einer Bildagentur, fällt zwar der Zeitdruck weg, dafür benötigt man Tausende – wenn nicht Zehntausende – aktueller Fotos zu breit gefächerten Themen. Zudem erfordern die administrativen Arbeiten in diesem Fall erheblich mehr Zeit als das eigentliche Fotografieren. Falls Sie solche Mühen wirklich auf sich nehmen wollen, finden Sie im Anhang Hinweise auf entsprechende Fachliteratur.

Jedes Jahr finden sich zur Zeit der Lachswanderung zahlreiche Bären zum Festschmaus im Katmai Nationalpark in Alaska ein. Noch grösser aber ist der Andrang von Fotografen; da kann es auf der Beobachtungsplattform gelegentlich schon ziemlich eng werden…
Foto: Jeff Foott

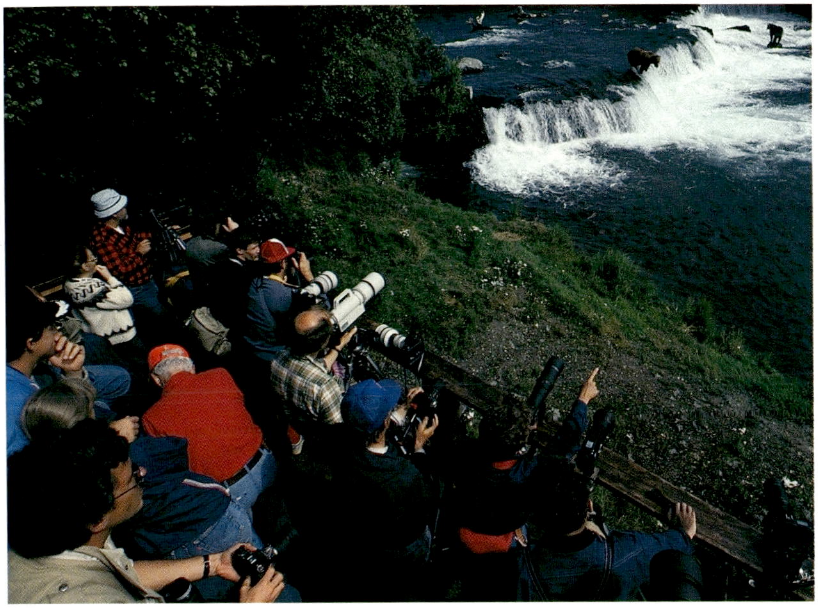

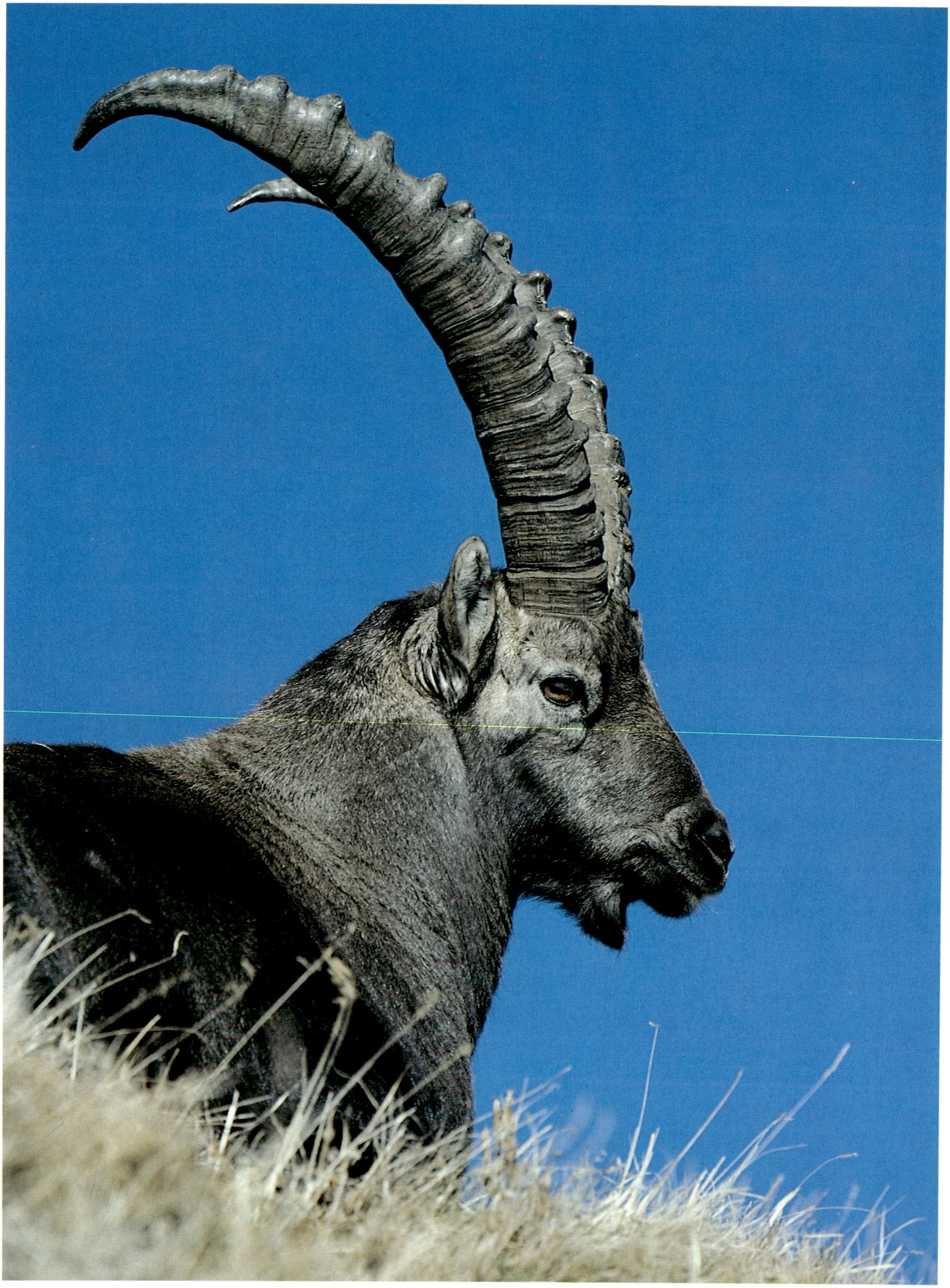

Wissensgrundlagen

«Man sieht nur, was man weiss», besagt eine wichtige naturfotografische Faustregel. Folglich sollte man über seine Motive sowie über die Grundlagen der Bildgestaltung möglichst gut Bescheid wissen. Entsprechende Fachkenntnisse sind immer eine wertvolle Hilfe bei der Motivsuche und bei der Komposition der Fotos. Damit man seinen Aufnahmen jeweils eine bestimmte Aussage mitgeben kann, muss man sich natürlich erst einmal darüber klarwerden, worin diese Aussage denn eigentlich bestehen soll.

Steinwild trifft man kurz vor und während der Bruft – etwa von Oktober bis Dezember – am ehesten in grossen Gruppen an. Die übrige Zeit des Jahres verbringen die Tiere zerstreut; die Weibchen mit den Kitzen sondern sich dann meist von den Böcken ab.
Foto: Eric A. Soder / Sutter

Die Auswirkungen dieser Überlegung auf die inhaltliche Qualität einer Fotografie dürfen nicht unterschätzt werden. Oft sind es nur subtile Kleinigkeiten, die aus einem zufälligen Schnappschuss ein Meisterwerk entstehen lassen. Wissen über das Motiv und dessen Natur versetzt einen in die Lage, eine Art Schwelle zu überschreiten. Nämlich jene vom blossen Sehen zum (teilweisen) Verstehen dessen, was sich vor der Kamera befindet oder abspielt. Um gute Fotos zu schiessen, sollte man gewissermassen mit dem Motiv «eins sein». Dies geht aber nur, wenn man das Motiv kennt und sich mit ihm identifizieren kann.

Alle typischen Naturmotive – gleich, ob Landschaft, Tier oder Pflanze – haben bestimmte Kennzeichen, die dem Kenner sofort ins Auge springen. Das Fehlen solcher Merkmale in einer Aufnahme kann mitunter ebenso auffällig sein. In diesem Fall wird der Fotograf als Nichtwissender entlarvt. Kennen Sie sich dagegen in der Materie aus, wird man dies Ihren Fotos in der Regel ebenso ansehen wie den Grad bewusster Bildgestaltung.

Die Welt der Naturwissenschaften

Wenn der Wissensdurst erwacht, frischt man am besten erst einmal sein Allgemeinwissen in Sachen Natur auf. Ohne eine solide Grundlage ist es nämlich oft sehr schwierig, konkrete Details im richtigen Zusammenhang zu sehen.

Beim Erarbeiten eines Themas folgt man am besten dem gleichen Prinzip wie ein Forscher: Zuerst versucht man, grobe Zusammenhänge zu verstehen, dann die im Detail wirksamen Mechanismen. Die Gesetzmässigkeiten der Vererbung zum Beispiel lassen sich ganz gut auch ohne die molekulare Struktur der Erbsubstanz erklären. Wollen Sie es später dann doch genauer wissen, hilft Ihnen wiederum ein verblüffend einfaches Modell, sich in den hochkomplexen Riesenmolekülen der Desoxyribonukleinsäure – besser bekannt unter dem Kürzel DNS (bzw. DNA aus dem Englischen) – einigermassen zu-

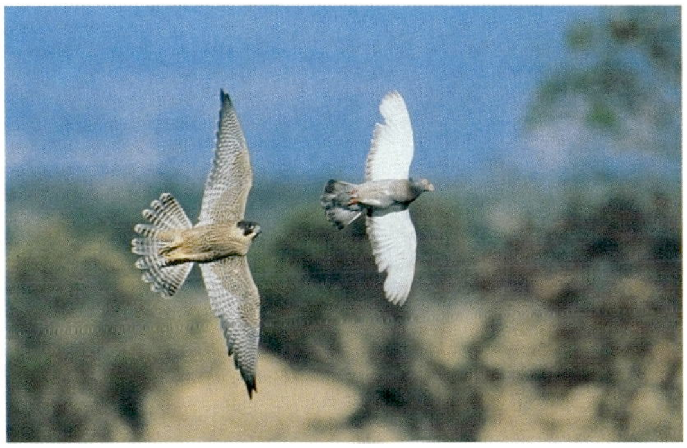

Der Wanderfalke gilt als schnellster Flieger unter den Tieren. Im Sturzflug erreicht er Spitzengeschwindigkeiten um 300 km/h. Hier jagt der wendige Greifvogel eine Taube.
Foto: Nicholas N. Birks / Auscape

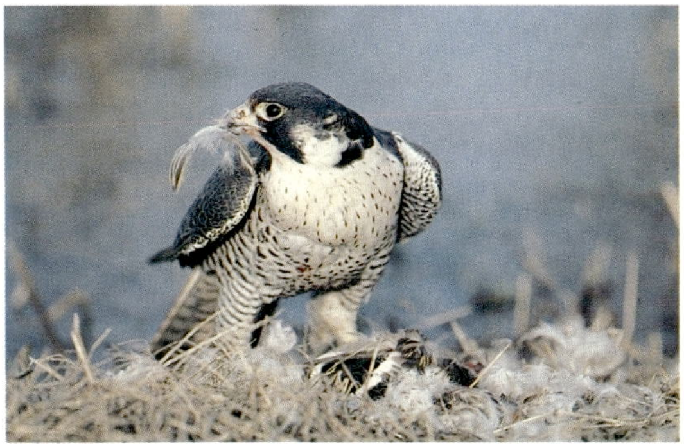

Vor der Mahlzeit rupft der Wanderfalke den im Flug geschlagenen Vogel. Zurück bleibt schliesslich ein Ring von Federn am Boden und vielleicht ein paar Knochen. Am Ansatz kann man später erkennen, dass die Federn einzeln ausgerissen und nicht z.B. von einem Fuchs abgebissen wurden.
Foto: Art Wolfe

rechtzufinden. Mit diesem Modell lassen sich bereits einige Vorgänge der Gentechnologie einleuchtend darstellen. Für tierfotografische Belange dürfen Sie das Kapitel Molekularbiologie jedoch getrost auslassen. Die Vererbungslehre besitzt dagegen schon mehr praktische Bedeutung, da einige erbliche Merkmale (z.B. eine ungewöhnliche Färbung) den betreffenden Pflanzen und Tieren ja anzusehen sind.

Bei der Auseinandersetzung mit den Naturwissenschaften ist es wichtig, sich von den wunderbar simplen Schulbeispielen und Modellfällen nicht über eines hinwegtäuschen zu lassen: Die Natur ist in Wirklichkeit viel komplizierter. Durch die Vielzahl unterschiedlicher Faktoren, die sich zudem noch wechselseitig beeinflussen, laufen natürliche Vorgänge im Vergleich zum Modell vielfach unberechenbar oder scheinbar unlogisch ab. Die Natur wird weitgehend durch ein dicht ineinandergreifendes System von Kreisläufen und Rückkopplungen bestimmt, in dem jedes Lebewesen und jedes Stückchen tote Materie gleichzeitig auf mehreren verschiedenen Ebenen mitwirkt.

Bilder von der Erde

Als Ausgangspunkt für einen Exkurs ins Reich der Wissenschaft eignet sich jenes in etwa kugelförmige Gebilde von über 12'000 Kilometern Durchmesser und rund einer halben Milliarde Quadratkilometern Oberfläche, das wir liebevoll unsere Mutter Erde nennen. Mit dieser Bühne allen uns bislang bekannten Lebens befasst sich die Geografie mit ihren Teildisziplinen. Eben solches tun auch Landschaftsfotografen, so dass sie am offensichtlichsten von geografischen Kenntnissen profitieren.

Von speziellem Interesse ist für uns der Aufbau der Erdkruste: Während die Topografie sich der Beschreibung der Oberflächenformen – sprich Landschaftstypen – widmet, handelt die Geologie hauptsächlich von der Substanz unseres Planeten, den Gesteinen.

Nicht ganz uninteressant ist auch die bereits in der Motiv-Übersicht angetönte Eigendynamik des Erdballs. Vereinfacht ausgedrückt, gleicht seine äusserste Schale einem von Sprüngen durchzogenen Krug. Die einzelnen Bruchstücke entsprechen ungefähr den Kontinenten oder grösseren Teilen davon. Diese tektonischen Platten schwimmen nun munter auf einer zähflüssigen Kugel aus geschmolzenem Gestein umher, nur eben für unsere Begriffe sehr langsam (ein paar Zentimeter bis wenige Meter pro Jahr). An den Fugen kann es allerdings gelegentlich in – wiederum aus menschlicher Sicht – monumentalen Ausmassen bröckeln und spritzen. So etwas nennt man dann ein Erdbeben beziehungsweise einen Vulkanausbruch. Beim Fotografieren ist es für Normalbürger jedoch nicht sonderlich angenehm, wenn einem das Motiv explosionsartig um die Ohren fliegt. Statt darauf zu warten, dass eine überdimensionierte Gasblase einem Kegelvulkan die Spitze wegreisst, können Sie auch an einem flachen Berg vom Typ Schildvulkan die eher friedlich hervorquellenden Lavaströme aus relativ kurzer Distanz im Bild festhalten, ohne dabei gleich Ihr Leben zu riskieren. Allerdings müssen Sie dafür mindestens nach Island oder ans Mittelmeer reisen. Die vulkanisch aktivsten Plattenränder liegen dagegen viel weiter entfernt in oder an den Ozeanen, namentlich dem Pazifik.

Bei uns in Mitteleuropa ist die Erdkruste zwar nicht minder starken Kräften ausgesetzt, doch sind diese gleichmässiger verteilt, weil die Kontinentalplatte hier erheblich dicker ist als unter den Ozeanen. Ihre relativ gemächliche Verwurstelung, aus der etwa die Alpen hervorgegangen sind, hat uns daher keine feuerspeienden Berge beschert, und die wenigen von Zeit zu Zeit auftretenden Beben nehmen sich auf der Richter-Skala meist ziemlich bescheiden aus. Dafür kommen bei uns wenigstens die Mineralogen und Kristallografen auf ihre Rechnung. Wo sich das Urgestein unter dem gewaltigen Druck verflüssigt und anschliessend wieder langsam verfestigt hat, finden Strahler heute Quarznadeln, Granate, Turmaline und dergleichen.

In den weniger stark zusammengepressten Sedimentschichten zeugen Versteinerungen von der Existenz und der Weiterentwicklung verschiedenster Lebensformen aus dem Pflanzen- und Tierreich. Damit wird bereits eine Brücke von den Erdwissenschaften zu den mehr auf die Erdbewohner bezogenen Zweigen der Naturwissenschaft geschlagen. Bevor wir aber die Spuren des Lebens verfolgen, lohnt es sich, noch schnell

Ein Ausbruch des Stromboli, einem der Mitteleuropa am nächsten gelegenen aktiven Vulkane. Dank Langzeitbelichtung erscheint die herausspritzende Lava wie ein Strauss glühender Lichtbögen.
Foto: Max Schmid

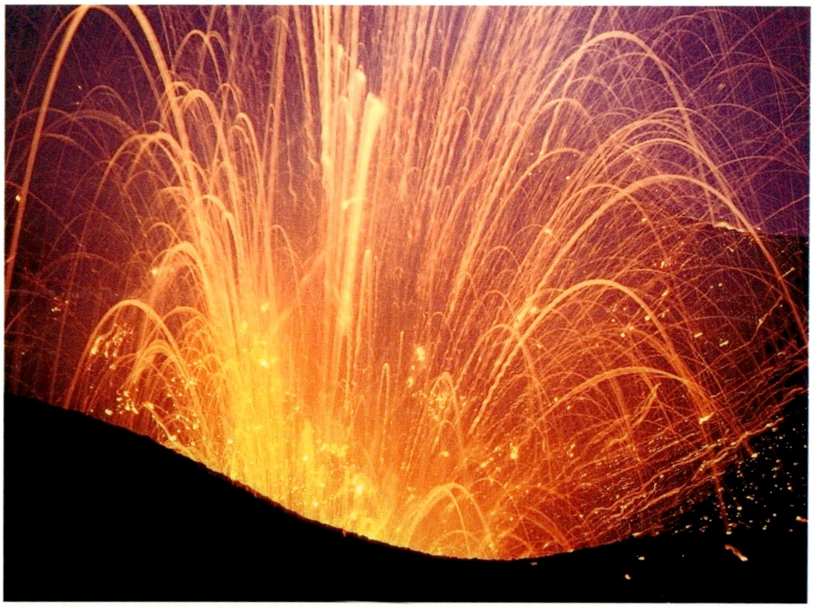

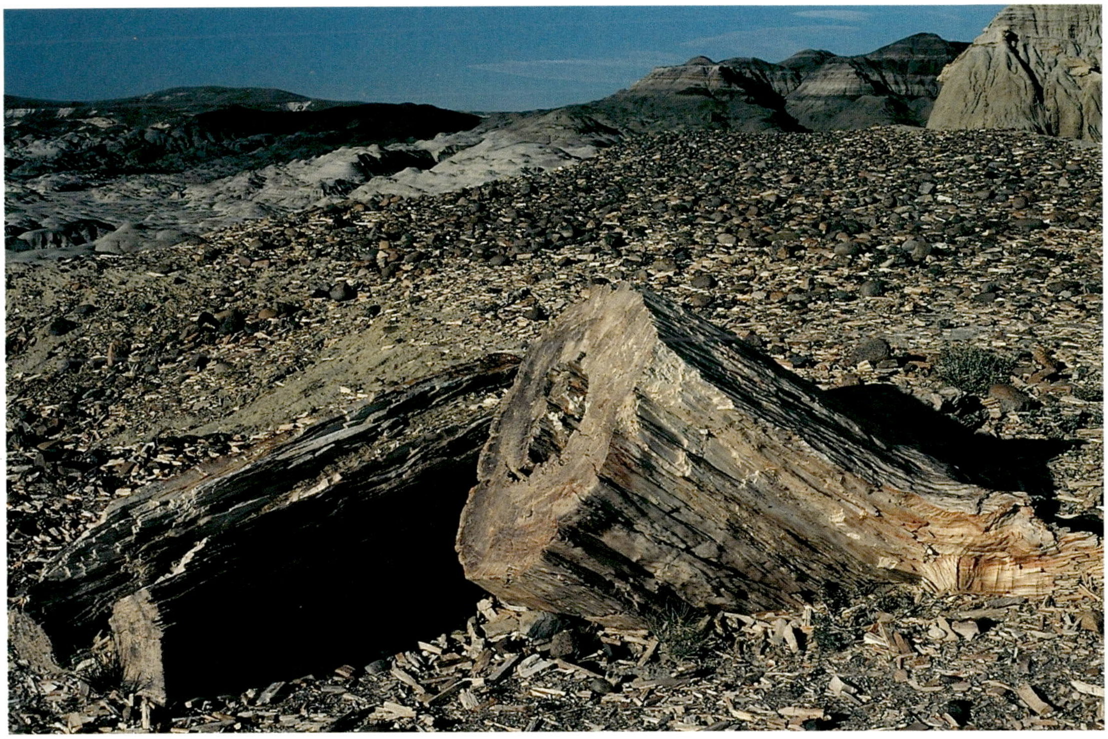

Als stumme Zeugen vergangener Zeiten ragen diese versteinerten Baumstämme aus dem Boden. Damit sie in dieser Form nahezu verewigt werden konnten, mussten die geologischen Voraussetzungen stimmen. Anderswo wäre das Holz vielleicht verrottet und spurlos von der Bildfläche verschwunden.
Foto: Max Schmid

einen Blick auf einige uns buchstäblich hautnah vertraute Eigenschaften unseres blauen Planeten zu werfen. Blau deshalb, weil knapp 71 Prozent seiner Oberfläche mit einer Flüssigkeit bedeckt sind, die zur Hauptsache aus demselben Wasser besteht, das in anderer Form Polkappen und Gletschereis bildet oder in der Atmosphäre für Unterhaltung sorgt.

Die Sonne als Fernheizung

Mit den physikalischen Vorgängen zwischen Erdoberfläche und Weltraum befassen sich die Klimatologie und die Meteorologie. Die atmosphärischen Einflüsse sind für alle lebenden Organismen von zentraler Bedeutung. Temperatur, Luftfeuchtigkeit, Niederschläge, Winde und natürlich die energiereiche Strahlung der Sonne, die Licht und Wärme spendet, alle diese Faktoren bilden die Grundlage für die Evolution alles Natürlichen.

Obwohl die Atmosphäre stark vereinfacht nur aus Luft und Wasserdampf besteht, laufen in ihren verschiedenen Schichten komplizierte und ineinander verschachtelte Vorgänge ab. Angetrieben wird das Ganze von der Sonne, deren Wärmestrahlung aufgrund der Bewegungen unseres Planeten die Luft und den Erdboden an verschiedenen Orten zu unterschiedlichen Zeiten aufheizt. Die Intensität der von der Sonne ausgesandten Strahlung ist dagegen ziemlich konstant; wesentliche Änderungen sind erst im Laufe von gewaltigen Zeiträumen zu erwarten.

Der Grad der Erwärmung bodennaher Luftschichten wird hauptsächlich durch den Anteil der Strahlung bestimmt, der die Lufthülle der Erde ganz zu durchdringen vermag. Der Rest wird schon in den oberen Schichten der Atmosphäre reflektiert oder absorbiert, und zwar um so mehr, je flacher das Sonnenlicht einfällt. Da sich die Erde um ihre eigene Achse dreht, ändert sich die Position der Sonne in Bezug auf die Erde ständig – und damit auch der Einfallswinkel der Strahlung. Jeweils um 12.00 Uhr astronomischer Lokalzeit steht die Sonne am höchsten und um 24.00 Uhr am tiefsten. Letzteres ist natürlich nur dann zu sehen, wenn der Tiefstpunkt über dem Horizont liegt. Dies ist auf den Polarkreisen rein mathematisch genau an einem Tag im Jahr der Fall, gegen die Pole hin jedoch während einer immer längeren Periode. An den Polen selbst

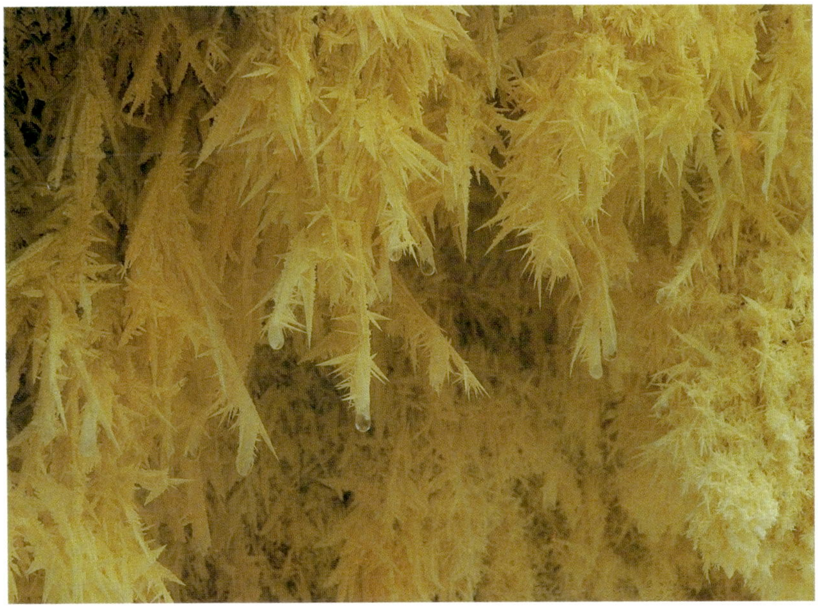

Diese Schwefelkristalle an einer Mineralquelle sind im Vergleich zu Quarznadeln oder Diamanten extrem schnell entstanden. Möglicherweise hat ihnen der Fotograf sogar beim Wachsen zuschauen können.
Foto: Max Schmid

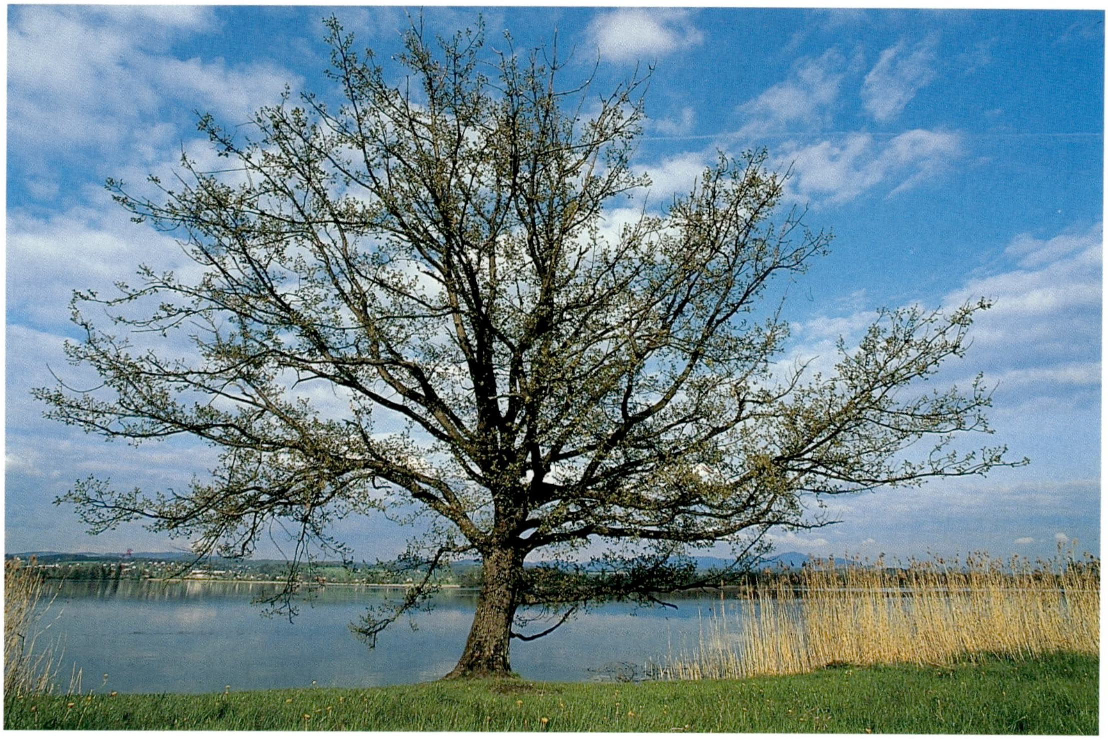

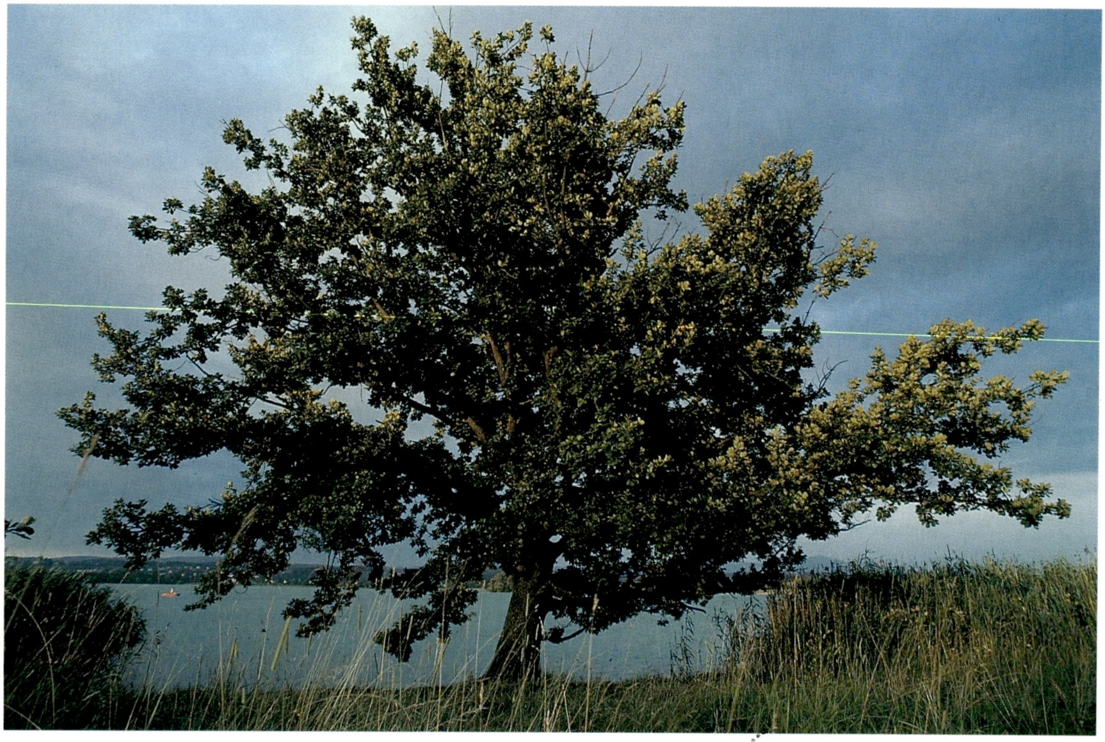

Eine Eiche im Wandel der Jahreszeiten. Um bei jedem Bild einen identischen Ausschnitt zu erhalten, habe ich das Stativ jeweils genau neben einem Holzpfahl aufgestellt und die Kamera mit ein und demselben 20mm-Objektiv bestückt. Für diese Serie habe ich mir aus naheliegenden Gründen einen Baum ausgesucht, den ich von zu Hause aus in kurzer Zeit erreichen kann.
Alle Fotos: Eric A. Soder

befindet sich die Sonne während des gesamten Sommerhalbjahres ununterbrochen oberhalb der Horizontlinie, im Winterhalbjahr dagegen ständig darunter. Diese ortsabhängigen Unterschiede ergeben sich aus der Neigung der Erdachse gegenüber der Bahnebene, auf welcher die Erde um die Sonne kreist.

Die schrägstehende Erdachse ist im übrigen auch für das Entstehen der Jahreszeiten verantwortlich. Weil sich der Tageshöchststand der Sonne im Laufe des Jahres verändert, tut dies auch die jeweils bis zur Erdoberfläche vordringende Energiemenge. Wie die Variabilität der Tageslänge ist auch die Ausgeprägtheit der Jahreszeiten von der geografischen Breite abhängig. Jeweils auf Meereshöhe sind die Durchschnittstemperaturen am Äquator in allen Monaten fast gleich hoch, während die Unterschiede zwischen Sommer und Winter mit zunehmender Breite immer grösser werden. Gleichzeitig nimmt die mittlere Jahrestemperatur vom Äquator gegen die Pole hin ab.

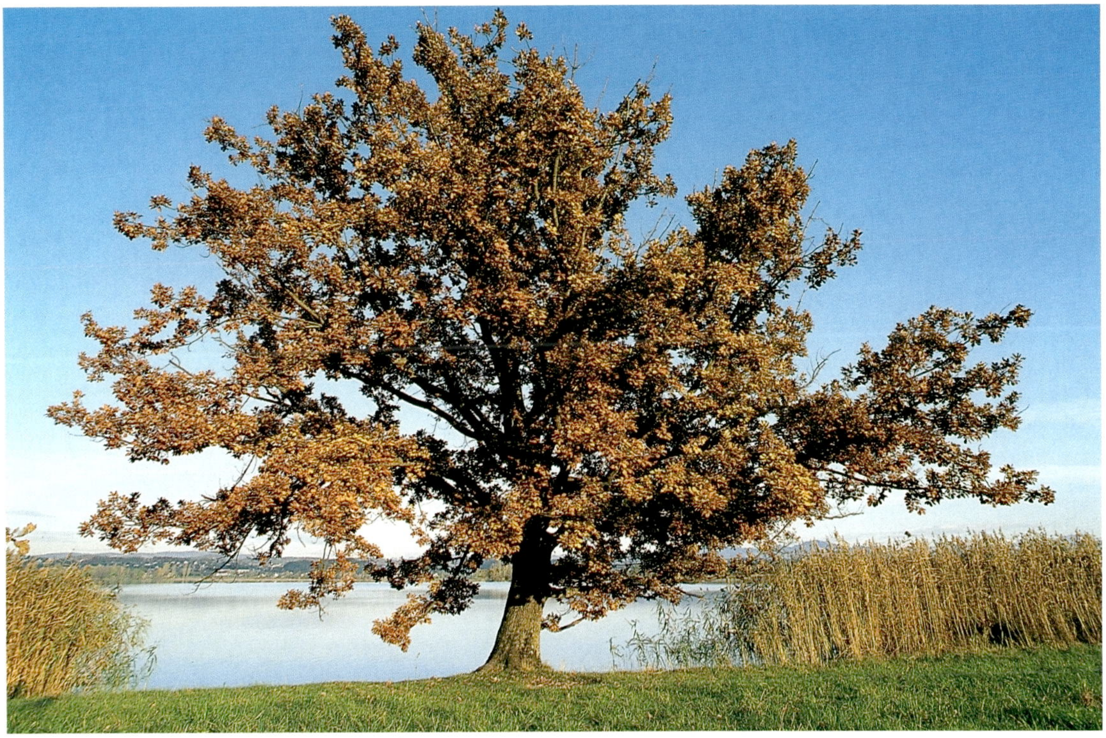

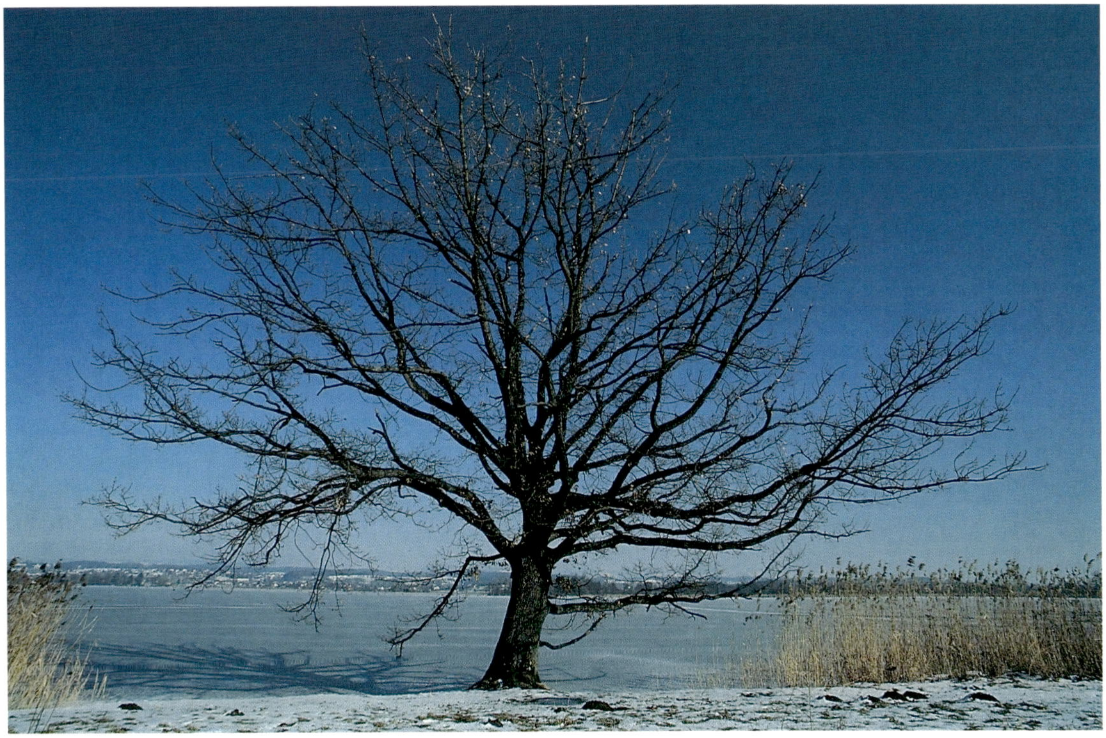

Wind und Regen als Ausgleichsmechanismen

Die sich ständig verändernden Temperaturen am Boden und in den angrenzenden Luftschichten setzen gemäss den Gesetzen der Physik verschiedenste dynamische Effekte in Gang. Erwärmte Luft dehnt sich aus, erhält dadurch mehr Auftrieb und steigt auf. Die einsetzende Strömung wird aufrechterhalten, solange in Bodennähe kühlere Luft nachfliesst und vom aufgeheizten Erdboden ebenfalls erwärmt wird. Weiter oben in der Atmosphäre verläuft die Luftbewegung in umgekehrter Richtung, so dass ein Kreislauf entsteht. Dieser Vorgang der Luftumwälzung heisst Konvektion.

Wenn man zum Beispiel in der Mitte eines geschlossenen Zimmers eine Wärmequelle aufstellt, kann man leicht beobachten, wie die Luft darüber aufsteigt, sich an der Decke ausbreitet, den Wänden entlang absinkt und am Fussboden wieder gegen die Mitte des Raumes hin strömt. In der Erdatmosphäre findet die Konvektion jedoch meist über einem Gebiet mit einer Ausdehnung von vielen hundert oder einigen tausend Kilometern Länge und Breite und vielleicht zehn bis zwanzig Kilometern Höhe statt. Auf einer solchen Skala werden die Windströmungen durch die Coriolisbeschleunigung, welche sich aus der Erdrotation ableitet, spiralförmig abgelenkt. So entstehen die typischen Tiefdruckwirbel und die gebogenen Wetterfronten, die Sie sicher schon aus den im Fernsehen gezeigten Satellitenfotos und Wetterkarten kennen.

Ein anderer Vorgang, der sowohl von der Temperatur als auch von den herrschenden Windverhältnissen abhängt, ist der Kreislauf des Wassers. Je wärmer die Luft und je geringer ihr Feuchtigkeitsgehalt ist, um so mehr Wasser verdunstet von der Erdoberfläche. Damit sich aus dem in der Luft gelösten Wasserdampf wieder flüssiges Wasser bildet, muss sich die Luft zuerst soweit abkühlen, bis der Sättigungspunkt überschritten wird und die Kondensation einsetzt. Eine solche Abkühlung der Luft erfolgt entweder beim Aufsteigen in eine grössere Höhe oder beim Kontakt mit dem kälteren Erdboden. Im ersten Fall entstehen Wolken, Regen, Schnee und Gewitter, im anderen Fall Tau, Frost oder Bodennebel.

Die Gesamtheit aller Witterungseinflüsse an einem gegebenen Ort bezeichnet man als Klima. Dabei wird das Jahr als Masseinheit zugrundegelegt, da sich die klimatischen Vorgänge nach dieser Periode aus den weiter oben beschriebenen Gründen gemäss demselben (oder mindestens einem sehr ähnlichen) Schema wiederholen. Für eine einfache und doch schon ziemlich aussagekräftige Charakterisierung eines Klimas bedient man sich einer Tabelle oder Grafik, welche die zwölf Monatsmittel für Lufttemperatur und Niederschlagsmenge enthält. Eine umfassende Interpretation dieser Angaben setzt natürlich voraus, dass die geografische Lage des Ortes und insbesondere dessen Höhe über Meer bekannt sind. Zusätzlich sollte man für die Belange der Naturfotografie auch über das Ausmass der täglichen Temperaturschwankungen sowie über die übliche zeitliche Verteilung der Niederschläge Bescheid wissen. Gerade hier kann man in der Praxis (vor allem beim Reisen) grosse und mitunter sehr unangenehme Überraschungen erleben.

Als Faustregel kann man davon ausgehen, dass ein ozeanisches Klima in der Regel mild ist und weder nachts noch im Winter extrem tiefe Temperaturen bringt, während ein kontinentales oder alpines Klima häufig von krassen Gegensätzen geprägt ist. Das Klima einer bestimmten Region ist jedoch nicht nur von der Sonneneinstrahlung und von der Höhe über Meer abhängig, sondern auch von der Oberflächengestalt, den Reflexionseigenschaften und dem Wassergehalt des Bodens. Auf der Windseite von hohen Bergketten beispielsweise sind Luftfeuchtigkeit und Niederschlagsmenge oft erheblich grösser als auf der Rückseite. So entsteht ein kompliziertes Muster von Klimazonen und Höhenstufen von ganz unterschiedlicher Ausdehnung. Jedes dieser Gebiete hat meist ganz typische

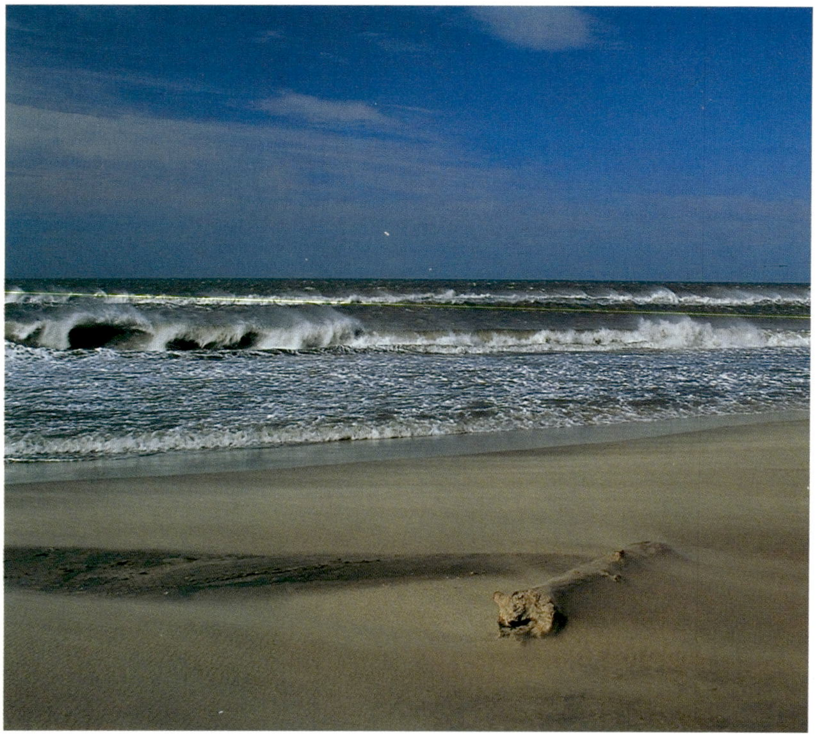

Bei genauen Hinsehen ist auf dem linken Bild zu erkennen, dass der Mistral ziemlich heftig über die Camargue fegte, als ich den Strand aufnahm. Bis etwa 50cm über dem Boden wurde alles regelrecht sandgestrahlt. Solche Bedingungen können für die Ausrüstung schädlich sein, wenn keine Sicherheitsvorkehrungen getroffen werden.
Foto: Eric A. Soder

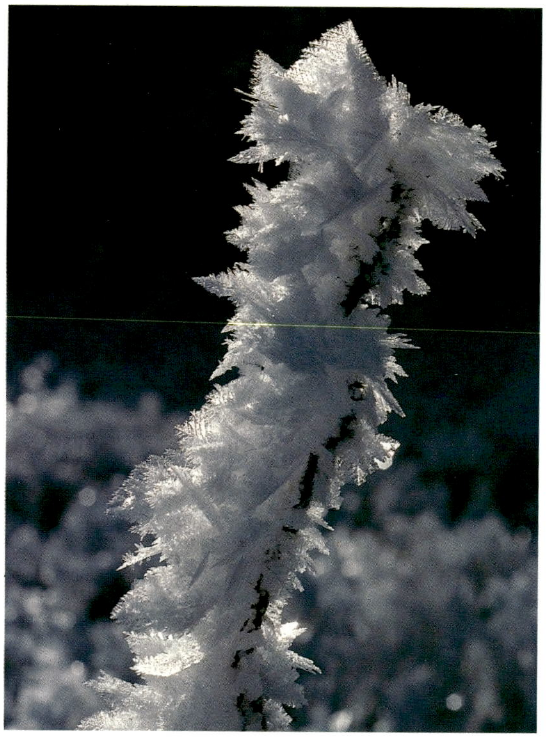

Wenn es im Winter bitterkalt ist und viele Leute lieber in der warmen Stube bleiben, entfaltet sich draussen eine reiche Auswahl prachtvoller Motive. Nach einer klaren Nacht ist der Rauhreif besonders üppig; sobald jedoch die Sonne draufscheint, schmilzt er rasch dahin.
Foto: Roland Gerth

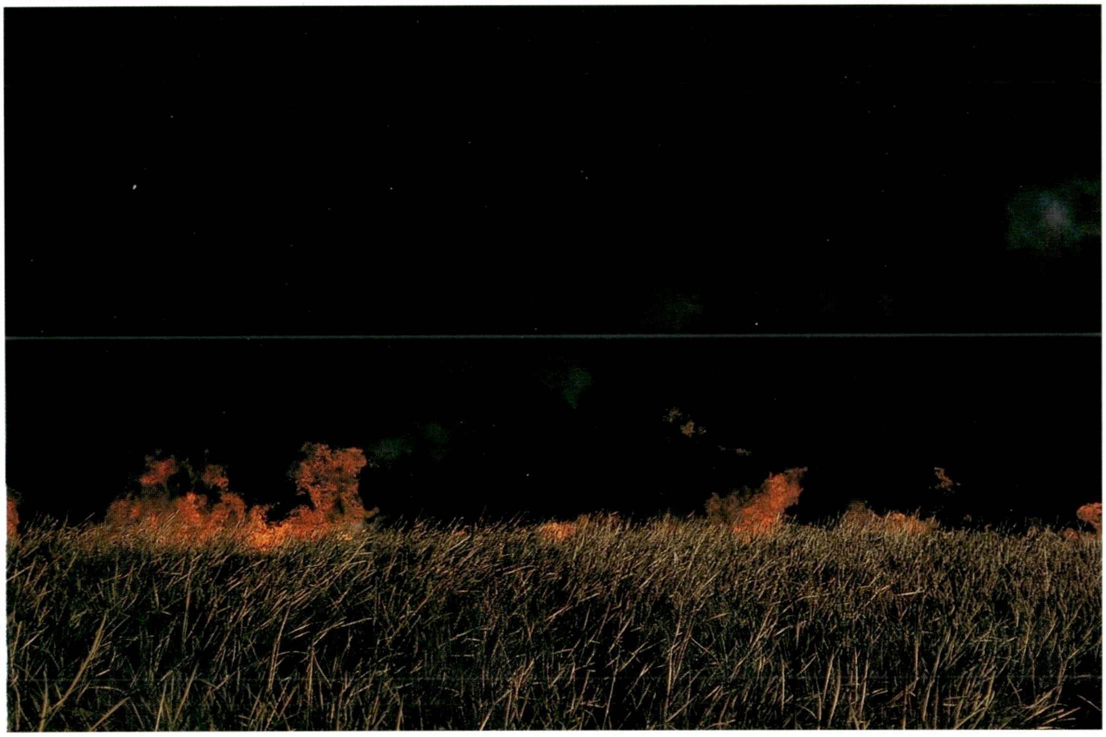

Wer in diesem Feuer eine selbstzerstörerische Laune der Natur sieht, begeht einen Irrtum. In manchen Gebieten – so auch in den Everglades in Florida – sind periodische Brände für das Gedeihen der Vegetation geradezu lebenswichtig. Das Feuer ist hier eine wichtige Quelle der Erneuerung.
Foto: Eric A. Soder

Vegetationsformen, die im Zuge der Evolution durch die Anpassung der Pflanzen an ihren Lebensraum entstanden sind. Dementsprechend haben sich auch die pflanzenfressenden Tiere den lokal verfügbaren Nahrungsquellen angepasst und die Fleischfresser ihrerseits auf bestimmte Beutetiere spezialisiert.

Im Gegensatz zum Klima ist das aktuelle Wetter viel unberechenbarer. Eine allfällige Wolkendecke ist mit der Erwärmung des Bodens rückgekoppelt, welche ja ihrerseits Luftströmungen und Wolkenbildung verursacht. Wenn schon die Meteorologen das Wetter nicht immer mit letzter Sicherheit voraussagen können, werde ich mich hüten, hier irgendwelche hausgemachten Wetterregeln aufzustellen.

Grundlagen der Biologie

Neben den Zusammenhängen zwischen einem Lebensraum und seiner Flora und Fauna sind auch die systematische Botanik beziehungsweise Zoologie von erheblicher praktischer Bedeutung für die Naturfotografie. Denn Artenkenntnis und Systematik gehören eng zusammen.

Der Biologe unterteilt die Welt der Lebewesen entsprechend ihren anatomischen und genetischen Merkmalen in taxonomische Einheiten, die ihrerseits wieder stufenweise gegliedert sind. Das Reich der Pflanzen umfasst die Abteilungen Algen, Pilze, Flechten, Moose, Farne und Samenpflanzen. Die Abteilung Samenpflanzen zum Beispiel gliedert sich in die zwei Unterabteilungen Nacktsamer und Bedecktsamer, letztere in die beiden Klassen der einkeimblättrigen und zweikeimblättrigen Pflanzen. Die Klassen bestehen aus einer oder mehreren Ordnungen, diese wiederum aus Familien, die Familien aus Gattungen und diese schliesslich aus Arten. Der wissenschaftliche Name einer Art besteht in der Regel aus zwei Teilen in lateinischer Sprache: dem Gattungsnamen und dem Artzusatz, wie im Beispiel *Sambucus nigra.* In der Fachliteratur wird meist auch der Name des Autors angehängt, der die jeweilige Art als erster beschrieben hat, so dass der eben zitierte Schwarze Holunder ganz korrekt als «*Sambucus nigra* L.» bezeichnet

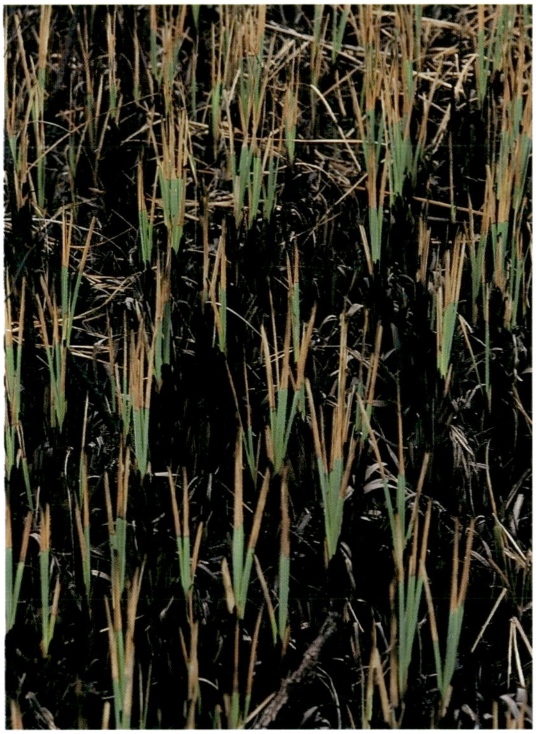

Nach einem Brand findet das nachwachsende Riedgras (dieselbe Planzenart wie in der obigen Aufnahme) ideale Bedingungen vor. Die Bäume in der Umgebung tragen ausser einer angesengten Rindenschicht ebenfalls kaum Schäden davon.
Foto: Bill Thomas

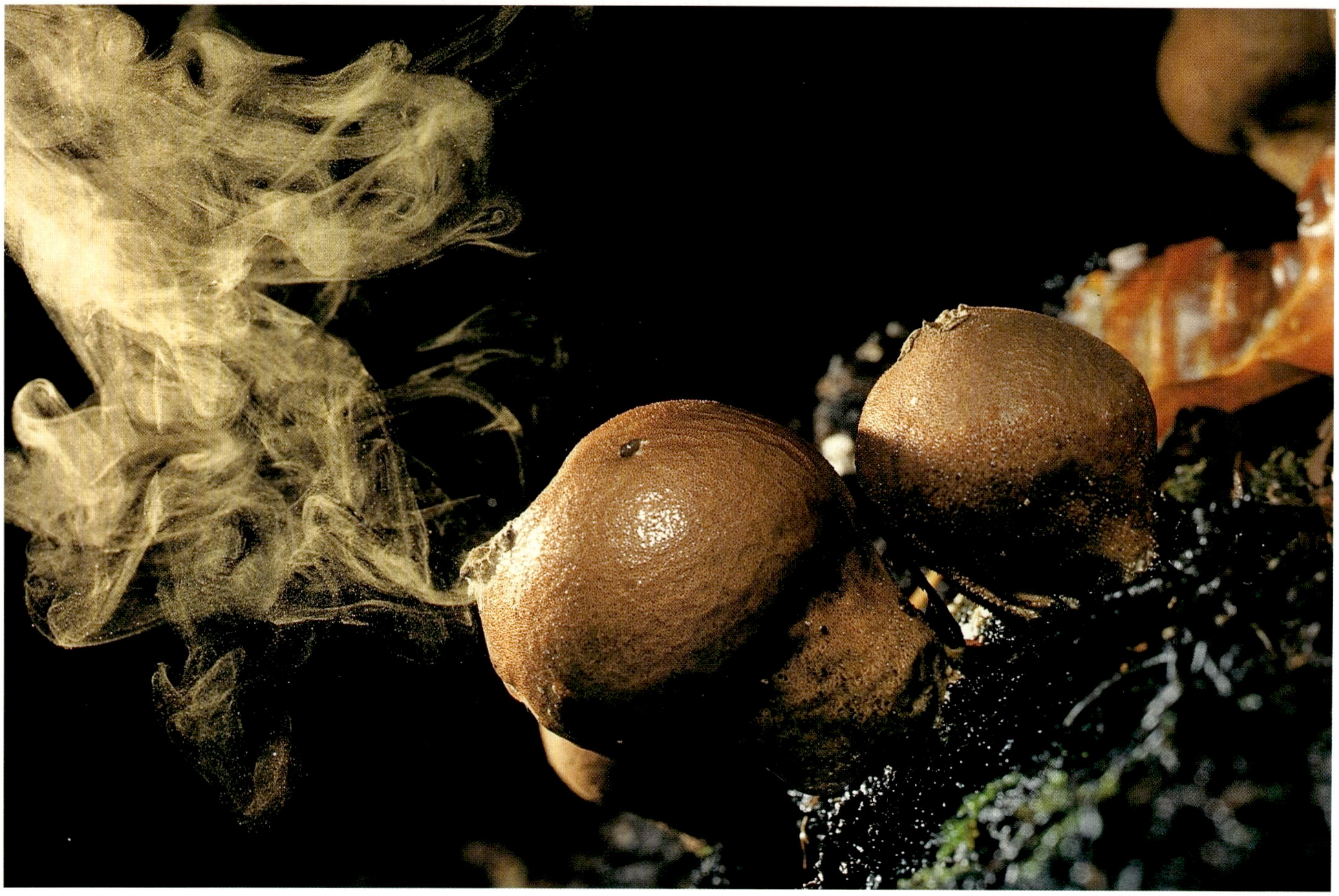

Der Birnenbovist vermehrt sich durch winzige Sporen, die bei Druckeinwirkung (Regentropfen genügen) auf die dünne Haut des reifen Pilzes in Form einer Staubwolke ausgestossen werden.
Foto: Felix Labhardt

wird. Das berühmte «L.» steht hierbei als Abkürzung für den Schweden Karl von Linné, der im 18. Jahrhundert die systematische Klassierung der Lebewesen «erfunden» hat.

Das Tierreich wird im wesentlichen gleich wie die Pflanzen gegliedert, mit dem kleinen Unterschied, dass die Abteilungen hier Stämme heissen. Ein «Ast» dieses Systems sieht beispielsweise wie folgt aus:
Reich Tiere (Vielzeller) – Stamm Chordatiere – Unterstamm Wirbeltiere – Klasse Säugetiere – Ordnung Raubtiere – Familie Hundeartige – Gattung Fuchs – Art Rotfuchs *(Vulpes vulpes).*

Die Kenntnis dieser Systematik ist in der Praxis vor allem aus einem Grund wichtig: Sie kann einem das Bestimmen ganz erheblich erleichtern. Suchen Sie zum Beispiel in einem Pflanzenführer nach einer kleinen Pflanze mit blassvioletten Blüten, werden Sie etliche Dutzend Abbildungen vergleichen und Beschreibungen lesen müssen. Wenn Sie aber dem zu bestimmenden Blümchen schon auf Anhieb ansehen, dass es zu den Nelkengewächsen gehören müsste, gelangen Sie viel direkter ans Ziel. Ähnlich viel Sucharbeit kann man sich auch bei den Insekten ersparen, von denen es bekanntlich enorm viele Arten gibt.

Das Auswendiglernen sämtlicher Taxa (d.h. Klassierungs-Einheiten) mit ihren jeweiligen anatomischen Merkmalen, der Art der Vermehrung und ihrem Stoffwechsel in systematischer Reihenfolge wäre allerdings eine ziemlich trockene Angelegenheit. Ich persönlich ziehe es vor, von einzelnen Arten auszugehen, und zwar von solchen, die ich bereits fotografiert habe oder die mich aus sonstigen Gründen interessieren. Indem ich die Stellung dieser Arten im System sozusagen rückwärts verfolge, belaste ich meine grauen Zellen nur mit den momentan gerade relevanten Informationen. Bei Bedarf kann ich mein Wissen ja jederzeit erweitern. Genauso, wie ich meine Bibliothek laufend mit weiteren Büchern zu neuen Sachgebieten ergänze.

Das Verhalten der Tiere

Im Gegensatz zu den Pflanzen, die sich kaum bewegen und deren Stoffwechsel fast ohne sichtbare Spuren abläuft, kann man bei den Tieren diverse bewegte Vorgänge beobachten: zum Beispiel die Fortbewegung, die Nahrungsaufnahme und spätere Kot- oder Urinausscheidung, die Partnerwahl und Fortpflanzung sowie Spiel und Ausruhen. Diese unter dem Begriff Verhalten zusammengefassten Lebensäusserungen der Tiere sind das Thema der Ethologie, die da und dort auch als Psychobiologie bezeichnet wird. Hierbei handelt es sich um einen relativ jungen Wissenschaftszweig.

Wie in den anderen Zweigen der Wissenschaft wird in der Verhaltensforschung gleichfalls gern und oft mit Modellen gearbeitet. Uns interessieren hier natürlich weniger die physikalischen, chemischen oder mathematischen Zusammenhänge als vielmehr die Verhaltensweisen selbst. Kennen wir nämlich die für eine bestimmte Handlung eines Tieres nötigen Rahmenbedingungen sowie den üblichen zeitlichen Ablauf dieser Handlung, können wir rechtzeitig einen geeigneten Aufnahmestandpunkt einnehmen und die Bildgestaltung entsprechend im voraus planen.

Alle Tiere besitzen schon in ihrer frühesten Kindheit arttypische Verhaltensmuster, die im Volksmund «Instinkte» heissen. Ethologen sprechen in diesem Zusammenhang etwas präziser von «angeborenem Verhalten». Denn andere – ebenfalls arttypische – Verhaltensweisen können sich erst im Laufe der Zeit durch Lernen entwickeln. Dazu zählt beispielsweise die sogenannte Prägung. Darunter versteht man die Verhaltensformung in Bezug auf das Erkennen von Artgenossen und deren Geschlechts. Die Prägung erfolgt meist in einer zeitlich genau begrenzten Phase der Kindheit und ist danach in der Regel nicht mehr reversibel. Das geht sogar soweit, dass auf eine menschliche «Mutter» geprägte männliche Gänse oder Enten nicht mehr zur Fortpflanzung fähig sind, weil sie ihre weiblichen Artgenossen nicht als mögliche Geschlechtspartner erkennen und daher eventuelle Annäherungsversuche abwehren oder schlicht ignorieren.

Freund oder Feind?

Das Wahrnehmungsvermögen der Tiere übt häufig einen grossen Einfluss auf ihr Verhalten aus. Das erkennt man nicht zuletzt auch in dem Moment, da ein potentielles Fotomotiv die Flucht ergreift, weil man ihm zu nahe getreten ist. Ein solches Missgeschick lässt sich eher vermeiden, wenn man sich gedanklich in die Lage des «Opfers» versetzen kann, um die Situation aus dessen Sicht zu beurteilen. Tiere finden sich auf sehr unterschiedliche Weise in der Welt zurecht: Uns Menschen am ähnlichsten sind die Vögel; sie verlassen sich primär auf ihre Augen, ebenso Eidechsen und einige tagaktive Säuger. Nachttiere wie Eulen, Fledermäuse, Igel und Füchse orientieren sich dagegen vorwiegend mit ihrem Gehör und ihrem Geruchssinn. Andere Tiere wiederum reagieren empfindlich auf Erschütterungen (z.B. gewisse Spinnen und Insekten), Strömungsänderungen (Fische) oder Wärmestrahlung (Schlangen).

Die Tiere beurteilen ihre Mitlebewesen oft nach der Grösse: Was kleiner ist als sie selbst wird

Tiere verständigen sich untereinander auf mannigfaltige Weise. Die beiden balzenden Wanderalbatrosse etwa vollführen einen rituellen Tanz, bei dem sie ihre Flügel (mit rund drei Metern Spannweite) elegant einzusetzen verstehen.
Foto: Jean-Paul Ferrero / Auscape

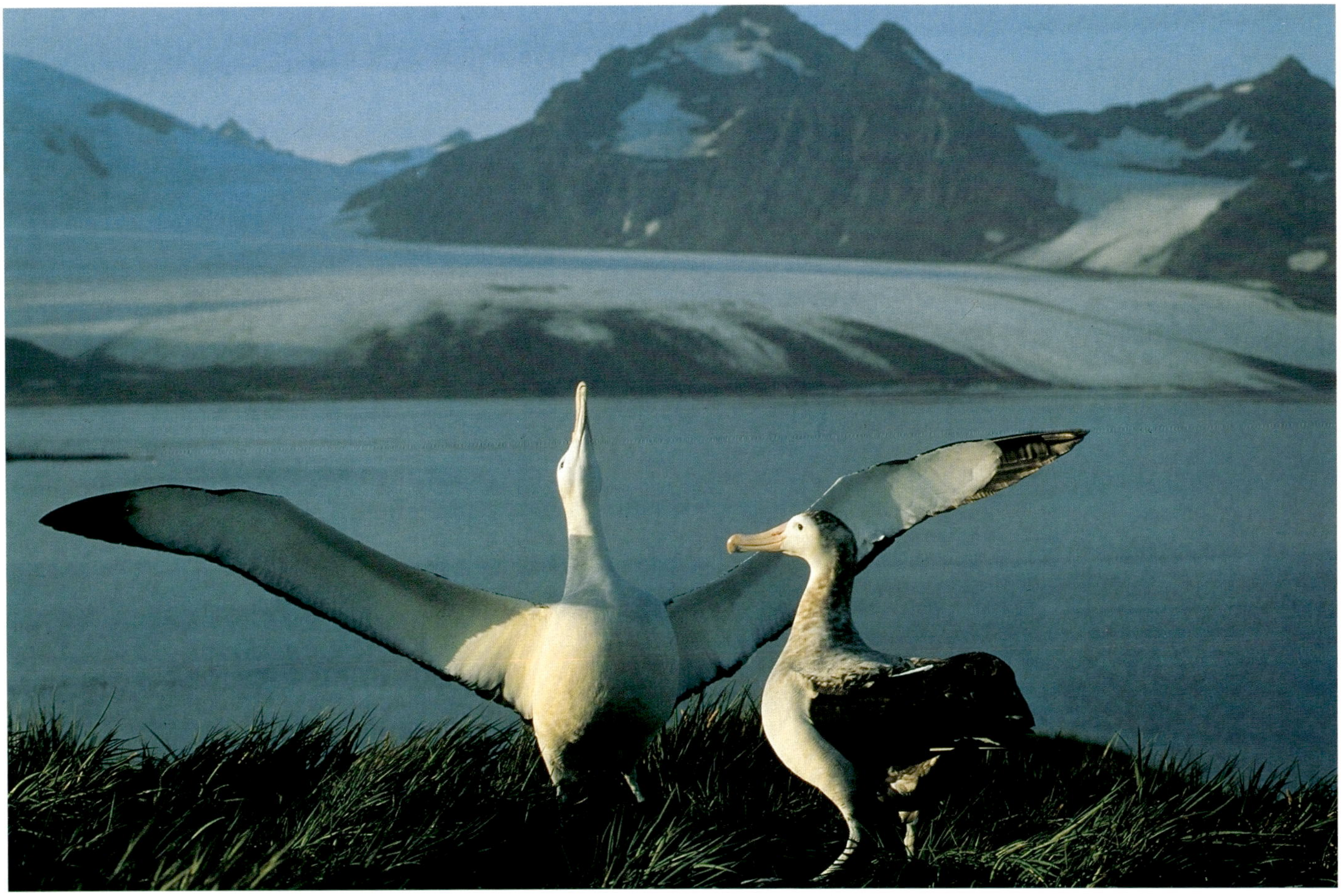

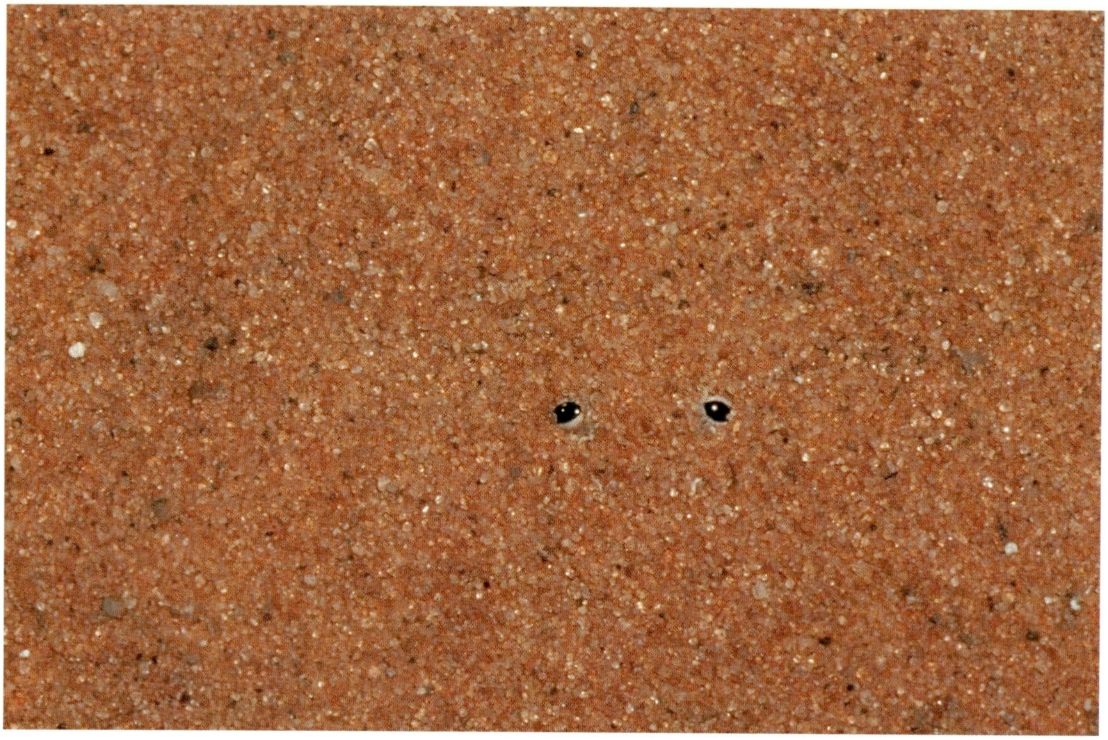

Das Augenpaar, das hier so klammheimlich aus dem Wüstensand hervorspäht, gehört einer auf Beute lauernden Schlange. Es ist nicht nur für die Beutetiere von Vorteil, um diese Taktik zu wissen, sondern auch für motivsuchende Fotografen…
Foto: Austin James Steven / Bruce Coleman

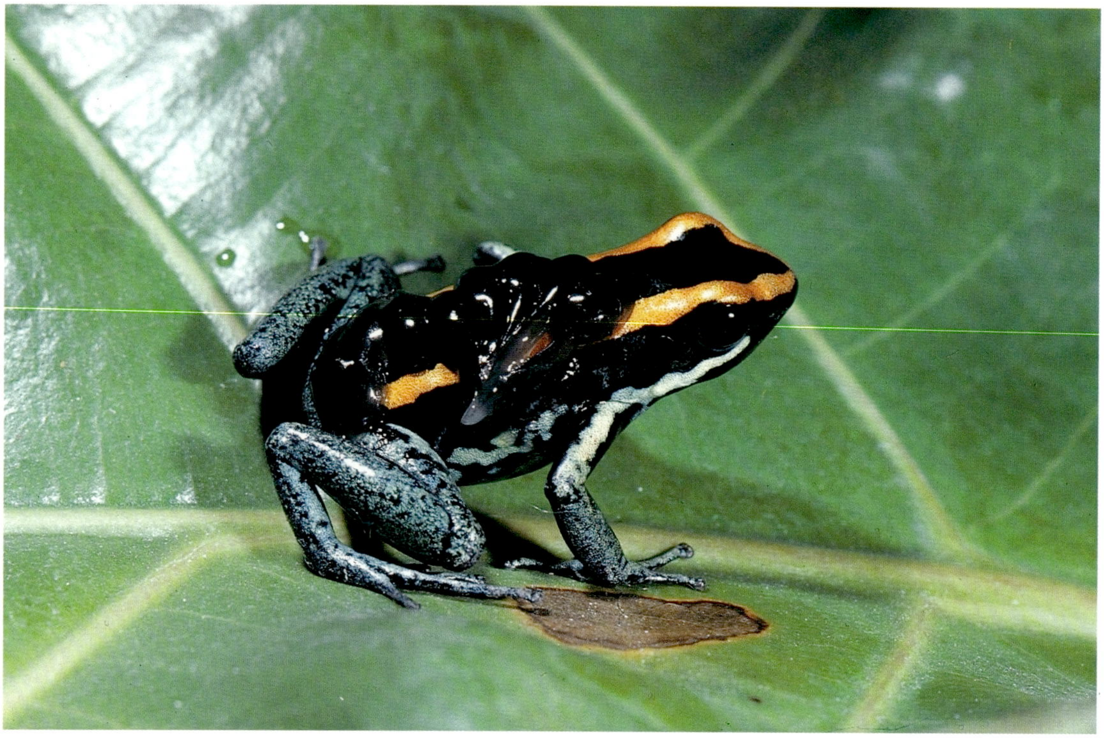

Weshalb tritt wohl Vater Frosch (hier mit Nachwuchs) in einer derart auffällig gefärbten Haut auf den Plan? – Er tut damit potentiellen Feinden kund, dass er einer von der giftigen Sorte ist.
Foto: Hans D. Dossenbach

als ungefährlich oder essbar eingestuft, etwa gleich grossen Gestalten begegnen sie zumindest anfänglich mit Respekt und vor allem Grösseren ergreifen sie im Zweifelsfall erst einmal die Flucht. Durch Gewöhnung oder unangenehme Erlebnisse gibt es jedoch zahlreiche Ausnahmen von diesem Schema: Grosse Vegetarier wie Huftiere oder Elefanten jagen den im selben Lebensraum vorkommenden kleineren Tieren kaum Furcht ein. Umgekehrt existieren aber gewisse Zwerge, die sich mit scharfen Zähnen, spitzen Stacheln, potenten Giften oder ekelerregenden Stinksekreten sehr wirksam zur Wehr setzen können. Um diese schlagen dann selbst erheblich grössere Raubtiere meist einen weiten Bogen.

Natürliche Zusammenhänge

Dass zwischen «Räubern» und ihrer Beute ebenso wie zwischen Pflanzenfressern und ihrem bevorzugten Futter direkte Wechselwirkungen spielen, welche die Populationsgrösse und die

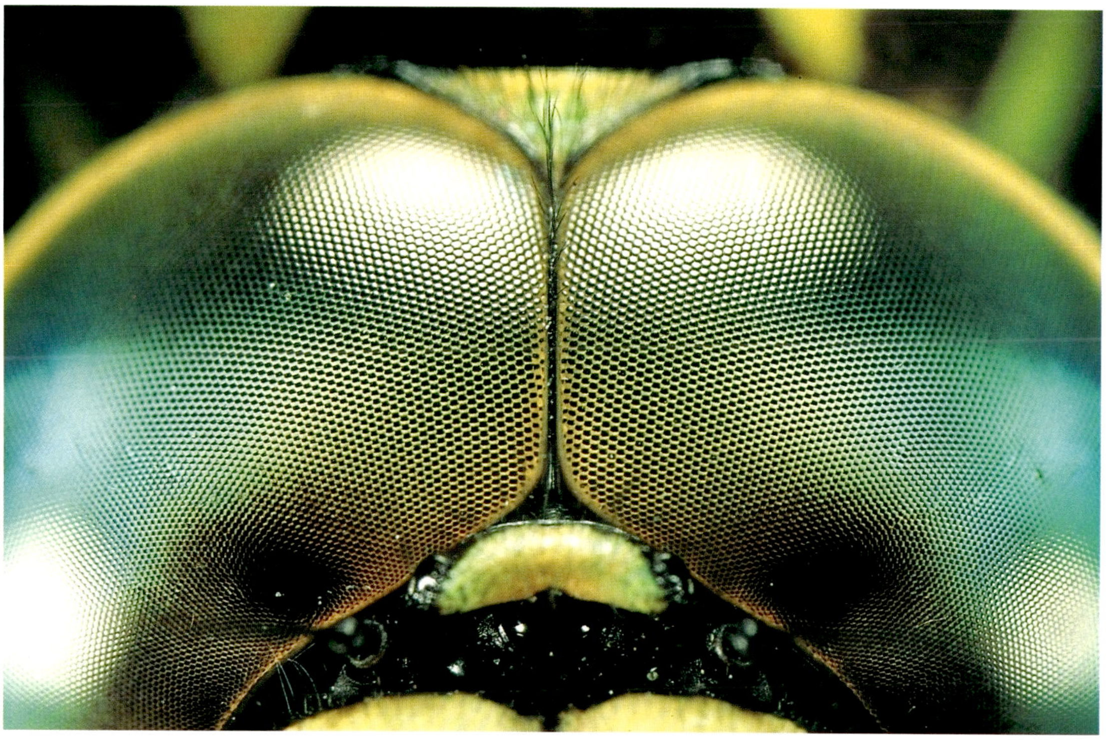

Zwei Augen sehen mehr als eines. Diese Libelle aber besitzt Komplexaugen, die sich aus Tausenden einzelner Sehstäbchen zusammensetzen. Damit hat sie eine gute Rundumsicht und kann zudem wesentlich schnellere Bewegungen wahrnehmen als wir Menschen.
Foto: Felix Labhardt

Individuendichte auf beiden Seiten regulieren, ist offensichtlich. Hinreichend bekannt dürften auch die sogenannten Nahrungsketten sein, die namentlich im Zusammenhang mit der sukzessiven Anreicherung von Giftstoffen wie Quecksilber, DDT oder PCBs im tierischen oder menschlichen Gewebe immer wieder ins Gespräch kommen. Wie schon weiter oben erläutert, handelt es sich bei all diesen Vorgängen jedoch meist nicht um lineare Entwicklungen, die bei A beginnen und schliesslich bei Z enden, sondern um zyklische Regulationssysteme. So wie in der klassischen Physik stets das Gesetz der Energie-Erhaltung gilt, geht auch in der Ökologie nichts einfach so «verloren». Gleich dem Wasser, das aus den Wolken herabregnet, ins Meer fliesst, verdunstet, in einer Wolke kondensiert und erneut als Regen herabfällt, wird die gesamte Biomasse fortwährend umgewälzt. Den Motor all dieser verschachtelten Kreisläufe stellt in erster Linie die Sonne dar, da sie in Form von Strahlung die nötige Energie liefert, um die «Reibungsverluste» – hier: biologisch nicht weiter nutzbare Energieformen oder Stoffwechselprodukte – auszugleichen.

Stark vereinfacht unterscheidet man in der Ökologie drei Gruppen von Lebewesen. Es sind dies die Produzenten, die Konsumenten und die Reduzenten. Ihre jeweilige Funktion ist an einem einfachen Beispiel schnell erklärt: Eine Pflanze erzeugt mit Hilfe von Wasser, Kohlendioxid, Mineralstoffen und Sonnenlicht organische Verbindungen wie Zellulose, Zucker und Eiweisse. Diese Pflanze ist somit ein Produzent. Nun kommt eine Maus, frisst die Pflanze auf und gibt sich dadurch als Konsument zu erkennen. Schliesslich stirbt die Maus und verwest. Dabei treten Bakterien auf den Plan, die den Kadaver zersetzen. Sie spalten die hochkomplizierten chemischen Verbindungen, aus denen die Maus bestanden hat, in immer einfachere Bestandteile auf und heissen daher Reduzenten.

Denken wir uns zum Dreiergespann aus Pflanze, Maus und Bakterien noch einen Fuchs und eine Schleiereule dazu, die sich gegenseitig die Maus streitig machen wollen, und einen Gänsegeier, der sich am verhungerten Fuchs gütlich tut. Ferner ein Wildkaninchen samt Bandwurm, einen Ameisenstaat, siebenunddreissig Rotbuchen und einen Hektar Wiese. Jetzt wird die Rollenverteilung schon bedeutend schwieriger. In der freien Natur finden wir jedoch meist ein beliebig grosses Vielfaches an ökologischen Faktoren.

Auch wenn wir vieles nicht bis ins letzte Detail begreifen werden, lohnt es sich, hie und da ein wenig über den Lauf der Natur nachzudenken. Denn dies ermöglicht, einen Lebensraum, eine Pflanze oder ein Tier aus einer anderen, subjektiven Perspektive zu sehen und entsprechend zu fotografieren. Ein scheinbar banales, aber dennoch selten anzutreffendes Beispiel hierfür wäre eine aus der Sicht der Maus fotografierte Katze. Dementsprechend kann man auch eine Vielzahl anderer Beziehungen zwischen gleichen Tieren oder solchen verschiedener Arten, zwischen Tieren und Pflanzen oder zwischen einem Lebensraum und seinen Bewohnern darstellen. Letzteres erreicht man beispielsweise mit einem Weitwinkelfoto aus geringer Distanz.

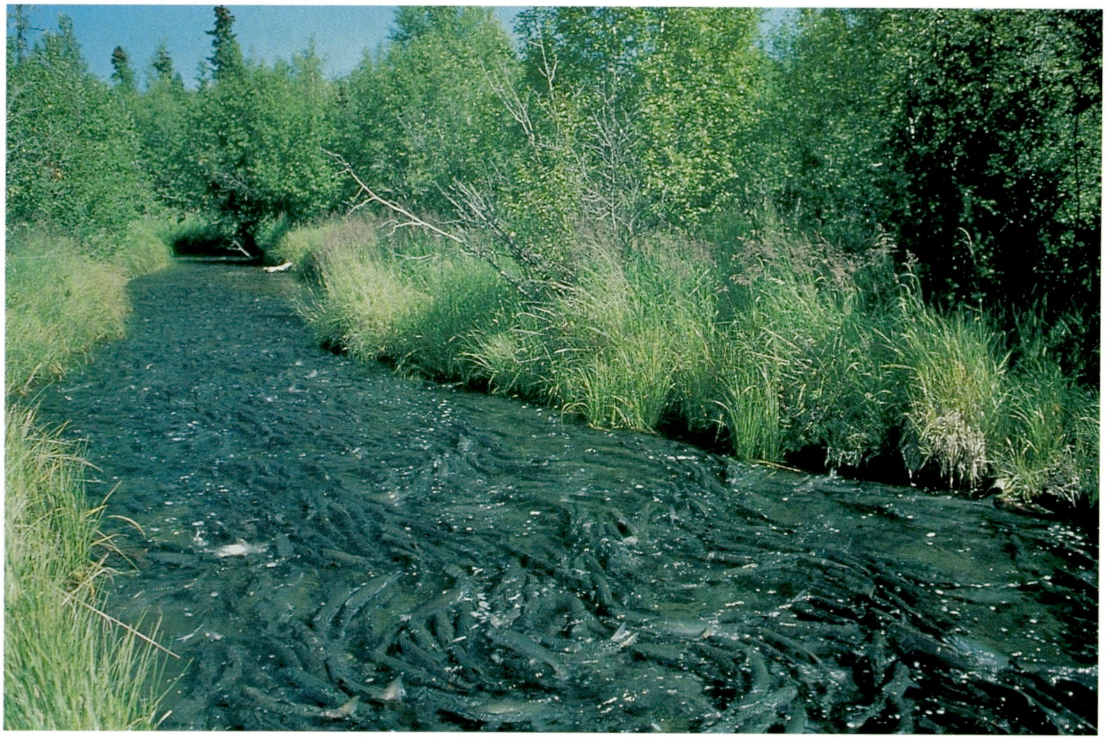

Lachse können auf der Wanderung zu den Laichplätzen in grossen Massen auftreten, wie man hier sieht. Beim Fotografieren ist vor allem ein gutes Timing wichtig, wenn man es auf solche Aufnahmen abgesehen hat.
Foto: Michel Roggo

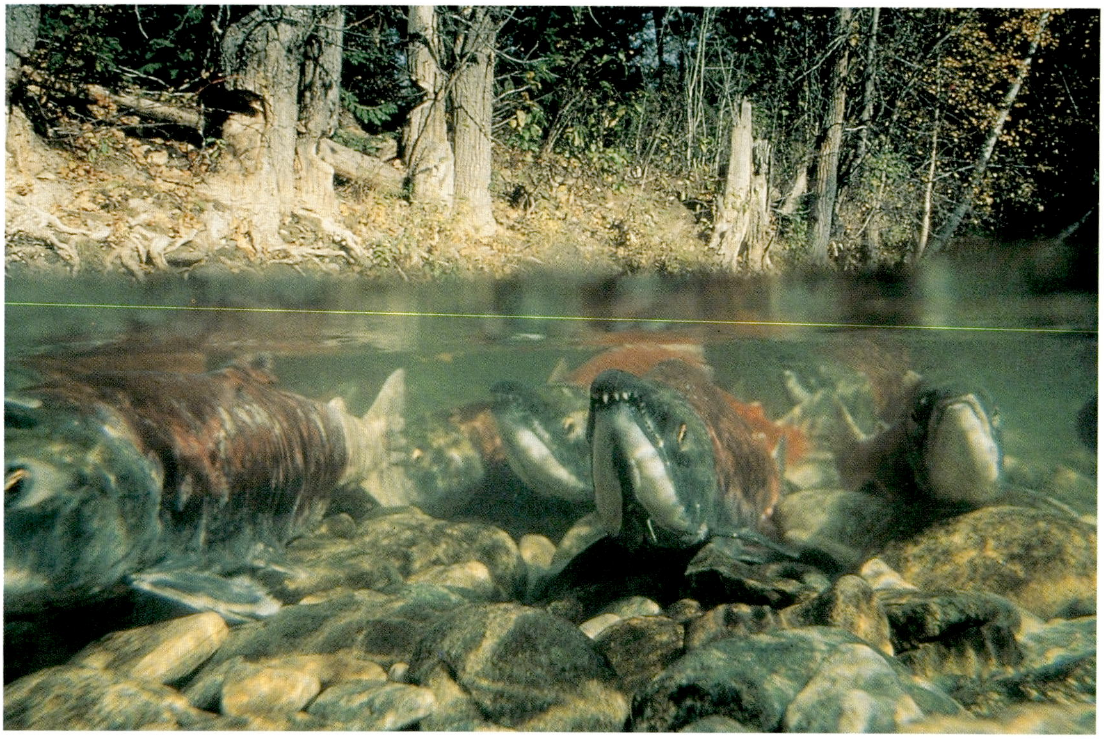

Am Ziel der beschwerlichen Reise angelangt, laichen die Lachse ab. Viele von ihnen sterben danach an Erschöpfung, so dass das Flussbett schliesslich mit toten Fischen übersät sein kann.
Foto: Michel Roggo

Zur rechten Zeit am richtigen Ort

Wenn ein Hobbyfotograf irgendwo auf ein gutes Naturfoto aufmerksam wird, tauchen sofort zwei Fragen auf: Mit welcher Ausrüstung wurde es aufgenommen? Und wo genau ist es entstanden? Konkrete Antworten auf diese beiden Fragen scheinen für manchen Amateur das absolut Wichtigste auf dem Weg zur erfolgreichen Naturfotografie zu sein. Damit beginnt für viele eine Art Teufelskreis, in dessen Verlauf zwar eine imposante Sammlung von Kameras und Reise-Erinnerungen zusammentragen wird, jedoch nur ziemlich durchschnittliche Fotos.

Das beste Aufnahmerevier ist immer das nächstgelegene Stück Natur in Ihrer unmittelbaren Umgebung. Dies hat einen ganz einfachen Grund: Naturfotografie ist eine sehr zeitaufwendige Beschäftigung, die zudem genaue Orts-

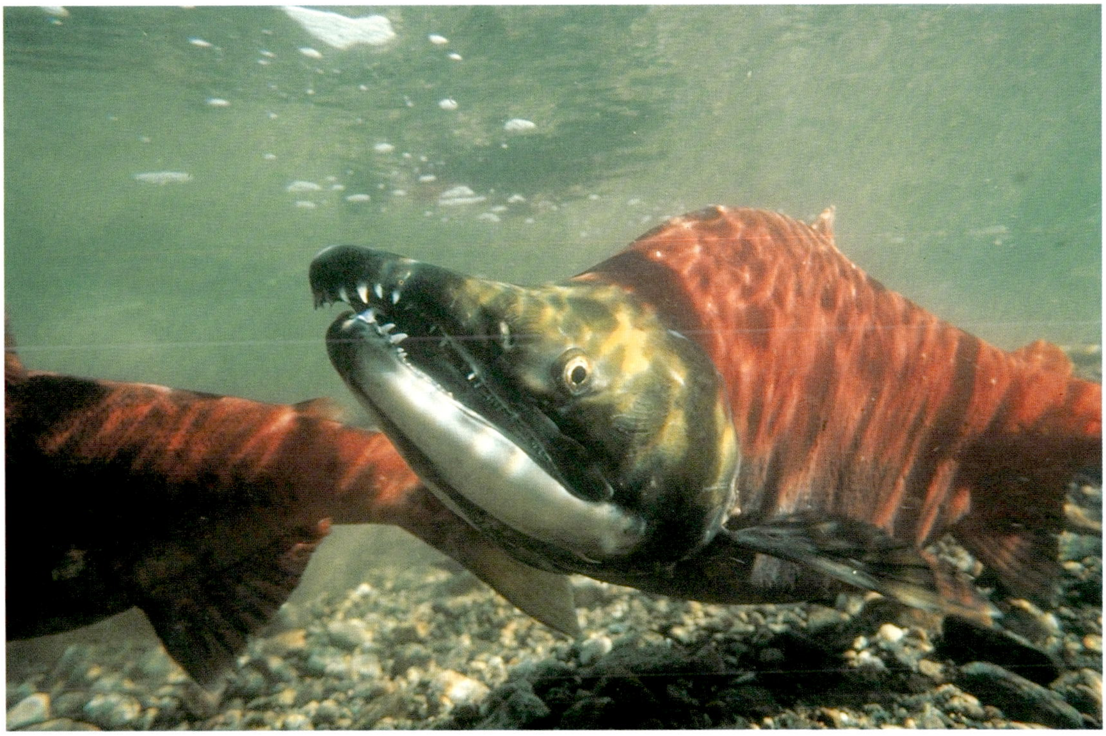

Die männlichen Lachse imponieren während der Paarungszeit mit einer leuchtend roten Farbe, die sich je nach Art über mehr oder weniger grosse Bereiche des Schuppenkleids erstreckt.
Foto: Michel Roggo

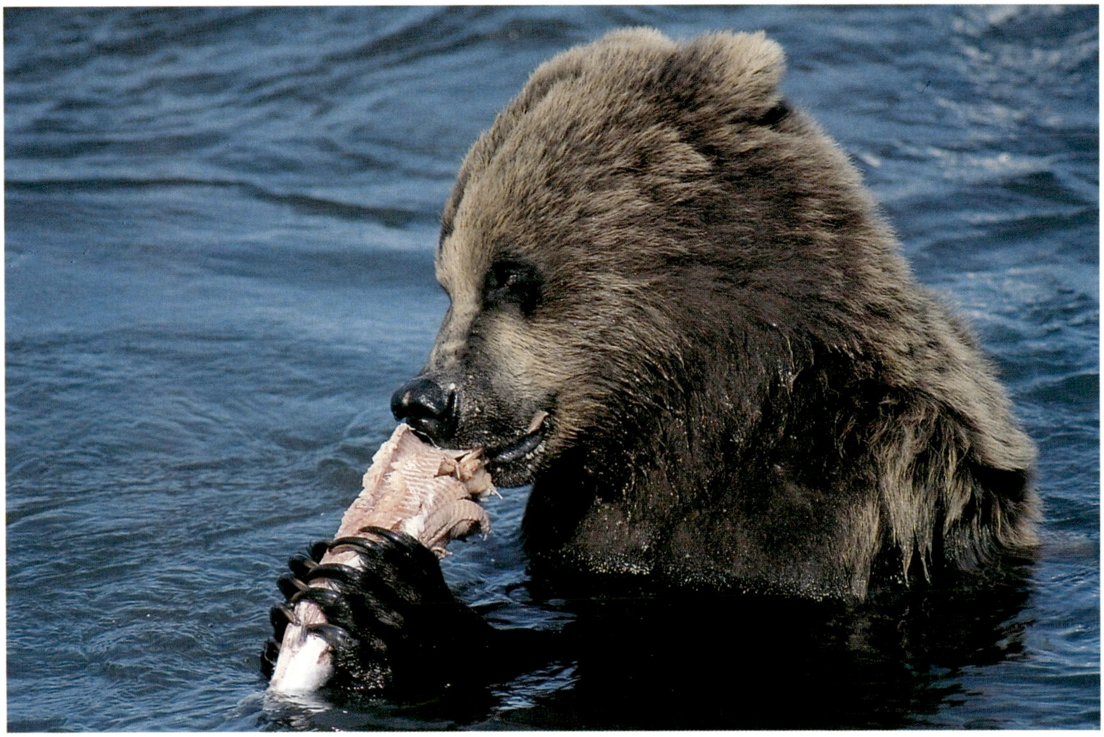

Nicht alle Lachse schaffen es bis zum Laichplatz. Denn ihr plötzliches zahlreiches Auftreten bleibt der übrigen Fauna nicht verborgen. Sofort sind Feinde wie etwa dieser Braunbär zur Stelle, um sich am Lachsbuffet einen nahrhaften Happen zu angeln.
Foto: Jeff Foott

kenntnisse voraussetzt. Wenn man einfach von zuhause (oder vom Stadtrand, von einer Ferienwohnung usw.) losmarschieren kann, kommt man einerseits sehr häufig zum Fotografieren und braucht andererseits die Gegend nicht jedesmal neu zu erkunden. Sie könnten nun einwenden, dass dieses und jenes an anderer Stelle viel besser zu fotografieren sei und dass sehr viele gute Motive überhaupt nur in entfernten Gebieten zu finden sind. Damit haben Sie natürlich völlig Recht. Doch was nützt Ihnen ein theoretisch idealer Fotostandort, wenn Sie in der Praxis nur alle paar Wochen oder Monate einmal hinkommen? Fotografie ist zu einem grossen Teil Übungssache – wie Fussballspielen oder Autofahren! Man ist nicht einfach gut, ohne dafür auch nur einen Finger zu rühren. Im Gegenteil: Erst muss man vieles mühsam lernen und sich dann ständig weiter verbessern. Was zählt, sind nur wirklich aufgenommene Bilder, nicht hypothetische Superfotos, die man unter günstigeren Umständen zustandezubringen glaubt. Zur richtigen Zeit am richtigen Ort finden sich vor allem jene ein, die sich fortwährend darum bemühen und dadurch ein sicheres Gespür für lohnende Gelegenheiten entwickeln.

Wer sucht, der findet auch Motive

Wenn man nichts Bestimmtes sucht, lässt man sich am besten gleich an Ort und Stelle von der Natur inspirieren anstatt zuhause herumzusitzen und Landkarten oder Reiseprospekte zu studieren. Wer mit offenen Augen einen Spaziergang macht, findet oft viel mehr Motive als in der verfügbaren Zeit überhaupt zu bewältigen sind. Einmal sind es die vielen Wildblumen am Wegesrand, dann wieder die unentwegt umherflatternden Schmetterlinge. Ein anderes Mal lässt man sich vielleicht von der überschwenglichen Farbenpracht des Herbstwaldes oder den sanft geschwungenen Formen einer frischen Schneedecke hinreissen.

Wenn man sich draussen unauffällig verhält, kommt es gelegentlich auch ganz unverhofft zu Begegnungen mit Wildtieren. Beispielsweise wechselte einmal bei einer Erkundungstour am späten Nachmittag plötzlich ein Dachs einen halben Steinwurf vor meinem Begleiter und mir am Waldrand über den Weg – einfach so. Zuvor hatten wir uns jahrelang vergeblich darum bemüht, einen Dachs zu Gesicht zu bekommen. Ein andermal, ich befand mich gerade auf der Suche nach Rehen, sah ich am heiterhellen Tag einen Fuchs auf einer Wiese mausen. Im Schutz des Waldes wollte ich mich eben mit aufnahmebereiter Kamera etwas näher anschleichen, als etwas in der Ferne den Fuchs aufscheucht. Er rennt in grossem Bogen direkt auf mich zu. Sofort setze ich das Stativ auf den Boden und peile durchs Tele in die Richtung, wo der Fuchs zwischen den Bäumen auftauchen muss. Leider war ich beim Scharfstellen einen Sekundenbruchteil zu langsam; ich konnte im Sucher gerade noch sehen, wie mich der Fuchs bemerkte und in weniger als zehn Metern Entfernung zur Seite davonpfeilte.

Bei solchen unerwarteten Gelegenheiten für Tierschnappschüsse muss man erstens einen Fotoapparat dabeihaben und zweitens blitzschnell reagieren. Allerdings nicht mit brüsken Bewegungen! Eine schussbereite Kamera trägt in derartigen Situationen entscheidend zum Erfolg bei. Ebenso wichtig ist, dass man das Verhalten des Tieres kennt und seine Reaktionen richtig vorausahnt. In Überraschungsmomenten handeln viele Tiere praktisch nach einem festen Schema. Einige ergreifen zum Beispiel sofort die Flucht: Ein Zwergtaucher oder Haubentaucher, der auf der Jagd nach Fischen versehentlich direkt vor Ihnen auftaucht, ist praktisch in derselben Zehntelssekunde wieder unter der Wasseroberfläche verschwunden. Wenn dagegen ein Reh Sie hinter einem Hügel oder einem Maisfeld hervortreten sieht, wird es – wenn die Fluchtdistanz nicht gerade drastisch unterschritten ist – zuerst kurz erstarren, dann springt es ab. Meist halten flüchtende Rehe bereits nach einer kurzen Strecke wieder an und schauen sich um, ob sie verfolgt werden. Jetzt könnte vielleicht noch ein Foto drinliegen, wenn man rasch genug handelt. Voraussetzung dafür ist, dass man die Kamera aufnahmebereit mit sich trägt.

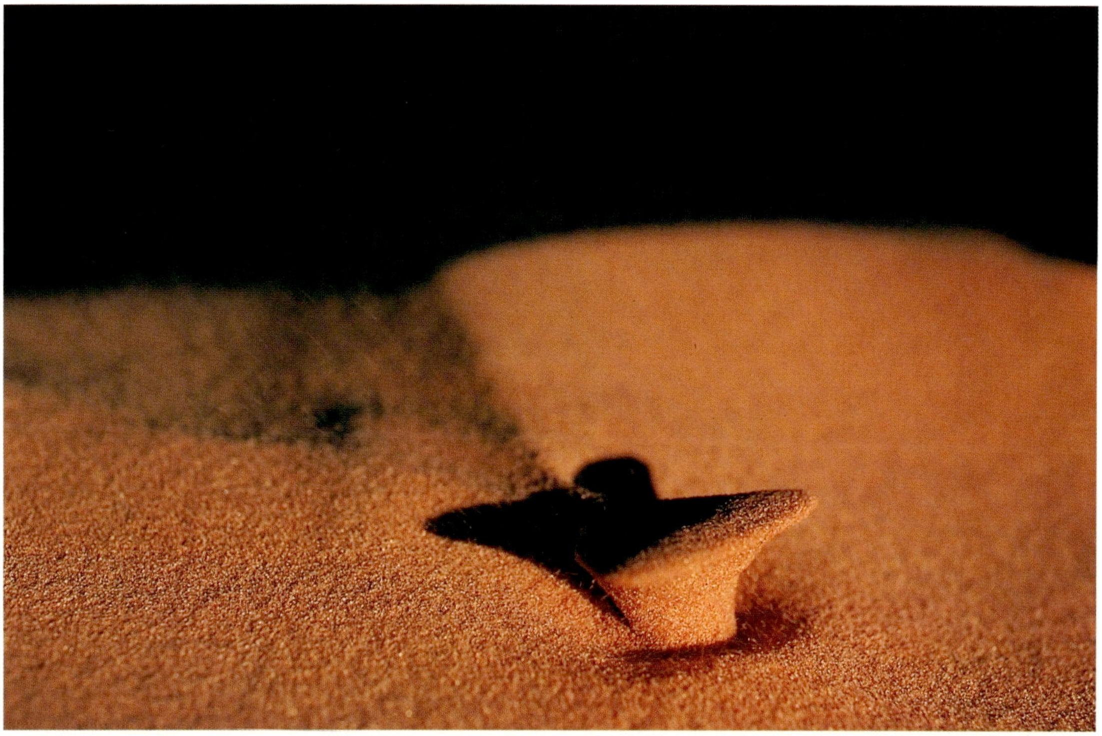

Es gibt unendlich viele höchst fotogene Kleinigkeiten, die man leicht übersieht. An dieser kleinen «Skulptur» arbeitet der Wind, der den Sand ununterbrochen neu aufschichtet und anderswo wieder fortweht.
Foto: Jeff Foott

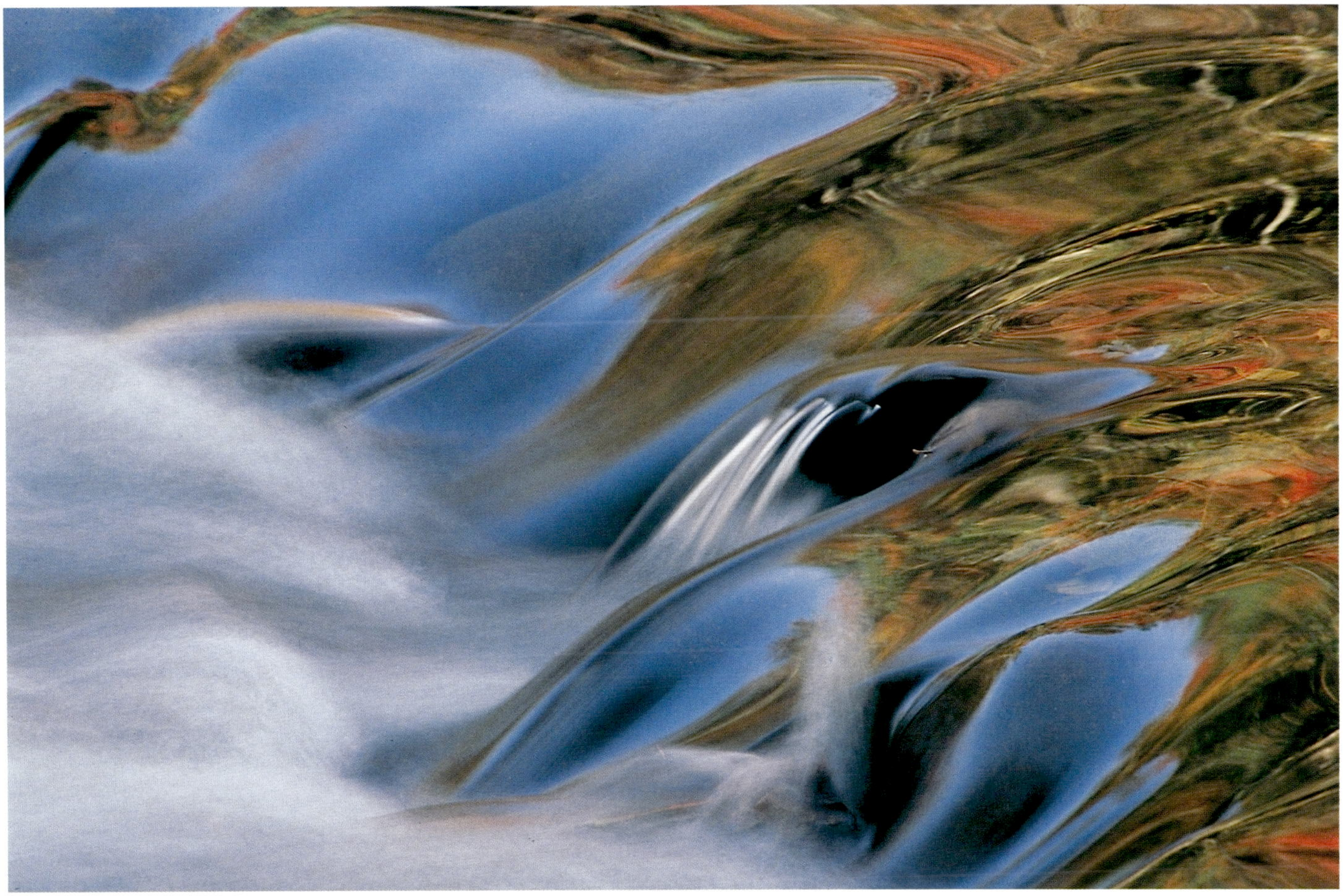

Wasser ist die Wiege allen Lebens und mitunter auch von guten Fotografien. Ob in flüssiger, gefrorener oder verdampfter Form – Wasser kann viele stimmungsvolle Motive abgeben. So wie hier in Verbindung mit der reflektierten Buntheit des Herbstlaubes.
Foto: John Shaw

Planmässiges Vorgehen

Hat man es auf ein spezielles Thema abgesehen, so empfiehlt sich eine andere Taktik. Sofern man nicht schon von früheren Beobachtungen her weiss, wo das gesuchte Motiv zu finden ist, wird erst einmal von zuhause aus recherchiert. Je gründlicher man dabei zu Werke geht, um so besser stehen später die Chancen, bei der Suche rasch fündig zu werden. Selbst Landschaftsbilder kann man anhand einer genauen Karte einigermassen gezielt vorbereiten. Es soll sogar Fotografen geben, die den Stand der Sonne oder des Mondes vorausberechnen, um rechtzeitig zwischen zwei anderen *Shootings* zur Stelle zu sein. Ein Blick auf die Gezeitentabelle ist am Meer sicher auch keine schlechte Idee, vor allem an einer Küste mit grossem Tidenhub.

Ein planmässiges Vorgehen erfordert speziell auch die Fotografie ausgewählter Pflanzen und Tiere. Die Mehrzahl der Arten ist in Lebensräumen mit ganz bestimmten Eigenschaften beheimatet. Sie kommen zum Beispiel nur auf Kalkböden, bis zu einer bestimmten Höhe über Meer, vorwiegend in Laubwäldern oder ausschliesslich in Trockensteppen vor. Einige sehr anpassungsfähige Tiere wie etwa die Schleiereule oder der Silberreiher haben sich fast über alle Kontinente ausbreiten können. Auf der anderen Seite gibt es sogenannte endemische Arten und Unterarten, die im Extremfall nur gerade auf einer einzigen Insel existieren. Dazu gehören vor allem solche Pflanzen und Tiere, die durch ihre weitgehende Anpassung an einen bestimmten Lebensraum-Typ oder an eine spezielle Nahrungsquelle die Fähigkeit zum Überwinden grösserer Barrieren verloren haben.

Zuerst verschaffen Sie sich also einen Überblick, wo das gesuchte Motiv überhaupt vorkommt. In einem zweiten Schritt gilt es dann herauszufinden, an welcher der in Frage kommenden Stellen die Bedingungen zum Fotografieren am günstigsten sind. Im Zweifelsfall ist der am nächsten gelegene Standort meist auch der praktischste. Beim Auskundschaften ist es hilfreich zu wissen, wie häufig die Pflanzen- oder Tierart, für die man sich interessiert, dort vorkommt. Und natürlich auch, wann das Motiv am ehesten anzutreffen ist beziehungsweise am fotogensten aussieht.

«Produktive» Tages- und Jahreszeiten

Pflanzen wachsen, blühen und verwelken im Wandel der Jahreszeiten, Tiere sind tag-, dämmerungs- oder nachtaktiv, versammeln sich während der Paarungszeit oder unternehmen jahreszeitliche Wanderungen. Selbst das Gesicht einer Landschaft kann sich über Stunden oder

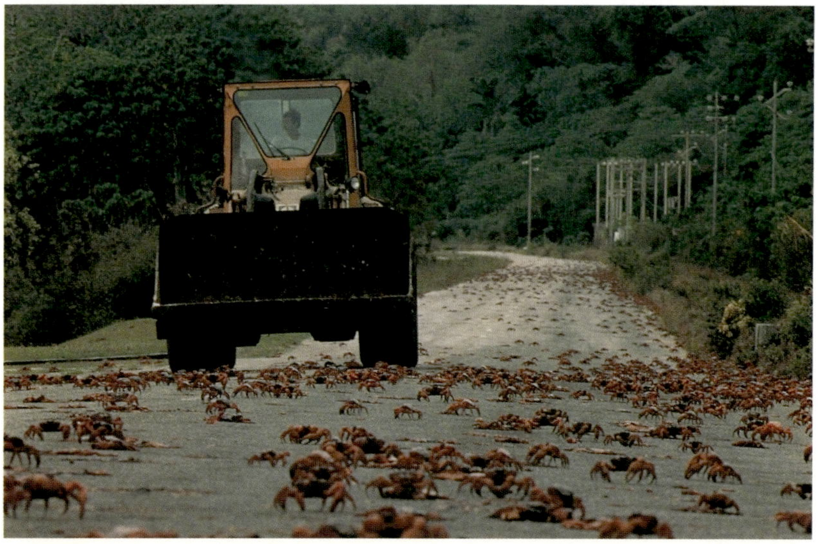

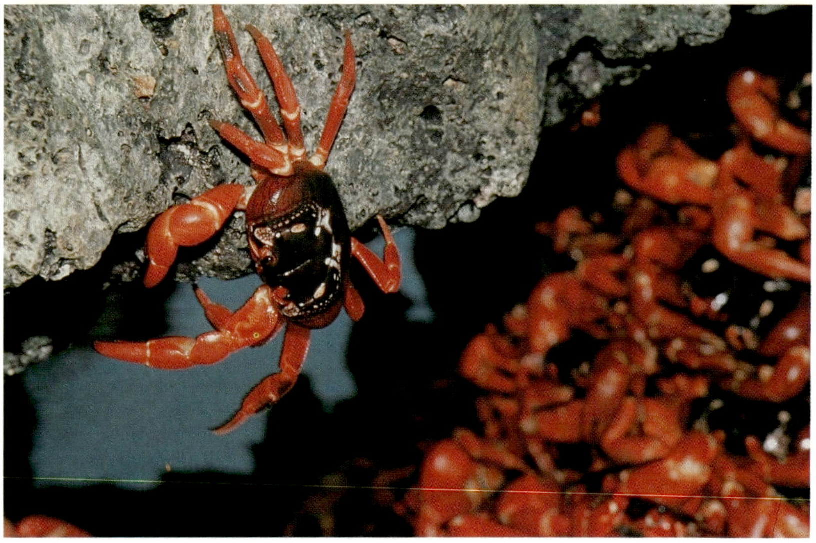

Alljährlich überschwemmen Abermillionen roter Krabben die Weihnachtsinsel. Sie erklettern steile Klippen und versammeln sich hier, um – wie könnte es anders sein – ihrem Brutgeschäft nachzugehen. Auf den Strassen ist während dieser Zeit nicht gut Autofahren, es sei denn mit dicken Reifen.
Fotos oben: Michel Roggo

Monate tiefgreifend verändern: etwa bei einer Dürre, wenn es schneit oder wenn die Regenzeit einsetzt. Deshalb wäre es ziemlich kurzsichtig, die Dinge immer nur so zu fotografieren, wie man sie zufällig gerade antrifft. Geduld bringt Rosen, heisst hier das Motto.

Ein guter Naturfotograf ist sich bewusst, dass die Natur in einem ständigen Wandel begriffen ist. Die Fähigkeit, daraus fotografisches Kapital zu schlagen, unterscheidet ihn von mittelmässigen Kollegen, die sich häufig über mangelnde Motive beklagen. Achten Sie deshalb stets darauf, in welchem Zustand Sie ein mögliches Motiv antreffen, und beobachten Sie, wie es sich mit der Zeit entwickelt und verändert. Dadurch stösst man des öfteren auf besonders geeignete Zeitpunkte für eindrückliche Momentaufnahmen.

Wetter und Klima üben einen direkten Einfluss auf die praktische Seite des Fotografierens in der Natur aus. Der wechselnde Sonnenstand, der für unterschiedliche Lichtstimmungen sorgt, ist wohl die mit Abstand wichtigste Variable bei der Bildgestaltung in der Naturfotografie. Daneben bewirken zum Beispiel trockene Fallwinde eine aussergewöhnlich gute Fernsicht, während anhaltende Kälte (genauer gesagt, Temperaturen unter vier Grad Celsius) stehende Gewässer kristallklar werden lässt. Flimmernde Mittagshitze ist der Bildqualität von Teleaufnahmen auf grosse Entfernung äusserst abträglich, Sturmböen verunmöglichen im Freien ein Arbeiten im Makrobereich fast gänzlich, und strömender Regen bedeutet eine ernste Gefahr beim Arbeiten mit ungeschützten Blitzgeräten. Da ein Elektronenblitz intern sowohl mit einer hohen Arbeitsspannung als auch mit massiven Stromstärken arbeitet, könnte ein durch Ihren Körper fliessender Fehlstrom fatale Folgen haben.

Den zum Fotografieren am besten geeigneten Zeiten und Orten kommt man mit fremdem Wissen allein jedoch nicht immer auf die Spur. Meist spielt dabei auch die eigene Erfahrung eine wesentliche Rolle. So habe ich mich beispielsweise lange Zeit gesträubt, die in jedem Fotobuch nachzulesende Binsenwahrheit zu akzeptieren, dass der frühe Morgen und der späte Abend für die Naturfotografie am günstigsten seien. Inzwischen hat sich diese Regel aber auch für mich unzählige Male bestätigt, mit nur wenigen Ausnahmen (z.B. bei bedecktem Himmel oder im Winter). Obschon man bei tiefstehender Sonne bald einmal mit der geringeren Allgemeinhelligkeit zu kämpfen hat, bieten das weichere Licht und die längeren Schatten ganz einfach mehr gestalterische Möglichkeiten als die mittägliche Beleuchtung unter der prallen Sonne.

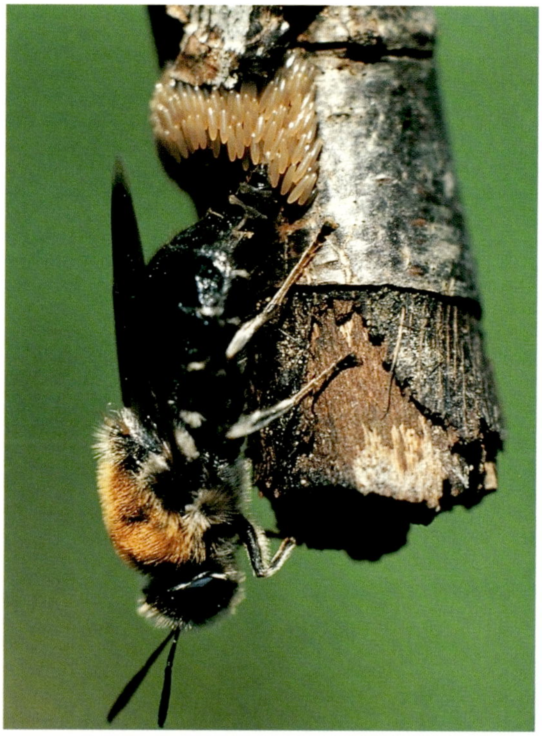

Die eierlegende Biene auf dem nebenstehenden Bild bestätigt die Regel, dass gute Plätze von Tieren gern wieder aufgesucht werden. Ich habe bereits im Jahr zuvor an demselben kleinen Tümpel beobachtet, wie die Bienen ihre Eier an Pflanzen über dem Wasser ablegten.
Foto: Eric A. Soder

Intuition als Wegweiser

Zu einer kreativen Arbeitsweise gehört neben sachdienlichem Wissen auch eine gehörige Portion Fantasie. Als Fotografin oder Fotograf muss man zudem in der richtigen Stimmung sein, um Grosses zu vollbringen. An manchen Tagen geht scheinbar alles ein bisschen leichter von der Hand als an anderen; man spürt förmlich, dass gute Motive in der Luft liegen. Hie und da ist es nur eine vage Ahnung, die vielleicht den Weg zu einer aussergewöhnlichen Darbietung der Natur weist. Folgt man seinem «sechsten Sinn», kann man zwar gelegentlich auch hereinfallen. Tut man es dagegen nicht, verpasst man möglicherweise die Chance seines Lebens. Um mir diese Ungewissheit zu ersparen, pflege ich meine Pläne bei Verdacht auf bessere Motive notfalls kurzfristig zu ändern. Ausser, wenn ich schon ein reales Motiv vor der Linse habe. Denn der sprichwörtliche Spatz in der Hand ist auch in der Fotografie besser als die Taube auf dem Dach.

Bei der Vorbereitung von Fotoprojekten gilt es, sich jede mögliche Situation im voraus genau auszumalen, um eine passende Strategie zu entwickeln. Man vergisst leicht jene Faktoren, die einem die Pläne durchkreuzen könnten. Zum Beispiel die anderen Menschen, die sich an einem Sonntagmorgen draussen aufhalten: Reiter, Jogger, Hundebesitzer oder gewöhnliche Spaziergänger. Auch Tiere wie Eichelhäher oder Stockenten können einem hie und da ein Schnippchen schlagen, indem sie durch einen penetranten Warnruf oder durch plötzliches gruppenweises Auffliegen die eigentlichen Hauptdarsteller vergrämen.

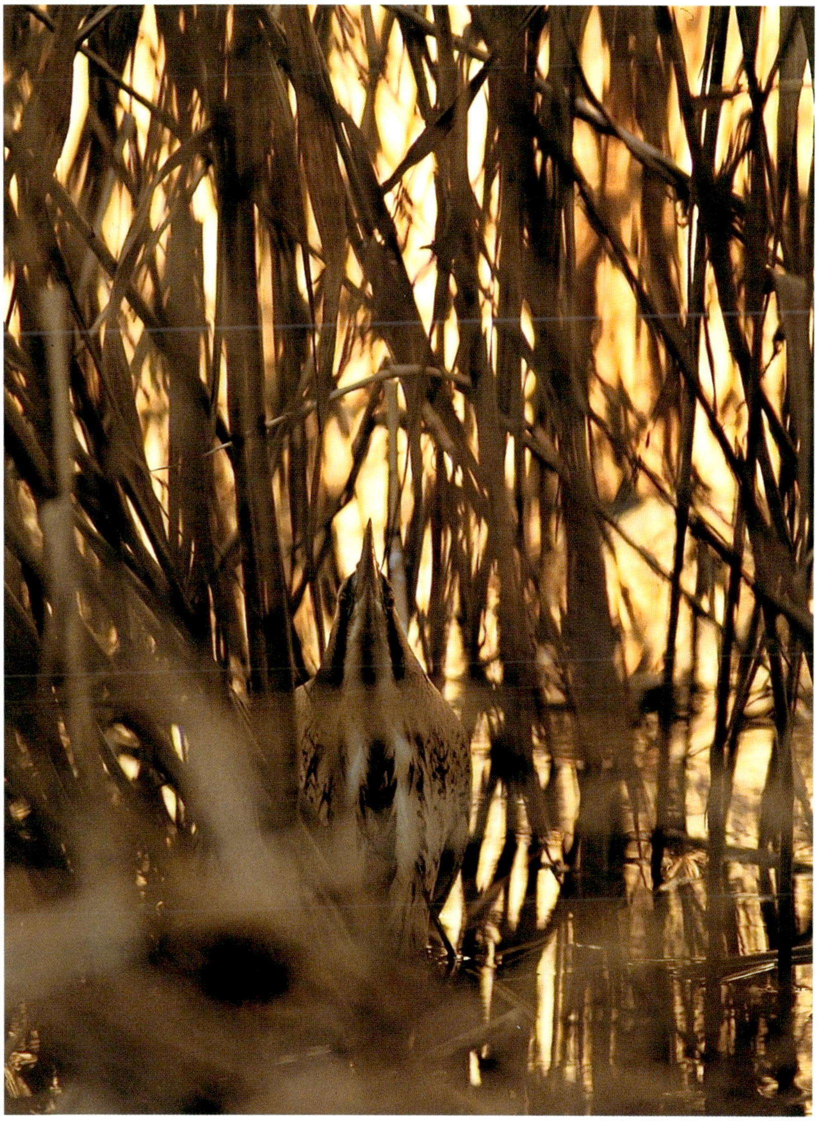

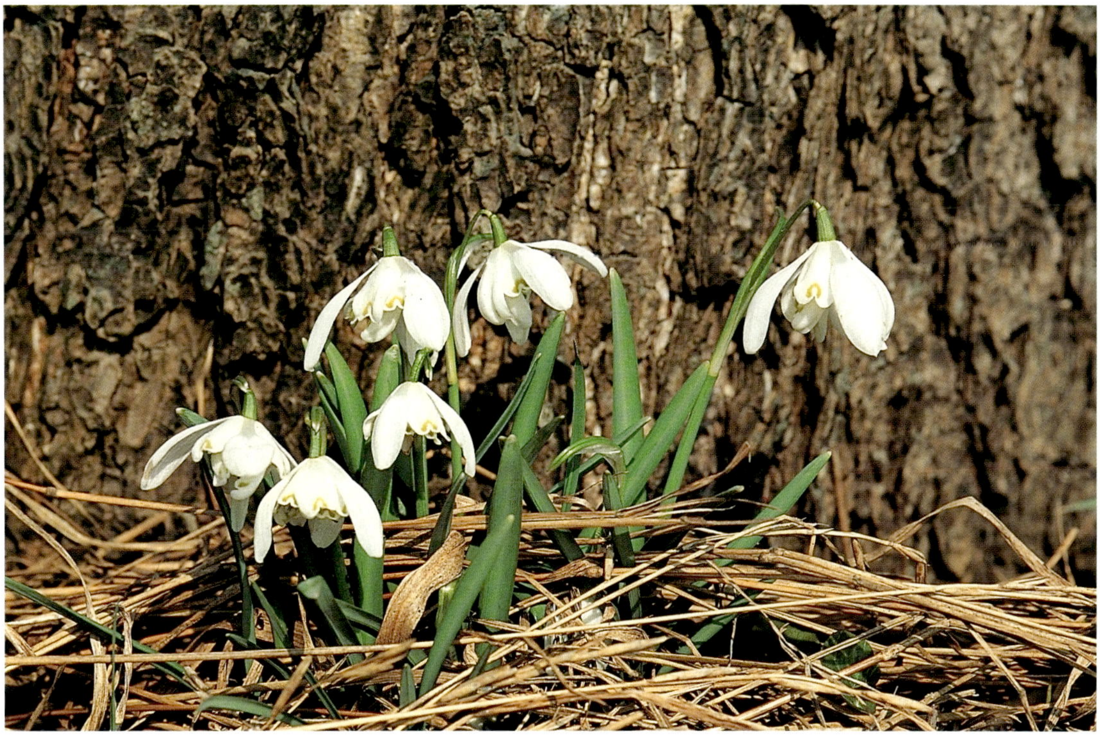

Die Aufnahme oben zeigt eine Grosse Rohrdommel in der typischen Pfahlstellung. Diese Reiherart ist dank dem perfekten Tarnkleid im dürren Schilf extrem schwer auszumachen. Bei Bedarf wiegt sich die Rohrdommel sogar mit dem Schilf im Wind. Ich habe sie nach einigem Suchen trotzdem gefunden, da ich sie zuvor in einen sehr schmalen Schilfstreifen hineinfliegen sah.
Foto: Eric A. Soder

Wie verschiedene andere Pflanzenarten, blühen Schneeglöckchen nur zu einer ganz bestimmten Jahreszeit. Zum Fotografieren bleiben daher meist nur wenige Wochen Zeit.
Foto: Eric A. Soder

Informationsquellen

Einen Typ von Informationsquelle halten Sie gerade in Händen: das Buch. Alljährlich erscheinen Zehntausende von Büchern über alle möglichen und unmöglichen Themen. Darunter sind auch Werke zu finden, die von der Natur oder der Fotografie handeln. Möchte man ein bestimmtes Land oder Gebiet bereisen, so sind Natur-Bildbände, die mittels prägnanter Abbildungen und fundierter Informationen einen facettenreichen Überblick vermitteln, von grossem Nutzen. Ebenso verhält es sich mit einigen (natur-)fotografischen Spezialgebieten, die in der Naturfotoschule wegen fehlender Kenntnisse meinerseits oder einfach aus Platzgründen zu kurz kommen.

Weniger kompakt geordnet, dafür sehr aktuell sind die Informationen, die Sie dem breiten Angebot von Zeitschriften entnehmen können. Ich selbst habe rund ein Dutzend periodischer Publikationen abonniert, die mich über diverse Themen von den neuesten Filmsorten bis hin zu wissenschaftlichen Forschungsergebnissen auf dem laufenden halten. Nebenbei verfolge ich als Profi natürlich auch, was die Konkurrenz denn so an Bildmaterial auf den Markt bringt. Das Analysieren fremder Fotos ist im übrigen ein hervorragendes Mittel, um Unzulänglichkeiten bei den eigenen Aufnahmen aufzudecken. Auch in Sachen Bildgestaltung kann man immer wieder etwas dazulernen.

Weitere ergiebige Quellen für Detailinformationen und neue Bildideen stellen Fernsehsendungen und Vorträge dar. Naturthemen erfreuen sich ja im allgemeinen grosser Beliebtheit, und dementsprechend hoch ist hier der inzwischen übliche Standard. Gerade zum Thema Tierverhalten kann man aus Filmen sehr viel Wissenswertes lernen. Die führenden Naturfilmer bringen in dieser Hinsicht wirklich erstaunliche Leistungen zustande.

Zum Zwecke der praktischen Weiterbildung werden verschiedentlich Foto-Workshops veranstaltet. Diese Form des Gruppen-Unterrichts ist im Bereich der Naturfotografie zwar nicht eben ideal, speziell wenn Tiere abgelichtet werden sollen. Doch wer könnte sich schon Privatlektionen bei einem Meisterfotografen leisten? Abgesehen davon ist man in den wildreichen Naturreservaten und in den Gehegen, wo Tierfotografie-Workshops bevorzugt abgehalten werden, ohnehin selten allein.

Wenn Sie weniger an der praktischen Schulung interessiert sind, sondern vor allem ein neues Gebiet kennenlernen und ausgiebig fotografieren möchten, wäre eine Fotoreise in möglichst kleiner Gruppe einem Workshop vorzu-

Das unten abgebildete Wasserschwein fühlt sich zwischen den vielen Krokodilkaimanen verblüffend wohl. Kurz vor der Aufnahme hat es sich einem der Kaimane gar auf den Schwanz gesetzt. Trotz umfassender Vorbereitung meiner Reise in den brasilianischen Pantanal hatte ich nicht erwartet, dass die beiden Tierarten so engen Kontakt pflegten.
Foto: Eric A. Soder

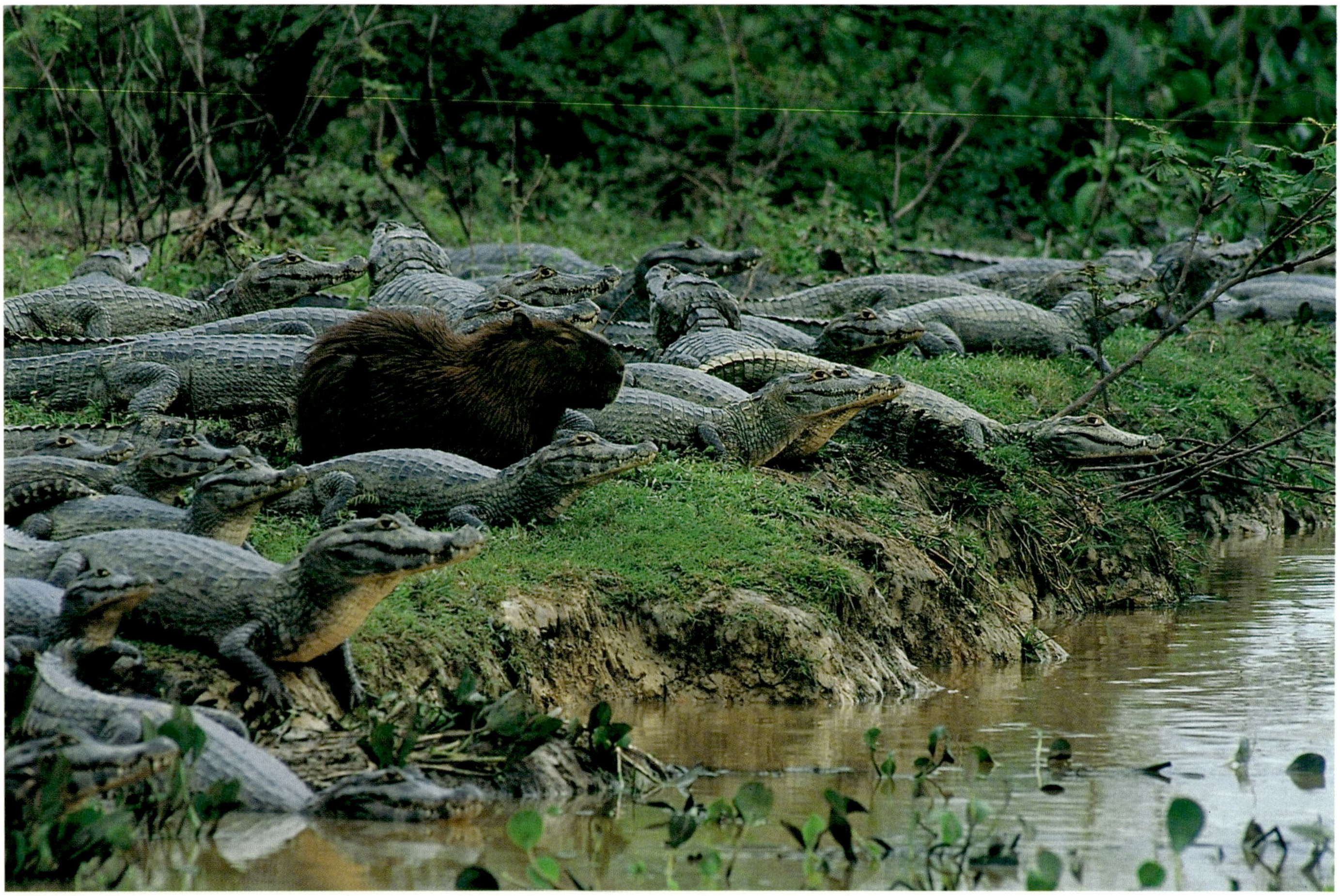

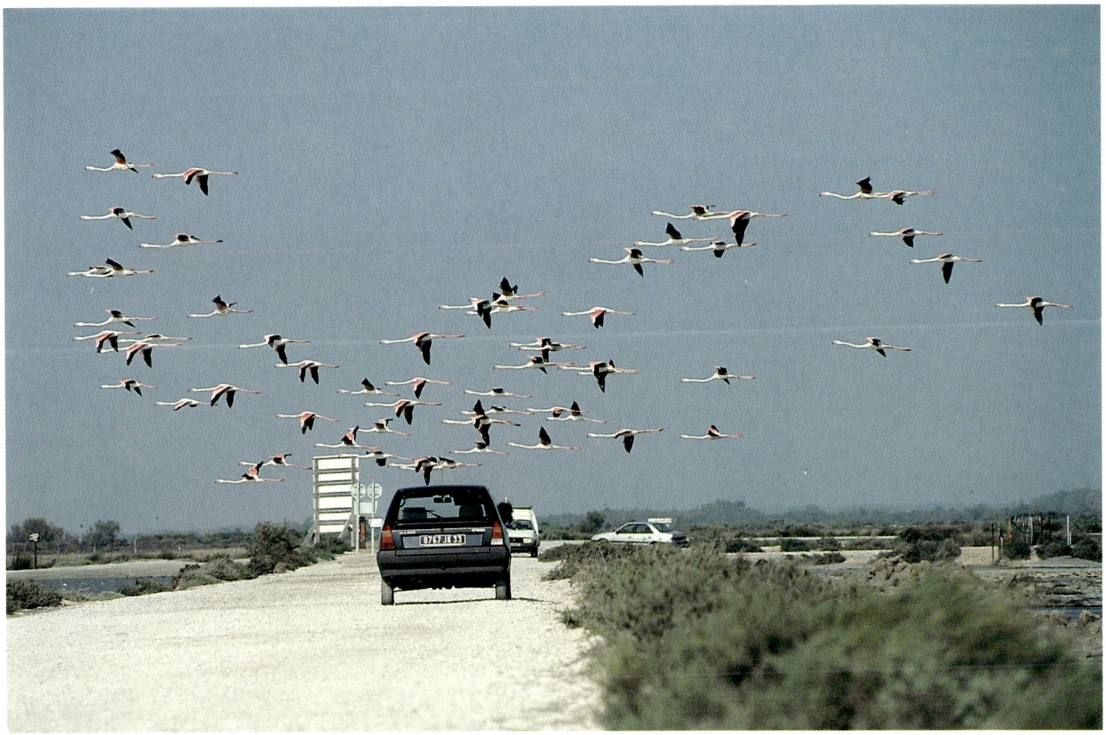

Die Camargue am Rhonedelta ist unter anderem auch dafür bekannt, dass dort eine der wenigen europäischen Brutkolonien von Rosaflamingos liegt. In der Nähe befindet sich ein Damm, von dem aus die in Gruppen vorbeifliegenden Vögel gut zu beobachten sind.
Foto: Eric A. Soder

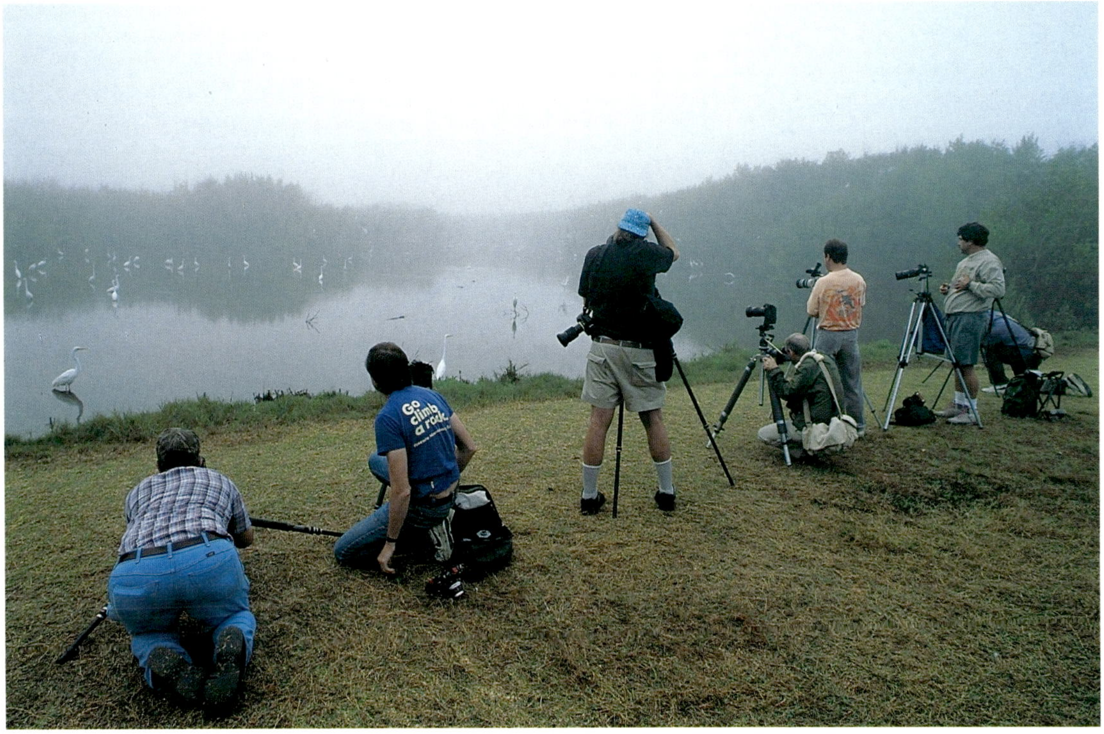

Ein richtiges Fotografenmekka ist der Everglades Nationalpark am Südzipfel des US-Bundesstaats Florida. Etwa von Dezember bis März herrschen dort sehr günstige Bedingungen, um verschiedenste, teils sehr zutrauliche Wasservögel abzulichten.
Foto: Fritz Pölking

ziehen. Bestimmte exotische Destinationen wie etwa die Antarktis sind überhaupt fast nur in einer organisierten Gruppe zu halbwegs vernünftigen Preisen erreichbar.

Neuerdings gibt es eine preiswerte Alternative zum Workshop: nämlich Lehrfilme auf Video, welche die fotografische Praxis am Bildschirm demonstrieren. Die eigene intensive Betätigung und die persönliche Beratung durch einen qualifizierten Workshop-Leiter sind mit Videokassetten jedoch kaum vollwertig zu ersetzen.

Die aktuellsten Informationen über Ihre Motive – insbesondere den gegenwärtigen Standort – erfahren Sie manchmal gleich vor Ort, und zwar im persönlichen Gespräch mit Leuten, die Sie draussen antreffen. Günstige Stellen zum Beobachten und Fotografieren entwickeln sich manchmal zu international bekannten Sammelpunkten für Naturfreunde und -fotografen. Dort bieten sich dann auch viele Gelegenheiten, um mit Gleichgesinnten Kontakte zu knüpfen.

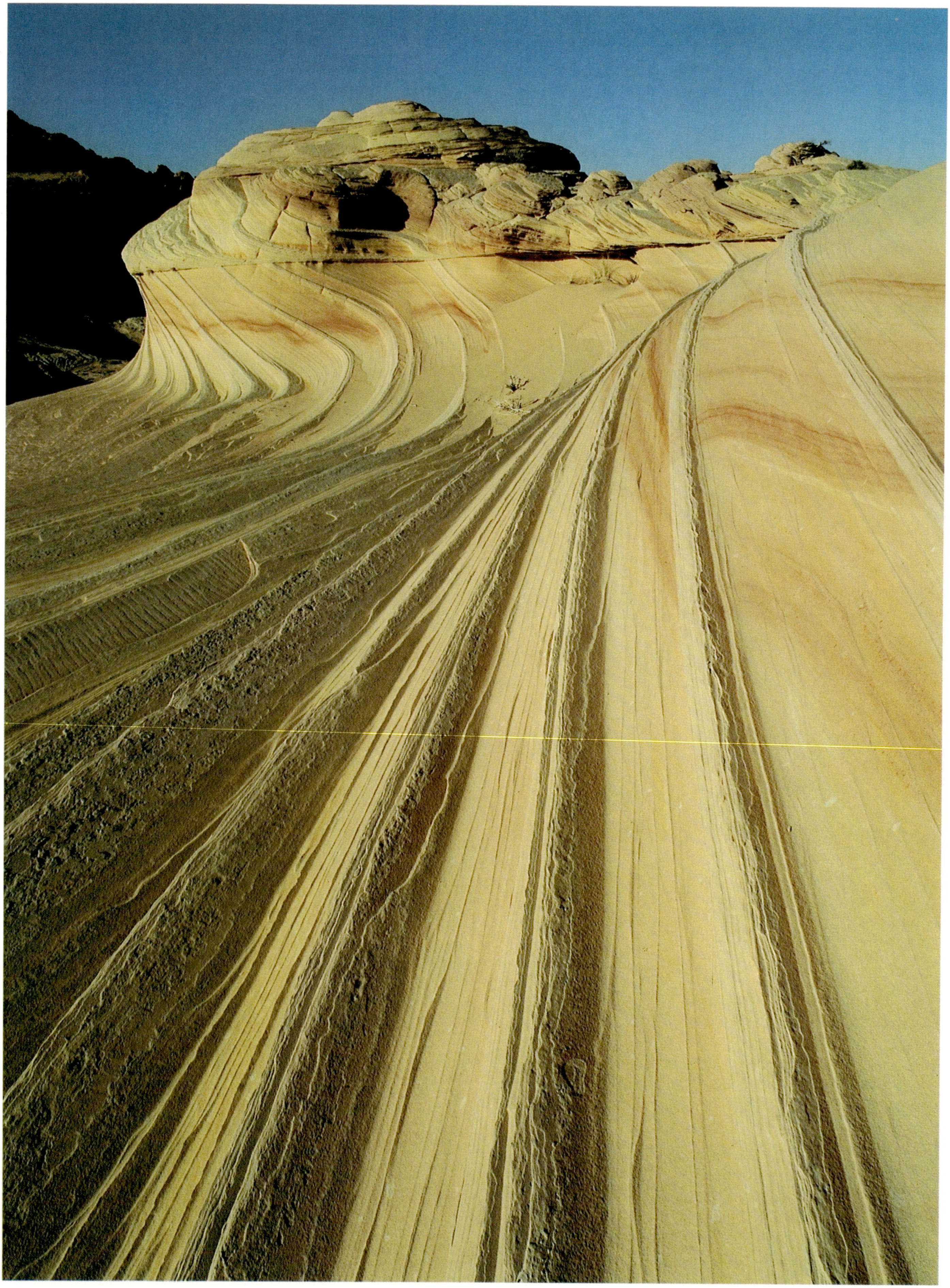

Das Handwerkszeug

Um Naturfotos aufzunehmen, ist eine Spiegelreflexkamera mit Wechselobjektiven und Systemzubehör am universellsten verwendbar. Die einzelnen Geräte und ihre typischen Einsatzgebiete werden im folgenden kurz vorgestellt. Natürlich wird man für die eigene Ausrüstung nicht sämtliche aufgezählten Dinge brauchen, sondern lediglich jene, die den persönlichen Bedürfnissen am besten gerecht werden. Je nach Themenschwerpunkt kann ein und derselbe Gegenstand hier unerlässlich und dort völlig überflüssig sein.

Die durch Winderosion geformten Felsen liessen sich theoretisch mit fast jedem Typ von Kamera im Bild festhalten. Hier ist eine KB-Spiegelreflex mit Weitwinkelobjektiv zum Einsatz gelangt. Letzteres sorgt für die dynamische Bildwirkung.
Foto: Jeff Foott

Selbstverständlich sind Objektive und Kameras von zentraler Bedeutung. Trotzdem neigen vor allem unerfahrene Fotografen dazu, die Technik ein bisschen überzubewerten. Eine Kamera ist nicht mehr und nicht weniger als eben ein *Werkzeug,* das vor allem denen hilft, die es gekonnt einsetzen, und jene zum Verzweifeln bringt, die damit nichts Rechtes anzufangen wissen. Selbst die teuerste Kamera kann nicht von allein ein gutes Foto produzieren; zuerst muss immer der Fotograf das Motiv und den Bildaufbau festlegen.

Mit lichtstarken Teleobjektiven, Spotmessung, Motor und Mehrfachautomatik gelingen gewisse Aufnahmen unter Umständen bequemer und besser als mit einer simplen Billigstkamera. Wenn man jedoch aufgrund der komplizierten Handhabung exklusiver High-Tech-Geräte in der Praxis den entscheidenden Moment verpasst, nützt der theoretische Vorsprung herzlich wenig. Was letzten Endes zählt, ist immer das Foto und seine Aussage; die eingesetzte Technik dagegen ist für das unbeteiligte Publikum ohne Bedeutung.

Merken Sie sich folgenden Grundsatz: Eine Fotoausrüstung ist nur dann perfekt, wenn man:
1. alle Geräte im Schlaf beherrscht,
2. alles zusammen noch tragen und
3. sich das Ganze überhaupt leisten kann.

Trifft einer dieser Punkte für Sie nicht zu, so ist Ihre Ausrüstung zu umfangreich und – praktisch gesehen – teilweise wertlos. Entledigen Sie sich der überflüssigen Gegenstände oder verwerfen Sie überrissene Anschaffungspläne und gehen Sie stattdessen fleissig üben, bis Sie Ihre Ausrüstung sicher im Griff haben und damit Fotos machen, die *Ihnen persönlich* gefallen.

Um die Kosten minimal und den Nutzen maximal zu halten, muss jede Ausrüstung individuell auf die bevorzugten Motive abgestimmt werden. Dazu braucht es erst einmal etwas praktische Erfahrung und einen Überblick, welche Geräte auf dem Markt überhaupt erhältlich sind.

Stative

Der meistunterschätzte «Trick», um seine Fotos zu verbessern, besteht in der konsequenten Verwendung eines stabilen Stativs. Das gute alte Dreibein hat – um diese wichtige Tatsache gleich vorwegzunehmen – hinsichtlich Schärfe und Bildgestaltung vielfach einen erheblich grösseren

Könner wie Art Wolfe erkennt man unter anderem daran, dass sie ihr Stativ selbst dorthin mitnehmen, wo andere kaum auf die Idee kämen, dass sich dort überhaupt eines aufstellen lässt.
Foto: Art Wolfe

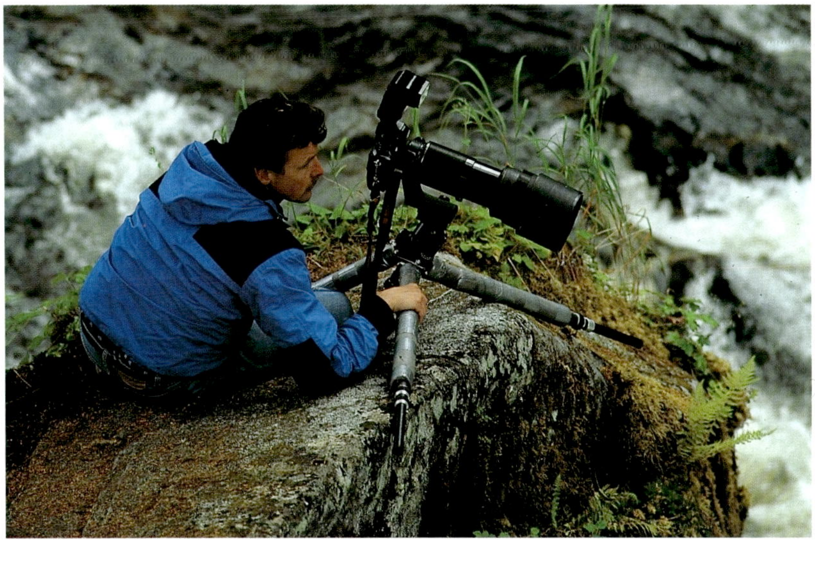

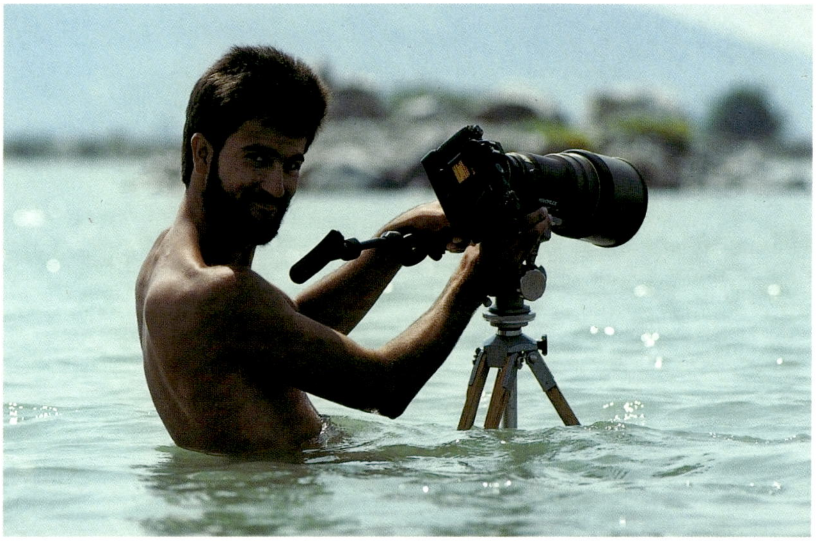

Beim Fotografieren im hüfttiefen Wasser erweist sich das Holzstativ eines Freundes, der mich vom Ufer aus aufgenommen hat, als nützliche Stütze für das schwere Tele.
Foto: Reto Hug

Einfluss auf die Qualität Ihrer Bilder als jedes noch so teure Objektiv und jede noch so ausgefeilte Kamera. Es gibt Fotografen, die sich gern damit brüsten, dass sie sogar bei verhältnismässig langen Belichtungszeiten aus der Hand noch scharfe Aufnahmen hinkriegen. Vergleicht man jedoch so ein Foto unter der Lupe mit einem solchen, das ab Stativ fotografiert worden ist, zeigen sich häufig markante Unterschiede. Meistens ist die Stativaufnahme in der Schärfe deutlich überlegen.

Wie stark ein Stativ die Verwacklungsgefahr konkret verringert, ist vor allem eine Frage seiner Stabilität und des richtigen Einsatzes. Wie so oft, muss man sich auch beim Kauf eines Dreibeins für einen Kompromiss entscheiden: Auf der einen Seite verlangen die Gesetze der Statik nach einer möglichst massiven Konstruktion mit wenigen Beinauszügen und hohem Gewicht, auf der anderen Seite lässt sich ein leichtes und kurzes Stativ am besten transportieren. Bei der Auswahl spielen ausserdem auch praktische Aspekte eine wichtige Rolle, so etwa das Gewicht der vom Dreibein zu tragenden Gerätschaften, die längste eingesetzte Brennweite sowie die minimale und die maximale einstellbare Höhe.

Ein ideales Stativ erreicht ohne irgendwelche Umbauten jede beliebige Höhe zwischen wenigen Zentimetern ab Boden bis etwas über Ihrer Augenhöhe, wenn Sie aufrecht stehen. Ihr längstes und schwerstes Teleobjektiv sollte in jeder Position sicher getragen werden, und zwar ohne die Gefahr des Umkippens oder wegrutschender Beine. Besonders wichtig ist auch, dass man zum Arbeiten auf Augenhöhe nicht die Mittelsäule ausziehen muss, weil dadurch die Stabilität ganz erheblich verringert würde. Höhenverstellungen sollten prinzipiell immer durch Ausziehen der Beine erfolgen, wofür ein schnell zu handhabender und bombenfest arretierbarer Klemm-Mechanismus vorhanden sein muss.

Bedenken Sie, dass ein Stativ im Freiland-Einsatz hie und da ziemlich arg gebeutelt wird; auch bei sorgfältiger Behandlung werden in der Hitze des Gefechts ein paar Kratzer und Beulen kaum zu vermeiden sein. Das Stativ sollte auch ein gelegentliches Aufstellen im Wasser schadlos verkraften. Holzstative sind in dieser Hinsicht meist etwas widerstandsfähiger als solche aus Leichtmetall. Letztere sollten insbesondere nach einem Salzwasser- oder Schlammbad möglichst bald zerlegt, gründlich gereinigt und anschliessend trocken gerieben werden.

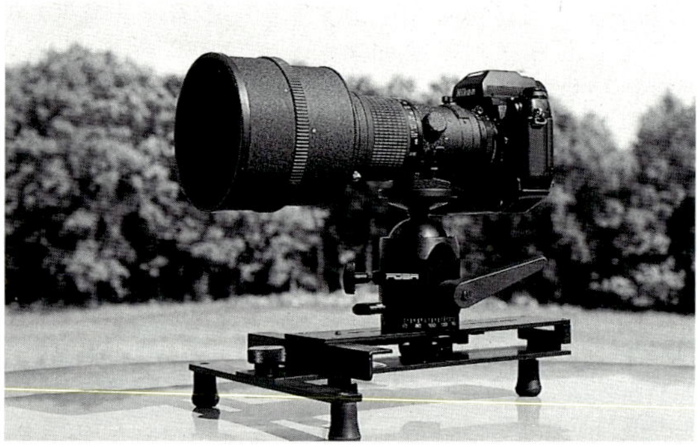

Rechts: Der vielseitige «Groofwin Pod» von Leonard Rue Enterprises lässt sich sowohl auf einer flachen Unterlage als auch an Autofenstern und ähnlichem befestigen.
Foto: Len Rue, Jr.

Für Einsätze bei kaltem Wetter ist es dringend zu empfehlen, die Aussenseite der drei dicksten Beinsegmente mit einer gut isolierenden Polsterung (z.B. aus Schaumstoff) zu überziehen. Aluminium ist bekanntlich ein sehr guter Wärmeleiter, so dass man im Winter ohne Isolierung blitzartig kalte Hände bekommt oder sogar am Stativ anfrieren kann, wenn man es mit blossen Fingern anfasst.

Auf ein Dreibein erster Güte gehört selbstverständlich ein ebenso guter Kopf. Für Landschafts- und Pflanzenaufnahmen eignen sich Stativköpfe mit drei separat verstellbaren Achsen ausgezeichnet, da man auf diese Weise den Bildausschnitt sehr präzise einstellen kann. In der Tierfotografie ist dagegen die möglichst schnelle

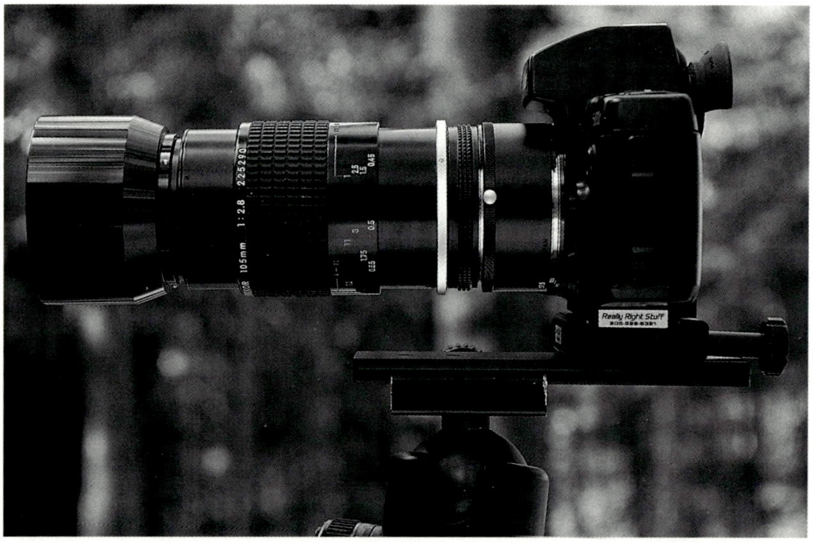

Der praktische Makroschlitten mit Schwalbenschwanzführung ist von Really Right Stuff.
Foto: Eric A. Soder

Bedienung ausschlaggebend. Diese Eigenschaft besitzen professionelle Kugelköpfe mit einstellbarer Friktion, da diese beim normalen Arbeiten mit Teleobjektiven nicht bedient werden müssen: Das Objektiv lässt sich geschmeidig in die gewünschte Position drücken und wird beim Loslassen auch ohne Blockieren der Einstellung durch die Friktionsklemmung stabil festgehalten.

Als weitere grosse Arbeitshilfe bietet sich eine Schnellkupplung an, die ein rasches Befestigen der Aufnahme-Einheit auf dem Stativ und ein noch schnelleres Herunternehmen derselben ermöglicht. Allerdings nur, wenn jedes einzelne Kameragehäuse und jedes Teleobjektiv permanent mit einer entsprechenden Anschlussplatte bestückt ist. Die beiden amerikanischen Spezialzubehörfirmen Kirk Enterprises und Really Right Stuff stellen eine Auswahl besonders nützlicher Ergänzungen zu diesem System her. Besonders praktisch sind die Schnellspannplatten mit einem Anschlag für das Kameragehäuse oder den Stativfuss des Objektivs. Dieser verhindert, dass sich das Gerät beim Kippen ins Hochformat unter seinem eigenen Gewicht auf der Platte dreht.

Ein voll teletaugliches Stativ samt gutem Kugelkopf mit Schnellspann-Vorrichtung liegt alles in allem etwa in derselben Preisklasse wie ein gängig ausgestattetes Kameragehäuse. Für leichte Kameras mit kürzeren Brennweiten findet man eher günstige Alternativen, obschon das Sparen beim Stativ in der Regel fehl am Platz ist (um so mehr, wenn man sich bereits für weniger lichtstarke Objektive entschieden hat).

Neben Dreibeinstativen gibt es für spezielle Zwecke noch eine ganze Reihe weiterer Halterungen: Einbeinstative, Stützen, Pistolengriffe, Universalklemmen, Autostative, Saugplatten, Erdspiesse, Baumschrauben und sogar Kreiselstabilisatoren.

Objektive

Drei Zahlen geben weitgehend Aufschluss über die Eigenschaften eines Objektivs: Es sind dies die Brennweite, die Lichtstärke und der Preis. Letzterer hängt zwar von den ersten beiden Daten ab, im Vergleich mehrerer Objektive mit gleicher Brennweite und Lichtstärke dient der Preis aber dennoch als ungefährer Gradmesser für die Qualität der Optik. Die wenigen Ausnahmen von diesem Schema sind vor allem unter den sogenannten «Fremdobjektiven» zu finden. Wegen der grösseren Stückzahlen können unabhängige Hersteller, die Objektive für mehrere Kameramarken produzieren, speziell bei den extremen Brennweiten eher einmal gute Qualität mit einem vergleichsweise günstigen Preis verbinden. Ansonsten gilt: *You get what you pay for* (zu deutsch etwa: Qualität hat eben ihren Preis).

Weitwinkel

In einem Weitwinkelobjektiv sehen viele Naturfotografen in erster Linie ein Hilfsmittel für die Landschaftsfotografie. Es gibt daneben aber durchaus noch andere Gelegenheiten, um kurzbrennweitige Optiken sinnvoll einzusetzen. Nicht nur, wenn es wegen enger Platzverhältnisse unumgänglich ist, sondern auch aus gestalterischen Gründen, um die typische Weitwinkelansicht mit steilen Fluchtlinien und grosser Schärfentiefe zu erzielen. Dieser Effekt beruht auf der bei gleichem Abbildungsmassstab kürzeren Aufnahmedistanz und dem grösseren Bildwinkel, den ein Objektiv mit kurzer Brennweite im Vergleich zu einem Normal- oder Teleobjektiv aufweist.

Bei den kurzen Brennweiten werden häufig drei Gruppen unterschieden: Die «gewöhnlichen» Weitwinkelobjektive sind ein bisschen unterhalb der Normalbrennweite angesiedelt. Im Kleinbildformat sind 35mm und 28mm die häufigsten Vertreter dieser Gruppe. Von 24mm bis hinunter zu 14mm spricht man von einem Super-

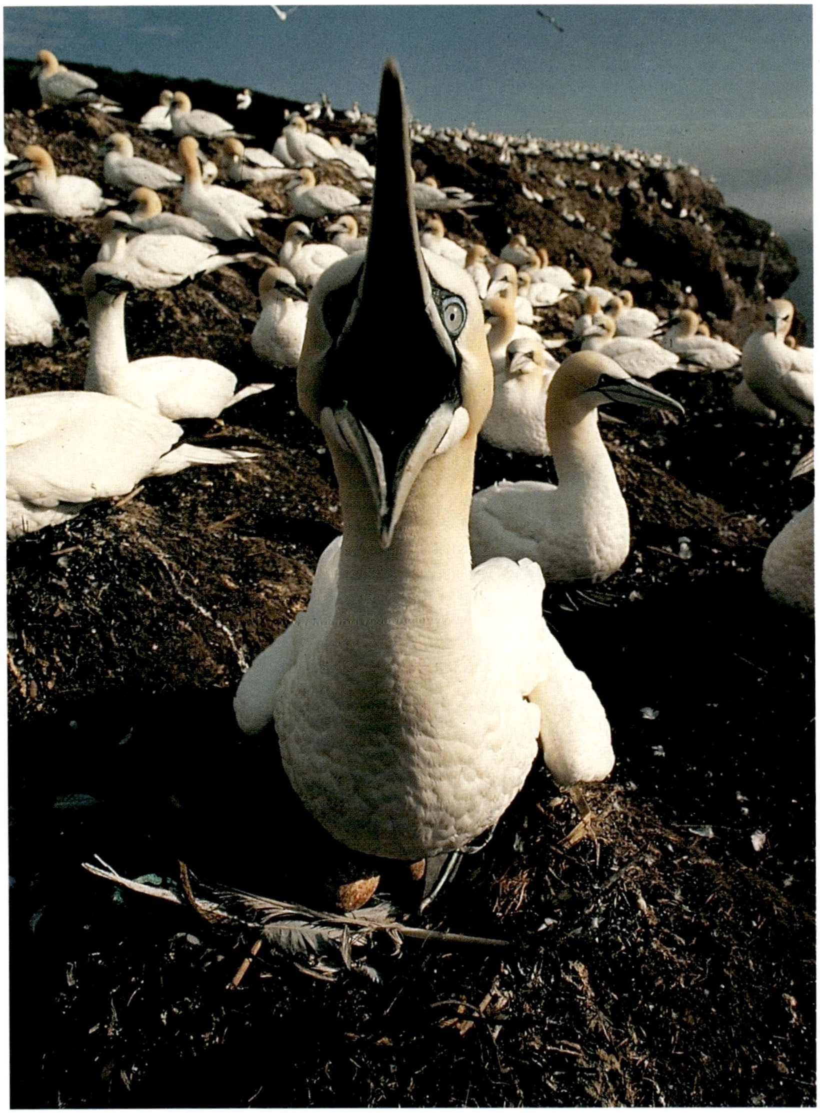

Wo man nahe genug ans Motiv herankommt, verhilft ein Weitwinkelobjektiv gelegentlich zu spektakulären Übersichtsbildern. Die brütenden Tölpel sind dafür ein gutes Beispiel.
Foto: Labat-Simon / Sutter

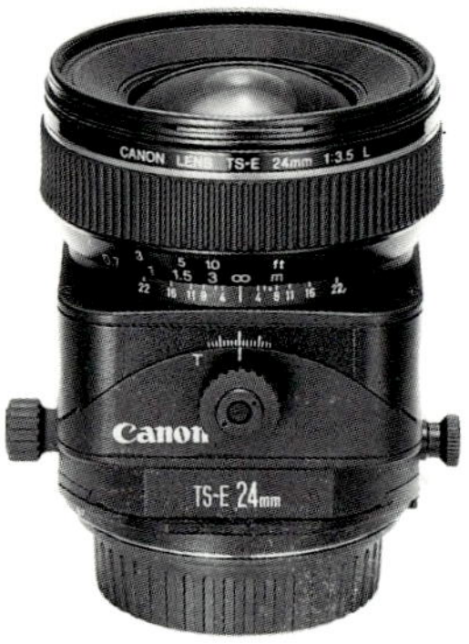

Das verschwenkbare Canon TS-E 3.5/24mm.
Werkfoto

weitwinkel, solange das Objektiv noch eine winkeltreue Abbildung liefert. Bei den Fischaugen-Objektiven, die einen noch grösseren Bildwinkel abdecken, werden dagegen alle geraden Linien, die nicht durch die Bildmitte verlaufen, nach aussen gekrümmt wiedergegeben. Vollformat-Fischaugen mit einem diagonalen Bildwinkel von 180° besitzen 15 bis 16mm Brennweite. Bei 8,5mm und darunter ist der Bildkreisdurchmesser kleiner als die kürzere Formatkante, so dass anstelle des rechteckigen Ausschnittes der volle Bildkreis abgebildet wird; um das runde Bild herum bleibt der Film unbelichtet.

Im extremeren Weitwinkelbereich findet man relativ wenige Zoom-Objektive. Dies ist hauptsächlich auf eine ganze Menge schwerwiegender technischer Probleme zurückzuführen, welche die Hersteller hier lösen müssen, um eine Optik von brauchbarer Qualität zu entwerfen. Das treibt den Preis für solche Objektive in die Höhe – und drückt damit die Nachfrage hinunter. Von etwa 28mm an aufwärts wird das Angebot erheblich breiter, und auch die Preise kommen denen für Festbrennweiten näher. Gängige Zooms reichen vom Weitwinkel- bis in den kleinen Telebereich. Im Vergleich zu den jeweiligen Festbrennweiten verfügen sie meist über eine eher geringe Lichtstärke, die zudem mit der Brennweite variieren kann. In der Regel weisen Zoomobjektive auch eine geringfügig stärkere Verzeichnung auf und reagieren etwas anfälliger auf Streulicht als hochwertige Optiken fester Brennweite. In der Praxis jedoch kann der Vorteil des variablen Bildwinkels diese Nachteile unter Umständen mehr als aufwiegen.

Einen Spezialfall unter den Weitwinkeloptiken stellen sogenannte Shiftobjektive dar. Damit lassen sich durch paralleles Verschieben der optischen Achse stürzende Linien korrigieren. Solche entstehen durch das Neigen der Kamera nach oben oder unten und fallen bei Objektiven mit grösserem Bildwinkel entsprechend stärker auf. In der Naturfotografie stellen stürzende Linien allerdings höchst selten ein wirklich gravierendes Problem dar. Am meisten stört die übertrieben steil wirkende Perspektive dann, wenn in Wirklichkeit aufrecht stehende Baumstämme oder Schilfhalme an den beiden seitlichen Bildrändern extrem schief liegen. Das lässt sich jedoch durch weniger starkes Neigen der Kamera viel billiger mildern als mit einem separat zu beschaffenden und bei der Arbeit mitzuschleppenden Shiftobjektiv. Für umfangreiche Perspektivkorrekturen ist, wenn man darauf nicht verzichten will, eine Grossformatkamera eindeutig besser geeignet. Die Möglichkeit zum Schräglegen der Schärfenebene ist eine weitere Domäne der vielseitig verstellbaren Fachkamera, die den Bedürfnissen eines Landschaftsfotografen sehr entgegenkommt. Für den allgemeinen Gebrauch in der Naturfotografie ist das Grossformat allerdings zu unhandlich. Canon bietet übrigens als einziger Hersteller verschwenkbare Kleinbildobjektive an. Für die Gehäuse der EOS-Serie gibt es gleich deren drei: das TS-E (für *tilt* = neigen und *shift* = verschieben) 3.5/24mm, das TS-E 2.8/45mm und das TS-E 2.8/90mm. Bei allen übrigen KB-Systemen lassen sich Verschwenkungen höchstens mit speziellen Balgenköpfen an einem Balgengerät mit schwenkbarer Standarte realisieren.

Jean-Paul Ferrero fotografiert einen Albatros aus allernächster Nähe am Nest. Anfängern ist von solchen Unterfangen dringendst abzuraten. Es braucht meist eine sehr lange Gewöhnungsphase, bis das Tier einen Fotografen so nah toleriert – wenn überhaupt.
Foto: Colin Monteath / Auscape

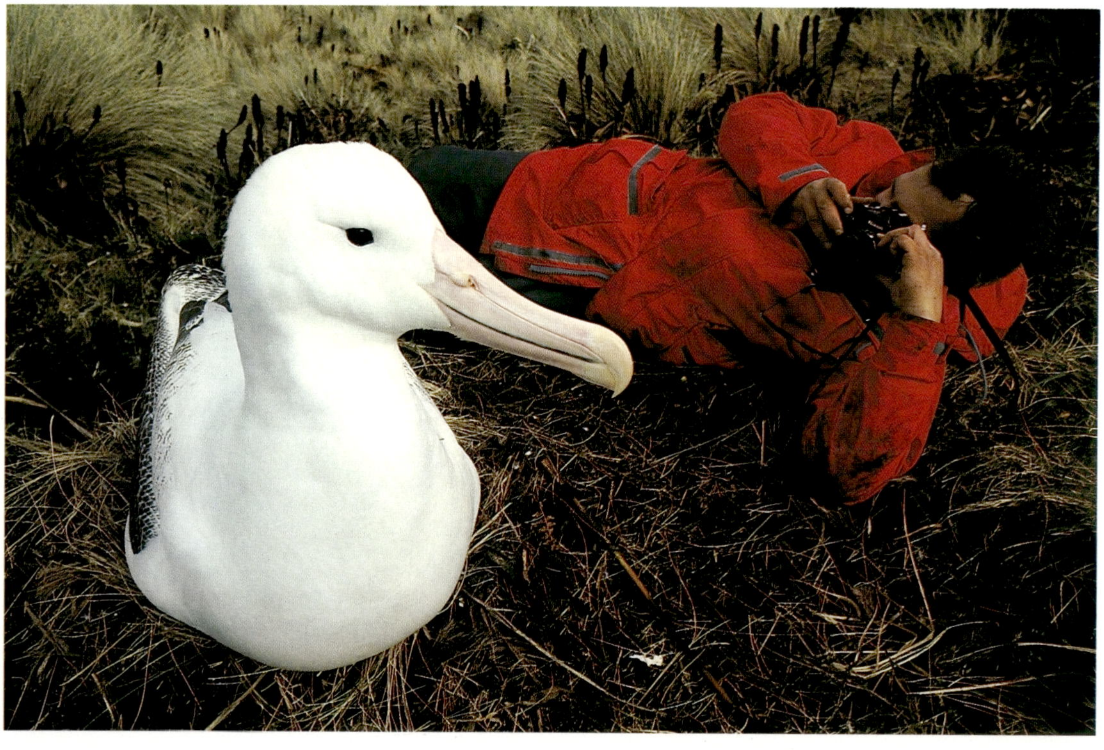

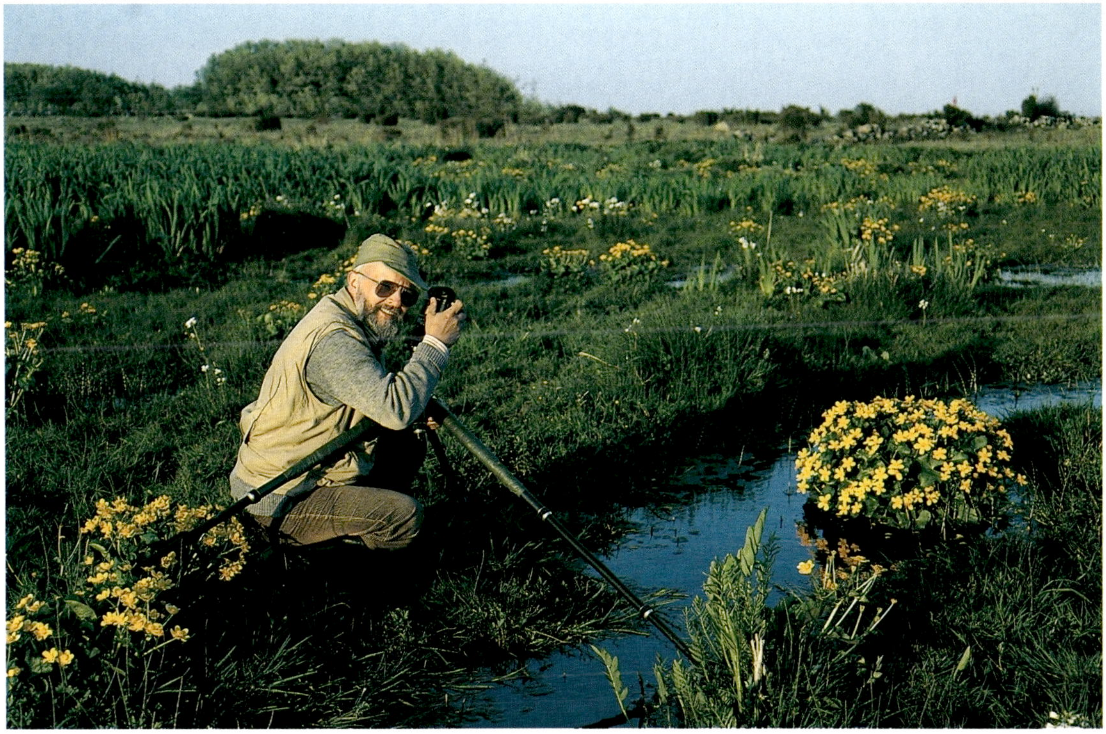

Trotz guter Beleuchtung und relativ kurzer Brennweite benutzt Fritz Pölking ein Stativ, um die Sumpfdotterblumen aufzunehmen. So entstehen qualitativ hochwertige Bilder.
Foto: Jürgen Diedrich

In der Praxis werden Weitwinkelobjektive hauptsächlich zum Betonen der räumlichen Wirkung eines Motivs eingesetzt. Dazu muss man in der Regel sehr dicht ans Motiv herantreten, weil alle Bildelemente im Mittel- und Hintergrund sehr rasch an Grösse und damit an Bedeutung verlieren. Dies gilt insbesondere auch für Panoramen mit fernen Bergketten, welche auf einem Weitwinkel-Foto leicht zu unbedeutenden Maulwurfshügeln verkümmern können. Umgekehrt vermag eine geschickt eingesetzte kurze Brennweite einen aus allernächster Nähe fotografierten echten Maulwurfshügel in ein imposantes Gebirgsmassiv zu verwandeln. Dementsprechend lassen sich auch Tiere in ihrem Lebensraum pointiert darstellen, sofern die erforderliche kurze Aufnahmedistanz tatsächlich erreicht wird. Eventuell muss man hierzu mit Fernauslösung arbeiten oder sich ein besonders zutrauliches Tier suchen. Einfacher hat man es da bei den Pflanzen; hier können einem lediglich die Stativbeine oder der Schatten der Kamera ins Blickfeld geraten.

Normal- und kurze Telebrennweiten

Wenn eine Bildwirkung erzielt werden soll, die dem menschlichen Augeneindruck am nächsten kommt, ist das Standardobjektiv mit rund 50mm Brennweite die ideale Wahl. Für Porträt-Aufnahmen von Menschen und zahmen Tieren werden bevorzugt etwas längere Brennweiten (von 70 bis etwa 100mm) eingesetzt, um möglichen Verzerrungen entgegenzuwirken. Die geringe Entfernung, aus der formatfüllende Porträts mit einer Normalbrennweite aufgenommen werden müssen, könnte beispielsweise eine gegen das Objektiv gerichtete Nase oder Schnauze auf dem Foto ziemlich grotesk aussehen lassen.

In der Pflanzenfotografie gewinnt man mit einem leichten Tele mehr Abstand, was die Arbeit mit dem Stativ gegenüber einer Weitwinkelaufnahme ungemein erleichtert. Trotzdem kann das Umfeld einer Pflanze bei ausreichender Abblendung noch gut ins Bild miteinbezogen werden. Der kleinere Bildwinkel ermöglicht ausserdem eine selektivere Wahl des Hintergrundes. Mit 100mm geniesst man in dieser Hinsicht schon einen ziemlich grossen Gestaltungsspielraum, der in günstigen Fällen auch ein sauberes Freistellen des Hauptmotivs gegen eine unscharfe Kulisse gestattet.

Ähnliche Vorteile bietet ein kleines Tele bei der Gestaltung von Landschaftsbildern. Wo ein Weitwinkelfoto vielleicht zu überladen wirkt, kann man sich mit einer etwas längeren Brennweite mehr auf das Wesentliche beschränken, ohne es jedoch gänzlich aus seinem Umfeld zu isolieren. Der grössere Arbeitsabstand führt bei Übersichtsaufnahmen zu einer weniger steilen Perspektive, wodurch sich Vorder-, Mittel- und Hintergrund harmonischer zu einem Ganzen zusammenfügen. Insgesamt entsteht mit einem schwachen Tele ein ruhiger Eindruck mit leicht konzentrierter Atmosphäre. Dabei wirkt sich allfälliger Dunst oder Regen auf kürzere bis mittlere Distanz noch nicht allzu negativ auf den Bildkontrast aus, wie dies bei Fernaufnahmen mit langer Brennweite bald einmal geschieht.

Das klassische Normalobjektiv mit 50 oder 55mm fristet heutzutage vielerorts ein bescheidenes Dasein, zumal es meist problemlos durch ein nur wenig teureres Zoomobjektiv mit deutlich erweiterten Möglichkeiten ersetzt werden kann. Selbst auf die hohe Lichtstärke, bei üblichen Standardobjektiven meist zwischen 1.4 und 1.8 angesiedelt, kann man in den meisten Fällen getrost verzichten. Demgegenüber kommt einer grossen Anfangsöffnung im Falle eines kleinen Teleobjektivs schon etwas mehr Bedeutung zu, sei es nun beim Arbeiten mit selektiver Schärfe oder beim Einsatz extrem kurzer Verschlusszeiten in der Tierfotografie.

Gerade bei der intensiven Beschäftigung mit der Tierwelt sprechen die sich ständig verändernden Situationen indes sehr für ein Objektiv mit variabler Brennweite. Mit einem Zoomobjektiv kann man zum Beispiel auf einer Safari, wo sich andauernd fast aus dem Nichts neue Gelegenheiten ergeben, besser am Ball bleiben. Hierzulande gibt es allerdings nur wenige Wildtiere, die sich mit einer Brennweite von 100mm oder noch weniger in überzeugender Weise ablichten lassen. Es wäre anderseits jammerschade, eine solche Gelegenheit nicht richtig nutzen zu können. Denn mit mittleren Brennweiten gelangt man wesentlich leichter zu gestochen scharfen Tieraufnahmen als mit einer lichtschwachen langen Telekanone.

Wer sich häufig im Bereich normaler Brennweiten bewegt, sollte vielleicht einmal ernsthaft einen Versuch mit dem Mittelformat erwägen. Schon mit 4,5x6cm ist der Qualitätsgewinn gegenüber Kleinbild deutlich wahrnehmbar, derweil die Mehrkosten für ein Gehäuse und zwei oder drei Objektive mit gängigen Brennweiten in einem erträglichen Rahmen liegen.

Die Pentax 645 ist eine handliche Mittelformatkamera, die durchaus als Alternative für eine KB-Spiegelreflex taugt.
Werkfoto

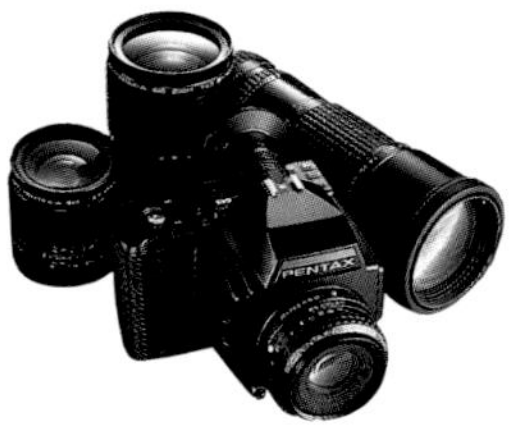

Makro-Objektive

Viele Objektive lassen sich nicht auf so kurze Distanzen fokussieren, wie es für die Naturfotografie wünschenswert wäre. Normalerweise reicht der Einstellbereich von Unendlich bis etwa zum Massstab 1:10, was einem kleinsten Bildfeld in der ungefähren Grösse einer A4-Seite entspricht. Als Abbildungsmassstab bezeichnet man in der Fotografie das Verhältnis der Länge einer abgebildeten Strecke auf dem Negativ oder Dia zur tatsächlichen Länge dieser Strecke im Motiv. Rechnet man diesen Quotienten aus, erhält man die lineare Vergrösserung. Wird beispielsweise ein 20cm hohes Objekt auf dem Film 2cm hoch abgebildet, beträgt der Massstab 2cm : 20cm = 1:10 und die Vergrösserung ist 0,1fach. Manche Naturmotive – zum Beispiel Pilze, Blüten, Insekten, Frösche, gewisse Singvögel, Kleinsäuger und dergleichen – sind jedoch so klein, dass für ein formatfüllendes Foto eine stärkere Vergrösserung als 0,1x erforderlich ist. Hier beginnt die Welt der Makrofotografie, welche laut Definition die Massstäbe von 1:10 bis 10:1 abdeckt. Für die Arbeit in diesem Bereich benötigt man häufig spezielle Nahaufnahme-Geräte.

Um ein beliebiges Objektiv für Makroaufnahmen einzusetzen, kann man dessen Einstellbereich bei Bedarf mittels Zwischenringen, Vorsatzlinsen oder einem Konverter behelfsmässig ein Stück weit nach unten erweitern. Die technisch ausgereifteste Methode, um Massstäbe bis etwa 1:1 zu erreichen, stellt allerdings ein Makro-Objektiv dar, das speziell für kurze Aufnahmedistanzen korrigiert worden ist und hier folglich eine bessere Bildqualität liefert als eine auf Unendlich korrigierte Optik. Aufgrund ihrer besonderen optischen Konstruktion erreichen Makro-Objektive aber auch im Fernbereich eine hervorragende Schärfeleistung, die sie zu vielseitigen Universalwerkzeugen macht.

Makro-Objektive gibt es in Ausführungen mit 60, 100 und 200mm Brennweite, wobei diese Werte je nach Hersteller auch leicht abweichen können. Ein Makro-Objektiv neuerer Bauart lässt sich oft stufenlos von Unendlich bis zur natür-

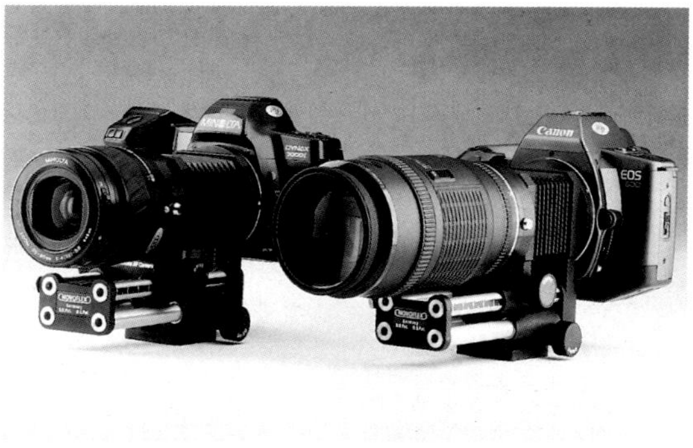

Rechts: Novoflex Automatik-Balgengeräte für Canon und Minolta AF-Kameras.
Werkfoto

lichen Grösse (1:1) einstellen; bei anderen benötigt man für den Bereich von 1:2 bis 1:1 zusätzlich einen Zwischenring, der für gewöhnlich halb so lang wie die Brennweite des Makro-Objektivs ist. Leica bietet als Alternative «Elpro»-Vorsätze an. Dabei handelt es sich um qualitativ hochwertige «Vorsatzlinsen» aus mindestens zwei Glaselementen. Zur Realisation noch stärkerer Vergrösserungen benutzt man ein Balgengerät und eventuell einen Umkehrring, mit dem das Objektiv in Retrostellung angesetzt wird. An dieser Stelle muss ich Sie auf die im Anhang verzeichnete Makro-Fotoschule oder ein anderes Fachbuch zum Thema Nahaufnahmen verweisen, da eine detaillierte Erläuterung der spezielleren Nahaufnahme-Techniken hier doch etwas zu weit führen würde.

Fürs Fotografieren von Pflanzen und insbesondere von Tieren empfiehlt sich die Benutzung eines Makro-Objektivs von längerer Brennweite, da der grössere Arbeitsabstand den Einsatz des Statives erleichtert und empfindlichen Hauptdarstellern somit weniger oft Anlass zur

Das Leica Apo-Macro-Elmarit-R 2,8/100mm hat die wohl höchste Abbildungsqualität aller Foto-Objektive überhaupt.
Werkfoto

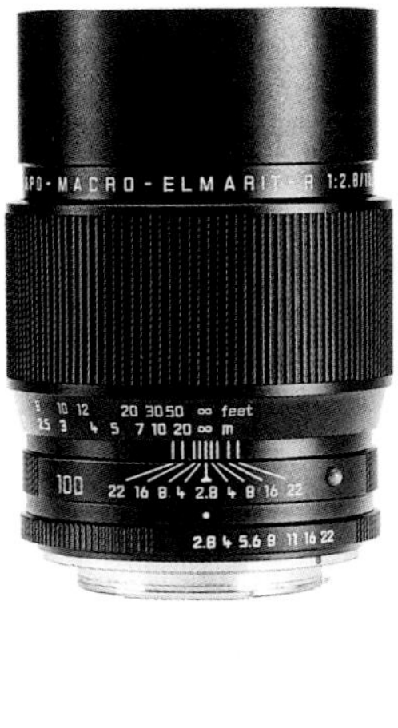

Flucht bietet. Ausserdem gibt es auch mit der Beleuchtung weniger Probleme als etwa mit einem 55er Makro-Objektiv, dessen Vorderseite bei sehr kurzen Distanzen bald einmal einen Schatten aufs Motiv wirft. Eine interessante Alternative zum Makro-Objektiv mit Schneckengang-Fokussierung bietet die Firma Novoflex in Form eines leichten Balgengerätes an. Es verfügt als einziges auf dem Markt über einen automatischen Springblenden-Mechanismus, der das Arbeiten mit Offenblendmessung ermöglicht. Dieses Balgengerät ist mit Anschlüssen für praktisch alle existierenden Kleinbildkameras erhältlich. Mit zwei speziellen Objektivköpfen von 105mm beziehungsweise 60mm Brennweite wird der Bereich von Unendlich bis zur doppelten natürlichen Grösse stufenlos abgedeckt. Dank der Offenblendmessung und dem eingebauten Einstellschlitten ist ein solches Novoflex-Balgengerät beim Einsatz im Freien eine feine Sache.

Teleobjektive

Das wichtigste und im doppelten Sinn teuerste Arbeitsinstrument aller Tierfotografen ist ein ausgewachsenes Teleobjektiv. Hier beschränke ich mich zunächst auf Brennweiten bis etwa 300mm, die auch in der Landschafts- und Pflanzenfotografie noch regelmässig Verwendung finden.

Eine relativ preiswerte und gleichzeitig sehr universelle Lösung stellt ein Zoom von 100-300 mm dar. Die Lichtstärke eines solchen Objektivs, die (für 300 mm) meist bei Blende 5,6 bis maximal 4,0 angesiedelt ist, reicht für die meisten Aufgaben einigermassen aus. Es gibt auch Zooms von 80-200 mm oder 70-210 mm mit höheren Anfangsöffnungen. Sofern die kürzere Endbrennweite ausreicht, kann ein solches Objektiv ganz nützlich sein; um Tiere zu fotografieren, benötigt man allerdings häufiger 300 Millimeter als 200.

Wer vorwiegend niedrigempfindliches Filmmaterial benutzt, wäre vielleicht mit einer lichtstarken Festbrennweite zwischen 180 und 300mm besser bedient. Denn die höhere Lichtausbeute eines hochgeöffneten Teles gestattet beim Fotografieren aus freier Hand kürzere Verschlusszeiten.

Jede Blende mehr muss hier allerdings teuer bezahlt werden: Eine 2,8/300mm Optik kostet beispielsweise rund dreimal so viel wie ein 4,0/300er von gleich hoher optischer Qualität. In konkreten Zahlen beträgt die Preisdifferenz derzeit (1991/92) sage und schreibe etwa viertausend Mark/Franken. Eine so beträchtliche Investition für lediglich eine Blende mehr Licht sollte man sich vor dem Kauf reiflich überlegen. Bei 180 oder 200 mm ist die absolute Preisdifferenz beträchtlich kleiner.

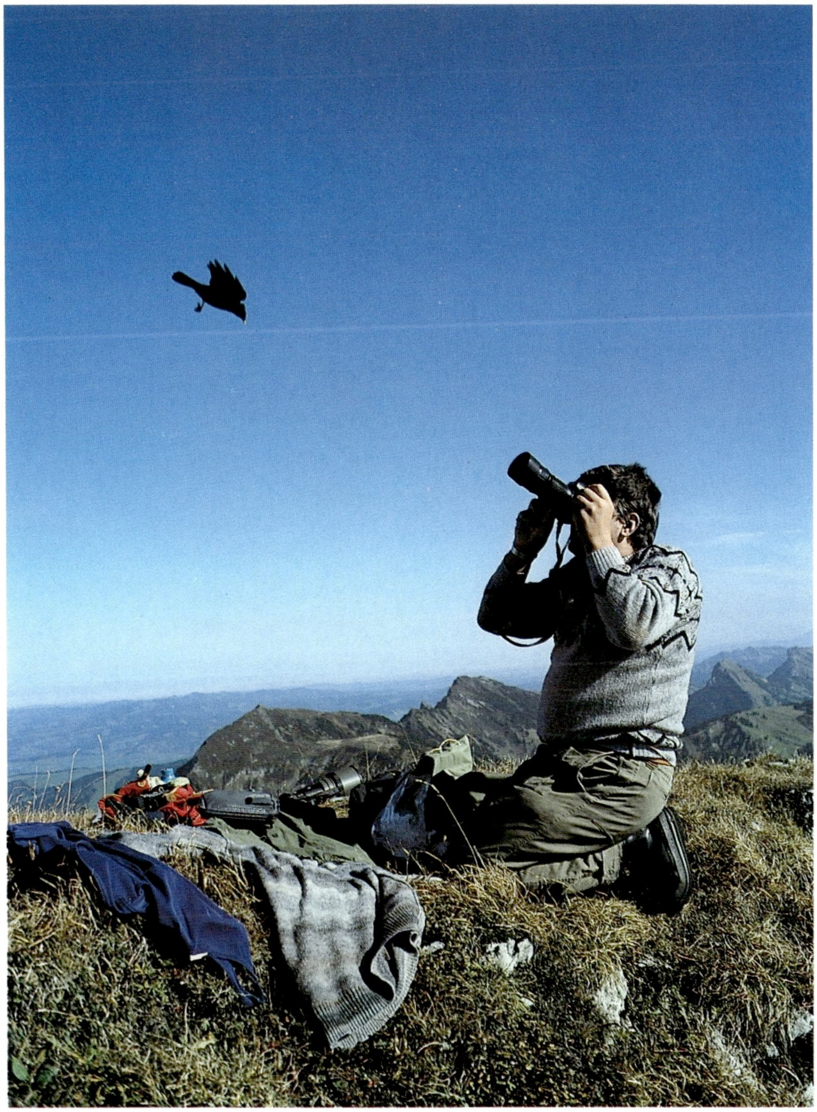

Mit einem lichtstarken 180mm-Autofokustele verfolgt Reto Hug eine fliegende Alpendohle im Sucher. Diese zutraulichen Vögel finden sich oft in kürzester Zeit ein, sobald sich ein Berggänger an seinem Rucksack oder an etwas Essbarem zu schaffen macht.
Foto: Eric A. Soder

Natürlich sollte gerade mit den langen Brennweiten grundsätzlich ein Stativ verwendet werden. Gelegentlich muss man jedoch aus praktischen Gründen auch ohne auskommen, und zwar vor allem in der Tierfotografie, wo ein Stativ manchmal hinderlich sein kann. Etwa beim Fotografieren schnell rennender oder fliegender Tiere. Oder wenn man sich auf einer schwankenden Unterlage befindet bzw. in einer hängenden Position arbeitet. Um mit 200 oder 300mm einigermassen verwacklungsfrei aus der Hand zu fotografieren, sollte man auch bei nicht ganz optimaler Beleuchtung mit einer Verschlusszeit von 1/250, besser noch 1/500 Sekunde, operieren können.

Ein weiteres Argument spricht für Teleobjektive mit grosser Anfangsöffnung: nämlich der wichtige Vorteil des helleren Sucherbildes. Zusammen mit der «springenden» Schärfe – wegen der geringen Schärfentiefe – fällt das Scharfstellen somit deutlich leichter. Auch beim Blitzen wirkt sich eine höhere Lichtstärke sehr positiv aus: Mit jeder Blendenstufe vergrössert sich die maximale Blitzreichweite um den Faktor $\sqrt{2}$ (etwa 1,4).

Für den normalen Gebrauch – sprich mit Dreibein – sollte jedes Objektiv, das merklich schwerer als ein Kameragehäuse ist, einen eigenen, drehbaren Stativanschluss besitzen. Leider sind einige Hersteller (insbesondere bei Zoomobjektiven) oft gegenteiliger Ansicht. Am besten probieren Sie vor dem Kauf selbst aus, ob sich Ihre Kamera mit angesetztem Objektiv vernünftig aufs Dreibein montieren lässt. Wenn das Ganze schon im Laden zu kopflastig wirkt, ist Ihnen in der Praxis eine Menge Ärger gewiss. Durch den langen Hebelarm des weit vorstehenden Teles wird das Kamerabajonett über Gebühr strapaziert. Und wenn die Einheit beim Hantieren vornüber kippt, hat man meist irgendwie seine Finger dazwischen.

Falls kein alternatives Objektiv mit Stativfuss zu finden ist, empfiehlt es sich, nach einer separaten Stativbefestigung Ausschau zu halten oder selber eine zu fabrizieren. Die bereits erwähnten Firmen Kirk Enterprises und Really Right Stuff in den USA liefern verschiedene massgefertigte Halteschienen für bestimmte Kamera-Objektiv-Kombinationen. Einzelne Ausführungen bieten eine Schwalbenschwanz-Schnellkupplung vom Typ Arca Swiss (z.B. für Monoball-Kugelköpfe) und teils sogar eine drehbare Lagerung für Hochformataufnahmen.

Aus gestalterischer Sicht eignen sich Teleobjektive insbesondere zum Freistellen einzelner Tiere oder Pflanzen, weil ein weiter entfernter Hintergrund bald einmal bis zur völligen Unkenntlichkeit in Unschärfe verschwimmt. Eine Wiese wird dadurch zur einfarbig grünen Fläche, und ein gezielt hinter das Motiv «gelegter» Schattenbereich dient vielfach als dunkles Umfeld, vor dem sich ein sonnenbeschienenes Hauptmotiv wirkungsvoll abhebt.

Mit Hilfe eines Teleobjektivs kann die Libelle erstens gross genug ins Bild gesetzt und zweitens optisch vom Hintergrund gelöst werden.
Foto: Felix Labhardt

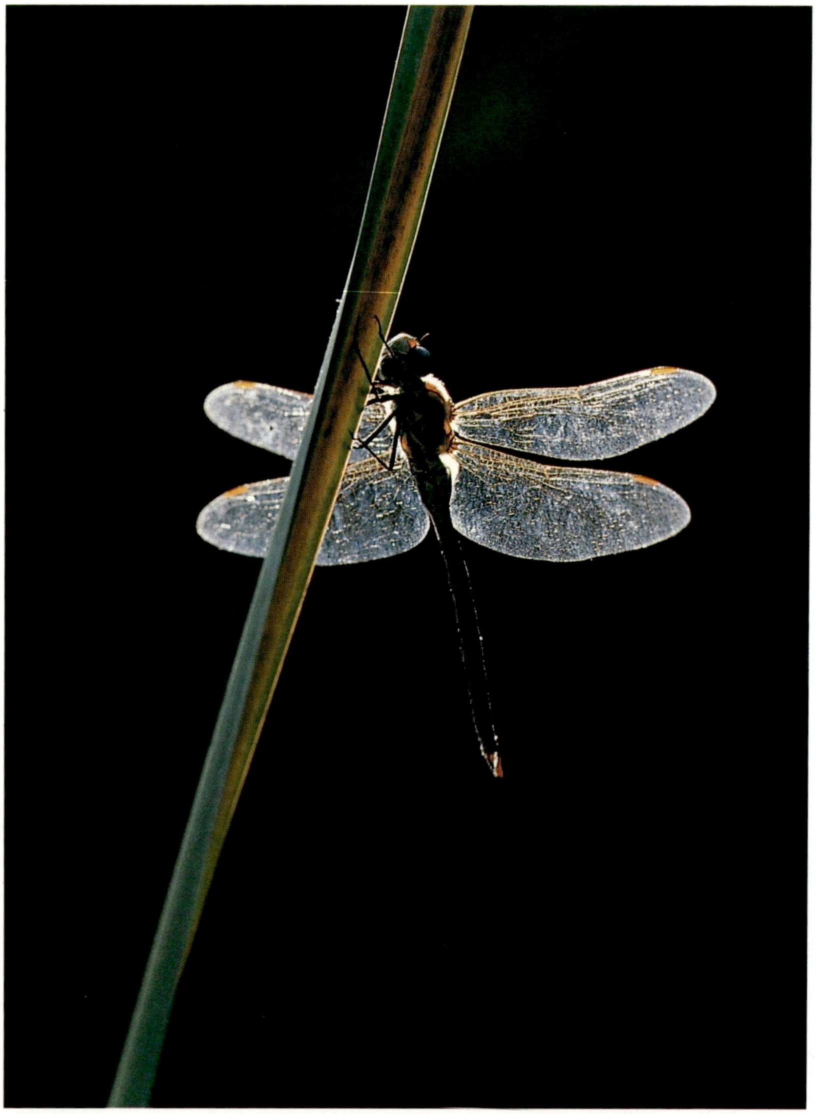

Telekonverter

Um wilde Tiere gross ins Bild zu setzen, benötigt man häufig noch längere Brennweiten als 300 mm. Solche ab 400 mm werden im Fachjargon als Superteleobjektive bezeichnet. In der Tat vereinigen derartige Konstruktionen, die eine angesetzte Kamera zum unbedeutenden Anhängsel verkümmern lassen, einige Superlative auf sich: Von allen Objektiven sind sie am grössten, schwersten und teuersten.

Für jene Fotografen, die nur sporadisch derart lange Brennweiten einsetzen, gibt es eine praktische Alternative zum Supertele: den Konverter oder Extender. Ein Telekonverter verlängert bekanntlich die Brennweite des Grundobjektivs um den Faktor 1,4 oder 2. Weil durch die Vergrösserung des Bildes die gleiche durchs Objektiv einfallende Lichtmenge auf eine grössere Fläche verteilt wird, verringert sich dabei die Lichtstärke. Ein 1,4fach-Konverter «schluckt» eine ganze Blendenstufe, ein 2fach-Konverter sogar deren zwei. Dazwischen gibt es übrigens noch spezielle «AF»-Konverter mit einem Faktor 1,6 oder 1,7. Diese ermöglichen mit einem manuellen Objektiv und einer Autofokuskamera die automatische Scharfeinstellung innerhalb eines beschränkten Entfernungsbereiches. Ich persönlich habe mit diesem Typ von Konverter ziemlich schlechte Erfahrungen gemacht. Gerade bei langen Brennweiten, wo der Einsatz eines Konverters am sinnvollsten ist, schmilzt der AF-Arbeitsbereich rasch bis auf wenige Meter zusammen. Dadurch wird ein manuelles Vorfokussieren nötig, das den ganzen Einstellvorgang eher kompliziert als erleichtert. Stellt man die Schärfe ganz von Hand ein, passiert es mitunter, dass man nicht mehr auf Unendlich scharfstellen kann, weil sich der Konverter zufällig gerade in einer Nahposition befindet. Für die Tierfotografie, wo die Aufnahmedistanzen ständig ändern, ist ein solcher Manuell-zu-AF-Konverter nicht zu empfehlen.

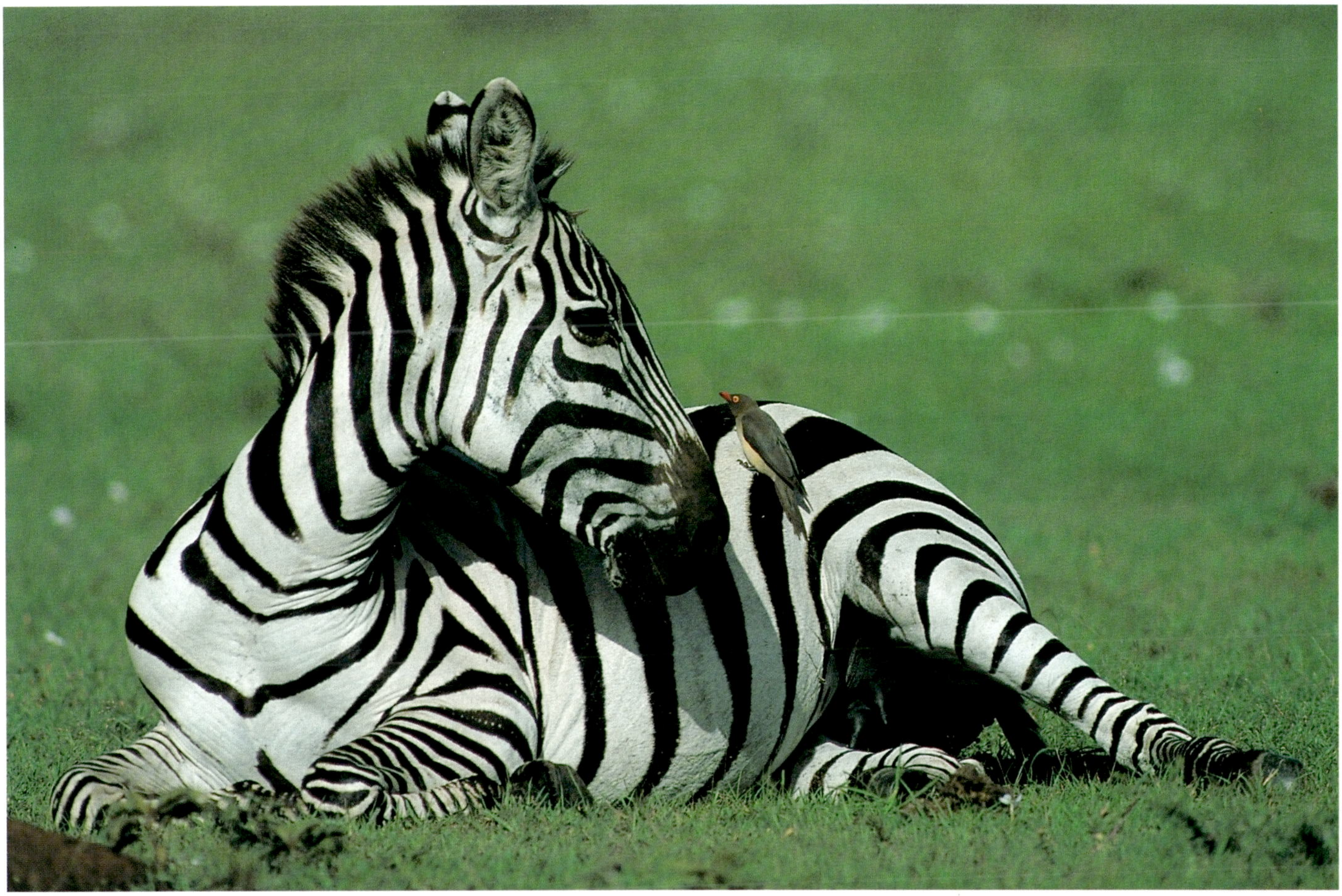

Die normalen 1,4fach- und 2fach-Konverter sind dagegen recht nützlich, wenn sie richtig eingesetzt werden. Dazu muss man wissen, dass ein Konverter nicht nur die Abbildungsgrösse, sondern auch alle Restfehler des Grundobjektivs multipliziert. Folglich liefert ein Objektiv mit wenig Qualitätsreserven zusammen mit einem Zweifachkonverter meistens ein hundslausiges Resultat, während ein Tele höchster Qualität mit einem ebensoguten 1,4fach-Konverter fast gleich scharfe Aufnahmen ermöglicht wie eine Originalbrennweite. In der Praxis spielt indes auch die Lichtstärke eine ganz wesentliche Rolle. Mit langen Teles arbeitet man ja häufig an der Grenze zu den verwacklungsanfälligen Verschlusszeiten. Fügt man nun dem optischen System einen Zweifachkonverter hinzu, wird die Verwacklungsgefahr bei jeweils offener Blende insgesamt verachtfacht (!), weil ja gleichzeitig die Brennweite verdoppelt (= Faktor 2) und die Verschlusszeit auf das Vierfache verlängert wird (= Faktor 4). Hinzu kommt dann noch die ungenauere Scharfeinstellung wegen des dunkleren Sucherbildes. Demgegenüber beträgt der «Verwacklungsfaktor» beim Einsatz eines 1,4fach-Konverters noch rund 3, was sich mit einem lichtstarken Grundobjektiv durch das Öffnen der Blende um anderthalb Stufen kompensieren lässt.

Für einen erstklassigen Originalkonverter für Brennweiten ab 200 oder 300mm muss man allerdings fast einen Tausender hinblättern. Damit könnte man auch ein qualitativ gutes, apochromatisch korrigiertes 400mm-Objektiv mit Lichtstärke 5,6 kaufen. Falls der Konverter nicht zusammen mit mindestens zwei verschiedenen Teleobjektiven verwendbar ist, die man selbst besitzt oder in absehbarer Zeit erwerben wird, würde ich persönlich sogar ein etwas teureres Objektiv dem Konverter vorziehen – es sei denn, ich besitze ein 2,8/300mm (das mit einem 1,4fach-Konverter bei 420mm eine immer noch relativ hohe Lichtstärke von 4,0 ergibt).

Superteles

Wie gesagt braucht ein Tierfotograf häufig lange und längste Brennweiten zur Überwindung grosser Fluchtdistanzen. Selbst beim Fotografieren aus einem Fotoversteck werden vergleichsweise selten kürzere Brennweiten als 200mm eingesetzt. Wenn es um wilde Vögel und Säugetiere geht, gelangen für schätzungsweise 90 bis 95 Prozent aller publizierten Aufnahmen Objektive von 300 bis 600mm zur Anwendung. In Extremfällen wird auch auf Konverter oder allenfalls auf Objektive mit 800mm und noch längerer Brennweite zurückgegriffen, obschon der Einsatz solcher Kolosse extrem problematisch ist

Das Zebra und der Madenhacker werden von der Kombination des Nikkor 3,5/400mm IF-ED mit dem 2fach-Konverter TC-301 in brillanter Schärfe wiedergegeben. Das Foto beweist, dass ein teurer Originalkonverter seinen Preis wirklich wert sein kann.
Foto: Fritz Pölking

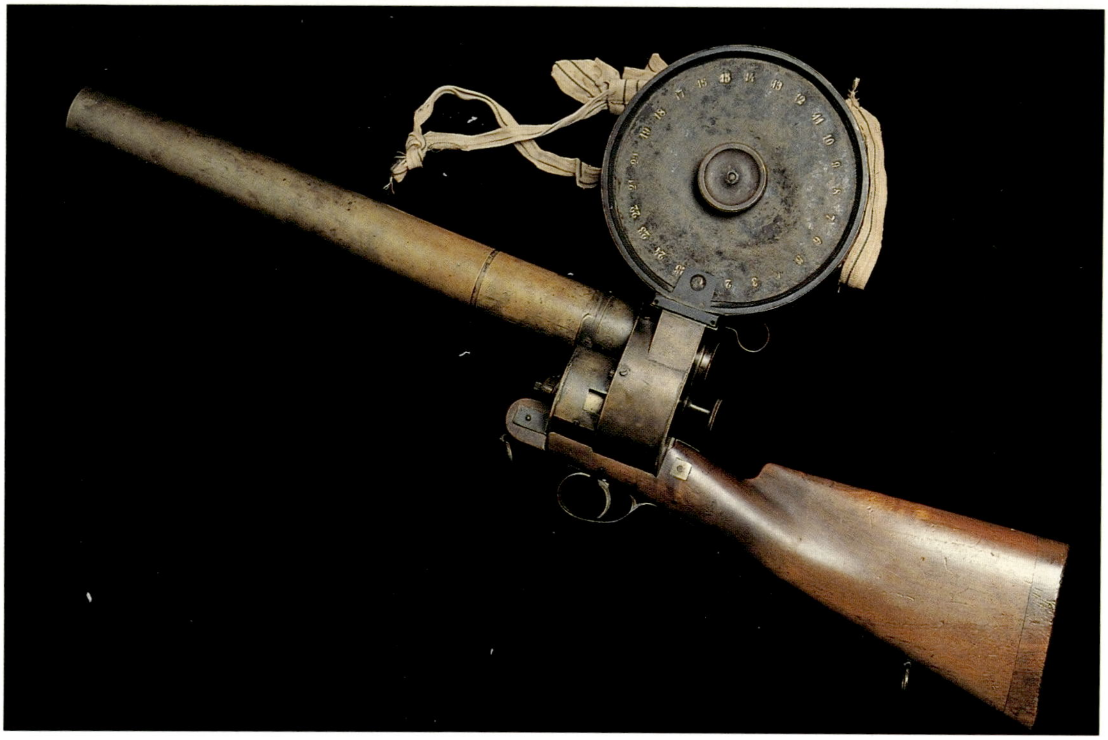

Mareys Fotogewehr, das vor 110 Jahren die Ära der dynamischen Tierfotografie einläutete.
Foto: A. Le Toquin / Explorer / Sutter

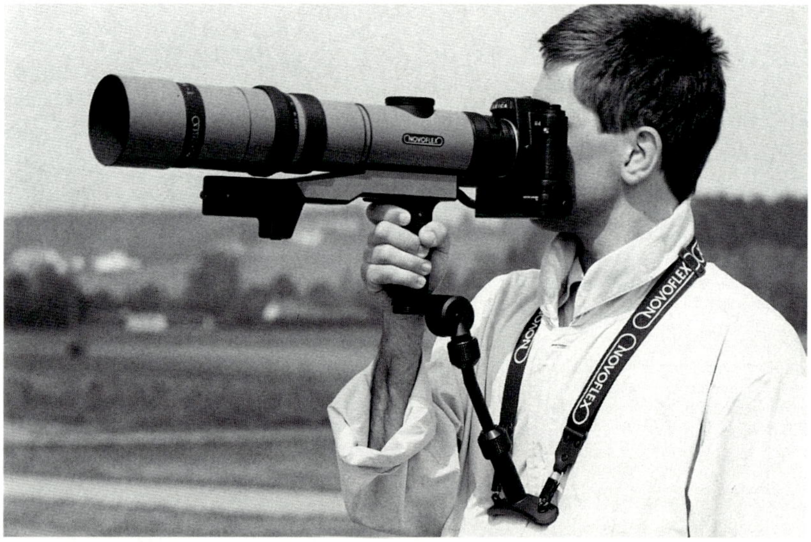

Das Schnellschuss-System von Novoflex erlaubt einen sehr aktionsbetonten Fotografierstil. Mit der nötigen Übung sind Aufnahmen von fliegenden Vögeln oder rennenden Säugetieren kein Problem. Jedenfalls kein technisches...
Werkfoto

und aus finanziellen Gründen einem kleinen Anwenderkreis vorbehalten bleibt.

Für die Fotopirsch stellen die Schnellschuss-Objektive von Novoflex ein geradezu klassisches Werkzeug dar. Mit ihrer an ein Gewehr erinnernden Bauweise und Handhabung sind sie eine Art moderne Version des bereits 1882 von E.J. Marey für tierfotografische Zwecke konstruierten Fotogewehrs, das schon dannzumal die Realisation spektakulärer Bewegungsstudien an wilden Tieren möglich machte. Auf den von Novoflex entwickelten Einstelltubus mit zwei Pistolengriffen – einer zum Scharfstellen, der zweite zum Auslösen – können die Objektivköpfe Noflexar 5,6/400mm oder 8/600mm beziehungsweise Leica Telyt 6,8/400mm oder 6,8/560mm angesetzt werden. Zusammen mit einer Brust- oder Schulterstütze und eventuell einem Einbeinstativ eignet sich ein solches Schnellschuss-Objektiv hervorragend zum Einfangen von Action-Motiven. Besonders mit 400mm lassen sich zum Beispiel fliegende oder rennende Tiere sehr gut mit der Kamera verfolgen. Das manuelle Nachführen der Schärfe mittels Druck auf den federnden Pistolengriff dürfte – einige Übung vorausgesetzt – den besten zur Zeit erhältlichen Autofokus-Systemen bei neutralem Hintergrund nur wenig unterlegen sein; sobald sich das Hauptmotiv jedoch durch die Vegetation hindurch bewegt, gerät der Autofokus hoffnungslos ins Hintertreffen.

Für den stationären Einsatz ab Stativ sind Superteles mit Innenfokussierung etwas besser geeignet, da sich ihr Schwerpunkt beim Einstellen weniger verlagert und weil die Schärfe an der konventionellen Drehfassung nicht extra fixiert werden muss. Beim Schnellschuss kann man den Pistolengriff ja nicht einfach loslassen, ohne dass sich die Schärfenebene verstellt. Echte Tele-Konstruktionen besitzen darüber hinaus auch eine markant geringere Baulänge als die zwei- oder dreilinsigen Schnellschuss-Objektive. Im grossen ganzen spricht allerdings weniger das Konstruktionsprinzip als vielmehr die Lichtstärke für ein Supertele vom viellinsigen Typ. Auch wenn das Verfolgen bewegter Motive mit einem stativgebundenen Objektiv umständlicher ist als das freihändige Mitziehen bei der Schnellschuss-Variante.

Sofern Ihr Kamerasystem im Bereich der Superteles überhaupt die Auswahl unter verschieden lichtstarken Objektiven bietet, dürfte

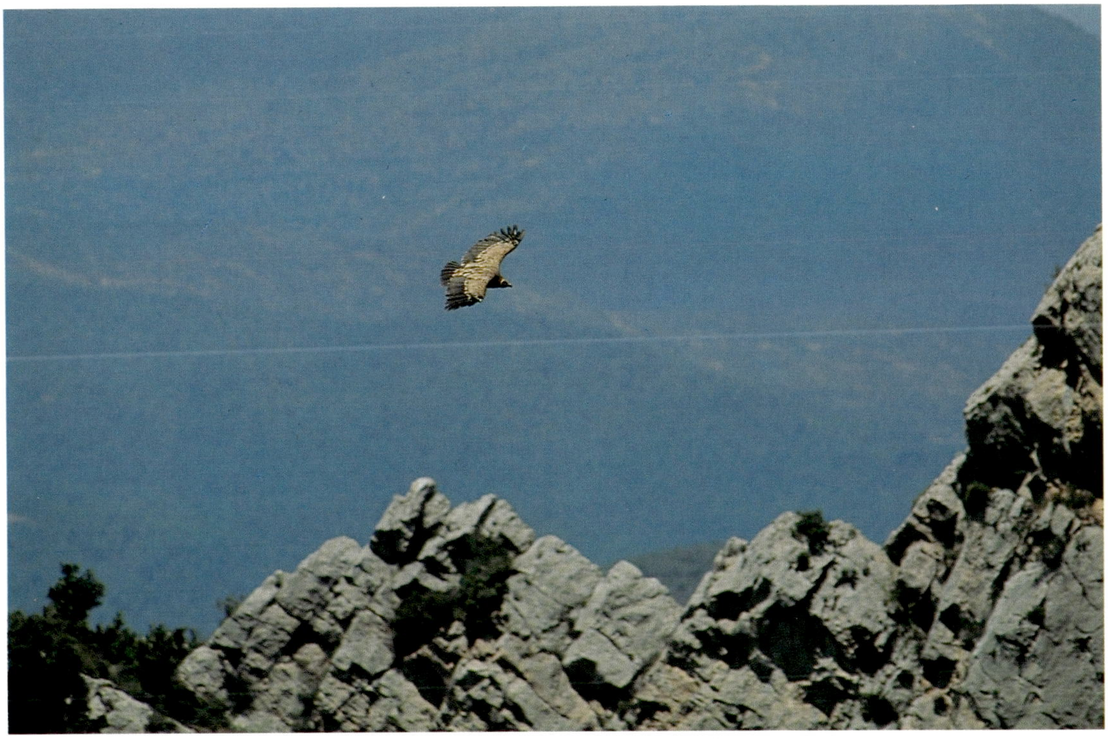

Gänsegeier nutzen beim Fliegen wenn immer möglich thermische Aufwinde. So können sie weite Distanzen zurücklegen, ohne je mit den Flügeln zu schlagen. Ein Start von ebenem Grund aus ist für einen Geier dagegen echte Schwerarbeit.
Foto: Eric A. Soder

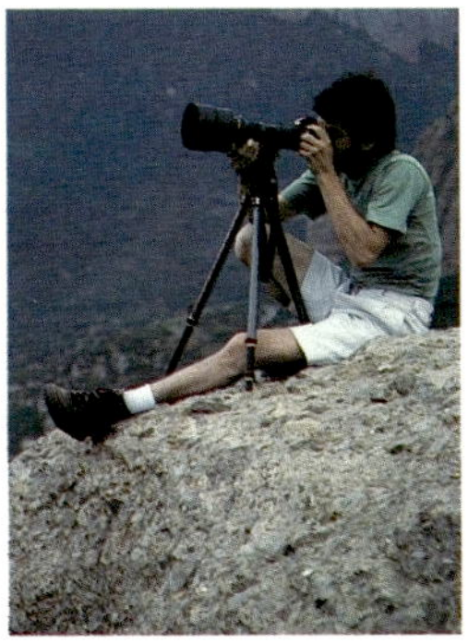

Daniel Hardegger kann beim Fotografieren mit dem Nikkor 3,5/400mm IF-ED zwar nichts mit der Thermik anfangen, wohl aber mit dem Stativ, auf dem das Gewicht lastet. Ein Kugelkopf ermöglicht geschmeidiges Mitziehen, wenn ein Geier vorbeifliegt.
Foto: Eric A. Soder

eine 400mm-Optik mit einer grössten Öffnung von 1:5,6 oder 1:4,5 preislich am ehesten mit einem Schnellschuss-Objektiv vergleichbar sein. Die hervorragenden optischen Eigenschaften eines (in der Regel teureren) Objektivs mit Sonderglaslinsen kommen in der Praxis jedoch nur beim Einsatz niederempfindlicher Filme sichtbar zum Tragen. Im Gegensatz dazu ist der Einsatz eines meist erheblich billigeren Spiegelobjektivs auf vielen Fotos anhand der typischen Unschärfekreise und Doppelkonturen zu erkennen. Neben der kläglich niedrigen Lichtstärke vieler Spiegelteles (meist Blende 8 für ein 500er) führt vor allem dieser Moiré-Effekt in den unscharfen Lichterpartien zur geringen Beliebtheit dieses Objektivtyps unter Naturfotografen.

Jene imposanten Telekanonen, die man zum Beispiel bei Sportübertragungen am Fernsehen zu sehen bekommt, weisen technische Daten wie 2,8/400mm, 4,5/500mm oder 4,0/600mm auf. Solche optischen Leckerbissen bleiben einem jedoch schnell einmal im Halse stecken, wenn man einen Blick auf die Preisliste wirft. Die Anschaffungskosten für ein derartiges Supertele liegen nämlich bei etwa SFr./DM 7000.- bis zu einem Vielfachen davon!

Abgesehen von den astronomischen Preisen, dem grossen Gewicht und den sperrigen Ausmassen extrem langbrennweitiger Objektive existieren für deren Einsatz auch natürliche Grenzen. Bei zehnfacher und noch stärkerer Vergrösserung gegenüber dem Normalobjektiv tritt auf grössere Entfernungen bald einmal die sogenannte Luftperspektive störend in Erscheinung. Es ist dies die Verblauung der Farben, welche durch Dunst und Staubteilchen in der Atmosphäre hervorgerufen wird. Noch schlimmer sind die Wärmeschlieren in flimmernder Luft: Fotografiert man im Sommer, bei praller Sonne und wenig Wind flach über eine kurz gemähte Wiese oder über eine Geröllhalde, ist beispielsweise für 600mm Brennweite schon ab etwa 20m Distanz mit einer sichtbaren Schärfeneinbusse zu rechnen.

Kameras

Trotz ständiger Fortschritte in der Fotoindustrie gibt es kein ideales Kameragehäuse. Ein solches wird sicher für immer eine Fiktion bleiben, weil die Ansprüche seitens der Fotografen einfach zu verschieden sind. Also bleibt nur die Wahl einer *möglichst* «idealen» Kamera oder allenfalls verschiedener Modelle, die sich gegenseitig ergänzen. Wer viel reist, sollte ohnehin mindestens zwei Gehäuse der gleichen Marke mitführen, um nicht beim eventuellen Ausfall seiner Kamera plötzlich mit leeren Händen im Schilf zu stehen.

Nachfolgend sind die wichtigsten Kriterien aufgeführt, die meiner Meinung nach bei der Wahl einer Kleinbild-Spiegelreflexkamera für die Naturfotografie von Bedeutung sind. Zuvor möchte ich jedoch ausdrücklich festhalten, dass die Zusammenstellung eines geeigneten Objektivparks absoluten Vorrang besitzt. Wer sparen will, sollte dies statt bei den Objektiven oder beim Stativ besser beim Umfang seiner Ausrüstung und bei der Kamera tun.

Der wichtigste Bestandteil einer Kamera ist natürlich ihr Verschluss, da dieser die Belichtung

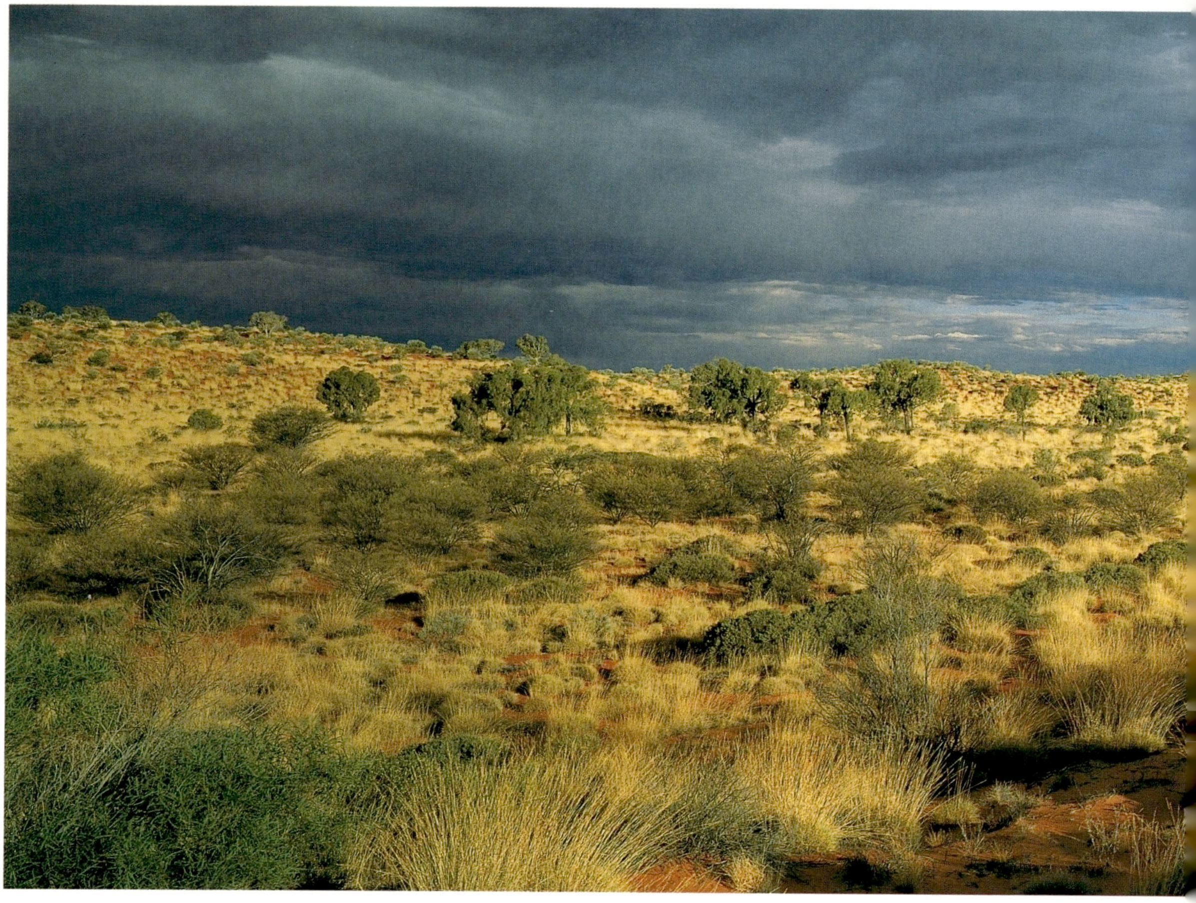

Die Panoramakamera, mit der das nebenstehende Foto aufgenommen worden ist, liefert Bilder im Format 6 x 17 cm. TTL-Belichtungsmessung ist bei einer solchen Kamera nicht möglich, deshalb empfiehlt sich die Verwendung eines separaten Handbelichtungsmessers.
Foto: J.M. La Roque / Auscape

regelt. Die Bauweise des Verschlusses ist im Prinzip egal, allerdings erlauben nur vertikal ablaufende Lamellen-Schlitzverschlüsse eine Blitzsynchronisation bis zur 1/250 Sekunde, wenn man einmal von Zentralverschlüssen und von der Olympus OM-4 Ti mit einer speziellen Linearblitzsteuerung absieht. Wer viel aufhellblitzt, sollte sich nicht mit Synchronzeiten von 1/60 oder 1/90s begnügen. Für die normale Tageslicht-Fotografie reicht dagegen eine kürzeste Verschlusszeit von 1/1000 oder 1/2000s. Meine letzten vier Kameras hatten beziehungsweise haben alle auch noch kürzere Verschlusszeiten, die ich in der Praxis aber noch nie gebraucht habe.

Wenn ich meine Ausrüstung zu Fuss auf einen Berg hinauftragen muss, sind mir das geringe Gewicht und Volumen einer KB-Ausrüstung sehr willkommen. Ausserdem kann ich damit auch Motive wie diese Alpendohlen problemlos einfangen.
Foto: Reto Hug

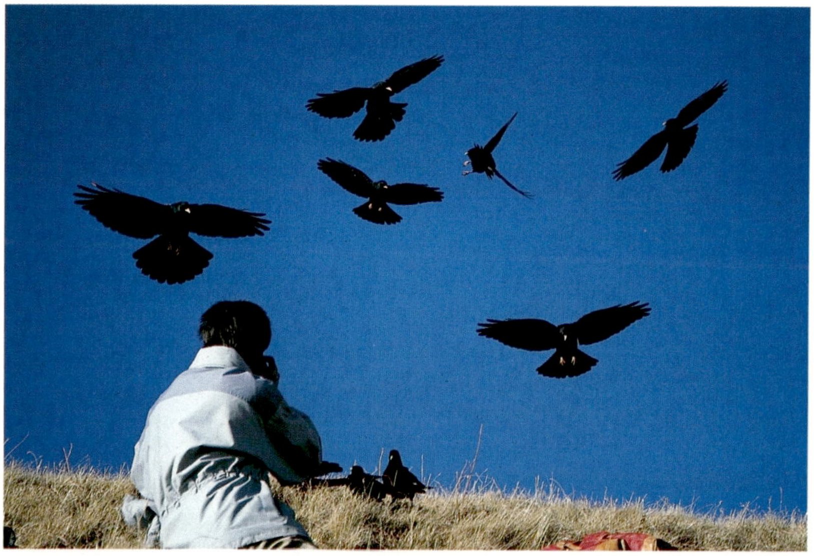

Um die richtige Belichtung zu ermitteln, verfügen heute alle KB-Spiegelreflex-Gehäuse über einen eingebauten TTL-Belichtungsmesser. Für selektive und Kontrast-Messungen erweist sich die Spotmessung als hilfreiche Option. Ich persönlich stelle Verschlusszeit und Blende meist manuell ein (siehe Kapitel «Licht und Schatten»). Zuweilen lässt sich aber auch eine Belichtungsautomatik sinnvoll einsetzen; wenn die Kamera zusätzlich zur manuellen Einstellung mindestens eine der Varianten Zeit-, Blenden- oder (shiftbare) Programmautomatik bietet, kann das sicher nichts schaden. Im Automatikbetrieb sollte man unbedingt Belichtungskorrekturen in halben oder Drittelstufen einstellen können. Je einfacher, schneller und präziser sich die Belichtung manipulieren lässt (im Winter auch mit Handschuhen), um so besser eignet sich das Gehäuse für die Naturfotografie.

Seit der Einführung des Autofokus im Spiegelreflexbereich scheint sich alles nur noch darum zu drehen. Aus meiner Sicht ist die automatische Scharfeinstellung gelegentlich eine ganz nützliche Hilfe für bestimmte Aufgaben, namentlich in der Actionfotografie. Mit gekonnt eingesetztem Autofokus ist bei schnellen Abläufen sicher eine spürbar höhere Trefferquote zu erzielen. In der

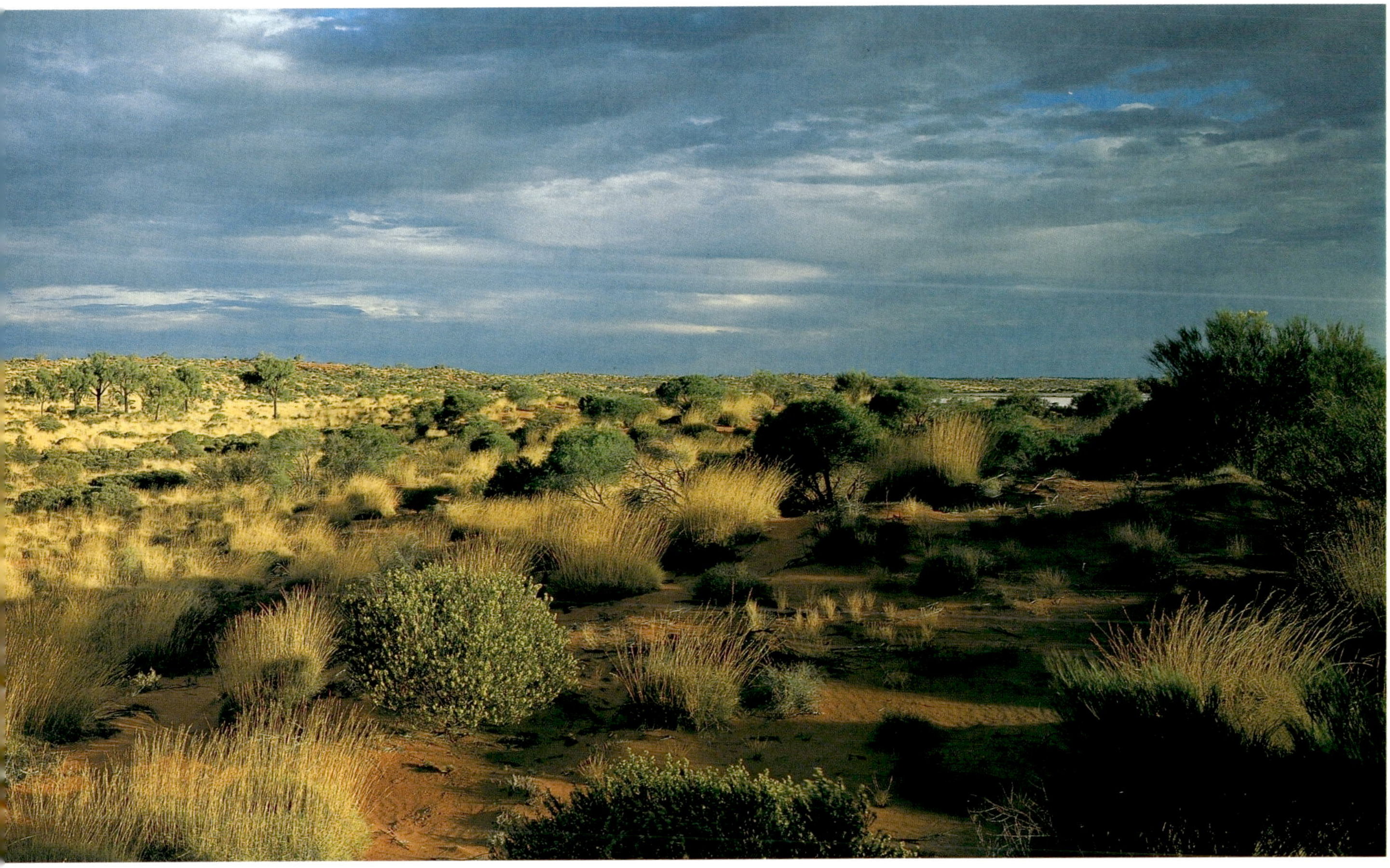

Mehrzahl aller Fälle lässt jedoch die manuelle Fokussierung etwas mehr gestalterische Freiheit, da man sich nicht an vorgegebenen Messfeldern orientieren muss. Wer seine Landschaftsfotos trotzdem lieber mit AF aufnimmt, ist selbst schuld, wenn die Batterien in seiner Kamera viel schneller leer und die Fotos häufiger verwackelt sind (denn auf die Idee, Landschaften mit eingeschaltetem Autofokus aufzunehmen, kann ja wohl nur jemand kommen, der kein Stativ benutzt).

In den meisten derzeit angebotenen Kameras übernimmt ein weiterer stromfressender und Lärm produzierender Motor den Filmtransport. Damit kann man allerdings in Anbetracht der gewaltigen Vorteile in Sachen Schussbereitschaft und Bedienungskomfort ganz gut leben. Die Anzahl Bilder pro Sekunde, die der Motor «leistet», wirken sich insgesamt mehr auf den Filmverbrauch als auf die Qualität der Fotos aus. Wichtiger scheint mir eine möglichst gute Spiegeldämpfung, die logischerweise am ehesten bei Kameras zu finden ist, die für hohe Motorfrequenzen ausgelegt sind. Für die Bewältigung kritischer Verschlusszeiten mit langen Brennweiten ist die allenfalls vorhandene Möglichkeit zur Vorauslösung des Spiegels als grosses Plus zu werten. Im allgemeinen wirken sich die durch den hochklappenden Spiegel verursachten Vibrationen zwischen 1/125s und 1s am schlimmsten aus.

Die in modernen Kameras verwendeten Sucher und Einstellscheiben haben inzwischen einen hohen Qualitätsstand erreicht, so dass man sich über ein eventuelles Auswechseln – sofern möglich – weniger Gedanken zu machen braucht als noch vor wenigen Jahren. Lediglich bei Gehäusen ohne Autofokus werden noch serienmässig Mattscheiben mit Schnittbildkeil und Mikroprismen eingebaut. Weil diese Einstellhilfen bei kleinen Arbeitsblenden abdunkeln, wird eine solche Einstellscheibe fürs Arbeiten im extremeren Makro- und Telebereich besser durch eine gewöhnliche Vollmattscheibe ersetzt. Eine solche mit Gitterteilung wäre ebenfalls eine gute Alternative, da sie das waagrechte Ausrichten des Bildhorizonts erleichtert (auch bei Autofokuskameras).

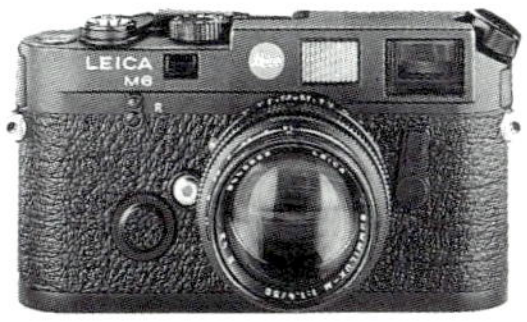

Die Sucherkamera Leica M6 besitzt einen sehr leise ablaufenden Zentralverschluss.
Werkfoto

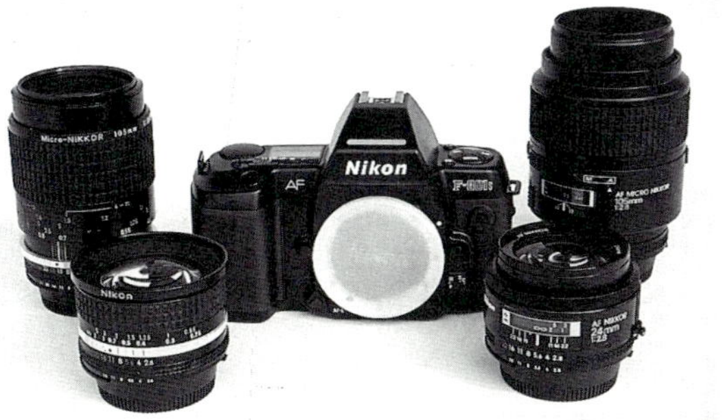

Die Nikon F-801s kann sowohl mit manuell scharfzustellenden als auch mit Autofokus-Objektiven eingesetzt werden. Ich arbeite übrigens selbst mit einem solchen Gehäuse, und zwar vorwiegend mit Linsen ohne AF.
Foto: Eric A. Soder

Zubehör

Stative, Objektive und Kameras sind die unverzichtbaren Hauptbestandteile einer Fotoausrüstung. Diese lässt sich nun mit diversen weiteren Geräten und Kleinteilen ergänzen, um spezielleren Aufgaben gewachsen zu sein. Die folgende kurze Übersicht stellt allerdings nur eine grobe Auswahl aus dem riesigen Angebot dar und ist bei weitem nicht vollständig.

Handbelichtungsmesser

Weil normalerweise schon ein Belichtungsmesser in die Kamera eingebaut ist, macht man sich darüber meist keine weiteren Gedanken. Wenn mit der TTL-Messung die gewünschten Resultate erzielt werden, spielt das auch keine Rolle. Andernfalls jedoch könnte ein Handbelichtungsmesser bei Aufnahmen auf Diafilm zum Lösen kniffliger Belichtungsprobleme beitragen. Die Helligkeit eines Diapositivs kann ja nachträglich nicht mehr korrigiert werden, so dass es hier auf eine besonders genaue Belichtung ankommt.

Mit einem entsprechenden Handbelichtungsmesser sind zwei Arten der Belichtungsmessung möglich, die TTL-Kameras entweder gänzlich verschlossen oder nur sehr umständlich durchzuführen sind: erstens die Lichtmessung und zweitens Detail- und Kontrastmessungen. Näheres dazu steht im Abschnitt «Belichtung» weiter hinten im Buch.

Blitzgeräte

Auch hierüber ist an anderer Stelle in der Naturfotoschule noch mehr zu erfahren. Für die Wahl geeigneter Blitzgeräte sind vor allem praktische Kriterien wie Einsatzbereich, Leitzahl, Leuchtwinkel und dergleichen entscheidend.

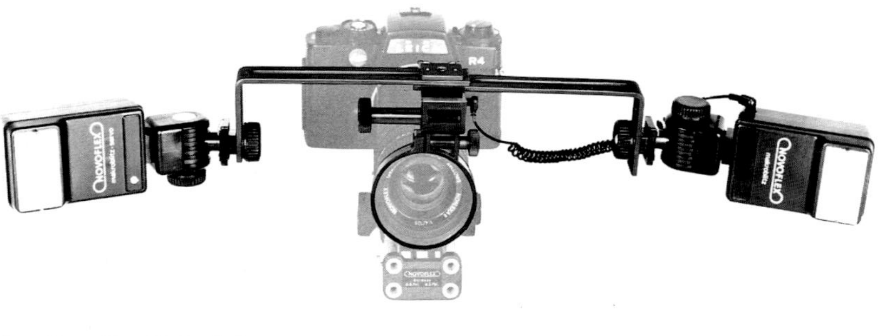

Das Novoflex Makroblitz-Set kann zum Beispiel in der Kleintierfotografie gute Dienste leisten.
Werkfoto

Bei den Elektronenblitzgeräten kann man folgende Grundtypen unterscheiden: kleine Kompaktblitzer mit Leitzahlen bis etwa 36, Stabblitzgeräte (mit LZ 30-45 und Batteriefach im Griff bzw. mit LZ um 60 und separatem Akkupack) sowie besondere Makroblitzgeräte. Ferner gibt es Spezialgeräte wie Stroboskop- und Studioblitzleuchten. Erwähnenswert scheinen mir auch die portablen Geräte der Marke Norman (Vertrieb in der Schweiz durch Tekno AG). Mit einem Telereflektor ausgerüstet, ermöglichen diese kleinen Kraftpakete ganz beachtliche Blitzreichweiten.

Fürs Blitzen mit mehreren Geräten sind zusätzlich (TTL-)Verbindungskabel und/oder spezielle Adapter vonnöten, die es in verschiedensten Längen und Ausführungen gibt. Es empfiehlt sich, vor dem Kauf genau abzuklären, welche davon man wirklich benötigt. Wählen Sie sie so aus, dass Sie mit möglichst wenig Einzelteilen auskommen.

Filter

In der Naturfotografie sind Filter jeglicher Art im Normalfall überflüssig. Für mich selbst gilt dies auch für die nahezu farblosen Skylight- und UV-Filter, die vielfach als permanenter Frontlinsenschutz angepriesen werden. Selbstverständlich steht es Ihnen jedoch frei, anderer Meinung zu sein. Im Zweifelsfall sollte man lieber einen Filter vors Objektiv schrauben, als Schäden an der Frontlinse zu riskieren.

Von den bei Bedarf einzusetzenden Filtern ist der Polarisationsfilter wohl der Nützlichste. Damit lassen sich Spiegelungen verringern oder gänzlich eliminieren, Farben intensivieren, und bei Landschaften hilft er, atmosphärischen Dunst zu durchdringen. In zwei Fällen muss man mit Polfiltern aufpassen: Bei Weitwinkelobjektiven reicht die Polarisationswirkung nicht mehr gleichmässig über das ganze Bildfeld, ausserdem kann bei sehr kurzen Brennweiten leicht eine Vignettierung (Abschattung der Bildecken) auftreten. Den anderen Problempunkt stellen Kameras mit teildurchlässigem Spiegel dar (v.a. AF-Modelle). Damit bei der TTL-Belichtungsmessung keine Fehler auftreten, muss hier ein Zirkular-Polfilter benutzt werden. Für andere Kameras ist der (preisgünstigere) lineare Typ zu empfehlen.

Farbkonversionsfilter benötigt man im Prinzip keine, weil Naturmotive ja meist bei Tageslicht fotografiert werden. Im Schatten, an trüben Tagen und beim Blitzen kann jedoch ein bernsteinfarbiger Filter vom Typ 81A bis 81C auf Diafilm eine angenehmere Farbwiedergabe bewirken. Von der Verwendung von Sonnenuntergangsfiltern und ähnlichen «kreativen» Hilfsmitteln würde ich jedoch dringend abraten. Kitschmotive mit völlig zusammenhangslosen Kombinationen von Lichtrichtung, Schattenwurf, Farbtemperatur und einkopierten Sonnen und Monden gibt es mittlerweile genug. Diese Art von Manipulation ist meist schon auf den ersten Blick zu erkennen. Dasselbe gilt auch für «Korrekturen» der Himmelsfarbe mittels blauen oder andersfarbigen Verlauffiltern. Schönes Wetter lässt sich so kaum simulieren.

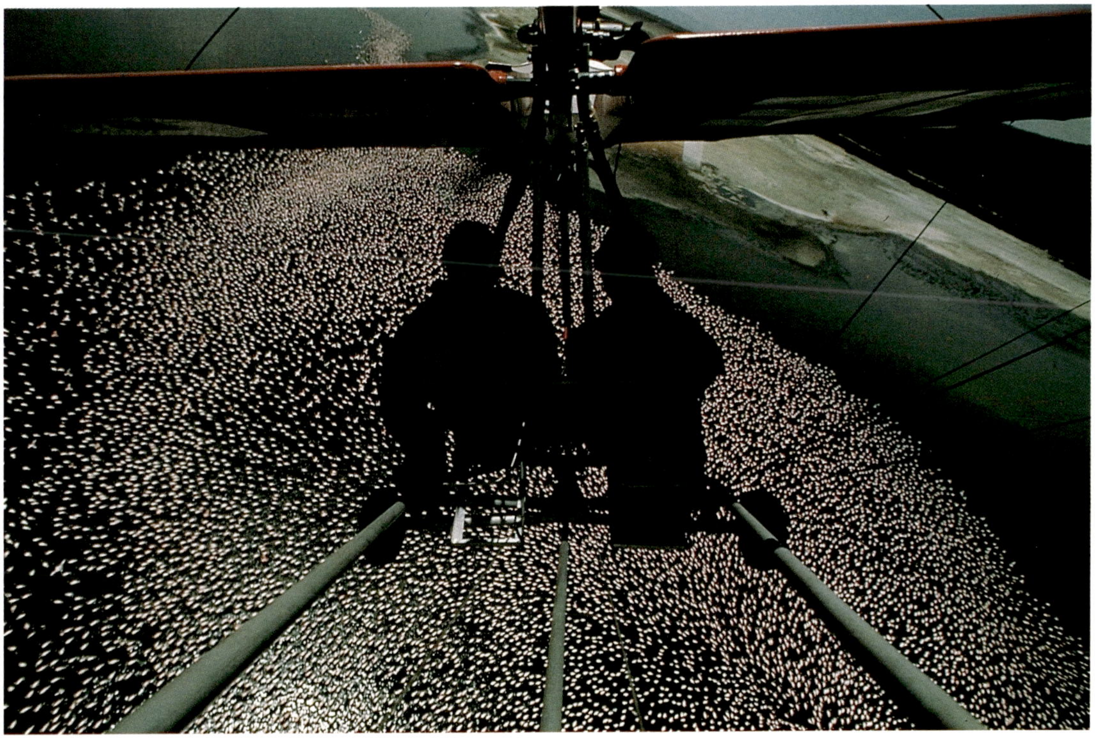

Für dieses Foto wurde die Kamera am Heck des Kleinflugzeugs befestigt. Beim Überfliegen des Flamingoschwarms machte der Fotograf die Aufnahme per Fernauslöser von seinem Sitz aus.
Foto: Yann Arthus-Bertrand/Sutter

Eine gewisse Sonderstellung nehmen allerdings neutralgraue Verlauffilter ein. Damit kann ein vom Film nicht mehr zu bewältigender Kontrast, zum Beispiel zwischen Himmel und Erde, etwas gemildert werden. Wenn der Horizont jedoch nicht auf einer mehr oder weniger geraden, waagrechten Linie verläuft, ist auch dieser Kunstgriff auf dem fertigen Bild bald einmal zu erkennen.

Makrozubehör

Selbst ein Makro-Objektiv macht Zwischenringe nicht immer überflüssig. Eine typische und relativ häufige Situation trifft man beim Fotografieren kleiner Tiere mit langen Brennweiten an. Wenn die Maus bei der kürzesten Distanzeinstellung am Tele noch immer zu klein im Sucher erscheint, hilft oft nur ein Zwischenring und noch näheres Heranrücken.

Vorsatzlinsen bewähren sich vor allem beim Arbeiten mit Zoomobjektiven, weil sie im Gegensatz zu Zwischenringen keine Verlagerung der Schärfenebene beim Zoomen bewirken. Die beste Bildqualität erhält man mit Vorsatzachromaten anstelle von einzelnen Linsen. Für stärkere Vergrösserungen kann auch ein Normalobjektiv oder ein Balgenkopf in Retrostellung und mit ganz offener Blende als «Vorsatzlinse» eingesetzt werden, wie es der amerikanische Profi John Shaw in seinen ersten beiden Büchern beschreibt (siehe Anhang).

Die konventionelle Methode, um grössere Massstäbe als 1:1 zu erreichen, besteht in der Verwendung eines Balgengeräts mit einen Makro- oder Lupenobjektiv. Fürs Arbeiten im Freien ist dieses Verfahren jedoch bald einmal zu aufwendig. Bei starker Vergrösserung ist schon das blosse Einstellen des Bildausschnitts ohne den im Studio eingesetzten Makroständer nahezu ein Ding der Unmöglichkeit. Der kleinste Windhauch macht Aussichten auf scharfe Fotos vollends zunichte.

Fernauslösung

Mit einem Stativ sollte man automatisch auch gleich einen feststellbaren Draht- beziehungsweise Kabelauslöser erstehen. Bei langen Belichtungszeiten mit Brennweiten bis etwa 200 mm gewährleistet dieses Zubehör eine erschütterungsfreie Auslösung. Bei längeren Teles sieht die Sache jedoch anders aus: Im kritischen Verschlusszeitenbereich gelingen am ehesten scharfe Aufnahmen, wenn man die Kamera beim Auslösen ruhig festhält. Auf diese Weise werden die durch den Spiegelschlag verursachten Schwingungen besser absorbiert; das Stativ allein reicht dazu wegen des langen Hebelarmes der frei am Objektivtubus hängenden Kamera nicht mehr aus.

Für die Fernauslösung im eigentlichen Sinn, also aus relativ grosser Distanz von der Kamera, gibt es verschiedenste Möglichkeiten. Bis etwa 20 m ist bei mechanischen Kameras ein pneumatischer Fernauslöser benutzbar, während sich ein Apparat mit elektromagnetischer Auslösung mittels eines fast beliebig langen Kabels fernauslösen lässt. Erheblich teurer sind Infrarot- und Funkfernsteuerungen, die meist über zwei oder drei Kanäle für das getrennte oder gleichzeitige Auslösen mehrerer Kameras verfügen.

Neben der kontrollierten Fernauslösung gelangen in speziellen Fällen auch automatische Systeme zur Anwendung, sei es in Form eines Timers für Aufnahmefolgen in fest vorprogrammierten Zeitabständen oder in Form von Lichtschranken, Kontaktauslösern und Wärmesensoren, die selbsttätig auf das Motiv (meist ein Tier) ansprechen. Moderne Autofokuskameras bzw. Multifunktions-Rückwände dazu bieten oft zwei dieser Möglichkeiten: einen Intervall-Timer und eine Fokus-Falle. Letztere kann im Prinzip zwei kreuzweise angeordnete Lichtschranken ersetzen, solange es nicht allzusehr auf eine kurze Reaktionszeit ankommt.

Blasepinsel und Schraubenzieher

Zur Pflege der Fotoausrüstung benötigt man nur wenige Dinge: Unterwegs genügt ein Fetzen Stoff für die Geräteoberflächen, ein (Blase-)Pinsel für die Ecken und Kanten im Gehäuseinnern und weiches Linsenreinigungspapier für eine eventuell verschmutzte Optik. Mangelnde Reinlichkeit kann hie und da üble Wirkungen zeitigen:

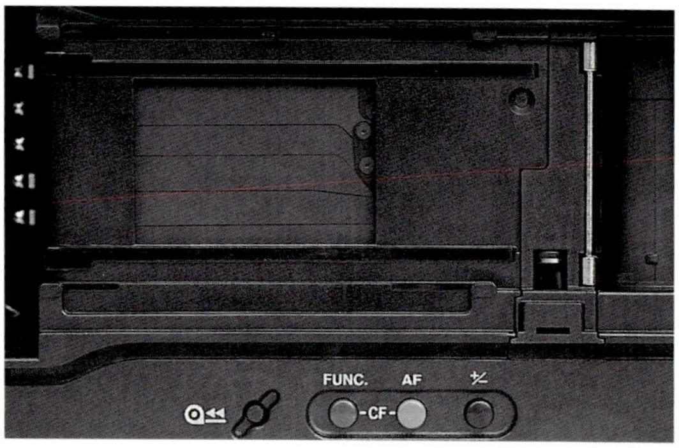

So sieht die Filmbühne einer Canon EOS 10 aus. In den Ecken des Bildfensters eines Kameragehäuses können sich leicht Fussel festsetzen, die dann als Schatten auf den Film belichtet werden.
Foto: Eric A. Soder

Dreckige Linsen produzieren flaue Fotos, und ein im Filmfenster hängengebliebenes Härchen wird Film für Film auf jedes Bild einbelichtet. Deshalb lohnt es sich, vor jedem Filmwechsel einen prüfenden Blick auf den Verschluss zu werfen.

Für eine Generalreinigung zu Hause kann man bei Bedarf einen Ministaubsauger oder Druckluft verwenden, für besonders hartnäckige Rückstände auf einer Linse notfalls auch spezielle Reinigungsflüssigkeit. Den oberflächenbeschichteten Schwingspiegel eines SLR-Kameragehäuses sollte man übrigens nie berühren – auch nicht zum Zwecke der Reinigung –, da er sehr leicht beschädigt werden könnte.

Gelegentlich ist auch ein kleiner Kreuzschlitz-Schraubenzieher nützlich, mit dem sich lose Schräubchen am Gehäuse oder an Objektiven festziehen lassen. Nach einer langen Rüttelfahrt im Gelände kann sich hie und da schon einmal etwas lösen, das eigentlich nicht sollte. Bei kleineren Notreparaturen ist ein Schraubenzieher ebenfalls oft unentbehrlich. Im Falle ernster Schäden sollte man jedoch die Reparatur einem Fachmann überlassen. Dies gilt ganz besonders für Objektive und für das Schmieren schwergängiger Einstellelemente.

Taschen, Koffer und Rucksäcke

Wenn die Fotoausrüstung endlich komplett zusammengestellt ist, braucht man noch ein geeignetes Behältnis, um den ganzen Kram beim Fotografieren mit sich umhertragen zu können. Für eine mässig umfangreiche Ausrüstung von wenigen Kilogramm Gewicht eignet sich hier-

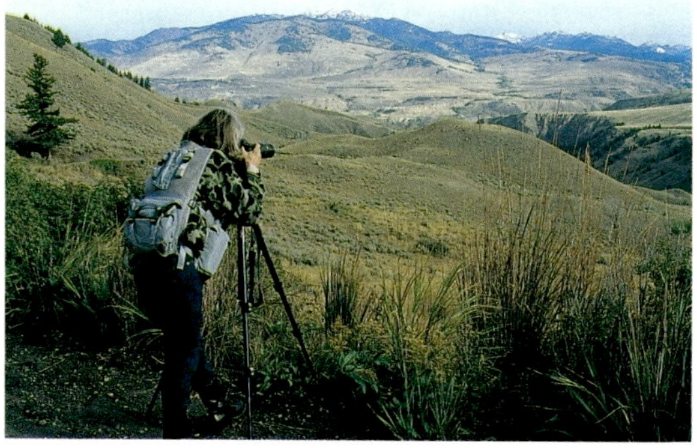

In einer Fotoweste lassen sich die während der Arbeit ständig benötigten Ausrüstungsteile bequem und griffbereit mitführen.
Foto: Helen Longest-Slaughter

zu eine unterteilbare, gut gepolsterte Fototasche aus robustem Nylongewebe. In den einzelnen Fächern kann alles geschützt und doch schnell griffbereit verstaut werden. Eine «Bereitschaftstasche» für das Kameragehäuse mit angesetztem Objektiv wird dadurch sofort überflüssig, zumal eine derartige Umhüllung ohnehin nur die Befestigung der Kamera auf dem Stativ sowie jeden Filmwechsel behindert. Eine praktische Alternative zur üblichen Fototasche stellt eine Fotografenweste dar. In den zahlreichen Taschen der Weste findet unter Umständen sogar eine komplette KB-Ausrüstung Platz.

Wenn das Fotomaterial möglichst sicher transportiert werden soll, etwa im Auto oder im Flugzeug, bietet sich dazu ein Fotokoffer an. Zusätzlich zu einer stabilen Innenunterteilung weist ein solcher eine harte Schale aus Sperrholz (bei «Alu»-Koffern) oder aus schlagfestem Kunststoff auf. Dadurch dürfte der Inhalt sogar einen harten Aufprall aus ein bis zwei Metern Höhe einigermassen unbeschadet überstehen, wenn innerhalb des Koffers nichts Hartes gegeneinander schlagen kann. Bei Bedarf kann ein Koffer auch als praktische Sitzgelegenheit dienen. Zum dauernden Herumschleppen bei der Arbeit empfiehlt sich jedoch eine bequemere Transportmethode.

Auf Fussmärschen ist das Mitführen der Geräte in einem Rucksack mit Abstand am angenehmsten, wenngleich der Zugriff etwas umständlicher ist als bei einer Fototasche. Zudem muss bei einem nicht speziell für Kamera-Ausrüstungen konzipierten Rucksack jedes Objektiv und jedes Gehäuse einzeln in einen

Köcher oder einen gepolsterten Beutel verpackt werden. Auf die Dauer tut man seinem Rücken jedoch einen grossen Gefallen, wenn man schwere Teleobjektive auf diese Weise in einem ergonomischen Rucksack mit Hüftgurt transportiert. Im Gebirge kommt ab einem bestimmten Gewicht der Ausrüstung schlicht nichts anderes in Frage.

Ein grosses Stativ trägt man am besten lose in der Hand mit, wenn es nicht in den Rucksack hineinpasst. Will man beide Hände frei haben, kann man das Dreibein auch an einem Riemen über die Schulter hängen oder aussen am Rucksack festzurren. Gegebenenfalls ist darauf zu achten, dass das Stativ beim Gehen nicht dauernd am Fels anstösst oder im Gestrüpp hängenbleibt.

Spezielle Hilfsmittel

Weil in der Naturfotografie oft unter ziemlich ungewöhnlichen Bedingungen gearbeitet wird, braucht es hie und da auch entsprechend ungewöhnliche Hilfsmittel. Da solche nicht immer im Handel erhältlich sind, oder wenigstens nicht in der günstigsten Ausführung, wird man sich das eine oder andere selbst zusammenbasteln müssen. Je nach Anwendung kann es sich dabei um einen improvisierten Regenschutz für die Kamera bis hin zu einem haushohen Stahlgerüst mit Fotoplattform handeln.

Zubehör Marke Eigenbau

Zu den beliebtesten Bastelobjekten zählen unter anderem Stützhilfen für das freihändige Fotografieren mit grösseren Teleobjektiven sowie verstellbare Haltearme für Blitzgeräte zum mobilen Arbeiten im Nahbereich. Ausserdem sind gelegentlich Sonderanfertigungen zur Befestigung von Kameras oder Blitzgeräten vonnöten, wenn ein Dreibeinstativ keinen festen Halt mehr findet. Dies ist zum Beispiel auf einem Baum oder an einer steilen Felswand der Fall. Wenn ein handelsüblicher Erdspiess oder eine Baumschraube zu wenig Tragkraft bietet, kann man für die Befestigung der Aufnahme-Einheit ein mit Seilen festzubindendes oder nach Bergsteigerart im Fels zu verankerndes Gestell aus Holz oder Metallprofilen konstruieren. Entsprechend schafft man sich bei Bedarf auch eine Sitzgelegenheit, von der aus die Kamera bequem zu bedienen ist.

Das Arbeiten mit Fernauslösung erfordert in gewissen Fällen auch ein besonderes Gehäuse für die aufgestellten Geräte, etwa zur Schalldämpfung oder um einer möglichen Beschädigung durch schwere Hufe oder scharfe Zähne vorzubeugen. Tiere sind nämlich oft sehr neugierig, was dem Material nicht immer gut bekommt. Einmal hat mir zum Beispiel ein junger Fuchs einen am Boden aufgestellten IR-Empfänger weggeschnappt und in den Bau hineingetragen. Da ich die Kamera von einem nahen Baum herab auslöste, konnte ich nicht schnell genug eingreifen, als sich der Welpe unerwartet am Stativ zu schaffen machte. Seither schraube ich das Empfangsteil des neuen Fernauslösers stets in ausreichender Höhe über der Kamera fest.

Tarnung

Um sich vor scheuen Tieren zu verbergen, stehen unzählige Möglichkeiten der Tarnung zur Verfügung. Das Spektrum reicht von einem an Ort und Stelle aufgeschichteten Reisig- oder Laubhaufen bis hin zu einer «möblierten» und beheizten Holzhütte für lange Winteransitze. Dazwischen liegen einfache «Blenden» oder Tarnschirme – die im wesentlichen aus einem aufgespannten Tuch oder Tarnnetz bestehen –, Hochsitze und natürlich Tarnzelte in allen möglichen Ausführungen.

Bei den Tarnzelten gibt es ein paar Grundmuster, die je nach Bedarf leicht modifiziert

Die Schulterstütze und der Tarnanzug sind zwei Beispiele aus dem breiten Spezialsortiment von Leonard Rue Enterprises. Manche Hilfsmittel für die Naturfotografie kann man sich auch selbst zusammenbasteln.
Foto: Mark Wilson

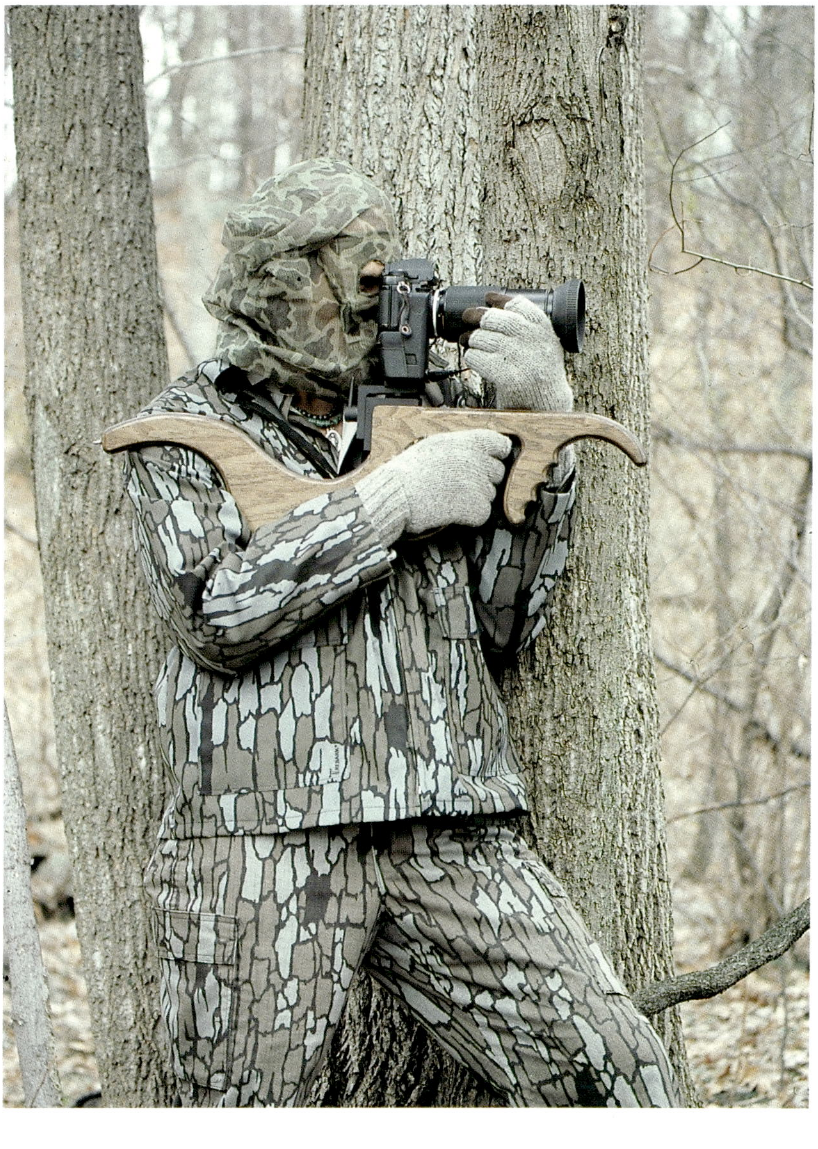

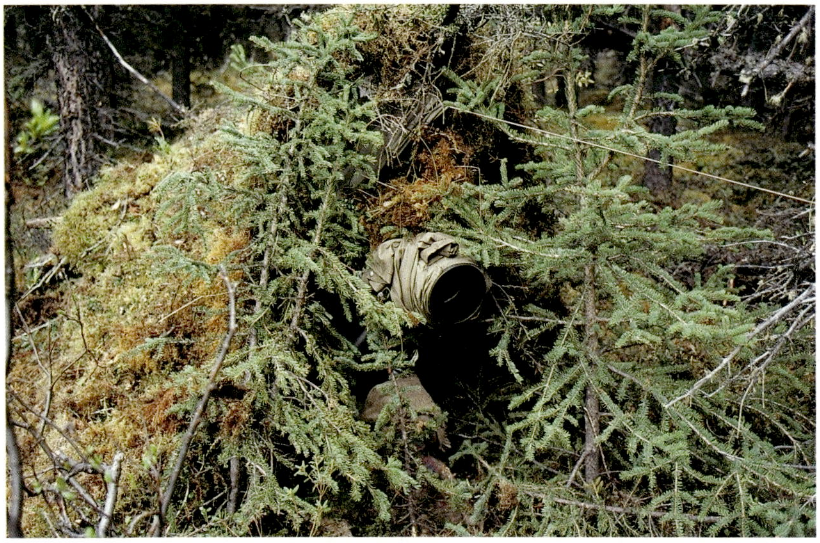

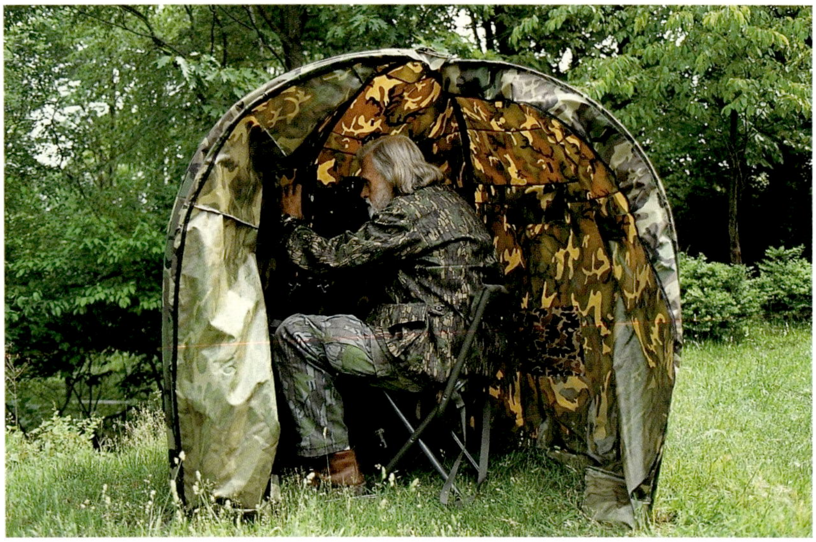

Ganz oben: Eine mit Pflanzenteilen improvisierte Tarnung kann zu Nahaufnahmen kamerascheuer Tiere verhelfen.
Foto: Art Wolfe

Oben: Leonard Lee Rue in seinem Tarnzelt «Ultimate Blind», das über sein Unternehmen auch zu kaufen ist.
Foto: Len Rue, Jr.

Rechts: Zum Glück braucht man sich nicht vor allen Tieren zu verstecken. Manche sind von sich aus sehr neugierig...
Foto: Jean-Michel Labat / Explorer / Sutter

werden können. Eine klassische Konstruktion besteht zum Beispiel aus einer quaderförmigen Stoffhülle, die von vier Eckpfosten getragen wird. Letztere werden entweder in den Boden gerammt, mit Streben verbunden oder nach aussen abgespannt. Ein solches Tarnzelt kann bei optimaler Verankerung sogar heftigem Wind recht gut widerstehen, dafür lässt es sich jedoch während des Fotografierens nicht verschieben. Dieser Nachteil kann durch ein selbsttragendes Innengestell auf Kosten der Sturmfestigkeit beseitigt werden.

Unter Umständen kann sogar ein gewöhnliches Campingzelt als Fotoversteck dienen. Besser wäre allerdings ein rundum mit Sehschlitzen und «Schiessscharten» für das Objektiv versehenes Iglu-Tarnzelt. Ein solches wird zum Beispiel von Leonard Rue Enterprises (Vertrieb in Deutschland: Isar-Foto) unter dem Namen *Ultimate Blind* verkauft.

In baumlosem, ebenem Gelände empfiehlt sich eine andere Grundform, nämlich ein niedriges First- oder Schlauchzelt, in dem man eine liegende Position einnimmt. Auch hier sind sowohl Festinstallationen als auch bewegliche Varianten möglich.

Um einen mehr oder weniger gut beweglichen Unterschlupf mit variabler Höhe zu kreieren, kann man an einem Regen- oder Sonnenschirm einen Stoffschlauch mit Guckloch befestigen. Bei kleinem Schirmdurchmesser sollte der Stiel so stark wie möglich verkürzt werden, weil er sonst natürlich im Weg ist. Als Aufhängung eignet sich wahlweise auch ein Hut mit breiter, eventuell verstärkter Krempe. Ausserdem helfen in den Textilüberzug eingenähte Reifen aus leichtem Material, den herabhängenden Stoff gleichmässig aufzuspannen. Beim Waten im seichten bis brusttiefen Wasser sind schwimmende Reifen besonders praktisch; das Stoffrohr schiebt sich durch ihren Auftrieb an der Wasseroberfläche zusammen wie eine Ziehharmonika. Somit läuft man keine Gefahr, im Wasser versehentlich draufzutreten. Ein etwaiges Stolpern täte der Kamera gar nicht gut.

Für tieferes Wasser eignet sich eine aus einem aufgeblasenen Lastwagenschlauch, Maschendraht und Pflanzendrapierung zusammengebaute schwimmende «Insel», eventuell auch eine Art Helm mit leichter Tarnung. Bei Einsätzen im Wasser muss man jedoch unbedingt darauf achten, dass Kamera und Objektiv nicht baden gehen. Von Haus aus sind nämlich nur die allerwenigsten Ausrüstungsteile wasserfest.

Lockmittel

Das Ködern wilder Tiere mit ausgelegtem Futter ist eine uralte Jägertaktik, die schon lange vor der Erfindung der Fotografie erfolgreich angewandt worden ist. Auch andere bewährte Methoden des Weidwerks sind von Tierfotografen übernommen worden, zum Beispiel das Aufstellen von Vogelattrappen oder die Imitation von Tierstimmen. Alle diese Kniffe beruhen auf der genauen Kenntnis des Verhaltens der jeweils angesprochenen Tiere, das sich der Jäger oder Fotograf zunutze macht.

Wie wir Menschen haben auch viele Tiere eine Leibspeise, für die sie unter Umständen alles übrige stehen und liegen lassen. Bei allgemeiner

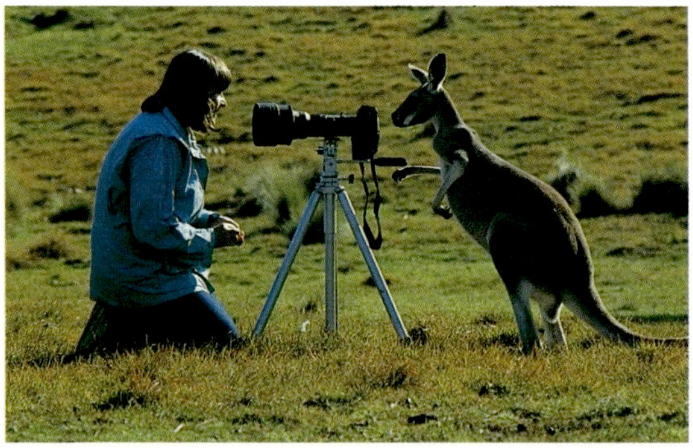

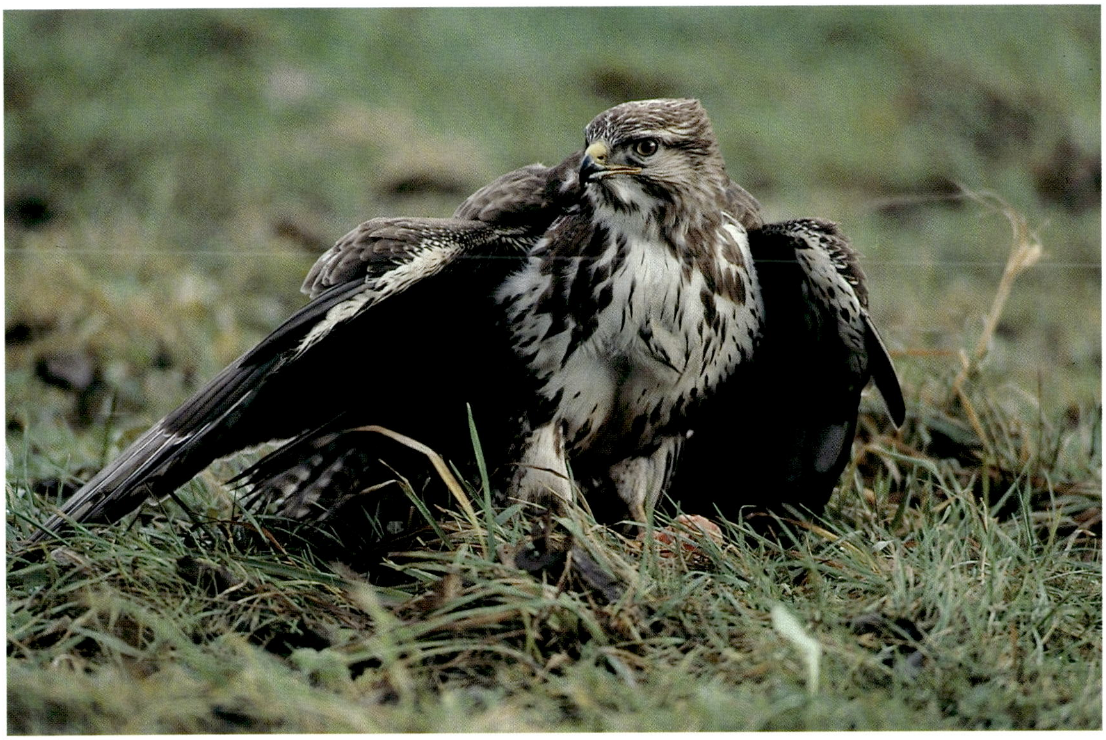

Ein Mäusebussard breitet in typischer Verteidigungshaltung seine Flügel über die «Beute». Am Luderplatz treiben sich oft Nahrungskonkurrenten wie Krähen, Elstern und Häher herum.
Foto: Reto Hug

Futterknappheit geht allerdings auch im Tierreich Quantität vor Qualität. Wer regelmässig wilde Tiere füttert, trägt deshalb eine grosse Verantwortung für die Gesundheit seiner Gäste und Fotomotive. Aus ökologischen Gründen sollte man allerdings davon absehen, im grossen Stil Tiere zu füttern, auch wenn man sie am Luderplatz oder am Vogelhäuschen vielleicht auf kürzere Distanz aufnehmen könnte als anderswo. Im übrigen besteht an einer Futterstelle die Gefahr, dass die dort produzierten Fotos durch den stets gleichen Hintergrund und das oftmals im Bild sichtbare Futter gekünstelt wirken. Ein Sonnenblumenkern im Schnabel eines waldbewohnenden Singvogels oder ein als Schlachtabfall erkennbares Fleischstück im Fuchsfang sind nur zwei Beispiele von wenig erstrebenswerten Bilddetails.

Ähnliche Probleme können bei der Verwendung von Attrappen entstehen. Diese Methode wird vor allem bei Enten und Gänsen angewendet, weil diese Vögel bevorzugt dort wassern, wo sich schon ein paar Artgenossen tummeln. Wenn die echten Enten angeflogen kommen, bieten sich aus einem Versteck heraus günstige Gelegenheiten zum Festhalten von Flug- und Landemanövern – allerdings nur, solange die Attrappenvögel nicht ins Blickfeld geraten.

Bei der heute verbotenen Beizjagd wurde eine Eule oder ein Greifvogel gut sichtbar vor dem Ansitzversteck auf einen Pflock gebunden. Auf eine solche Provokation reagierten viele Singvögel – darunter insbesondere Häher, Krähen und Elstern – mit Zeter und Mordio. Zum Fotografieren kann eine Attrappe als Beizvogel benutzt werden. Wer einen präparierten Balg aufstellt, riskiert allerdings, dass das gute Stück von den wenig zimperlichen Singvögeln arg zerzaust und mit Kot bespritzt wird.

Eine gezieltere Methode, um Singvögel anzulocken, besteht darin, sie mit dem arteigenen Reviergesang herauszufordern. Mangels stimmlicher Begabung kann hierzu ein batteriebetriebener Kassettenrekorder und eventuell ein separater Lautsprecher verwendet werden. In entsprechender Weise können auch Säugetiere vor die Kamera gelotst werden. Zum Beispiel Hirsche mit ihrem Brunftruf oder Raubtiere mit dem klagenden Piepsen einer Maus oder eines verletzten Kaninchens. Solche Laute lassen sich bei einiger Übung auch mit einer speziellen Art Pfeife oder sogar ganz ohne Hilfsmittel erzeugen.

Während einzelne nachtaktive Tiere künstlichem Licht meist aus dem Weg gehen, verhalten sich bestimmte Fische und Insekten genau umgekehrt. Nachtfalter zum Beispiel lassen sich durch ultraviolettes Licht, das von einer grossen weissen Fläche zurückgeworfen wird, manchmal geradezu berauschen. Zum Fotografieren (mit Blitzlicht) können die angelockten Insekten vom Reflexschirm mit einem Zweiglein oder mit dem Finger «aufgeladen» und an geeigneter Stelle in der umgebenden Vegetation wieder abgesetzt werden. Besonders interessante Verhaltensweisen wird man so allerdings kaum vor die Linse bekommen. Allgemein gilt: Je mehr man sich auf Lockfutter und andere Tricks verlässt, damit man möglichst schnell zum Schuss kommt, um so stereotyper fallen die Bilder aus. Tierfotografie ist eben vor allem eine Geduldssache.

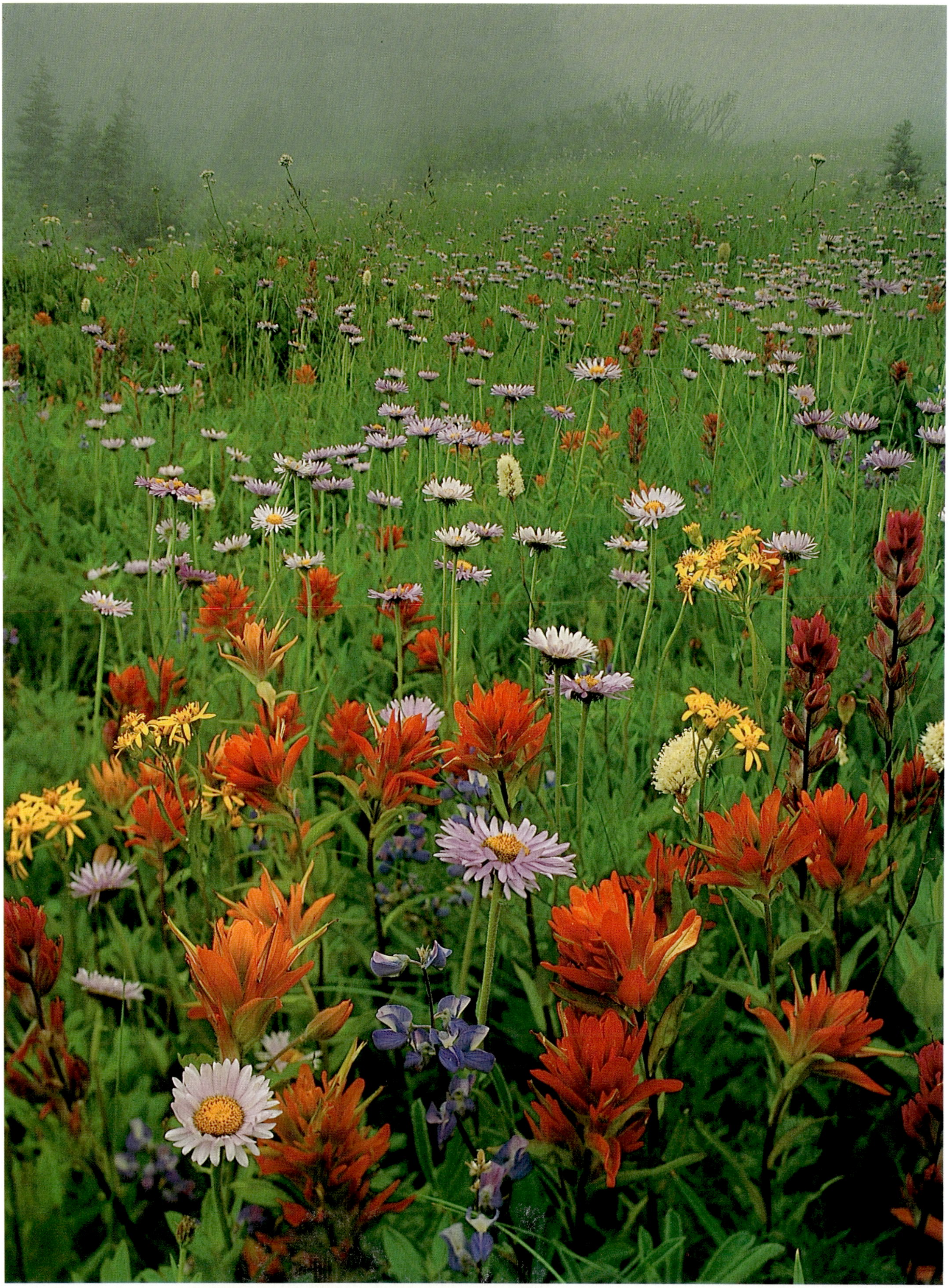

Die Arbeit im Freien

Das Rüstzeug eines Naturfotografen umfasst noch weit mehr als die im vorigen Kapitel aufgezählten Gerätschaften und Hilfsmittel. Scheinbar banale Dinge wie eine warme Jacke oder ein wirksamer Mückenschutz spielen mitunter sogar eine wichtigere Rolle als die Fotoausrüstung. Damit der Aufenthalt in der Natur nicht zur Qual oder gar zur Gefahr wird, muss man sich in jeder Beziehung den jeweils herrschenden Umständen anpassen können. Dies setzt in erster Linie eine gute körperliche Verfassung voraus; zuweilen braucht man jedoch auch ganz spezielle Kleidungsstücke oder Ausrüstungsgegenstände. Auf jeden Fall tragen eine gute Vorbereitung und richtiges Verhalten entscheidend dazu bei, dass man sich draussen wohl fühlt.

Schlechtes Wetter ist manchmal das bessere Fotowetter. Hartes Sonnenlicht wäre schlecht für Blumenaufnahmen. Bei bedecktem Himmel treten die Farben viel deutlicher in Erscheinung.
Foto: Art Wolfe

Zur Kleidung

Physische Anstrengungen bei Wind und Wetter, Hitze und Kälte sind für waschechte Naturfotografen nichts Aussergewöhnliches. Für die eine oder andere Aufnahme muss man schon einmal zu Fuss einen Berg hinaufsteigen, durchs Wasser waten oder auf einen Baum klettern. Für solche Aktivitäten ist die normale Strassenkleidung häufig ungeeignet oder zu schade. Schliesslich wird man sich zum Fotografieren auch regelmässig hinknien oder auf den Hosenboden setzen. Um Blumen, Käfer, Frösche und dergleichen abzulichten, muss man oft sogar flach ins feuchte Gras liegen oder auf Knien und Ellenbogen auf der Erde umherkriechen, weil diese Motive ja nicht in Augenhöhe eines aufrecht stehenden Menschen zu finden sind.

Damit man sich draussen problemlos bewegen kann, sollte die Kleidung vor allem bequem und strapazierfähig sein. Modische Schnitte und Farben sind aus praktischer Sicht meist von völlig untergeordneter Bedeutung. Für die Tierfotografie ist es allerdings von Vorteil, auf glänzende Schnallen, knisternde Stoffe und grelle Neonfarben zu verzichten. Zwar sind viele Tiere farbenblind oder sehen ein anderes Spektrum als wir Menschen; trotzdem dürften diskrete Farben bei der Kleidung für die Fotopirsch eine bessere Wahl darstellen. Nicht zuletzt auch wegen der geringeren Wahrscheinlichkeit, unerwünschterweise von neugierigen Mitmenschen entdeckt zu werden. Naturfotografie ist schliesslich am schönsten, wenn man sich ungestört auf seine Motive konzentrieren kann.

Variable Mehrzweck-Isolation

Die Kleidung dient natürlich primär dazu, den Wärmehaushalt unseres Körpers aufrechtzuerhalten. Wenn es draussen kälter wird, ziehen wir uns ganz selbstverständlich wärmer an, und umgekehrt. Für die Wahl der Kleidung ist jedoch nicht allein die Lufttemperatur massgebend, sondern auch wie viel man sich bewegt. Beim Fotografieren wechseln sich für gewöhnlich Phasen der Anstrengung mit solchen mehr oder weniger passiven Wartens ab. Ein typisches Beispiel hier-

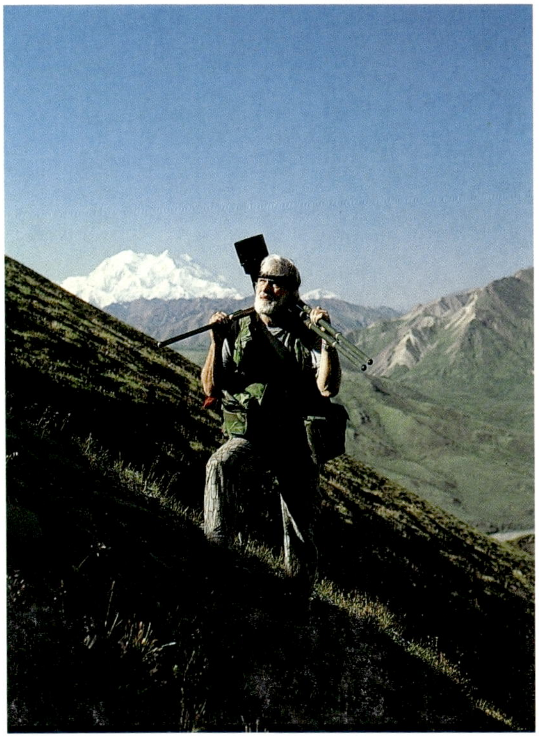

Leonard Lee Rue hat beim Aufstieg an seiner Profiausrüstung schwer zu tragen. Naturfotografie ist zuweilen richtige Knochenarbeit...
Foto: Len Rue, Jr.

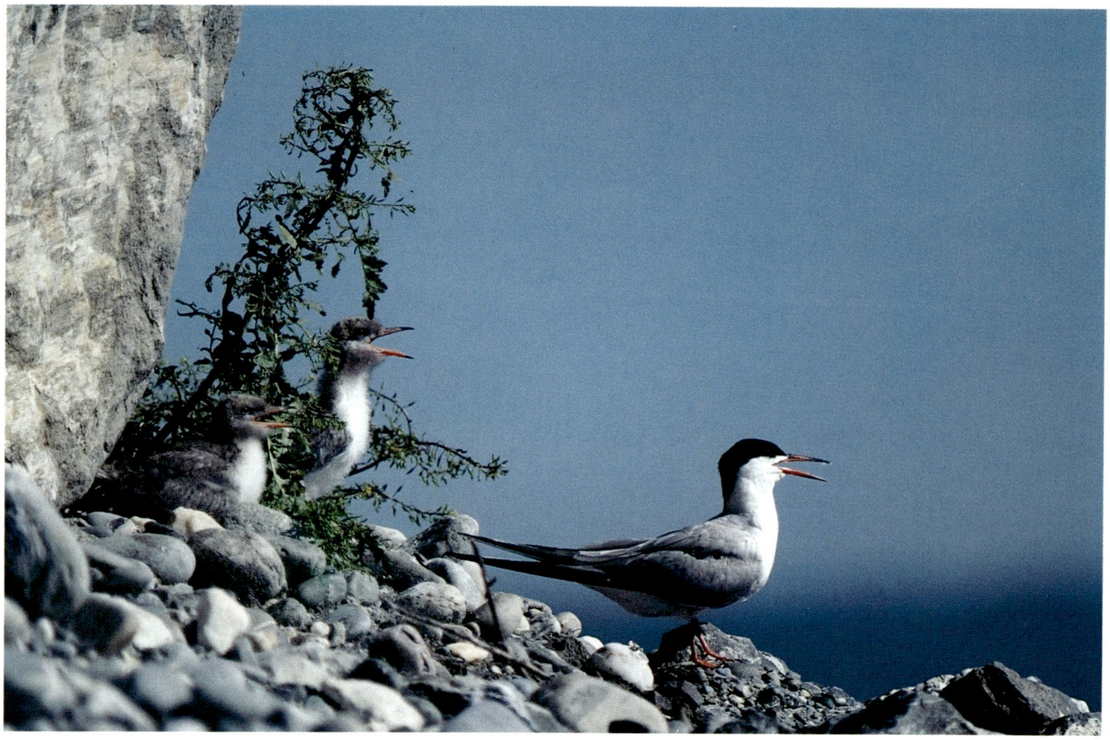

Heisses Sommerwetter macht sowohl dieser Familie von Flusseeschwalben als auch dem Fotografen zu schaffen. Während sich die Vögel durch Hecheln Abkühlung verschaffen, muss sich der Mensch anderweitig zu helfen wissen.
Foto: Daniel Hardegger

für wäre etwa ein längerer Fussmarsch bergauf und anschliessendes stationäres Fotografieren auf einem windigen Berggipfel oder im Schatten des Waldes. Selbst bei relativ mildem Wetter ist es bekanntlich ungesund, verschwitzt in der Kälte herumzusitzen. Daher muss man während Aufenthalten im Freien einzelne Schichten seiner Kleidung je nach Bedarf an- oder ausziehen beziehungsweise wechseln können.

Auf Schusters Rappen

Ebenso wie die Kleidung spielt natürlich auch das Schuhwerk eine wichtige Rolle. Einen guten Kompromiss für den Allzweckbedarf stellen leichte, halbhohe Trekkingschuhe mit einer griffigen Profilsohle dar. Im Sommer tut es oft auch ein paar gewöhnliche Turnschuhe oder allenfalls Gummistiefel.

In schwierigem Gelände ist die Wahl geeigneter Schuhe besonders wichtig. Für leichte Bergtouren brauchen es nicht gleich kiloschwere Wanderschuhe oder Schalenstiefel zu sein; mit dicker Sohle und halbhohem Schaft ist das Gehen auf steinigen Wegen oder im Geröll allerdings erheblich angenehmer als mit dünnbesohlten biegsamen Halbschuhen. Auf Sand, lehmiger Erde, feuchtem Gras oder nassem Laub wirkt ein Schuh mit halbhohem oder hohem Schaft ferner dem Eindringen unerwünschter Partikel entgegen. Zusätzlich vermindert ein tiefes, grobes Sohlenprofil die Rutschgefahr.

Bei kaltem Wetter sollten die Schuhe nach Möglichkeit gut gefüttert und wasserdicht sein, bei warmem Wetter dagegen vor allem atmungsaktiv und schnell trocknend.

Unter sengender Sonne

Auf die Traumferien in einem tropischen «Paradies» freut man sich oft schon monatelang im voraus. Dabei geraten die weniger angenehmen Seiten einer Tropenreise allzu leicht in Vergessenheit. Das heisse Klima und die starke Sonneneinstrahlung können einem Touristen aus der gemässigten Zone mitunter arg zusetzen. Wenn man per Düsenjet dem hiesigen Winter entflieht, ist zumindest ein kleiner Sonnenbrand schon beinahe fest vorprogrammiert. Um diesem Schicksal zu entgehen, gibt es im Prinzip nur ein einziges wirksames Mittel: Schatten. Bis sich die Haut durch eine ausreichend dunkle Pigmentierung selbst schützen kann, sollten zudem alle unbedeckten Hautstellen mit einem wirksamen Sonnenschutzmittel eingerieben werden.

Lähmende Hitze

Wer keine Siesta halten will, muss gegebenenfalls lange Kleider tragen, wenn am «Einsatzort» keine schattenspendenden Bäume oder dergleichen zur Verfügung stehen. In solchen Fällen bewährt sich helle, luftige Baumwollkleidung.

Abgesehen von der extrem harten – und dadurch wenig fotogenen – Beleuchtung bei hohem Sonnenstand gibt es noch einen weiteren guten Grund, die Mittagszeit in Ruhe an einem schattigen Ort zu verbringen: Bei übermässiger Anstrengung an der prallen Sonne würde man einen Hitzschlag riskieren. Wer sich zu lange vom strahlenden Lächeln der Sonne einlullen lässt, wird mit benebelten Sinnen, Übelkeit und Kopfschmerzen bestraft.

Wenn der Schweiss in Strömen herabrinnt, oder wenn sich auf der Haut eine klebrige Salzkruste bildet, sollte unbedingt für ausreichend zu Trinken gesorgt werden. Bei Temperaturen um 40°C und darüber muss man literweise (alkoholfreie) Flüssigkeit in sich hineinschütten, um den Wassergehalt seines Körpers einigermassen konstant zu halten. Tut man dies nicht, wird man sich bald ziemlich elend fühlen, weil einem der Mund austrocknet, die Lippen zusammenkleben und die Kraft aus allen Muskeln weicht.

Die Tücken der Steppe

Wo es über längere Zeit heiss und trocken ist, wächst meist eine ausgesprochen kratzbürstige Vegetation. Unter solchen Voraussetzungen bilden die Pflanzen entweder dicke, wachsartig überzogene Blätter oder nur noch Dornen aus. Besonders im vertrockneten Zustand verwandeln sich gewisse Sträucher und Kakteen in heimtückische Fallen, die einem Haut und Kleider buchstäblich zerfetzen, wenn man mit ihnen in engeren Kontakt gerät. Um sich in damit überwuchertem Gelände sicher bewegen zu können, sind hohe Schuhe mit steifem Schaft und dicke Jeans oder Lederhosen ein absolutes Muss.

Zwischen den einzelnen Pflanzen einer Trokkensteppe liegt meist die Erde frei. Durch die Austrocknung derselben entwickeln sich bei anhaltend schönem Wetter meist erhebliche Mengen von Staub, der sich in kürzester Zeit über alles und jeden verbreitet. Besonders unangenehm ist, dass der Staub auch bis in die feinsten Ritzen von Kameras und Objektiven vordringt. Dort kann er, hat er sich erst einmal festgesetzt, sein Unwesen treiben: Filme zerkratzen, den Verschluss beschädigen, die Einstellfassung des Objektivs blockieren usw. An staubigen Plätzen ist daher stets auf peinlichste Sauberkeit zu achten, und die Ausrüstung sollte so oft und so gründlich wie möglich entstaubt werden. Bei den Linsen muss man sich allerdings vorsehen, dass man ihre Oberfläche wirklich nur vom Staub befreit und nicht etwa durch Verreiben desselben auch noch die Vergütung abschmirgelt.

Mücken & Co., Gesellschaft für beschränktes Behagen

Die Evolution hat neben den vielen mehr oder weniger scheuen Lebewesen auch einige sehr aufdringliche hervorgebracht. Etwa jene stechenden Plagegeister unter den Insekten, die einen stets im ungünstigsten Moment aufs erbärmlichste piesacken. Ferner existieren auch solche Tiere, denen man selbst nicht zu nahe treten darf, weil ein direkter Kontakt unangenehme Folgen haben könnte.

Bei Reisen in ferne Länder kann man hie und da böse Überraschungen erleben, wenn man mit den örtlichen Verhältnissen zuwenig vertraut ist. Weiss man jedoch, was einen möglicherweise erwartet und wie man sich richtig verhält, lassen sich die meisten Zwischenfälle von vornherein vermeiden.

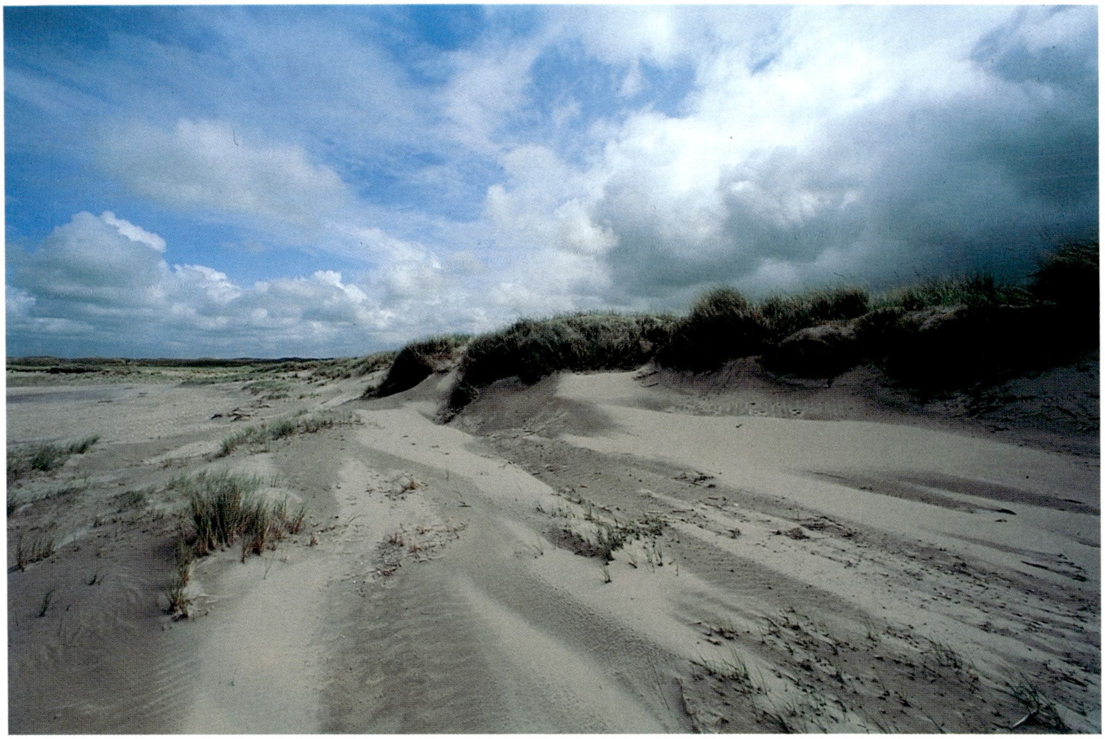

Sanddünen stellen ein lohnendes Motiv dar. Beim Fotografieren muss man jedoch aufpassen, dass kein Sand an bzw. in die Kamera oder das Objektiv gelangt.
Foto: Jürgen Weber

Lästiges Ungeziefer

Im dichtbesiedelten Europa sind in den letzten paar Jahrhunderten viele «Raubtiere» (z.B. Wolf, Luchs, Braunbär) systematisch ausgerottet worden. Die wirklich blutrünstigen Bestien – Stechmücken, Bremsen und Zecken – stellen dem Menschen dagegen nach wie vor auch bei uns nach, wie wir jeden Sommer garantiert wieder am eigenen Leib erfahren können.

Am meisten Mücken hat es bei warmem Wetter im hohen Gras oder Schilf sowie im Schatten von Gebüschen. Befindet sich zusätzlich noch ein stehendes Gewässer in der Nähe, in dem sich die Mückenlarven entwickeln können, vervielfacht sich die Anzahl erwachsener Tiere dementsprechend. Zu den Orten mit eher niedrigem Mückengehalt gehören grosse vegetationslose Flächen (auch offenes Wasser) und windige Standpunkte einige Meter über dem Erdboden (z.B. spitze felsige Erhebungen, Beobachtungstürme u. dgl.). Ganzjährig mückenfreie Plätze findet man allerdings in ganz Europa praktisch nur im Hochgebirge.

Da man in der warmen Jahreshälfte also fast nirgends vor stechenden Insekten sicher ist, muss man sich aktiv gegen sie schützen. Lange, eventuell mit einem Mückenmittel (z.B. Tyrax) besprühte Kleider vermögen die kleinen Biester zumindest beim Gehen recht gut abzuwehren. Sobald man jedoch stehen bleibt, sind Fussknöchel, Nacken, Gesicht und Hände aufs höchste gefährdet. Auch durch ein eng anliegendes Hemd oder T-Shirt kann man leicht ein paar Stiche einfangen. Um diese exponierten Stellen zu schützen, bedient man sich eines Moskitoschutzmittels zum Einreiben oder Aufsprühen (natürlich aus dem Zerstäuber und nicht aus der Spraydose). Empfohlen werden Mittel wie Anti-Brumm oder Autan. Bei Bedarf müssen sie etwa alle zwei bis drei Stunden erneut aufgetragen werden; falls man heftig schwitzt entsprechend häufiger. Einige Produkte sind allerdings mit Vorsicht einzusetzen: Mitunter können sie in den Augen oder auf empfindlicher Haut fürchterlich brennen, einem die Hände klebrig oder glitschig machen und eventuell sogar Gummiteile an der Fotoausrüstung aufweichen.

Den mit Abstand wirksamsten Schutz vor Mückenstichen stellt ein Campingzelt mit sehr engmaschigem Moskitonetz dar – jedoch erst, nachdem man das Innere von jedem unerwünschten Eindringling befreit hat. In ein Zelt kann man sich logischerweise nur beim stationären Ansitz oder in den Fotopausen verkriechen, so dass diese aufwendige Variante des Mückenschutzes höchstens bei länger dauernden Ansitzen und natürlich fürs Übernachten in Frage kommt.

Eine stechende Mücke – das Letzte, was einem auf der Lauer liegenden Fotografen gefehlt hat. Um diesem Greuel zu entgehen, muss man rechtzeitig Vorkehrungen treffen.
Foto: Hans D. Dossenbach

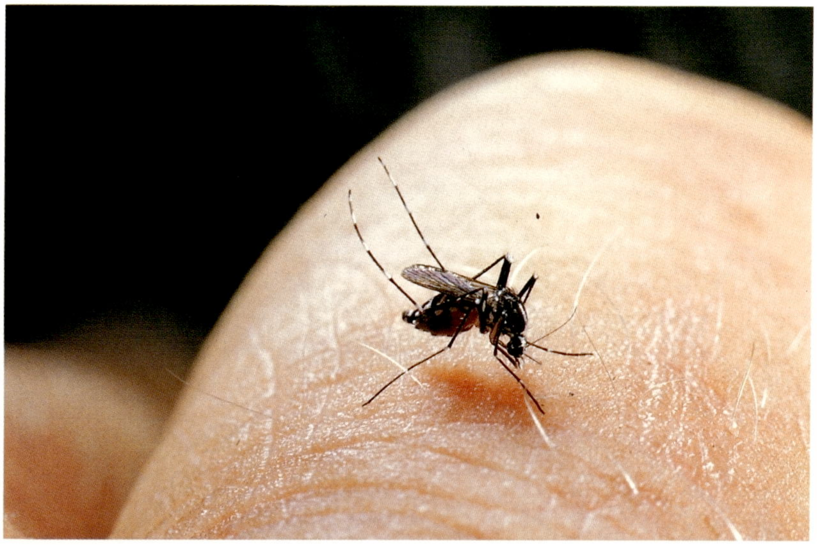

Zecken mit gefährlicher Fracht

Vor allem in Waldgebieten lauert eine andere Gruppe von Insekten auf einen Wirt, der ihnen unfreiwillig eine Blutmahlzeit spendiert. Die Rede ist hier namentlich vom Holzbock *(Ixodes ricinus)*, und anderen Zeckenarten. Diese anfangs nur etwa einen bis zwei Millimeter langen, abgeplatteten Tierchen warten an Grashalmen und Zweigen hängend auf einen Wirt. Kommt ein solcher des Weges, lassen sich von ihrer Warte abstreifen oder fallen einfach auf ihn herunter. Durch das Fell beziehungsweise die Kleider arbeiten sie sich dann mit Vorliebe an eine Stelle vor, wo die Haut besonders weich und dünn ist (z.B. Innenseite von Gelenken, Bauchnabel, Genitalbereich). Dort setzen sie sich mit ihrem widerhakenbewehrten Saugapparat fest und lassen freiwillig erst nach einigen Tagen wieder los, wenn sie zu einer prall mit Blut gefüllten Tropfenform angewachsen sind.

Eine bereits festgebissene Zecke lässt sich am besten mithilfe einer Pinzette entfernen. Je nach Quelle wird auch empfohlen, die Zecke zunächst mit etwas Öl oder Vaseline zu beträufeln, um ihre Luftzufuhr zu unterbinden. Auf jeden Fall muss man beim Herausziehen sehr vorsichtig verfahren, damit das Tierchen nicht zerquetscht und dessen Darminhalt dabei durch den Stechrüssel in die Wunde injiziert wird. Wenn ausserdem der Kopf der Zecke abreisst und in der Haut stecken bleibt, kann die Stelle später unangenehm jukken und sich eitrig entzünden.

Zecken sind jedoch nicht deswegen berüchtigt, sondern wegen der Krankheitskeime, die mit ihrem gerinnungshemmenden Speichel in die Bissstelle gelangen können. Die gefährlichsten zwei Mitbringsel sind die Frühsommer-Meningoenzephalitis (FSME) und die Lyme-Borreliose.

In der Schweiz sind ungefähr 30% der Zecken Träger von *Borrelia burgdorferi*. Aber nur etwa jeder zehnte Gebissene entwickelt Symptome der Lyme'schen Krankheit. Das erste Anzeichen einer Borrelien-Infektion ist eine Hautrötung, die sich innerhalb von Tagen oder Wochen von der Bissstelle aus langsam ringförmig ausbreitet und oft von Müdigkeit begleitet wird. Wochen bis Jahre später können die Bakterien Gelenkschmerzen, selten auch Hirnhautentzündungen, Lähmungen oder Herzfunktionsstörungen hervorrufen. Wer einige Tage nach einem Zeckenbiss eine sich ausbreitende Hautrötung feststellt, sollte den Arzt aufsuchen, um sich mit geeigneten Antibiotika behandeln zu lassen.

FSME wird dagegen durch ein Virus ausgelöst, mit dem nur 0,1 bis 1 Prozent der Zecken infiziert sind. Ausserdem beschränkt sich das Vorkommen der FSME auf eine Handvoll relativ kleinräumiger Endemiegebiete in den Schweizer Kantonen Bern, Graubünden, Schaffhausen und Zürich. Meines Wissens ist FSME auch in Österreich stellenweise endemisch. Statistisch führen etwa 10'000 Zeckenbisse höchstens zu einem Fall von Gehirn- oder Hirnhaut-Entzündung

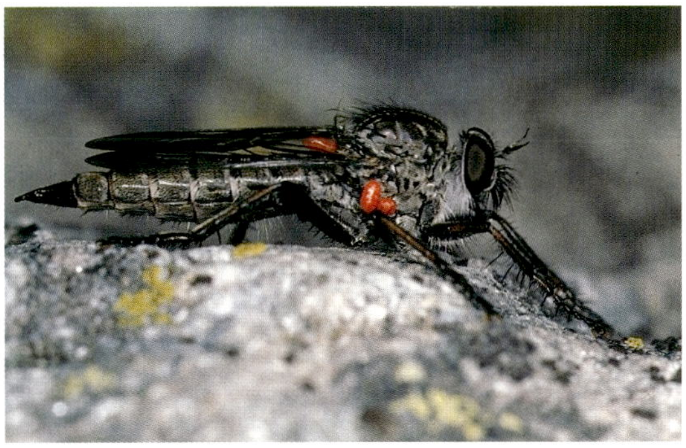

und zu zehn Fällen banaler Erkrankungen. Die Symptome einer Erkrankung an FSME, die 2 bis 24 (in der Regel 14) Tage nach dem Zeckenbiss auftreten, sind Fieber, Kopf- und Gliederschmerzen. Bei wenigen der so erkrankten Personen kann es nach einem symptomfreien Intervall von vier bis sechs Tagen zu einer Hirnhautentzündung kommen, die in seltenen Fällen auf das Gehirn übergreift. Die damit einhergehenden Symptome (Nackenstarre, Bewusstseinstrübungen, Lähmungen) können längere Zeit bestehen bleiben und gelegentlich sogar zum Tod führen. Meistens bilden sie sich jedoch wieder ganz zurück. Falls man in einem bekannten FSME-Gebiet von einer Zecke gebissen wird, sollte man trotzdem unverzüglich den Arzt aufsuchen. Eine passive Impfung ist nämlich nur in den ersten 42 Stunden nach dem Biss erfolgversprechend. Die aktive Impfvariante als Vorsorge gegen FSME wird lediglich für Personen empfohlen, die sich regelmässig im Unterholz der Wälder (in Endemiegebieten) aufhalten. Eine solche prophylaktische Impfung umfasst drei Spritzen im ersten Jahr und eine weitere Dosis zur Auffrischung alle drei Jahre.

Zur Vermeidung von Zeckenbissen sollte man das Unterholz meiden und langärmelige, an Hals und Händen gut abschliessende Kleidung sowie bis auf die Schuhe reichende Hosen tragen (gegebenenfalls Socken über die Hosenbeine ziehen). Die Zecken können als Larve, Nymphe und Imago gleichermassen Blut saugen, so dass sich die Biss-Saison jeweils durchgehend vom Frühling bis in den Herbst erstreckt. Nach Aufent-

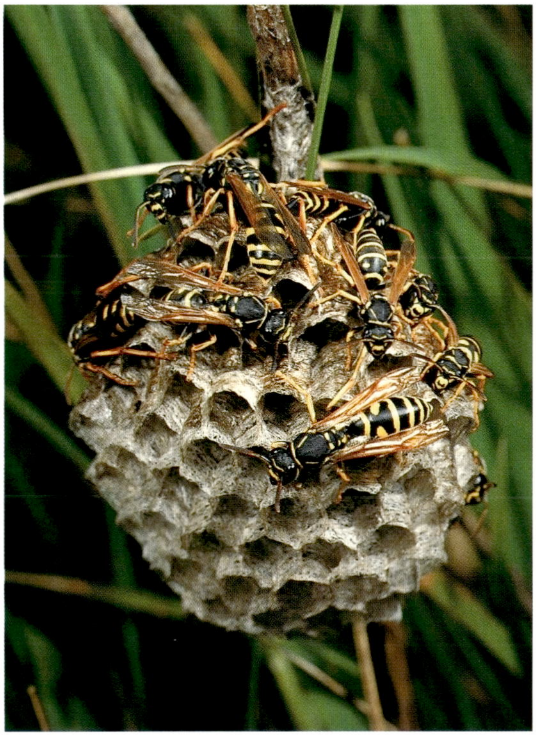

Anstatt vor dem Nest dieser Feldwespen in Panik auszubrechen, kann man es auch fotografieren. Wespen zeigen interessante Verhaltensweisen.
Foto: Felix Labhardt

Die roten Punkte auf der Raubfliege sind parasitische Milben. Andere dieser Spinnentiere – etwa der Holzbock – können auch Menschen befallen.
Foto: Robert Staub

halten im Wald empfiehlt es sich dann, Körper und Kleider auf jene bräunlich-schwarzen Punkte zu untersuchen, die beim näheren Hinsehen am Vorderende sechs oder acht Beine und einen Stechbohrer besitzen.

Neben den Zecken existieren noch eine Unmenge weiterer, meist winziger Milbenarten, von denen manche gleichfalls als Parasiten leben. Die jeweils auf ganz bestimmte Wirtstiere spezialisierten Lausmilben zum Beispiel verursachen bei Tieren Räude und beim Menschen Krätze, indem sie unter die Haut des Wirtes dringen, Gänge durch dessen Gewebe fressen und dort ihrem Brutgeschäft nachgehen. Die Krätzmilbe wird, dort wo sie überhaupt vorkommt, entweder durch direkten Körperkontakt oder indirekt über die Kleidung von Mensch zu Mensch übertragen.

Harmlosere Insekten

Weniger penetrant als Stechmücken und andere Blutsauger sind Bienen, Wespen und Ameisen. Wenn man sich nicht gerade auf ein Nest setzt oder barfuss auf sie tritt, braucht man kaum

Stiche oder Säurespritzer zu befürchten. Fuchtelt man allerdings wild um sich, weil irgendwo in der Nähe eine Wespe oder eine Hornisse aufgetaucht ist, braucht man sich nicht zu wundern, dass dadurch auch das Insekt in Panik gerät und womöglich zusticht. Solange sich das Tierchen nicht bedroht fühlt, ist es indessen absolut harmlos. Meist genügt schon ein angedeutetes Wegschieben mit der Hand, um einer Wespe zu bedeuten, dass sie sich woanders niederlassen soll als auf Ihrem Arm.

Demgegenüber sind Fliegen leider viel hartnäckiger. Zwar können die meisten Fliegenarten weder stechen noch sonst irgendwie Schmerzen verursachen, dafür aber ein feines Kribbeln auf der Haut, das den meisten Menschen ganz einfach zuwider ist. Dass die Fliegen zwischendurch auf Kothaufen oder Aas umhermarschieren, läuft zudem allen menschlichen Vorstellungen von Reinlichkeit diametral gegen den Strich. So ein «Drecksviech» braucht einem nun wirklich nicht im wahrsten Sinne des Wortes auf der Nase herumzutanzen! Als Gegenmittel kommt wie bei Mücken ein abschreckendes Parfüm in Frage. Allerdings wirkt ein normales Mückenschutzmittel nicht zwangsläufig auch gegen Fliegen und umgekehrt.

Als Fotomotiv sind diese Agavenblätter etwas Schönes. Mit den Dornen Bekanntschaft zu machen ist dagegen ganz und gar nicht erfreulich.
Foto: Jeff Foott

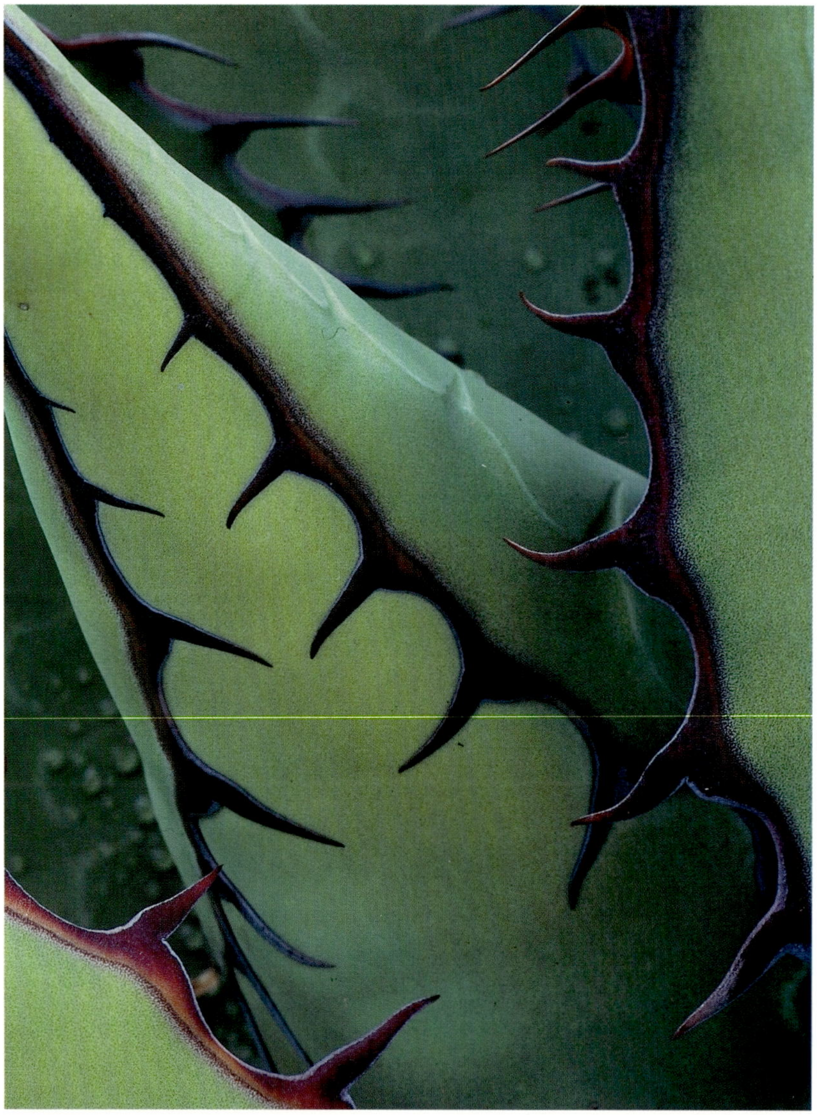

Schmerzhafte Kontakte

Wie schon weiter oben erwähnt, können gewisse Pflanzen stechen und kratzen. Andere besitzen Blätter mit rasiermesserscharfen Kanten oder mit perfiden Widerhaken. Darüber hinaus gibt es ausser den Brennesseln noch eine Anzahl weiterer Arten, welche die nackte Haut mit Reizstoffen malträtieren, wenn man bestimmte Teile der Pflanze berührt. Der Saft des auch in Europa anzutreffenden Riesenbärenklaus zum Beispiel kann unter gleichzeitiger Einwirkung von Sonnenlicht auf der Haut einen Ausschlag mit heftiger Rötung und enormen Brandblasen verursachen. Ähnliches gilt für einzelne weitere Doldengewächse, deren Saft Furocumarine enthält.

Im Wasser sollte man ebenfalls darauf achten, was da so alles umhertreibt, am Grund liegt oder im Schlamm steckt. An der Meeresküste ist dies besonders wichtig: Nesselquallen, Stachelrochen, Seeigel, Korallen, Muränen und allenfalls Haie können dem Unvorsichtigen qualvolle Schmerzen beziehungsweise tiefe Wunden beibringen. Im Vergleich dazu sind Blutegel geradezu vernachlässigbar, solange sie nicht zu Dutzenden auftreten wie in bestimmten tropischen Sumpf- und Regenwaldgebieten. Ebenfalls in den Tropen leben einzelne Fliegenarten, deren Eier durch Stiche oder Wunden ins Fleisch gelangen und sich ohne Hemmungen auch in lebenden Menschen zu grossen fetten Maden entwickeln. Zwei wenig beneidenswerte Tierfilmer, die je einen solchen ungebetenen Gast (eine 2cm bzw. fast 4cm lange Larve des südamerikanischen Parasiten *Dermatobia hominis*) unter ihrer Kopfhaut beherbergten, haben kürzlich in einem Artikel in *BBC Wildlife* geschildert, wie sie nachts die Fressgeräusche der Larve hörten.

Gefährliche Begegnungen

In den wärmeren Gegenden Europas leben einzelne Arten von Giftschlangen, die in ähnlicher Weise wie die oben aufgeführten giftigen Meeresbewohner Wirkungen hervorrufen, die man besser nicht am eigenen Leib erfährt. Obwohl hierzulande ein Schlangenbiss nur selten tödlich verläuft, kann bei verzögerter Behandlung eine bleibende Gewebeschädigung eintreten und vielleicht den Verlust eines Fingers bedeuten.

Exotische Schlangen, Fische oder Skorpione produzieren zum Teil erheblich potentere Nervengifte, die in ungünstigen Fällen innert weniger Minuten zur Atemlähmung oder zum Herzstillstand führen. In Teilen Asiens zum Beispiel ereilt dieses tödliche Schicksal jährlich Tausende von Menschen. Die Zahl der Verkehrstoten dürfte jedoch um Zehnerpotenzen höher liegen. Gifttiere sind für normale Reisende kaum je ein Problem; vorwitzige Naturfotografen müssen schon eher aufpassen, wenn sie abseits von Wegen und Stegen durchs Gelände pirschen. In den Lebensräumen giftiger Tiere sollte man stets darauf achten, wo man hintritt oder hineingreift. Zu den vorbeugenden Massnahmen gehört auch, das jeweilige Verhalten der gefährlichen Arten zu kennen. Die baumbewohnenden, Echsen und Vögel jagenden Mambas etwa gelten als aggressiv, während sich eine am Boden lauernde, vornehmlich auf Nagetiere erpichte Puffotter oder Klapperschlange sehr viel träger verhält und nur bei ziemlich massiver Reizung wirklich zubeisst.

Normalerweise gehen die Schlangen – auch eine Mamba – dem Menschen lieber aus dem Weg, und zwar meist bevor man sie überhaupt bemerkt hat. Gefährlich wird es erst, wenn man eine Giftschlange überrumpelt oder in die Enge treibt; sobald sich die Schlange bedroht fühlt, wird sie sich wehren. In brenzligen Situationen muss man vor allem Ruhe bewahren und jede hastige Bewegung vermeiden, solange man sich in der Reichweite der Schlange befindet.

Auch der Rückzug vor einem angriffsbereiten Wildschwein, Büffel, Nashorn oder Elefanten sollte im beschwichtigenden Zeitlupentempo erfolgen. Wegrennen veranlasst ein gereiztes Tier nämlich häufig erst recht zum Angriff. Und weil sich zahlreiche Tiere schneller und flinker bewegen als Menschen, stünden die Chancen für uns Zweibeiner bei einem Wettlauf ziemlich schlecht. Deshalb: Beim Fotografieren stets die Augen offen halten und genügend Sicherheitsabstand wahren!

Vor wehrhaftem Wild muss man in zwei Fällen besonders auf der Hut sein, nämlich bei brünstigen Männchen und bei Junge führenden Muttertieren. Auch verwundetes Wild kann sich verbissen zur Wehr setzen, solange noch ein Funken Leben in ihm steckt. In selteneren Fallen trifft man auf kranke (tollwütige) oder verhaltensgestörte Tiere, die sich mitunter völlig grundlos und ohne Vorwarnung auf jeden stürzen, der sich erdreistet, ihnen in die Quere zu kommen. Wenn man sich nicht rechtzeitig in Sicherheit bringen kann, muss man wohl oder übel zur erstbesten Waffe greifen, um Bisse, Hufschläge oder das Zustossen mit den Hörnern abzuwehren. Ob Holzprügel, Stativ, Fototasche oder eine am Riemen hängende Kamera: Man kann sich nur solange damit verteidigen, wie man das Objekt in der Hand behält – also ja nicht werfen! Sollte man irgendwie mit einem möglicherweise tollwütigen Tier in direkten Kontakt kommen, ist unverzüglich ein Arzt aufzusuchen.

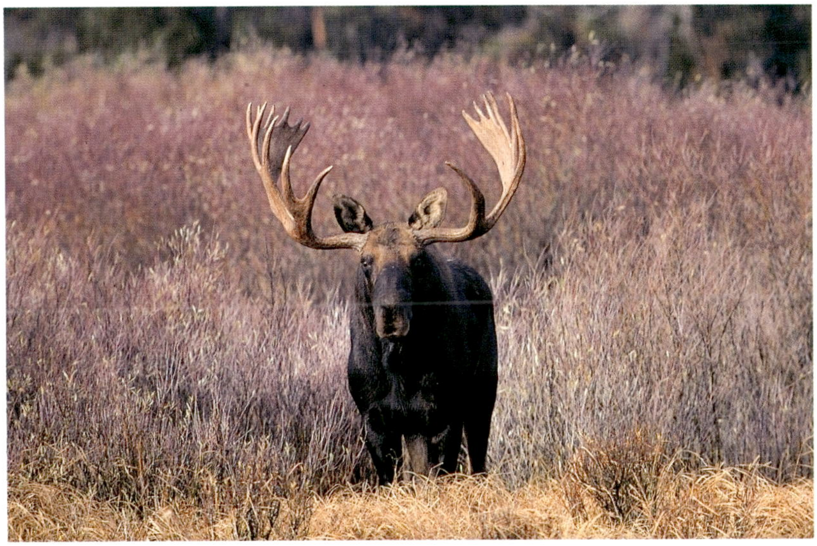

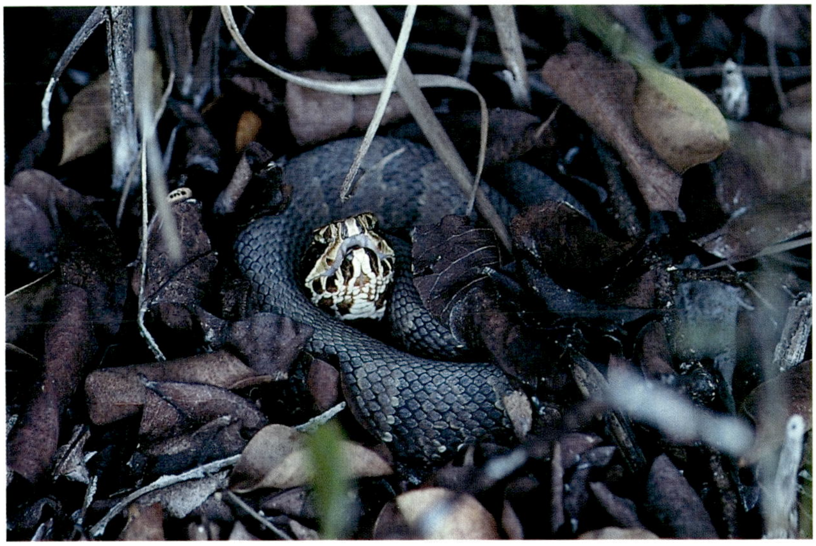

Auf abenteuerlichen Expeditionen in Gebieten mit freilebenden Grosskatzen, Bären oder Krokodilen würde einem eine Haselrute dagegen kaum etwas nützen. Ohne Schusswaffe und gute Rundumsicht ist man in einem geschlossenen Fahrzeug am sichersten aufgehoben. Deshalb ist auf normalen Safaris das Verlassen des Wagens ausserhalb der Camps grundsätzlich verboten. Andernfalls trägt mindestens ein Führer pro Gruppe eine scharf geladene Waffe mit. Selbst ohne diese Vorsichtsmassnahmen werden Menschen jedoch nur selten von Raubtieren angefallen. Wenn es trotzdem hie und da geschieht, ist der Angriff meist auf die fahrlässige Unvernunft des Angefallenen oder gar auf eine direkte Provokation des Tieres zurückzuführen. Am häufigsten falsch eingeschätzt wird die vermeintliche Gutmütigkeit von Bären oder die Trägheit von Krokodilen. Braun- und insbesondere Eisbären sind äusserst gefährlich, wenn man ihnen zu nahe tritt. Und Krokodile können einen Menschen nicht nur im Wasser, sondern auch an Land spielend einholen!

Vor dem brünstigen Elchbullen muss sich der Fotograf in Acht nehmen, wenn er sich ihm nähert. Sonst kann es mächtig unangenehm werden.
Foto: Leonard Lee Rue III

Beinahe wäre ich auf die gut getarnte Zwergklapperschlange gestanden, als ich in den Everglades einmal austreten musste. Holzauge sei wachsam!
Foto: Eric A. Soder

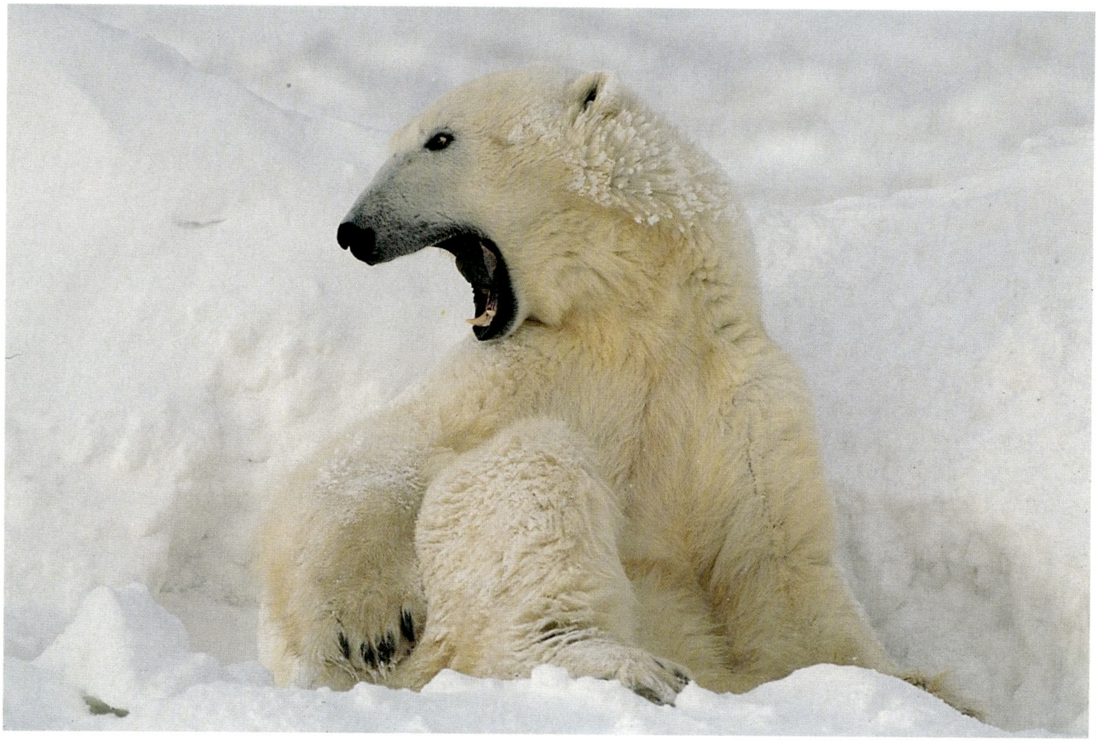

Wer Eisbären als verspielte Zootiere kennt, sollte zur Kenntnis nehmen, dass die wilden Artgenossen hauptsächlich von der Robbenjagd leben.
Foto: John Shaw

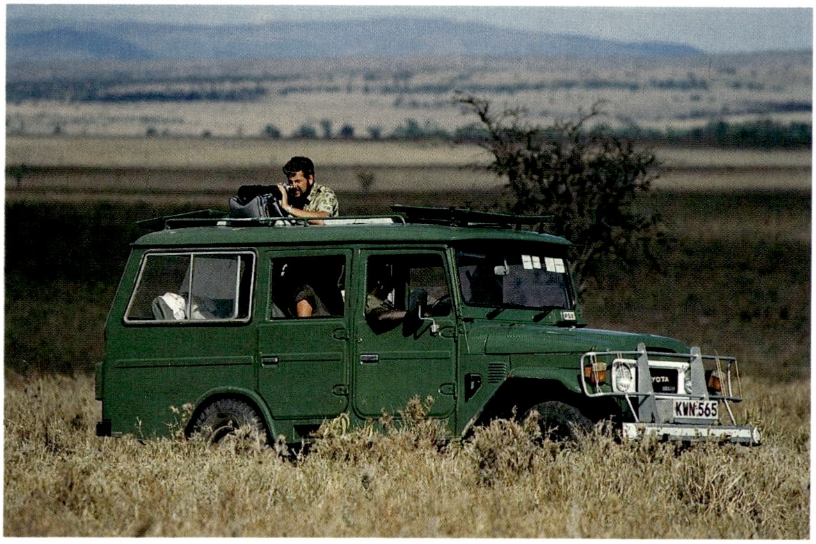

Eine Safari in Ostafrika ist ein überwältigendes Erlebnis. Zur eigenen Sicherheit darf der Wagen jedoch an den meisten Orten nicht verlassen werden.
Foto: Fritz Pölking

Andere Risiken

Über die allgegenwärtige Verletzungsgefahr beim Hantieren mit Werkzeugen aller Art, beim Klettern oder auch nur beim normalen Gehen auf glitschigem beziehungsweise instabilem Untergrund braucht es wohl nicht allzu viele Worte. Mit etwas Alltagserfahrung und gesundem Menschenverstand kann man selbst am besten entscheiden, wann und wo besonders aufzupassen ist. Lediglich beim Reisen gibt es gelegentlich Überraschungen, wenn man ungewohntes Terrain betritt. Da gibt es mitunter gefährliche Phänomene wie Treibsand, Schichtfluten oder extrem scharfkantiges Lavagestein. Sich darüber rechtzeitig zu informieren gehört eigentlich ganz selbstverständlich zur Vorbereitung einer jeden Reise.

Besonderes Augenmerk verdienen gerade bei Tropenreisen auch mögliche Krankheiten und Allergien. Von ungewohnter oder unter mangelhaften hygienischen Bedingungen zubereiteter oder verzehrter Kost kann man leicht Durchfall bekommen. Als mögliche Ursache kommen unter anderem Salmonellen, Amöbenruhr, Wurmbefall, Hepatitis A und dergleichen in Frage. Dabei sind derartige Probleme recht einfach und sicher zu vermeiden, indem man nur ausreichend gekochte Speisen und eigenhändig geschälte Früchte isst. Besonders wichtig ist auch, dass man nur keimfreie Flaschengetränke oder abgekochtes Wasser – etwa Tee oder Kaffee – trinkt (ohne Eis, da es aus Hahnenwasser bestehen könnte) und sich mit Mineralwasser die Zähne putzt. Man halte sich beim Schlemmen an folgende Regel: *Boil it, cook it, peel it or forget it.* Zu deutsch: Bring's zum Sieden, koch es, schäl es oder vergiss es.

Weitere Massnahmen erfordert dagegen der Schutz vor gewissen Tropenkrankheiten wie Malaria, Schlafkrankheit oder Bilharziose. Erstere beiden werden durch Insektenstiche übertragen, während letztere durch winzige Saugwürmer verursacht wird, die aus verseuchtem Wasser direkt durch die Haut in den Körper eindringen. Wie man sich im einzelnen gegen diese und andere Tropenkrankheiten schützt, lassen Sie sich am besten von kompetenten Fachleuten an einer öffentlichen Beratungsstelle erklären. Zur Malariaprophylaxe dienen nämlich ganz unterschiedliche Präparate oder Dosierungen, die im Laufe der Zeit infolge von Resistenzen der Erreger ändern. Je nach Reiseziel und möglicher Gefähr-

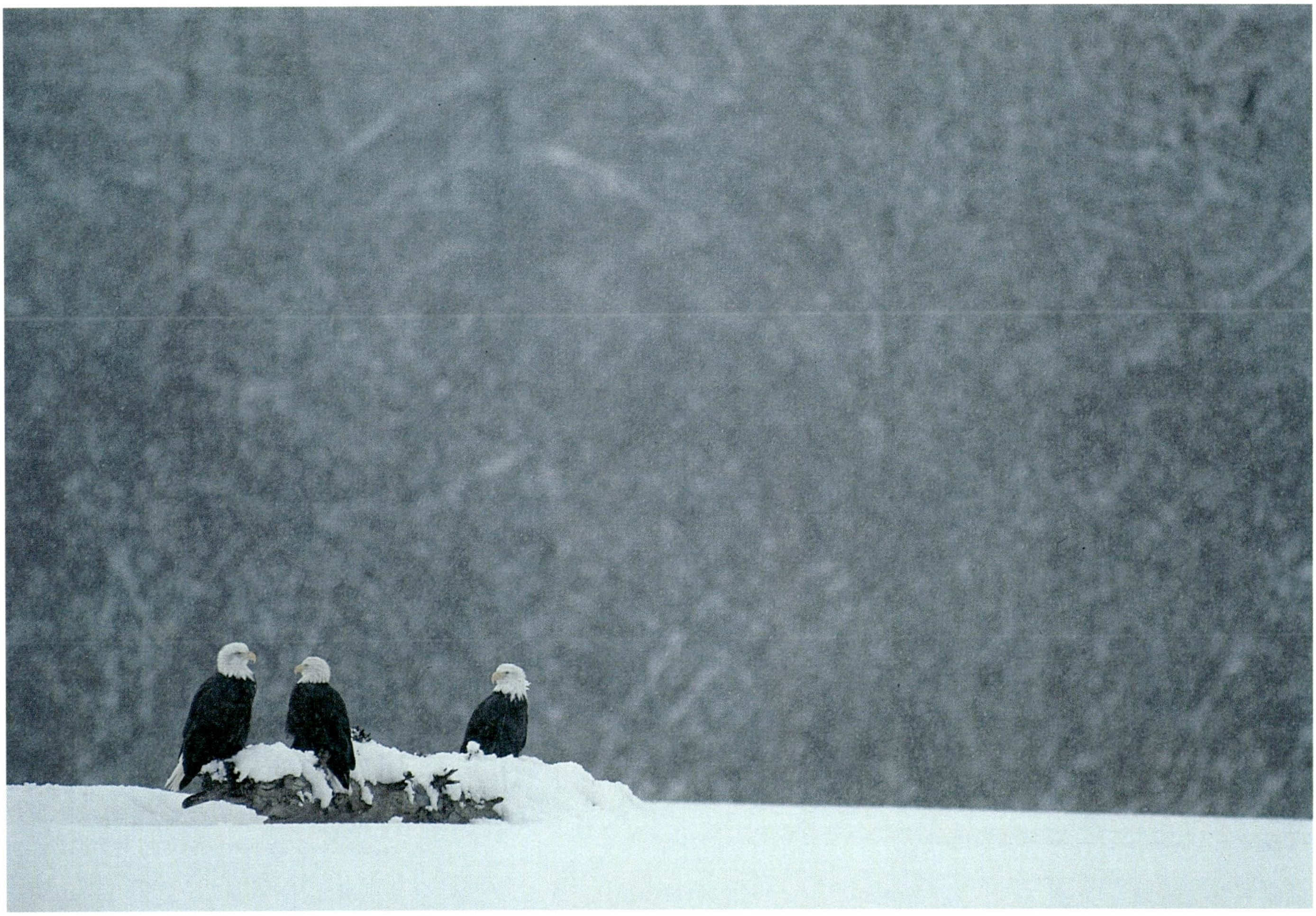

dung sind vielleicht auch bestimmte Impfungen (z.B. gegen Gelbfieber) gesetzlich vorgeschrieben oder im eigenen Interesse dringend zu empfehlen.

In den letzten Jahren berichten die Ärzte über eine allgemeine Zunahme von allergischen Reaktionen und Krankheiten. In Bezug auf die Naturfotografie ist hier vor allem der Heuschnupfen zu erwähnen; im Schnitt leidet von zehn Personen mindestens eine unter einer solchen Pollenallergie. Seltener tritt eine Allergie auf Wespen- und Bienenstiche auf, die sich durch ein extremes Anschwellen des Körpers im Bereich der Stichstelle äussert. Stark im Kommen ist ausserdem Asthma, wobei sich anscheinend noch nicht alle Mediziner hundertprozentig über die genauen Ursachen für das vermehrte Auftreten im klaren sind. Asthma ist unter anderem schon mit der zunehmenden Luftverschmutzung in Verbindung gebracht worden, aber auch mit den sich über die Jahre in Kopfkissen ansammelnden Ausscheidungen von mikroskopisch kleinen Staubmilben. In dem weiter oben erwähnten Artikel in *BBC Wildlife* macht ein Entomologe von der Universität Cambridge den Milbenkot für den bei weitem grössten Teil von jährlich 2000 Todesfällen verantwortlich, die sich in England durch Asthma ereignen.

Regen und Feuchtigkeit

Ein Kapitel in Bruno Dittrichs Buch «Natur-Fotografie» trägt den sinnigen Titel: Hab' Sonne im Herzen und Wasser im Schuh. Tatsächlich kann man als Naturfotograf das nasse Element hin und wieder buchstäblich hautnah zu spüren bekommen. Sei es, dass man unfreiwillig in einen Wolkenbruch gerät oder auf der Pirsch irgendwo im Morast einsinkt. Mit Leib und Seele der Naturfotografie Verschriebene gehen zuweilen auch ausserhalb der Badesaison aus freien Stücken ins Wasser, wenn dies zu einem besseren Foto verhilft.

Was tun bei schlechtem Wetter?

Etwas vom Unangenehmsten und Deprimierendsten, das einen draussen erwarten kann, ist nasskaltes Wetter. Deswegen braucht man jedoch nicht gleich die Flinte ins Korn zu werfen. Die Bekleidungsindustrie versorgt uns ja mit allerlei wasserdichten Textilien, die einen auch im strömenden Regen behaglich warm und trocken halten. Problematisch ist dagegen das Fotografieren, weil die Gerätschaften während der Aufnahme nur in beschränktem Ausmass wasser-

Wenn draussen nicht die Sonne scheint, ist dies noch lange kein Grund, daheim zu bleiben. Motive gibt's auch im Schneetreiben, wie das Bild der Weisskopfseeadler beweist.
Foto: John Shaw

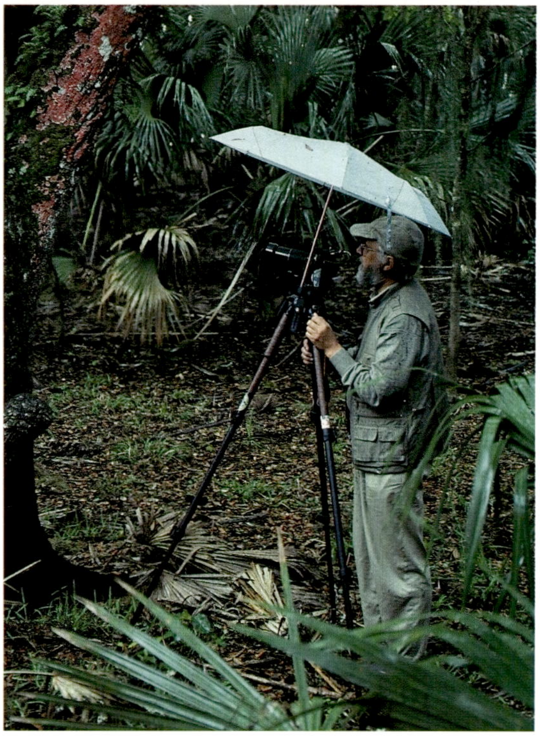

Damit die Ausrüstung trocken bleibt, verwendet Fritz Pölking hier einen Schirm, den er am Stativ befestigt hat.
Foto: Fritz Pölking

dicht verpackt werden können. Wenn es nicht allzu stark windet, bedient man sich am besten eines Regenschirmes, den man zweckmässigerweise an einer geeigneten Stelle (z.B. direkt am Stativ) festbindet. Dadurch hat man beide Hände frei und kann die Kamera ungehindert bedienen. Bei heftigem Wind empfiehlt sich dagegen ein mehr oder weniger rundum geschlossener Unterschlupf mit einem offenen Fenster an einer vom Wind abgewandten Seite. In Frage kommen hier beispielsweise eine Hütte oder ein Zelt, eventuell auch ein Auto. Aufgrund der meist stark reduzierten Helligkeit muss das Stativ und/oder hochempfindliches Filmmaterial benutzt werden. Bei Regenwetter ist manchmal auch das Aufhellblitzen angezeigt. Heftige Niederschläge bewirken eine mehr oder weniger drastische Verringerung der Sichtweite. Dichter Nebel bedeutet ebenfalls praktisch immer das Aus für jegliche Vorhaben, die lange Teleobjektive erfordern. Nieselregen oder leichter Schneefall wirken sich unter Umständen erst auf Distanzen ab vielleicht hundert Metern wirklich störend aus.

Bei feuchter Witterung sind Änderungen der Temperatur, die zum Beschlagen der Linsen führen, besonders tückisch. Am häufigsten passiert dies morgens, wenn die Luft von der Sonne schneller als das Objektiv erwärmt wird. Ferner auch abends, wenn sich die mit Wasserdampf gesättigte Luft abkühlt und in Form von Tau Feuchtigkeit abgibt. Solange sich Lufttemperatur und -feuchtigkeit weiter ungünstig verändern, kann das Trockenreiben beschlagener Linsen leider nur kurzfristig Abhilfe schaffen. In solchen Fällen lässt man Objektiv und Kamera am besten bis unmittelbar vor der Aufnahme verpackt, und zwar an möglichst warmer Stelle, damit beim Auspacken nicht sofort alles beschlägt.

Bei schwüler Hitze bringt ein kurzer Regenschauer manchmal eine sehr willkommene Abkühlung mit sich. Wird man nicht gerade im spannendsten Moment von sintflutartigen Güssen überrascht, ist eine kleine Fotopause selten tragisch. Um so weniger, wenn nach einem Gewitter ein prächtiger Regenbogen entsteht, der sich natürlich als zusätzliches Motiv anbietet.

Für Unterwasseraufnahmen gibt es verschiedene Arten wasserdichter Kamerabeutel, Druckgehäuse und Spezialkameras für unterschiedliche Tauchtiefen.
Foto: Jeff Foott

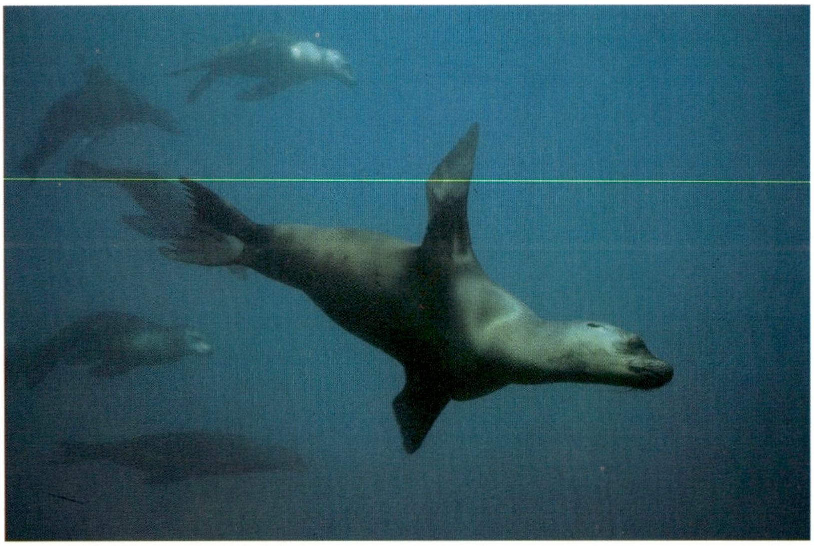

Schäden am Material vermeiden

Über die trockene Unterbringung der empfindlichen Apparate sollte man sich natürlich schon Gedanken machen, bevor man mit der grossen Fotoausrüstung plötzlich und unerwartet im Regen steht. Wasser stellt für elektronisches Gerät ein todbringendes Gift dar. Dies gilt speziell für Salzwasser; kommt eine Kamera damit in Kontakt, kann sie meist nur noch durch ein Wunder gerettet werden. Aber auch ein kurzes teilweises Eintauchen in Süsswasser hat mich schon einmal ein Gehäuse gekostet.

Was am Wasser so schädlich ist, sind die darin gelösten Ionen, die es elektrisch leitfähig machen. Ins Innere einer Kamera eingedrungenes Wasser verursacht hier unkontrollierte Kurzschlüsse, welche die hochsensiblen Schaltungen im Nu ruinieren. Anschliessend beginnen die mechanischen Teile zu korrodieren, so dass die Kamera binnen kurzer Zeit durch irreparable Schäden total ausser Gefecht gesetzt wird. Sollte Ihnen also jemals ein Apparat ins Wasser fallen, nehmen Sie so schnell wie irgend möglich die Batterien heraus und bringen ihn umgehend zur nächstgelegenen Service-Werkstatt. Ist eine solche nicht sofort erreichbar, sollte das Gehäuse gegebenenfalls mit Süsswasser oder noch besser mit destilliertem Wasser ausgespült und danach gründlich getrocknet werden. Für die Innenseite nimmt man dazu am besten einen Haarfön, der allerdings nicht zu heiss eingestellt werden darf. Anschliessend wird die Kamera zur Kontrolle und Reparatur eingesandt.

Manchmal genügt allerdings schon viel weniger Spektakuläres als ein Sturz ins Wasser. Durch Kapillareffekte an den Fugen des Gehäuses oder an dichtungslosen Einstellrädern können mitunter auch scheinbar harmlose Regentropfen ins Innere der Kamera gelangen und dort über kurz oder lang Schäden verursachen.

Besonders gefährlich ist im Regen das Arbeiten mit Elektronenblitzgeräten. Diese besitzen ja einen eingebauten Kondensator mit hoher Kapazität und werden oft auch von Akkus mit ganz respektabler Leistung gespiesen. Im Falle eines Kurzschlusses fliessen somit oft grosse elektrische Ströme, die einem Menschen im ungünstigsten Fall einen tödlichen Schlag versetzen können. Bei Nässe und Regen muss daher sehr vorsichtig mit Blitzgeräten umgegangen werden. Im Gegensatz zur Kamera lassen sich die Blitzgeräte jedoch problemlos ganz mit einem transparenten Plastiksack überziehen, der sie optimal schützt, solange sich innen kein Kondenswasser bildet.

Eine sehr hohe Luftfeuchtigkeit, Nebel oder salzhaltige Meeresluft begünstigt ebenfalls zerstörerische Korrosionserscheinungen an Kameras und Objektiven. Ausserdem kann dauernde Feuchtigkeit die Filmemulsion aufweichen, wodurch sie sehr anfällig auf Kratzer wird, oder sogar zum Pilzbefall auf der Gelatineschicht führen. Wie den meisten Filmbeipackzetteln und technischen Datenblättern zu entnehmen ist, üben auch bestimmte Gase und Lösungsmitteldämpfe einen schädlichen Einfluss auf das unbelichtete oder entwickelte Filmmaterial aus. Solche Chemikalien kommen unter anderem in Klebstoffen und Möbelpolituren vor. Es empfiehlt sich daher, frische Filme sowie entwickelte Negative und Dias nicht in fabrikneuen oder mit Poliermitteln behandelten Holzmöbeln aufzubewahren. Ebensowenig eignen sich Verpackungen aus weichmacherhaltigen Kunststoffen für die längerfristige Archivierung. Trotzdem werden Sichttaschen aus Weich-PVC leider nach wie vor im Handel angeboten.

Wind und Kälte

Das Klima der gemässigten Breiten macht es erforderlich, dass wir uns etwa während der Hälfte des Jahres gegen Kälte schützen. Selbst bei verhältnismässig milden Temperaturen vermag uns eine steife Brise bald einmal zum Frösteln zu bringen. Kälte ist nicht nur unangenehm, sondern auch ungesund. Mögliche Folgen sind eine Erkältung oder Unterkühlung.

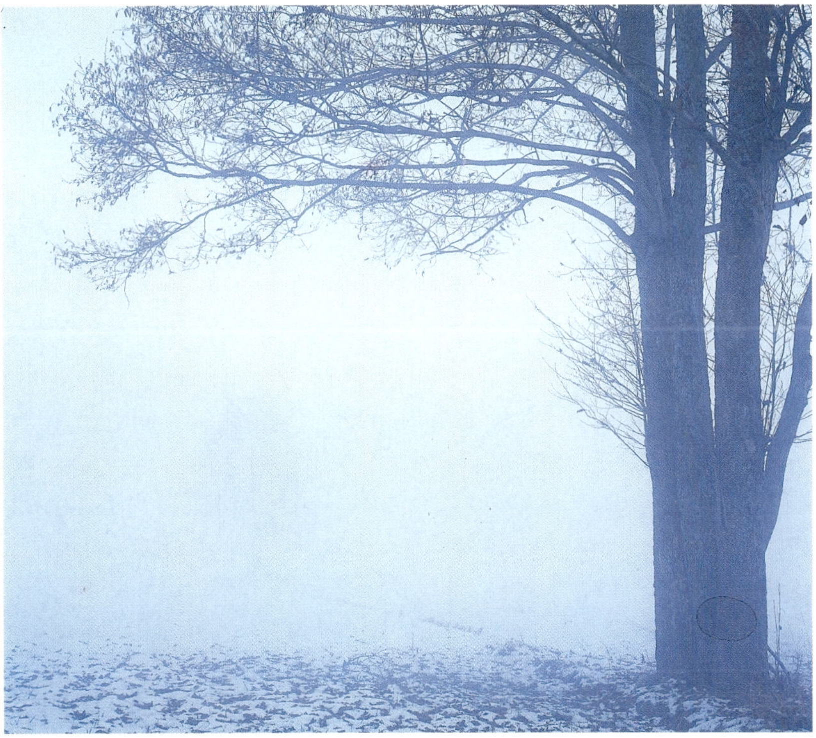

Im Winter bekommt man sehr rasch kalte Hände, wenn man Metallteile an der Ausrüstung mit blossen Fingern bedient. Selbst mit Handschuhen kann es mit der Zeit unangenehm werden.
Foto: Eric A. Soder

Generell sind Wind und tiefe Temperaturen immer dann am deutlichsten spürbar, wenn wir uns wenig bewegen. Also zum Beispiel beim Ansitz im Tarnzelt oder beim Warten auf eine günstige Gelegenheit zum Auslösen.

Fotografieren in Schnee und Eis

An kalten Wintertagen reicht «normale» warme Kleidung nicht aus, wenn man stundenlang ruhig sitzt. Im Tarnzelt ist es am angenehmsten mit einer Daunenjacke und einem Daunenschlafsack, der bis auf Brusthöhe geschlossen wird. Auf der Pirsch zieht man anstelle des Schlafsacks mit Faserpelz oder Daunen gefütterte Hosen und gut isolierende Schuhe an. Ausser bei Wanderungen in schwierigem Gelände sind Moonboots sehr praktisch.

Wenn man sich in unregelmässigen Abständen anstrengt und dadurch ins Schwitzen gerät, bewährt sich eine Kombination aus spezieller Kunstfaser-Unterwäsche, einer Isolationsschicht aus synthetischem Faserpelz oder Vlies – *ohne* Baumwollhemd oder Wollpullover – sowie einer winddichten Jacke und Hose (möglichst aus atmungsaktivem Gore-Tex) zum Darüberziehen. Trägt man dagegen Wäsche aus viel langsamer trocknender Naturfaser, sollte man mindestens ein trockenes Unterhemd zum Wechseln mitführen. Bei längeren Fussmärschen bergauf ist es sehr empfehlenswert, eine oder zwei Kleiderschichten auszuziehen, *bevor* man zu schwitzen beginnt. Am Ziel angelangt, schlüpft man sofort wieder hinein, um mit dem kurzfristigen Wärme-Überschuss die inzwischen abgekühlte Jacke wieder aufzuheizen.

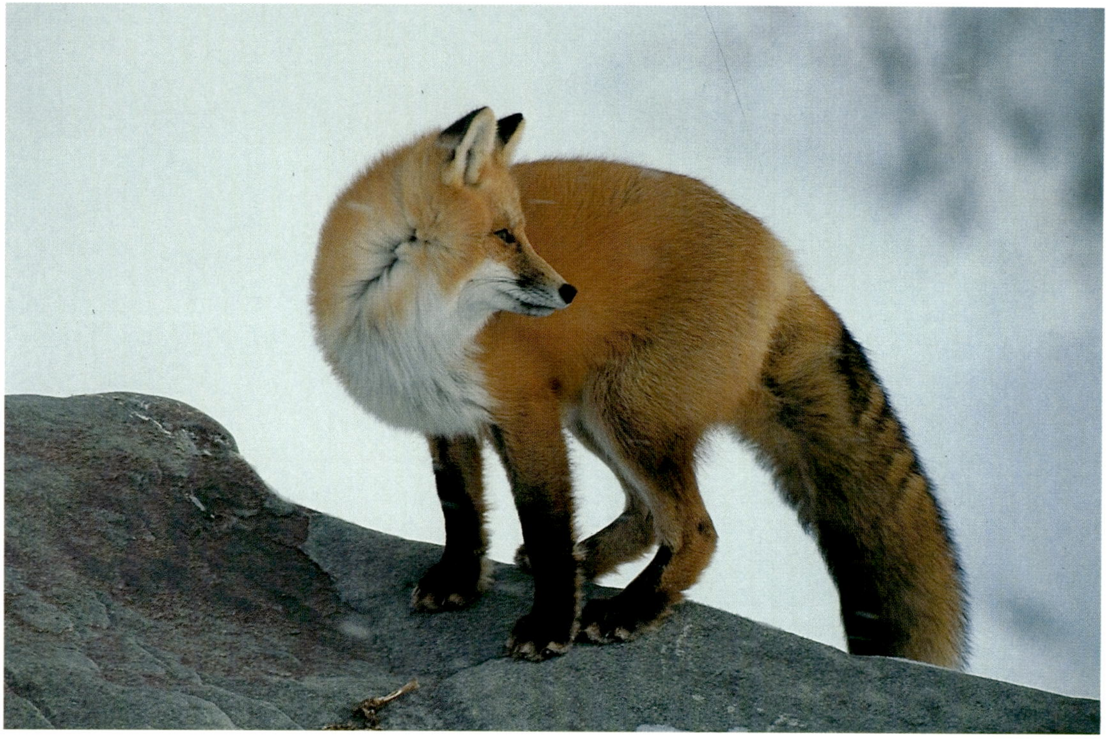

Der Fuchs ist mit seinem dicken Pelz gegen Wind und Kälte gewappnet. Sein Gegenüber hinter der Kamera braucht dazu entsprechend warme und vor allem winddichte Kleidung.
Foto: Konrad Wothe

Je niedrigere Werte das Thermometer anzeigt, um so wichtiger wird es, den *ganzen* Körper warm einzupacken. Auch die dickste Daunenjacke kann den Wärmeverlust durch zu dünne Hosen oder durch Schuhe mit schlecht isolierender Sohle nicht über längere Zeit wettmachen. Lediglich an Kopf und Händen muss zuweilen aus praktischen Gründen mit Isolationsmaterial gespart werden; schliesslich will man ja seine Motive rundum noch bequem sehen und hören. Das rasche Bedienen der Kamera darf ebenfalls nicht durch Goliath-Fausthandschuhe behindert werden. Je nach Dauer der einzelnen Aufnahmephasen zieht man die Handschuhe ganz aus oder trägt nur dünne Fingerhandschuhe beziehungsweise solche mit freien Fingerspitzen. Zwischendurch steckt man die Hände jeweils in die gefütterten Jackentaschen oder in die am Körper warmgehaltenen Fäustlinge.

Im übrigen benötigt ein Mensch bei kaltem Wetter natürlich auch ausreichend Brennstoff in Form von energiereicher Nahrung. Fette und Proteine sind in dieser Hinsicht günstiger als zuckerhaltige Speisen, weil letztere im Körper relativ schnell «verheizt» werden. Tierfotografen müssen allerdings aufpassen, dass die Verpflegung und deren Verpackung nicht ständig raschelt oder knistert und dadurch das Wild vergrämt.

Die Ausrüstung friert mit

Bei Temperaturen unter dem Gefrierpunkt treten manchmal auch gewisse technische Probleme auf. Zuerst trifft die Kälte meistens die Batterien – und damit praktisch den Lebensnerv jeder modernen Kamera. Mit sinkender Temperatur lässt die Batterieleistung rapide nach, so dass manche Geräte fast ohne Vorwarnung plötzlich ihren Geist aufgeben. Lithiumbatterien und Akkus sind indes deutlich weniger kälteempfindlich als herkömmliche Batterien. Trotzdem ist an kalten Wintertagen auch bei diesen Energiequellen das Mitführen von genügend Ersatz dringend zu empfehlen, besonders wenn viel geblitzt wird.

Da sich die Batterien an der Wärme meist wieder «erholen», kann man sie notfalls eine Weile in der Hosentasche aufheizen, wenn sie mitten im Filmtransport oder beim Rückspulen schlappmachen. Noch besser ist – sofern diese Möglichkeit besteht – die Benutzung eines externen Batteriepacks, das man unter der Jacke in einer Brusttasche trägt und das über ein mindestens 1 m langes Kabel mit der Kamera verbunden wird.

Ein normalerweise weniger auffälliger Effekt ist die Veränderung der Viskosität von Schmiermitteln. Im Winter läuft die Scharfeinstellung deswegen häufig etwas schwergängiger als im Sommer, was einen meist nicht weiter zu stören braucht. Sollten jedoch in der klirrenden Kälte ernsthafte Probleme auftreten, kann man die Objektive beim Kundendienst mit einer speziellen «Winterschmierung» versehen lassen. Diese Massnahme ist allerdings wirklich nur in seltenen Fällen sinnvoll.

Bei extremer Kälte (z.B. minus 30° Celsius) muss man gegen noch schwerwiegendere Probleme ankämpfen. Dann wird nämlich das Filmmaterial ziemlich spröde, was bei hoher Belastung leicht zum Ausreissen der Perforation oder

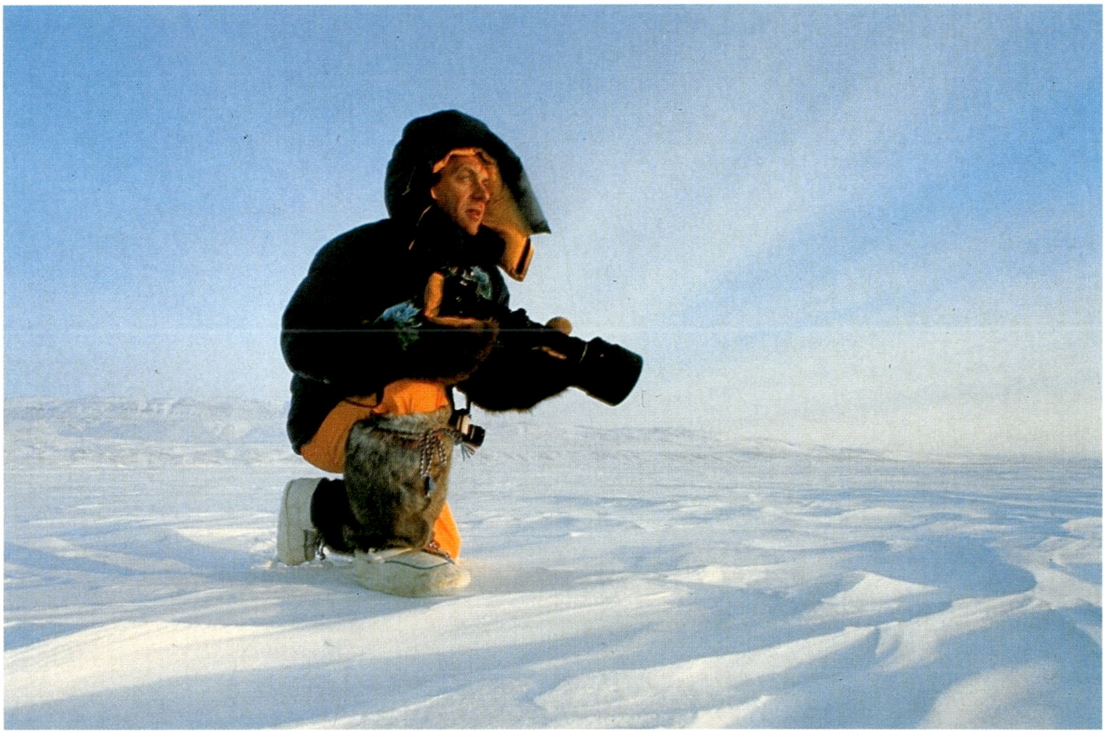

Jim Brandenburg hat es in der Arktis auf Wölfe abgesehen. Bei der extremen Kälte muss er mit dem brüchig gewordenen Filmmaterial sehr behutsam umgehen.
Foto: Jim Brandenburg / Minden Pictures

zum Filmriss führen kann. Solch eine Beschädigung des Filmes birgt ein doppeltes Risiko in sich, weil erstens der Riss selbst schon ein Bild zerstören kann und zweitens ein angerissener Film beim Entwickeln in einer Durchzugsmaschine ganz reissen und viele Meter hinten angespleissten Filmes verderben kann. Sollten Sie je eine solche Beschädigung an einem Film feststellen, müssen Sie das Labor *unbedingt* darauf aufmerksam machen. Andernfalls wird bei der Entwicklung mit grosser Wahrscheinlichkeit ein beträchtlicher Sachschaden – auch an fremdem Filmmaterial – entstehen. Das würde garantiert eine Menge Ärger nach sich ziehen.

Ein anderes Übel, das bei arktischen Temperaturen auftreten kann, betrifft den Kameraverschluss. Dieser kann regelrecht einfrieren oder in weniger krassen Fällen ungenau ablaufen. Dies betrifft vor allem mechanisch gesteuerte Verschlüsse.

Zittern im Wind

Dass man in schneidender Kälte bald einmal ins Bibbern oder Schlottern gerät, ist und bleibt eine Tatsache. Hier ist jedoch etwas anderes gemeint, nämlich das Zittern und Schwanken einer windgepeitschten Aufnahme-Einheit auf dem Stativ.

Speziell anfällig ist natürlich alles, was dem Wind eine grosse Angriffsfläche bietet – namentlich grosse Teleobjektive, bei denen sich das Wackeln am schädlichsten auswirkt. Aber auch lose herumliegende Zubehörteile wie Objektivdeckel oder leere Beutel laufen Gefahr, ins Wasser zu fallen oder wegzurollen. In der Tierfotografie ist zudem das Flattern von Kleidern beziehungsweise des Tarnzelt-Überzuges äusserst unerwünscht, weil es die Motive beunruhigt oder verscheucht. Deshalb muss man immer rechtzeitig darauf achten, dass alles straff sitzt und nötigenfalls sicher verspannt wird.

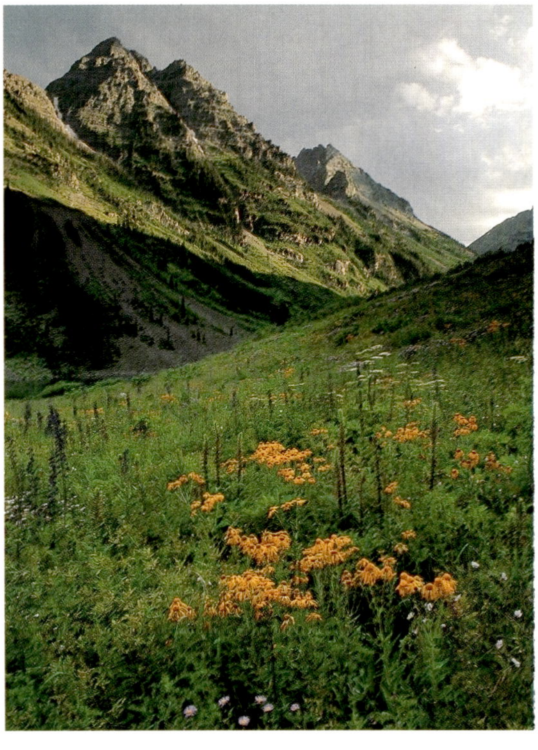

In den Bergen muss man häufig mit Wind rechnen, der sich bei Makroaufnahmen sehr störend auswirken kann.
Foto: John Shaw

Um beim Fotografieren die Verwacklungsgefahr zu verringern, sucht man sich am besten einen Platz im Windschatten eines Felsens oder eines sonstigen grossen, unbeweglichen Objekts. Sollte keine derartige Deckung vorhanden sein, wird das Stativ auf seine minimale Höhe gestellt und so fest wie möglich verankert. Notfalls kann man die flach auf dem Boden liegenden Stativbeine mit grossen Steinen beschweren oder damit die frei am Tele schwingende Kamera abstützen.

Bei sehr stürmischem Wind erhält man mit langen Brennweiten manchmal schärfere Aufnahmen, wenn man das Objektiv ohne Stativ direkt auf eine feste Unterlage aufstützt beziehungsweise vorsichtig einklemmt. Vielseitige Möglichkeiten zum Auflegen bietet unter anderem auch ein «Sandsack». Wegen der mitunter verheerenden Wirkung von Sandkörnern, die auf unbeabsichtigte Weise in eine Kamera oder ein Objektiv gelangen könnten, empfiehlt sich für das Auflagekissen der Sicherheit halber eine weniger heikle Füllung. Reiskörner, getrocknete Linsen oder Bohnen und dergleichen absorbieren Vibrationen fast ebenso gut wie feiner Sand und sind überdies bei gleichem Volumen erst noch leichter.

Wenn das Reisefieber erwacht

Naturfotografen hat es schon sehr bald nach der Erfindung der Fotografie bis in die entlegensten Winkel der Erde gezogen. Waren dazu im letzten Jahrhundert meist aufwendige Expeditionen mit vielen Trägern für das schwere Aufnahmematerial notwendig, so kann man heute dagegen fast von heute auf morgen in ein Flugzeug steigen, um vielleicht schon am folgenden Tag irgendwo auf einem anderen Kontinent mit dem Fotografieren loszulegen. Soweit die Theorie; in der Praxis ist ein derart überstürztes Handeln allerdings ganz und gar nicht ratsam. Damit die meist relativ kurze Dauer des Aufenthaltes optimal zum Fotografieren genutzt werden kann, ist eine gründliche Vorbereitung der Reise unerlässlich. Neben den Abklärungen in Bezug auf Motive und Ausrüstung gilt dies selbstverständlich auch für jene organisatorischen Fragen, die nichts mit Fotografieren zu tun haben. Angefangen von einem Pass und eventuell einem Visum über Transportmittel, Landkarten und Unterkünfte bis hin zu Insiderinformationen von Einheimischen. Um solche Dinge muss oder sollte man sich schon vor der Abreise kümmern – zum Teil mehrere Monate im voraus.

Gruppen- oder Individualreise?

Pauschalreisen sind gleich in mehrfacher Hinsicht mit dem wohl kleinsten Aufwand seitens des Reisenden verbunden. In einem relativ günstigen Preis sind normalerweise fast alle Kosten und ein generalstabsmässig ausgearbeitetes Programm enthalten. Letzteres ist aus der Sicht eines Fotografen meist gerade der wunde Punkt solcher Angebote. Der Fahrplan ist fest vorgegeben und ausserdem meist ziemlich hektisch, weil dem Durchschnittstouristen für sein Geld ja möglichst viel «Action» geboten werden soll. Deshalb fallen nahezu alle Katalogangebote völlig ausser Betracht, wenn man ausgiebig fotografieren will.

Eine Ausnahme stellen spezielle Foto- und Naturstudienreisen dar, die häufig in kleinen Gruppen unter fachkundiger Leitung durchgeführt werden und dementsprechend auch er-

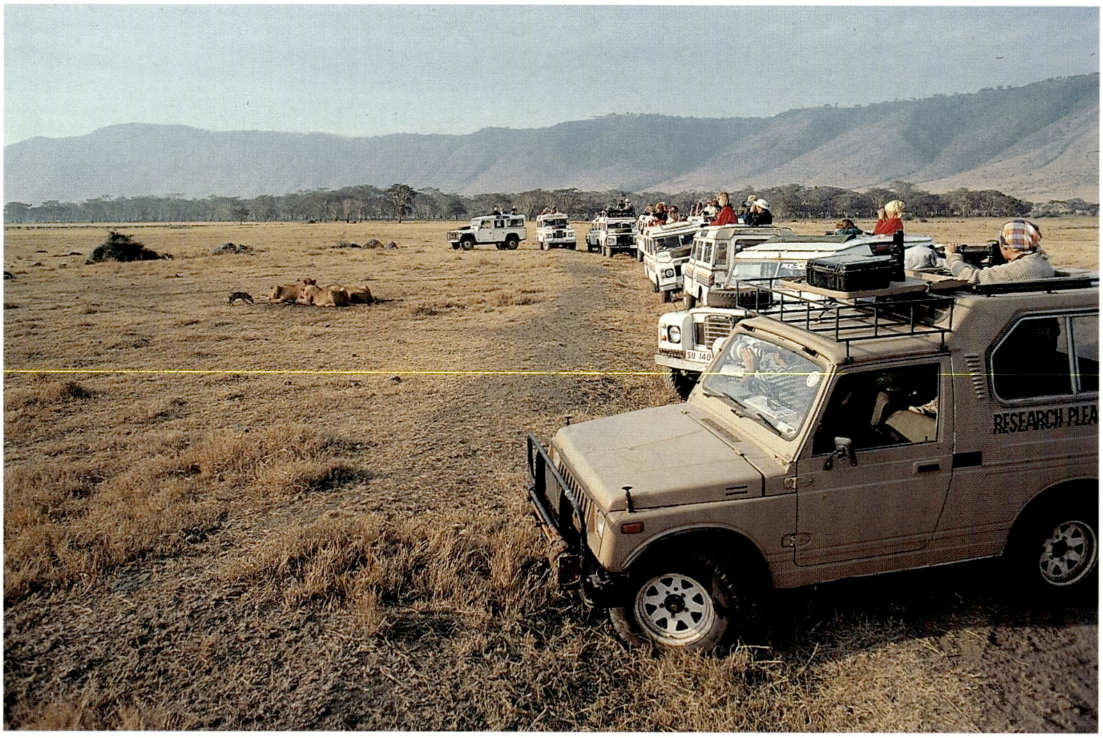

In den bekannten afrikanischen Wildreservaten platzen die Touristenströme bald aus allen Nähten. Wenn sich so viele Safaribusse bei einem Löwenriss versammeln, hört der Spass am Fotografieren auf.
Foto: Len Rue, Jr.

heblich teurer sind als gewöhnliche Badeferien. Während reine Natur*beobachter* zwar auch nicht gern allzu lange auf ein und derselben Stelle verharren, zeigen sie aufgrund des gemeinsamen Interesses für die Schönheiten der Natur doch eher Verständnis gegenüber anpassungsfähigen Fotografen. Wenn alle Mitglieder der Gruppe fotografieren, sind die Voraussetzungen natürlich noch besser, solange man sich nicht ständig gegenseitig in die Quere kommt. Gerade beim Kennenlernen eines neuen Gebietes bietet eine solche Gruppenreise grosse Vorteile, allen voran die hier vorauszusetzende Orts- und Artenkenntnis des Reiseleiters.

Wer dagegen selbst über die nötigen Informationen verfügt und möglichst ungestört seine persönlichen Vorhaben verwirklichen möchte, reist am besten auf eigene Faust. Im Idealfall ist man dabei allein oder aber zu zweit mit einer Begleitperson, die entweder mitfotografiert oder in vollem Einverständnis die Funktion eines Assistenten beziehungsweise einer Assistentin übernimmt. So etwas muss jedoch vor und während der Reise gut untereinander abgesprochen werden, weil es sonst zu zwischenmenschlichen Spannungen kommen kann. Würde man sich wochenlang um den «Vortritt» beim Fotografieren streiten oder als wenig interessierte(r) Partner/in abwechslungsweise «Sklavenarbeit» verrichten und nutzlos herumstehen, wäre das wahrlich kein Vergnügen.

Auf der anderen Seite ist es auch nicht unbedingt besonders angenehm oder ratsam, mutterseelenallein und schwer bepackt durch unbekannte Wildnisse zu streifen. Auch wenn man zu zweit oder in einer Gruppe nicht zwingend sicherer ist, fühlt man sich in Begleitung meist doch erheblich wohler.

Andere Länder, andere Sitten

Die sprachliche Verständigung verursacht im Ausland wohl die offensichtlichsten Probleme, sofern man der Landessprache nicht kundig ist. Mit Deutsch stösst man vielerorts auf verständnisloses Achselzucken. Für unabhängig umherreisende Globetrotter sind daher Englischkenntnisse fast unentbehrlich. Auch Französisch und Spanisch gehören zu den relativ weit verbreiteten Sprachen, da sie in der Kolonialzeit in alle Welt hinausgetragen wurden und stellenweise die ursprünglichen Sprachen weitgehend verdrängt haben. Französisch ist zum Beispiel auch in Kanada, einigen afrikanischen Staaten sowie auf verschiedenen Inseln im Pazifik eine offizielle Amtssprache. Und Spanisch wird in fast ganz Mittel- und Südamerika mit Ausnahme von Brasilien gesprochen. Selbst in den südlichen Staaten der USA ist eine grosse spanischsprechende Minderheit vertreten.

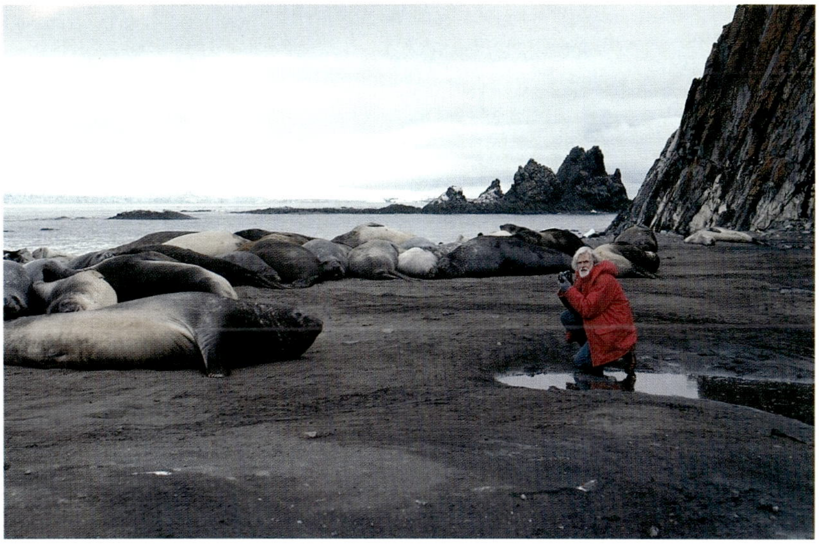

Um im Südpazifik See-Elefanten im Bilde festhalten zu können, muss man erst einmal dort hingelangen. Eine Naturstudienreise könnte dazu Gelegenheit bieten.
Foto: Leonard Lee Rue III

Ausserhalb von touristischen Zentren, in denen mit Sicherheit einige Leute Englisch verstehen, kann man ganz ohne Kenntnisse der Landessprache mitunter auf erhebliche Schwierigkeiten treffen. In solchen Fällen ist es ideal, wenn ein Deutsch (bzw. eine andere Ihnen verständliche Sprache) sprechender Führer mit von der Partie ist.

Als Fremdling erregt man im Ausland früher oder später unweigerlich die Aufmerksamkeit der Einheimischen. Diese reagieren manchmal mit Misstrauen und Zurückhaltung, manchmal jedoch auch mit geradezu aufdringlicher Herzlichkeit. In einigen Ländern werden Touristen mit Vorliebe an der Nase herumgeführt, in anderen dagegen in der näheren und weiteren Umgebung. Wenn man sich vorher eingehend mit den örtlichen Gepflogenheiten befasst, wird man sich während der Reise leichter damit zurechtfinden. Man erspart man sich dadurch manche peinliche Erfahrung, wie zum Beispiel eine nach lokaler Auffassung unschickliche Entblössung oder ein als unflätige Beleidigung verstandenes Ausschlagen einer Einladung.

Von spezieller Bedeutung für die Naturfotografie sind die Beziehungen der Einheimischen zur Umwelt und zu ihrem Privatgrund. Stellenweise müssen ungebetene Besucher mit einer ziemlich schroffen Behandlung rechnen, wenn nicht sogar mit handfesten Repressalien oder der Konfiskation von Filmmaterial und Fotoausrüstung durch die Polizei beziehungsweise das Militär. Aufgrund von politischen Spannungen, seltener aus Naturschutzgründen, sind mancherorts für gewisse fotografische Vorhaben behördliche Sondergenehmigungen erforderlich.

Transport

Ich persönlich benutze für kürzere Ausflüge von zuhause aus am häufigsten das Fahrrad, für etwas grössere Distanzen nach Möglichkeit die

Bahn und andere öffentliche Verkehrsmittel. Meine Heimat bietet glücklicherweise ausgesprochen günstige Voraussetzungen hierfür. Die Schweiz ist ja ein ziemlich kleines Land und zudem mit einem der dichtesten Eisenbahnnetze der Welt überzogen. Alles in allem bin ich jedoch nicht sonderlich darauf erpicht, aufs Geratewohl in der Landschaft herumzufahren, auf dass sich mir mehr Fotogelegenheiten bieten mögen. Vorderhand finde ich ganz in der Nähe noch genügend Motive, für die sich meine Agenturen und Kunden interessieren. Wer würde da schon wertvolle Zeit verlieren, sich unnötige Fahrspesen aufhalsen und mit seinem Auto die Luft verpesten wollen?

Obschon ich als unabhängiger Fotograf praktisch das ganze Jahr über «Ferien» habe (wären da nicht all die Büroarbeiten wie Diasortieren, Informationen sammeln und Texte verfassen...), unternehme ich verhältnismässig wenige Foto-Ausflüge über Distanzen von mehr als ein paar Dutzend Kilometern. Wenn schon, zieht es mich am ehesten an solche Orte, die ich bereits kenne – einschliesslich der dort zu erwartenden Fotomotive. Eigentliche Reisen ins Ausland sind für mich bisher nur jeweils ein oder zwei Mal pro Jahr auf dem Programm gestanden.

Während man innerhalb Europas das nähere Ausland noch relativ gut per Zug oder mit dem eigenen Fahrzeug bereisen kann, wird dies über längere Distanzen immer ungemütlicher. Da sich Langstreckenfahrten über viele tausend Kilometer ebenso wie Überseereisen per Schiff oft über mehrere Tage hinziehen, drängt sich für eine Reise von vielleicht nur zwei oder drei Wochen Gesamtdauer der schnellere Luftweg auf. Bei einer durchschnittlichen Reisegeschwindigkeit von rund 900km/h ist jeder internationale Flughafen in weniger als 24 Stunden erreichbar, sofern eine direkte Verbindung besteht. Nicht vergessen sollte man dabei jedoch, dass ein Verkehrsflugzeug unterwegs jedesmal mehrere Tonnen Abgase in die Atmosphäre abgibt. So schnell mal nach Afrika fliegen, um dort in aller Eile möglichst viele Filme zu belichten, ist nicht nur eine kostspielige, sondern auch eine sehr umweltbelastende Angelegenheit. Offensichtlich bereitet dieses Dilemma jedoch nicht allen Leuten gleich viel Kopfzerbrechen – genau wie beim Autofahren.

Da man durch Fernsehen und Magazine andauernd mit grandiosen Bildern und spannenden Geschichten aus fernen Ländern konfrontiert wird, hat man es schwer, der Verlockung dieser Plätze zu widerstehen. Auch die in diesem Buch verwendeten Fotos dürften daher nur zu einem relativ geringen Teil von jeweils ortsansässigen Bildautoren stammen.

Will man mit seiner Fotoausrüstung per Flugzeug reisen, ergeben sich im Vergleich zu «unbewaffneten» Passagieren manchmal ein paar Unannehmlichkeiten. Zum einen können Röntgenkontrollen mit alten oder schlecht eingestellten Geräten die mitgeführten Filme schädigen. Zum anderen ist es aus Gründen der Sicherheit (vor Fehlleitung, Beschädigung bzw. Diebstahl) dringend zu empfehlen, möglichst das gesamte Fotomaterial als Handgepäck mitzunehmen. Dies führt bei einer umfangreichen Ausrüstung fast immer dazu, dass man bei der Sicherheitskontrolle auf reges Interesse stösst. Nach der Durchleuchtung der vollgepackten Fototasche beziehungsweise des Alukoffers folgt in der Mehrzahl aller Fälle die Aufforderung zum Auspacken. Darauf sollte man unbedingt vorbereitet sein, indem man seine Sachen so verstaut, dass sie leicht vorzuzeigen und schnell wieder einzupacken sind. Gleichzeitig sollte man auch die Vorschriften über Anzahl und Ausdehnung von Handgepäckstücken beachten. Meist ist pro Person nur ein Stück zugelassen, das unter dem Sitz oder in den Gepäckfächern Platz haben muss.

Obschon die moderneren Anlagen zur Gepäck-Kontrolle für das Filmmaterial in der Regel unbedenklich sind, kann und darf man fast überall um eine Handkontrolle bitten. Mit diesem Anliegen stösst man am ehesten auf Gehör, wenn die Filme ohne Kartonverpackung in durchsichtigen Plastikbeuteln vorgezeigt werden. Noch besser sind auch transparente Filmdosen beziehungsweise das (zeitweilige) Herausnehmen der Patronen aus den schwarzen Döschen. Ich habe schon einmal dreissig Kleinbildspulen einzeln vor einem Sicherheitsbeamten aus- und wieder einpacken müssen...

Am Zielflughafen angekommen, gilt es dann meist, auf ein anderes Verkehrsmittel umzusteigen. Ob Bahn, Bus, Fähre oder Mietwagen – es geht fast immer leichter vonstatten, wenn alles schon organisiert beziehungsweise reserviert ist

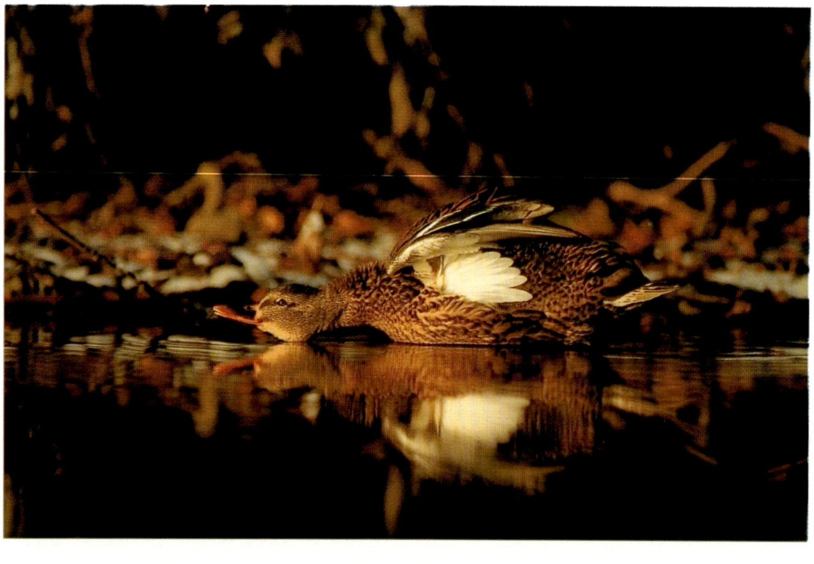

Statt auf der Suche nach neuen Motiven aller Herren Länder zu bereisen, kann man sich auf Naheliegenderes konzentrieren. Auch in der Naturfotografie gibt es so etwas wie einen Heimvorteil.
Foto: Eric A. Soder

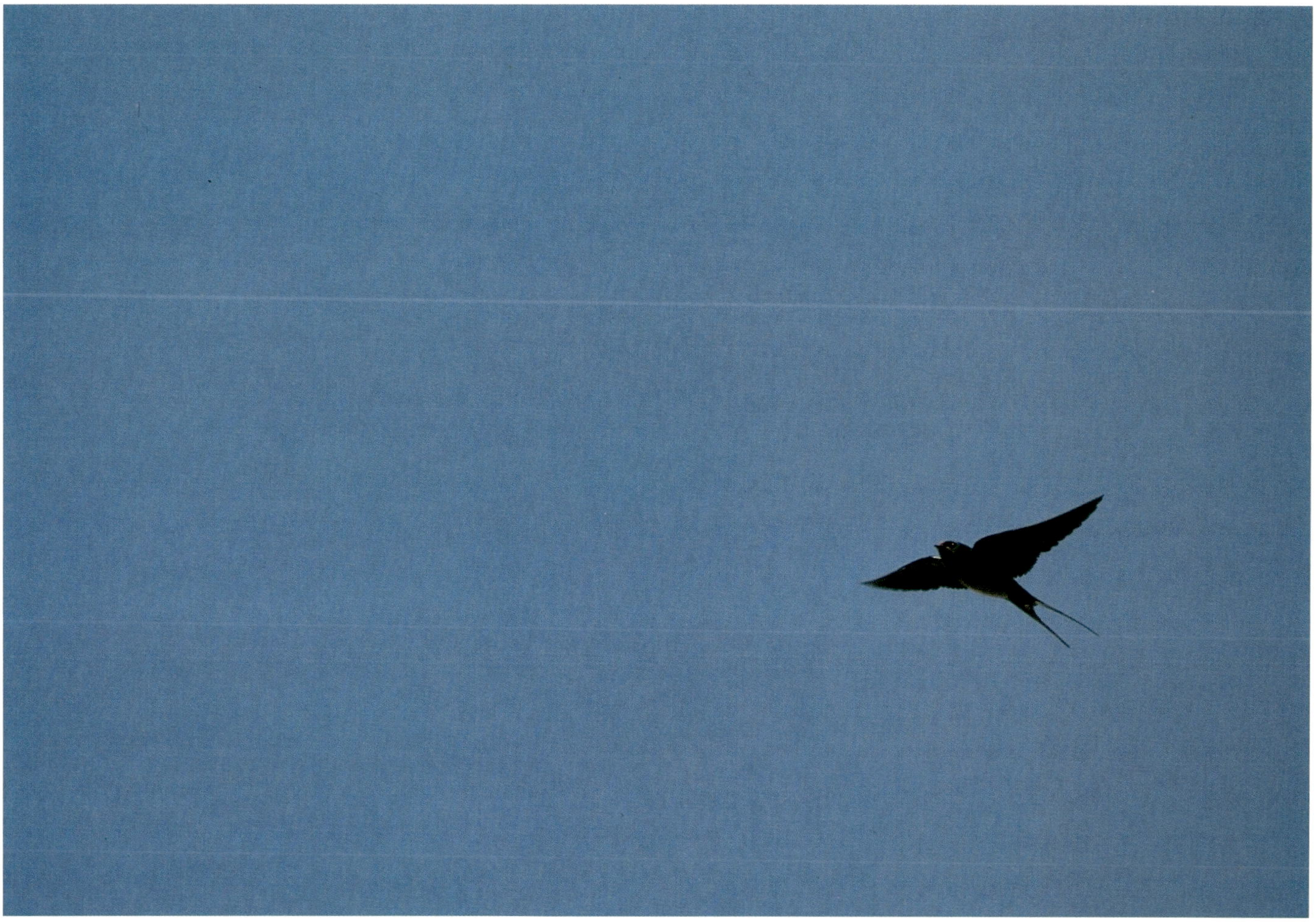

und man nur noch das Ticket oder den Reservationsbeleg vorzuweisen braucht. Falls man im späteren Verlauf der Reise zum Beispiel ein Fahrrad, Kanu, Segelboot, Floss, Pferd, Kamel oder dergleichen mieten möchte, sollte man nach Möglichkeit ebenfalls schon im voraus abklären, an wen man sich diesbezüglich wenden kann.

Unterwegs essen und schlafen

Wenn von dort, wo man fotografieren will, Restaurants und Hotels oder Motels gut erreichbar sind, hat man es dort am bequemsten. Mindestens, solange man dort noch ohne lange Umtriebe einen freien Platz ergattern kann.

Weil sich die Naturfotografie vornehmlich auf die frühen Morgen- und späten Abendstunden konzentriert, sollte man aus offensichtlichen Gründen so nah wie irgend möglich am Fotostandort übernachten. Das wissen natürlich auch die Hoteliers in den bekannteren Naturreservaten, was zwei Dinge zur Folge hat: erstens gute Unterkunftsmöglichkeiten mitten in diesen Gebieten oder an den jeweiligen Zufahrtsstrassen und zweitens entsprechend hohe Preise.

Abgesehen von privaten Unterkunftsmöglichkeiten eignet sich vor allem auch das Campieren fürs unabhängige Verweilen am Ort des Geschehens oder in dessen unmittelbarer Nähe. Allerdings braucht man dazu eine spezielle Ausrüstung wie ein Wohnmobil, einen Wohnwagen oder aber ein Zelt, einen Benzin- oder Gaskocher und passendes Geschirr.

An vielen Orten muss man offiziell festgelegte und meist kostenpflichtige Campingplätze benützen. Dies ist zum Beispiel in dichtbesiedelten Gegenden sowie in Naturschutz- und Erholungsgebieten fast immer der Fall. An abgelegenen, schwer zugänglichen Orten geniesst man dagegen praktisch völlige Freiheit bei der Wahl des Standortes für ein «Basislager». Was jedoch ganz und gar nicht heissen soll, dass man allfällige Regeln missachten, die Vegetation verwüsten oder Abfälle einfach liegenlassen darf. In markierten Jagdgebieten sollte sicherheitshalber stets eine Erlaubnis zum Campieren eingeholt werden, auch wenn ausser ein paar verwitterten Schildern nichts auf die mögliche Präsenz eines Eigentümers deutet.

So frei wie die fliegende Rauchschwalbe möchte wohl mancher gerne sein. Unsere intensiv genutzten Landschaften lassen jedoch nur wenig Spielraum, um sich hie und da an ein wirklich stilles Plätzchen zurückzuziehen.
Foto: Eric A. Soder

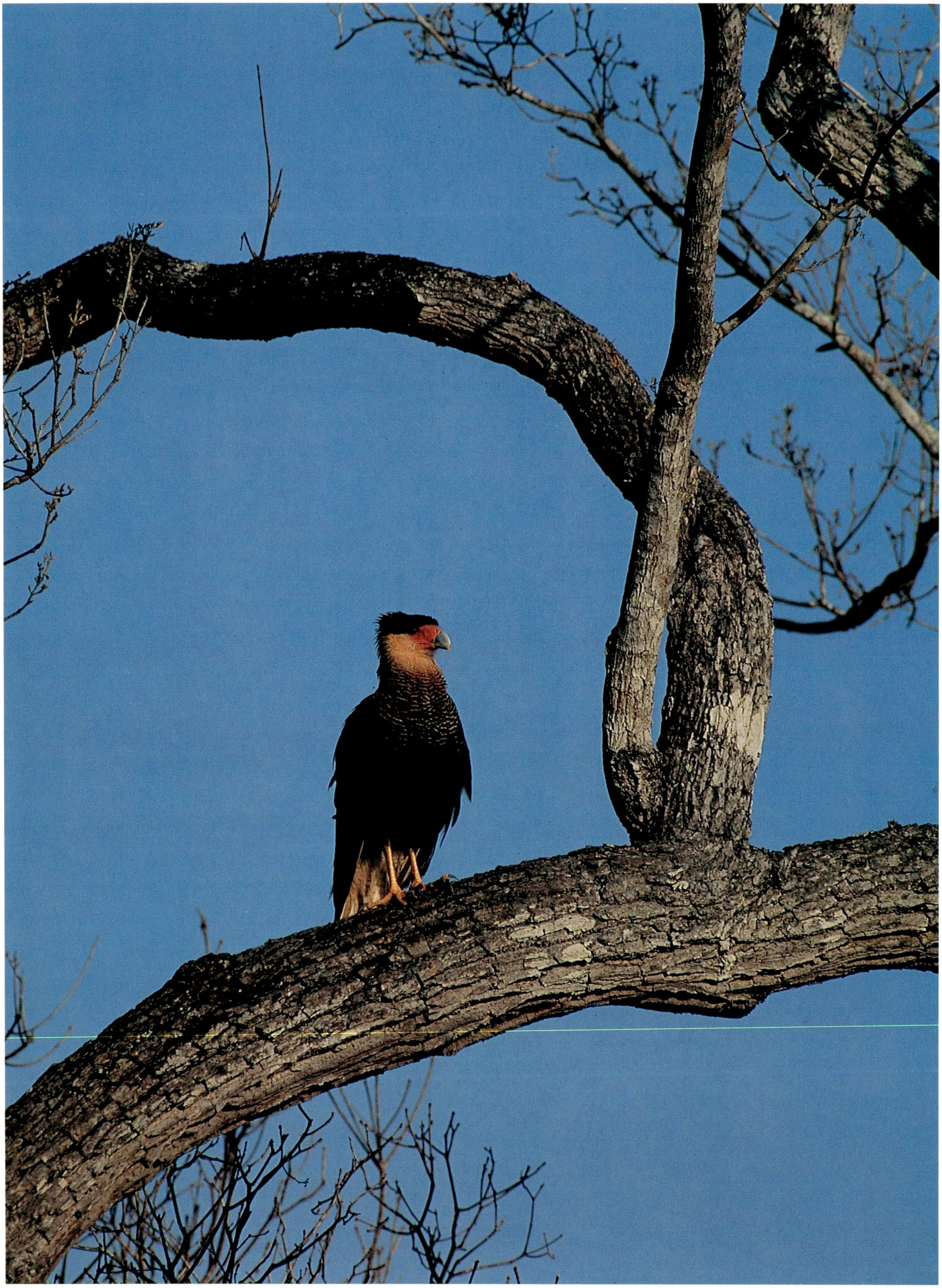

Qualitätsfragen

Um seine Naturfotos spürbar zu verbessern, muss man weder eine neue Ausrüstung kaufen noch viel Geld in Reisen investieren. Stattdessen ist vor allem eines unerlässlich: Üben, üben und nochmals üben. Denn es gibt eine Reihe scheinbar belangloser Kleinigkeiten, deren Summe sich eben doch in offensichtlicher Weise auf die Bildqualität auswirken kann. Einzelne dieser Faktoren entdeckt man erst durch puren Zufall, wenn man sich beim Fotografieren bewusst mit einem bestimmten Problem – zum Beispiel bei Gegenlichtaufnahmen oder bei der Handhabung eines Stativs – auseinandersetzt.

Für das Bild des Karakara auf dem Baum habe ich einen niedrigempfindlichen Film benutzt. Das 600mm-Tele stand auf einem Stativ.
Foto: Eric A. Soder

Das Erdhörnchen wird durch die selektive Schärfe sehr bildwirksam aus dem hohen Gras hervorgehoben.
Foto: John Shaw

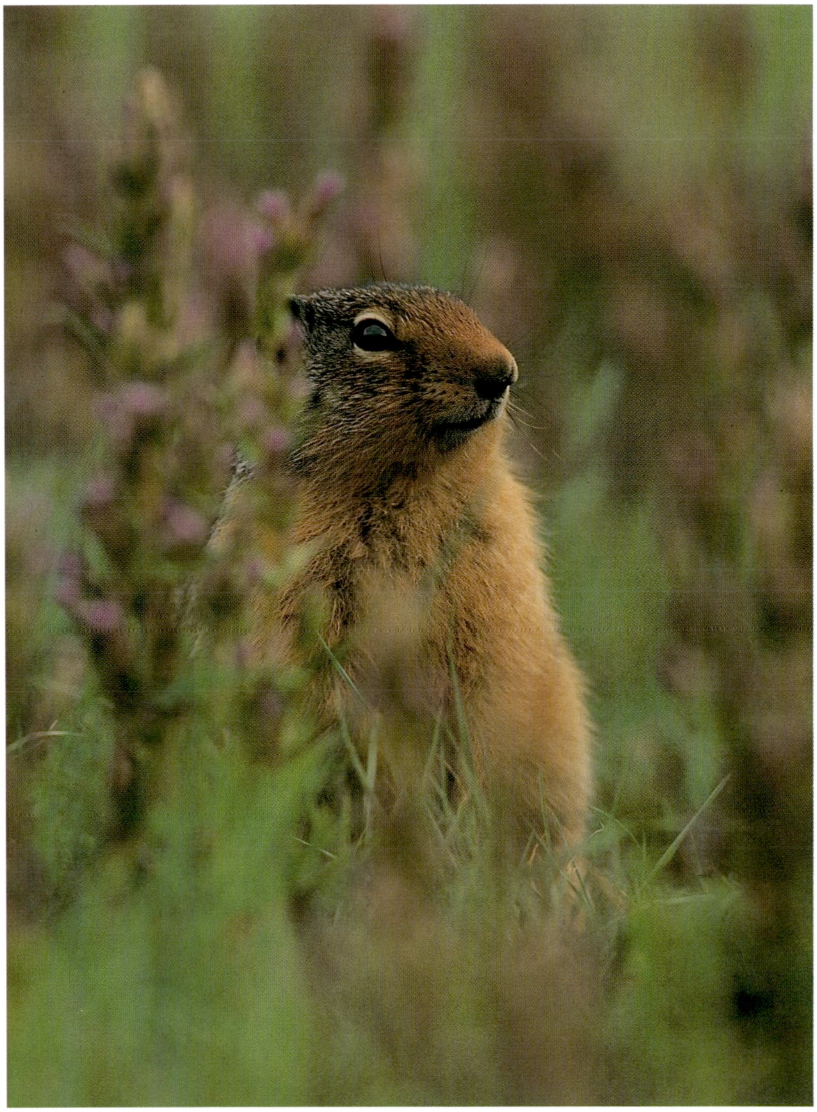

Die nachfolgend getrennt erörterten Aspekte gilt es in der Praxis oft alle gleichzeitig im Auge zu behalten, was natürlich nicht immer möglich ist. Wird man bei einer kurzen, einmaligen Aufnahmegelegenheit mit mehreren Problemen aufs Mal konfrontiert, muss man den jeweiligen Umständen entsprechend Prioritäten setzen. Dies fällt um so leichter, je sicherer man beim Betrachten beliebiger Motive die jeweils heiklen Punkte in Bezug auf Aufnahmetechnik und Bildgestaltung erkennt. Mit den Jahren vermischen sich theoretisches Wissen und praktische Erfahrungen schliesslich zu dem, was die Voraussetzung für meisterhafte Fotos bildet: fachliches Können.

Scharf - unscharf

Wer technisch bessere Resultate anstrebt, achte in erster Linie auf zwei Dinge: die Schärfe und die Belichtung. Gerade die Allgemeinschärfe eines Fotos bietet fast keinen Spielraum für Ausrutscher. Ungeachtet einer noch so plausiblen Entschuldigung hinterlässt ein verwackeltes Foto stets einen schlechten Eindruck. Etwas anders sieht die Sache aus, wenn partielle Unschärfen gezielt als Gestaltungsmittel eingesetzt werden. Aber auch dann sollten zumindest die wesentlichsten Teile des Motivs einigermassen scharf abgebildet sein.

Trotz – oder gerade wegen – des immer weiter verbreiteten und immer zuverlässiger funktionierenden Autofokus: Über die Lage und Ausdehnung der Bildschärfe muss man sich schon selbst seine Gedanken machen, um die nötigen Entscheidungen treffen zu können. Der bewusste und kontrollierte Einsatz von Schärfe und Unschärfe ist ein eminent wichtiger Aspekt der Bildgestaltung, dem Autofokus und Programmautomatik nicht so ohne weiteres gerecht werden. Allein schon die Ausstattung der Kameras mit immer zahlreicheren Automatikfunktionen, Korrekturmöglichkeiten und Programm-Shift deutet ja ganz klar darauf hin, dass eine universelle Vollautomatik nicht für jede Situation gleich gut – wenn überhaupt – geeignet ist.

Scharfstellen

Die mit Abstand wichtigste Hilfe beim Fokussieren ist der Sucher Ihrer Spiegelreflexkamera. Die üblichen Prismensucher liefern ein aufrechtes und seitenrichtiges Mattscheibenbild, das bis auf einen minimalen Beschnitt am Bildrand exakt mit dem übereinstimmt, was auf dem Film festgehalten wird. Genau das ist für die Naturfotografie goldrichtig. Am bequemsten arbeitet es sich mit einem sogenannten *high eyepoint*-Sucher oder allenfalls mit einem Sportsucher; beide gestatten einen besonders guten Überblick über das ganze Blickfeld mit sämtlichen Sucheranzeigen (speziell auch für Brillenträger). Auf der Mattscheibe befinden sich meist zusätzliche Einstellhilfen fürs manuelle Scharfstellen und/oder Markierungen für die jeweiligen Messfelder von Belichtungsmesser und Autofokus.

Ein optimales manuelles Fokussieren gewährleistet meines Erachtens eine Vollmattscheibe ohne Schnittbildkeil oder Mikroprismen, weil diese Einstellhilfen in der Regel bei einer effektiven Blende von etwa 5,6 oder kleiner abdunkeln. Vor allem beim Arbeiten im Makro- und Telebereich bewegt man sich jedoch recht häufig in dieser kritischen Grössenordnung. Versagen dann die Einstellhilfen, werden sie zu ausserordentlich störenden Hindernissen. Im Gegensatz dazu kann auf einer modernen, feinkörnigen Vollmattscheibe mit kaum wahrnehmbaren Fresnel-Ringen an jedem beliebigen Punkt des Suchergesichtsfeldes präzise scharfgestellt werden, und zwar mit jedem Objektiv und unter fast allen denkbaren Bedingungen. Lediglich bei ganz düsteren Lichtverhältnissen kann es Probleme geben, weil dann die Sehschärfe des menschlichen Auges nachlässt.

Das manuelle Einstellen der Schärfe bedingt selbstverständlich, dass man ein ausreichendes Sehvermögen besitzt und auch wirklich davon Gebrauch macht. Eine allfällige Fehlsichtigkeit sollte unbedingt korrigiert werden. Je nach Eignung des Suchers kann dies entweder durch das normale Tragen der Kontaktlinsen bzw. der Brille oder aber mittels einer passenden Augenkorrekturlinse im Sucherokular geschehen.

Beim Fokussieren wird die Schärfenebene so genau wie möglich auf die bildwichtigsten Teile des Motivs gelegt. Bei Menschen und Tieren zielt man stets auf die Augen, bei Blumen meist auf die Staubbeutel (sofern diese bei Frontalaufnahmen nicht extrem weit herausragen oder tief im Blütenkelch sitzen).

Normalerweise stellt man von Hand zuerst schnell und grob scharf, streicht dann ganz langsam ein kleines Stück über die optimale Einstellung hinaus und fährt schliesslich mit viel Feingefühl in einem Zug auf den Punkt mit der maximalen Schärfe zurück. Eventuell muss die

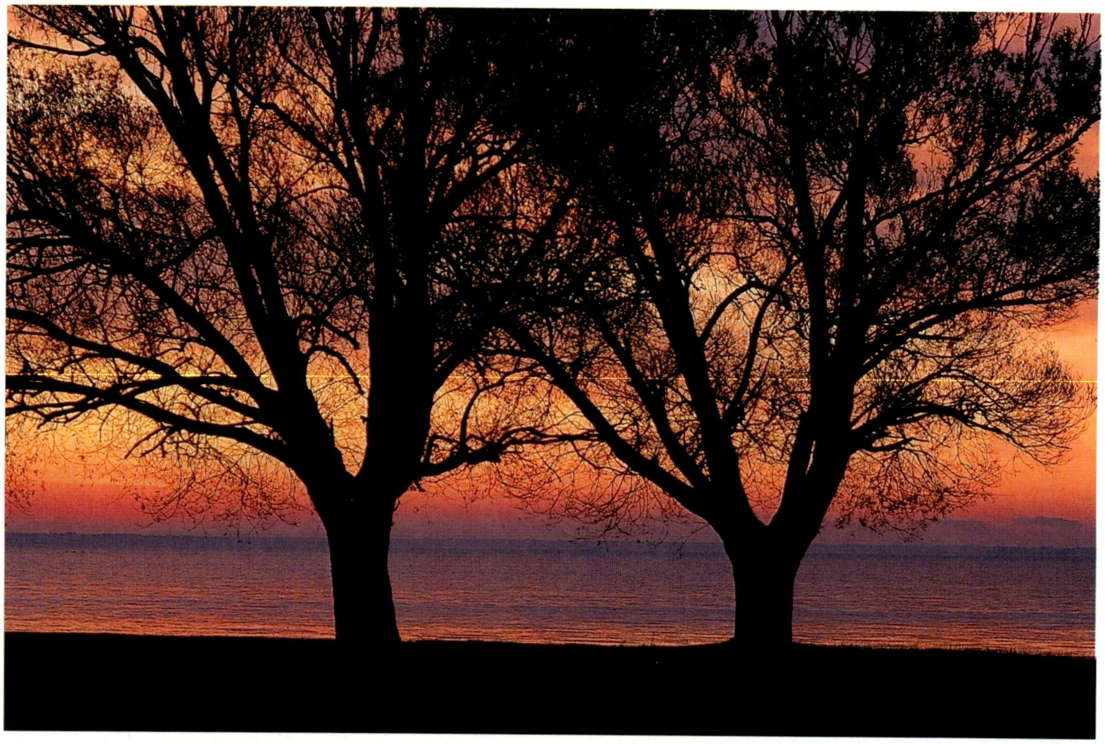

Damit das feine Geäst der beiden Bäume nicht zu sehr durch den viel helleren Abendhimmel überstrahlt wird, muss die Schärfenebene sehr genau eingestellt werden.
Foto: John Shaw

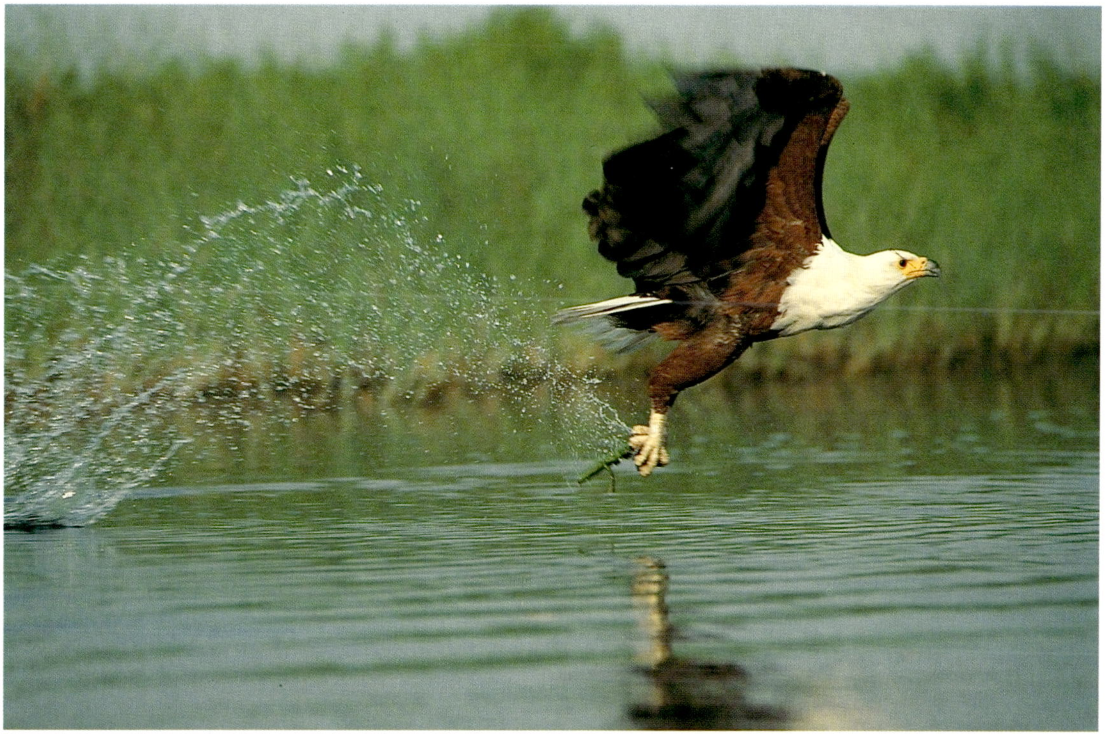

Bei schnellen Action-Motiven wie diesem fischenden Schreiseeadler kann Autofokus manchmal eine grosse Hilfe sein. Allerdings nur, wenn man damit auch richtig umgehen kann. Dazu muss man erst einmal fleissig üben.
Foto: Art Wolfe

Feineinstellung wiederholt werden, wenn man das Optimum nicht genau trifft. Von langem Hin- und Herpendeln mit der Schärfe ist jedoch ausdrücklich abzuraten, weil das menschliche Auge bei angestrengtem Hinsehen schon nach einigen Sekunden ermüdet, wodurch alles wieder ein wenig verschwimmt.

Bei Landschaften und anderen räumlich weit ausgedehnten Motiven hängt die optimale Einstellung direkt von der eingestellten Blende und der damit erzielten Schärfentiefe ab. Dazu folgt im übernächsten Abschnitt Genaueres. Im Zweifelsfall versucht man, den Kamerastandpunkt so zu verändern, dass alle bildwichtigen Teile des Motivs in eine senkrecht zur optischen Achse stehende Ebene zu liegen kommen. Ist dies nicht möglich oder aus gestalterischen Gründen nicht erwünscht, sollte die Schärfe primär auf die Motivteile im Bildvordergrund eingestellt werden. Besonders bei sich wiederholenden Objekten wie räumlich gestaffelten Bäumen, Blüten oder Tieren innerhalb einer Gruppe wirkt es sehr unschön, wenn die vordersten als unscharfe Kleckse in Erscheinung treten. Weiter «hinten» im Bild sind etwaige Unschärfen dagegen weniger störend.

Autofokus gezielt einsetzen

Prinzipiell ist das Scharfstellen auf einen bestimmten Punkt auch mit Hilfe des Autofokus zu bewerkstelligen. Zumindest, wenn das Motiv an dieser Stelle genügend Kontrast aufweist, damit die AF-Messzelle anspricht. Wirklich sinnvoll ist der Einsatz der automatischen Fokussierung jedoch erst dann, wenn es sehr schnell gehen muss und/oder wenn Bewegung im Spiel ist. Wird die AF-Funktion bei einer solchen Gelegenheit zum ersten Mal ausprobiert, darf man allerdings nicht erstaunt sein, wenn die Resultate (noch) nicht so glorios ausfallen wie man es sich vielleicht gedacht hat. Denn auch der Umgang mit Autofokus will gelernt sein. Ohne die genaue Kenntnis der möglichen Funktionen und ohne fleissiges Üben an bewegten Motiven wird man nie herausfinden, was eine AF-Kamera wirklich zu leisten imstande ist. Genau dies muss man jedoch wissen, um entscheiden zu können, wann der automatischen und wann der manuellen Scharfstellung der Vorzug gebührt. Diese Frage hängt natürlich auch sehr stark von Ihrem persönlichen Fotografierstil ab. Experimentieren Sie selbst, um herauszufinden, was für Sie am besten ist!

Typische «Autofokusmotive» können zum Beispiel kleine Vögel sein, die ständig im Gezweig umherhüpfen und weniger flinke Fotografen bald einmal zum Verzweifeln bringen. Mit AF kommt man in dieser Situation ein bisschen leichter zum Schuss. Hat man es gar auf fliegende Vögel abgesehen, kommt der sogenannte Prädiktions-Autofokus zum Zug. In dieser Betriebsart berechnet der Kamerachip die Schärfe so voraus, dass das bewegte Motiv genau im Moment des Verschlussablaufs die eingestellte Schärfezone passiert. Diese Funktion ist besonders nützlich, wenn sich das Motiv ungefähr in Richtung der optischen Achse oder in einem spitzen Winkel dazu bewegt. Um den Prädiktions-AF nutzen zu können, sind meist bestimmte Einstellungen an der Kamera zwingend erforderlich. Lesen Sie daher die Gebrauchsanweisung ganz genau durch, damit Sie auch wirklich die richtige Betriebsart aktivieren. Bei Nikon-Kameras, beispielsweise der F-801s oder der F4, muss man gleichzeitig die langsamere Motorfrequenz «CL» und am AF-Hebel die Position «C» einstellen; bei jeder anderen Kombination der Einstellungen bleibt die Fokus-Prädiktion ausgeschaltet. Bei anderen Marken ist teilweise ein bestimmtes Belichtungs- oder Motivprogramm mit der Prädiktions-Funktion gekoppelt, andere wiederum schalten automatisch um, ohne dass der Fotograf eingreifen kann.

Die einzige Situation, in der Autofokus auch bei statischen Motiven zu empfehlen ist, stellen düstere Lichtverhältnisse dar. Sofern die automatische Scharfeinstellung noch anspricht, ist sie bei sehr knappem Licht dem menschlichen Auge unter Umständen überlegen. Dies rührt daher, dass unsere Sehschärfe beim Wechsel vom farbigen Sehen bei hellem Licht zum nächtlichen Schwarzweissehen extrem nachlässt. Der Effekt ist im Prinzip vergleichbar mit der gröberen Körnigkeit hochempfindlicher Filme.

Umgekehrt existieren auch Fälle, mit denen die Technik weniger gut fertig wird als wir. Dazu zählen insbesondere glänzende und glitzernde Objekte, die den AF leicht in die Irre führen können. Ausserdem kann man mit der Automatik natürlich nicht durch die Vegetation hindurch fotografieren, weil die Kamera stets auf den Vordergrund scharfstellt. Andererseits können auch sehr kleine oder kontrastarme Dinge vom Sensor «übersehen» werden, wenn sie das Messfeld nicht ganz ausfüllen. Aus diesen Gründen müssen auch Besitzer einer Autofokuskamera lernen, wie man manuell scharfstellt.

Blende und Schärfentiefe

Die Blende im Objektiv dient bekanntlich sowohl der Belichtungsregelung als auch der Steuerung der Schärfentiefe. Unter letzterem Begriff versteht man jenen Bereich vor und hinter der eigentlichen Schärfenebene, in dem die Unschärfe – gemessen am sogenannten Zerstreuungskreis-Durchmesser – eine bestimmte Toleranz nicht überschreitet. Für das Kleinbildformat beträgt dieser Toleranzwert 0,03mm, was für die Praxis jedoch kaum von Belang ist. Am einfachsten verlässt man sich erst einmal auf eine visuelle Kontrolle der Schärfentiefe oder auf die bei einigen Objektiven aufgravierten Skalen. Falls man mit den so erzielten Resultaten nicht ganz zufrieden sein sollte, blendet man in Zukunft jeweils noch etwas stärker ab als im Sucher nötig scheint oder auf der Skala angegeben ist.

Bedauerlicherweise wird das Thema Schärfentiefe von den Herstellern hie und da ziemlich willkürlich übergangen. So ist beispielsweise eine Abblendtaste längst nicht an jedem Gehäuse zu finden, und besonders bei Zoom- und Autofokus-Objektiven sucht man oft vergeblich nach einer Schärfentiefenskala. Einige EOS-Modelle von Canon bieten als Ersatz eine Funktion, bei der nach dem Speichern zweier AF-Messpunkte automatisch eine Blende eingestellt wird, die im Rahmen des Möglichen für eine ausreichende Schärfentiefe sorgt.

Steht weder eine Abblendtaste noch eine Skala am Objektiv zur Verfügung, lässt sich die Ausdehnung der Schärfentiefe auch mathematisch errechnen. Die grösstmögliche Schärfentiefe bei einer gegebenen Blende erhält man beim Fokussieren auf die hyperfokale Entfernung (H). Diese wird berechnet, indem man die Brennweite quadriert und dann durch die Blendenzahl und durch den Zerstreuungskreis-Durchmesser teilt:

Hyperfokale Entfernung:
$H = f^2 : (F \times c)$
wobei
f = Brennweite (z.B. 24mm = 0,024m)
F = Blende (z.B. 11)
c = Zerstreuungskreis-Durchmesser
= 0,00003m

Bei 24mm Brennweite und Blende 11 zum Beispiel erhält man eine hyperfokale Entfernung von 1,75m. Stellt man das Objektiv auf H ein, so erstreckt sich die Schärfentiefe von H/2 bis unendlich. Im besagten Beispiel wird somit alles scharf abgebildet, was sich rund 90cm oder weiter von der Kamera entfernt befindet. Bemerkenswert ist ferner die folgende Gesetzmässigkeit: Beim Fokussieren auf H/2 reicht die Schärfentiefe von H/3 bis H, bei H/3 von H/4 bis H/2, bei H/4 von H/5 bis H/3 usw. Auf diese Weise lässt sich die Schärfentiefe für bestimmte Distanzen mit relativ geringem Aufwand berechnen. Wegen der unvermeidlichen Einstellfehler braucht man die Werte höchstens auf zwei bis drei Stellen genau zu berechnen. Die Grenzen der Schärfentiefe sind dann jeweils gegen die Mitte hin auf- oder abzurunden.

Wie sich aus der obigen Gesetzmässigkeit ableiten lässt, ist die Schärfentiefe bei grossen (am Objektiv eingestellten) Aufnahmedistanzen nach hinten stets deutlich grösser als nach vorne; bei kleiner werdender Entfernung wird der Unterschied indes ebenfalls immer kleiner.

Das ganze Wissen über die Schärfentiefe ist jedoch weit weniger wichtig als der bewusste Umgang mit der Schärfentiefe in der fotografischen Praxis. Hier bietet die visuelle Beurteilung der Schärfenverteilung mittels Abblendtaste die mit Abstand beste Kontrolle. Durch das simple «Ausprobieren» verschiedener Arbeitsblenden bei gleichzeitigem Blick durch den Sucher findet

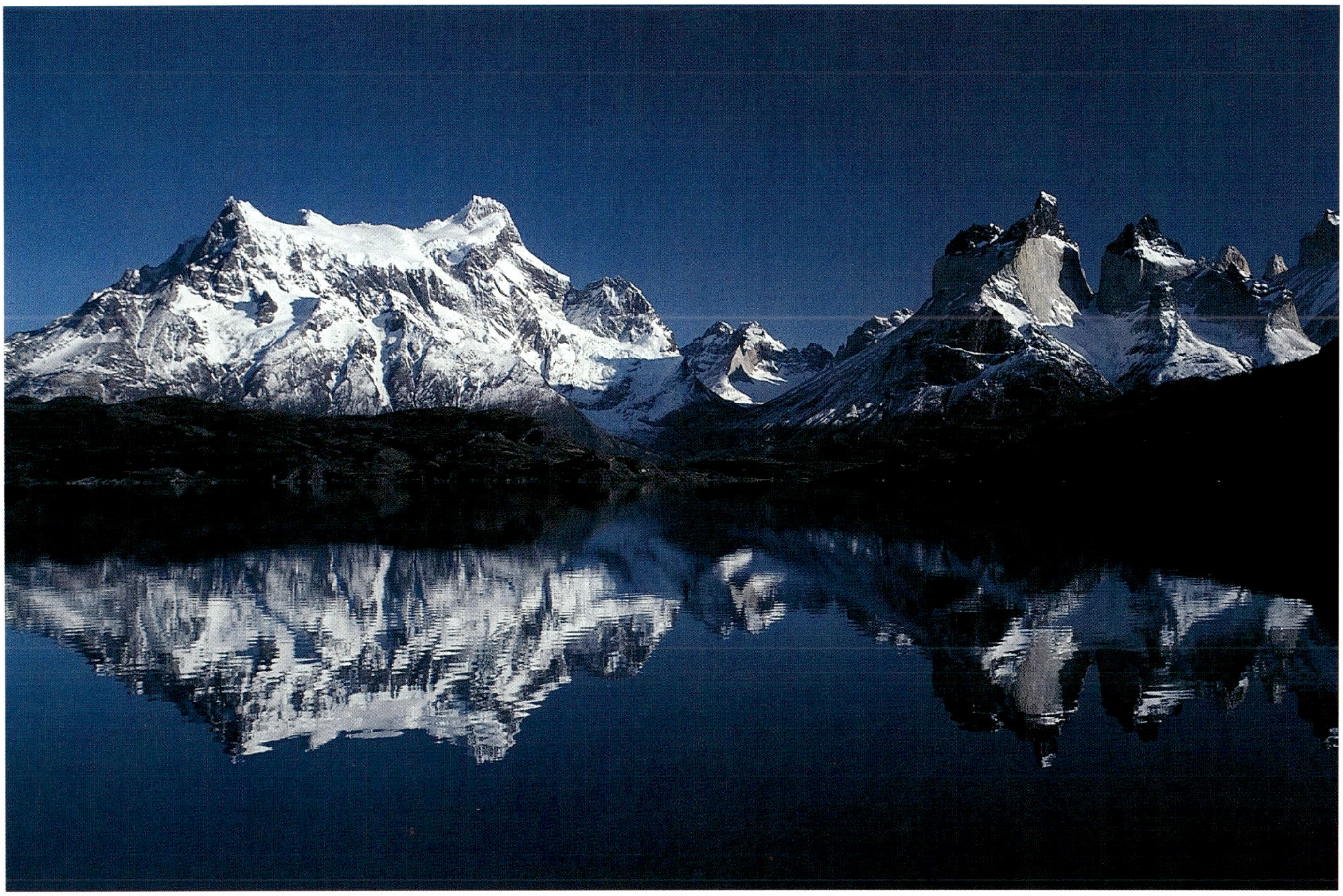

Das Paine-Massiv in Patagonien (Chile). Bei solchen Landschaftsbildern wünscht man sich in der Regel, dass die Schärfentiefe über das gesamte Motiv reicht. Sollte Ihr Objektiv keine Schärfentiefenskala besitzen, so können Sie gemäss der nebenstehenden Formel die hyperfokalen Distanzen für die wichtigsten Blenden ausrechnen.
Foto: Max Schmid

man ganz unkompliziert die richtige Blende, um den gewünschten Effekt zu erhalten.

Auf das Arbeiten mit selektiver Schärfe wird im Kapitel «Fotografisches Sehen» noch ausführlich eingegangen.

Die Grenzen der Optik

Ein sehr wissenswertes Detail über die Wirkung verschiedener Blendeneinstellungen ist deren Einfluss auf die Bildqualität. Zur Erklärung muss ich jedoch zuerst noch etwas weiter ausholen.

Der Begriff «Schärfe» ist eigentlich eine ziemlich vage Sammelbezeichnung für verschiedene Teilfaktoren, deren Summe für eine mehr oder weniger detailreiche Abbildung verantwortlich zeichnet. Der beste Schärfeneindruck entsteht, wenn das Objektiv gleichzeitig eine hohe Auflösung und eine optimale Kontrastübertragung besitzt. Dadurch werden selbst feinste Strukturen gut erkennbar auf den Film übertragen; das Bild wirkt gestochen scharf und brillant. Eine niedrige Auflösung lässt dagegen die Details verschwimmen, und bei geringem Kontrast erscheint alles wie durch Nebel verschleiert.

Jedes Objektiv besitzt eine Blendeneinstellung, bei der Auflösung und Kontrast am höchsten sind. In der Regel handelt es sich dabei um eine Blende, die etwa drei Stufen kleiner als die Lichtstärke des Objektivs ist. Es ist empfehlenswert, prinzipiell mit diesem optimalen Wert zu arbeiten, solange er sich mit den Gestaltungsabsichten und den herrschenden Lichtverhältnissen verträgt.

Die relativ schlechteste Abbildungsleistung erzielen insbesondere die hochgeöffneten Objektive bei ganz offener Blende. Dies ist im wesentlichen auf die Restfehler des Objektivs zurückzuführen. Einer dieser Linsenfehler ist zum Beispiel die sphärische Aberration. Normale Linsen besitzen ja auf einer Seite oder auf beiden eine kugelförmig nach innen oder aussen gewölbte Oberfläche. Solche Linsen haben genaugenommen keinen exakten Brennpunkt, weil die Lichtstrahlen gegen den Rand der Linse hin geringfügig anders abgelenkt werden als im mittleren Bereich der Linse. Beim Abblenden werden diese abweichenden Randstrahlen jedoch vom Lichtbündel «abgeschnitten», so dass sie nicht mehr auf den Film gelangen.

Ganz ähnlich verhält es sich mit den übrigen Restfehlern eines jeden Objektivs. Im Falle kurzer Brennweiten mit grossem Bildwinkel treten vor allem Astigmatismus und Koma auf. Lichtbündel, die in einem stark von der optischen Achse abweichenden Winkel durchs Objektiv verlaufen, werden dabei so verzerrt, dass die einzelnen Strahlen nicht in einem scharfen Brennpunkt (das ist normalerweise eine winzige Fläche mit rundem Querschnitt) zusammenlaufen. Stattdessen entsteht in der Filmebene ein unscharfer ovaler Klecks oder ein radial nach aussen vergrösserter «Kometenschweif».

Wie bei der sphärischen Aberration gehen Astigmatismus und Koma zur Hauptsache auf das Konto der Randstrahlen. Beim Verkleinern der Blende wird das Bild deshalb wiederum schärfer. Daran sollte man sich spätestens dann erinnern, wenn man mit einem Weitwinkelobjektiv direkt in die Sonne fotografiert. In diesem Fall hat starkes Abblenden im übrigen meist einen mehr oder weniger ausgeprägten – und sehr bildwirksamen – Sterneffekt zur Folge, der auf die eckige Form der Blendenöffnung zurückzuführen ist.

Auch Teleobjektive haben ihre besonderen Tücken. Die lange Brennweite bedeutet zwangsläufig, dass die Linsen weiter von der Filmebene entfernt angeordnet sind. Dies begünstigt das Auftreten einer chromatischen Aberration. Weil die Lichtbrechung an den Linsen von der Wellen-

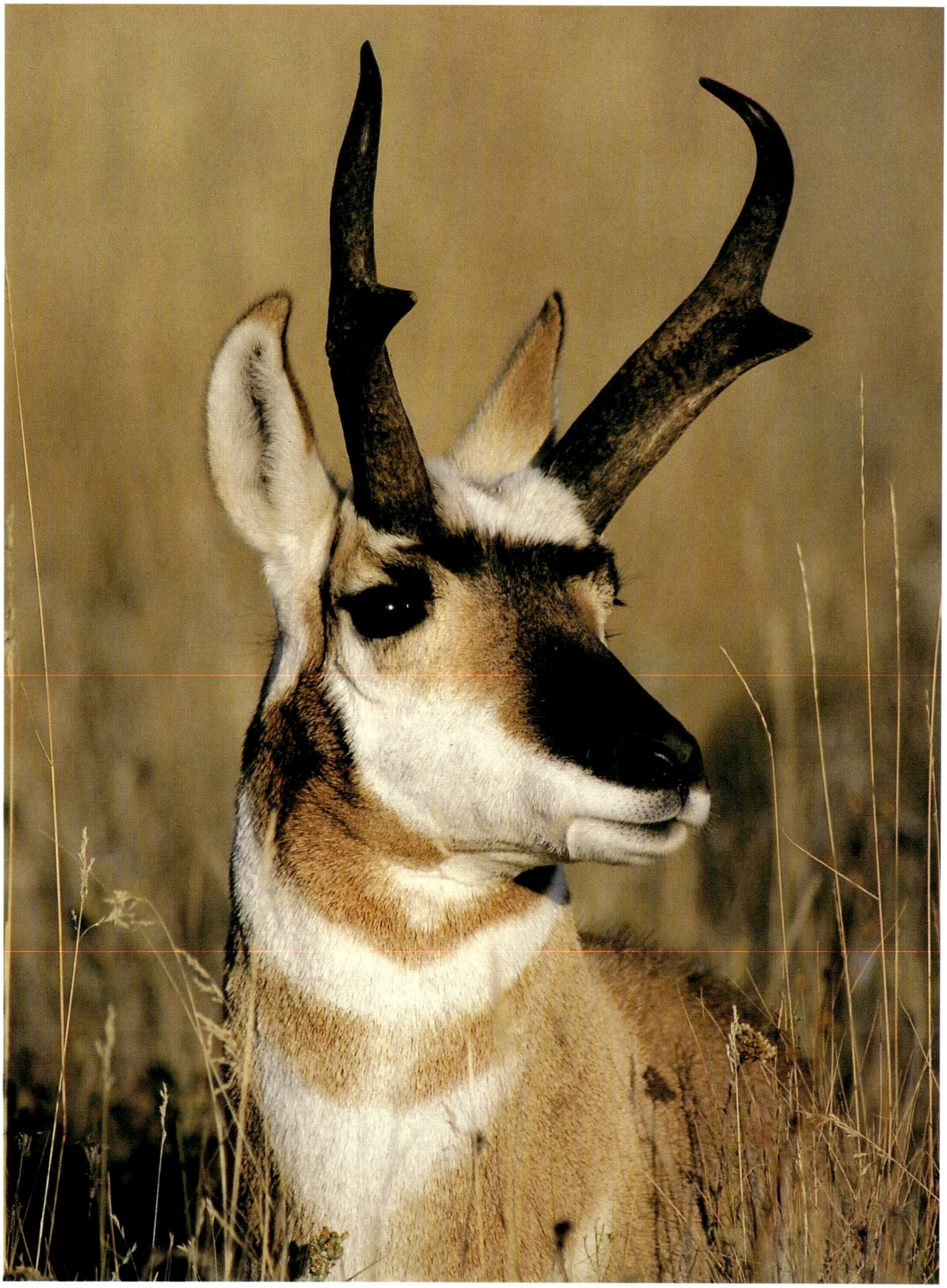

Das Porträt der Gabelhornantilope zeigt, wie wichtig eine gute Kontrastübertragung und eine exakte Belichtung sind. Unter diesen Voraussetzungen fängt ein niedrigempfindlicher Film das Motiv in spritzigen Farben ein, die dem Foto Leben verleihen.
Foto: Art Wolfe

länge des abgelenkten Lichtes abhängt, hat strenggenommen jede Farbe ihren eigenen Brennpunkt. Je weiter diese Brennpunkte von der Linse entfernt sind, um so stärker weichen sie logischerweise voneinander ab: Zuerst schneiden sich die blauen Strahlen, dann die grünen und schliesslich die roten. Liegen diese Brennpunkte im Verhältnis zur Dicke der lichtempfindlichen Schicht weit auseinander, entstehen auf dem Film deshalb blaue oder rote Farbränder, die an abrupten Übergängen von Weiss nach Dunkel am stärksten auffallen. Wird nun das Objektiv abgeblendet, bleibt der Abstand der verschiedenfarbigen Brennpunkte zwar konstant, dafür werden alle Strahlenbündel schmaler. Dies führt sowohl zur Vergrösserung der Schärfentiefe als auch zur Verkleinerung der Farbränder.

Noch ein weiteres Übel lässt sich durch das Schliessen der Blende ein bisschen reduzieren: nämlich das Streulicht. Dieses setzt sich aus jenen Lichtstrahlen zusammen, die an den Glas/Luft-Flächen, den Grenzflächen zusammengekitteter Linsen sowie an der Innenseite des Objektivtubus unerwünschterweise reflektiert werden. Wenn das Streulicht auf den Film gelangt, bewirkt es eine Verringerung des Kontrastes. Mit solchen Überstrahlungen hat man am häufigsten bei Gegenlichtaufnahmen zu kämpfen, und zwar vor allem, wenn der Hintergrund dunkel ist. Bei minderwertigen Objektiven verwandelt sich im direkten Gegenlicht sogar das satteste Schwarz in ein nebliges Grau. Durch Abblenden lässt sich die Brillanz zwar ein bisschen steigern, was jedoch bei einem von Haus aus kontrastreichen Objektiv ebenfalls möglich ist, so dass dessen Qualitätsvorsprung in der Regel mindestens zum Teil erhalten bleibt. Vorsicht ist insbesondere auch beim Einsatz von Filtern geboten. Billige Fabrikate bestehen aus gepresstem Glas oder Kunststoff und sind möglicherweise ungenügend oder überhaupt nicht vergütet. Planparallel geschliffene und beidseitig mehrschichtvergütete Filter aus optischem Glas verursachen bei Gegenlicht am wenigsten Überstrahlungen.

Dasselbe gilt ferner für die Verwendung von Telekonvertern. Diese verstärken die Restaberrationen des Grundobjektivs im selben Verhältnis wie sie die Brennweite verlängern. Zusätzlich bringen sie natürlich auch eigene Aberrationen mit. Deshalb ist es, wie schon im vorletzten Kapitel dargelegt, besonders wichtig, dass sowohl das Grundobjektiv als auch der Konverter von allererster optischer Güte sind. Sofern die Lichtverhältnisse es zulassen, ist das Abblenden um mindestens eine Stufe sehr zu empfehlen.

Das alles könnte einen nun auf die Idee bringen, dass stärkstmögliches Abblenden die schärfsten Fotos ergibt. Wie bereits festgehalten, ist dem aber nicht so. Dafür sorgt ein anderer optischer Effekt namens Beugung. Weil Licht eine Wellenerscheinung ist, wird es nicht nur beim Übertritt in ein anderes Medium – etwa von der Luft in Glas und umgekehrt –, sondern auch beim Streifen einer festen Kante von seiner ursprünglichen Richtung abgelenkt. Solch eine Kante ist innerhalb des Objektivs an der Irisblende zu finden. Je weiter sich deren Durchmesser beim Abblenden verengt, um so grösser fällt der Anteil der am Blendenrand gebeugten Strahlen aus. Dies führt wiederum zu Überstrahlungen und damit zur Verringerung von Kontrastübertragung und Auflösungsvermögen der Optik.

Die Wirkung dieser Effekte ist häufig so gering, dass sie in der Praxis kaum wahrgenommen werden. Ausserdem kann die sphärische Aberration mittels asphärischer Linsen auch bei extrem lichtstarken Objektiven weitgehend korrigiert werden. Lediglich in der Makrofotografie riskiert man bei zu starkem Abblenden sichtbare Beugungsunschärfen. Beim Massstab 1:1 liegt die Grenze ungefähr bei Blende 22, beim Massstab 2:1 jedoch schon bei Blende 11-16.

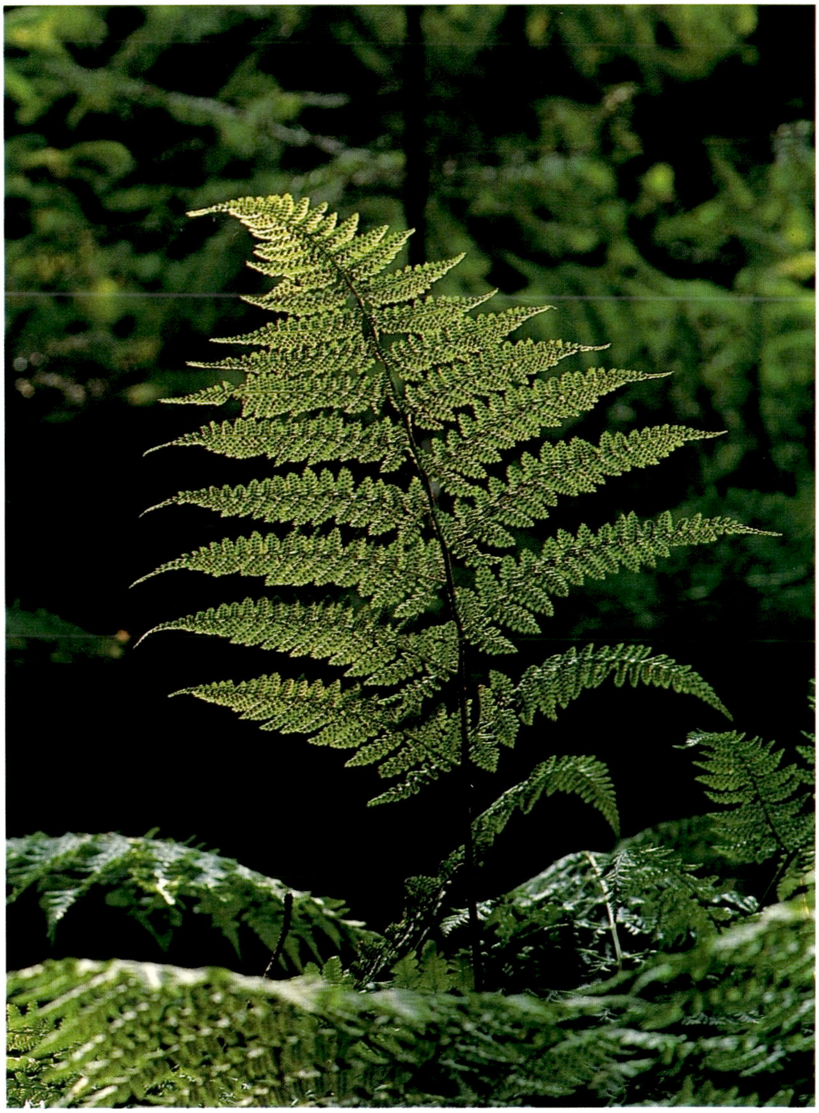

Der Farnwedel hebt sich im Gegenlicht gut von der übrigen Vegetation ab. Um im Dia den grösstmöglichen Kontrast zu erhalten, habe ich wie immer die Streulichtblende verwendet. Der brillant arbeitende Film mit hoher Maximaldichte hilft zusätzlich mit, die exzellente Schärfeleistung des Makro-Objektivs weitgehend auszuschöpfen.
Foto: Eric A. Soder

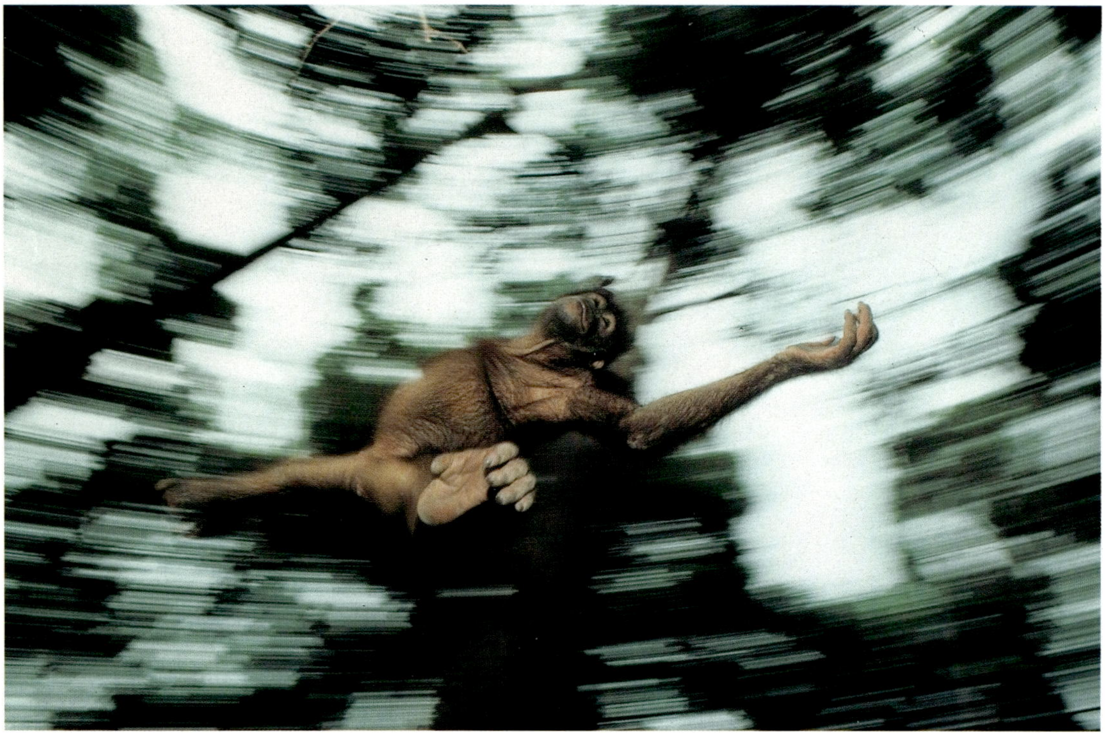

Für die dynamische Wiedergabe des hangelnden Orang-Utans hat der Fotograf hier nicht einfach gerade mitgezogen, sondern die Kamera gleichzeitig auch noch um die optische Achse gedreht.
Foto: Jean-Paul Ferrero / Auscape

Verschlusszeit und Bewegungsunschärfe

Wenn sich das Bild eines beliebigen Motivs während der Belichtung gegenüber dem Film verschiebt, resultiert daraus eine unscharfe Abbildung. Das Ausmass der Unschärfe hängt von der relativen Geschwindigkeit der einzelnen Bildpunkte in Bezug auf den Film sowie von der Dauer der Belichtung ab. Die absolute Geschwindigkeit der bewegten Teile des Motivs bezüglich den stillstehenden spielt für die Schärfe keine Rolle.

Legt man entsprechend dem grössten zulässigen Durchmesser für den Zerstreuungskreis eine Toleranz für die Bewegungsunschärfe fest, so kann man die längste Verschlusszeit berechnen, die gerade noch eine scharfe Wiedergabe ermöglicht. Um eine gute Gesamtqualität zu erhalten, sollten Zerstreuungskreis und Bewegungsunschärfe *zusammen* höchstens 0,03mm betragen. Veranschlagt man die Toleranz für die Bewegung allein mit 1/50mm, dann muss bei einem Objekt, das innerhalb einer Sekunde die gesamte Bildbreite von 36mm durchquert, bereits 1/2000s als Verschlusszeit eingestellt werden!

In der Tierwelt gibt es jedoch eine Menge von Bewegungen, die bei ungefähr formatfüllender Abbildung des Tieres im Sucher noch wesentlich schneller ablaufen. Als extremes Beispiel seien hier die Flügel von Insekten und Kolibris erwähnt, die sich mit einer Frequenz von mehreren Dutzend Schlägen pro Sekunde auf und ab bewegen. Das vollständige Einfrieren dieser Bewegung ist nur noch in den langsameren Phasen unter Zuhilfenahme eines Spezialblitzgerätes mit einer Leuchtdauer von wenigen Mikrosekunden möglich.

Wenn sich jedoch nur gerade die Flügel oder die Beine eines Tieres so schnell bewegen, ist es unter Umständen gar nicht erwünscht, dass diese auf dem Foto völlig erstarrt wiedergegeben werden. Oftmals verleihen gerade die partiellen Unschärfen einer Bewegungsstudie den besonderen Pfiff. Bedingung ist aber, dass Kopf und Torso des Tieres – bei einigen Vögeln insbesondere auch der lange Schnabel – möglichst wenig von Bewegungsunschärfen betroffen werden. Um dies zu erreichen, bedient man sich der Technik des Mitziehens: Das Motiv wird unter ständigem Nachführen der Kamera so anvisiert, dass es im Sucher stets etwa an der gleichen Stelle bleibt. Dadurch wird die relative Geschwindigkeit des Motivs als Ganzes fast auf null reduziert, während die auf- und abschwingenden Flügel oder die vor- und zurückpreschenden Beine ihr Tempo nahezu unvermindert beibehalten. Während des Mitziehens kann bei motorisierten Kameras so oft ausgelöst werden, wie das Motiv zulässt. Auf jeden Fall aber darf die Mitziehbewegung nicht zu früh abreissen; nach erfolgter Belichtung sollte sich das Motiv immer noch an derselben Position im Sucher befinden wie im Moment des Auslösens.

Andere «Tricks», um Bewegungsunschärfen entgegenzuwirken, sind zum Beispiel die Verkleinerung des Abbildungsmassstabes oder ein günstig gewählter Blickwinkel. Wenn sich ein Tier zum Beispiel direkt auf die Kamera zu bewegt, beträgt sowohl die horizontale als auch die vertikale Komponente der Geschwindigkeit in der Mitte des Bildes null. Gegen aussen hin ist die Bewegung nur am Grösserwerden des Umrisses erkennbar, was in der Regel jedoch keine extravagant kurzen Verschlusszeiten erforderlich macht.

Gelegentlich ist auch beim Fotografieren von Pflanzen oder Landschaften Bewegung im Spiel. Dafür ist meistens der Wind verantwortlich – ein Faktor, den man vor allem bei Makroaufnahmen nie ausser Acht lassen darf. Denn je grösser der Abbildungsmassstab ist, um so schneller erscheint die Bewegung im Sucher. Folglich wächst auch die Gefahr von Unschärfen dementsprechend an. Zitternde Blüten und ähnliche Motive kann man am zweitbesten mit einer kurzen Verschlusszeit oder mit Elektronenblitz einfrieren. Aus gestalterischen Gründen empfiehlt sich jedoch meist das Warten auf ein Abklingen der Bewegung als beste Lösung. Nachhelfen kann man dabei allerdings nur selten. Das Aufstellen eines Windschutzes ist nämlich nicht nur sehr umständlich, sondern erzeugt oftmals Turbulenzen, die das ruhigzustellende Pflänzchen eben doch wieder durchschütteln. Erst wenn der Wind ganz aufhört, kehrt die Ruhe ein, die fürs Ablichten von Makromotiven gebraucht wird. Am frühen Morgen sind die Voraussetzungen für Windstille am besten, weil sich unterschiedliche Lufttemperaturen während der Nacht weitgehend ausgeglichen haben. Tagsüber, wenn die Sonne scheint, entstehen im Nu wieder thermische Strömungen, und das Rütteln der Halme und Blätter, die man aufnehmen möchte oder auf denen das Motiv sitzt, beginnt aufs neue.

Drei Beine gegen das Verwackeln

Im obigen Abschnitt ist von allerlei bewegten *Motiven* die Rede gewesen; selbstverständlich bewirkt jedoch auch das Wackeln mit der *Kamera* eine mitunter drastische Verminderung der Bildqualität. Eine bekannte Faustregel besagt, dass die Verwacklungsgrenze für Aufnahmen aus freier Hand ungefähr beim Kehrwert der Objektivbrennweite (in Millimetern) liegt. Mit einem 300er Tele ist demnach 1/250s bereits eine kritische Verschlusszeit, was mit meinen praktischen Erfahrungen bestens übereinstimmt. Unter günstigen Bedingungen gelingen zwar auch mit längeren Zeiten hie und da noch scharfe Fotos aus der Hand, in der Mehrzahl der Fälle geht so etwas jedoch in die Hose.

Ein stabiles Stativ stellt unbestritten das beste Mittel gegen verwackelte Aufnahmen dar. Nur sein konsequenter und fachgerechter Einsatz bietet die Gewähr, dass man aus Objektiv und Film das beste herausholt, was in Sachen Qualität drinsteckt. Irgendwie erfordert jeder Schritt in Richtung scharfe Fotos mehr Licht: Abblenden, kürzere Verschlusszeiten, niederempfindliches Filmmaterial – alles zusammen ist schlicht unmöglich. Deshalb muss man immer an mindestens einer Stelle sparen, und zwar jeweils dort, wo man es den Umständen entsprechend am besten verschmerzen kann. Wenn sich das Motiv nicht bewegt, hat man allerdings in Form eines Dreibeins einen sicheren Trumpf in der Hand. Dank des Stativs kann die Verschlusszeit ohne die Gefahr einer Qualitätseinbusse fast beliebig verlängert werden. Dadurch behält man bei der Blenden- und Filmwahl absolut freie Hand.

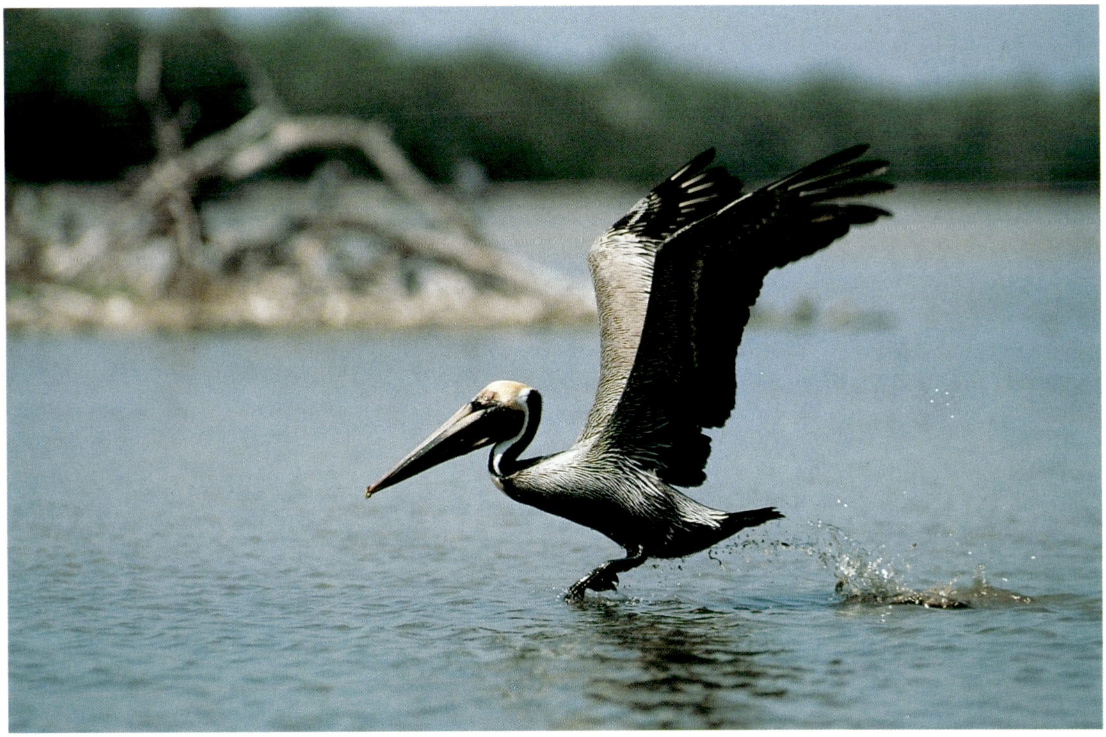

Mitziehen hat auch beim Braunen Pelikan gewirkt. Mit 300mm und 1/500s habe ich den Vogel sowohl im Flug als auch beim Stosstauchen (wenige Flügelschläge nach der gezeigten Aufnahme) gestochen scharf auf den Film bannen können.
Foto: Eric A. Soder

Gerade in der Kleinbildfotografie, wo es nur wenig braucht, bis etwaige Unschärfen ins Auge springen, ist ein Stativ für qualitätsbewusstes Arbeiten absolut unentbehrlich. Wenn viele Hobbyfotografen trotzdem aus purer Bequemlichkeit auf dieses wichtige Hilfsmittel verzichten, so ist das in meinen Augen geradezu dilettantisch. Wie wenn ein Maler seine Leinwand auf die Knie legen würde, nur um keine Staffelei benutzen zu müssen. Zugegeben, das Umhertragen ist mühsam – bei der Staffelei wahrscheinlich noch mehr als beim Stativ. Das Balancieren einer grossen Leinwand oder das dauernde Anvisieren eines Motivs mit der schussbereiten Kamera ist dagegen ohne die geeignete Stütze im Endeffekt noch erheblich mühsamer. Deshalb ist das Dreibein wenn immer möglich zu benutzen!

Nicht möglich oder nicht sinnvoll ist der Einsatz eines Statives namentlich in zwei Fällen: wenn es gilt, schnellen und unberechenbaren Bewegungen zu folgen, oder wenn man sich auf einer schwankenden Unterlage befindet. Vögel im Flug sind ein typisches Beispiel der ersten Kategorie, während der zweite Fall etwa beim Fotografieren aus kleinen Booten bei hohem Seegang eintrifft.

In Grenzfällen, wo der Transport oder die Handhabung eines Dreibeinstatives wirklich enorm umständlich wäre, stehen als Ersatz diverse Alternativen zur Verfügung: Mit einem Einbeinstativ, einer Brust- oder Schulterstütze, einem Klemmstativ oder einem Sack zum Auflegen kann die Verwacklungsgefahr gegenüber reinen Freihandaufnahmen immerhin um eine bis mehrere Verschlusszeitenstufen reduziert werden.

Die Filmwahl

Nach dem heutigen Stand der Technik wird die maximal mögliche Schärfe einer fotografischen Aufnahme in erster Linie durch das Auflösungsvermögen des verwendeten Films begrenzt. Zumindest bei der optimalen Blende besitzen die meisten Objektive für das Kleinbildformat eine höhere Auflösung als die besten derzeit erhältlichen Farbfilme. Folglich lautet die Devise bei der Filmwahl, dass das Material im allgemeinen so scharf und feinkörnig wie möglich, aber nur so empfindlich wie nötig sein sollte. Andrerseits ist es mindestens ebenso wichtig, dass man die Eigenschaften der Filme, mit denen man fotografiert, kennt und ihre jeweiligen Eigenarten in der Praxis zum eigenen Vorteil zu nutzen versteht.

Im folgenden wird hauptsächlich von Diafilmen die Rede sein. Dies hat zwei Gründe: Erstens kenne ich mich damit aus praktischer Erfahrung am besten aus, und zweitens ist Umkehrmaterial

Makroaufnahmen, bei denen sowohl der Bildausschnitt als auch die Lage der Schärfenebene gleichzeitig stimmen, sind ohne Stativ praktisch ein Ding der Unmöglichkeit. Wenn das Motiv – wie der abgebildete Klee – zudem noch im Schatten des Waldes liegt, diktiert die lange Verschlusszeit ohnehin die Benutzung des Dreibeins.
Foto: Jeff Foott

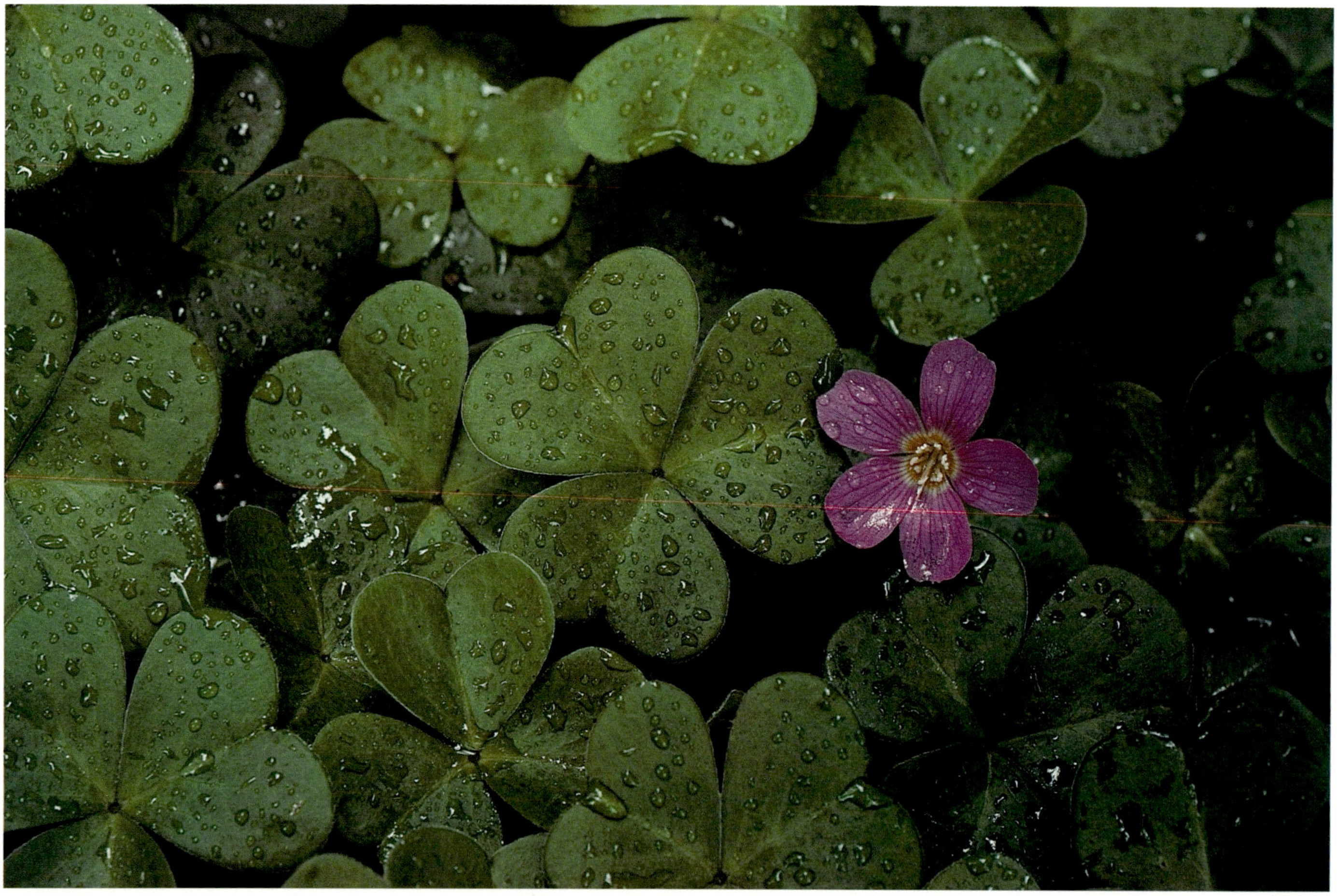

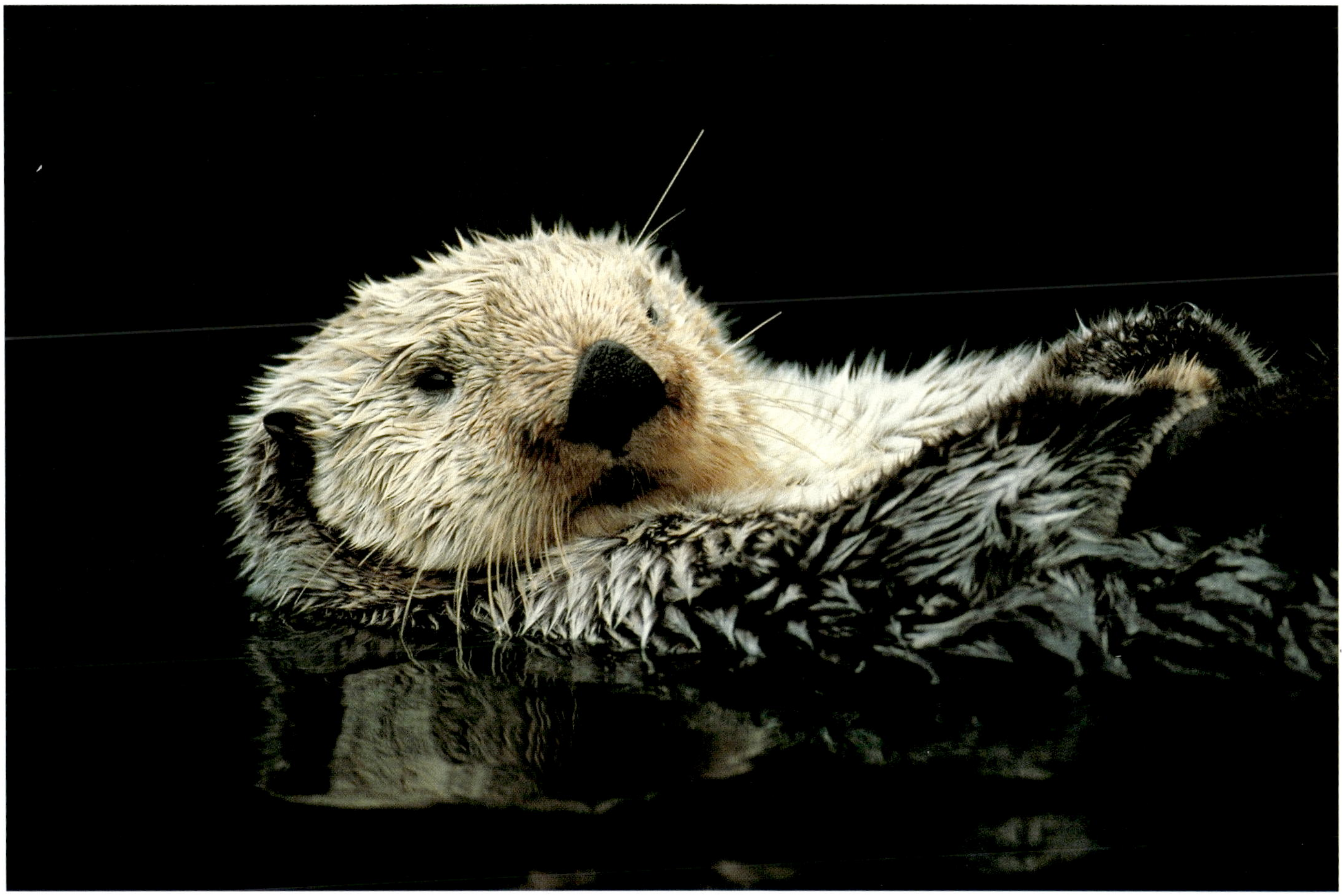

Der Fotograf hat das Wasser, in dem der Seeotter selbstzufrieden auf der faulen Haut liegt, wohl kaum so dunkel gesehen, wie es auf dem Bild erscheint. Der Film jedoch kann die kontrastreiche Szene aufgrund seiner physikalischen Grenzen nicht originalgetreu wiedergeben.
Foto: Jeff Foott

eine Spur universeller verwendbar als Negativfilm, von dem immer erst Positive angefertigt werden müssen. Kühle Rechner werden ausserdem feststellen, dass Dias im grossen ganzen etwas billiger sind als die üblichen Farbkopien im Format 9x13cm.

In älterer Literatur zum Thema Naturfotografie wird häufig empfohlen, dass man sich auf einen einzigen Filmtyp beschränken möge. Auch wenn es nicht in allen Büchern explizit formuliert wird, ist damit meist der Kodachrome gemeint. In den letzten Jahren haben die E-6 Filme jedoch einen grossen Teil des ursprünglich frappanten Qualitätsvorsprunges der Kodachrome-Emulsionen aufgeholt. Besonders augenfällig ist die gesteigerte Farbsättigung der jüngsten Filmgeneration, aber auch die in allen Empfindlichkeitsklassen verbesserte Schärfeleistung kann sich sehen lassen.

Wie der Film auf Licht reagiert

Die Fotografie basiert im wesentlichen auf der Lichtempfindlichkeit gewisser Substanzen. Silberhalogenide haben sich für fotografische Zwecke am besten bewährt. Wenn sie dem Licht ausgesetzt werden, erfahren die winzigen Salzkristalle in der Filmemulsion eine chemische Veränderung, die zunächst jedoch nicht sichtbar ist. Erst beim Entwickeln wird an den belichteten Stellen eine Kettenreaktion ausgelöst, bei der in grösseren Mengen metallisches Silber frei wird. Diese fein verteilten Silberkörnchen bilden zusammen ein schwarzweisses Negativ des fotografierten Motivs. Damit der Film an den weniger stark belichteten Stellen später nicht nachdunkelt, muss das entwickelte Bild fixiert werden. Dazu werden beim Schwarzweissfilm ganz einfach die unverbrauchten Silbersalze aus der Schicht herausgelöst. Durch das Umkopieren des Negativs nach demselben Verfahren erhält man auf dem Fotopapier schliesslich ein positives Bild.

Farbfilme arbeiten im Prinzip gleich, nur verfügen sie über drei getrennt übereinander angeordnete Schichten. Diese werden mittels besonderer chemischer Zusätze jeweils nur für Licht bestimmter Wellenlängen (d.h. Farben) empfindlich gemacht. Die sogenannte Spektralempfindlichkeit der drei Schichten ist für die additiven Grundfarben Blau, Grün beziehungsweise Rot am höchsten. Stark vereinfacht wird bei der Entwicklung eines Farbnegativfilms das metallische Silber, das in einem ersten Schritt drei schwarzweisse Teilbilder ergibt, durch Farbstoffe ersetzt. Und zwar bildet sich in jeder Schicht ein Pigment in der Komplementärfarbe zu ihrer spektralen Empfindlichkeit. Blaues Licht erzeugt beispielsweise nur in der blauempfindlichen Schicht eine Belichtung, die dann eine mehr oder weniger starke Bildung gelben Farbstoffes bewirkt. Auf einer späteren Vergrösserung erzeugt das nunmehr gelbe Licht Farbstoffe in Magenta und Cyan, die zusammen wieder Blau ergeben.

Farbumkehrfilme arbeiten noch komplizierter. Hier werden nach dem Entwickeln der drei Silbernegative die noch unbelichteten Silbersalze ebenfalls entwickelt, so dass zusätzlich drei Silberpositive entstehen. Diese Silberpositive sind wie beim Negativfilm durch komplementärfarbige Farbstoffbilder überlagert. Wird nun das metallische Silber aus allen Schichten herausgelöst, bleiben die drei monochromen Farbbilder übrig, die sich durch subtraktive Farbmischung zu einem positiven Farbbild ergänzen.

Für die praktische Beurteilung eines Filmtyps sind die fotochemischen Details an diesem Prozess von geringer Bedeutung. Das wichtigste Merkmal eines Films ist vielmehr dessen Empfindlichkeit, die angibt, welche absolute Lichtmenge erforderlich ist, um eine korrekte Wiedergabe der effektiven Motivhelligkeit zu erreichen. Diese Lichtmenge wird bei der Aufnahme durch Blende und Verschlusszeit gesteuert.

Ferner sollte man auch die minimale und die maximale Lichtmenge kennen, die auf dem entwickelten Film gerade noch eine sichtbare Veränderung bewirkt. Die Differenz zwischen den beiden Extremen ergibt den grössten möglichen Bildkontrast. Ein Diafilm kann in der Regel Motivkontraste bis etwa fünf Blendenstufen (1:32) korrekt wiedergeben. Alles, was noch heller oder dunkler ist, wird auf dem Dia (fast) ohne Detailzeichnung wiedergegeben – also entweder völlig weiss oder völlig schwarz.

Abgesehen von dieser materialbedingten Ober- und Untergrenze der Helligkeitsabstufungen (Tonwerte), die ein Film wiederzugeben imstande ist, treten bei der fotografischen Abbildung noch weitere Verfälschungen der Wirklichkeit auf. So ist etwa der Helligkeitsverlauf auf dem Foto normalerweise nicht mit dem tatsächlichen Helligkeitsverlauf beim Motiv identisch. Das Verhältnis von Motivkontrast zu Bildkontrast wird durch die sogenannte Gradation des verwendeten Films bestimmt. Ein typischer Diafilm mit relativ «steiler» Gradation gibt Kontraste etwa 1,7fach verstärkt wieder, während ein Negativfilm eine «flachere» Gradation und damit einen geringeren Bildkontrast aufweist. Ferner ist es technisch unmöglich, eine absolut originalgetreue Farbwiedergabe zu erzielen – schon gar nicht über einen grösseren Helligkeitsbereich. In der Praxis leisten moderne Filme in dieser Hinsicht dennoch Erstaunliches. Die vorhandenen Unterschiede sieht man normalerweise erst, wenn Dias von verschiedenen Filmtypen oder mit voneinander abweichender Belichtung nebeneinander auf dem Leuchtpult liegen. Dann aber können die Farbunterschiede mitunter ziemlich krass wirken.

Feines Korn und satte Farben

Das Nonplusultra in Bezug auf die Bildqualität ist in der untersten Empfindlichkeitsstufe, bei den Filmen mit ISO 25 bis 50, zu finden. Von allen Diafilmen ein und desselben Herstellers besitzt jener mit der niedrigsten Empfindlichkeit jeweils die besten Leistungsdaten: extrem feines Korn, sehr hohes Auflösungsvermögen, hohen Kon-

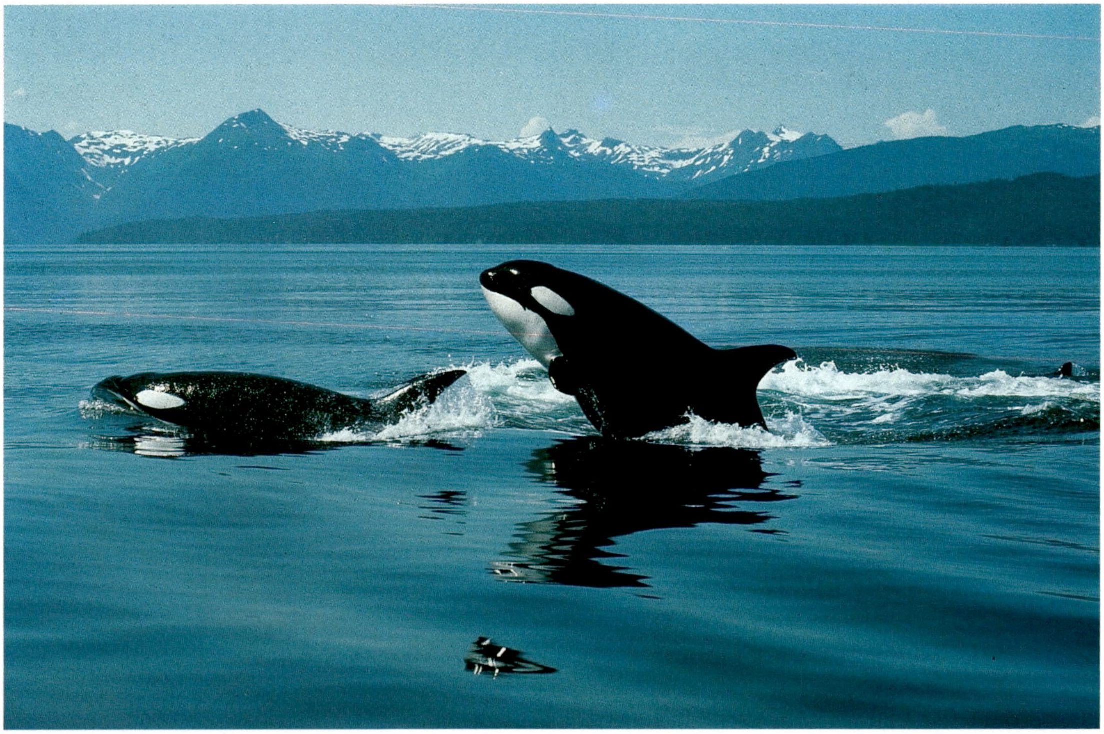

Die glänzend schwarzen Schwertwale zeigen einmal mehr die beschränkte Kontrastleistung fotografischer Emulsionen. Während die schwarzen Leiber kaum Zeichnung aufweisen, hat das weiss schäumende Wasser auch das anderen Ende der Helligkeitsskala bereits überschritten.
Foto: François Gohier / Auscape

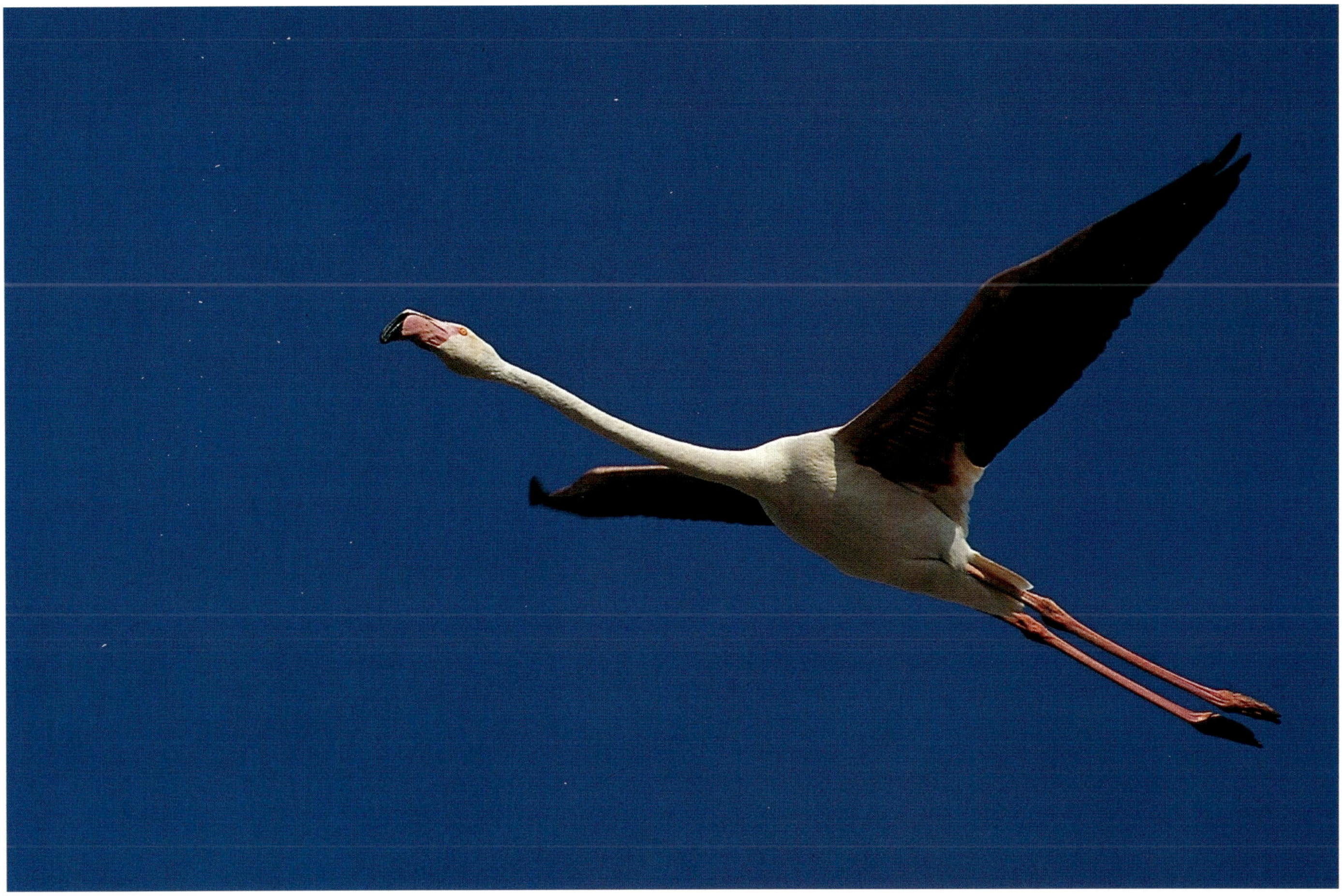

trastumfang und meist auch eine maximale Farbsättigung. Lediglich der Kodachrome 25 ist noch ein Vertreter der «alten Garde» und arbeitet etwas weniger bunt als vergleichbare Typen. Mit den übrigen Qualitäten des Kodachrome 25 kann jedoch meines Erachtens nur gerade der Fujichrome Velvia mithalten, der nominal eine Empfindlichkeit von ISO 50 besitzt, in der Praxis jedoch bei Belichtung wie ISO 40 die besten Resultate liefert.

Mit dem erst seit dem Frühjahr 1990 im Handel befindlichen Velvia ist Fuji ein beachtenswerter technologischer Durchbruch gelungen. Möglicherweise werden schon unmittelbar nach Erscheinen dieses Buches auch mittel- und hochempfindliche Diafilme mit denselben Verbesserungen (u.a. DIR-Kuppler für eine sichtlich bessere Farbwiedergabe und Schärfeleistung) vorgestellt. Während ich diese Zeilen schreibe, sind die olympischen Winterspiele '92 noch im vollen Gange (und die Abschlusskorrektur fällt zufällig gerade in die Zeit der Sommerspiele) – wer weiss, was da im geheimen alles getestet wird.

Den Pluspunkten in Sachen Bildqualität steht bei den niederempfindlichen Filmen eine geringe Lichtreserve gegenüber. Ausser bei Sonnenschein wird man dadurch sehr oft zum Einstellen relativ langer Belichtungszeiten gezwungen, welche bekanntlich die Gefahr von Bewegungs- und Verwacklungsunschärfen mit sich bringen. Der Einsatz solcher «langsamen» Filme ist aus diesem Grund praktisch immer mit einem erhöhten Ausschussanteil verbunden. Für die Fotopirsch mit langen Brennweiten kommen niederempfindliche Emulsionen daher nur beschränkt in Frage. Eine hohe Objektivlichtstärke stellt in diesem Fall fast immer eine unumgängliche Voraussetzung dar.

Für den Universalgebrauch empfiehlt die Fotoindustrie eine Filmempfindlichkeit von ISO 100, neuerdings auch vermehrt ISO 200. Selbstverständlich sollte man dabei berücksichtigen, dass sich diese Empfehlung vor allem auf Negativfilme bezieht, die von den meisten Amateuren häufiger verwendet werden als Umkehrfilme. Zudem gibt es im Gegensatz zum Diamaterial nur sehr wenige Negativfilme, die überhaupt eine geringere Empfindlichkeit als ISO 100 besitzen. Ein Ektar 25 oder Agfacolor Ultra 50 muss hier als seltene Ausnahme betrachtet werden.

Bei den Diafotografen galten bis vor kurzem ISO 64 als Standardempfindlichkeit. Typen wie ein Kodachrome 64 oder Ektachrome 64 sind nach wie vor erhältlich, während ein entsprechender Fujichrome von Anfang an bei ISO 50 angesiedelt worden ist. Lediglich der Agfachrome CT 64 hat definitiv dem CT 100 weichen

Der obige Schnappschuss des fliegenden Rosaflamingos ist in technischer Hinsicht eine meiner besten bisherigen Leistungen. Das Dia auf Fujichrome Velvia Film ist im Kleinbildformat mit den derzeit verfügbaren Materialien praktisch nicht schärfer hinzukriegen. Das für diese Aufnahme benutzte 2,8/300mm Schnellschuss-Tele (ohne AF) ist um eine bis zwei Stufen abgeblendet; die Verschlusszeit liegt bei 1/500s oder 1/1000s.
Foto: Eric A. Soder

müssen. Im Professional-Sortiment von Agfa hat der 50 RS jedoch seinen festen Platz und wird ihn wohl bis auf weiteres behalten.

Dank der ständigen Qualitätsverbesserungen sind die modernen Emulsionen mit ISO 100 zum Teil schon deutlich besser als ihre Vorgänger mit ISO 50. Wenn man ab seinen KB-Dias nicht gerade grossformatige Postervergrösserungen oder hochwertige Druckerzeugnisse produzieren will, darf man einen 100er Diafilm mit gutem Gewissen als Universalfilm einsetzen. Dies dürfte vor allem das Fotografieren mit lichtschwachen Zoomobjektiven ein bisschen erleichtern. Auch wenn es schnelle Bewegungen einzufrieren gilt, liefert ein mittelempfindlicher Film nicht selten ein schärferes Resultat als ein zwar qualitativ überlegener Film, der jedoch die nötige kurze Verschlusszeit nicht zulässt. Das Ganze ist einmal mehr eine Frage der aktuellen Lichtverhältnisse und der verfügbaren Objektivlichtstärke.

Schnelle Filme

Aus qualitativer Sicht besitzen hochempfindliche Filme einige wenig erwünschte Eigenschaften. Je höher die Empfindlichkeit ist, um so gröber fällt die Körnigkeit aus. Gleichzeitig leiden auch das Auflösungsvermögen und die Farbsättigung der Emulsion. Und trotzdem: Wenn nichts Besseres eingesetzt werden kann, muss man halt mit dem Verfügbaren Vorlieb nehmen. So fürchterlich schlimm sind die höchstempfindlichen Filme nun auch wieder nicht, zumal das gröbere Filmkorn in der bildmässigen Fotografie ja gelegentlich ganz bewusst als kreativer Spezialeffekt eingesetzt wird.

In der Dämmerung bräuchte man zum Einfrieren von Bewegungen jedoch bald einmal astronomisch hohe Filmempfindlichkeiten. Um verwackelten Aufnahmen vorzubeugen, ist daher die Benutzung eines Stativs bei weitem vorzuziehen. Gegebenenfalls kann man sich auch mit Blitzlicht behelfen.

Gerade in der Dämmerung sind häufig sehr interessante Tierbeobachtungen möglich, welche durch die oft spektakulären Lichtstimmungen erst recht zum Fotografieren verlocken müssten. In solchen Fällen ist die Mehrzahl der Naturfotografen merkwürdigerweise sehr zurückhaltend. Wer sich erst nach Sonnenaufgang auf die Suche nach Motiven macht und nachmittags schon beim ersten Wölkchen oder nach dem Festhalten des Sonnenunterganges sofort seine Siebensachen zusammenpackt, verpasst einige der lohnendsten Gelegenheiten. Lohnend gerade deshalb, weil sich kaum jemand die Mühe macht, diese Motive zu fotografieren.

Reziprozitätsfehler

Bei extrem langen oder kurzen Belichtungszeiten reagieren Filme mitunter anders, als man es von ihnen erwarten würde. Normalerweise kann man ja im Rahmen der an Kamera oder Objektiv verfügbaren Einstellmöglichkeiten zwischen mehreren gleichwertigen Paaren von Blende und Verschlusszeit wählen, weil sich diese beiden Elemente reziprok verhalten. Im Klartext: Wird die Blende um eine Stufe geschlossen, erhält man durch das Verlängern der Verschlusszeit um ebenfalls eine Stufe wieder die ursprüngliche Belichtung.

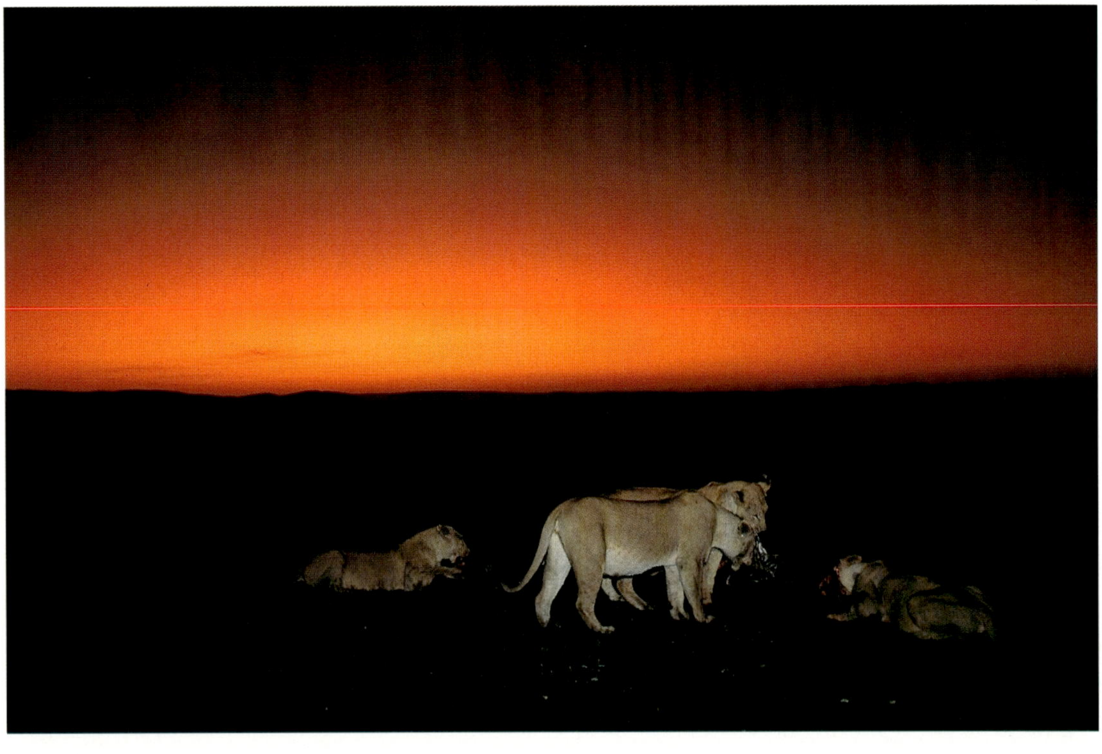

Morgenstund hat Gold im Mund: Die Löwen am Riss sind mithilfe von Blitzlicht effektvoll vor der Kulisse des aufleuchtenden Himmels in Szene gesetzt worden. Je nach der angestrebten Bildaussage kann man in der Dämmerung anstelle des Blitzgeräts auch einen hochempfindlichen Film einsetzen.
Foto: Fritz Pölking

Reziprozitätsgesetz:
Belichtung = Lichtintensität x Zeit

Diese Reziprozität gilt jedoch nur innerhalb eines bestimmten Zeitenbereiches, der vom verwendeten Film abhängig ist. Gängige Tageslicht-Emulsionen sind für Verschlusszeiten von 1/1000 bis 1/10 Sekunde optimiert, wobei die meisten Typen nach beiden Seiten noch eine gewisse Reserve aufweisen. Wenn die Belichtungszeit jedoch kürzer als 1/10'000s oder länger als 1s wird, muss man langsam aber sicher mit einer Unterbelichtung und/oder mit Farbverschiebungen rechnen.

Sicherlich haben Sie schon vom Schwarzschildeffekt gehört. Dieser bezeichnet den Reziprozitätsfehler bei den langen Belichtungszeiten, der vom Astronomen Schwarzschild beim Fotografieren der Gestirne entdeckt wurde: Bei Langzeitbelichtungen traten rätselhafte Unterbelichtungen auf, die um so deutlicher ausfielen, je länger die errechnete Belichtungszeit war. Mit Farbfilmen ist dieses Problem noch gravierender, weil die drei Farbschichten meist ein unterschiedliches Schwarzschildverhalten besitzen. Deshalb ist neben der Belichtungskorrektur häufig auch eine Korrekturfilterung erforderlich, die sich bei noch längeren Verschlusszeiten ebenfalls ändert.

Dieselbe Schwierigkeit präsentiert sich am anderen Ende der Zeitenskala. Hier spricht man vom sogenannten Ultrakurzzeit-Effekt. Damit müssen sich eigentlich nur jene Fotografen herumschlagen, die Elektronenblitzgeräte mit extrem kurzen Leuchtzeiten einsetzen. Die beim normalen Blitzen oft zu beobachtende Blautendenz der Dias ist dagegen eher auf eine zu hohe Farbtemperatur des Blitzlichtes zurückzuführen.

Über das Schwarzschild- und UKZ-Verhalten eines bestimmten Filmes gibt das jeweilige technische Datenblatt konkrete Auskunft. Es kann im Bedarfsfall beim Filmhersteller oder bei dessen Vertretungen angefordert werden.

Korrekturen beim Entwickeln

Mit dem Aufkommen der modernen Umkehrfilme, die nach dem standardisierten Prozess E-6 entwickelt werden, hat die im Schwarzweissbereich seit eh und je bekannte Korrekturentwicklung auch in der Farbfotografie Einzug gehalten. Vor allem die forcierte Entwicklung, auch empfindlichkeitssteigernde Entwicklung oder kurz Puschen genannt, erfreut sich unter Profis recht grosser Beliebtheit. Einige der höchstempfindlichen Diafilme sind speziell für diese Verarbeitungsweise ausgelegt, so dass ihre Empfindlichkeit teils schon auf der Verpackung als variabel angegeben wird. Natürlich muss jeweils der ganze Film mit ein und derselben ISO-Einstellung belichtet werden, weil Einzelbildkorrekturen logischerweise nicht möglich sind.

Im Detail erfolgt das Puschen durch die Verlängerung der Erstentwicklung. Dies hat neben der beabsichtigten Steigerung der effektiven Filmempfindlichkeit jedoch auch eine weniger erwünschte Aufsteilung der Gradation zur Folge. Auch das Filmkorn wird beim Forcieren gröber. Deshalb sind unter normalen Umständen Filme mit einer von Haus aus höheren Nennempfindlichkeit vorzuziehen. Als Notbehelf hat die forcierte Entwicklung jedoch durchaus ihre Berechtigung. Wie alle Sonderwünsche ist eine Korrekturentwicklung mit einem entsprechenden Aufpreis verbunden.

Statt einen Film zu «stossen», kann man ihn übrigens auch «ziehen». In diesem Fall wird ein (absichtlich) überbelichteter Film durch eine verkürzte Erstentwicklung wiederum zur normalen Dichte hin korrigiert. Dadurch erhält man etwas weichere Dias mit geringfügig feinerem Korn; die Maximaldichte wird ebenfalls reduziert.

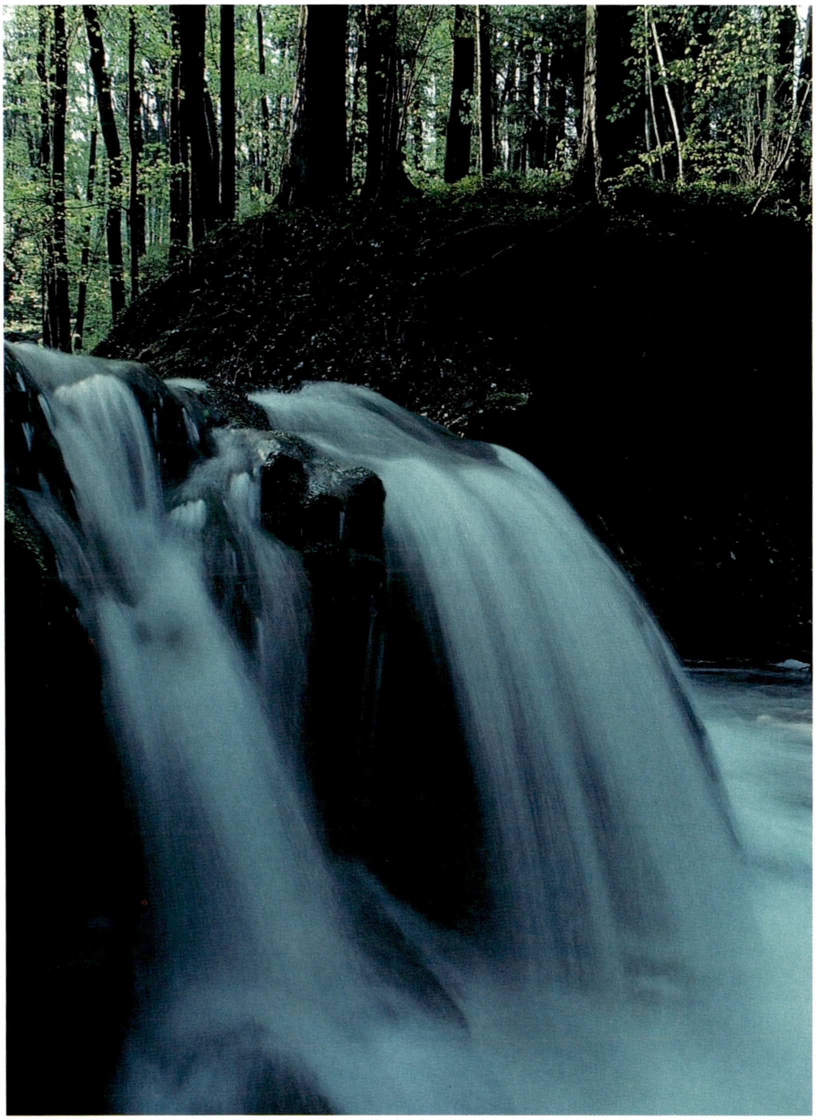

Diesen Wasserfall habe ich mit einer Belichtungszeit von über einer Sekunde auf Kodachrome fotografiert. Dieser Film reagiert bei so langer Belichtung mit einer hier bereits sichtbaren Farbverschiebung gegen cyan.
Foto: Eric A. Soder

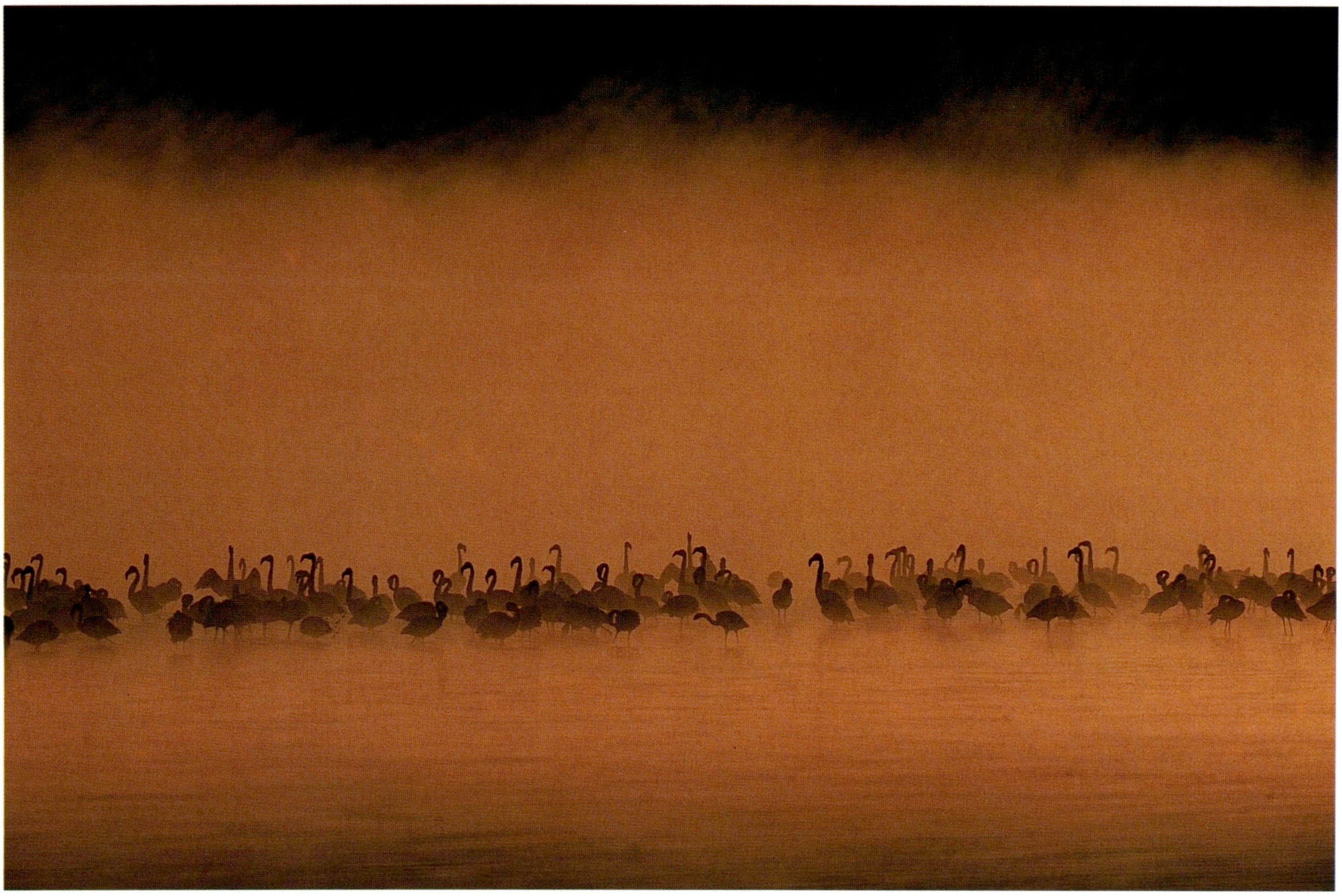

Die monochromen Farbtöne des Flamingoschwarms im Nebel können durch die Wahl eines geeigneten Filmmaterials und einer knapperen oder reichlicheren Belichtung in relativ weiten Grenzen subjektiv beeinflusst werden.
Foto: D. Parer & E. Parer-Cook / Auscape

Fachlabors bieten für schwierige Aufnahmeserien einen ganz besonderen Service an, den sogenannten Snip-Test. Hierbei wird vom einen Ende des Filmes ein kleines Stück – etwa zwei bis vier Aufnahmen – abgetrennt und normal entwickelt. Anschliessend wird anhand der Probedias die allenfalls nötige Korrektur ermittelt, mit der dann die restlichen Aufnahmen des Filmes entwickelt werden.

Korrekturentwicklungen sind übrigens auch bei Kodachrome-Filmen technisch machbar. In der Schweiz werden laut Kodak (August 1992) einmal wöchentlich Spezialentwicklungen durchgeführt. Zur Auswahl stehen Korrekturen von -1, +1 ⅓ sowie +2 Blendenstufen. Der Aufpreis für diese Spezialentwicklung ist jedoch gewaltig; für einen einzelnen Film beträgt er ein Vielfaches der üblichen Entwicklungskosten.

Welchen Film für welchen Zweck?

Die gesamte Palette der Kleinbildfilme umfasst etliche Dutzend verschiedene Typen. Dieses breite Angebot ist für Normalverbraucher zumindest anfänglich gar nicht so leicht zu überblicken. Zudem werden Filme ein und desselben Herstellers teilweise auch noch von grossen Warenhausketten als Hausmarke vertrieben.

Zur ersten groben Orientierung lassen sich die Filme in folgende Gruppen unterteilen: Schwarzweissfilme, Farbnegativfilme, Farbdiafilme und Spezialfilme. Innerhalb dieser Gruppen richtet man sich am besten nach der jeweiligen Empfindlichkeit, um die Auswahl auf einige wenige Fabrikate einzugrenzen.

Für den allgemeinen Gebrauch (zur Projektion, für *gelegentliche* Vergrösserungen und als Druckvorlagen) sind wie bereits erwähnt Diafilme zu empfehlen. Wer seine Fotos selbst entwickeln und vergrössern will, verwendet stattdessen besser Negativmaterial in Schwarzweiss. Das Selbstvergrössern von Farbnegativen oder Dias ist ebenfalls ohne weiteres möglich, wenn man das etwas aufwendigere Verfahren mit entsprechend höheren Kosten für Geräte und Chemikalien in Kauf nimmt.

Einige Hersteller liefern bestimmte Filmtypen in zwei oder mehr Versionen mit jeweils gleicher oder zumindest ähnlicher Empfindlichkeit. In solchen Fällen ist jede Version für einen anderen Aufgabenkreis gedacht. So gibt es zum Beispiel bei den Umkehrfilmen solche, die auf Tageslicht abgestimmt sind (Normalfall), und andere, die sich für das Fotografieren bei Kunstlicht (mit entsprechend längeren Verschlusszeiten) eignen. Ausserdem tragen einige Filmpackungen die Zusatzbezeichnung «Professional», was den Laien meist sofort hellhörig macht. Sind diese teureren Filme etwa wirklich besser als die gewöhnlichen Amateurfilme? Ja und nein, denn sie sind wiederum in erster Linie für eine bestimmte Aufgabe gedacht, eben die kommerzielle Fotografie im Studio oder unter studio-ähnlichen Bedingungen. Profifilme sind zum Zeitpunkt der Auslieferung optimal ausgereift, damit sie das bestmögliche Resultat liefern. Zudem werden die Emulsionen mit engen Toleranzen ausgewählt, damit die effektive Empfindlichkeit und das Farbgleichgewicht von Film zu Film möglichst konstant bleiben. Diese Eigenschaften kommen aber nur dann wirklich zum Tragen, wenn die frischen Filme kühl gelagert, nach dem Einlegen möglichst bald belichtet und danach sofort entwickelt werden. In der Naturfotografie können diese Bedingungen jedoch nicht immer eingehalten werden. Deshalb verwenden auch Profis häufig Amateurfilme, besonders auf langen Reisen in warme Gebiete.

Es gibt ferner noch eine Anzahl Spezialfilme wie z.B. Duplikat-, Internegativ-, Infrarot- und Strichfilme. In der Naturfotografie hat man dafür im allgemeinen keine Verwendung, es sei denn für die entsprechenden Kopierarbeiten oder für bestimmte Verfremdungseffekte.

Effekte mit Filmen

Eigentliche Verfremdungen werden in der bildmässigen Fotografie zum Beispiel durch die Verwendung von Kunstlichtfilm bei Tageslicht oder umgekehrt, mit Infrarot-Farbfilm oder gar durch das Entwickeln von Negativfilmen im Umkehrprozess realisiert. Auf solche Effekte, die aus künstlerischer Sicht durchaus ihre Berechtigung besitzen mögen, möchte ich hier jedoch nicht näher eingehen. Stattdessen scheinen mir die subtileren Unterschiede zwischen den gewöhnlichen Tageslicht-Farbfilmen erwähnenswert.

Jeder Film besitzt einen eigenen Charakter, der sich aus seinen physikalischen Eigenheiten wie Körnigkeit, Auflösungsvermögen, Kontrast und insbesondere aus der Farbwiedergabe ergibt. Wenn man dasselbe Motiv mit verschiedenen Filmen fotografiert und die Dias hinterher nebeneinander aufs Leuchtpult legt, treten mitunter ganz erstaunliche Unterschiede in der Wirkung der einzelnen Aufnahmen zutage. Was auf dem einen Dia in spritzigen Farben leuchtet, kann auf einem anderen stumpf und leblos wirken. Manchmal gibt ein Film bestimmte Farben ausgesprochen unnatürlich wieder, während ein anderer die Stimmung so realistisch einfängt, dass man sie förmlich spüren kann. Sogar die Körnigkeit der verschiedenen Filme kann zusammen mit bestimmten Strukturen bald störend hervortreten, bald damit verschmelzen.

Wenn man diese Filmeigenschaften kennt und beim Fotografieren gezielt einsetzt, wird man zumindest bei einem Teil seiner Aufnahmen wirklich bemerkenswerte Resultate erzielen. So, wie es mir bei einem Schnappschuss vom Ringfischer (einer Eisvogelart) gelungen ist, der als Poster an der Wand hinter meinem Computerbildschirm hängt. Könnte ich diese Aufnahme wiederholen, würde ich ohne Zögern wieder einen Velvia laden und das Dia anschliessend auf Cibachrome vergrössern lassen. Der metallische Glanz des irisierend graublauen Gefieders ist einfach atemberaubend, auch wenn das Foto ansonsten nicht sonderlich originell ist.

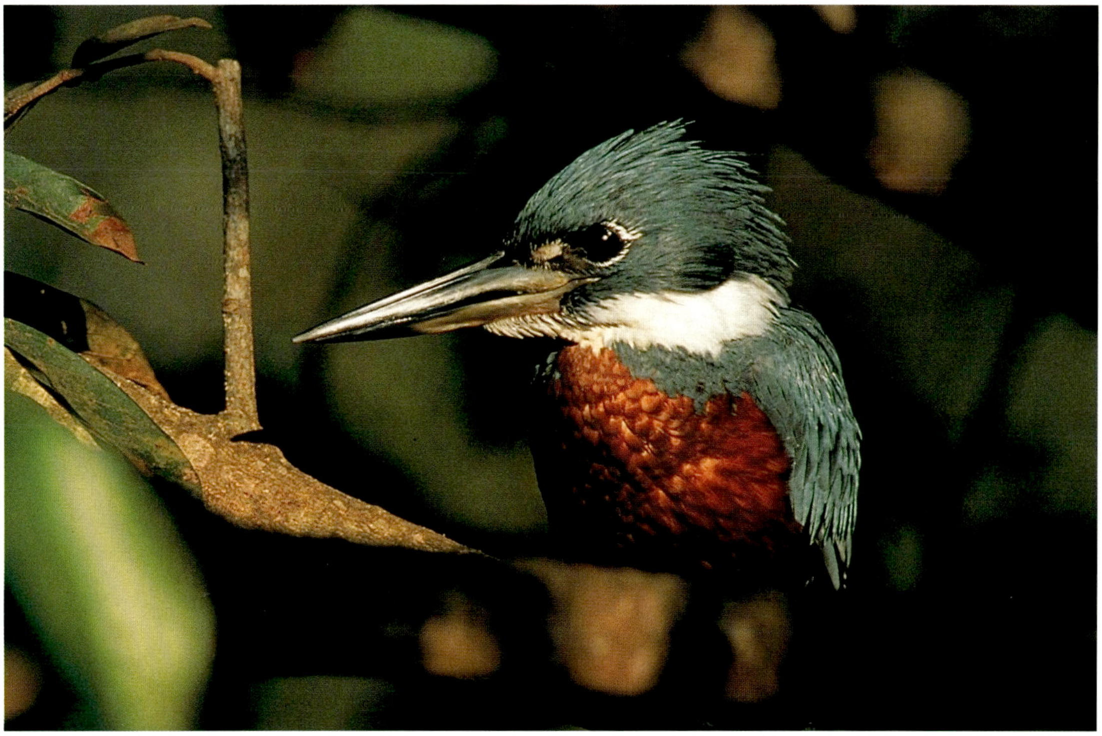

Die Filmwahl ist nicht nur eine Frage der Qualität, sondern auch des persönlichen Geschmacks. Ich bevorzuge kräftige Farben und einen hohen Bildkontrast, der die Ecken und Kanten des Motivs plastischer erscheinen lässt. Beim Ringfischer ist die Struktur der Federn fast greifbar.
Foto: Eric A. Soder

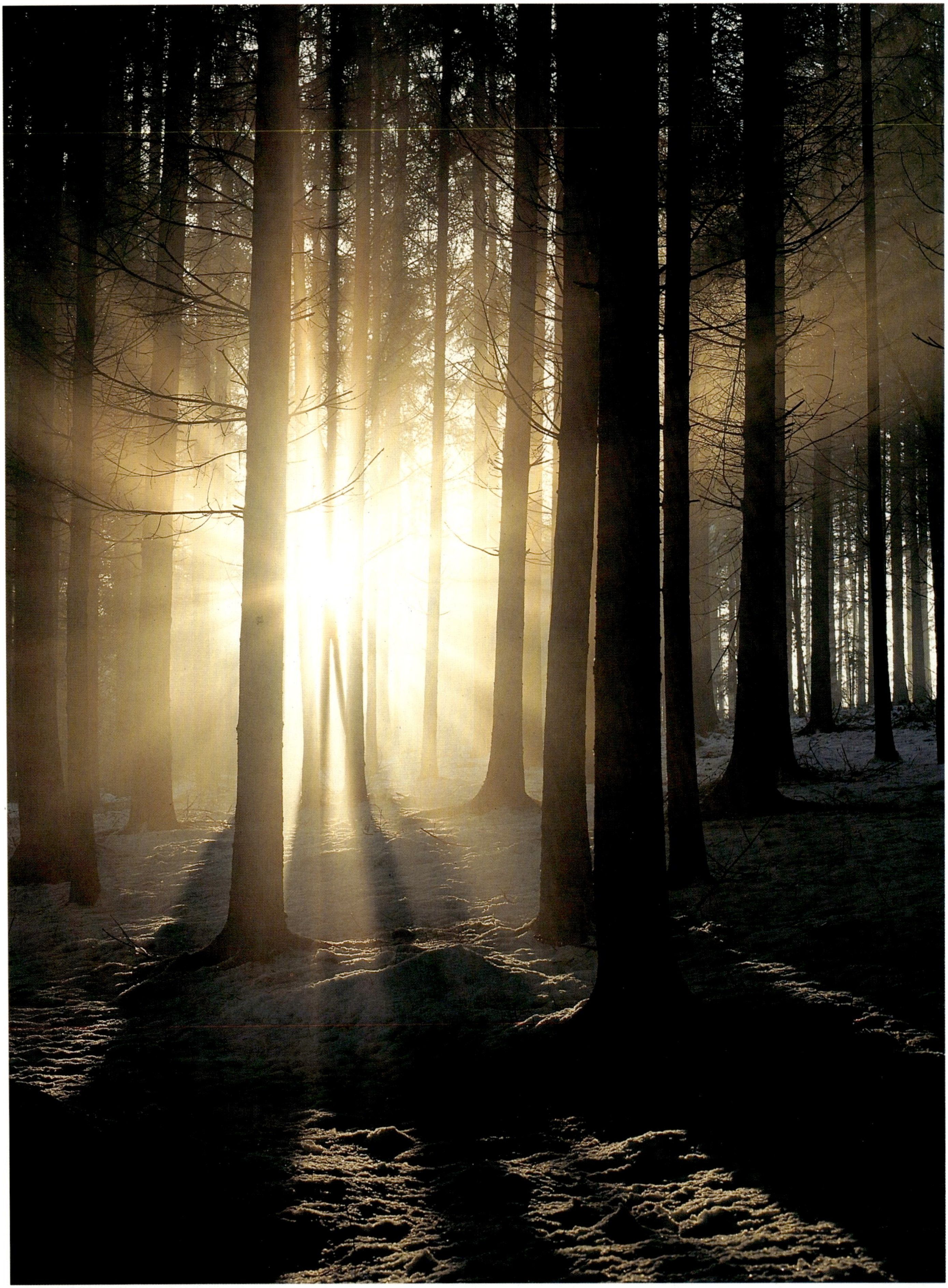

Licht und Schatten

Fotografie bedeutet ungefähr «Zeichnen mit Licht», wie Sie sicher wissen. Es ist folglich ebenso naheliegend wie notwendig, dass man sich mit dem Medium Licht etwas näher befasst. Physikalisch gesehen ist das Licht eine Form elektromagnetischer Strahlung, die sich in der Regel geradlinig mit einer Geschwindigkeit von annähernd 300 Millionen Metern pro Sekunde ausbreitet.
Licht ist aber auch eine Wellenerscheinung, die den Gesetzen der Schwingungslehre gehorcht: Unter bestimmten Voraussetzungen (etwa beim Ein- und Austritt durch eine Linse im Objektiv) wird es von seiner ursprünglichen Richtung abgelenkt.

Bei kontrastreichen Szenen wie in dem von Sonnenstrahlen durchfluteten Wald muss die Belichtung genau gemessen und sorgfältig abgewogen werden.
Foto: Eric A. Soder

Von praktischer Bedeutung für die Fotografie sind vor allem die Intensität und die farbliche Zusammensetzung des Lichtes. Beide Faktoren wirken sich nämlich ganz direkt auf die Wiedergabe des abgebildeten Motivs aus. Auf der einen Seite bedingt die Herstellung eines technisch korrekten Lichtbildes die Einhaltung vorgegebener Normen in Bezug auf Belichtung und Farbwiedergabe. Auf der anderen Seite jedoch ruft die kreative Seele nach der Ausübung künstlerischer Freiheiten, um die subjektive Sicht des Fotografen zu untermalen. Erst die praktische Erfahrung lehrt, wann man welchen Spielraum für die Interpretation seines Motivs ausnützen kann.

Wo viel Licht ist, gibt es auch Schatten. Diese Binsenwahrheit muss man sich beim Fotografieren sehr zu Herzen nehmen. Erst die Schatten bringen nämlich das Licht zur Geltung. Manchmal jedoch treten Schatten auch dort in Erscheinung, wo sie wenig Wünschenswertes bewirken. All dieser Dinge sollte man sich bei der Suche nach Motiven und beim Ablichten derselben stets bewusst sein.

Belichtung

Für jedes Motiv auf Anhieb die richtige Belichtung zu finden, ist wohl eines der schwierigsten Ziele, das man sich beim Fotografieren mit Diafilm setzen kann. Denn neben den technischen Anforderungen an das fertige Bild spielen auch subjektive Bewertungskriterien eine wichtige Rolle. Es ist sehr empfehlenswert, in Belichtungsfragen konsequent nach einem dreistufigen Schema vorzugehen: Messen – Beurteilen – Einstellen. Wie bei der Schärfe gilt es dabei, mit grösstmöglicher Präzision zu arbeiten und jenen Kompromiss zu suchen, der dem gegebenen Motiv am besten gerecht wird. Die Stärke des Könners liegt darin, dass er die Schwächen des Films zu seinem eigenen Vorteil zu nutzen versteht. Das setzt natürlich eine Menge praktischer Erfahrung voraus. Wer nicht auf Hunderte oder Tausende von eigenen Erfolgen und Missgriffen zurückblicken kann, dem fehlt schlicht die

Der schlafende Fuchs kommt im Seitenlicht sehr schön zur Geltung. Die Bildwirkung kann in gewissem Mass auch über die Belichtung gesteuert werden. Der Fotograf hat das Dia hier eher dunkel gehalten, damit die Farben intensiver erscheinen.
Foto: Robert Maier / Sutter

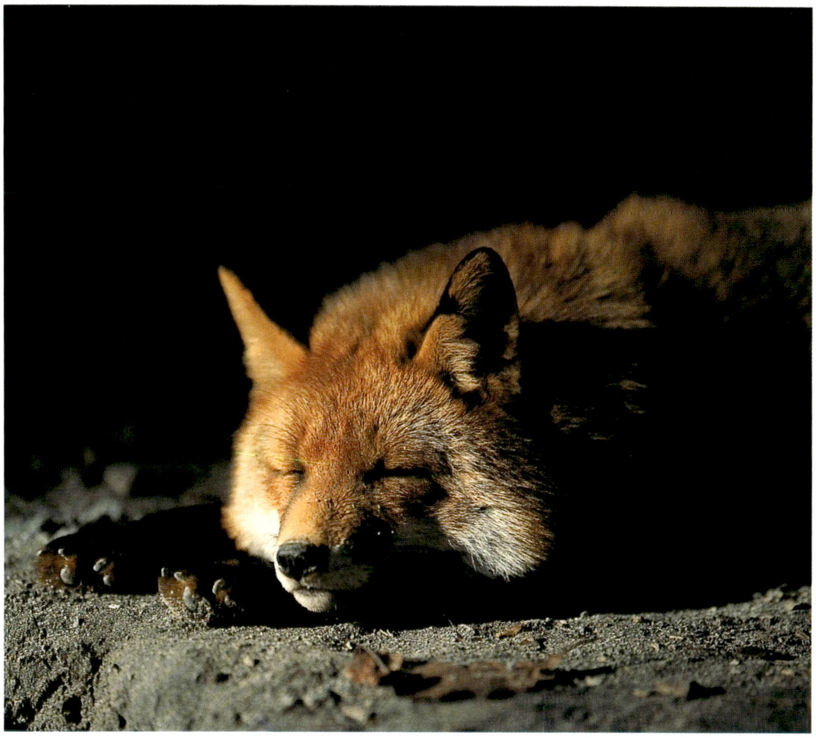

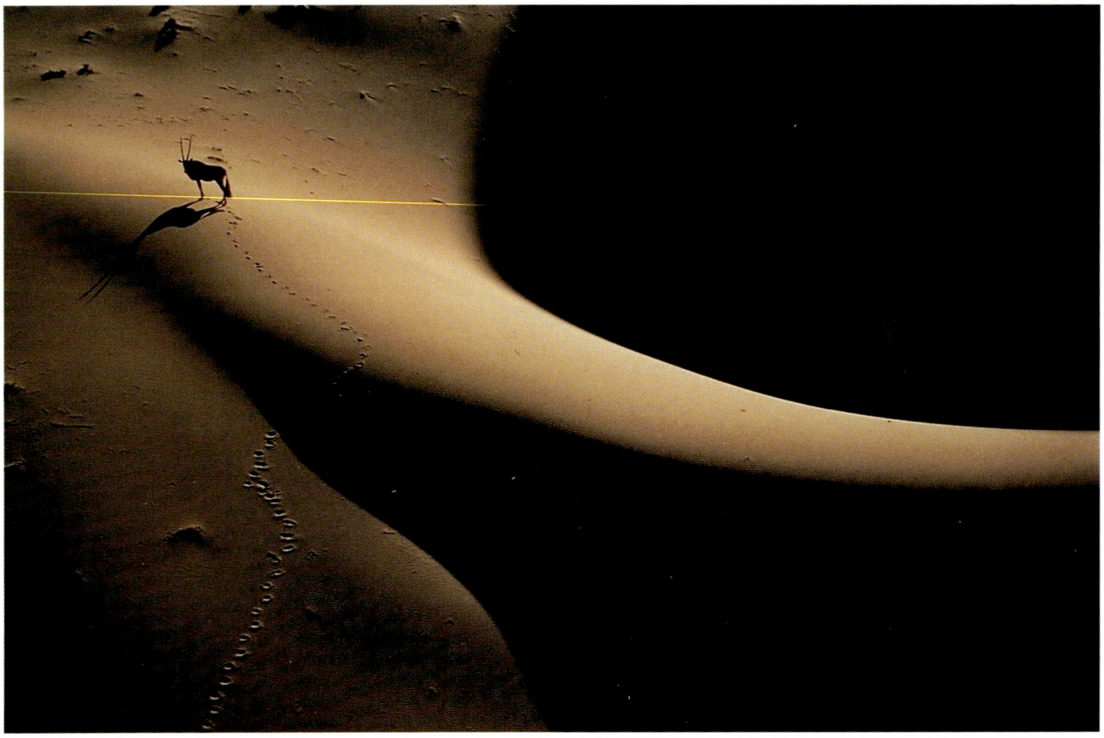

Die Dramatik dieser Stimmungsaufnahme beruht fast gänzlich auf dem harmonischen Zusammenspiel von Beleuchtung und Belichtung der Düne und des Spiessbocks
Foto: Jim Brandenburg / Minden Pictures

Grundlage für heikle Entscheidungen. Erst wenn man sich genau vorstellen kann, wie der verwendete Film Farben und Kontraste wiedergibt, ist eine gezielte Steuerung der Belichtung möglich.

Denken in Stufen

Die Hauptsache habe ich ja schon im Zusammenhang mit den Reziprozitätsfehlern des Filmmaterials vorweggenommen: Grundsätzlich stehen immer mehrere Kombinationen von Verschlusszeit und Blende zur Auswahl. Wirklich gleichwertig sind diese Paare allerdings nur im quantitativen Sinn, denn sowohl die Verschlusszeit als auch die Blende erfüllen nebst der Belichtungssteuerung noch weitere, mindestens ebenso wichtige Funktionen qualitativer Art. Hier steht indessen der belichtungstechnische Aspekt im Vordergrund.

Aus praktischen Gründen sind die wichtigsten mit der Belichtung zusammenhängenden Angaben jeweils logarithmisch abgestuft, und zwar mit der Basis 2. Das klingt für Nichtmathematiker viel komplizierter als es in Wirklichkeit ist: Von einer Stufe zu nächsten wird die ursprüngliche Lichtmenge ganz einfach verdoppelt oder halbiert. Dies ist viel praktischer, als die Lichtmenge jeweils um eine feste Differenz zu vergrössern oder zu verkleinern.

Bei den Filmempfindlichkeiten sieht die gebräuchlichste Abstufung der ISO-Werte wie folgt aus: 25-50-100-200-400 und so weiter. Ein Film mit ISO 100 braucht demnach nur halb so viel Licht, um eine vorgegebene Dichte zu erreichen, als ein anderer mit ISO 50. Wie Sie wissen gibt es auch Filme, die Empfindlichkeiten wie ISO 64, 125 oder 1000 besitzen. Dabei handelt es sich um Zwischenwerte, die jeweils um eine Drittelstufe von der nächsten «runden» Empfindlichkeit abweichen. Die verfeinerte Skala sieht dann so aus: ...*25*; 32; 40; *50*; 64; 80; *100*; 125; 160; *200*; 250; 320; *400*; 500; 640; *800*; 1000...

Die Verschlusszeiten kennen wir als Zweierpotenzen, die zum Teil ein bisschen auf- oder abgerundet sind. Die üblichen Einstellungen in Sekunden lauten: ...1/2000; 1/1000; 1/500; 1/250; 1/125; 1/60; 1/30; 1/15; 1/8; 1/4; 1/2; 1; 2; 4; 8; 15; 30; 60... Einige Kameras zeigen auch hier Zwischenwerte in Drittel- oder in halben Stufen an.

Die Blendenzahlen passen als einzige scheinbar nicht so recht in dieses Schema: 1; 1,4; 2; 2,8; 4; 5,6; 8; 11; 16; 22; 32... lautet hier die Folge. Es fällt jedoch auf, dass jede zweite Zahl eben doch wieder eine Zweierpotenz ist. Die Blendenzahl gibt das Verhältnis der Brennweite des Objektivs zum wirksamen Blendendurchmesser an. Daraus ergibt sich, dass die Blendenöffnung um so grösser ist, je kleiner die Blendenzahl. Bei einem auf Blende 4 eingestellten 200mm-Objektiv misst die Durchlassöffnung für das Licht demnach 50mm. Weil die entsprechende Lichtmenge jedoch zur *Fläche* der Öffnung proportional ist, muss der *Durchmesser* der Blende zwecks Verdoppelung der Lichtmenge nur um den Faktor $\sqrt{2}$ (rund 1,4) vergrössert werden. Hieraus ergeben sich die oben aufgeführten Blendenzahlen. Abermals sind auch Zwischenwerte gebräuchlich, die insbesondere bei Zoomobjektiven mit variabler Lichtstärke manchmal ganz absonderliche Zahlen annehmen.

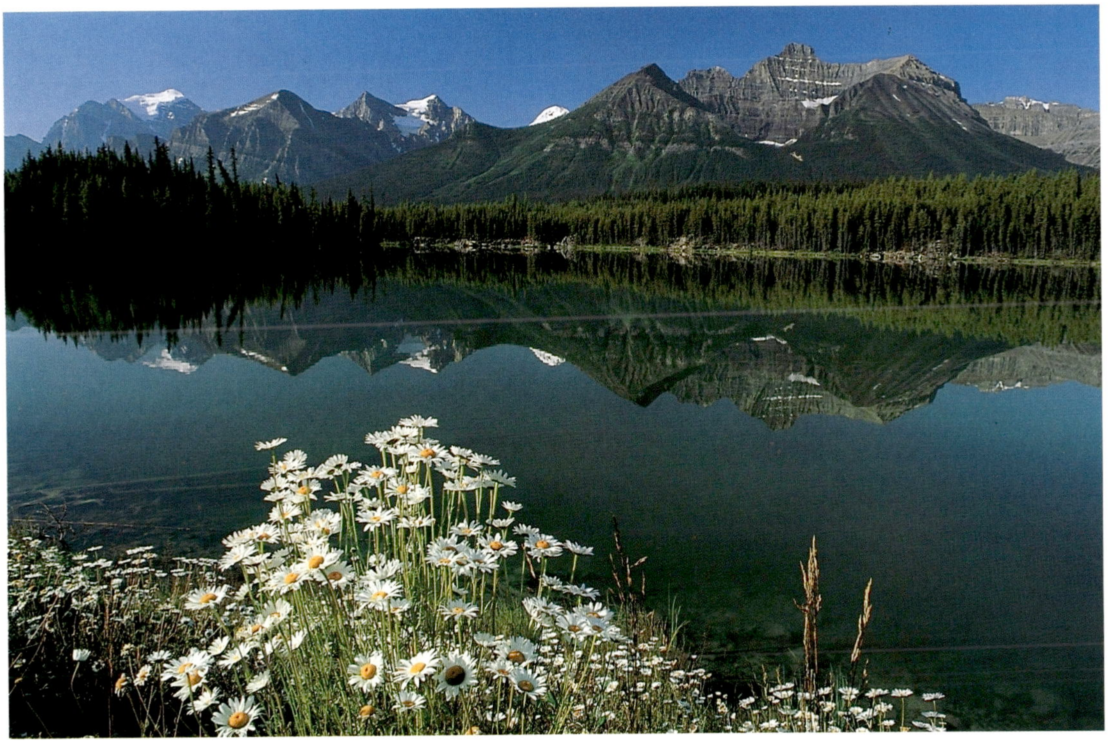

Trotz hartem Licht ist es gelungen, den See und alles darum herum mit genügend Detailzeichnung festzuhalten. Durch optimale Belichtung erscheint das Motiv in prächtigen, satten Farben.
Foto: John Shaw

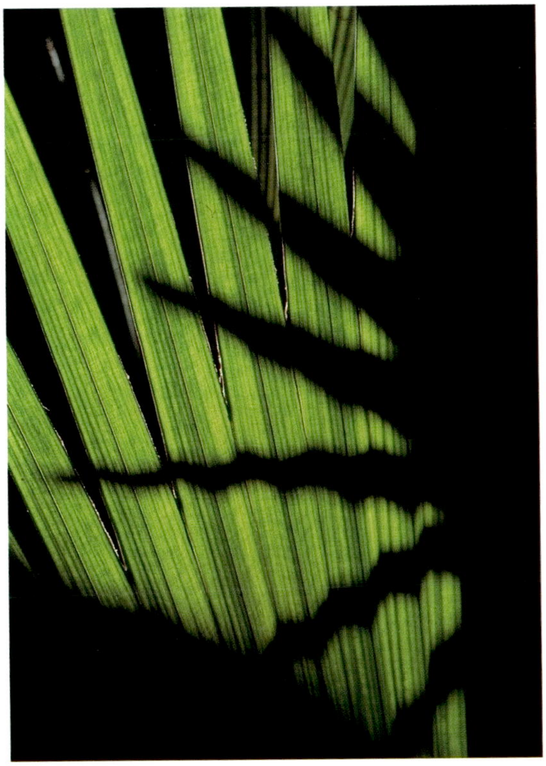

Wie diese Palmwedel belegen, gilt es beim Fotografieren, sowohl das Licht als auch die Schatten zu berücksichtigen. In der gezeigten Situation stellt die Spotmessung eine wertvolle Hilfe dar.
Foto: Jeff Foott

Bei allen nachfolgend erläuterten Überlegungen ist das Denken in solchen Belichtungsstufen die grundlegende Voraussetzung. Mit dieser Betrachtungsweise wird es kinderleicht, die drei Faktoren Filmempfindlichkeit, Blende und Verschlusszeit zueinander in Beziehung zu setzen und gegebenenfalls so zu verändern, dass die Helligkeitswiedergabe auf dem Film entweder gleich bleibt oder aber um die gewünschte Differenz verschoben wird.

Die Eichung des Belichtungsmessers

Jegliche Belichtungsmesser sind auf einen mittleren Tonwert geeicht, der einer diffusen Reflexion von 18% des auf das Motiv treffenden Lichtes entspricht. Dass es 18 und nicht 17 oder 21,578% sind, ist für die Praxis eigentlich egal. Wichtig ist nur, dass man das Grundprinzip und die praktische Bedeutung der Eichung versteht.

Wenn wir eine beliebige gleichmässig getönte Fläche fotografieren, erscheint diese auf dem entwickelten Film ebenfalls als gleichmässige Fläche. Die Helligkeit der Abbildung ist nur von zwei Grössen abhängig, nämlich von der absoluten Lichtmenge, die den Film erreicht, und von dessen Empfindlichkeit. Letztere ist stets vorgegeben, während man die Lichtmenge durch das Verstellen von Blende und Verschlusszeit steuern kann. Wird eine sehr knappe Belichtung eingestellt, erhält man ein gänzlich schwarzes Dia mit maximaler Dichte. Ab einem gewissen Schwellenwert fällt das Dia dann immer heller aus, je stärker der Film belichtet wird. Bis zu einem zweiten Punkt, an dem der Film seine minimale Dichte erreicht und folglich trotz noch stärkerer Belichtung nicht mehr heller werden kann.

Zwischen diesen beiden Extremen liegt der fotografisch nutzbare Bereich, in dem die Tonwerte des Motivs vom Film differenziert wiedergegeben werden. Ein Diafilm kann einen Motivkontrast bis 1:32 – oder anders gesagt: bis zu fünf Stufen – optimal verarbeiten. Höhere Kontraste lassen sich nicht mehr korrekt reproduzieren; stellenweise kann die Zeichnung verloren gehen. Als Ausgangsbasis für die Dosierung der Lichtmenge dient die Filmempfindlichkeit.

Die Lenzerheide kann dank des geringen Motivkontrasts direkt mit den von der Automatik angezeigten Werten für Zeit und Blende belichtet werden.
Foto: Max Schmid

Die ISO-Zahl sagt aus, wie viel Licht auf den Film treffen muss, um eine genau vorgegebene Dichte zu erhalten.

Nun braucht man auf der Seite des Motivs gleichfalls einen Bezugspunkt, um die korrekte Belichtung verbindlich definieren zu können. Das Problem dabei ist offensichtlich: Der Helligkeitsumfang verschiedener Motive besitzt keine konstante Unter- und Obergrenze und deshalb natürlich auch keinen greifbaren Mittelwert. Also muss man eine Referenzhelligkeit, den sogenannten mittleren Tonwert, künstlich definieren. Eben beispielsweise als ein Objekt, das 18% des einfallenden (weissen) Lichtes diffus reflektiert, und zwar gleichmässig über alle Wellenlängen der sichtbaren Strahlung. Ein Gegenstand, der diese Bedingung optimal erfüllt, sieht zwangsläufig matt grau aus – wie die vielzitierte Graukarte. Für die Belichtungsmessung spielt die tatsächliche Farbe in der Praxis keine Rolle, sofern der Belichtungsmesser auf alle Farben gleich anspricht. Dies scheint jedoch durchaus nicht bei allen Modellen der Fall zu sein.

Nach dieser langen Einleitung sollte nun die Eichung eines Belichtungsmessers klar verständlich sein: Die Anzeige der Zeit/Blenden-Kombinationen am Gerät wird so justiert, dass ein mittlerer Tonwert im Motiv als mittlere Dichte auf dem Film wiedergegeben wird. Bei einer korrekten Messung und Belichtung führen somit dunkle Tonwerte im Motiv zu einer hohen Dichte im Dia und helle Tonwerte dementsprechend zu einer niedrigen Dichte. Im Bild erscheint der jeweilige Helligkeitsunterschied zum mittleren Tonwert stets grösser als im Original. Leider ist diese Kontraststeigerung im Sucher noch nicht erkennbar, weil unsere Augen mit weit höheren Kontrasten fertigwerden als das Filmmaterial.

Die Objektmessung

Bei der Objektmessung zielt man mit dem Belichtungsmesser auf das Motiv – eventuell auch nur auf einen Teil davon – und misst die Intensität des reflektierten Lichtes. Dieses Prinzip liegt bekanntlich dem eingebauten TTL-Messystem einer Spiegelreflexkamera zugrunde.

Zwischen dem so erhaltenen *Messwert* und den *tatsächlich einzustellenden Werten* für Verschlusszeit und Blende muss allerdings streng unterschieden werden. Denn was der Belichtungsmesser anzeigt, gilt ja nur für solche Motive, die genau den Eichbedingungen gerecht werden. Dies trifft jedoch in Wirklichkeit nur auf einen winzigen Bruchteil aller Objekte zu. Meistens ist der gemessene Bereich entweder heller oder dunkler als eine normierte Graukarte. Dann muss man den Messwert in Abhängigkeit der Reflexionseigenschaften des Motivs korrigieren, um einen korrekten Einstellwert zu erhalten.

Genau hier liegt das grösste Problem jeder Belichtungsautomatik. Denn das Messystem kann unmöglich «wissen», ob das anvisierte Objekt viel oder wenig Licht reflektiert; dazu müsste man zusätzlich die Intensität des einfallenden Lichtes messen, wozu ein TTL-Belichtungsmesser aber ganz und gar ungeeignet ist. An dieser unumstösslichen Tatsache kann keine noch so fortschrittliche Kamera mit Mehrfeldmessung, *fuzzy logic* und weiss der Kuckuck welchen «intelligenten» Steueralgorithmen etwas ändern. Wer dies bezweifelt, möge sich selbst überzeugen: Bei einem formatfüllend fotografierten einfarbig schwarzen Motiv liefert *jede* TTL-Automatik ohne manuelle Belichtungskorrektur *unweigerlich* falsch belichtete (mittelgraue statt schwarze) Dias. Gänzlich weisse Motive kann die Kamera normalerweise ebenfalls nicht als solche erkennen und liefert abermals graue Bilder. Dasselbe Problem tritt sinngemäss auch bei besonders hellen oder dunklen farbigen Motiven auf.

Mittelwert-orientierte TTL-Verfahren

Stellen Sie sich vor, Sie möchten ein Reh fotografieren, das vor Ihnen in einer saftigen grünen Wiese steht und von der Sonne gleichmässig beleuchtet wird. Reh und Gras sind ungefähr gleich hell und reflektieren etwa einen Sechstel bis einen Fünftel des Sonnenlichts, was dem Eichwert von 18% ziemlich nahekommt. Bei diesem Motiv kann man demnach mit der Belichtungsautomatik ausnahmsweise einfach draufhalten und auslösen.

Jetzt bauen wir in diesem gedachten Beispiel eine kleine Schwierigkeit ein: Der Fotograf liegt flach auf dem Boden, so dass jetzt hinter dem Reh ein schattiger Waldrand oder ein Stück hellen Himmels im Sucher erscheint. Um diesen Störfaktor auszuschalten, ist es am einfachsten, den gemessenen Ausschnitt soweit zu verkleinern, bis die dunklen oder hellen Bildanteile ausserhalb des Messfeldes zu liegen kommen. Dazu stellt man entweder auf Selektiv- oder Spotmessung um (wenn dies die Kamera gestattet) oder geht näher ans Motiv heran, bis es den ganzen Sucher ausfüllt (was bei einem Reh wohl eher schwieriger zu realisieren ist). Der bei dieser Detailmessung erhaltene Messwert kann nun wiederum direkt übernommen, das heisst gespeichert oder manuell eingestellt werden. Dann stellt man den ursprünglichen Bildausschnitt wieder her und löst aus. Das Reh wird auf diese Weise korrekt belichtet, und der Hintergrund erscheint auf dem Dia entsprechend heller oder dunkler.

Weil Hintergründe von abweichender Helligkeit in der Naturfotografie eher die Regel denn die Ausnahme darstellen, kommt der Möglichkeit zur Spotmessung in der Praxis eine ziemlich grosse Bedeutung zu. Im grossen ganzen erzielt man damit schneller bessere Resultate als mit einer mittenbetonten Messung und «gefühlsmässigen» Belichtungskorrekturen nach der Formel Handgelenk mal Pi. Man darf jedoch nicht vergessen, dass die Messwerte auch bei der Spotmessung nur dann gleichzeitig Einstellwerte sind, wenn das jeweils anvisierte Bildelement einen mittleren Tonwert darstellt. Andernfalls ist natürlich eine entsprechende Korrektur der Belichtung notwendig. Der Vorteil der Punktmessung besteht hauptsächlich im verkleinerten Messbereich, der das selektive Messen von kleinen Flächen einheitlicher Helligkeit erlaubt. Im Gegensatz dazu werden von integralen und mittenbetonten Systemen meist zu grosse Flächen erfasst, die sich aus ganz unterschiedlich hellen und dunklen Teilen zusammensetzen, deren Gesamthelligkeit nur sehr ungenau abzuschätzen ist. Allein die Beurteilung der relativen Helligkeit einzelner farbiger Bildelemente bereitet mitunter schon genug Mühe.

Die Schwierigkeit im obigen Beispiel lässt sich übrigens auch ohne Spotmessung und ohne Nähertreten bewältigen, indem man ganz einfach das Gras anstelle des Rehs anmisst. Die beiden Helligkeitswerte sind in diesem konkreten Fall ja ungefähr gleich. Wer es ganz genau wissen will, verwendet für eine solche Ersatzmessung eine normierte Graukarte, die 18±1% des einfallenden Lichtes reflektiert. Besonders nützlich ist die Graukarte auch bei Seitenlicht: Zum Messen wird sie ungefähr senkrecht zur Winkelhalbierenden zwischen optischer Achse und Lichtrichtung so vor das Objektiv gehalten, dass die graue Fläche das gesamte Bild- beziehungsweise Messfeld ausfüllt. Dabei muss die Graukarte gleich

Der von einem engen Lichtkegel erhellte Rothirsch verlangt nach einer gezielten Detailmessung. Bei integraler Messcharakteristik würde eine Belichtungsautomatik ein scheusslich überbelichtetes Resultat liefern.
Foto: Jürgen Weber

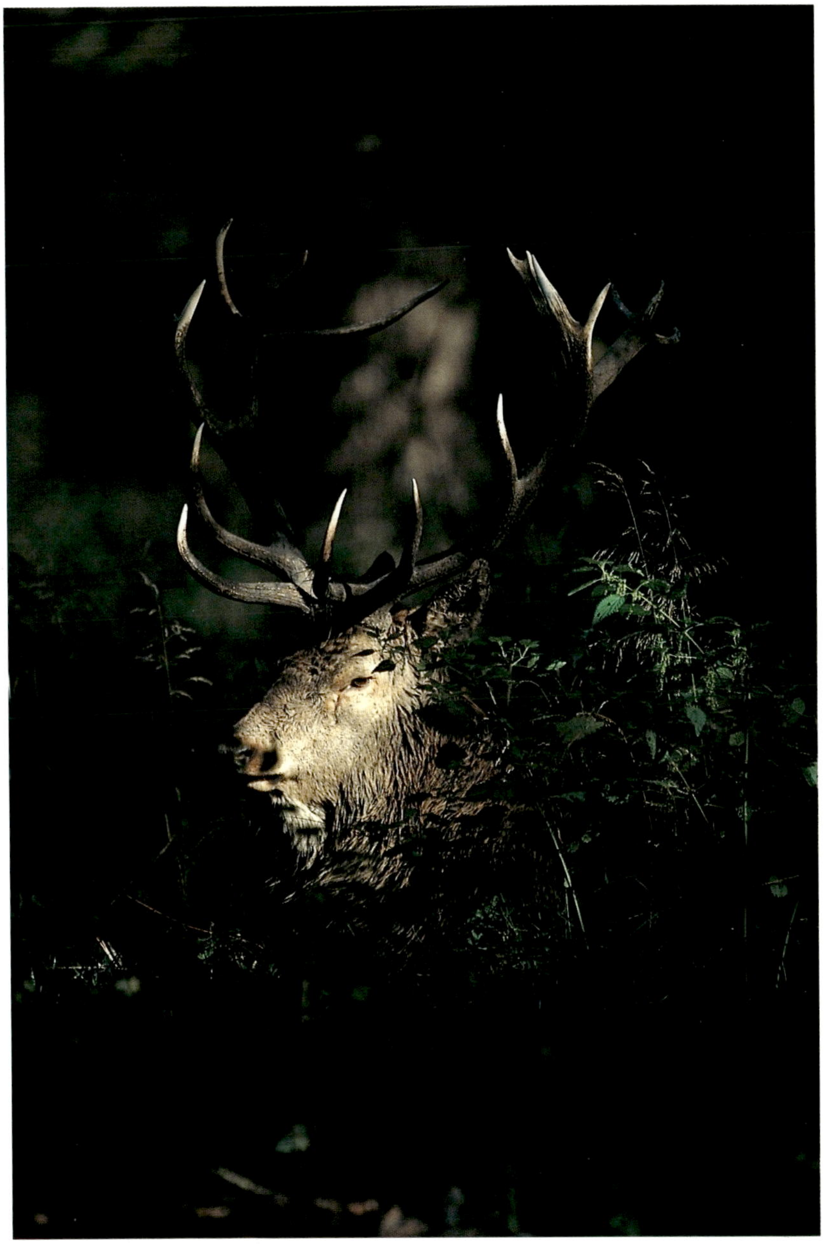

stark von der Sonne beschienen werden wie das Motiv. Auf diese Weise erhält man direkt einen Einstellwert für eine relativ ausgewogene Belichtung.

Belichtungskorrekturen

Nehmen wir jetzt einmal an, das Reh aus unserem Beispiel stünde im Wald und nur gerade es würde von einem einzelnen Sonnenstrahl erhellt, wie mit einem Scheinwerfer. Gehen wir ferner davon aus, Ihre Kamera besitze nur eine mittenbetont-integrale Messcharakteristik. Der Belichtungsmesser liefert nun wie immer einen Messwert, der ein mittelhelles Dia ergeben würde. Weil in unserem Beispiel nur das Reh einen mittleren Tonwert aufweist, alles andere jedoch viel dunkler ist, sollte auch das Dia insgesamt dunkler werden als bei der gemessenen Belichtung. Folglich ist ein gezieltes Eingreifen seitens des Fotografen erforderlich, und zwar in Form einer Minuskorrektur. Der genaue Differenzbetrag hängt allerdings von drei unabhängigen Faktoren ab, nämlich von dem Grössenverhältnis der hellen zu der dunklen Fläche, von der Position der hellen Fläche (Reh) in Bezug auf die Empfindlichkeitsverteilung des Belichtungsmessers und natürlich vom Helligkeitsunterschied zwischen Hauptmotiv und Hintergrund. Dadurch wird eine rein visuelle (d.h. nach Augenmass geschätzte) Beurteilung der Gesamthelligkeit enorm schwierig. Ohne Spotmessung ist man in einem solchen Fall ziemlich aufgeschmissen. Wenn keine Möglichkeit für eine Nah- oder Ersatzmessung besteht, sollte man unbedingt eine Belichtungsreihe durchführen.

Es gibt indes auch massenhaft Motive, die von sich aus nach einer Belichtungskorrektur verlangen. Will man etwa eine strahlend weisse Blüte oder einen schwarzen Alpensalamander ablichten, weicht die korrekte Belichtung bald einmal um zwei volle Stufen von dem per Objektmessung ermittelten Wert ab. In solchen Situationen darf man sich mit der nötigen Erfahrung schon eher eine ausreichend genaue visuelle Beurteilung zutrauen.

Für den Anfang kann sicherheitshalber auch eine Graukarte oder ein beliebiges anderes Referenzobjekt mit bekannten Reflexionseigenschaften benutzt werden, um die tatsächliche Abweichung der Motivhelligkeit vom mittleren Tonwert zu messen. Bedingung ist dabei, dass die Graukarte (oder was sonst als Referenz dient) gleich hell beleuchtet wird wie das Hauptmotiv. Bei Nahaufnahmen darf zudem die Schärfe zwischen den Vergleichsmessungen nicht verstellt werden, weil sich eine Auszugsveränderung auch auf die effektive Lichtstärke des Objektivs (durch welches ja die Messung erfolgt) auswirkt.

Ausgehend vom geschätzten oder gemessenen Tonwert des Motivs, wird die passende Belichtungskorrektur ermittelt. In der Praxis sind je nach Motiv Korrekturen im Bereich von –2 bis +2 Stufen sinnvoll. Würde man noch stärker vom Messwert abweichen, wären drastische Zeichnungsverluste in vielen Fällen unvermeidlich.

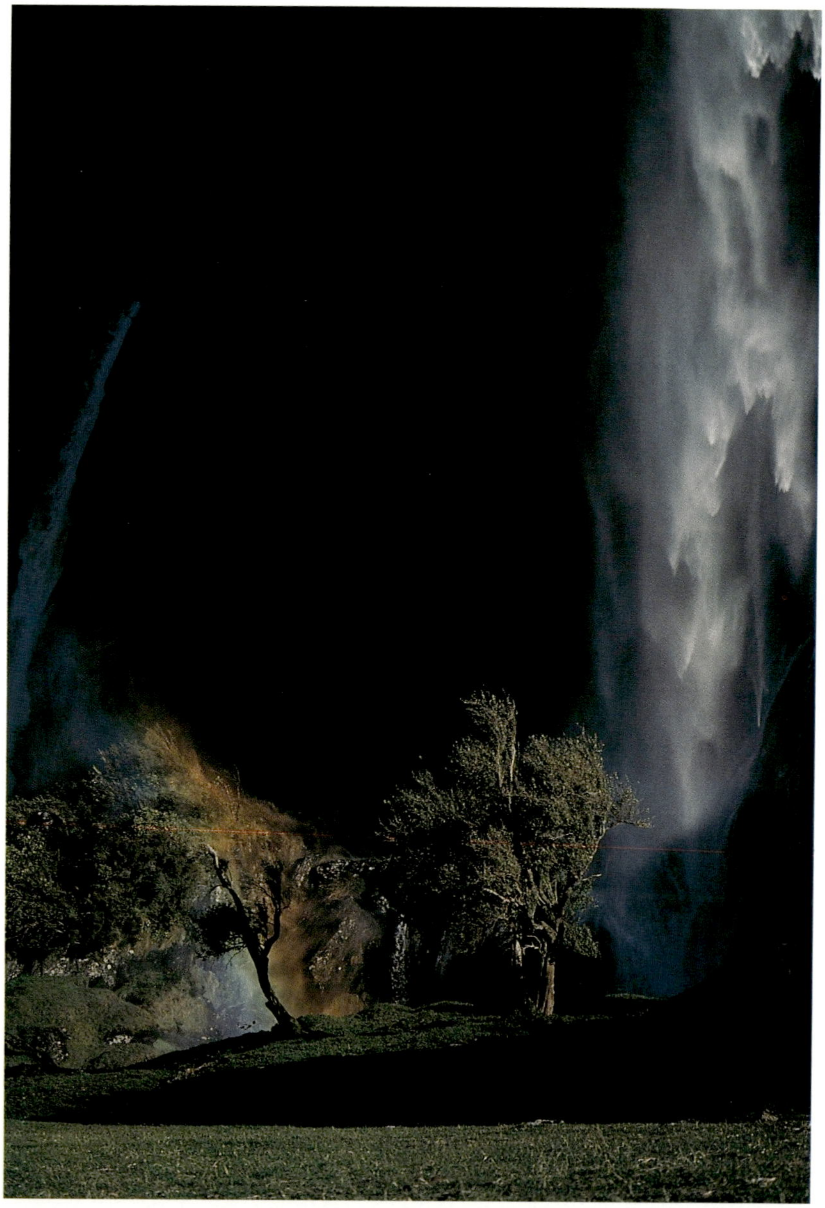

Damit der Wasserfall richtig zur Geltung kommt, muss der Hintergrund genügend dunkel sein. Dies erreicht man durch eine entsprechende Minuskorrektur.
Foto: Max Schmid

Korrektur	*ergibt im Dia*
+ 2 LW	sehr helle Farbe / weiss
+ 1 LW	helle Farbe
± 0 LW	normale Farbe / mittleres Grau
– 1 LW	dunkle Farbe
– 2 LW	sehr dunkle Farbe / schwarz

Steuerung der Tonwertwiedergabe (bei Objektmessung)

Mit der Zeit findet man bald Erfahrungswerte für die jeweils nötigen Belichtungskorrekturen. Normalerweise reicht es aus, wenn man in ganzen und halben Stufen denkt. Durchschnittliche Motive erfordern wie gesagt keine Korrektur. Bei hellen Motiven wie gelben Blüten oder durchleuchteten Blättern gibt man eine Stufe zu, bei ganz weissen Dingen wie Schnee oder dem Gefieder weisser Vögel bis zu zwei Stufen. Umgekehrt muss tiefblaues Wasser oder der dunkle Pelz eines Braunbärs eine Stufe «unterbelichtet» werden, während die verkohlte Rinde eines angesengten Baumstammes oder das schwarze Kleid einer Krähe zwei Stufen weniger Licht braucht, als der Belichtungsmesser anzeigt.

Besonders tückisch wird die Belichtungsmessung, wenn das Hauptmotiv schräg von der Seite oder sogar von hinten beleuchtet wird. Auch wenn direkte Reflexionen der Lichtquelle an glatten Flächen des Motivs auftreten oder wenn die Lichtquelle selbst das Motiv ist, kann eine einzelne Objektmessung kein zuverlässiges Resultat mehr liefern. Dann kommt eine differenziertere Methode zum Zug: das Ausmessen mehrerer Details mit anschliessender Gewichtung der einzelnen Helligkeitswerte.

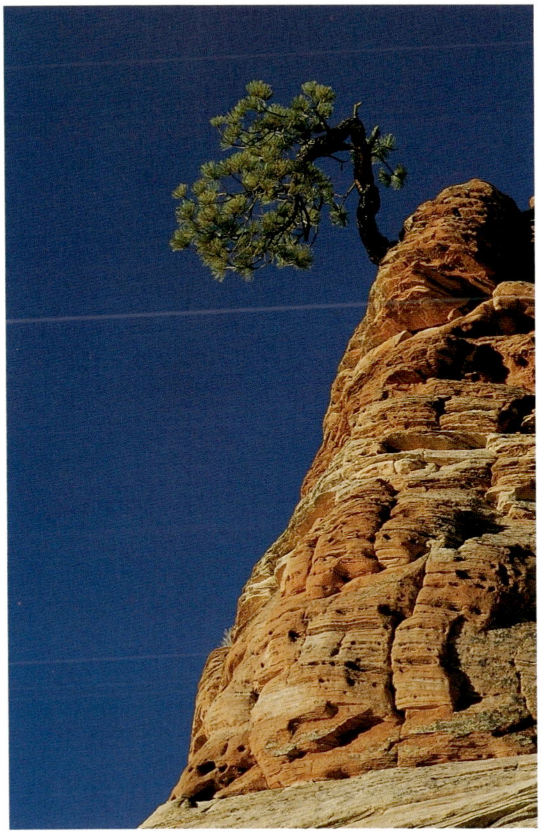

Hartes Sonnenlicht produziert oft unschöne Schlagschatten. Hier aber sind diese so klein, dass sie kaum ins Gewicht fallen. Somit braucht man nur den Helligkeitsunterschied zwischen Fels und Himmel zu messen.
Foto: John Shaw

Kontraste messen

Von der selektiven Messung einzelner Motivteile ist es nur noch ein kleiner Schritt bis zur Bestimmung des Motivkontrastes. Dazu braucht man lediglich den hellsten und den dunkelsten Punkt des Motivs zu messen und aus den beiden Ergebnissen die Differenz abzuleiten. Richtet man sich bei der Belichtung nach dem Mittelwert, ist garantiert, dass die maximal mögliche Bildinformation auf den Film übertragen wird, weil die Zeichnungsverluste auf ein Minimum reduziert werden. Dies muss aber nicht zwangsläufig bedeuten, dass die Belichtung auch wirklich perfekt ist. Wenn nämlich die Tonwerte verschoben wiedergegeben werden, kann selbst ein voll durchgezeichnetes Dia fehlbelichtet erscheinen. Wird beispielsweise ein durchschnittliches Motiv vor sehr hellem Hintergrund ausgemessen, liefert das arithmetische Mittel einer Zweipunktemessung eine Belichtung, bei der das Motiv zu dunkel erscheinen würde. Mitdenken ist also auch hier wieder gefragt.

Die höchste Trefferquote erhält man in der Praxis, wenn man mindestens drei Punkte berücksichtigt. Zuerst misst man das Hauptmotiv beziehungsweise jenen Teil davon, der für das Foto am wichtigsten ist. Dann kommen die hellste und die dunkelste Stelle innerhalb des zu fotografierenden Ausschnittes an die Reihe. Schliesslich wählt man die Belichtung so, dass das Hauptmotiv möglichst optimal wiedergegeben wird, gleichzeitig aber auch in den Lichtern und Schatten möglichst wenig Zeichnung verloren geht.

Das Messen von Kontrasten ist ganz klar eine Domäne der Spotmessung. Solange mit starken Teleobjektiven gearbeitet wird, kann man zwar auch mit einer teilselektiven oder mittenbetonten Gewichtung des TTL-Belichtungsmessers einigermassen gezielt bestimmte Details anmessen. Bei kürzeren Brennweiten müsste man zu diesem Zweck jedoch so nahe ans Motiv herangehen, dass ein vernünftiges Arbeiten kaum mehr möglich ist.

Wenn die Kamera keine Punktmessungen gestattet, wäre allenfalls die Anschaffung eines separaten Spotbelichtungsmessers zu erwägen. Ein solches Instrument besitzt meist einen Durchsichtssucher, mit dessen Hilfe die zu messende Stelle anvisiert wird. Der Messwinkel beträgt normalerweise nur gerade 1°. Wie bei jedem Handbelichtungsmesser müssen allerdings Verlängerungsfaktoren von Filtern und Zwischenringen separat berücksichtigt werden.

Die Kamerahersteller haben es sich im übrigen nicht nehmen lassen, auch das Messen und Bewerten von Kontrasten zu automatisieren. In diesem Zusammenhang gibt es zwei Möglichkeiten: die Multispotmessung und die Mehrfeldmessung. Bei ersterer kann der Fotograf mehrere willkürlich ausgesuchte Messpunkte festhalten, aus denen die Kamera dann automatisch den Mittelwert errechnet. Anders bei der Mehrfeldmessung; hier ist das Sucherbild in fünf oder noch mehr Bereiche «aufgeteilt», deren jeweilige Helligkeit von der Kamera automatisch ausgewertet wird. Dank elektronischer Übertragung der Objektivlichtstärke ist die Mehrfeldmessung sogar dann zu gebrauchen, wenn die Sonne mit im Bild erscheint. Der Chip «erkennt» in diesem Fall nämlich, dass die gemessene Helligkeit im entsprechenden Segment jenseits (fast) alles irdisch Möglichen liegt, und ignoriert diesen Wert ganz einfach. Wenn das Motiv aus lauter dunklen oder aus lauter hellen Flächen zusammengesetzt ist, versagt die Mehrfeldmessung dagegen kläglich. Die einzelnen Lichter- und Schattenpartien müssen natürlich stets genügend gross sein, damit sie die jeweiligen Messfelder einigermassen ausfüllen. Sonst kann das System nicht zuverlässig arbeiten. Das etwas umständlichere Arbeiten mit der Spotmessung liefert daher in schwierigen Fällen meist deutlich bessere Resultate – zumindest wenn man sein Handwerk versteht.

Die unten gezeigte Blume ist zwar keine Königskerze, die Beleuchtungssituation entspricht jedoch genau dem im Text beschriebenen Beispiel. Bei dieser optimalen Belichtung leistet der Film sein Bestes in Bezug auf die Farbwiedergabe.
Foto: Daniel Hardegger

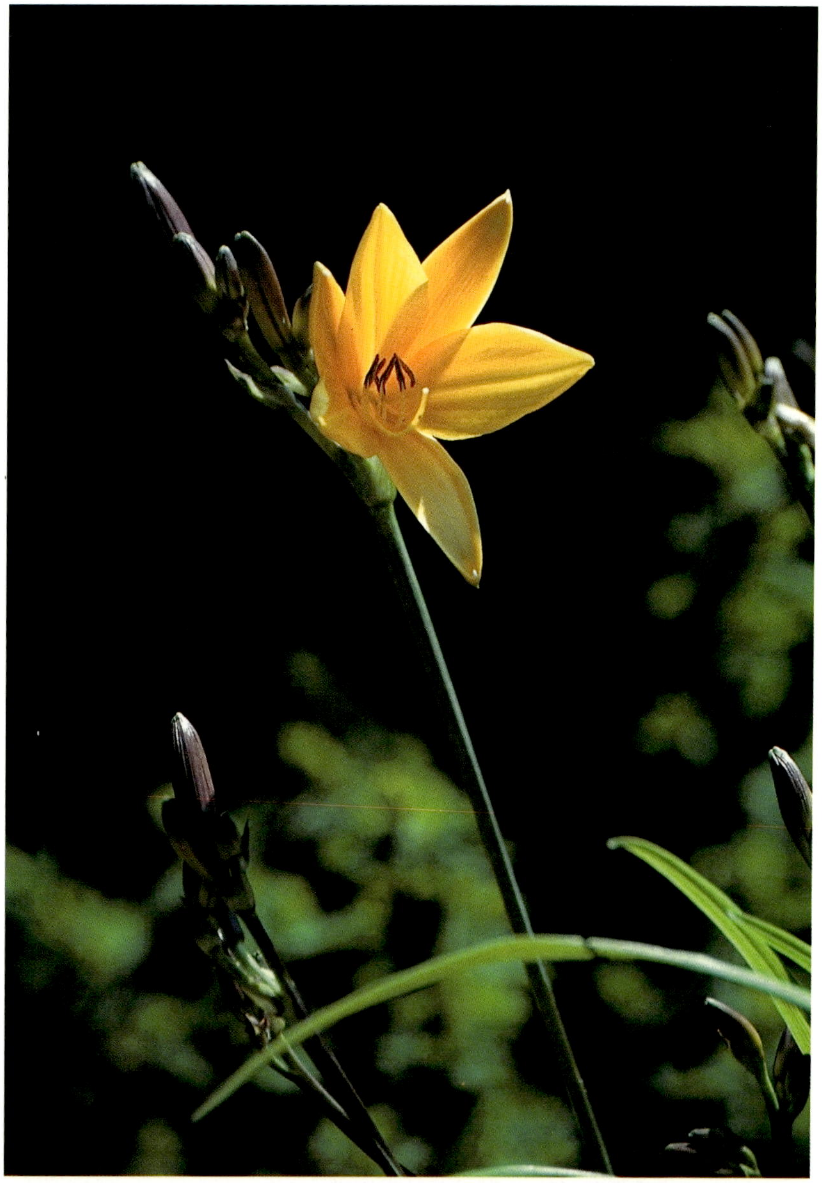

Bewertung von Lichtern und Schatten

Ein Beispiel soll das praktische Vorgehen etwas besser veranschaulichen: Wir denken uns dazu eine im Licht stehende Königskerze vor einem schattigen Hintergrund. Das Hauptmotiv ist in diesem Fall der grüne Stengel mit den gelben Blüten. Angenommen, die Blüten seien anderthalb Stufen heller als der Stengel, der Hintergrund jedoch vier Stufen dunkler. Der Motivkontrast beträgt somit fünfeinhalb Blendenstufen, so dass Zeichnungsverluste wahrscheinlich nicht zu vermeiden sein werden. Was tun? Prioritäten setzen! Das Hauptmotiv soll ja möglichst naturgetreu abgebildet werden. Dies wäre ungefähr dann der Fall, wenn man die Belichtung so einstellt, dass der Stengel als mittlerer Tonwert oder geringfügig (höchstens eine halbe Blende) dunkler erscheint. Die Blüten sind dann etwa eine Stufe heller, und der Hintergrund erscheint auf dem Dia völlig schwarz, was in diesem speziellen Fall überhaupt nicht tragisch ist, sondern eher noch die Bildwirkung steigert. Würde man dagegen etwas länger belichten, damit auch der Hintergrund etwas mehr Zeichnung erhält, würden die Blüten sehr schnell verblassen. Dies wäre der Bildqualität nun aber ganz und gar nicht zuträglich, denn eine gelbe Königskerze hat auf dem Foto eben auch gelb zu sein und nicht gelblich-weiss.

Nehmen wir als weiteres Beispiel einen Kormoran, der in einem Bach umherschwimmt und nach Fischen taucht. Der Vogel hat ein schwarzglänzendes Gefieder, eine gelbe Wachshaut (am Schnabelansatz) sowie einen sehr hellen, blass gelbbraunen Schnabel. Das Wasser um ihn herum erscheint im Schatten der Bäume sehr dunkel, und am gegenüberliegenden Ufer sind ein paar dürre Schilfstengel und vertrocknetes Gras zu sehen. Alles in allem eine sehr kontrastreiche Angelegenheit. Man muss sich also genau klarwerden, worauf es ankommt. Hier sollte im Gefieder des Kormorans unbedingt genügend Zeichnung erhalten bleiben. Ebensowichtig ist die Farbe des Schnabels. Diese beiden Elemente liegen unseligerweise gerade etwa an den entgegengesetzten Enden der Helligkeitsskala. Damit sich der dunkle Vogel auf dem Bild mit dem Hintergrund verträgt, muss er sich voll in der Sonne befinden, weil die dürren Pflanzen sonst zu störenden Lichtklecksen degenerieren würden. Ein gänzlicher Zeichnungsverlust in den hellen Bildteilen ist überhaupt etwas vom Schlimmsten, was man mit Diafilm anstellen kann. Die Belichtung ist demnach so zu wählen, dass der helle Schnabel des Kormorans anderthalb bis höchstens zwei Blendenstufen heller als der genormte Mittelton erscheint. Wenn das schwarze Gefieder schön glänzt, wird es ungefähr eine Blendenstufe unterbelichtet werden und somit dunkel erscheinen. Genau das soll es auch. Sobald jedoch der Glanz fehlt, weil der Kormoran eine andere Position zur Sonne einnimmt, wird das Gefieder «zulaufen» oder «absaufen» (d.h. völlig schwarz, ohne Zeichnung wiedergegeben). Das Fotografieren erfordert hier also eine schnelle Reaktion, wenn sich der Vogel dauernd bewegt. Messtechnisch ist die Situation ebenfalls ziemlich heikel, weil der Schnabel für eine genaue Messung fast ständig zu klein ist, zumal der Kormoran ja auch kaum stillhält. Man muss sich daher mit Ersatzmessungen am Hintergrund behelfen. Hierzu eignet sich zum Beispiel ein Büschel dürres Gras, das ungefähr dieselbe Helligkeit aufweist wie der Vogelschnabel. Die zufällig ebenfalls sehr ähnliche Farbe spielt jedoch keine Rolle.

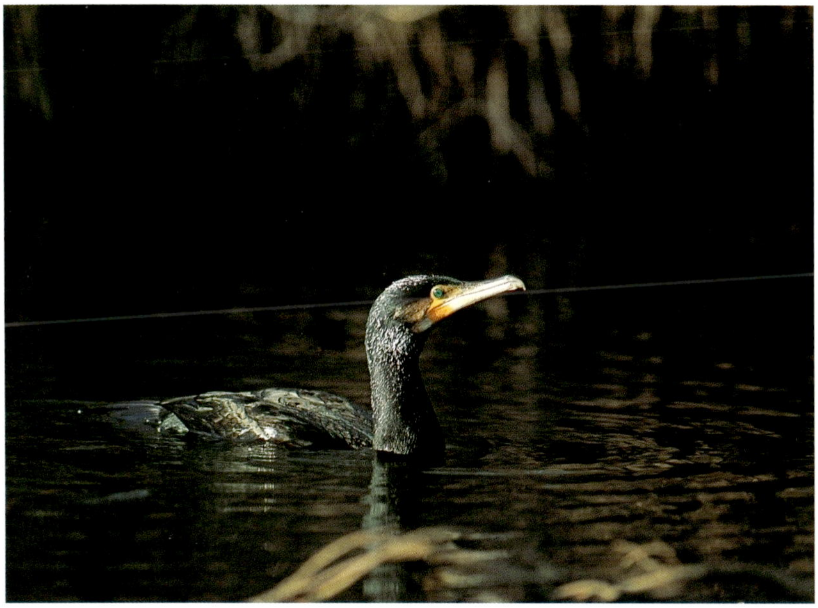

Der Kormoran stellt mit seinem schwarzen Gefieder und dem hellen Schnabel sowohl das eigene Urteilsvermögen als auch die Kontrastleistung des Aufnahmematerials auf eine harte Bewährungsprobe.
Foto: Eric A. Soder

Die Lichtmessung

Hierbei handelt es sich um ein von der Objektmessung grundverschiedenes Verfahren. Bei der Lichtmessung wird nämlich, wie schon der Name andeutet, die Intensität des *einfallenden* Lichtes gemessen. Dies setzt eine ganz andere Denkweise bei der Interpretation des Messresultates voraus.

Eine Lichtmessung liefert prinzipiell direkt einen Einstellwert, jedoch ohne Berücksichtigung von allfälligen Verlängerungsfaktoren. Die Genauigkeit ist gleich hoch, wie wenn man für Objektmessungen stets eine Graukarte verwenden würde. Die Messung der absoluten Helligkeit bietet somit den Vorteil, dass weniger Fehler durch eine falsche Auslegung des Messwertes auftreten. Die Kehrseite der Medaille sind die erwähnten Verlängerungsfaktoren, die beim Einsatz von lichtschluckenden Filtern oder bei einer etwaigen Auszugsverlängerung (z.B. mit Zwischenringen) gesondert berücksichtigt werden müssen. Auch die beschränkte Kontrastleistung des Films erfordert gelegentlich kleine Korrekturen, wenn das Hauptmotiv extrem hell oder extrem dunkel ist. Einen blendend weissen Sandstrand muss man – diesmal im physikalisch korrekten Sinn – unterbelichten, damit das Dia in den Lichtern genügend Zeichnung behält. Im Gegensatz zur Objektmessung beträgt die erforderliche Korrektur jedoch allerhöchstens eine ganze Blendenstufe, weil die Tonwerte sonst zu stark verschoben werden. Wohl besitzt ein gut durchgezeichnetes Hauptmotiv die höchste Priorität; wenn es auf dem Bild jedoch von unnatürlich dunklem Gras oder weisslich-überbelichtetem Laub umgeben ist, war die Belichtung eben doch daneben.

Um eine korrekte Lichtmessung durchzuführen, müsste man theoretisch unmittelbar vom Motiv aus in Richtung Lichtquelle messen. Der Handbelichtungsmesser würde dabei so gehalten, dass der halbkugelige Diffusor vom Motiv aus in die Mitte zwischen Sonne und Kamera zeigt. In der Praxis misst man jedoch meistens von einem beleuchtungsgleichen Ort aus. Wenn sowohl das Motiv als auch der Fotograf ganz im Sonnenlicht stehen, oder beide im Schatten, misst man am bequemsten vom Kamerastandort aus. In diesem Fall hält man den Belichtungsmesser hinter der Kamera in die gedachte Verlängerung der optischen Achse und schwenkt ihn anschliessend um den halben Winkel in Richtung Sonne.

Es dürfte wohl einleuchten, dass die per Lichtmessung ermittelte Beleuchtungsstärke bei klarem Himmel und gleichem Sonnenstand stets identisch ist. Eine Faustregel besagt, dass die Helligkeit bei solchem Wetter von zwei Stunden nach Sonnenaufgang bis zwei Stunden vor Sonnenuntergang mehr oder weniger konstant bleibt. Die korrekte Belichtung bei Rückenlicht bleibt demzufolge natürlich ebenfalls konstant. Diese Belichtung lässt sich bemerkenswert einfach herleiten. Man stellt ganz einfach Blende 16 ein und wählt als Verschlusszeit den Kehrwert der Filmempfindlichkeit (ISO-Zahl). So ergibt sich zum Beispiel für einen Film mit ISO 100 eine Belichtung von Blende 16 und 1/125 Sekunde. Selbstverständlich kann man auch Blende 22 und 1/60s oder Blende 4 und 1/2000s einstellen. Bei weissen Motiven sollte man wie üblich eine Stufe knapper belichten, damit die Zeichnung erhalten bleibt. Dank dieser einfachen, aber guten Belichtungsregel habe ich persönlich schon Tausende von Situationen problemlos gemeistert, bei denen eine bedenkenlos eingesetzte Belichtungsautomatik vor allem Ausschuss produziert hätte. Meinen Handbelichtungsmesser besitze ich übrigens erst seit knapp zwei Jahren; bei hellem

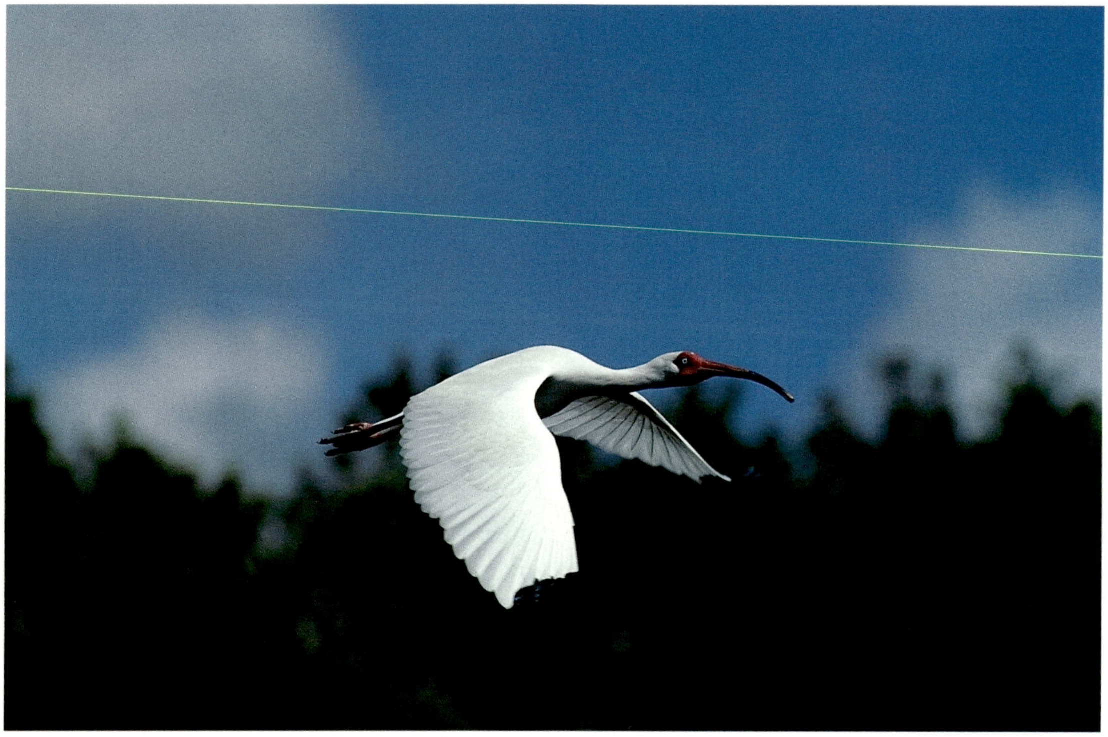

Den Schneesichler habe ich wegen seines weissen Gefieders eine Stufe knapper belichtet, als die «Sonnige 16»-Regel vorsieht. Auf diesen Erfahrungswert kann man sich in den meisten Fällen blind verlassen.
Foto: Eric A. Soder

Sonnenschein und Rückenlicht ist er jedoch meist überflüssig, weil er dann wirklich fast exakt dasselbe Resultat liefert wie die «Sonnige 16»-Regel.

Gratwanderung bei Streiflicht oder Gegenlicht

Auch die Lichtmessung erweist sich zuweilen als scheinbar unzuverlässig. Schuld daran ist meistens ein unberücksichtigter Beleuchtungskontrast. Beispiele dafür braucht man in der Naturfotografie nicht weit zu suchen: Zu den Dauerbrenner-Problemfällen gehören unter anderem Pflanzen und Tiere, die teilweise von der umgebenden Vegetation beschattet werden. Wenn etwa im Wald hartes Sonnenlicht zwischen den Blättern und Zweigen hindurch bis zum Boden gelangt, entsteht ein kontrastreiches Spiel von Licht und Schatten, das jeden Film schlicht überfordert. Dann sind Zeichnungsverluste unvermeidlich, falls man auf eine künstliche Schattenaufhellung verzichtet. Auch wenn die Sonne steil vom wolkenlosen Himmel herablacht, entstehen brutal harte Schlagschatten. Weisse Wolken, die als Aufhellflächen fungieren oder die Sonne ein wenig verschleiern, können den Beleuchtungskontrast ein bisschen mildern.

Für das Bild des herbstlichen Lärchenwaldes habe ich mich eines Handbelichtungsmessers bedient, weil die verwendete Mittelformatkamera keine eingebaute Messzelle besitzt und weil überdies eine Lichtmessung angebracht ist.
Foto: Eric A. Soder

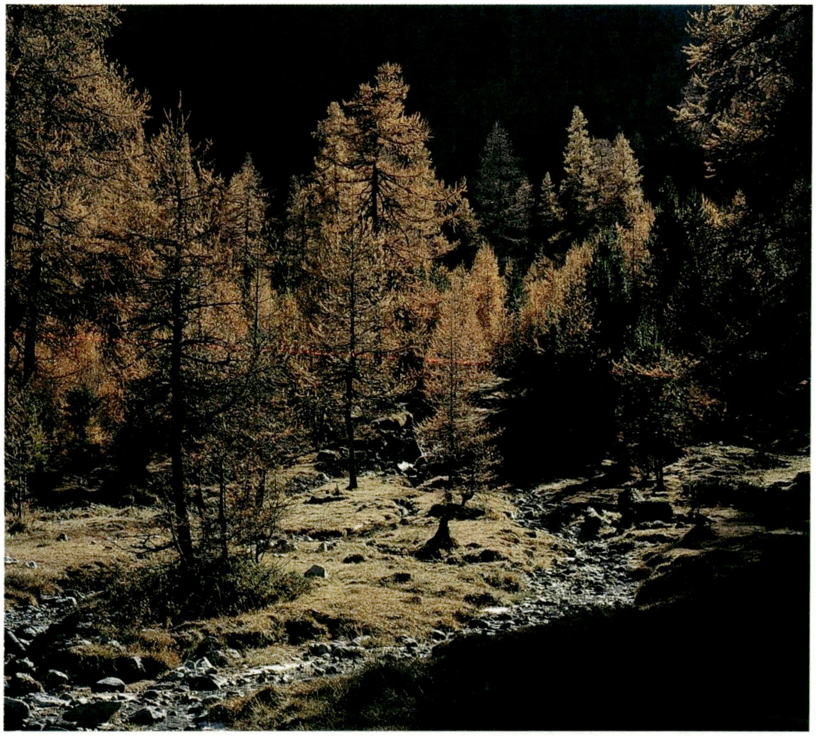

Wie bei der Reflexionsmessung erfordert ein hoher Kontrast auch bei der Lichtmessung ein differenziertes Vorgehen. Bei Seiten- und Gegenlicht hält man den Handbelichtungsmesser deshalb so hin wie weiter oben beschrieben, nämlich in der Winkelhalbierenden zwischen den beiden Richtungen Motiv-Kamera und Motiv-Lichtquelle. Auf diese Weise entspricht der Messwert der Helligkeit einer halb dem Licht zugewandten Fläche von mittlerem Tonwert und liegt damit zwischen den möglichen Extremen: einer ganz der Lichtquelle zugewandten hellen beziehungsweise einer völlig im Schatten liegenden dunklen Fläche.

Je nach Motiv- und Beleuchtungskontrast sind bei Gegenlicht oder starkem Seitenlicht Zeichnungsverluste an beiden Enden der Tonwertskala mehr oder weniger wahrscheinlich: Glänzende Oberflächen, die das Sonnenlicht direkt ins Objektiv reflektieren, fressen leicht aus. Durchleuchtete Blätter oder Haare erscheinen jeweils als überstrahlte Lichtsäume. Auf der anderen Seite werden die im Schatten liegenden Bereiche des Motivs nicht selten als tiefschwarze Silhouetten wiedergegeben. Will man auf dem Foto die hellen oder die dunklen Elemente speziell betonen, muss man die Belichtung dementsprechend korrigieren. Bei diesem Unterfangen bietet die Objektmessung mit Spot-Charakteristik in der Regel etwas mehr Sicherheit als die Lichtmessung. Denn schliesslich kommt es hier in erster Linie auf die Reflexionseigenschaften des Motivs oder – bei durchscheinenden Gegenständen im Gegenlicht – auf die Lichtdurchlässigkeit an.

Motivgerecht belichten

Im Normalfall wünscht man sich eine technisch korrekte Belichtung, die eine realistische Wiedergabe des Motivs mit möglichst allen Details liefert. Hie und da erhält man jedoch durch bewusste Unter- oder Überbelichtung ein gefühlsmässig ansprechenderes Bild. Das wohl typischste Beispiel dieser Kategorie sind knapp belichtete Sonnenauf- und -untergänge, bei denen ein Motiv im Vordergrund als schwarze Silhouette gegen den feurig orangeroten Himmel freigestellt wird. Auch sonst kann die Leuchtkraft der Farben durch eine fein dosierte Unterbelichtung gesteigert werden. Diese sogenannte *Low Key*-Belichtung wird beispielsweise zur Dramatisierung von Wetterstimmungen eingesetzt. Bei Objekten, die von einem schmalen Lichtkegel erhellt werden, lässt sich der Spotlicht-Effekt ebenfalls verstärken. Ziel ist dabei jeweils, das Hauptmotiv in satten Farben vor einem dunklen, optisch zurücktretenden Hintergrund pointiert darzustellen. Low Key-Aufnahmen besitzen häufig einen ernsten Charakter; etwas Schweres, Ehrwürdiges, das der Bildaussage besonderes Gewicht verleiht. Dieser Effekt wird deshalb gern zur bildlichen Darstellung vom «Ernst des Lebens», von drohendem Unheil oder von zäher Widerstandskraft eingesetzt.

Natürlich gibt es auch den umgekehrten Fall, auf Englisch *High Key* genannt. Durch reichliche Belichtung gewinnt man zarte Pastelltöne, die in den Spitzlichtern mitunter zu blankem Weiss zerfliessen. Das helle Bild erhält eine gewisse Leichtigkeit, eine verträumt-märchenhafte Stimmung, aber auch etwas Flüchtiges, Zerbrechliches. Beim Einsatz von Diafilm sollte mit diesem Effekt vorsichtig umgegangen werden. Ein Verblassen der Farben im Foto – und insbesondere das Ausfressen der Lichter – wird nämlich bald einmal als technischer Mangel wahrgenommen, weniger als künstlerische Leistung. Ein wichtiges Anwendungsgebiet für die High Key-Methode sind Nebelstimmungen, Morgendunst und dergleichen.

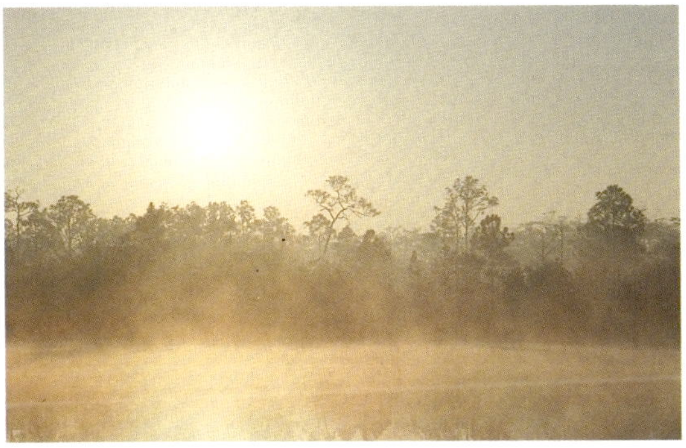

Die High-Key-Belichtung eignet sich vorzüglich zum Einfangen von Nebelstimmungen, besonders im Gegenlicht.
Foto: Eric A. Soder

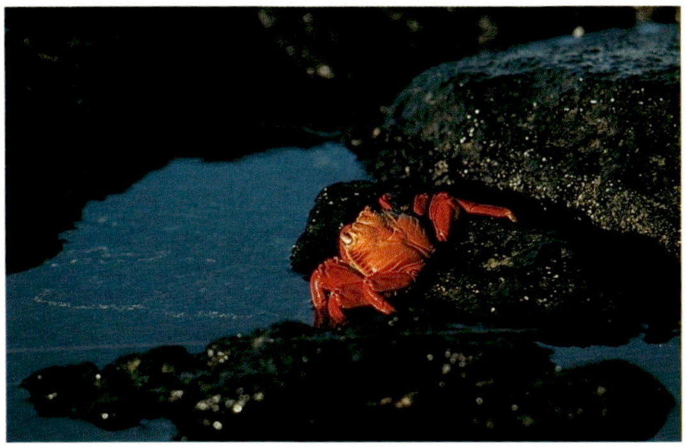

Durch eine knappe Belichtung wird die intensive Farbe der Klippenkrabbe auf dem Film höchst attraktiv wiedergegeben.
Foto: Willi Dolder

Am meisten Spielraum für solche Belichtungs-Effekte hat man natürlich bei kontrastarmen Motiven, zum Beispiel auch bei Regenwetter oder in der Dämmerung. Wenn die Belichtung absichtlich verschoben wird, sollte man dabei stets die begrenzte Kontrastwiedergabe des Films im Auge behalten .

Fotografieren mit Automatik

Beim Einsatz einer Kamera mit eingebautem TTL-Belichtungsmesser schalten viele Fotografen sofort auf Automatik. Zur Auswahl stehen – je nach Kameramodell – Zeit-, Blenden- und/oder Programmautomatik. Teilweise sind zusätzlich auch Kurzzeit-, Motiv- und andere Programme mit verheissungsvollen Namen verfügbar. Wichtiger jedoch als die Wahl einer bestimmten Automatik finde ich, dass man beim Fotografieren stets die volle Kontrolle über die Belichtung behält. Das bedeutet im Klartext, dass man bei Bedarf jederzeit eine andere Zeit/Blenden-Kombination wählen und Korrekturen einsteuern können sollte.

Das Arbeiten mit einer Belichtungsautomatik wird vielfach als sicher und angenehm empfunden, weil eine mögliche Helligkeitsänderung von der Kamera sofort berücksichtigt wird. Wenn diese Änderung auf die Beleuchtung zurückzuführen ist, weil beispielsweise Wolken vor der Sonne vorbeiziehen oder weil ein anvisiertes Tier zwischen Licht und Schatten hin und her wechselt, kann einem die Automatik in der Tat die Arbeit erleichtern. Häufig jedoch liegen die «Helligkeitsschwankungen» daran, dass sich die flächenmässige Verteilung der hellen und dunklen

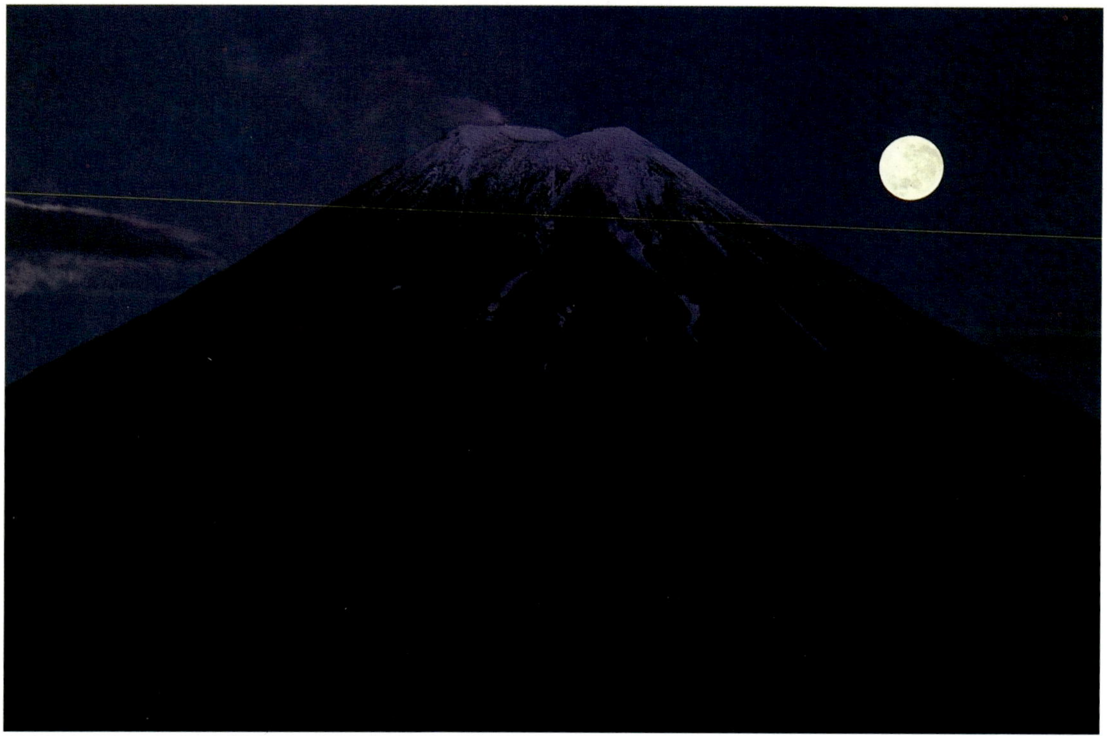

Für solche Aufnahmen ist die Wahl des günstigsten Zeitpunktes entscheidend. Wäre es nur ganz wenig dunkler, würde entweder der Umriss des Berges verschwinden oder der Mond zu grell erscheinen.
Foto: Max Schmid

Bildanteile im Sucher aufgrund einer Bewegung des Motivs oder der Kamera laufend verändert. In diesem Fall können die Sucheranzeigen unkontrollierbar auf und ab pendeln, was selbstverständlich zu ebenso unkontrollierbaren Fehlbelichtungen führen wird, sofern man die richtige Belichtung nicht gezielt speichert.

Obschon die Mehrzahl aller Kameragehäuse eine Belichtungsspeichertaste besitzt, rastet diese bedauerlicherweise nur bei wenigen Modellen ein. Sobald man die Taste einmal kurz loslässt, ist der gespeicherte Wert futsch und muss erst wieder neu gemessen und festgehalten werden. Bei längeren Aufnahmeserien kann das mitunter ganz schön mühsam werden. Zudem sind in der Hitze des Gefechts auch sehr leicht Fehler möglich: Entweder lässt man die Speichertaste versehentlich los oder betätigt sie, ohne es eigentlich zu wollen. In beiden Fällen resultieren daraus mit hoher Wahrscheinlichkeit Fehlbelichtungen.

Manuelle Belichtungseinstellung

Weil beim Fotografieren mit Automatik ohnehin ständig Belichtungskorrekturen neu eingegeben oder verstellt werden müssen, fällt der Vorteil der Bequemlichkeit gegenüber der manuellen Einstellung häufig dahin. Deshalb verwende ich relativ selten eine Belichtungsautomatik. Stattdessen halte ich mich im allgemeinen an das weiter oben zitierte Schema: Messen – Beurteilen – Einstellen. Das ganze ist mit der manuellen Nachführmethode eine Sache von Sekunden: Gewünschte Verschlusszeit einstellen, Messpunkt(e) anpeilen und dabei die passende Blende suchen, eventuell auf ein günstigeres Zeit/Blenden-Paar ausweichen und fertig. Diese Methode hat den Vorzug, dass man stets genau weiss, mit welcher Verschlusszeit und welcher Blende man gerade arbeitet. Ein versehentliches «Abrutschen» in den verwacklungsträchtigen Zeitenbereich oder die unbemerkte Einstellung einer ungünstigen Blende mit zuviel oder zuwenig Schärfentiefe wird dadurch nahezu ausgeschlossen.

Solange die Lichtverhältnisse konstant bleiben, braucht man sich nach dem Einstellen nicht weiter um die Belichtung zu kümmern, sondern kann sich voll und ganz auf das Motiv konzentrieren. Hie und da eine Kontrollmessung in den Aufnahmepausen wird allerdings kaum schaden. Beim abwechslungsweisen Aufnehmen von zwei oder mehr verschieden hellen Motiven (z.B. in einer Gruppe von Tieren) genügt meist ein kleiner Dreh am Blendenring, um sofort wieder am Drücker zu sein. Das Verstellen von Belichtungskorrekturen im Automatikbetrieb erfordert demgegenüber bei den meisten Kameramodellen die Entriegelung des Korrekturknopfes oder das Drehen eines Einstellrades unter gleichzeitigem Druck auf eine Funktionstaste. Das ist zwar scheinbar nur unwesentlich komplizierter, doch in der Tierfotografie sind gerade solche Kleinigkeiten manchmal entscheidend, weil eben oft alles sehr schnell gehen muss.

Benutzt man zur Ermittlung der Belichtung einen Handbelichtungsmesser, wird die Kamera auf jeden Fall manuell bedient. Der Belichtungsmesser zeigt dann jeweils eine Kombination von Blende und Verschlusszeit an, die – eventuell mit einer zusätzlichen Korrektur – so genau

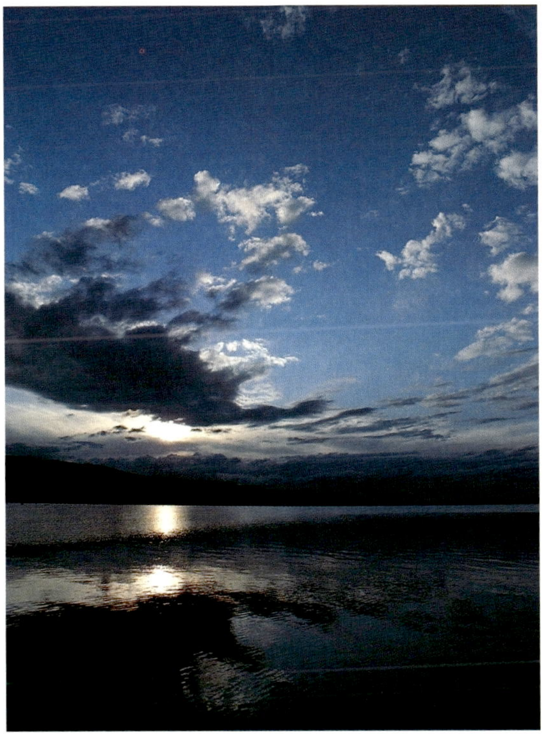

Wenn sich die optimale Belichtung im voraus schwer abschätzen lässt, ist eine Belichtungsreihe zu empfehlen. Dadurch kann man hinterher in aller Ruhe das am besten wirkende Dia aussuchen. Foto: Eric A. Soder

wie möglich eingehalten werden muss. Bei meiner eigenen Ausrüstung passen die Anzeigen und Einstellmöglichkeiten bestens zusammen: Der Belichtungsmesser zeigt nach Vorwahl einer Verschlusszeit (in ganzen Stufen) die dazu passende Blende auf Zehntelwerte genau an. Die Kamera arbeitet bei den manuellen Verschlusszeiten ebenfalls nur in ganzen Stufen. Der Blendenring am Objektiv ist dagegen stufenlos drehbar, so dass die Zehntelblenden nach Augenmass geschätzt und eingestellt werden können. Andere Kamerasysteme arbeiten in Manuell-Stellung bei den Verschlusszeiten und/oder bei den Blendenwerten jeweils in halben oder Drittelstufen.

Belichtungsreihen – sicher ist sicher!

Es ist in der fotografischen Praxis nicht immer möglich, die für eine bestimmte Aufnahme optimale Belichtung mit letzter Sicherheit im voraus zu bestimmen. Genaues Messen und viel praktische Erfahrung können zwar die durchschnittliche Trefferquote erhöhen. Dennoch sollte man sich stets mit einer Belichtungsreihe gegen mögliche Messfehler oder Fehleinschätzungen von Helligkeit und Kontrast absichern, wenn dafür die Zeit reicht.

Man darf nicht vergessen, dass das menschliche Auge jedes Motiv aus rein «konstruktiven» Gründen anders wahrnimmt als der Film in der Kamera. Schon deshalb ist es sehr ratsam, die bildwirksamste Belichtung mittels Variation von Blende und Verschlusszeit gewissermassen einzukreisen. Das Prinzip ist dabei ganz simpel: Man legt einen Ausgangswert fest (die gemessene und allenfalls korrigierte Belichtung) sowie die Unsicherheit nach oben und unten. Dann fotografiert man diesen Bereich vom einen Ende her unter schrittweiser Verstellung der Blende und/ oder der Verschlusszeit (im Abstand von 1/3, 1/2 oder 2/3 Stufen) bis zum anderen Ende durch.

Bei einigen Kameras können Belichtungsreihen auch automatisch durchgeführt werden. Ist die «Bracketing»-Funktion nicht serienmässig vorhanden, kann sie vielleicht mittels einer separaten Multifunktions-Rückwand oder einer entsprechenden Chipkarte nachgerüstet werden. Fürs Fotografieren von Action-Motiven und bei Fernauslösung der Kamera sind automatische Belichtungsreihen mit einer Motorkamera manchmal sehr praktisch. Gelegentlich empfiehlt es sich allerdings, die Einzelbild-Schaltung zu benutzen. Damit kann man jede einzelne Aufnahme im optimalen Moment auslösen (z.B. im Rhythmus des Flügelschlages bei einem fliegenden Vogel).

Manchmal genügen schon zwei oder drei Belichtungen mit jeweils einer halben Blende Unterschied; ein andermal sind vielleicht sieben oder neun Aufnahmen im Abstand von 1/3 Stufe nötig, um mit ausreichender Sicherheit das bestmögliche Resultat zu erhalten. Die Erfahrung lehrt, welche Abstufung unter den jeweiligen Umständen sinnvoll ist, um nicht mehr Film zu verbrauchen als wirklich nötig. Beim Fotografieren mit Negativfilm sind Belichtungsreihen wegen des grossen Belichtungsspielraumes häufig gänzlich überflüssig.

Natürliches Licht

Im allgemeinen wird das Wetter dann als «schön» bezeichnet, wenn die Sonne tagsüber möglichst ohne Unterbruch scheint. Strahlendes Sonnenlicht und ein wolkenloser Himmel ergeben deswegen aber längst nicht immer eine fürs Fotografieren ideale Beleuchtung. Streng-genommen ist sogar das genaue Gegenteil der Fall, weil dann nämlich der Beleuchtungskontrast am grössten ist und vom Film am schlechtesten bewältigt wird.

Gerade in der Naturfotografie muss man sich mit den Eigenschaften und Eigenarten des Sonnenlichtes gründlich auseinandersetzen, denn man möchte ja die natürliche Stimmung und Atmosphäre einfangen. Dazu sollte man der «Lichtführung» eine ähnlich grosse Aufmerksamkeit widmen wie es der Studiofotograf bei der künstlichen Ausleuchtung seiner Motive tut. Der einzige Unterschied besteht darin, dass im Studio Fotolampen und Blitzgeräte nach Belieben auf- und umgestellt werden können, während man in der Natur häufig mit der Sonne als einziger Lichtquelle vorliebnehmen muss. Um den günstigsten Beleuchtungswinkel zu finden, bewegt man draussen anstelle der Beleuchtungskörper halt die Kamera um das Motiv herum. Auf diese Weise lässt sich unter anderem auch die räumliche Wirkung der Aufnahmen steuern.

Aus der Abbildung der im seichten Wasser liegenden Steine ist ersichtlich, wie das Seitenlicht eine räumliche Wirkung erzeugt.
Foto: Eric A. Soder

Dem Licht zugewandt nimmt der Fuchs eine Pose wie ein Hauptdarsteller in einem Spotlichtkegel ein.
Foto: Eric A. Soder / Sutter

Die Lichtrichtung

Die Sonne erscheint von der Erde aus gesehen in einem Betrachtungswinkel von etwas über einem halben Grad. Deshalb ist direktes Sonnenlicht nahezu parallel gerichtet und zeichnet auf kurze Distanz scharf begrenzte Schatten. Je härter (d.h. kontrastreicher) diese Beleuchtung ausfällt, um so wichtiger wird der sorgfältige Miteinbezug der Lichtrichtung in die Bildgestaltung.

Im Auflicht – also «mit der Sonne im Rükken» – erhält man eine gleichmässige Ausleuchtung und intensive Farben. Eine in Bezug auf die Farben besonders effektvolle Beleuchtung ergibt sich, wenn das Hauptmotiv von der tiefstehenden Sonne praktisch aus der Aufnahmerichtung gegen einen dunklen Hintergrund erhellt wird. Diese nahezu schattenlose Ausleuchtung reduziert die möglichen Zeichnungsverluste im Hauptmotiv auf ein Minimum. Gleichzeitig aber wirkt das Foto oft sehr flach, weil dreidimensionale Formen in einer zweidimensionalen Abbildung eben nur durch Schatten einigermassen deutlich erkennbar werden. Einzig die Assoziationen hell = vorne und dunkel = hinten können im obigen Beispiel eine Tiefenstaffelung andeuten.

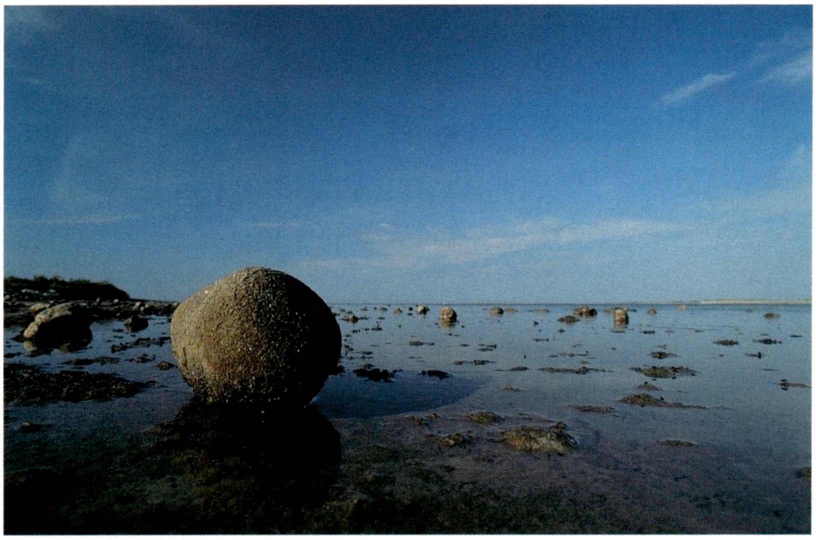

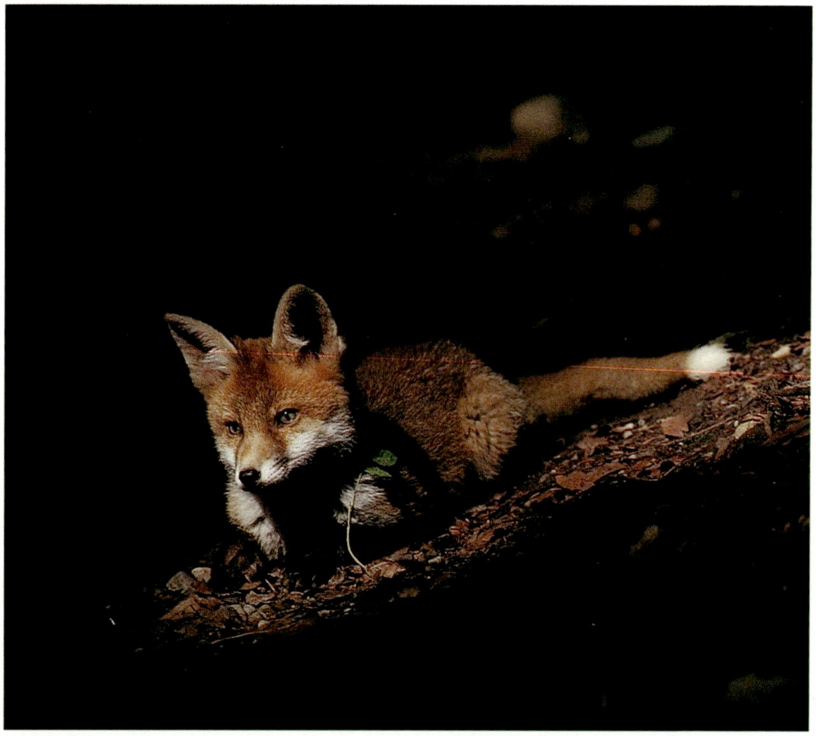

Wenn es auf eine betont räumliche Wiedergabe des Motivs ankommt, liefert Seiten- oder Streiflicht die besten Resultate. Bei einer Lichtrichtung, die mindestens etwa 45° von der optischen Achse abweicht, werden kugelförmige Objekte schon sehr gut modelliert. Trifft das Seitenlicht im rechten Winkel zur Aufnahmerichtung auf ein solches Objekt, liegt je die Hälfte im Licht beziehungsweise im Schatten. Diese modellhaften Gesetzmässigkeiten sind leider nur von beschränktem praktischem Nutzen. Welche natürlichen Dinge sind schon so rund wie eine Billardkugel? Vielleicht ein Stein aus dem Geschiebe eines Flusses, ein Vogelei oder dergleichen. Meistens hat man es jedoch mit viel unregelmässigeren Formen zu tun: etwa mit einer asymmetrischen Orchideenblüte oder einem Fuchs mit spitzer Schnauze und aufgestellten Ohren. In solchen Fällen ist weniger der Winkel der Lichtrichtung zur Aufnahmeachse als vielmehr die tatsächliche Ausleuchtung des Motivs entscheidend.

Das üblicherweise verfolgte Ziel besteht darin, dass die wichtigen Motivteile im Foto deutlich erkennbar sein und die Schatten an den unbedeutenderen Stellen die Form betonen sollen. Beim Fuchs zum Beispiel macht es einen gewaltigen Unterschied, ob nun sein Hinterkopf im Schatten liegt oder das «Gesicht» und insbesondere die Augen! Beim Fotografieren mit Seitenlicht muss man deshalb stets auf die Form oder die Haltung des Motivs sowie auf den Beleuchtungskontrast Rücksicht nehmen. Dasselbe gilt für den etwaigen Lichteinfall von oben. Mittagslicht liefert fast immer knallharte Schlagschatten, die bei Tier- und Pflanzenaufnahmen meist jenseits des Erträglichen liegen. Um die Schroffheit kantiger Felsen hervorzuheben, wären pechschwarze Schatten dagegen schon eher geeignet. Allerdings würde ich persönlich auch in diesem Fall nicht mittags, sondern wenn möglich morgens oder abends fotografieren, damit wenigstens die Farben noch eine warme Note ins Bild bringen.

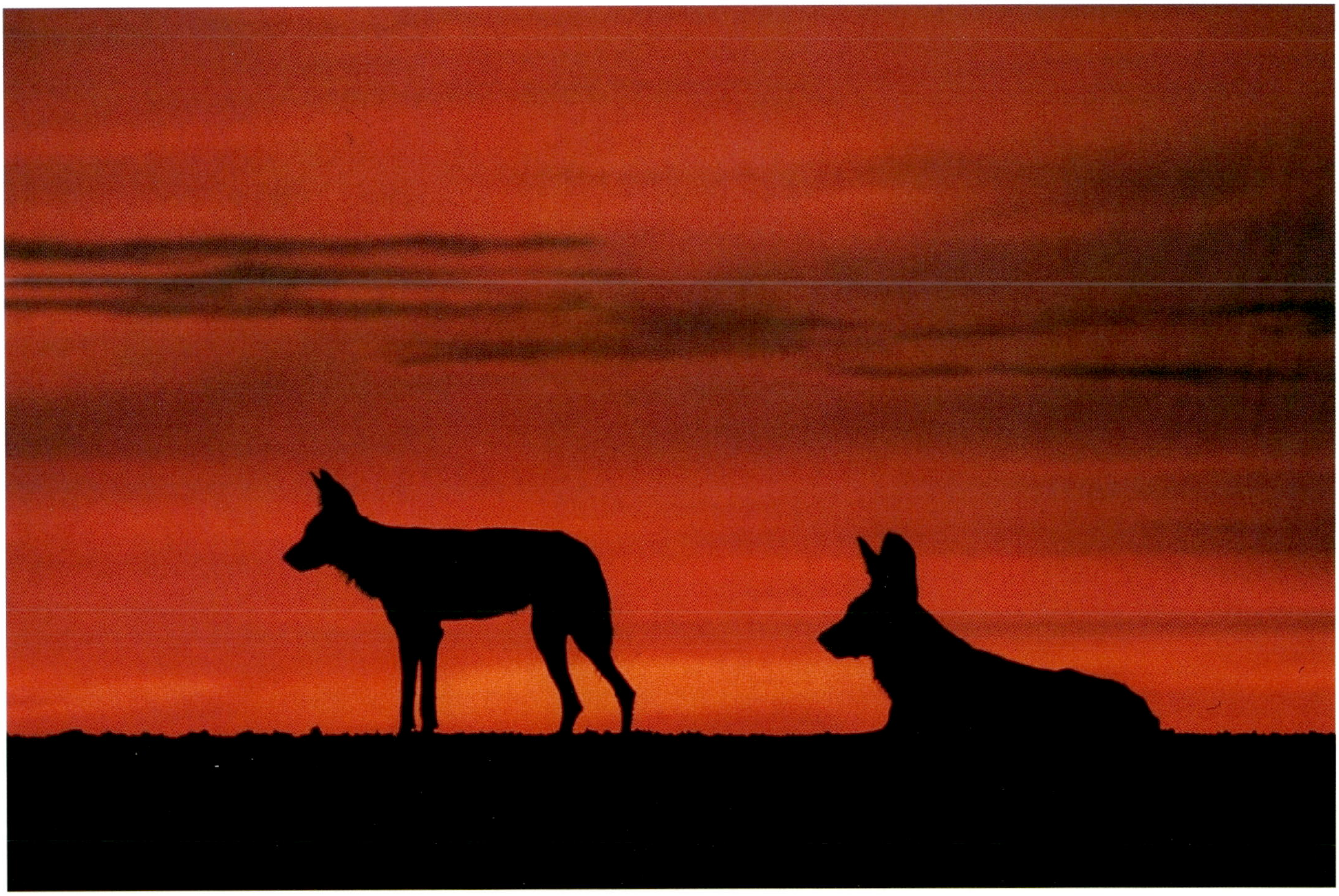

Gegenlicht bietet immer wieder Gelegenheiten für dramatische Fotos. Die Hyänenhunde erlangen als Silhouetten gegen den blutroten Himmel eine eindringliche Wirkung.
Foto: Frans Lanting / Minden Pictures

Flache Reliefs und Detailstrukturen kommen bei Streiflicht am stärksten zur Geltung. Ein typisches Beispiel für ein solches Motiv wäre eine unberührte Sanddüne. Fällt das Licht schräg darauf, kann man erkennen, dass die Düne einen einseitig mehr oder weniger abrupt abfallenden Kamm besitzt und auf der Windseite wellenförmig gerippt ist. Je flacher das Licht über dieses feine Relief streicht, um so greifbarer tritt es in der Aufnahme hervor. Auf die gleiche Weise erlangen auch andere fast unmerklich erhabene oder vertiefte Strukturen wie Blattrippen oder die Schuppen auf einem Schmetterlingsflügel plötz lich eine frappante räumliche Wirkung.

Ein anderer nützlicher Effekt des Streiflichtes sind lange Schatten, die manche banalen Dinge in höchst fotogene Motive mit einer starken grafischen Wirkung verwandeln. Aus dem Schnee ragende Grashalme oder einzelne Pflanzen im Wüstensand werden durch den gekonnten Einbezug der Schatten ins Bild gleich um ein Vielfaches interessanter. Wenn die Sonne dabei nur knapp über dem Horizont steht, halten sich je nach Situation auch die Kontraste in erträglichen Grenzen.

Das Gegenlicht schliesslich ergibt die extremste Beleuchtung: Das Hauptmotiv ist ganz im Schatten und nur von einem hellen Lichtsaum umgeben, oder es wird vom Licht durchleuchtet und erscheint dadurch in leuchtender Farbenpracht. In beiden Fällen muss die Belichtung sehr genau auf die gewünschte Bildwirkung abgestimmt werden. Ein bisschen weniger problematisch ist indirektes Gegenlicht, beispielsweise wenn das im Schatten stehende Hauptmotiv als Silhouette gegen einen gleichmässig hellen Hintergrund (z.B. eine Wiese oder den glühenden Abendhimmel) freigestellt wird.

Gegenlichtaufnahmen mit einigermassen durchgezeichnetem Vordergrund tendieren dazu, in den hellen Hintergrundpartien hoffnungslos auszufressen. Um dieses gähnend leere Weiss zu vermeiden, wenn keine dunklere Kulisse zu finden ist, gibt es praktisch nur ein wirksames Mittel: Auf den Hintergrund belichten und den Vordergrund künstlich aufhellen. Beim Thema Blitzlicht werden Sie nähere Einzelheiten über diese Technik erfahren.

Die Farbtemperatur

Es ist schon verschiedentlich angesprochen worden: Das Sonnenlicht ändert im Laufe des Tages seine farbliche Zusammensetzung. Physikalisch ausgedrückt nimmt die Farbtemperatur des Lichts mit steigendem Einfallswinkel zu und umgekehrt. Diese Veränderung beruht auf der Filterwirkung der Atmosphäre; senkrecht von oben auf die Erde treffende Strahlung wird am

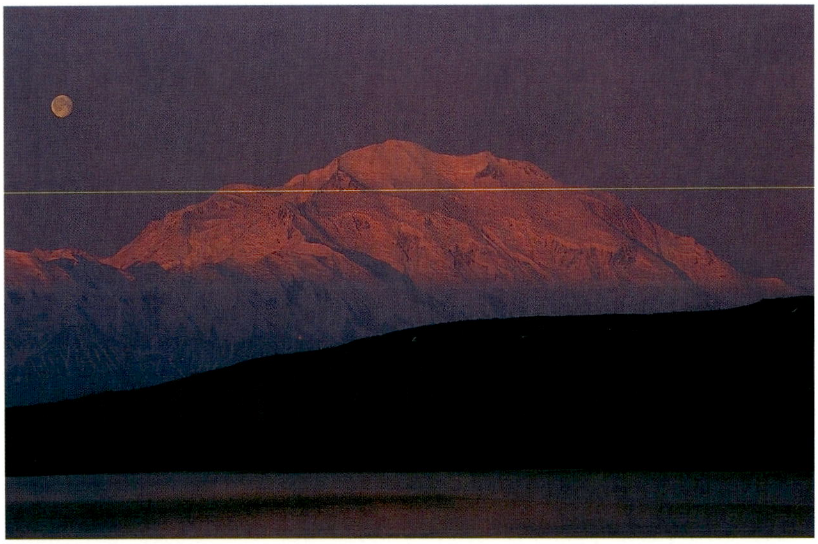

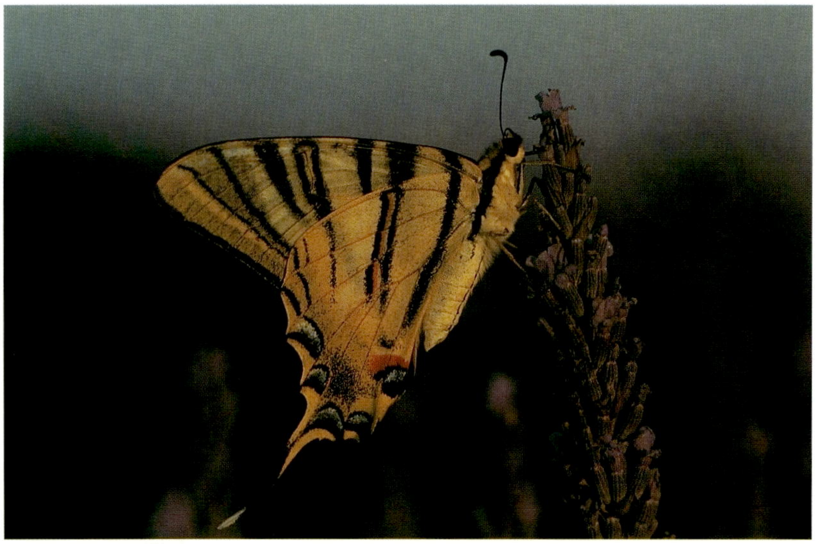

Die untergehende Sonne verleiht verschneiten Berggipfeln einen rötlichen Schimmer, der als Alpenglühen bekannt ist. Sehr effektvoll wirkt dieses Phänomen im Kontrast zu bereits im Schatten liegenden Bildelementen.
Foto: John Shaw

Auch der Segelfalter gewinnt durch das warme Licht bei sehr niedrigem Sonnenstand.
Foto: Roland Gerth

schwächsten gefiltert, das Streiflicht der auf- oder untergehenden Sonne dagegen um ein Vielfaches stärker. Tageslichtemulsionen sind im allgemeinen für eine Farbtemperatur von 5500K sensibilisiert, die einem mittleren Sonnenstand entspricht. Unter solchen Bedingungen besitzen sie denn auch die neutralste Farbwiedergabe. Bei tiefstehender Sonne herrschen auf dem Foto dagegen warme Rottöne vor. Steht die Sonne sehr hoch, verschiebt sich das Farbenspektrum ein bisschen in Richtung Blau. Die höchstmögliche Farbtemperatur ergibt sich im Schatten bei wolkenlosem Himmel. Dann reagiert das Filmmaterial mit einem ausgeprägten Blaustich.

Der menschliche Sehapparat ist hier einmal mehr dem Film überlegen, weil unser Gehirn beim Betrachten der Dinge ganz automatisch einen «Weissabgleich» durchführt, wie ihn Videofilmer kennen. Dadurch sehen wir dieselben Motive auch bei unterschiedlichen Farbtemperaturen stets etwa in der gleichen Farbe. Ein Farbfilm dagegen hält sich stur an die physikalischen Grundregeln. Wenn die tatsächliche Farbtemperatur von 5500K abweicht, treten eben mehr oder minder deutliche Farbverschiebungen auf. Diese eigentlich falsche Farbwiedergabe wird in der Naturfotografie für gewöhnlich nicht korrigiert, sondern eher noch ganz bewusst ausgenutzt. Wie im Falle der Belichtung ist nämlich das technisch Korrekte durchaus nicht immer mit dem gefühlsmässig Schönsten identisch.

Die meisten Menschen geben Fotos mit warmen Farbtönen den Vorzug. Diese Farbwiedergabe kommt unserer Erinnerung an bereits Gesehenes am nächsten. Je nach Wetterlage und Höhe über Meer erhält man eine andeutungsweise warmgetönte Wiedergabe, wenn die Sonne knapp zwei Handbreit über dem Horizont steht. Bei tieferem Sonnenstand verstärkt sich die Tendenz nach Gelb, Orange und Rot bald so weit, dass die Farben auf dem Foto offensichtlich nicht mehr neutral wirken. Wenn die Sonne den Horizont berührt, erscheint schliesslich alles orangerot bis fast purpurn überlagert.

Auch der eingesetzte Film und die Belichtung beeinflussen die Bildwirkung in wesentlichem Mass: Zwischen duftig zarten Pastelltönen und einem eindringlich flammenden Farbenrausch lässt sich so ziemlich jede Zwischenstufe gezielt herbeiführen. Einfach durch eine günstige Wahl des Filmes und der Belichtung. Manchmal ist es direkt schade, dass man diese Möglichkeit als Kleinbildfotograf (mit lediglich einem oder zwei Kameragehäusen) nur beschränkt nutzen kann. Hier wären Wechselmagazine ein grosser Vorteil, weil die schönsten Stimmungen oft nur Sekunden, seltener Minuten lang andauern.

Fotografisch sehr ergiebig sind auch die Morgen- und die Abenddämmerung. Ein beginnender Tag kündigt sich durch einen bläulichen Schimmer am östlichen Rand des schwarzen Nachthimmels an. Allmählich wird dieser Lichtschein immer heller und taucht die Landschaft in ein schwaches, gespenstisches Licht. Bald beginnt sich die Horizontlinie von hellblau über weiss, gelb und orange bis rot zu verfärben. Falls einzelne Wolken vorhanden sind, leuchtet deren Unterseite für einen flüchtigen Moment erst purpurn und dann orange auf. Danach verdunkeln sich die Wolken wieder, während die Helligkeit des mehr oder minder grossflächig orange leuchtenden Himmels rasch zunimmt. Nun ist auch die Landschaft rundherum so hell beleuchtet, dass man die Farben erkennen kann. Jeden Moment werden die ersten Sonnenstrahlen über den Horizont klettern.

Dasselbe Schauspiel läuft bei schönem Wetter am Abend wieder in umgekehrter Richtung ab. Nur sind dann viel mehr Leute auf den Beinen, die einem die Aussicht verstellen oder das Wild verscheuchen könnten. Und wer sein Stativ verges-

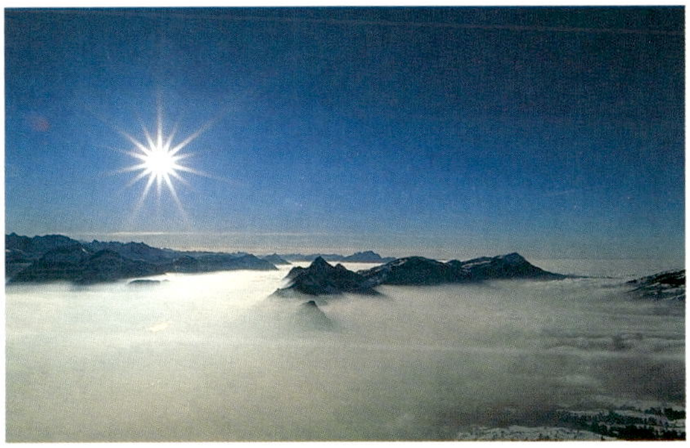

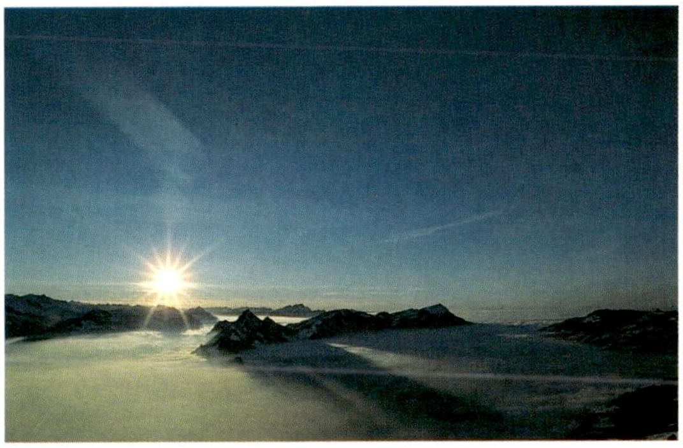

Je tiefer die Sonne sinkt, um so rascher verändert sich die farbliche Zusammensetzung des Lichts. So abstrakt der Begriff der Farbtemperatur auch klingen mag, für die Praxis ist diese Grösse durchaus ein wichtiger Faktor.
Fotos: Eric A. Soder

sen hat, guckt – bildlich gesprochen – angesichts des in Windeseile schwindenden Lichtes tief in die Röhre.

Eine hohe Farbtemperatur – wie in der dunklen Phase der Dämmerung, im Schatten, aber auch bei hochstehender Sonne – ergibt auf Tageslichtfilm einen Blaustich. Dadurch erweckt ein solches Foto den Eindruck von Kälte und von gefühlsmässiger Distanz. Alles in allem eher abweisende Eigenschaften, die man beim Fotografieren mit Zurückhaltung einsetzen sollte. Bei bewölktem Himmel oder an schattigen Plätzen erhalten die Aufnahmen leicht eine kühle, nüchterne Stimmung. Womöglich verblassen dann die Farben durch den geringen Helligkeitskontrast vollends zu einem verwaschenen Grau-in-Grau. Bei eher knapper Belichtung von bunten Motiven können jedoch manchmal auch Fotos mit besonders satten Farben entstehen. Speziell wenn man einen niedrigempfindlichen Film verwendet. Die Blautendenz bleibt allerdings erhalten – es sei denn, man schraubt ein Farbkonversionsfilter vor das Objektiv, um die hohe Farbtemperatur auszugleichen. Dafür eignen sich die Filter der Serie 81: Typ 81A ist schwach bernsteingelb getönt und sorgt für eine noch relativ dezente «Erwärmung» der Farbwiedergabe. Typ 81B und 81C zeigen schon eine stärkere Wirkung, und mit den honigbraunen Filtern 81D oder 81EF kann man ein Motiv unter bewölktem Himmel theoretisch farbneutral auskorrigieren. Die bräunlichen Wolken sehen dann allerdings oft recht seltsam aus.

Diffuse Beleuchtung

Im Gegensatz zum weiter oben behandelten direkten Sonnenlicht fehlen bei einer diffusen Beleuchtung die markanten Schatten. Das kann, je nach dem abzulichtenden Motiv, ein Vorteil sein oder auch ein Nachteil. Die verminderte Raumwirkung ist natürlich vor allem bei Sujets mit interessanter Form oder Haltung beklagenswert. Dafür kommt der stark reduzierte Beleuchtungskontrast der Detailwiedergabe auf dem Film zugute. Auch die Farben erscheinen in diffusem Licht im allgemeinen reiner und differenzierter als an der prallen Sonne.

Obschon die Lichtrichtung an trüben Tagen nur vage wahrnehmbar ist, darf man sie nicht gänzlich vernachlässigen. Auch wenn sich die Sonne hinter dichten Wolken versteckt, ist es auf dieser Seite des Motivs trotzdem heller als auf der «Schattenseite». Der Film nimmt solche feinen Unterschiede sehr wohl zur Kenntnis, da er ja empfindlicher auf Helligkeitskontraste reagiert als unsere Augen. Grundsätzlich ist darauf zu achten, dass die bildbestimmenden Teile des Motivs dem Licht zugewandt sind. Allein schon deshalb, weil man dadurch das meiste aus der ohnehin düsteren Beleuchtung herausholt. Besonders wichtig ist dies bei Aufnahmen von sich bewegenden Tieren oder von Pflanzen, an denen der Wind rüttelt.

Bei ausgesprochen schlechtem Wetter – im Regen, im Nebel, in einem Schnee- oder Sandsturm – werden Farben und Kontraste so weit abgeschwächt, dass sie sich sogar auf dem Film bald einmal zu einer trüben Suppe vermischen. Das einzige, was man dagegen tun kann, ist näher ans Motiv heranzugehen, um eine klarere Sicht zu erhalten. In Sachen Bildgestaltung ist ferner darauf zu achten, dass sich das Hauptmotiv möglichst deutlich vom Hintergrund abhebt.

Sofern das Unwetter selbst einen Teil der Bildaussage darstellt, sollte es auch dementsprechend deutlich zur Geltung kommen. Bei Regen

In der Atmosphäre können durch das Zusammenwirken von Wetter und Licht allerlei fotogene Stimmungen entstehen. Hier verleiht das zaghaft durch die Wolkendecke dringende Sonnenlicht der Landschaft einen mystischen Farbhauch.
Foto: John Shaw

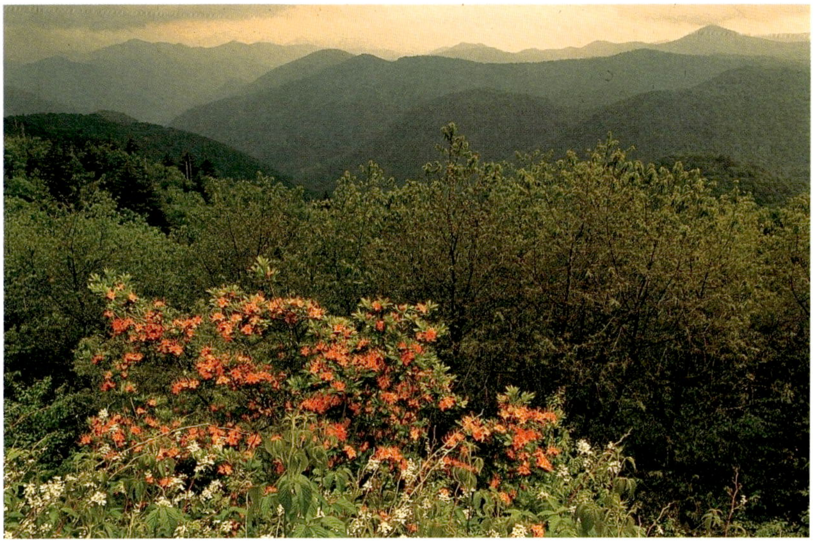

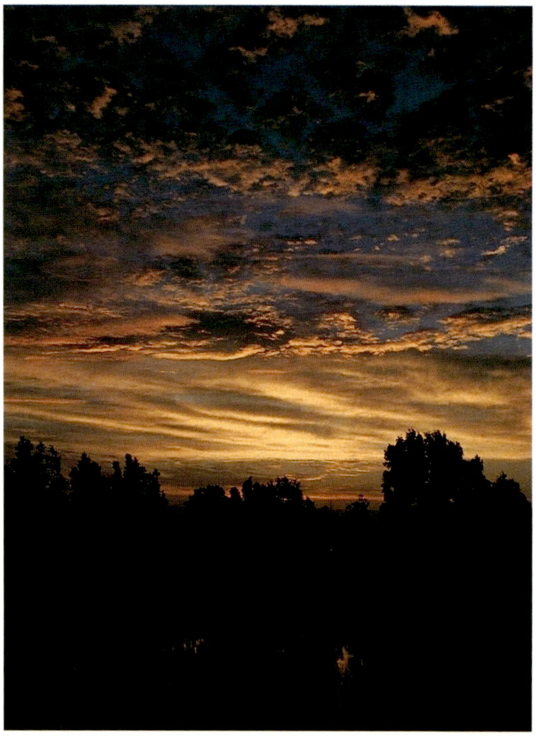

Vor dem Aufgehen der Sonne reflektieren die Wolken zunächst den weiter im Osten bereits erhellten Himmel. Unmittelbar bevor dann die Sonne vom Boden aus gesehen über den Horizont klettert, erhalten die Wolken ganz flach von unten bereits direktes Licht.
Foto: Eric A. Soder

und Schneefall ist hierzu neben einem dunklen Hintergrund auch die Wahl einer günstigen Verschlusszeit ausschlaggebend. Bei Regen sollte sie einerseits genügend lang sein, damit die fallenden Tropfen auf dem Foto als parallele Striche erscheinen, andrerseits aber auch kurz genug, damit die einzelnen Striche erkennbar bleiben und nicht zu einer einzigen grauen Wand verschmieren. Im Gegensatz dazu ist es bei den langsamer fallenden Schneeflocken erstrebenswert, die Bewegung einigermassen einzufrieren. Dazu darf die Verschlusszeit längstens 1/250 bis 1/125 Sekunde betragen. Andernfalls werden die Schneeflocken nicht mehr als runde Punkte, sondern als längliche Würstchen abgebildet. Damit das Ganze auch wirklich nach etwas aussieht, braucht es selbstverständlich mehr als ein paar verirrte Flöckchen von Mikrobengrösse.

Besonders schwierig ist es, heftigen Wind bildlich darzustellen. Mit etwas Glück sieht man der Vegetation an, dass da irgendwelche Kräfte alles in dieselbe Richtung drücken. Noch besser ist es, wenn zusätzlich Dinge herumfliegen, die bei entsprechend langer Belichtung für dynamische Wischeffekte sorgen: Blätter, Gischt, Regentropfen, Schneeflocken und dergleichen, die fast waagrecht durch die Gegend fegen, vermitteln einen guten Eindruck der Windgeschwindigkeit.

Ein anderer Sonderfall sind Fotos in der Dämmerung. Hier muss knapp belichtet werden, damit der Eindruck von Dunkelheit erhalten bleibt. Die Korrektur darf bei langen Verschlusszeiten allerdings nicht allzu extrem sein, weil ja schon der Schwarzschildeffekt für eine gewisse Unterbelichtung sorgt. Beim Fehlen von Erfahrungswerten lässt sich die optimale Belichtung am besten durch Testreihen ermitteln. Das Reziprozitäts- und Farbverhalten des verwendeten Filmtyps ist hierbei von ausschlaggebender Bedeutung.

Beherrschung des Lichts

Wie Sie sehen, greifen die Aspekte der Beleuchtung, der Belichtung und der Bildgestaltung ziemlich nahtlos ineinander. Deshalb ist es auch

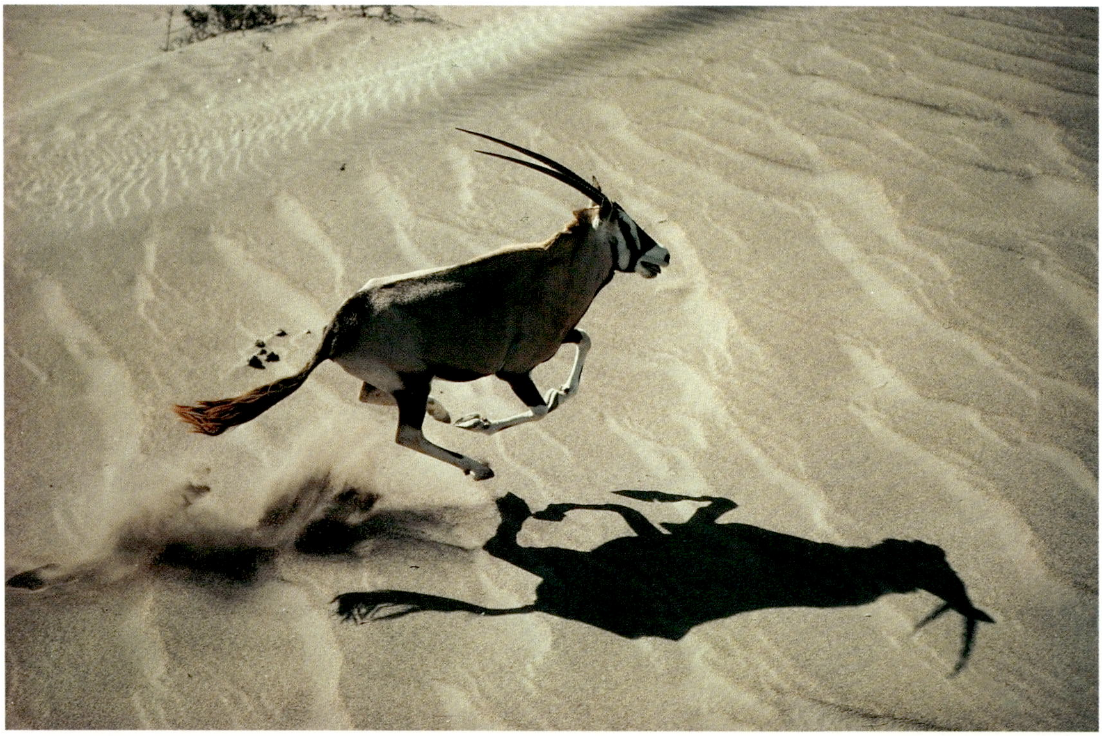

Mir ist nicht bekannt, ob Peter Johnson seinen Kamerastandpunkt absichtlich hat wählen können oder ob der Spiessbock zufällig an der richtigen Stelle vorbeigaloppiert ist. Auf jeden Fall ist durch den Einbezug des Schattens eine grandiose Momentaufnahme entstanden.
Foto: Peter Johnson / NHPA

so wichtig, dass man sowohl die technische als auch die künstlerische Komponente der Fotografie versteht und beherrscht. Kann man die Belichtung nicht ganz gezielt auf einen beabsichtigten Effekt hin steuern, sind aussergewöhnliche Fotos ebenso unwahrscheinlich wie beim Fehlen einer präzisen Bildidee. Einfach nur technisch einwandfreie Fotos kann heute fast jeder machen. Dank vielen fortschrittlichen Automatikfunktionen braucht man dazu nicht erst ein Buch wie dieses zu lesen, sondern lediglich die mit der Kamera gelieferte Gebrauchsanweisung. Hier geht es mir stattdessen um eine bewusste Auseinandersetzung mit dem Motiv sowie um die kreative Umsetzung einer «gewöhnlichen» Sinneswahrnehmung in ein ungewöhnliches Bild.

Zwecks Einbezug der herrschenden Beleuchtung in die Bildgestaltung stehen Naturfotografinnen und -fotografen verhältnismässig wenige Mittel zur Verfügung, wenn man einmal von künstlichen Eingriffen absieht. Daher ist es oftmals entscheidend, dass die vorhandenen Möglichkeiten nach besten Kräften ausgeschöpft werden. Angefangen von der Motivwahl, über die Suche nach dem günstigsten Standort bis hin zum Warten auf das richtige Licht.

Auch wenn man gerade keine Kamera mit sich führt – was sich oft als grosser Fehler entpuppt –, sollte man stets auf die Beleuchtung und auf allfällige ungewöhnliche Effekte durch Licht und Schatten achten. Was man bereits kennt, lässt sich bei nächster Gelegenheit leichter verwerten. Selbst wenn Sie schon tausendmal ein und denselben Weg gegangen sind, kann es Ihnen beim 1001. Mal passieren, dass Sie plötzlich auf ein keckes Glitzern in einem Harztropfen an einem unscheinbaren Baum aufmerksam werden oder die verborgene Schönheit der Aderung eines im Gegenlicht hell aufleuchtenden Blattes entdecken. Und schon haben Sie ein neues Motiv oder ein Thema für eine Bildserie gefunden.

Viele Naturfotos sind oberflächlich betrachtet reine Zufallsprodukte: Mal spiegelt sich etwas ohne Makel im stillen Wasser, mal erzeugt eine bestimmte Wellenform bizarr gezackte Reflexe.

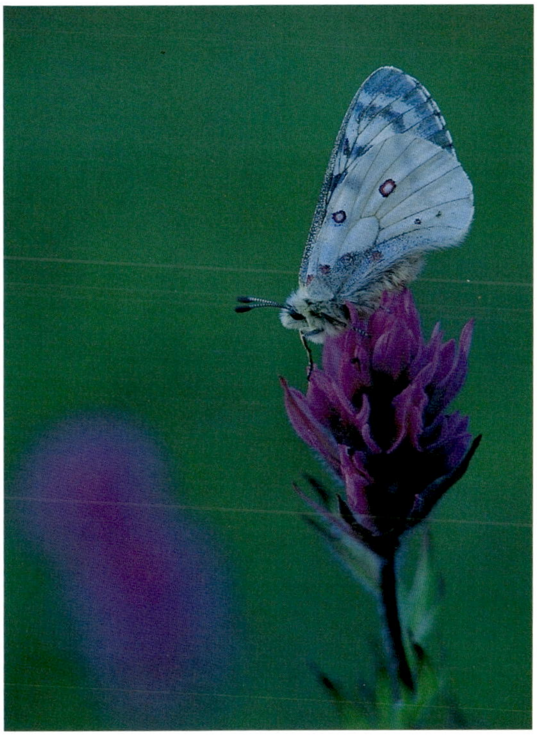

Farbige Motive wie Falter auf einer Blüte werden bei diffuser Beleuchtung vom Film differenzierter wiedergegeben als bei grellem Sonnenschein.
Foto: John Shaw

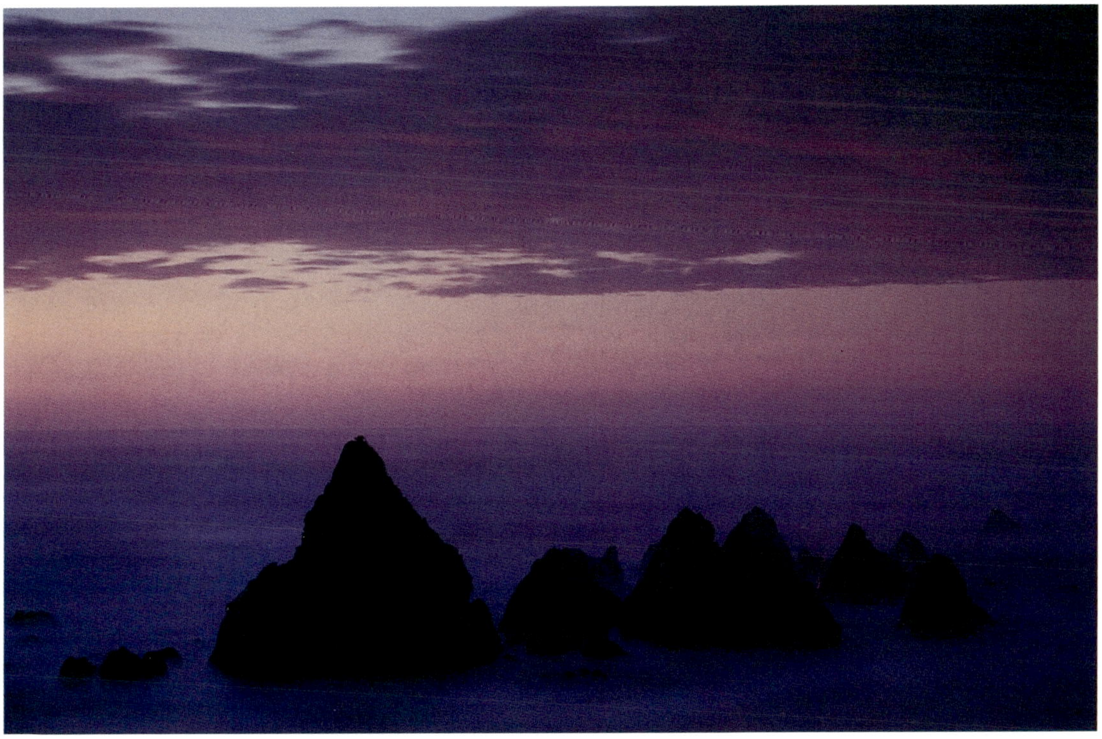

Um bei Dämmerungsaufnahmen die düstere Atmosphäre zu erhalten, muss man leicht unterbelichten. Andernfalls würden die hellen Stellen am Himmel hoffnungslos überbelichtet, woduch die Farben völlig untergingen.
Foto: Max Schmid

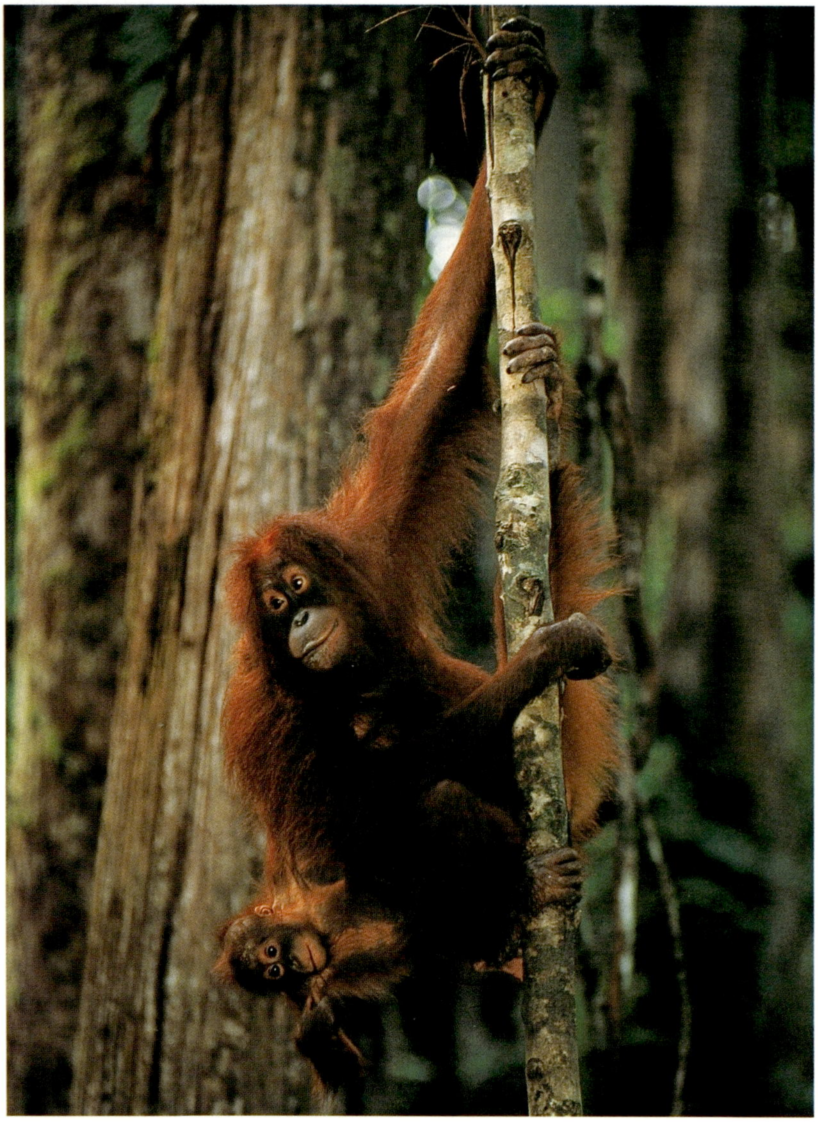

Im Regenwald auf Borneo, wo die beiden abgebildeten Orang-Utans leben, herrschen denkbar ungünstige Lichtverhältnisse zum Fotografieren. Mittels Aufhellblitz ist die Situation besser in den Griff und auf den Film zu bekommen.
Foto: Jean-Paul Ferrero / Auscape

Hier scheint die Sonne ausgerechnet durch ein Astloch, dort fällt ein interessanter Schatten zufällig auf eine fein strukturierte Schneefläche. Glück gehabt? Vor allem genau hingesehen!

Neben dem äusserlichen Zustand des Motivs selbst ist vor allem das veränderliche Licht sowie seine Wirkung auf und mit dem Motiv für die inhaltliche Qualität eines jeden Naturfotos entscheidend. Ohne die bildwirksam eingesetzte – oder besser gesagt: ausgewählte – Beleuchtung wären viele Meisterwerke nicht mehr als ganz banale Knipsbilder. Irgendwo habe ich vor Jahren einmal ein Foto von einem Wolf im Schnee gesehen. Warum ist es in meinem Gedächtnis haften geblieben? Der Wolf geht über eine unberührte Schneefläche, weit im Hintergrund ist ein dunkler Waldrand sichtbar. Das war's nicht. Die tiefstehende Sonne lässt warmes Licht über den Wolf und den Schnee im Vordergrund fluten; dazu kontrastiert der weiter hinten im Schatten liegende Schnee und der dunkle Waldrand. Das ist schon besser, aber so speziell bemerkenswert nun auch wieder nicht. Der Wolf, links relativ klein ins Bild gesetzt, wirft vor sich einen langen Schatten, der quasi die Mühsal des langen Weges durch den tiefen Schnee symbolisiert. Das war's! Dieser schlichte Schatten macht aus einem fast x-beliebigen Allerweltsfoto eine vollendete Momentaufnahme aus dem Leben eines Wolfes.

Blitzlicht

Als künstliche Lichtquelle kommt für die Naturfotografie praktisch nur der Elektronenblitz in Frage. Netzunabhängige Dauerlichtquellen sind ganz einfach zu schwer oder zu leistungsschwach. Demgegenüber sind moderne Blitzgeräte relativ klein und leicht, besitzen eine akzeptable Lichtausbeute und können vor allem sehr universell eingesetzt werden.

Die möglichen Anwendungsgebiete für Blitzlicht reichen von der Fotografie in der Dunkelheit über die Schattenaufhellung bis hin zu Spezialeffekten. Bei Originalblitzgeräten, mit wenigen Einschränkungen auch bei SCA-Systemen, bieten die TTL-Blitzmessung und eine voll in die Kamera-Elektronik integrierte Blitzsteuerung einen sehr hohen Bedienungskomfort. Dank der rasanten technischen Entwicklung eröffnen sich ständig weitere Möglichkeiten, die auch für einen Amateur ziemlich problemlos erschwinglich sind.

Richtig eingesetzt, ist Blitzlicht in vielen Fällen eine grosse Hilfe beim Meistern extremer Aufnahmesituationen, manchmal aber auch ein eigenständiges Stilmittel, um ein Motiv ganz subjektiv ins richtige Licht zu rücken. Falsch ein-

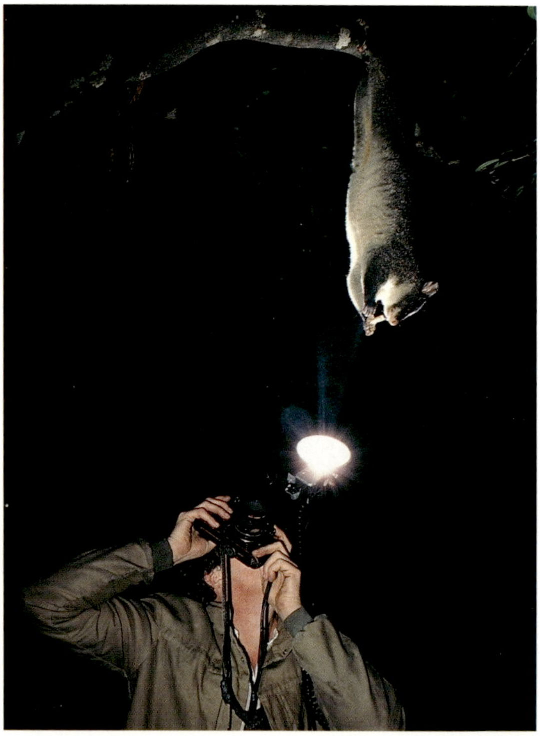

Manche Tiere sind des Nachts aktiver als bei Tage. Jean-Michel Labat behilft sich hier deshalb mit einem Blitzgerät, um das muntere Treiben mit der Kamera einzufangen.
Foto: Jean-Paul Ferrero / Auscape

gesetzt, zerstört der Blitz die natürliche Stimmung und erzeugt stattdessen grässliche Kontraste und störende Reflexe.

Eigenschaften des Blitzlichts

Ein Blitzgerät hat mit der Sonne gemeinsam, dass es quasi von einem Punkt aus gerichtetes Licht abgibt. Der entscheidende Unterschied liegt jedoch im viel kleineren Abstand des Blitzgerätes zum Motiv. Dies hat ein mehr oder weniger deutlich sichtbares Abfallen der Helligkeit gegen hinten zur Folge.

Die Erklärung dafür ist ganz einfach: Je grösser die Distanz zum Motiv ist, um so grösser ist auch die bei gleichbleibendem Leuchtwinkel abgedeckte Fläche. Gleich viel Licht auf eine grössere Fläche verteilt ergibt zwangsläufig eine geringere Helligkeit. Nach dem aus der Geometrie wohlbekannten Strahlensatz ist die Grösse der Fläche proportional zum Quadrat des Abstandes. Die Helligkeit verhält sich genau umgekehrt: Bei doppeltem Abstand vom Blitzgerät erhält das gleich grosse Motiv nur noch 1/4 der ursprünglichen Lichtmenge, so dass es nun zwei Blendenstufen dunkler erscheint.

Die rapide Helligkeitsabnahme bei zunehmender Distanz schränkt die nutzbare Reichweite des Blitzlichtes erheblich ein. Bei Verwendung von niedrigempfindlichem Film und lichtschwachen Objektiven beträgt die Reichweite der üblichen Kompaktblitzgeräte nur wenige Meter.

Im Gegensatz zum Sonnenlicht besitzt Blitzlicht eine konstante Farbtemperatur. Diese liegt in der Regel bei 5500K und liefert damit auf Tageslichtfilm ziemlich genau farbneutrale Bilder. Wer lieber einen Hauch wärmere Farbtöne haben möchte, erreicht dies mit Hilfe eines vorgeschalteten Filters der 81er Serie. Damit sehen geblitzte Fotos etwas mehr nach Sonnenschein aus, sofern auch die Lichtrichtung einigermassen realistisch gewählt wird.

Erwähnenswert ist auch die Tatsache, dass die meisten Elektronenblitzgeräte mit relativ kurzen Leuchtzeiten operieren. Normalerweise dauert ein Blitz längstens 1/1000 Sekunde; bei grossen Stabblitzgeräten beträgt die längste Blitzdauer (bei Volleistung) dagegen oft 1/500s bis zu 1/200s. Im Automatikbetrieb auf kurze Distanz verkürzen sich die Blitzleuchtzeiten teils bis auf 1/50'000s. Auch bei manueller Leistungsteilung wird die Leuchtzeit verkürzt, und zwar fast proportional zur gewählten Leistungsstufe.

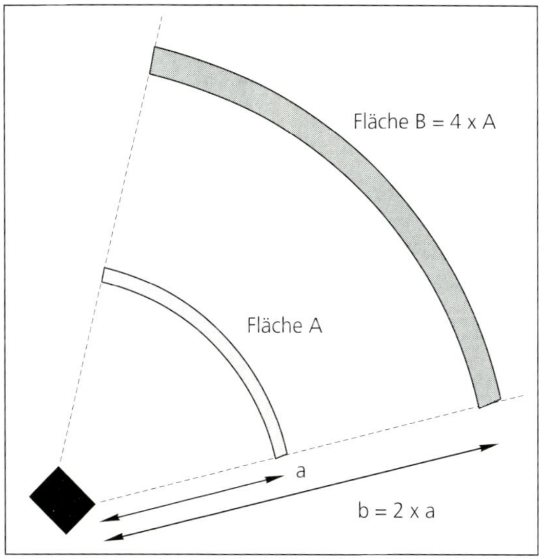

Die Beleuchtungsstärke, d.h. die auf einen Körper auftreffende Lichtenergie, verhält sich umgekehrt proportional zum Quadrat der Entfernung zwischen Körper und Lichtquelle. Mit zunehmender Distanz fällt die Helligkeit rasch ab.

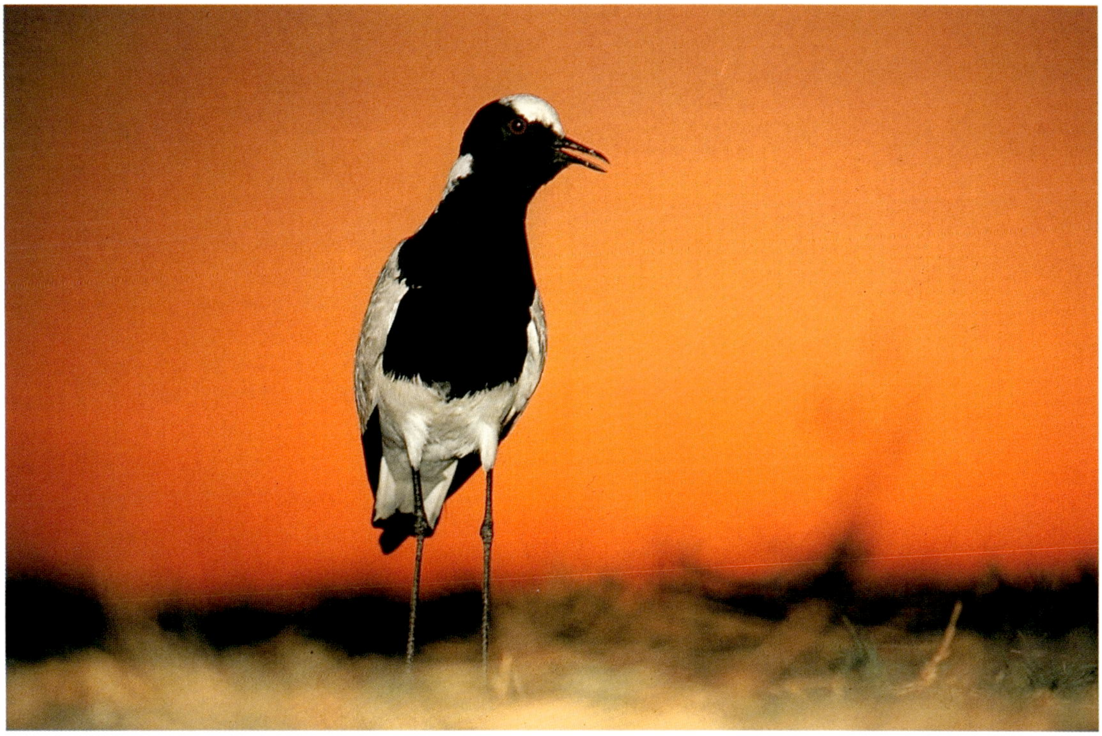

Für seine vielbeachteten und mit höchsten Preisen ausgezeichneten Fotos verwendet Frans Lanting nicht selten auch Blitzlicht. In Kombination mit Tageslicht kreiert er damit gekonnt Stimmungsaufnahmen von überaus frappanter Wirkung.
Foto: Frans Lanting / Minden Pictures

Das Käuzchen auf dem Kaktus demonstriert die Problematik so mancher Blitzaufnahme: Das freistehende Motiv ist von einer gähnenden schwarzen Leere umgeben, welche die TTL-Messzelle nur allzu leicht in die Irre führt. Wenig Himmel oder eine Belichtungskorrektur sorgen dagegen für richtig belichtete Fotos.
Foto: Art Wolfe

Der Laubfrosch ist mit Hilfe von zwei Blitzreflektoren ausgeleuchtet worden, um die pechschwarzen Schlagschatten zu vermeiden, die mit nur einem Blitz entstehen würden.
Foto: Felix Labhardt

Einen weiteren Sonderfall stellt die Blitzdehnung bei einer Kamera mit vollsynchronisiertem Schlitzverschluss dar. Diese sogenannte Linearblitzsteuerung gibt es bislang nur bei der Olympus OM-4 Ti mit dem entsprechend synchronisierbaren Blitzgerät F-280.

Blitzfotos richtig belichten

Wenn die verwendete Gerätekombination mit TTL-Blitzmessung arbeitet, funktioniert im Prinzip alles gleich wie mit einer Belichtungsautomatik für Tageslicht. Das vom Motiv reflektierte Licht wird allerdings erst während der tatsächlichen Belichtung direkt ab der Filmebene gemessen. Entsprechend der nötigen Lichtmenge wird dann die Stromzufuhr zur Blitzröhre und damit die Lichtabgabe des ionisierten Xenongases geregelt.

Das Problem bei der TTL-Methode besteht darin, dass die Messung nicht in derselben Weise wie beim Tageslicht kontrolliert werden kann. Wenn die Reflexionseigenschaften des Motivs oder der Abstand desselben vom Hintergrund eine Belichtungskorrektur erfordern, muss diese vor der Aufnahme nach eigenem Ermessen geschätzt und eingestellt werden. Da man die Ausleuchtung jedoch nicht visuell überprüfen kann, ist das ganze keine sehr genaue Methode. Trotzdem lässt es sich in der Praxis mit etwas Erfahrung ganz gut damit auskommen.

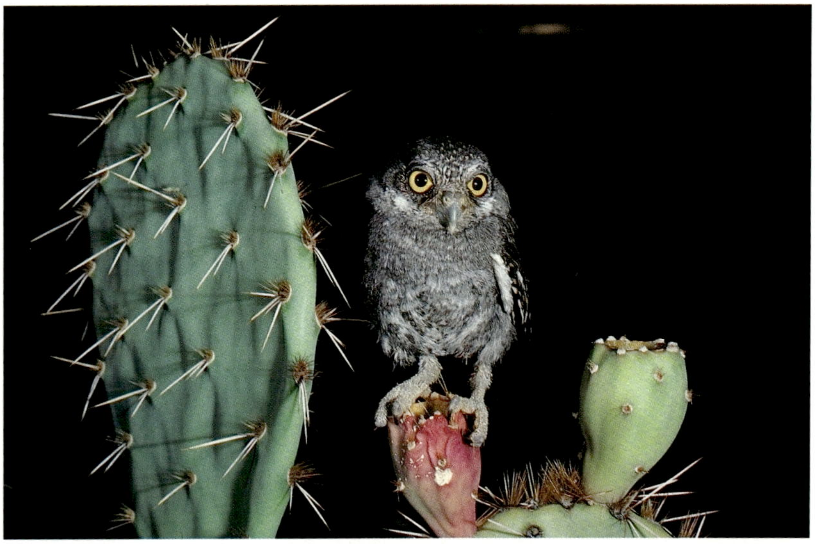

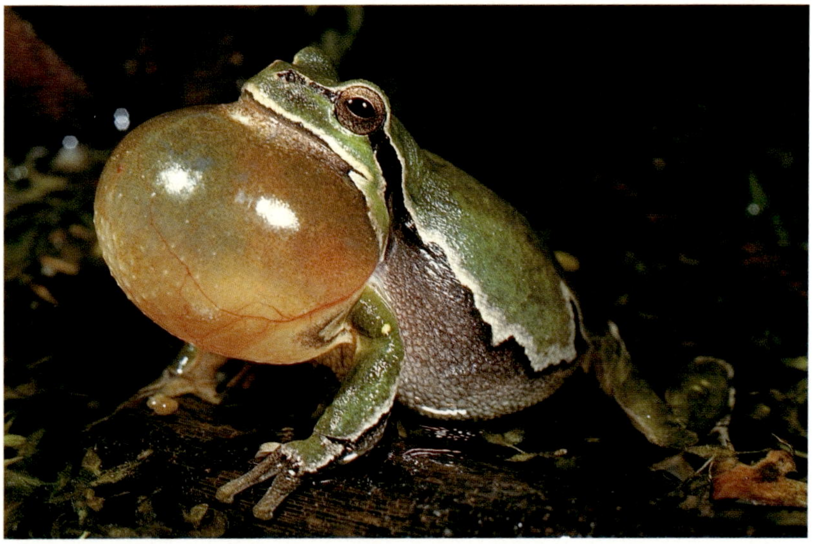

Sehr ähnlich funktioniert auch die sogenannte «Computer-Blitzautomatik». Der Unterschied zur TTL-Messung besteht darin, dass die Messzelle nicht hinter dem Objektiv im Kameragehäuse sitzt, sondern am Blitzgerät. Professionelle Geräte verfügen teils auch über einen externen Sensor, der normalerweise in den Blitzschuh der Kamera gesteckt wird. Bei der Computer-Blitzautomatik wird nun am Blitzgerät eine Arbeitsblende vorgewählt und auf das Objektiv oder die Kamera übertragen. Bei der Aufnahme misst der Blitzsensor innerhalb seines Messwinkels das reflektierte Licht und steuert die Blitzdauer so, dass die Belichtung mit der gewählten Blende einen mittleren Tonwert ergibt. Natürlich ist hierbei entscheidend, wohin genau der Sensor zielt und wie gross der erfasste Bereich ist. Ausserdem müssen etwaige Verlängerungsfaktoren separat berücksichtigt werden. Zur Korrektur der Belichtung wird in solchen Fällen am Objektiv eine entsprechend grössere Blende eingestellt als die am Blitzgerät vorgewählte.

Um die Blitzbelichtung mit grösserer Präzision selbst zu steuern, stellt man das Blitzgerät auf manuell um und berechnet die erforderliche Blende oder Blitzentfernung nach der Leitzahlmethode: Leitzahl geteilt durch Entfernung (in Metern) ergibt die korrekte Blende. In der Naturfotografie hat die Sache allerdings einen grossen Haken. Draussen gibt es nämlich keine Raumreflexion durch eine weisse Decke und helle Wände. Die vom Hersteller angegebene Leitzahl bezieht sich jedoch genau auf solche Innenräume. Deshalb muss man für das Arbeiten im Freien zuerst anhand einer Testreihe die effektive Leitzahl ermitteln. Dazu fotografiert man ein mittelhelles Motiv – am besten natürlich eine Graukarte – aus einer genau bekannten Distanz bei unterschiedlichen Blenden. Nach dem Auswerten der Testdias (auf einem genormten Leuchtpult!) multipliziert man dann einfach die gemessene Distanz vom Blitzgerät zur Graukarte mit der Blende, die das beste Ergebnis geliefert hat. Unter freiem Himmel muss man mit einem Lichtverlust von ungefähr einer Stufe rechnen. In diesem Fall wäre die Innenraum-Leitzahl durch 1,4 zu teilen. Mit dem im Test erhaltenen Wert sollte man in Zukunft sehr präzise Belichtungen zustandebringen.

Die Leitzahlmethode ist genaugenommen nichts anderes als eine Lichtmessung, nur eben auf mathematischer Basis. Der kritische Punkt in

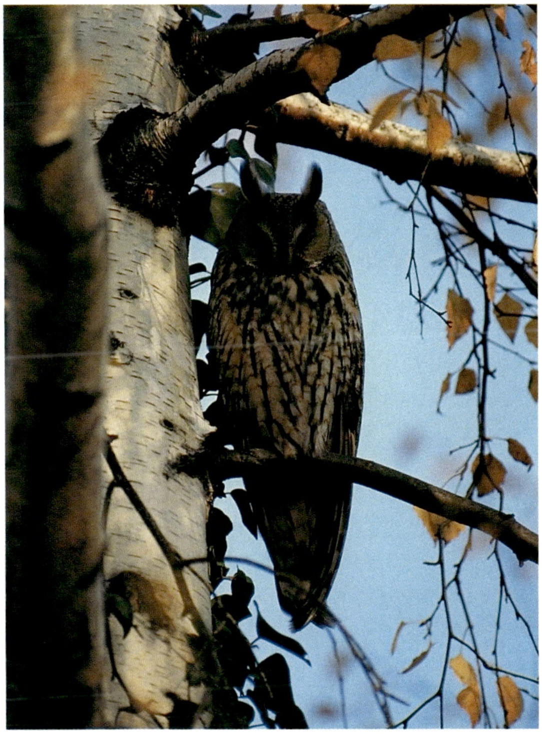

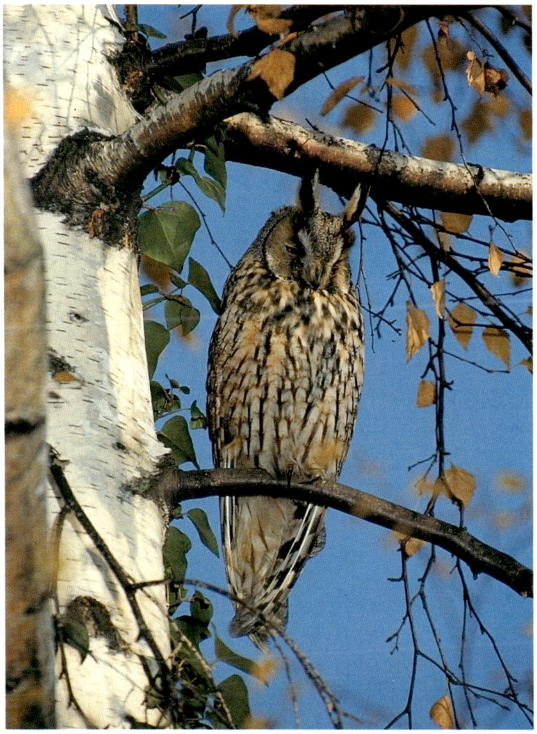

Dass Blitzlicht auch am Tag von grossem Nutzen sein kann, zeigen die Vergleichsfotos der Waldohreule. Ohne Aufhellung kann der Film den hohen Beleuchtungskontrast nicht verkraften. Mit dem Teleblitz kann die Wiedergabe enorm verbessert werden, wenngleich die Aufhellung für meinen Geschmack etwas zu reichlich ausgefallen ist.
Fotos: Felix Labhardt

der praktischen Anwendung liegt oft beim Schätzen der Distanz. Strenggenommen müsste man natürlich stets ein Messband zu Rate ziehen. Genaue Messungen lassen sich stattdessen aber auch mit einem Blitzbelichtungsmesser bewerkstelligen. Je nach Modell sind wahlweise auch Reflexionsmessungen möglich, die dann auf etwas umständlichere Weise ungefähr dasselbe Resultat liefern wie die Computer-Blitzautomatik.

Dosierte Schattenaufhellung

Das Blitzen bei Tageslicht erfreut sich in jüngster Zeit einer weitherum zunehmenden Beliebtheit. Dies dürfte nicht zuletzt dem bei manchen Kameras mittlerweile voll automatisierten Verfahren des Aufhellblitzens zuzuschreiben sein. Es erspart eine Menge Kalkulationen und manuelle Einstellungen, die früher nötig waren, um wirklich brauchbare Fotos zu erhalten. Im TTL-Betrieb sind individuell kontrollierte Blitzbelichtungen erheblich einfacher und treffsicherer geworden. Zu verdanken ist dies der Mehrfeldmessung und einer kybernetischen Blitzsteuerung mit unabhängig vom Tageslicht regulierbarer Blitzleistung.

Das wichtigste Anwendungsgebiet fürs Aufhellblitzen sind Situationen mit einem zu hohen Beleuchtungskontrast. Von den Schatten eines lichten Blätterdaches gesprenkelte Motive oder solche im grellen Mittagslicht sind dafür typische Beispiele. Sogar hartes Gegenlicht lässt sich mittels Schattenaufhellung auf einen vom Film reproduzierbaren Kontrastumfang bringen. Allerdings sollte der Anteil des Blitzlichtes nicht zu hoch sein, weil die Gegenlichtstimmung sonst verfälscht würde. Je nachdem, wie der Begriff der *Natur*fotografie im einzelnen ausgelegt wird, fallen allzu offensichtlich geblitzte Fotos manchmal aus dem Rahmen. Ich persönlich betrachte die Schattenaufhellung jedoch als legitimen Kunstgriff zur Erweiterung der physikalischen Grenzen des Filmmaterials. Nüchtern betrachtet kommt es doch fast aufs Gleiche heraus, ob nun der beschränkte Belichtungsumfang des Filmes die Wiedergabe verfälscht oder der Aufhellblitz den Motivkontrast im Original. Völlig wirklichkeitsgetreu ist weder die eine noch die andere Abbildungsvariante.

Für die endgültige Wirkung eines aufgehellten Fotos ist das Verhältnis von Blitzlicht zu Tageslicht ausschlaggebend. Zwecks einer dezenten Kor-

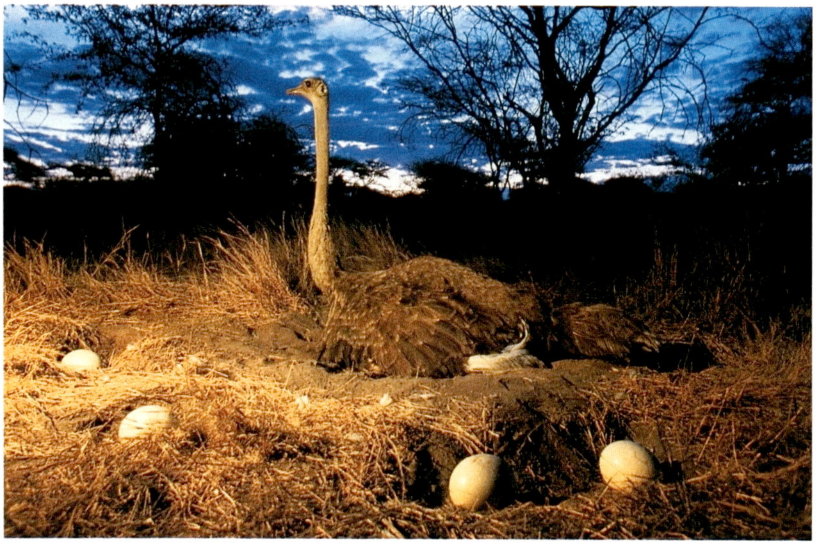

Beim obigen Bild sorgt ein mit einem starken Konversionsfilter versehenes Blitzgerät dafür, dass man die Straussenhenne und das Gelege nicht übersieht. Der Farbkontrast zwischen Vorder- und Hintergrund verstärkt zudem die Raumwirkung.
Foto: Frans Lanting / Minden Pictures

rektur der Schattenzeichnung muss das Blitzlicht zwei bis drei Stufen schwächer sein als das Tageslicht, während für eine deutlichere Aufhellung eine Differenz von anderthalb oder einer Stufe zu wählen ist. Je stärker die Blitzaufhellung, um so intensiver treten die Farben der aufgehellten Schattenbereiche in Erscheinung. Gleichzeitig steigt jedoch auch die Gefahr einer Überbelichtung der hellen Bildteile. Man bedenke, dass die Gesamthelligkeit der von beiden Lichtquellen beleuchteten Flächen bei einem 1:1-Verhältnis des Blitzlichtes zum Tageslicht gerade verdoppelt, also um 1 Blende erhöht wird!

Zur Steuerung des Beleuchtungsverhältnisses stehen verschiedene Möglichkeiten zur Auswahl. Am einfachsten ist wie gesagt die Blitzleistungskorrektur bei voll integrierten TTL-Systemen. In diesem Fall kann die relative Helligkeit der Blitzbelichtung in Bezug auf das Tageslicht direkt in Drittelstufen vorprogrammiert werden. Wenn das verwendete Blitzgerät nur mit einer konventionellen TTL-Steuerung arbeitet, muss die Tageslicht-Belichtung manuell eingestellt werden, damit sich die an der Kamera einzustellende Belichtungskorrektur nur auf das Blitzlicht auswirkt. Bei Computer-Blitzautomatik und manueller Blitzsteuerung ist es ebenfalls sehr zu empfehlen, an der Kamera von Belichtungsautomatik auf Manuell umzuschalten. Zuerst wird jeweils die Belichtung für das Tageslicht eingestellt, wobei die Verschlusszeit gleich oder länger als die kürzeste Synchronzeit der Kamera sein muss. Anschliessend wählt man die Programmblende, die Blitzleistungsstufe und/oder den Abstand des Blitzgerätes vom Motiv so, dass sich bei der am Objektiv eingestellten Blende der gewünschte Grad von Unterbelichtung ergibt.

Der Vollständigkeit halber sei hier noch erwähnt, dass man das Verhältnis von Blitzlicht zu Tageslicht auch umkehren kann, um an trüben Tagen Sonnenschein zu simulieren. Die Schwierigkeit dabei ist natürlich der typische Lichtabfall im Hintergrund. Damit bei flach einfallendem Blitzlicht auf dem Foto die Farbtemperatur «stimmt», müssen geeignete Gelatinefilter der Serie 81 vor das Blitzgerät montiert werden, für Sonnenuntergangs-Stimmungen sogar solche der Serie 85. Dank dieser Anordnung behalten die Schatten ihre bläuliche Farbe.

Nachtarbeit

Mit Hilfe eines Stativs lassen sich Landschaften sogar nachts ohne Blitz festhalten – vorausgesetzt, dass der Mond genügend Licht liefert. Die Belichtungszeiten liegen jedoch selbst mit hochempfindlichem Film meist im Bereich von mehreren Minuten. Bei Wildtieren sind die Chancen für ein so langes Stillhalten gleich null, weil allein schon die Atmung zu viel Bewegung verursacht. Daher ist eine künstliche Beleuchtung unumgänglich, sofern man nicht Unschärfen in Kauf nehmen oder ganz auf eine Aufnahme verzichten will.

Die ersten Gehversuche in Sachen nächtlicher Blitzfotografie fallen in der Regel äusserst enttäuschend aus. Denn mit dem Aufstecken eines Blitzgerätes auf die Kamera und dem Einschalten desselben ist es eben nicht getan. Das wenigste, was einem bei diesem Vorgehen passieren kann, ist eine banal flache Ausleuchtung. Dazu gesellt

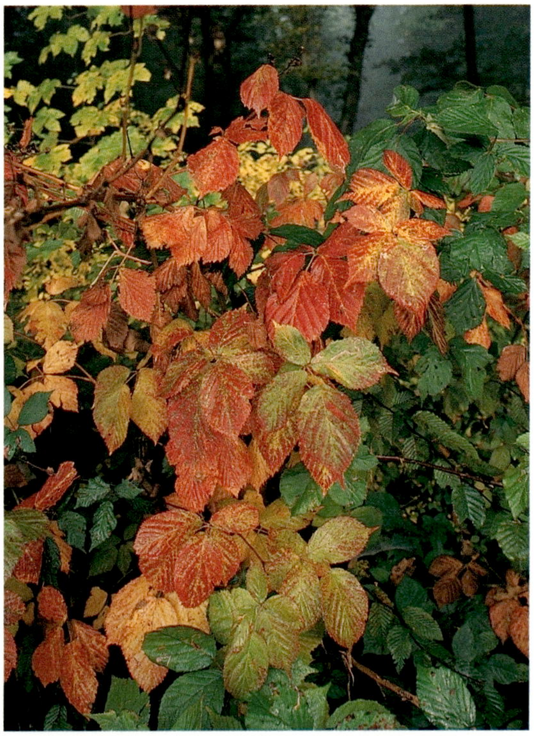

Gerichtetes Blitzlicht bringt verfärbte Brombeerblätter auch an einem nebligen Herbsttag zum Leuchten.
Foto: Felix Labhardt

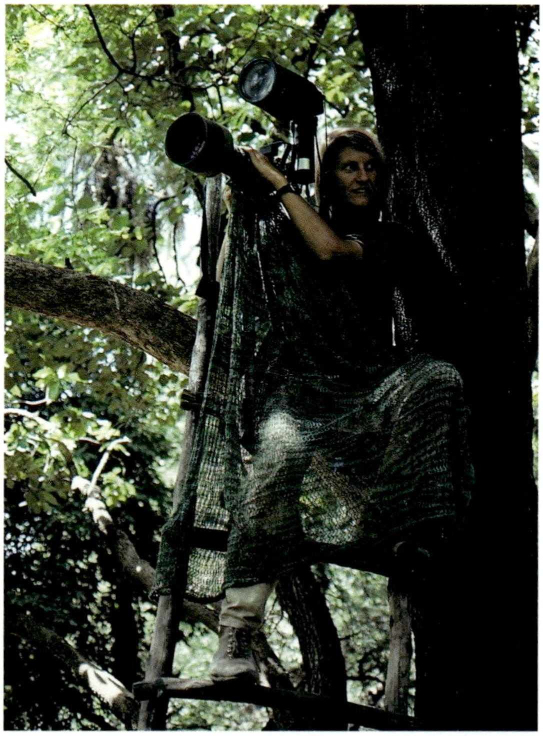

Wenn sich das Motiv in der kontrastreichen Übergangszone von Licht und Schatten befindet, ist die Aufhellung der Schatten anzuraten. Gertrud Neumann-Denzau verwendet dazu ein Blitzgerät mit Televorsatz.
Foto: Gertrud & Helmut Denzau-Neumann

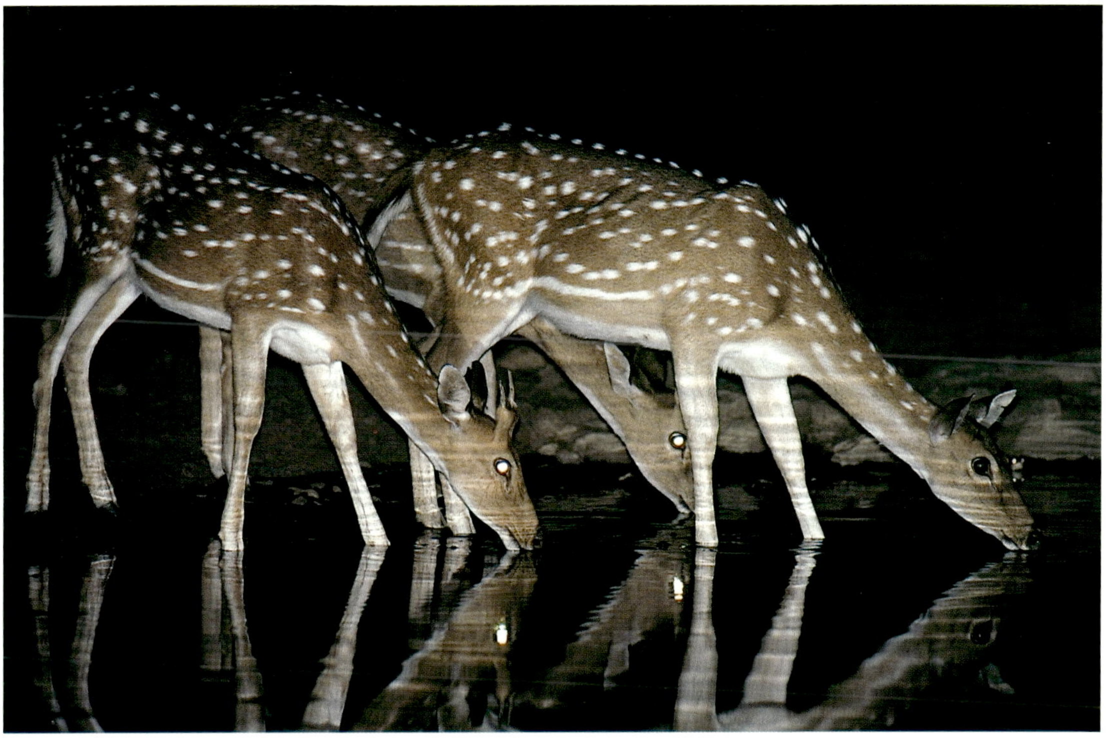

In den Augen der Axishirsche ist zu erkennen, dass sich das Blitzlicht darin um so weniger spiegelt, je grösser der Winkel zwischen der Aufnahme- und der Lichtrichtung ist.
Foto: Gertrud & Helmut Denzau-Neumann

sich häufig der weiter oben erwähnte Helligkeitsabfall nach hinten, vor allem beim Fotografieren im Nahbereich oder in ebenem Gelände. Wird einem Tier aus der Dunkelheit ins Gesicht geblitzt, dann wird man mit an Sicherheit grenzender Wahrscheinlichkeit den berüchtigten «Rote-Augen-Effekt» kennenlernen: Durch die weit geöffnete Pupillen fällt das Blitzlicht auf die Netzhaut. Bei nachtaktiven Tieren liegt dahinter das Tapetum; diese Gewebeschicht wirkt wie ein Spiegel, der das einfallende Licht ein zweites Mal durch die Netzhaut schickt, um es quasi zu verstärken. Das direkt ins Kameraobjektiv zurückgeworfene Licht produziert nun ein Bild mit diabolisch leuchtenden, wie ausgestochen wirkenden Augen. Jede Tierart reflektiert eine charakteristische Farbe: Füchse beispielsweise bekommen hellblaue Lichter (hier ist der jägersprachliche Ausdruck für die Augen absolut treffend), Dachse bernsteinfarbige, bestimmte Katzenarten grünliche und so weiter. Damit wäre das Dia dann vollends reif für den Abfalleimer.

Abhilfe gegen das farbige Augenleuchten schafft eine Positionierung des Blitzgerätes in grösserem Abstand von der optischen Achse. Bei Frontalaufnahmen sollte der Winkel zwischen Aufnahme- und Lichtrichtung mindestens zehn bis 20 Grad betragen. Um das Blitzgerät von der Kamera zu «entfesseln», wird ein geeignetes (TTL-)Kabel zwischengeschaltet. Nun kann die Lichtrichtung mehr oder weniger beliebig variiert werden. Dies kommt natürlich auch den gestalterischen Absichten sehr entgegen. Das Experimentieren mit Ober-, Seiten- und Gegenlicht wird praktisch nur durch die Kabellänge und die verfügbaren Befestigungsmöglichkeiten für das Blitzgerät eingeschränkt. Mit der Dynax 7xi hat Minolta 1991 das erste kabellose TTL-Blitzsystem vorgestellt. Weitere Hersteller werden diesem Beispiel hoffentlich bald folgen.

Das entfesselte Blitzen bringt nun aber nicht nur eitel Freude, sondern auch pechschwarze Schlagschatten mit sich. Bei der geringen Raumreflexion im Freien ist ja auch nichts anderes zu erwarten. Daher sollte die Schattenseite des Motivs mittels Aufhellschirm oder Zweitblitz aufge-

Aufwendig ausgeleuchtete Nachtaufnahmen müssen oft Stunden vor Einbruch der Dämmerung vorbereitet werden. Derartige Aufbauten in unmittelbarer Nähe eines Nestes sind für die Tiere jedoch eine grosse Belastung.
Foto: Art Wolfe

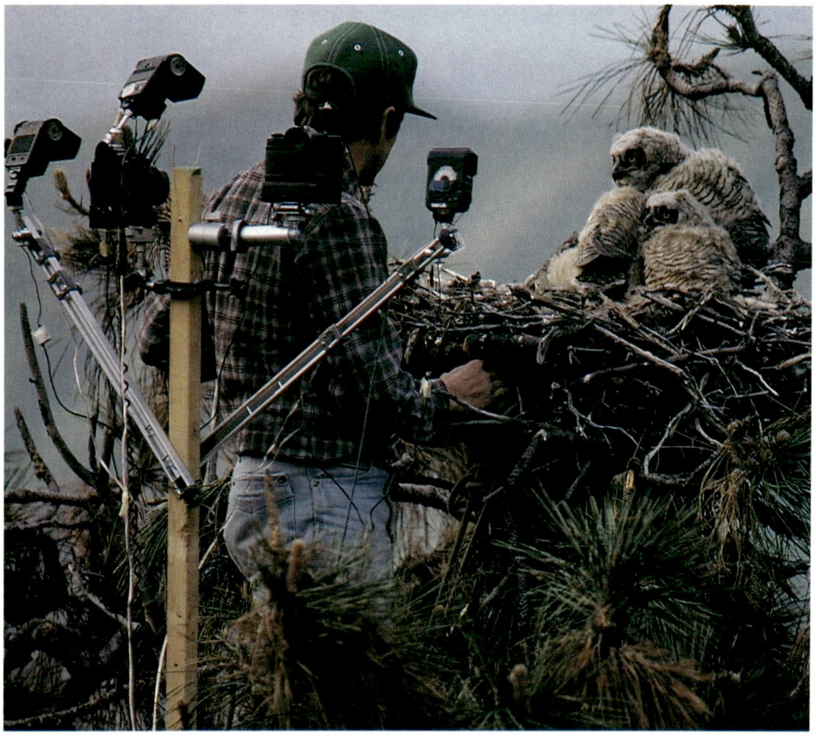

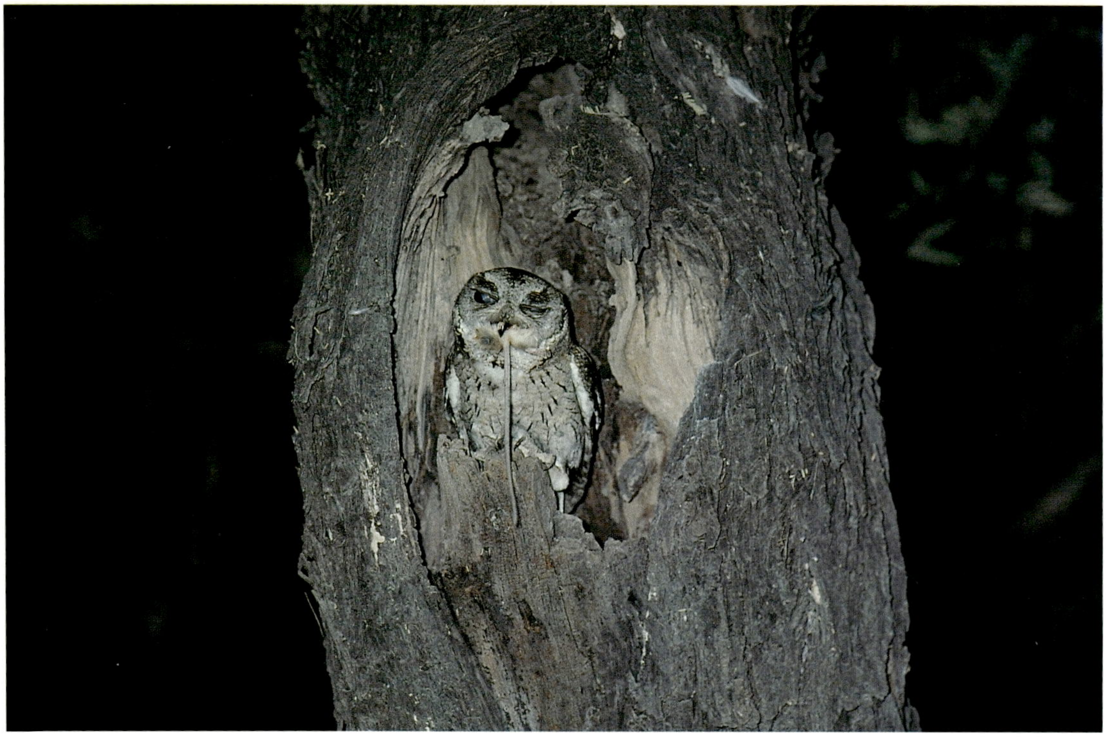

Beim Blitzen auf grössere Distanz ist der Helligkeitsabfall weniger gravierend als im Nahbereich. Dafür resultiert bei gleichem Abstand des Blitzgeräts von der Kamera eine meist sehr flache, schattenarme Ausleuchtung.
Foto: Gertrud & Helmut Denzau-Neumann

hellt werden. Im letzteren Fall geht man wie bei der Schattenaufhellung bei Tageslicht von einem Beleuchtungsverhältnis von etwa 1:4 bis 1:2 aus. Am einfachsten plaziert man dazu den Aufhellblitz in der 1,4fachen bis doppelten Entfernung vom Motiv als den Hauptblitz. Dies entspricht einer beziehungsweise zwei Stufen Helligkeitsunterschied. Falls die beiden Geräte unterschiedliche Leitzahlen besitzen, sind diese beim manuellen Blitzen für das Beleuchtungsverhältnis ausschlaggebend.

Zwei Blitzgeräte reichen in der Regel aus, um das Motiv zufriedenstellend auszuleuchten. Wenn aber der Bildausschnitt einen grossen Hintergrundbereich umfasst, braucht es mitunter noch ein oder mehrere weitere Blitzgeräte für eine tageslicht-ähnliche Ausleuchtung. Ein derart materialaufwendiges Arbeiten ist in meinen Augen jedoch häufig übertrieben. Pflanzen braucht man ja nun wirklich nicht ausgerechnet nachts zu fotografieren, und für wilde Tiere ist das Aufstellen von mehreren Stativen und Blitzgeräten rund um ihre Behausung oder ihren Wechsel eine grosse Zumutung. Wenn man statt im ebenen Gelände gegen einen Hang fotografiert und zwei starke Blitzgeräte aus genügend grossem Abstand einsetzt, wird der Lichtabfall nach hinten verschwindend klein. Auf flachem Terrain kann man das Motiv oft auch dicht vor einem Gebüsch oder dergleichen ablichten, um einen dunklen Hintergrund zu vermeiden. Das Naheliegendste ist jedoch, dass man die Grenzen der Technik akzeptiert und den unvermeidlichen Helligkeitsabfall bewusst als «Nachteffekt» in die Bildgestaltung miteinbezieht.

Blitzlicht mobil und auf Distanz

Die weiter oben beschriebene klassische Arbeitsweise beim Blitzen mit mehreren Geräten kann zwar technisch überzeugende Ergebnisse liefern, besitzt jedoch einen gravierenden Nachteil: Eine optimale Ausleuchtung muss sorgfältig geplant und fast zwingend ortsfest installiert werden. Tiere halten sich jedoch nur selten über längere Zeit innerhalb des kleinen Bereiches auf, den die aufgestellten Leuchten abdecken. Für umfassendere Verhaltensstudien muss daher der ganze

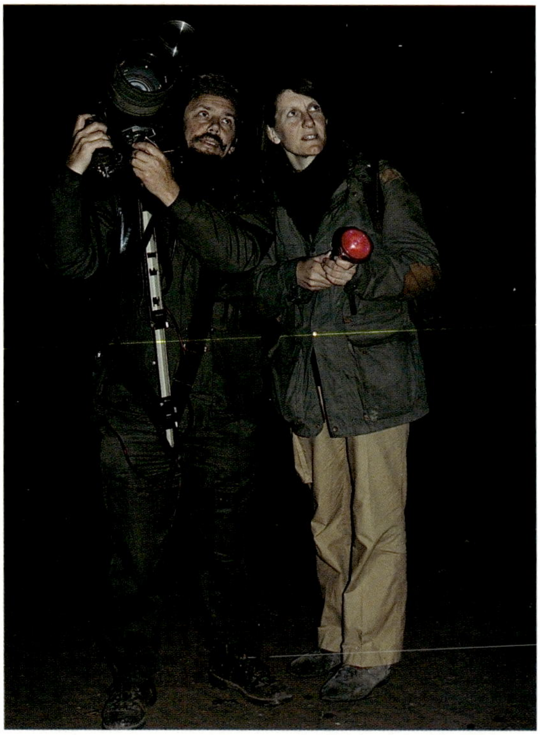

Das Ehepaar Denzau (beide sind von Beruf Physiker) hat sich auf die Tierwelt Indiens, und zwar insbesondere die nachtaktiven Kreaturen, spezialisiert. Zu zweit fällt die Pirsch mit den voluminösen Geräten leichter.
Foto: Gertrud + Helmut Denzau-Neumann

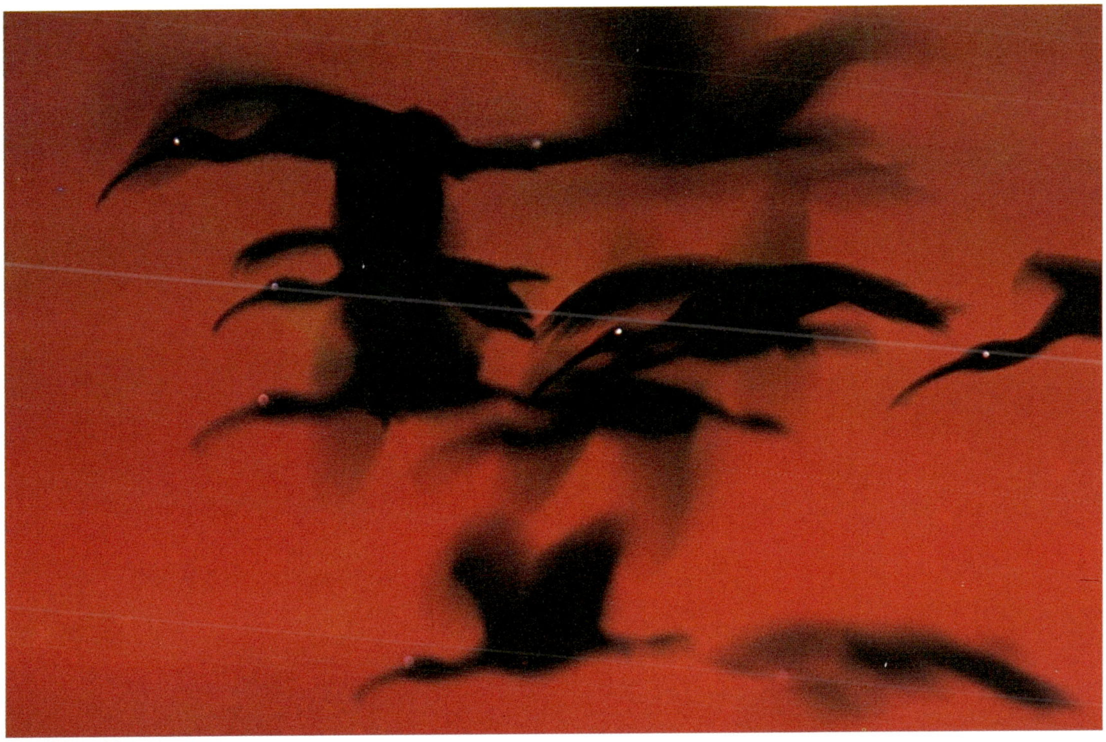

Obschon die fliegenden Sichler durch das Blitzlicht kaum Zeichnung erhalten, ist die Reflexion in den Augen der Vögel offensichtlich. Normalerweise unerwünscht, verleiht der Rote-Augen-Effekt dem Bild das gewisse Etwas.
Foto: Frans Lanting / Minden Pictures

Beleuchtungsaufbau nacheinander an verschiedene Stellen verlegt werden. Oder aber man verzichtet zugunsten der besseren Beweglichkeit auf überflüssigen technischen Ballast.

Um sich nachts frei bewegen zu können, müssen die Kamera, ein bis zwei Blitzgeräte und möglichst auch ein Einstellicht (z.B. eine Taschenlampe) zu einer fest zusammenhängenden Einheit verbunden werden. Am leichtesten geht dies im Nahbereich: In allen grossen Kamerasystemen gibt es spezielle Makroblitzgeräte, die über zwei oder vier einzeln regulierbare Blitzröhren und meist auch über ein eingebautes Einstellicht verfügen. Der Reflektorteil wird direkt am Objektiv befestigt, die Steuereinheit in den Blitzschuh an der Kamera geschoben – und fertig ist das handliche System für die Pirsch. Theoretisch wären für diesen Zweck auch Ringblitzgeräte geeignet; ihre völlig schattenlose Ausleuchtung eignet sich aber nur in beschränktem Mass für die bildmässige Naturfotografie. Ausserdem erzeugt ein Ringblitz auf gewölbten Oberflächen (z.B. auf glänzenden Insektenpanzern) kreisrunde Reflexe, die oft wie eine Beule aussehen.

Für die «Grosswildjagd» braucht man natürlich schwereres Gerät. Zuerst einmal wird die Kamera mit einem (lichtstarken) Teleobjektiv bestückt. Als Lichtquelle bedient man sich eines einzelnen Kompakt- oder Stabblitzgerätes mit möglichst hoher Leitzahl. Idealerweise wäre es an einem stabilen Haltearm der Marke Eigenbau ungefähr lotrecht über dem Objektiv zu montieren (aus Gründen des Gleichgewichtes). Ein Stabblitz ist dafür jedoch häufig zu schwer. Dann schraubt man ihn mittels einer kurzen Schiene direkt an der Kamera oder besser noch am Stativfuss des Objektivs fest. Dadurch wächst allerdings die Wahrscheinlichkeit roter Augen stark an – das ist der unvermeidliche Preis der Mobilität. Mit Isolierband oder ähnlichem befestigt man schliesslich noch eine Taschenlampe so am Objektiv oder an der Schulterstütze, dass das Bildfeld beleuchtet wird. Diese Lampe sollte sich zum Einstellen leicht ein- und ausschalten lassen. Ein Einbeinstativ erleichtert das Arbeiten und hilft, die Einheit im Gleichgewicht zu halten.

Sollte die ganze Apparatur jedoch zu schwer werden, bleibt einem nichts anderes übrig, als eine Hilfsperson mit dem Tragen und Ausrichten des Blitzgerätes zu betrauen. Auf grössere Distanz kann der Rote-Augen-Effekt überhaupt nur auf diese Weise sicher vermieden werden. Damit der Fotograf sieht, wohin das Blitzgerät gerichtet ist, wird das Einstellicht sinnvollerweise direkt am Blitzreflektor befestigt. Dank des höheren Kontrastes (Schatten) kann man so auch etwas besser scharfstellen.

Für die Tierfotografie sind oft sehr hohe Blitzleistungen vonnöten, die praktisch nur durch eine scharfe Bündelung des Blitzlichtes erreicht werden. Für diesen Zweck bieten Blitzgeräte- und Zubehör-Hersteller verschiedene Hilfsmittel an. Die üblichen Televorsätze besitzen meist eine Fresnellinse, die den Leuchtwinkel des Blitzgerätes durch entsprechende Brechung des Lichtes verengt. Es gibt auch Teleblitzvorrichtungen, die auf dem Prinzip des Parabolreflektors basieren. Diese sind zwar teils erheblich ausladender als ein normaler Televorsatz, liefern dafür jedoch ein etwas weicheres Licht.

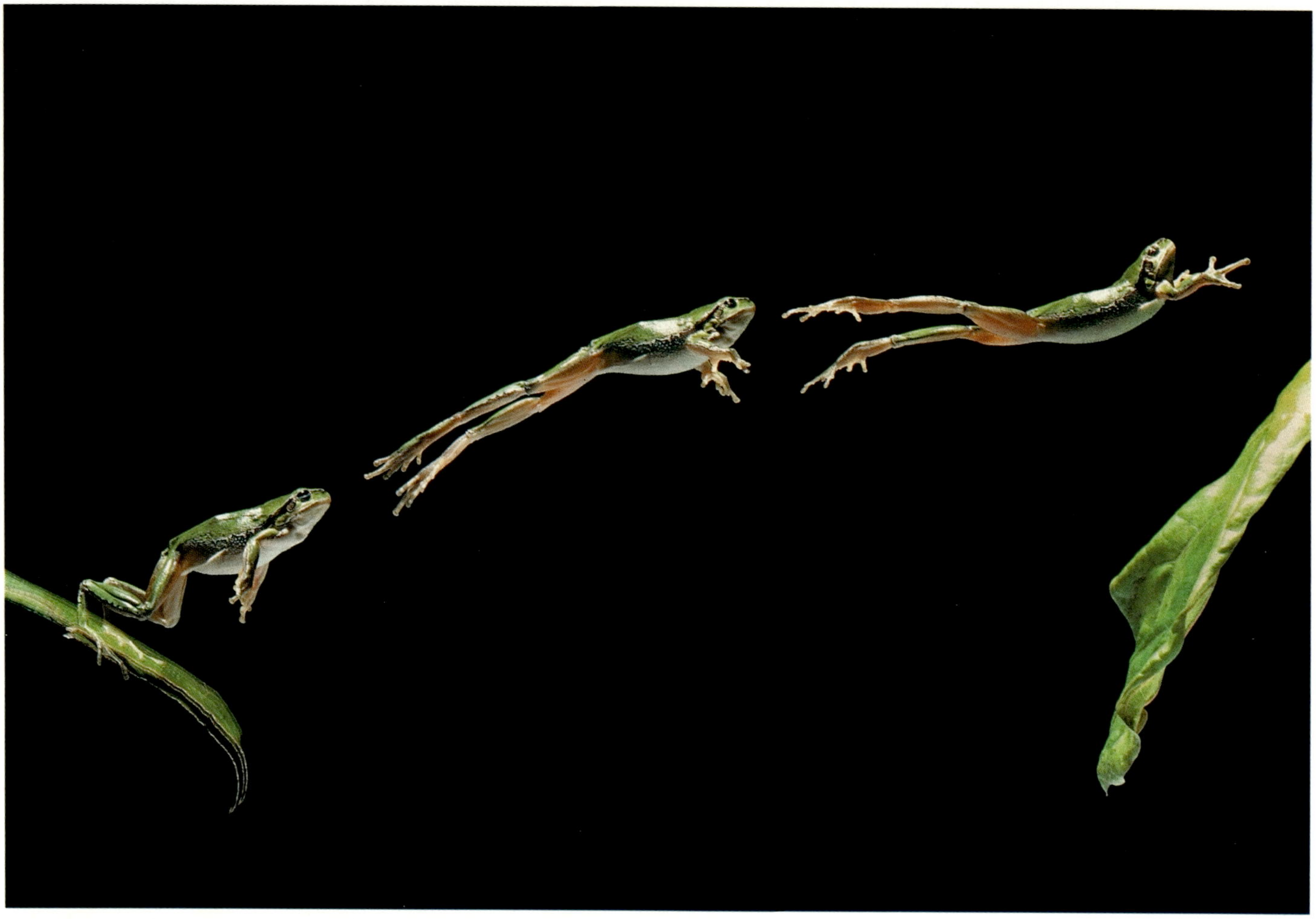

Diese Mehrfachbelichtung des springenden Laubfrosches ist im verdunkelten Studio entstanden. Drei Blitze, die wahrscheinlich automatisch in rascher Folge ausgelöst werden, frieren die einzelnen Phasenbilder ein.
Foto: Stephen Dalton / NHPA

Weitere spezielle Anwendungen

Für Nahaufnahmen können anstelle eines speziellen Makroblitzgerätes auch normale Kompaktblitzgeräte benutzt werden. Die Zubehörindustrie produziert eine Reihe von Makro-Blitzhalteschienen für ein oder zwei Blitzgeräte, die mehr oder weniger vielfältige Verstellungen zulassen. Mit etwas Basteltalent kann man auch selbst eine solche Schiene fabrizieren.

Die sehr häufige Verwendung von Blitzlicht in der Makrofotografie hat übrigens zwei triftige Gründe: Erstens ist das Blitzlicht auf so kurze Distanzen heller als das Tageslicht und ermöglicht somit ein stärkeres Abblenden für mehr Schärfentiefe. Zweitens hilft die kurze Leuchtzeit des Blitzes, Bewegungs- und Verwacklungsunschärfen zu vermeiden. Gerade beim Ablichten von flinken Krabbelkäfern oder gar von schwirrenden Libellen erhält man mit Blitzlicht oft bedeutend schärfere Fotos als bei Tageslicht. Die Erhaltung der natürlichen Stimmung spricht indes trotzdem eher für letzteres.

Auch bei grösseren Motiven kann man Blitzlicht gezielt zum Einfrieren von Bewegungen einsetzen. Springende Kleinsäuger sowie fliegende oder badende Singvögel zum Beispiel bringt man ohne Blitz kaum richtig scharf auf den Film – erst recht nicht im Schatten des Waldes. Da solche Motive oft über einen längeren Zeitraum aus einem mehr oder weniger permanenten Versteck fotografiert werden müssen, ist ein grösserer Beleuchtungsaufwand durchaus gerechtfertigt.

Für die eigentliche Hochgeschwindigkeitsfotografie sind solche Geräte besonders geeignet, die eine stufenweise Leistungsteilung gestatten, zum Beispiel von voller Leistung über 1/2, 1/4, 1/8 bis 1/16, 1/32 oder gar 1/64. Bei der kleinsten Leistungsstufe liegen die Leuchtzeiten fast durchweg bei weniger als 100 Mikrosekunden (=1/10'000s). Auch TTL-Blitzgeräte erreichen solch kurze Leuchtzeiten, allerdings ohne die Möglichkeit einer genauen Kontrolle der tatsächlichen Blitzdauer. Es gibt ferner Spezialblitzgeräte, die sogar bei voller Leistung Blitze von beispielsweise nur gerade 200µs Dauer abgeben. Zum Vergleich: Bei handelsüblichen Stabblitzgeräten von annähernd gleich hoher Leitzahl beträgt die Blitzleuchtzeit bei voller Leistung 2-5ms, also das Zehn- bis 25fache.

Eine sehr interessante Möglichkeit bei TTL-Blitzsystemen der neusten Generation besteht in der Synchronisation der Blitzzündung auf den zweiten Verschlussvorhang. Einfacher ausgedrückt: Bei einer langen Verschlusszeit blitzt es nicht sofort nach dem Öffnen des Verschlusses,

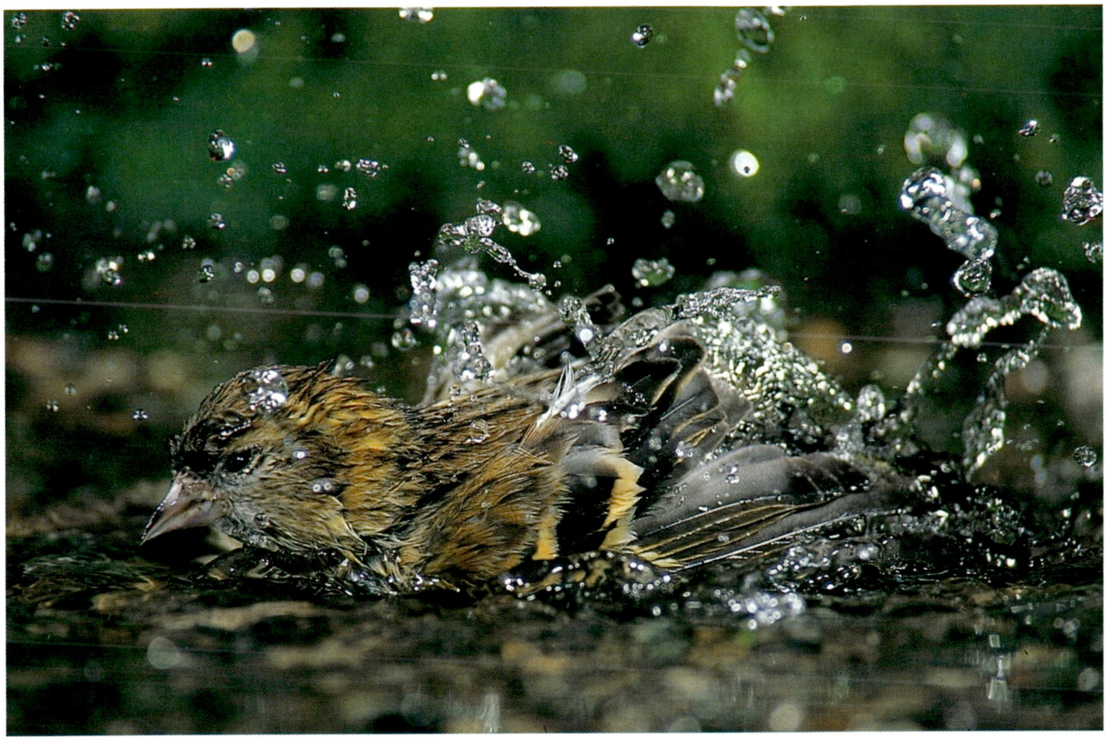

Um die Bewegung des planschenden Erlenzeisigs gestochen scharf festzuhalten, dienen mehrere Blitzgeräte, die aus möglichst kurzer Distanz eingesetzt werden.
Foto: Manfred Rogl

sondern erst unmittelbar vor dem Schliessen. Diese Verzögerung der Blitzzündung lässt sich in der Praxis hervorragend für die Darstellung von Bewegung nutzen: Das Tageslicht sorgt bei einer günstig gewählten Belichtungszeit für eine verwischte Wiedergabe der Bewegung, die der anschliessende Blitz mit einem scharfen Bild des Motivs überlagert. Wird der Blitz dagegen normal auf den ersten Verschlussvorhang synchronisiert, scheint die Bewegung auf dem Foto rückwärts abzulaufen, was freilich nicht besonders toll aussieht.

Neuerdings verfügen elektronisch aufgemotzte Blitzgeräte der Spitzenklasse auch über eine eingebaute Stroboskopschaltung. Diese gestattet mehrfache Blitzbelichtungen in rascher Folge. Die Frequenz, mit der mehrere Phasen einer Bewegung auf ein und dasselbe Foto belichtet werden, ist je nach Modell zwischen 1 und 30 Blitzen pro Sekunde vorwählbar. Damit der Strobo-Effekt richtig zum Tragen kommt, sollte das Motiv vor einem möglichst dunklen Hintergrund aufgenommen werden. Ausserdem ist es von Vorteil, die Kamera auf dem Stativ ruhigzustellen, so dass auf dem Bild wirklich nur die Bewegung des Motivs und nicht etwa der starre Unter- und Hintergrund optisch zerhackt wird.

Nachtaufnahmen von grossen statischen Motiven lassen sich mit der altbewährten Offenblitz-Methode realisieren. Auch hier muss die Kamera aufs Stativ montiert werden, damit sich der Ausschnitt nicht verschiebt. In Stellung B oder T wird der Verschluss offen gehalten. Wenn nötig benutzt man dazu einen feststellbaren Drahtauslöser oder einen Elekroauslöser in der Position für Serienaufnahmen. Dann werden von Hand so viele Blitze ausgelöst, bis das Motiv richtig ausgeleuchtet ist. Man kann zum Beispiel mit vier Blitzen bei Volleistung die Reichweite verdoppeln. Oder mit dem Blitzgerät stückweise einen beliebig grossen Leuchtwinkel abtasten. Sogar der Lichtabfall im Hintergrund lässt sich weitgehend ausgleichen, indem man einfach mit dem Blitzgerät nach hinten wandert und unterwegs Blitze verstreut. Dabei muss man selbstverständlich darauf achten, dass man nicht zwischen das Objektiv und die beleuchtete Fläche steht, weil sonst der Körperschatten auf dem Foto sichtbar wird. Nach dem Zünden aller Blitze wird die Langzeitbelichtung abgebrochen, um den Kameraverschluss wieder zu schliessen.

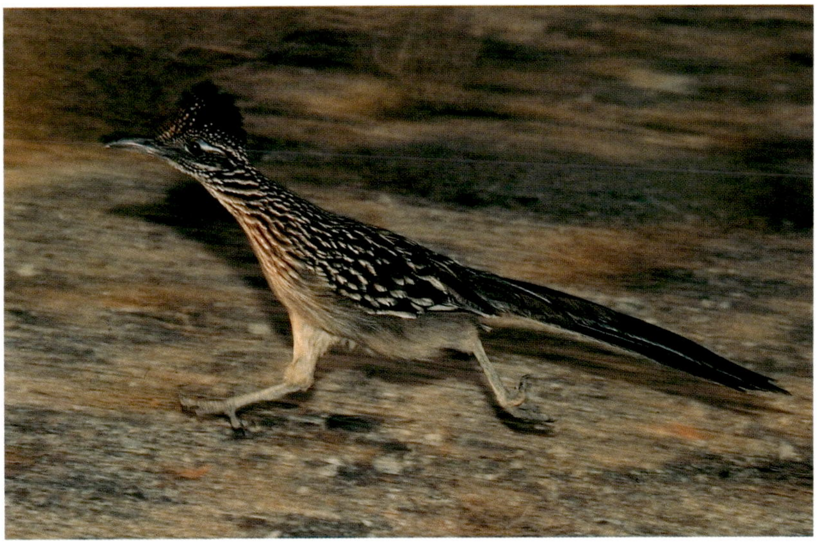

Moderne Technik macht's möglich: Ein dynamischer Wischeffekt unterstreicht die Bewegung des Rennkuckucks. Hierzu ist der Blitz auf den zweiten Verschlussvorhang synchronisiert worden.
Foto: Jeff Foott

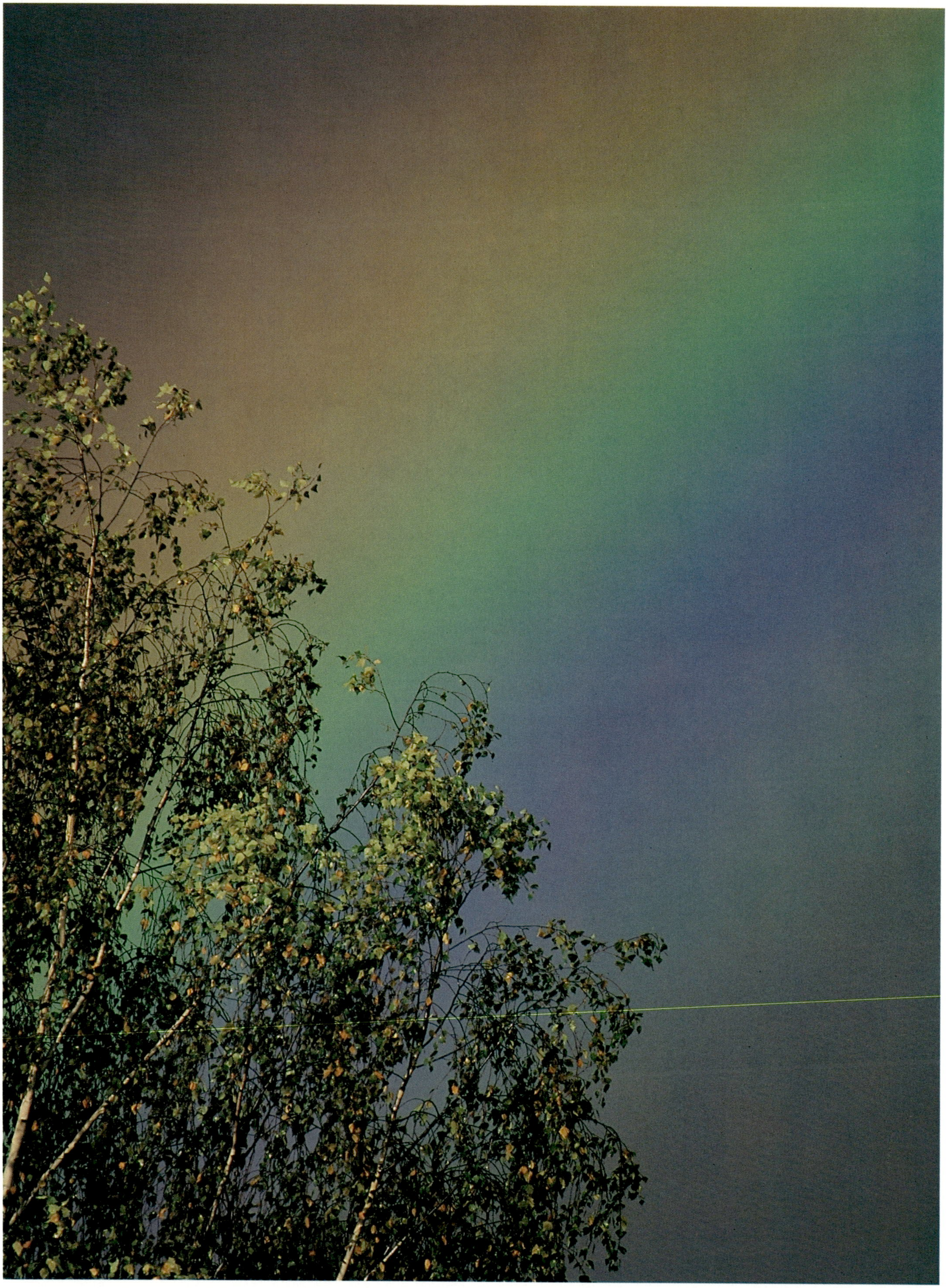

Fotografisches Sehen

Worum geht es hier? Sehen: Licht, Farben, Formen und Strukturen wahrnehmen. Erkennen: das Motiv, das Umfeld, den grösseren Zusammenhang. Gestalten: inhaltlich, formal, subjektiv. Festhalten: die Realität, die Stimmung, die Vision. Die Entstehung einer Fotografie lässt sich in diese vier Schritte gliedern. Jede Stufe baut auf den jeweils vorangegangenen auf. Die Technik kommt zuletzt und hat demnach den geringsten Einfluss auf die ästhetische Qualität einer Aufnahme.

Dieses Motiv habe ich nicht lange suchen müssen: Den Regenbogen habe ich nämlich zu Hause aus dem Esszimmerfenster heraus fotografiert. Durch den engen Bildwinkel des verwendeten Objektivs ist auf dem Bild von den umliegenden Häusern nichts zu sehen.
Foto: Eric A. Soder

Zuerst also muss man auf ein potentielles Motiv überhaupt ansprechen. Ob man nun zufällig draufstösst oder bewusst danach gesucht hat, ist in diesem Moment unerheblich. Wenn man aber vor dem Motiv steht, muss man es bewusst sehen, das visuelle Potential erkennen. Am schwierigsten ist dies in der Tierfotografie: Häufig fixiert man sich zu sehr darauf, dass (endlich) ein Tier in Sicht ist, und vergisst darüber alle qualitativen Aspekte. Dann entstehen zwar vielleicht technisch makellose Fotos, denen jedoch das Wichtigste – nämlich die Bildaussage – fehlt.

In einem zweiten Schritt analysiert man das Gesehene und als fotografierenswert Eingestufte genauer. Was ist daran besonders auffällig oder charakteristisch? Manchmal ist es hilfreich zu versuchen, das Motiv ganz konkret mit Worten zu beschreiben. So verschafft man sich Klarheit darüber, was man eigentlich festhalten möchte.

Jetzt kommt der eigentliche Akt der Bildgestaltung an die Reihe: nämlich die geistige Umsetzung des real wahrgenommenen Objekts in ein zweidimensionales Foto mit rechteckigem Rand, begrenztem Kontrast, ohne Bewegung, ohne Geräusche – und ohne den direkten emotionalen Bezug, den man als Fotograf zum Motiv hat. Aus der vorangegangenen Analyse muss nun die Quintessenz extrahiert werden. Weniger ist mehr, heisst die Devise. Damit das eigentliche Motiv optimal zur Geltung kommt, muss es innerhalb des Bildfensters auch richtig plaziert werden. Überflüssige oder störende Elemente sollte man dagegen von der Bildfläche heraushalten.

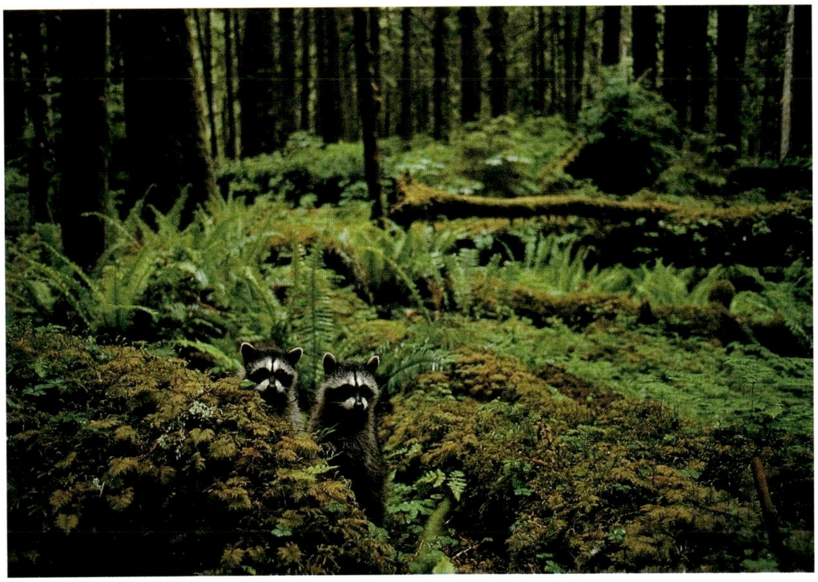

Bei den Waschbären hat Art Wolfe den Olympic Regenwald seines Heimatstaates Washington gekonnt in die Gestaltung der Aufnahme miteinbezogen, um den Lebensraum der possierlichen Tiere zu illustrieren.
Foto: Art Wolfe

Zuletzt ist dann noch das handwerkliche Können gefragt, wenn es gilt, die Bildidee mit Hilfe der Technik zu realisieren. In der Naturfotografie muss man dabei oft mit erschwerenden Faktoren wie grossen Fluchtdistanzen, knappem Licht oder unbequemen Aufnahmepositionen fertigwerden.

Der Ausschnitt

Der rein quantitative Inhalt eines Fotos wird durch den Rahmen des Bildformates festgelegt. Für den qualitativen Inhalt ist zudem auch die Plazierung der einzelnen Bildelemente von tragender Bedeutung. Dadurch wird die Beziehung dieser Elemente untereinander entschieden.

Ein und dasselbe Hauptmotiv, zum Beispiel ein Tier, lässt sich allein durch die Variation der Abbildungsgrösse und der Position in der Aufnahme ganz unterschiedlich gewichten. Etwa als winzigkleiner Punkt in einer Ecke des Bildes, verloren in der Weite einer gleichförmigen Landschaft. Oder – am anderen Extrem – als angeschnittenes Porträt, das nur die Augen und die Nasenspitze umfasst, wobei ein direkt zur Kamera gerichteter Blick nie seine Wirkung verfehlt. Weniger ist mehr. Diese einfache Formel trifft interessanterweise in beiden Fällen zu.

Zwei Dinge möchte ich im Zusammenhang mit der Ausschnittwahl besonders hervorheben: Zum einen das Hochformat. Es entspricht nicht der üblichen menschlichen Sehweise, da unsere beiden Augen nebeneinander angeordnet sind und ein Bildfeld erfassen, das breiter ist als hoch. Ferner ist es in der Praxis mit einer unbequemen Kamerahaltung verbunden, weil die Apparate eben primär fürs Querformat konzipiert sind. Beides macht das Hochformat zu etwas Ungewöhnlichem – und verleiht ihm damit eine im Vergleich zum Querformat stärkere Wirkung. Diese Dramatik des Hochformates sollte man nutzen, wann immer sich dazu eine Gelegenheit bietet.

Zum anderen das Stativ als Gestaltungshilfe. Beim genauen Hinsehen verarbeitet unser Gehirn nämlich nicht das ganze Blickfeld auf einmal, sondern nur jeweils einen relativ kleinen Ausschnitt. Grössere Objekte werden dagegen stückweise mit raschen Bewegungen der Augen abgetastet. Weil man versucht ist, dieser Bewegung mit der Kamera zu folgen, passiert es beim Fotografieren oft, dass (unerwünschte) Dinge am Bildrand übersehen werden oder dass der Horizont versehentlich schief liegt. Ist die Kamera jedoch fest auf dem Stativ montiert, kann man den ganzen Ausschnitt sorgfältig überprüfen und Fehler gezielt korrigieren. Dies gilt wohlgemerkt auch für die Action-Fotografie, wenngleich mit gewissen Einschränkungen.

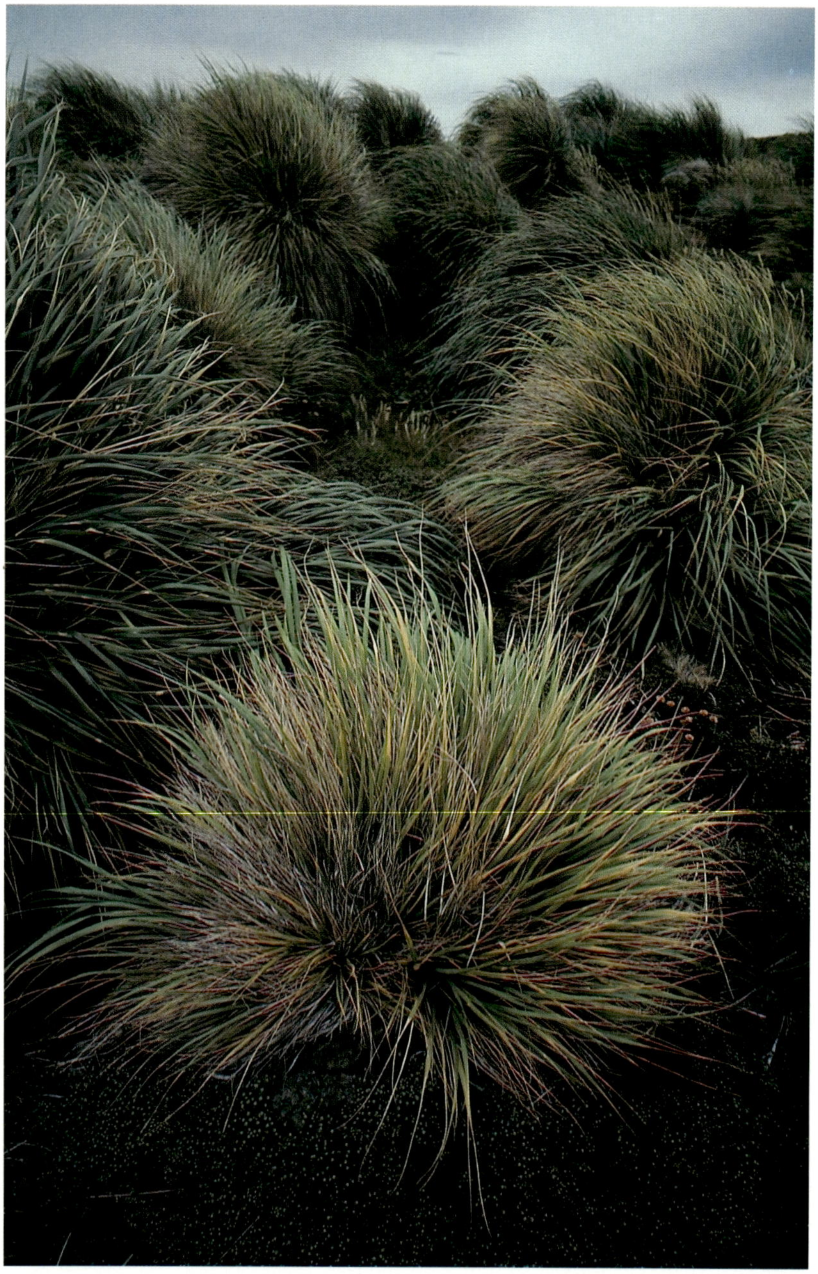

Das Tussakgras auf den Falkland-Inseln wächst in solchen fast kugelrunden «Wuschelköpfen». Durch das Hochformat werden in diesem Bild sowohl das vorderste Grasbüschel als auch die Zwischenräume von Pflanze zu Pflanze betont.
Foto: Fritz Pölking

Totale

Als Totale bezeichnet man ein Übersichtsbild, auf dem mehr oder weniger alles drauf ist. Im allgemeinen kann man sich darunter eine Aufnahme mit einem Weitwinkel- oder Normalobjektiv vorstellen, welche auch einem unbeteiligten Betrachter einen repräsentativen Eindruck von den örtlichen Gegebenheiten – der Landschaft, den Grössenverhältnissen usw. – verschafft. Der Inhalt einer Totalen lässt sich mit den Worten «So sieht es dort aus» prägnant zusammenfassen.

Totale beschränken sich allerdings ganz und gar nicht nur auf Landschaften. Auch Pflanzen und Tiere lassen sich so fotografieren. Sowohl einzeln als auch in Gruppen. In beiden Fällen wird der Lebensraum voll ins Bild miteinbezogen. Daraus ergibt sich, dass die einzelne Pflanze oder das einzelne Tier im Foto relativ klein erscheint. Selbst Gruppen füllen das Format in der Regel nur zu einem eher geringen Teil aus.

Aussagekräftige Totale sind nicht leicht zu fotografieren. Denn es braucht nur wenig, damit eine Totale überladen wirkt. Die günstigsten Voraussetzungen bieten offene oder inselartige Flächen in der Landschaft, die mit wenigen markanten Details gespickt sind. Zum Beispiel eine Waldlichtung mit ein paar Tieren oder einzelnen farbigen Blumen, ein flacher Strand mit angeschwemmtem Holz oder Tang. Diese interessanten Punkte sind nötig, weil das Bild sonst völlig leer wirkt. Ausserdem eignen sie sich hervorragend als Begrenzungen für eine klare Gliederung in Vorder-, Mittel- und Hintergrund.

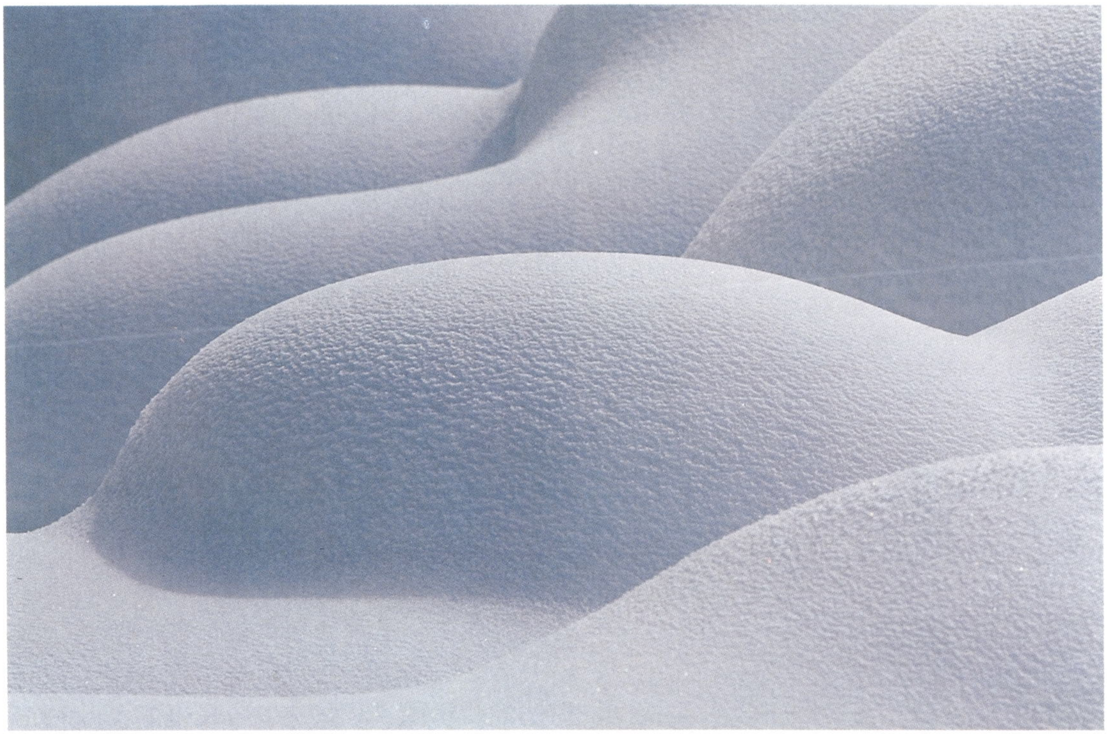

Die sanft gerundeten Formen der Schneedecke sind hier bewusst von allem Drumherum befreit. Diese Abstraktion ist für die reine grafische Wirkung des Motivs verantwortlich. Weiter verstärkt wird der Effekt durch die Einfarbigkeit der Szene.
Foto: John Shaw

Halbtotale

Mit einer Halbtotalen lenkt man den Blick des Betrachters auf das eigentliche Hauptmotiv, wobei die inhaltliche Bedeutung des Hintergrundes zurücktritt. Halbtotale werden in der Regel formatfüllend fotografiert. Dieser Begriff darf jedoch nicht allzu wörtlich verstanden werden. Wenn das Motiv wie in einem Schraubstock zwischen den Bildrändern eingeklemmt ist, geht die natürliche Atmosphäre schnell einmal verloren. Einzig wenn der Motivschwerpunkt in der Nähe der Bildmitte liegt – etwa bei Frontalansichten –, kann die Bildwirkung hie und da durch einen randlosen Ausschnitt gesteigert werden.

Im Falle von Gruppenaufnahmen gelten auch leichte Anschnitte als Halbtotale. Meistens ist es wichtiger, dass die einzelnen Individuen im Foto erkennbar bleiben, als auch noch die hintersten und letzten Mitglieder der Gruppe zu erfassen. Tote Leerräume, die in keiner Weise zur Bildaussage beitragen, sind nach Möglichkeit zu vermeiden. Gerade bei verstreuten Herden reicht es völlig aus, wenn ein einzelnes Tier oder einige wenige, die am nächsten beieinander stehen, so ins Bild gesetzt werden, dass weitere Artgenossen im Hintergrund erscheinen. Dasselbe trifft auch für Pflanzen zu. Selbst unscharfe Farbtupfer genügen, um eine Zusammengehörigkeit zu implizieren. Solche suggestiven Methoden sind auch in anderem Zusammenhang ein wirksames Gestaltungsmittel. Man darf nie vergessen, dass ein Foto wohl oder übel in den durchs Aufnahmeformat vorgegebenen Rahmen hineinpassen muss. Wenn das Motiv dadurch zu klein würde, kann geschicktes Anschneiden helfen.

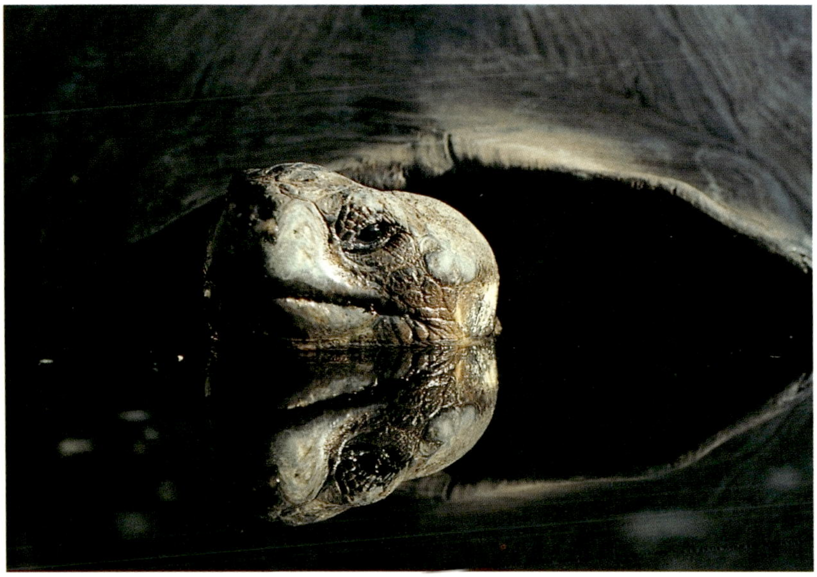

Gekonntes Anschneiden bringt den Kopf der Schildkröte samt Spiegelung ausdrucksstark zur Geltung. Der ganz abgebildete und ebenfalls im Wasser reflektierte Bogen der Panzervorderkante hält das Bild zusammen.
Foto: Frans Lanting / Minden Pictures

Nahaufnahme

Die Nahaufnahme – hier ausnahmsweise einmal nicht im Sinne einer Makroaufnahme zu verstehen – zeigt nur noch das absolut Wesentliche: den Gesichtsausdruck, die Blütenform, die Felsstruktur oder gar einen abstrakten Reflex, etwas nicht unbedingt Identifizierbares. Alles Überflüssige wird in einer Nahaufnahme gnadenlos weggelassen oder abgeschnitten. Dabei muss natürlich mit derselben Präzision gearbeitet werden, die man von einem Chirurgen beim Umgang mit dem Skalpell erwartet. Leider gibt es namentlich unter den Amateuren einen nicht zu unterschätzenden Prozentsatz von Fotografen, die zum Beispiel einem aufrecht stehenden Tier lieber die Füsse abschneiden, als die Kamera ins Hochformat zu schwenken. Das ist nun ausdrücklich *nicht* gemeint, wenn ich hier von Nahaufnahmen spreche.

Das etwaige Anschneiden eines Motivs sollte keinesfalls auf eine unsachgemässe Handhabung der Ausrüstung zurückzuführen sein. Ist weder Zoomen noch das Wechseln der Brennweite möglich, muss man ganz einfach zurückweichen. Umgekehrt bedient man sich einer entsprechend längeren Brennweite oder einer kürzeren Aufnahmedistanz, um beim bewussten Anschneiden *genau* den gewünschten Ausschnitt zu erhalten.

Bei Tierporträts wird das Haupt normalerweise in der oberen Bildhälfte plaziert, so dass die Augen etwa auf zwei Drittel der Formathöhe zu liegen kommen. Zumindest kurze Hälse sollten nach Möglichkeit nicht angeschnitten werden; stattdessen legt man die «schneidende» Bildkante in den Brustbereich oder hinter die Schulter. Hat man es jedoch nur auf das Gesicht abgesehen, darf man den Hals ruhig weglassen. Dann aber sollte der Kopf das Format auch bis an den oberen Bildrand ausfüllen. Bei Porträts stellt das Hochformat häufig die bessere Wahl dar. Fotografiert man jedoch im Querformat – etwa das Profil eines Pferdes oder eines langschnäbligen Vogels –, lassen sich die eben beschriebenen Grundsätze sinngemäss ebenfalls anwenden. Mit einem Unterschied: Wenn das Tier zur Seite schaut, sollte man in dessen Blickrichtung genügend Abstand zum Bildrand wahren. Es sieht selten schön aus, wenn die Nasen- oder Schnabelspitze direkt an die Bildkante stösst, während auf der anderen Seite (hinter dem Kopf) ein optisches Vakuum herrscht.

Der Bildaufbau

Unter dem Bildaufbau versteht man die Anordnung der markantesten Punkte, Linien und Flächen innerhalb des Bildrahmens. In der Naturfotografie wird der Bildaufbau normalerweise nicht direkt – etwa durch Umstellen des Motivs – gesteuert, sondern vielmehr indirekt durch die Wahl von Standort, Aufnahmerichtung und Ausschnitt.

Falls Sie mit den theoretischen Grundzügen der Gestaltungslehre noch nicht vertraut sein sollten, möchte ich Ihnen dringend nahelegen, dies nachzuholen. Am besten mit Hilfe eines kompetenten Lehrbuches zu diesem Thema. Punkte, Kreise, Diagonalen und andere grafische Elemente lassen sich in der Fotografie um so wirkungsvoller zum Erzielen einer bestimmten Bildaussage einsetzen, je besser man sich mit den

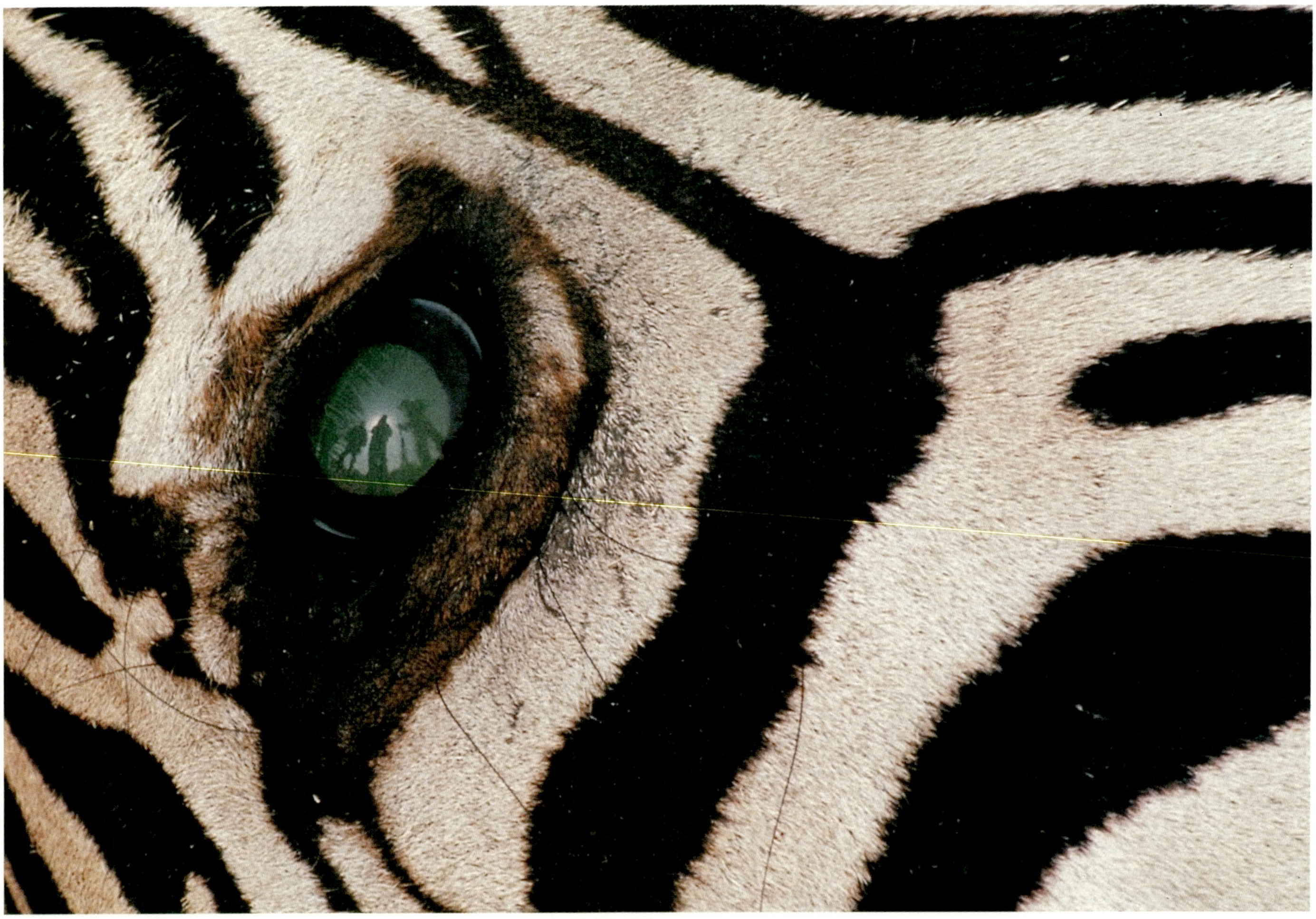

Ein kreativer Geniestreich: Im Auge des toten Zebras spiegeln sich drei Jäger mit ihren Gewehren. Wer sich beim Fotografieren genügend Zeit nimmt und seine Fantasie spielen lässt, kann ungewöhnliche Betrachtungsweisen entdecken.
Foto: Frans Lanting / Minden Pictures

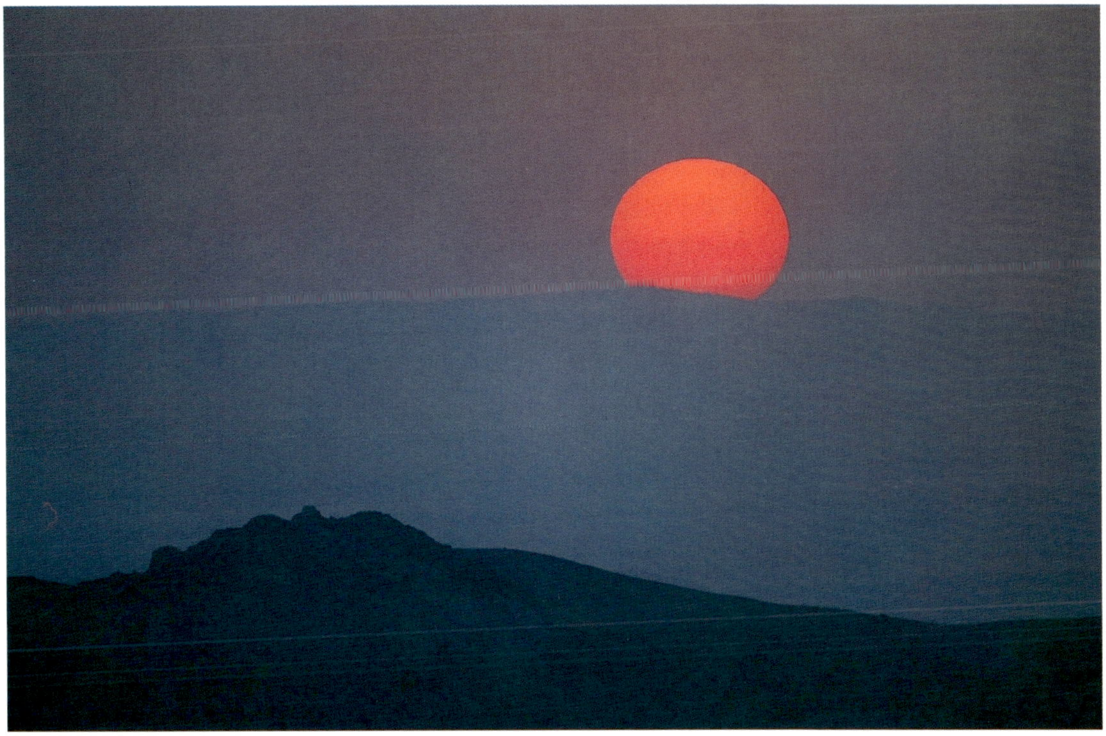

Ein einfacher, klarer Bildaufbau: In Form des nach links orientierten Hügels erhält der diagonal gegenüberliegende Sonnenball ein Gegengewicht, das zu einem ausgewogenen Bild führt.
Foto: Eric A. Soder

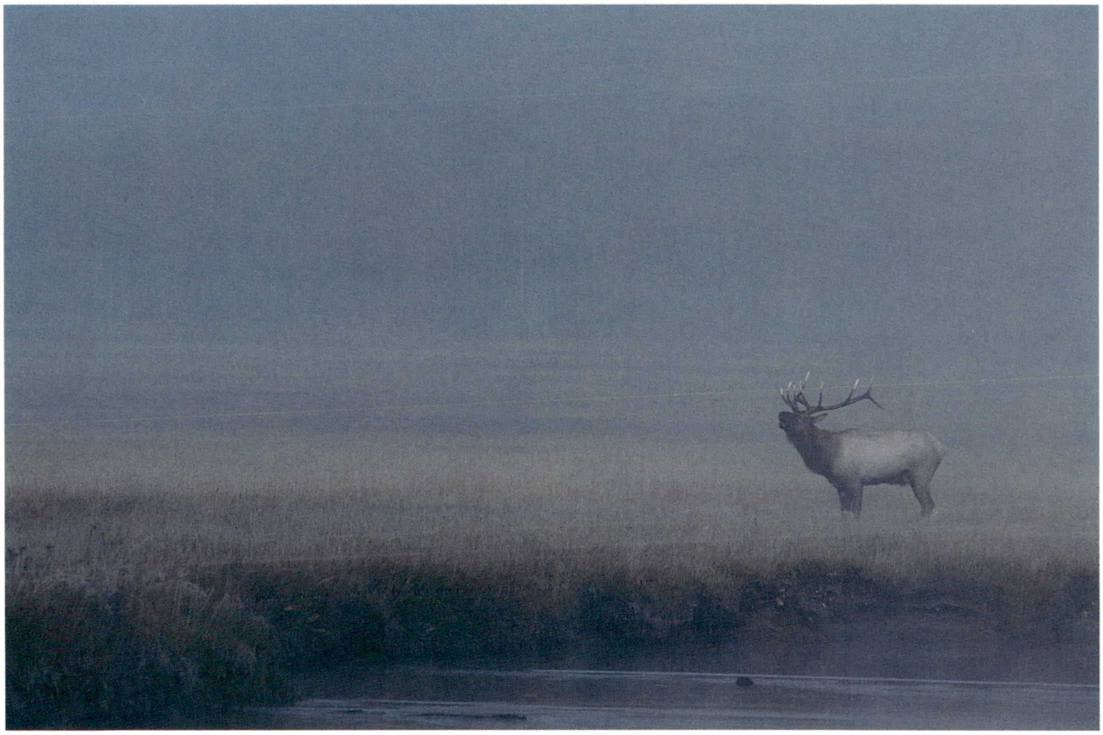

Die einseitige Plazierung des röhrenden Wapitihirsches erzeugt eine formale Spannung, welche die Richtung des einsamen Rufs in den Nebel hinein unterstützt. Ein gekonnt festgehaltenes Stimmungsbild.
Foto: Günter Ziesler

Grundlagen der Ästhetik auskennt. In der Naturfotoschule werde ich mich auf wenige konkrete Tips beschränken, wie etwa jene zum Thema Tierporträts im obenstehenden Abschnitt.

Im allgemeinen empfiehlt sich eine asymmetrische, «einseitige» Anordnung der tragenden Bildelemente. Eines dieser Elemente ist beispielsweise die Horizontlinie. In der Mitte der Aufnahme wirkt sie häufig am langweiligsten. Verlegt man den Horizont dagegen nach oben oder unten, kommt dank der nunmehr verschieden grossen Anteile von Erde und Himmel Spannung ins Bild.

Als Ausgangsbasis für die Komposition eines harmonischen Bildaufbaus kann man sich zwei horizontale und zwei vertikale Geraden denken, die das Format in neun gleich grosse Rechtecke teilen. Jede dieser Linien trennt einen Drittel der Bildfläche ab, und je zwei sich kreuzende Linien teilen einander im selben Verhältnis, das ungefähr dem Goldenen Schnitt entspricht. Normalerweise legt man den Horizont auf die untere

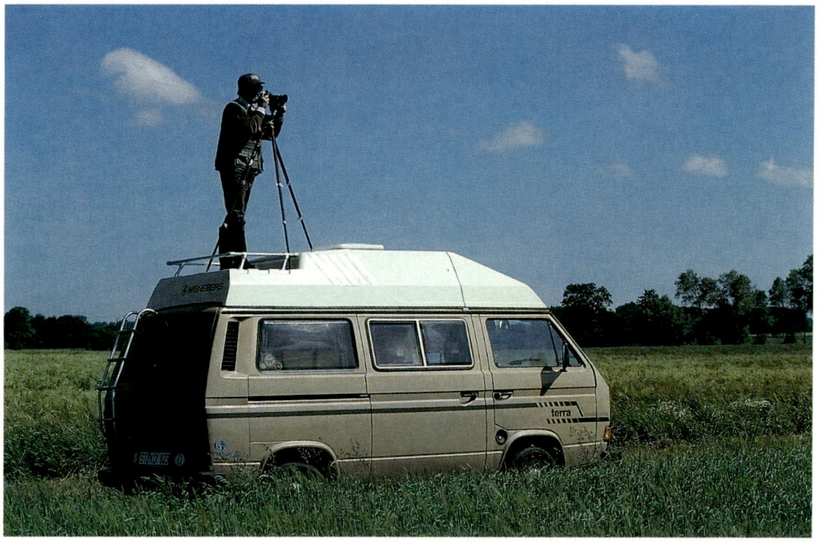

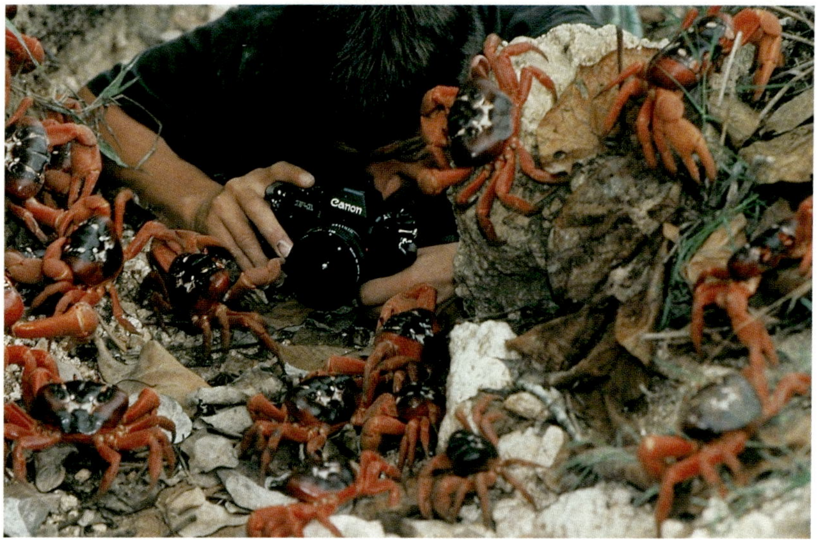

Des günstigeren Blickwinkels wegen hat Fritz Pölking sein Stativ aufs Wagendach gestellt. Not macht eben erfinderisch.
Foto: Gisela Pölking

Michel Roggo setzt beim Fotografieren der Krabben auf einen tiefen Kamerastandpunkt. Dies obschon weder die Unterlage noch die bedrohlichen Scheren zum sich Hinlegen einladen.
Foto: Michel Roggo

Drittelungslinie, um im Foto den Eindruck eines weiten, offenen Raumes zu erhalten. Will man jedoch den Vordergrund und das im wahrsten Sinne des Wortes Bodenständige betonen, so kann man den Horizont auch mit der oberen Drittelungslinie zur Deckung bringen. Entsprechend der angestrebten Aussage wird man die Horizontlinie hie und da auch noch weiter gegen den unteren oder oberen Bildrand verschieben. Bei bedecktem Wetter ist es aus belichtungstechnischen Gründen oft empfehlenswert, den weisslichen Himmel ganz aus dem Bild zu verbannen.

Die Perspektive

Geometrisch lässt sich die Perspektive recht einfach bestimmen. Um eine natürlich wirkende dreidimensionale Abbildung eines Gegenstandes mit bekannten Abmessungen zu konstruieren, muss man lediglich einen Beobachtungspunkt und eine lotrechte Projektionsebene festlegen. Zieht man nun eine Senkrechte zur Projektionsebene durch den Beobachter, so erhält man das perspektivische Zentrum. Die waagrechte Gerade in der Projektionsebene durch dieses Zentrum heisst in der Geometrie Horizont. Alle Paare von waagrechten Parallelen im Originalgegenstand schneiden sich auf dem Bild jeweils in einem Fluchtpunkt, der auf dem Horizont liegt. Je weiter eine solche Bildstrecke vom Horizont entfernt ist, um so steiler verläuft die von ihr ausgehende Fluchtlinie. Nur die Parallelen zur Projektionsebene behalten im Bild ihre ursprüngliche Steigung gegenüber der Horizontalen bei.

In der Fotografie entspricht der Beobachterstandpunkt demjenigen des Objektivs und die Projektionsebene der fokussierten Schärfenebene. Der geometrische Horizont verläuft demnach immer exakt durch die Suchermitte (ausser bei verschwenktem oder geshiftetem Objektiv). Falls die Kamera nach unten oder oben geneigt wird, kommt nur der geografische Horizont entsprechend höher oder tiefer im Bild zu liegen. Dann treten sogenannte stürzende Linien auf, weil lotrechte Parallelen jetzt nicht mehr parallel abgebildet werden. Stattdessen streben sie gegen einen Fluchtpunkt, der weit unter- oder oberhalb der Suchermitte liegt, zusammen. Dieser Effekt ist bei Weitwinkelaufnahmen bekanntlich am offensichtlichsten. Dafür ist die Abbildungscharakteristik kurzbrennweitiger Objektive verantwortlich, die nicht ganz mit unserer eigenen Wahrnehmung des Motivs übereinstimmt: Wenn wir sehr dicht vor einer grossen rechteckigen Fläche stehen, müssen wir die Augen und/oder den Kopf bewegen, um die Ränder überblicken zu können. Dabei erscheinen uns die in Wirklichkeit geraden Kanten des Rechtecks nach aussen gekrümmt, ähnlich wie bei einer Aufnahme mit einem Fischaugenobjektiv. Verzeichnungsfrei korrigierte Objektive geben gerade Linien jedoch immer gerade wieder.

Die steile «Weitwinkel-Perspektive» hängt nicht von der Brennweite ab. Denn von einem gegebenen Standpunkt aus liefern normal korrigierte Objektive aller Brennweiten ein und dieselbe Perspektive; lediglich der Abbildungsmassstab ist verschieden. Praktisch dasselbe Bild wie mit einem 20mm-Superweitwinkel an einer Kleinbildkamera könnte man auch mit einer 150mm-Optik realisieren, indem man das Aufnahmeformat 8x10" wählt, so dass sich wieder der gleiche Bildwinkel ergibt.

In der Praxis arbeitet man jedoch meist mit nur einem Aufnahmeformat, so dass man zur tatsächlichen Veränderung der Perspektive durch einen anderen Aufnahmeabstand eben doch eine entsprechende Anpassung der Brennweite vornehmen muss, um den ursprünglichen Bildausschnitt beizubehalten: Aus kurzer Distanz mit

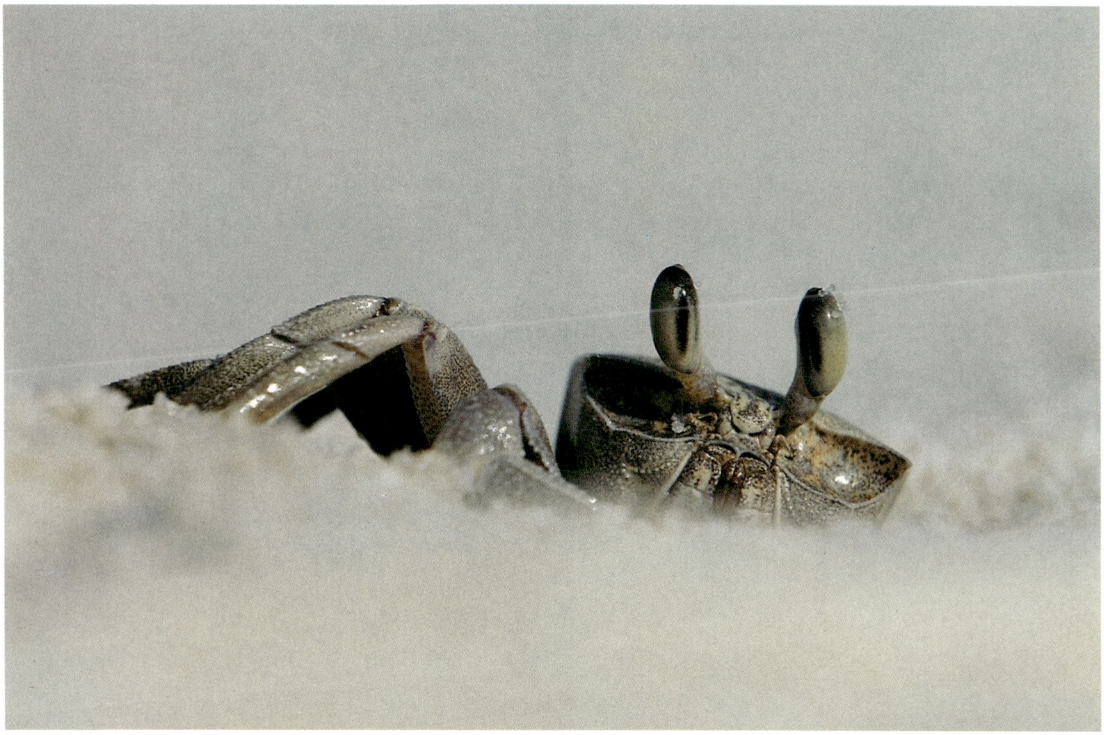

Für diese Aufnahme hat Willi Dolder vielleicht sein Kinn in den feuchten Sand bohren müssen, falls er keinen Winkelsucher dabeigehabt hat. Als Lohn dafür besitzt er nun eine interessante Darstellung der Krabbe.
Foto: Willi Dolder

einem Weitwinkel fotografierte Motive besitzen steile Fluchtlinien und scheinen vom Hintergrund weit entfernt zu sein. Das Ganze ergibt einen guten Eindruck von räumlicher Tiefe. Umgekehrt liefert ein aus grösserem Abstand eingesetztes Tele flachere Fluchtlinien und eine gestauchte Raumwirkung, welche die Distanz zwischen dem Hauptmotiv und dem Hintergrund scheinbar verkleinert. Dadurch wirkt die Teleaufnahme plakativ, im Sinne von weniger räumlich.

Besonders augenfällig ist dieser Unterschied bei gleichgrossen, in der Tiefe gestaffelt wiederholten Objekten – zum Beispiel bei verstreut stehenden Bäumen in einer kleinen Gruppe. Aus der Nähe mit Weitwinkel erscheint der vorderste riesengross, während die weiter hinten stehenden rasch kleiner werden. Aus viel grösserem Abstand kann man mittels einer langen Brennweite ungefähr denselben Ausschnitt reproduzieren. Jetzt erscheinen jedoch alle Bäume der Gruppe fast gleich gross und sind scheinbar viel näher beisammen.

Nach der Wahl des Bildausschnittes, oder genauer gesagt: der Grösse des Hauptmotivs, lässt sich somit auch noch die Gewichtung der erfassten Bildelemente untereinander steuern.

Standort und Blickwinkel

Wenn man Anfänger beim Fotografieren beobachtet, spielt sich oft ungefähr die folgende Handlung ab: Eine Person mit um den Hals gehängter Kamera schlendert suchenden Blickes durch die Gegend. Unvermittelt ziehen sich die Brauen zusammen, der Blick bleibt an einem bestimmten Punkt kleben. Ein Motiv ist entdeckt! Man bleibt stehen, klaubt den Objektivdeckel herunter und schaut durch den Sucher. Klick – die Aufnahme ist im Kasten. Den Deckel wieder aufgesetzt, und weiter geht die Suche.

Dieses Vorgehen ist von einer kreativen Arbeitsweise natürlich weit entfernt. Von einem zufälligen Standort aus Allerweltsbildchen knipsen ist wahrlich keine Kunst. Gestalterisch über-

Aus der Mülltonne heraus gesehen, wird der im Abfall stöbernde Fuchs zum Blickfang. Ebenso gut gewählt wie der Kamerastandpunkt sind Richtung und Gewichtung der eingesetzten Blitzgeräte.
Foto: Stephen Dalton / NHPA

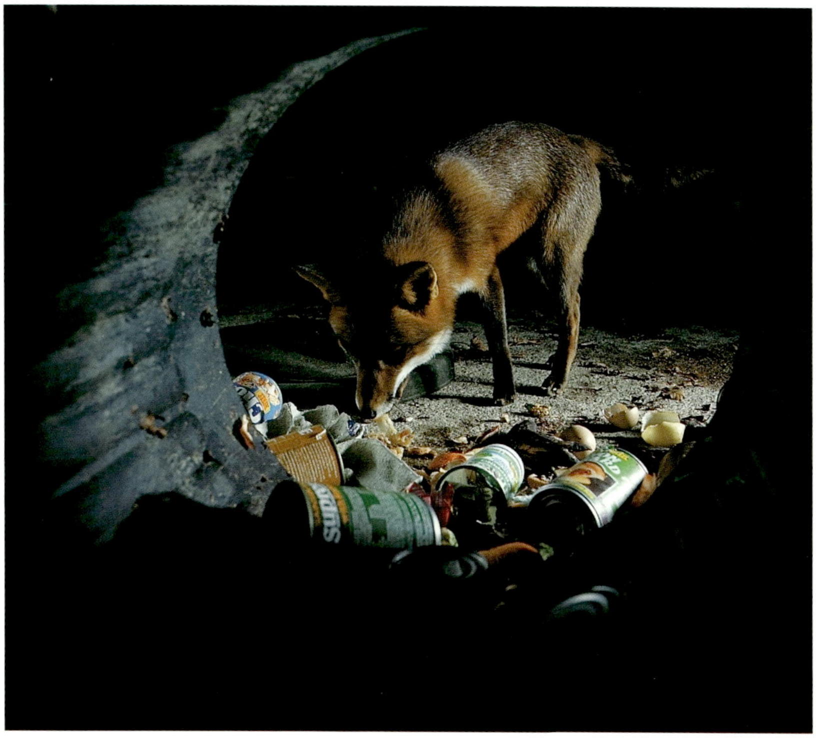

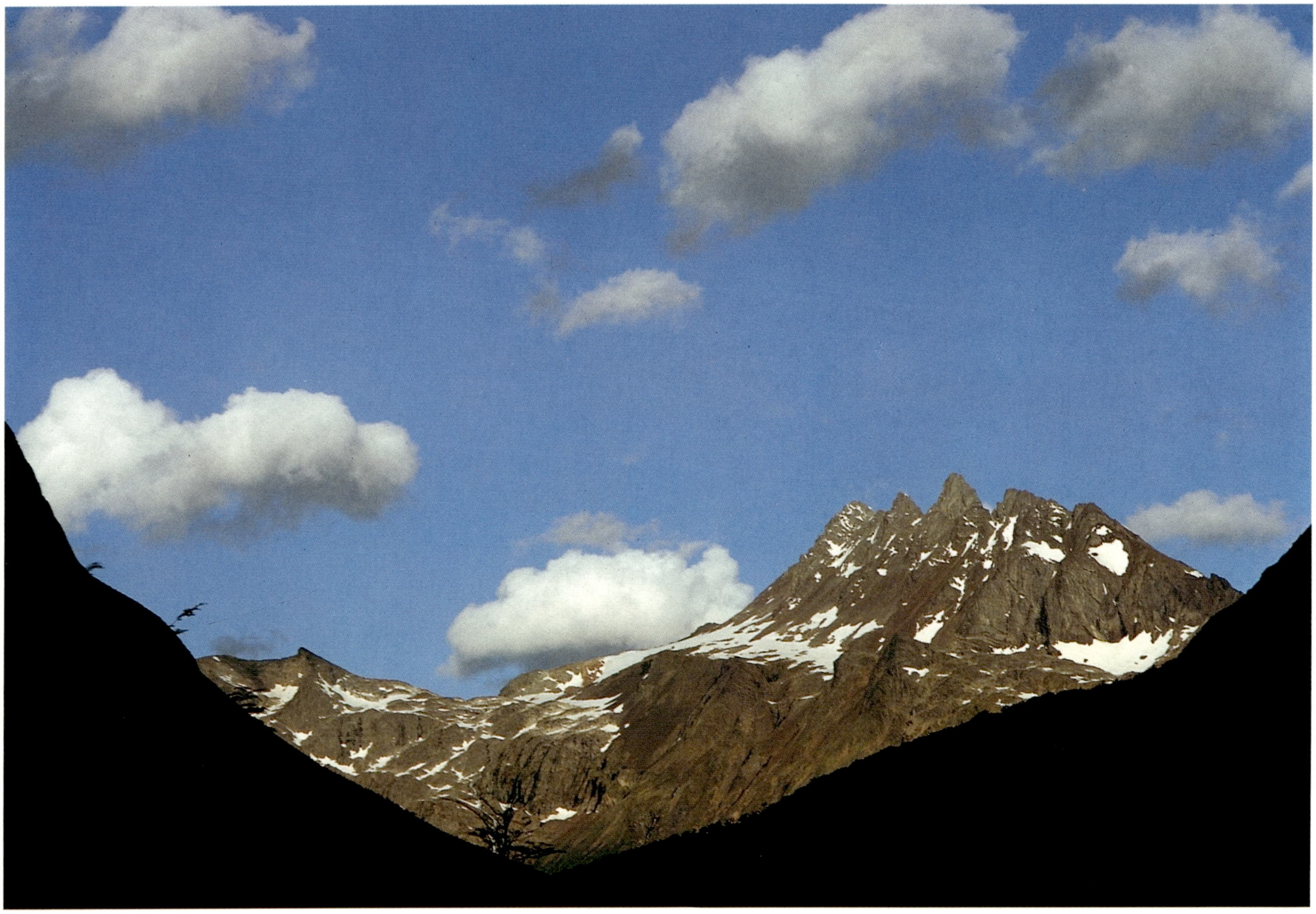

Los cinco Hermanos – die fünf Brüder –, so heisst der argentinische Berg, der hier so schön von den Silhouetten im Vordergrund eingerahmt wird. Die verspielten Wölkchen sind für das Foto wie der Zuckerguss auf dem Kuchen.
Foto: Max Schmid

zeugende Ergebnisse verlangen in der Regel bedeutend mehr Fantasie und Einsatz. Eine sorgfältige Wahl des Kamerastandpunktes gehört schliesslich mit zu den wichtigsten Gestaltungsmethoden der Naturfotografie. Immerhin bestimmt der Standort sowohl den Bildausschnitt (zusammen mit der Objektivbrennweite) als auch die Perspektive – von der Lichtrichtung einmal ganz zu schweigen. Die wichtigste Auswirkung einer bewussten Standpunktwahl besteht jedoch ganz offensichtlich darin, dass man das Motiv von einer bestimmten Seite zeigt.

In der Regel sind es rein ästhetische Kriterien, die einen bei der Suche nach der «Schokoladenseite» einer Landschaft, einer Pflanze oder eines Tieres leiten. Bei Pflanzen und Tieren sollte man dabei auch die jeweiligen Art- und Geschlechtsmerkmale im Auge behalten. Diese sind nämlich nicht nur für Wissenschaftler von Interesse. Gerade der in der Tierwelt verbreitete Geschlechtsdimorphismus, das heisst die unterschiedliche Gestalt von Männchen und Weibchen, äussert sich manchmal sehr augenfällig. Dazu ein paar Beispiele: Männchen sind im allgemeinen bunter gefärbt als Weibchen. Bei vielen Greifvögeln sind Weibchen bis etwa einen Drittel grösser als Männchen, bei Spinnen teils sogar um ein grosses Vielfaches. Bei Säugern ist es dagegen oft umgekehrt; nicht selten wiegen Männchen doppelt so viel wie ihre Partnerinnen. Hörner oder Geweihe sind vorwiegend bei männlichen Huftieren anzutreffen. Weibliche besitzen entweder gar keine oder kleinere Waffen.

Solche und andere Eigenschaften des Motivs kann und sollte man beim Fotografieren gezielt hervorheben. Dazu braucht es manchmal eine Änderung des Aufnahmestandpunktes, weil die fraglichen Merkmale nicht von allen Seiten gleich gut (oder überhaupt) sichtbar sind.

Unter allen Gestaltungsfehlern, die in der Naturfotografie möglich sind, gibt es zwei klare Spitzenreiter: ein zu grosser Aufnahmeabstand und das Fotografieren in aufrecht stehender Körperhaltung. Versuchen Sie stattdessen, sich mit dem Motiv auf dieselbe Stufe zu stellen. Gehen Sie in die Knie oder legen Sie sich auf den Boden, um eine Blume zwischen Grashalmen hindurch zu fotografieren! Pirschen Sie sich näher ans Rotkehlchen heran oder benutzen Sie ein Tarnzelt, wenn Ihr stärkstes Tele nicht ausreicht, um den kleinen Vogel richtig gross ins Bild zu setzen.

Für eine möglichst einfühlsame Darstellung von Tieren ist darauf zu achten, dass sich die Kamera ungefähr auf der Augenhöhe des fotografierten Tieres oder eines gedachten Artgenos-

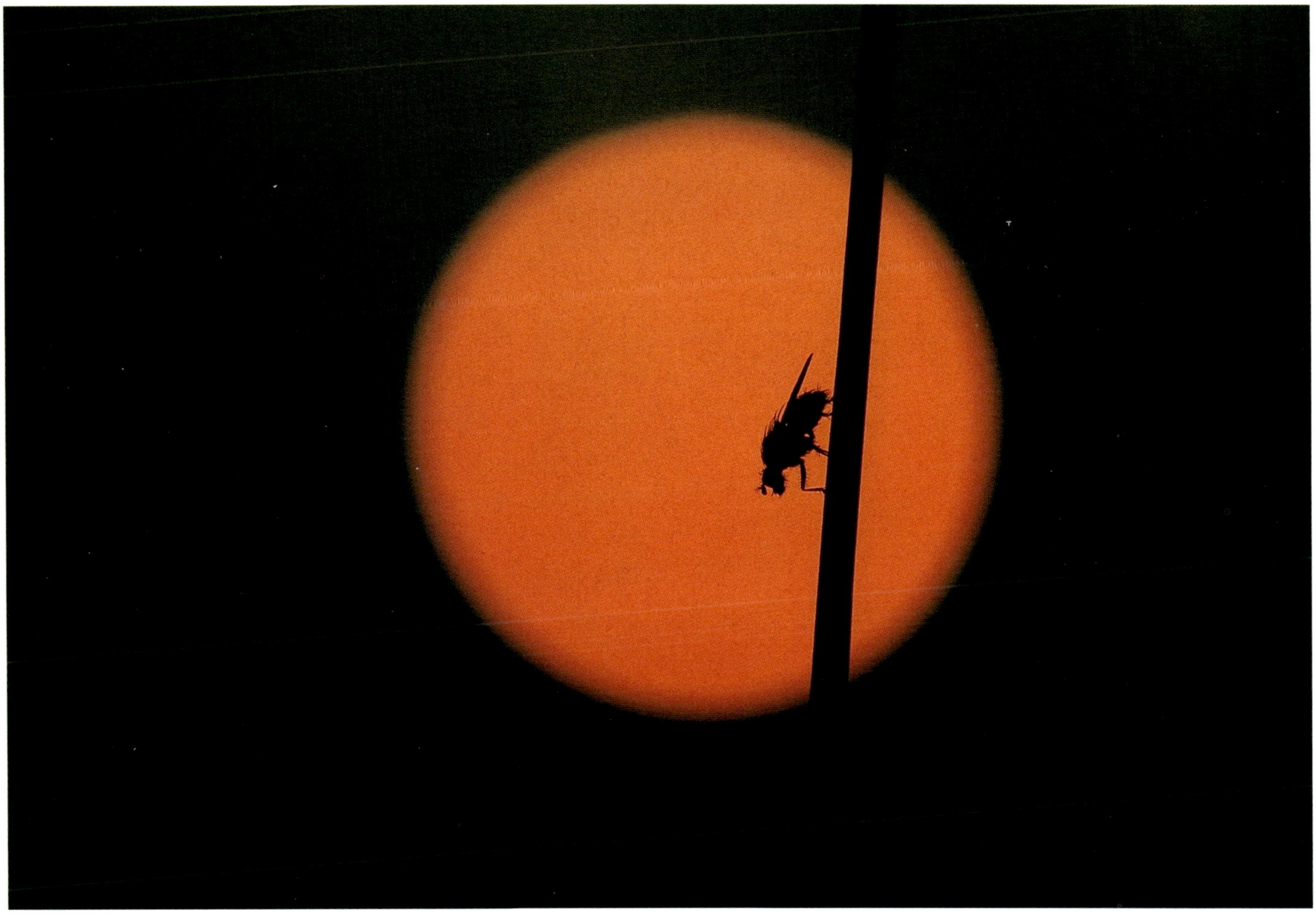

Die Sonne dient in der Naturfotografie nicht nur als vielseitige Lichtquelle, sondern oft auch als Haupt- oder Nebenbestandteil des Motivs. Zum Beispiel als Hintergrund für den Umriss der Fliege an einem Grashalm.
Foto: Walter Seeling

sen befindet. Nehmen Sie einmal eine Ente ganz dicht übers Wasser hinweg auf (so, dass das Objektiv auf dem flachen Ufer aufliegt oder fast das Wasser berührt). Wenn Sie das entstandene Foto mit dem üblichen Blick von oben herunter vergleichen, werden Sie feststellen, dass die Aufnahme aus gleicher Höhe um etliche Klassen besser wirkt. Deshalb finde ich es auch so wichtig, dass sich ein Stativ so niedrig wie irgend möglich aufstellen lässt.

Auch in der Landschaftsfotografie ist es sehr empfehlenswert, ungewohnte Betrachtungsweisen zu suchen: Wie sieht der Wald aus der Sicht einer Maus aus? Wie präsentiert sich die hügelige Wiese einem in der Luft kreisenden Bussard? Ein aussergewöhnlicher Kamerastandpunkt kann ein Foto entscheidend aufwerten.

Gestalten mit dem Umfeld

Typische Naturmotive setzen sich in der Regel aus einem bildbestimmenden Objekt sowie dessen Umfeld zusammen. Denken wir uns zum Beispiel einen Pilz, der zwischen verrottendem Laub aus dem Waldboden ragt, oder einen Schmetterling auf einer Blüte.

Beim Festlegen des Bildausschnitts stellt sich unweigerlich die Frage, wie viel Vorder- und Hintergrund mit aufs Bild kommen soll. Die Entscheidung wird natürlich in erster Linie davon abhängen, inwiefern das Umfeld für die Bildaussage erheblich ist und wie gut es zum Hauptmotiv passt. Um dies herauszufinden, schaut man sich das Motiv wenn möglich erst einmal von mehreren Seiten genauer an, bevor man das Stativ an der günstigsten Stelle aufstellt. Schliesslich fällt das Experimentieren mit der freihändig gehaltenen Kamera leichter.

Auf der Suche nach dem Blickwinkel mit dem fotogensten Umfeld achtet man insbesondere auf harmonische Farben und Strukturen, die zum Beispiel die Tarnung eines Tieres verdeutlichen, oder aber auf Helligkeits- und Farbkontraste, auf eine ungewohnte Umgebung, von der sich das Hauptmotiv auffällig abhebt. Mittelmässige, nichtssagende Allerweltshintergründe eignen sich dagegen kaum dazu, die Bildaussage zu unterstreichen. Folglich braucht man einem uninteressanten Umfeld auch nicht viel Bildfläche zu opfern – schon gar nicht auf Kosten des Hauptmotivs.

In der Bildgestaltung sollte man sich stets auf wenige Elemente beschränken, diese jedoch sorgfältig zueinander in Beziehung setzen. Will

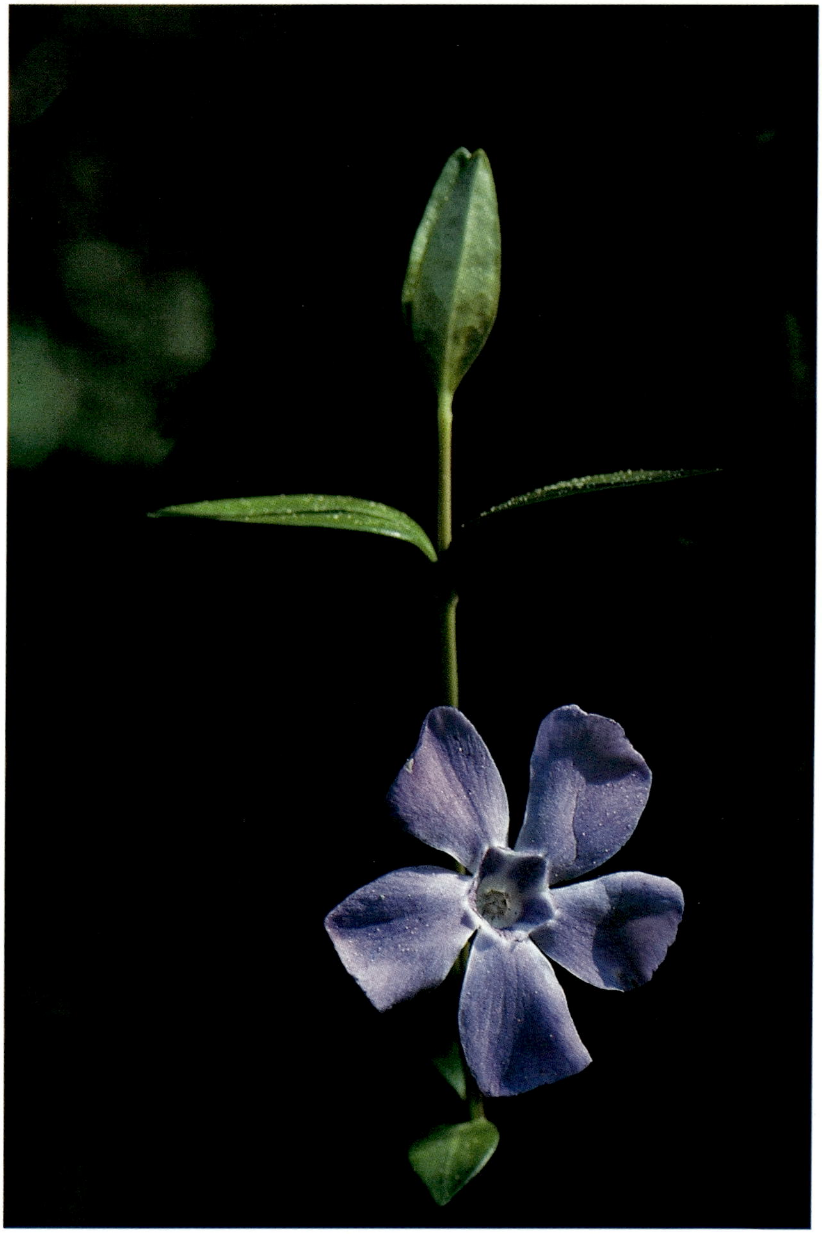

Dunkle Hintergründe sind in der Farbfotografie etwas sehr Nützliches, weil dadurch die Farben des Hauptmotivs am besten zur Geltung kommen. Die Kehrseite der Medaille: Wegen des hohen Kontrasts erfordert die Belichtung Feingefühl und genauestes Arbeiten.
Foto: Eric A. Soder

man beispielsweise Pflanzen oder Tiere in ihrem Lebensraum zeigen, darf dies nicht dazu ausarten, dass das eigentliche Motiv als winziger Klecks in einem unübersichtlichen Wirrwarr von Zweigen und Blättern untergeht. Stattdessen versucht man einen repräsentativen Ausschnitt zu finden, in dem das Kernmotiv als solches ins Auge springt. Oft lässt sich der Charakter der Umgebung schon mit wenigen typischen Details andeuten. Gras und Schilf etwa lassen sich mit ein paar ins Bild ragenden Halmen stellvertretend darstellen; Bäume dementsprechend durch herabhängende Äste oder belaubte Zweige, die gleichzeitig zur Einrahmung des Hauptmotivs dienen.

Besondere Aufmerksamkeit verdient auch der eigene Standort. Fotografiert man von einem niedrigen Punkt aus flach über den Boden, so erhält das Bild viel mehr Tiefe, falls die Vegetation einem nicht die Aussicht versperrt. Auf diese Weise genügt zum Beispiel schon der freie Platz zwischen den Beinen eines stehenden Löwen, um die Weite der offenen Savanne zu zeigen. Sucht man sich jedoch einen höheren Aussichtspunkt und verwendet dabei allenfalls eine längere Brennweite, dann erfasst das Objektiv nur noch ein kleines Stück Boden. So kann man einen unerwünschten Hintergrund relativ einfach weglassen.

Freistellen

Der wichtigste Schritt auf dem Weg zu besser gestalteten Pflanzen- und Tierfotos besteht darin, die Motive richtig freistellen zu lernen. Gerade unsere ausgeräumten und vereinheitlichten Zivilisationslandschaften, die von Strassen, Stromleitungen und begradigten Wasserläufen zerschnitten werden, sind für die Naturfotografie kein leichtes Terrain. Um seine Motive ohne solche von Menschenhand geformten Attribute abzulichten, muss man oft alle Register ziehen.

Bereits bei der Ausschnittwahl kann man Unbedeutendes weglassen, indem man das Hauptmotiv grösser abbildet. Gleichzeitig sucht man eine Aufnahmerichtung, die einen möglichst ruhigen Hintergrund ergibt. Darunter versteht man eine gleichförmige Kulisse (fast) ohne Helligkeits- oder Farbkontraste. Je weniger Strukturen im Hintergrund erscheinen, um so besser.

Es versteht sich von selbst, dass ein Objektiv mit einem engen Blickwinkel das gezielte Steuern des Hintergrundes erleichtert. Zudem eignet sich ein Teleobjektiv auch am besten fürs Arbeiten mit selektiver Schärfe: Bei offener Blende wird ein unscharfer Hintergrund bald einmal als homogene Fläche oder als fliessend weicher Farbverlauf wiedergegeben. Am besten lässt sich dieser Effekt von einem tiefen Kamerastandpunkt aus verwirklichen, weil dann häufig ein weit entfernter Geländeabschnitt oder der Himmel hinter das Motiv zu liegen kommt.

Man kann eine bunte Blumenwiese zum Beispiel schräg von oben mit kurzer Brennweite aufnehmen. Dann erhält man ein Bild, das die Wiese als kunterbunten Teppich zeigt. Solch eine Aufnahme sagt alles und doch wieder gar nichts. Nehmen wir nun eine einzelne Blüte aus der Nähe ins Visier – immer noch mit dem Weitwinkel –, so können wir die flache Teppichstruktur aufbrechen und eine bessere räumliche Wirkung erzielen. Allerdings handeln wir uns damit auch ein chaotisches Durcheinander von Grashalmen, Pflanzenstengeln und verschiedenfarbigen Blüten ein, die scheinbar nahtlos mit der einen Blüte im Vordergrund verzahnt sind. Durch das Öffnen der Blende kann die Schärfentiefe zwar merklich verringert werden; für die optimale Bildwirkung ist jedoch eine längere Brennweite erforderlich.

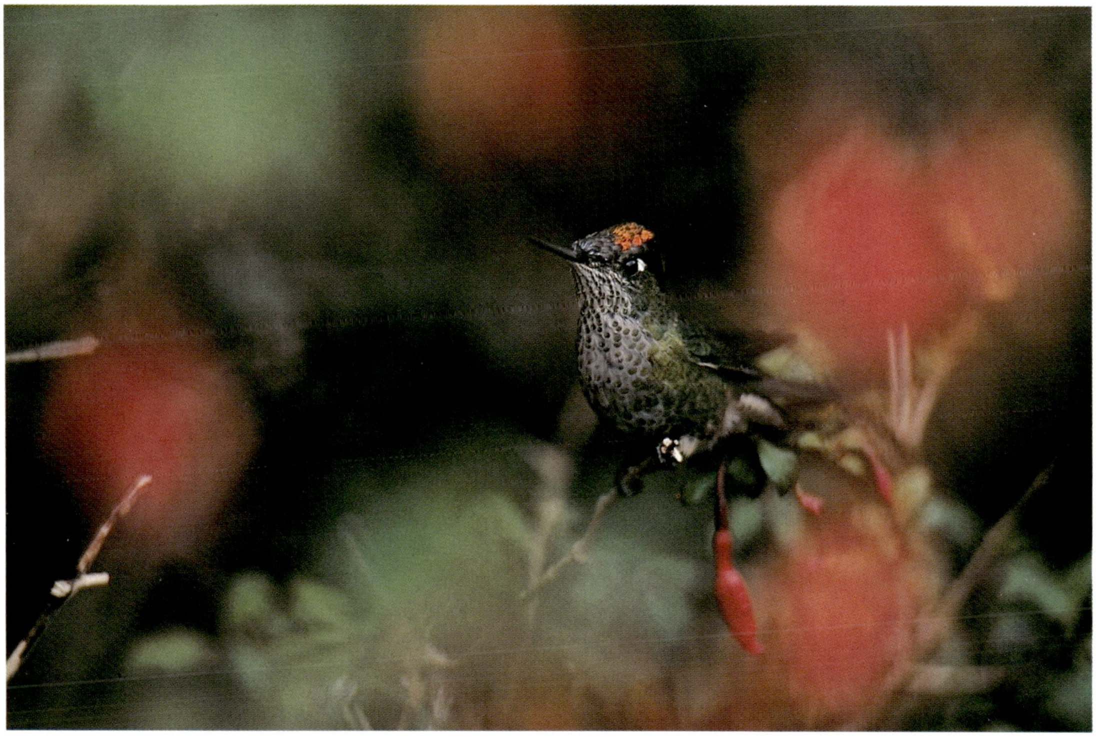

Der Chile-Kolibri auf dem Fuchsienstrauch ist mit offener Blende aufgenommen worden. Dies bewirkt, dass die auffällig roten Blüten im Vordergrund als unscharfe Farbtupfer wiedergegeben werden und weniger vom eigentlichen Hauptmotiv ablenken.
Foto: Günter Ziesler

Mit 100 bis 300mm kann ein einzelner kleiner Blütenstand in den meisten Fällen gewissermassen optisch isoliert werden. Mit einem flachen Aufnahmewinkel und fein dosierter Schärfentiefe können weitere Blüten vor oder hinter dem Hauptmotiv als unscharfe Farbtupfer bildwirksam eingesetzt werden.

Bei der Beurteilung des Bildaufbaus ist stets darauf zu achten, dass keine auffälligen, vom Motiv ablenkenden Linien oder Punkte das Foto verunzieren. Ein Ast hinter oder womöglich noch vor dem Kopf eines Tieres, ein auffällig helles Blatt oder ein störender Reflex im Wasser können mitunter die schönsten Aufnahmen verhunzen. Namentlich Helles zieht auf dem Foto sofort den Blick des Betrachters auf sich. Am effektvollsten wirkt daher ein einförmig dunkler Hintergrund, dessen Farbe nach Möglichkeit mit derjenigen des Motivs kontrastiert.

Man kann das Hauptmotiv jedoch ohne weiteres auch als Silhouette gegen den Himmel oder eine andere wesentlich hellere Fläche freistellen.

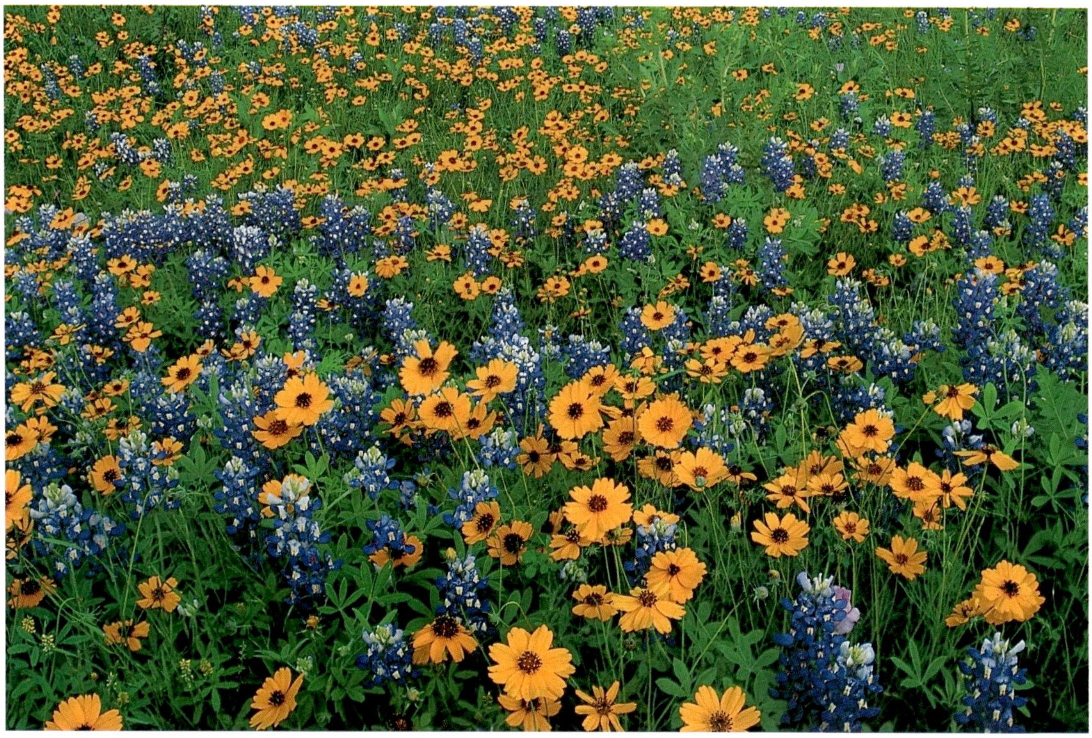

In der Aufsicht erscheint die texanische Blumenwiese wie ein bunter Teppich, in dem alle Blüten gleichwertig zum Gesamteindruck beitragen. Ich persönlich würde mir in dieser Situation ein Muster mit Symbolwirkung oder sonst einen Blickfang wünschen, damit das Foto etwas interessanter wird.
Foto: John Shaw

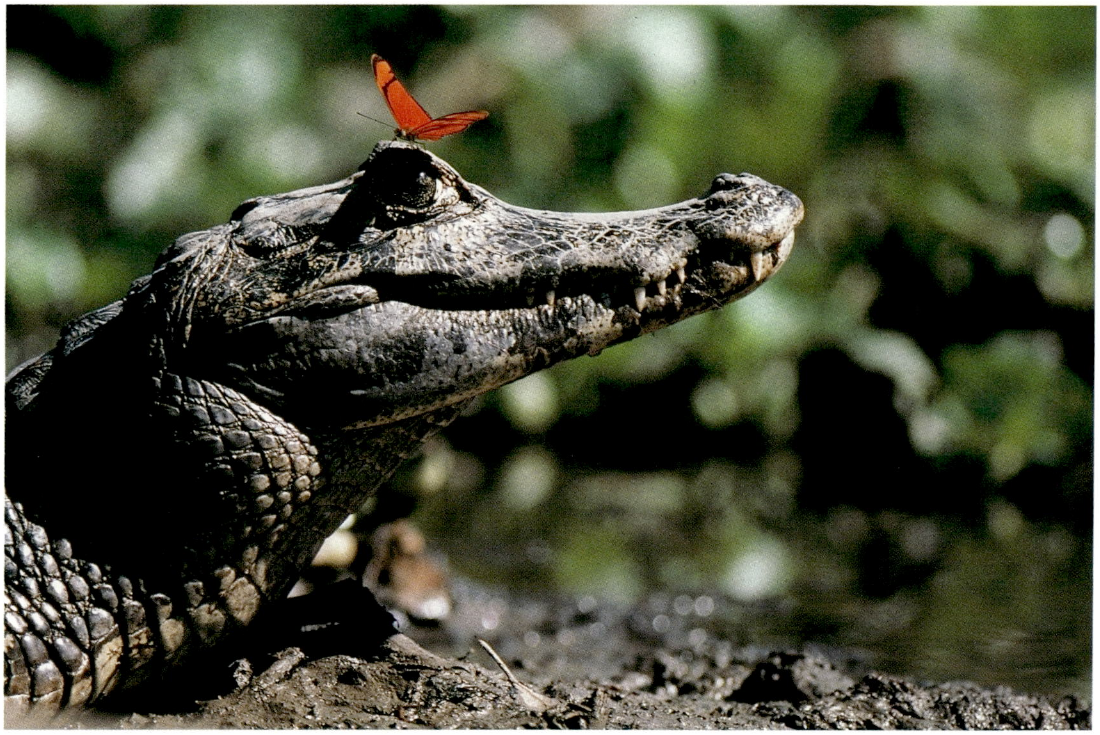

Ohne den Schmunzeleffekt und die leuchtende Farbe des Schmetterlings wäre dieses Porträt eines Krokodilkaimans nicht halb so gut wie in der gezeigten Form. Ein wenig Glück und einen schnellen Auslösefinger kann man immer gebrauchen…
Foto: Günter Ziesler/ Bruce Coleman

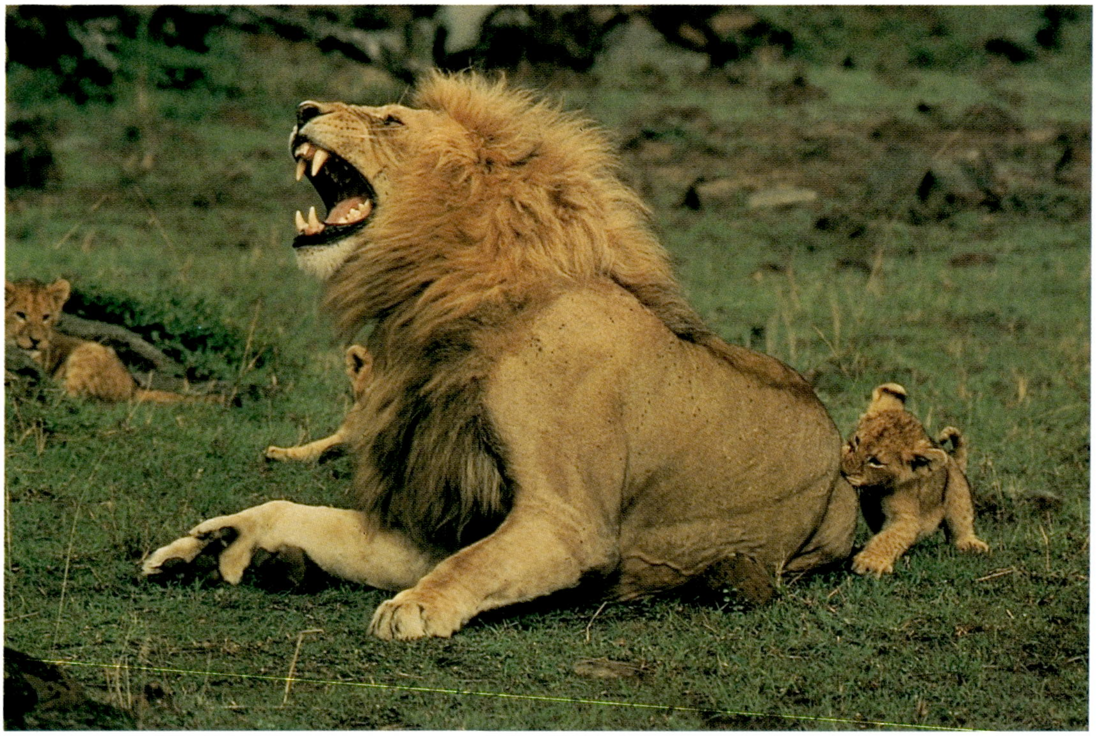

Mit dem nebenstehenden Löwenfoto hat Yann Arthus-Bertrand einen absoluten Volltreffer gelandet. Ein weiterer Kommentar dürfte sich wohl erübrigen.
Foto: Yann Arthus-Bertrand/ Sutter

In diesem Fall muss man sich das Motiv wie einen Scherenschnitt vorstellen, der natürlich möglichst wenige Überschneidungen aufweisen sollte. Anfänger treten bei solchen Gelegenheiten häufig ins Fettnäpfchen, weil sie sich viel zu sehr davon leiten lassen, was sie selbst wahrnehmen (z.B. zwei schräg voreinader stehende Steinböcke), statt sich nach dem zu richten, was der Film daraus machen wird (z.B. einen zusammenhängenden wurstförmigen Schatten mit sieben Beinen, zwei Köpfen und drei Hörnern).

Dem Motiv Leben einhauchen

Es gibt noch eine ganze Reihe weiterer «Kleinigkeiten», die man bei der Gestaltung eines Fotos berücksichtigen sollte. An erster Stelle möchte ich hier die exakt waagrechte Ausrichtung des Horizontes nennen. Speziell wenn im Foto etwas bekanntermassen Ebenes wie eine ruhige Wasserfläche zu sehen ist, wirkt ein schiefer Horizont

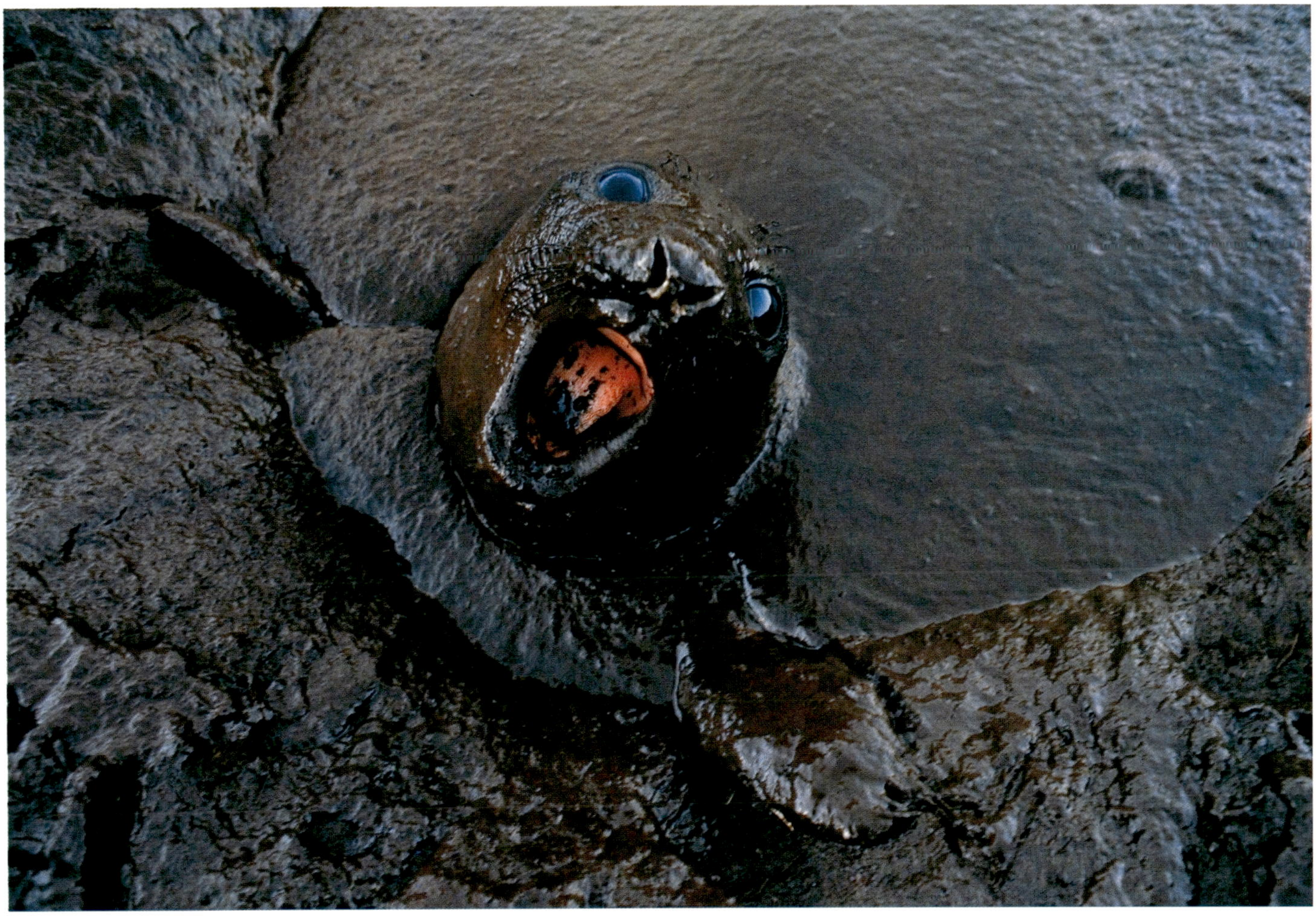

total stümperhaft. Eine ansonsten gut komponierte Aufnahme wird durch ein auffälliges Verkanten sofort zum Werk eines Dilettanten degradiert. Dabei bräuchte man doch bloss ein Stativ zu benutzen und das Sucherbild genauer anzuschauen, um solche peinlichen Ausrutscher wirksam zu vermeiden.

Neben dem Formalen darf das Inhaltliche jedoch nicht zu kurz kommen. Zum fotografischen Sehen gehört auch, dass man interessante Details erkennt und geschickt ins Bild integriert: ein Insekt auf der Pflanze, Blumen oder Tiere in der Landschaft, eventuell auch ein Mensch oder ein anderer Grössenvergleich. Im Zusammenhang mit der Lichtrichtung sind auch die Schatten zu berücksichtigen, welche das Motiv hier ergänzen oder sogar ganz ersetzen können, es dort aber verunstalten oder unkenntlich machen. Störend sind insbesondere jene Schatten, die Fotograf und Ausrüstung bei Rückenlicht auf den Vordergrund werfen.

Man sollte stets bestrebt sein, besondere Momente und ungewöhnliche Haltungen einzufangen. In der Tierfotografie trägt nicht selten auch eine Prise Humor zum Erfolg einer Aufnahme bei. Meist handelt es sich dabei um ganz spontane Situationen, mit denen man nicht unbedingt schon im voraus rechnen kann. In solchen Fällen darf man nicht lange zögern – hier hat der richtige Moment absoluten Vorrang.

«Nüchternen» Tierporträts, die weder durch Aktion noch durch eine dramatische Beleuchtung brillieren, kann man trotzdem ein gewisses Etwas verleihen, das eine gute Aufnahme vom reinen Zufallsfoto unterscheidet: den direkten Blickkontakt zum Betrachter sowie ein Glanzlicht im Auge. Beides besitzt eine frappante Wirkung, die das Bild interessant macht und ihm Leben einhaucht. Dazu braucht man lediglich eine wache Aufmerksamkeit und einen schnellen Auslösefinger, wenn sich das Tier bewegt. Die Wirkung des Blickkontaktes lässt sich übrigens ganz dramatisch steigern, wenn das Tier exakt frontal und möglichst gross ins Bild gesetzt wird. Durch diese Auge-in-Auge-Position wird ein Betrachter förmlich zum Hinsehen gezwungen. Vor allem, wenn das Tier auch noch ins Kindchen-Schema passt, das heisst, grosse Augen und runde Gesichtszüge besitzt. Hierauf beruht die starke psychologische Wirkung von «herzigen», «schnuckligen» Motiven wie zum Beispiel Hasenkindern oder Robben-Babys.

Die Robbe, die im Schlamm zu ertrinken droht, ist das eindrücklichste Tierfoto, das mir je begegnet ist. Es wurde zu Recht im World Press Photo Contest '89 mit dem ersten Preis in der Kategorie Natur ausgezeichnet. Soweit mir bekannt ist, hat Frans Lanting das Tier aus seiner misslichen Lage befreien können.
Foto: Frans Lanting,
© 1989 National Geographic Society

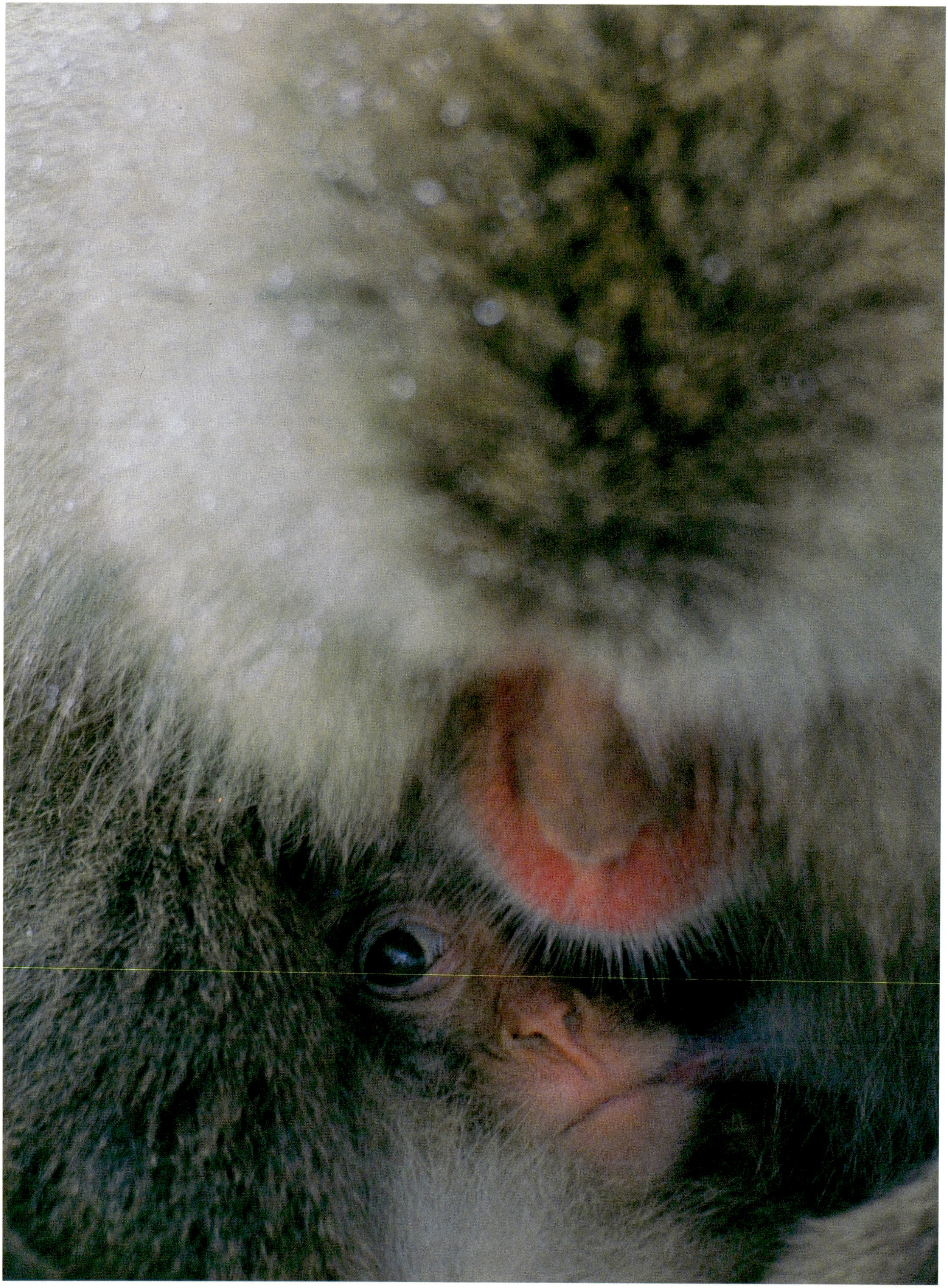

Lebendige Motive

Tiere sind für mich die interessantesten Motive, welche die Natur zu bieten hat. Mit der Kamera den Spuren des Lebens zu folgen, ist immer wieder aufs neue ein Erlebnis. Die Fotos, die manchmal dabei entstehen, sind in gewisser Hinsicht nur ein Nebenprodukt. Eines, das nur einen winzigen Bruchteil dessen beinhaltet, was man am Ort des Geschehens wahrgenommen hat. Und doch nehmen Tierfotografen dafür gelegentlich Strapazen und Gefahren auf sich, die Uneingeweihte zweifeln lassen, ob solch ein Mensch noch bei Sinnen sein könne.

Die stillende Schneeaffenmutter scheint den Fotografen als ungefährlich erkannt zu haben. Sonst würde sie ihm wohl kaum eine Gelegenheit zu einem solch intimen Bild bieten. Die meisterhafte Komposition dieser Aufnahme betont den gefühlsmässigen Aspekt der Tierfotografie.
Foto: Art Wolfe

Diese Faszination kennt indes auch mildere Formen. Tierfotografie kann auch ganz einfach Spass machen, ohne dass hierfür schweisstreibende Urwaldexpeditionen oder riskante Kletterpartien nötig wären. Was zählt, sind die Einblicke in das Sein und Wirken der Kreaturen, die wir beobachten. Wenn es gelingt, den einen oder anderen Moment im Bilde festzuhalten – um so besser!

Der Inhalt dieses Kapitels ist als allgemeine Wegleitung zu verstehen, nicht als Sammlung von konkreten, Schritt für Schritt genau nachzuahmenden Erfolgsrezepten. Die Naturfotoschule stellt schliesslich keinen Lehrgang für die Reprofotografie dar, sondern will zum differenzierten Sehen und zum kreativen Fotografieren der Natur anregen. Tiere kann und soll man ebensowenig wie Menschen allesamt in denselben Topf werfen. Gerade die Unterschiede zwischen den einzelnen Individuen sind es nämlich, die einige Tiere besonders fotografierenswert machen oder die Annäherung überhaupt ermöglichen.

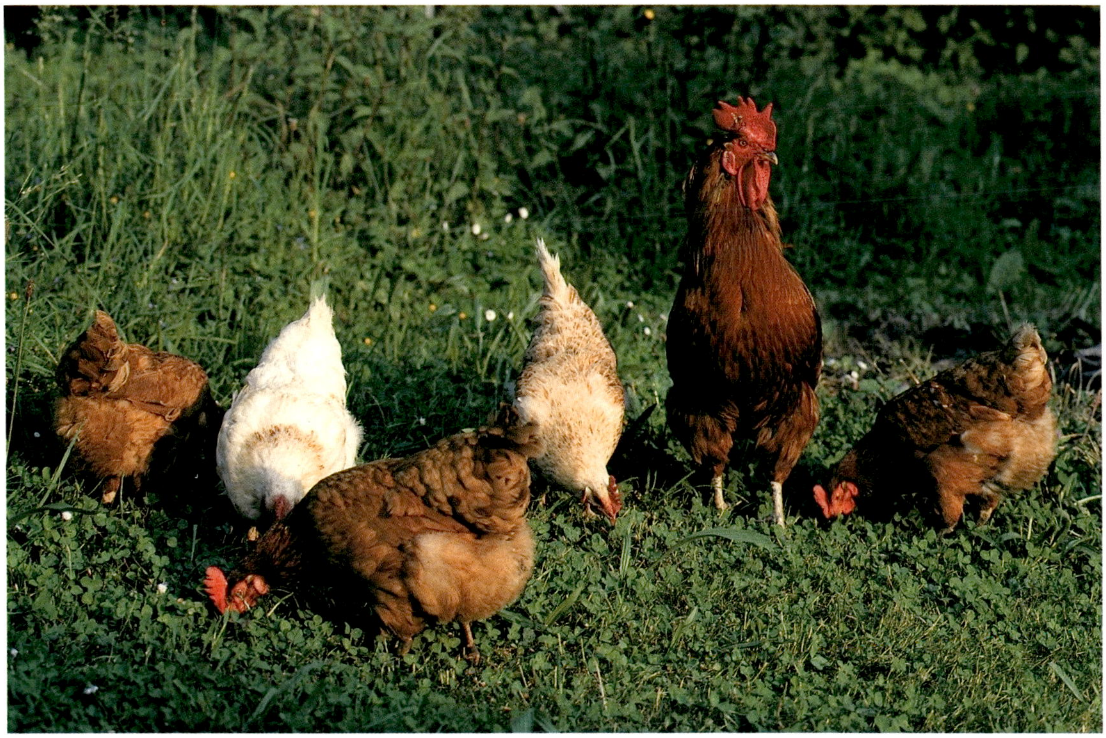

«Glückliche» Haushühner, die im Freien gehalten werden, zeigen ein natürliches Sozialverhalten. An diesem leicht zugänglichen Motiv kann man zum Beispiel üben, die Rangordnung im Bild zum Ausdruck zu bringen. Hier etwa lässt die Haltung des Hahns keine Zweifel aufkommen, wer der Boss ist.
Foto: Reto Hug

Einstieg in die Tierfotografie

Bevor man sich mit einer funkelnagelneuen Ausrüstung auf die Suche nach seltenen Tieren macht, sollte man unbedingt zuerst einige praktische Erfahrungen mit zahmen Tieren sammeln. Zu Hause, in Parks, Gärten, Zoos oder Wildgehegen bestehen vielfältige Möglichkeiten, um sich konkret mit der Tierfotografie zu beschäftigen. Durch den ständigen Kontakt mit Menschen haben die Tiere ihre Scheu hier weitgehend abgelegt, so dass man sich ihnen gut nähern kann. Trotzdem werden Sie feststellen, dass Sie mit der Kamera in der Hand auf unerwartete Schwierigkeiten stossen. Die mausende Hauskatze weicht Ihnen aus, die Amsel, an der Sie sonst jeden Morgen so nah vorbeigehen, fliegt auf einen höheren Ast. Weshalb? Das Tier hat Ihnen angemerkt, dass Sie etwas im Schilde führen, weil Sie es nicht wie sonst üblich unbeachtet lassen.

Der Höckerschwan – eine Tierart die wir vor allem als verwilderten Parkvogel kennen – zeigt vielerorts praktisch keine Scheu vor dem Menschen. Dadurch eignet er sich vorzüglich als «Versuchskaninchen» für noch wenig erfahrene Tierfotografen.
Foto: Eric A. Soder

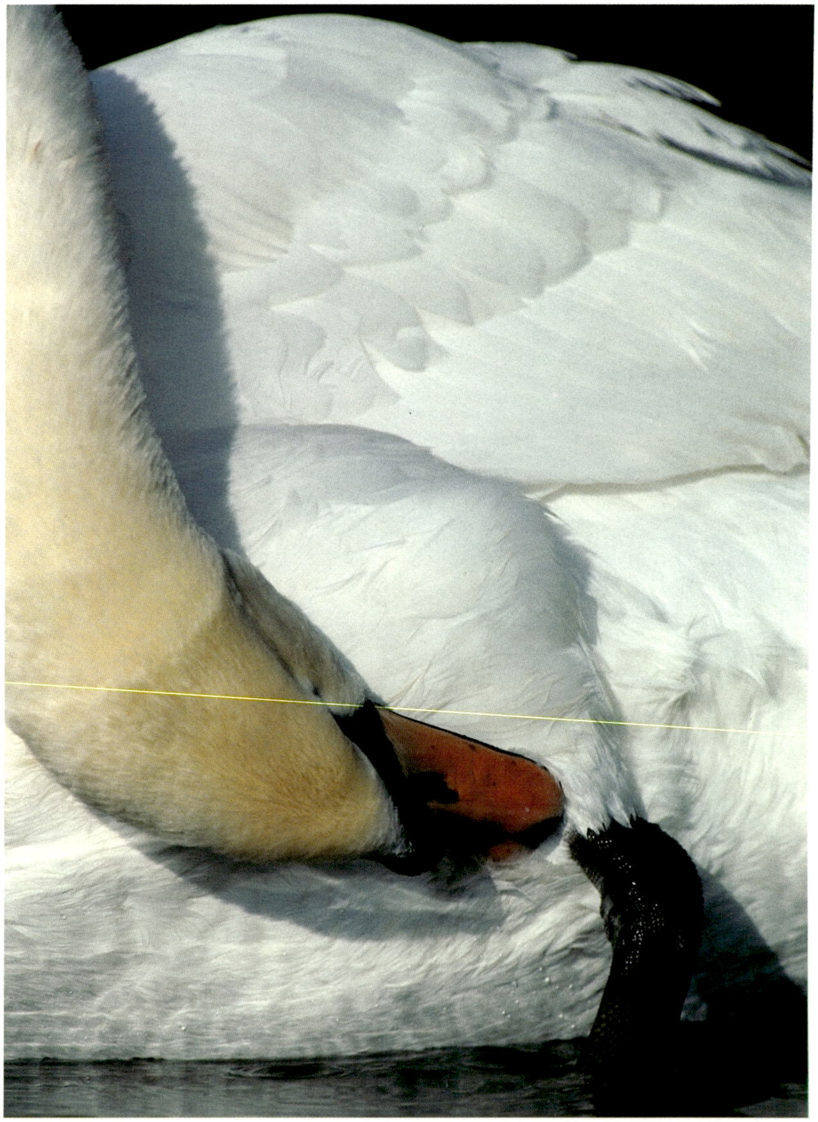

Das A und O der erfolgreichen Tierfotografie ist ein einfühlsames Vorgehen, wobei man gleichzeitig sein eigenes Verhalten unter Kontrolle behalten als auch dasjenige des Motivs vorausschauend mitverfolgen muss. Um den richtigen Rhythmus zu finden, braucht es in der Regel viel Geduld. Will man die «Persönlichkeit» eines Tieres im Bilde einfangen, muss man sie logischerweise zuerst kennenlernen. Deshalb stellt ein eigenes Haustier oder eine andere Ihnen gut vertraute Kreatur den besten Ausgangspunkt für erste fotografische Ausflüge ins Reich der Tiere dar.

An einem zahmen Tier kann man ungezwungene Verhaltensweisen studieren, die Annäherung mit der Kamera üben und die Reaktionen aufs Fotografiertwerden analysieren. Dabei wird sich mit der Zeit ein Gefühl für die Körpersprache und die Kooperationsbereitschaft des Tieres entwickeln. Wenn das Motiv nicht dauernd davonläuft, hat man ferner auch bessere Chancen, die Fotos bewusst zu gestalten, auf die Beleuchtung und den Hintergrund zu achten. Dies alles ist in der freien Wildbahn oft viel schwieriger; wenn man dort – eventuell nach einer langwierigen Suche – endlich das gewünschte Motiv findet, bleibt selten Zeit für Experimente. Draussen «in der Wildnis» müssen die nötigen Handgriffe auf Anhieb sitzen, weil man sonst häufig leer ausgeht.

Wo man «leichte Beute» findet

Wer selbst kein Haustier hält, findet sicher welche bei Verwandten und Bekannten. Besonders ergiebige Fotoreviere sind traditionell geführte Bauernhöfe, wo jede Menge Haus- und Nutztiere nach Absprache mit dem Besitzer praktisch frei zugänglich sind. In, am und um den Hof herum fühlen sich auch manche Kulturfolger unter den Wildtieren wohl: Spatzen, Amseln, Schwalben, Rotschwänze, Schleiereulen, Mäuse, Igel, Fledermäuse, Marder und dergleichen. Einzelne dieser Untermieter können mit der Zeit recht zutraulich werden. Die mittlerweile selten gewordenen Eulen und Fledermäuse sollte man allerdings nicht als Versuchskaninchen missbrauchen. Störungen am Schlafplatz könnten die Tiere von dort vertreiben, was ein schwerwiegender Verlust wäre.

Ganz unbedenklich und (für Neulinge) erheblich produktiver als das Herumklettern im Gebälk einer Scheune ist zum Beispiel ein Spaziergang mit einem Hund. Bei solchen Gelegenheiten kann man sowohl aufmerksames Beobachten als auch schnelles Reagieren bei Action-Situationen lernen. Der Vierbeiner lässt sich zum Beispiel beim Schnüffeln, Laufen, Apportieren und vielleicht sogar beim Schwimmen auf den Film bannen. Nach jeder grösseren Anstrengung hechelt

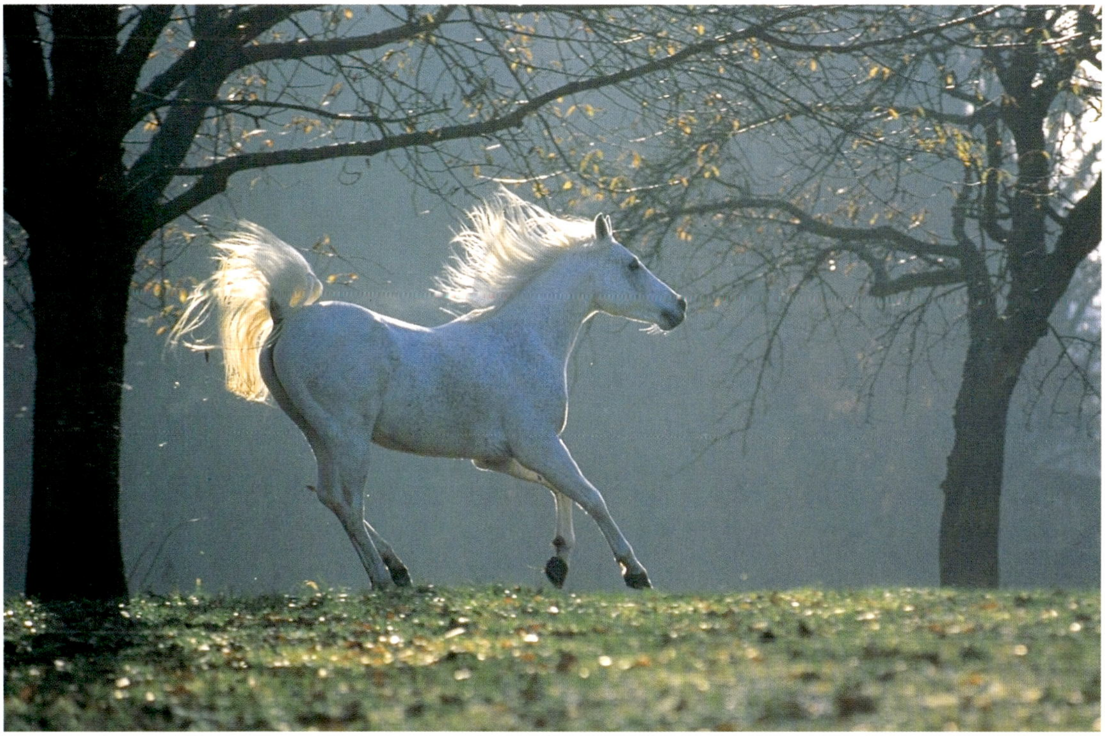

Pferde kann man dank ihrer Grösse mit jeder Ausrüstung ziemlich problemlos fotografieren. Dadurch wird es einfacher, sich auf die Bildgestaltung zu konzentrieren und dem Foto eine eigentliche Aussage mitzugeben.
Foto: Hans D. Dossenbach

der Hund mit heraushängender Zunge, was sicher ein paar Porträtaufnahmen wert ist. Unterwegs lässt es sich auch herrlich mit unterschiedlichen Ausschnitten und Hintergründen experimentieren. Dadurch sammelt man wichtige Erfahrungen mit der Brennweiten- und Blendenwahl.

Manchmal ist es direkt ein Problem, dass der treue Bello ständig dicht bei Fuss steht oder geht. Dann ist eine Hilfsperson, die den Hund von der Kamera ablenkt, von grossem Nutzen. Der Sinn der Sache liegt jedoch nicht darin, das Tier andauernd umherzuhetzen und ihm irgendwelche Kunststücke abzuverlangen. Schliesslich will man ja lernen, sich dem Verhalten des Tieres anzupassen – und nicht umgekehrt.

In dieser Hinsicht sind Katzen weniger beeinflussbar, weil sie ihnen nicht genehme Regieanweisungen schlicht ignorieren. Damit eignen sich die geschmeidigen Haustiger bestens für fotografische Charakterstudien. Wie lässt sich die Selbstsicherheit eines behaglich schnurrenden Katers auf seinem Lieblingsplatz in der Wohnung oder im Garten prägnant einfangen? Wie die Ausgelassenheit beim Spiel mit einer Schnur oder beim Strecken und Räkeln am Boden? Und schliesslich die Sorgfalt beim Lecken des Fells, die gespannte Konzentration beim Mausen?

Katzen mit freiem Auslauf führen ausserdem ein interessantes Sozialleben. Die Jungenaufzucht sowie Rangordnungs- und Revierstreitigkeiten sind lohnende Themen für eine umfangreiche Fotoserie über einen längeren Zeitraum.

Kleinere Haustiere wie Kanarienvögel, Hamster, Meerschweinchen und ähnliche stellen etwas höhere Ansprüche an die Technik. Ohne Makrozubehör sind bildfüllende Fotos oder gar Porträts kaum zu bewerkstelligen. Zudem sind die üblichen Käfige beim Fotografieren sehr hinderlich, so dass man das Tier besser herauslässt.

Wer lieber grosse Tiere ablichten möchte, kann beispielsweise Rindvieh oder Pferde ins Visier nehmen. Auf der Weide kann man im Prinzip ähnliche Beobachtungen machen wie in den Savannen Afrikas oder den Prärien Amerikas – nur sind es eben Milchkühe statt Elefanten oder Kaltblutpferde statt wilder Mustangs. Der Aktivitätszyklus solcher Vegetarier ist jedenfalls stark auf die Nahrungsaufnahme ausgerichtet. Um aus dem Grünfutter genügend Energie zu gewinnen, müssen die Tiere Unmengen davon vertilgen. Vor allem die Jungtiere finden zwischendurch aber immer wieder Zeit für ausgelassene Kapriolen.

Tiere in Zoos und Gehegen

Zwischen einem Zoo und einem Wildgehege bestehen mitunter krasse Unterschiede, was sowohl die dort gehaltenen Tierarten als auch die Form der Haltung betrifft. Manche Zoos sind leider sehr kommerziell ausgerichtet. Dies äussert sich in einer Vielzahl möglichst exotischer Arten, die dafür in vergleichsweise winzigen Käfigen eingepfercht sind. Affen hinter Glas und Bären in einer nackten Betonmulde wirken auf mich sehr deprimierend. Glücklicherweise sind im Zuge des sich wandelnden Umweltbewusstseins der breiten Öffentlichkeit vielerorts Bestrebungen im Gang, unhaltbare Zustände zu verbessern. Grössere, naturnah gestaltete Gehege

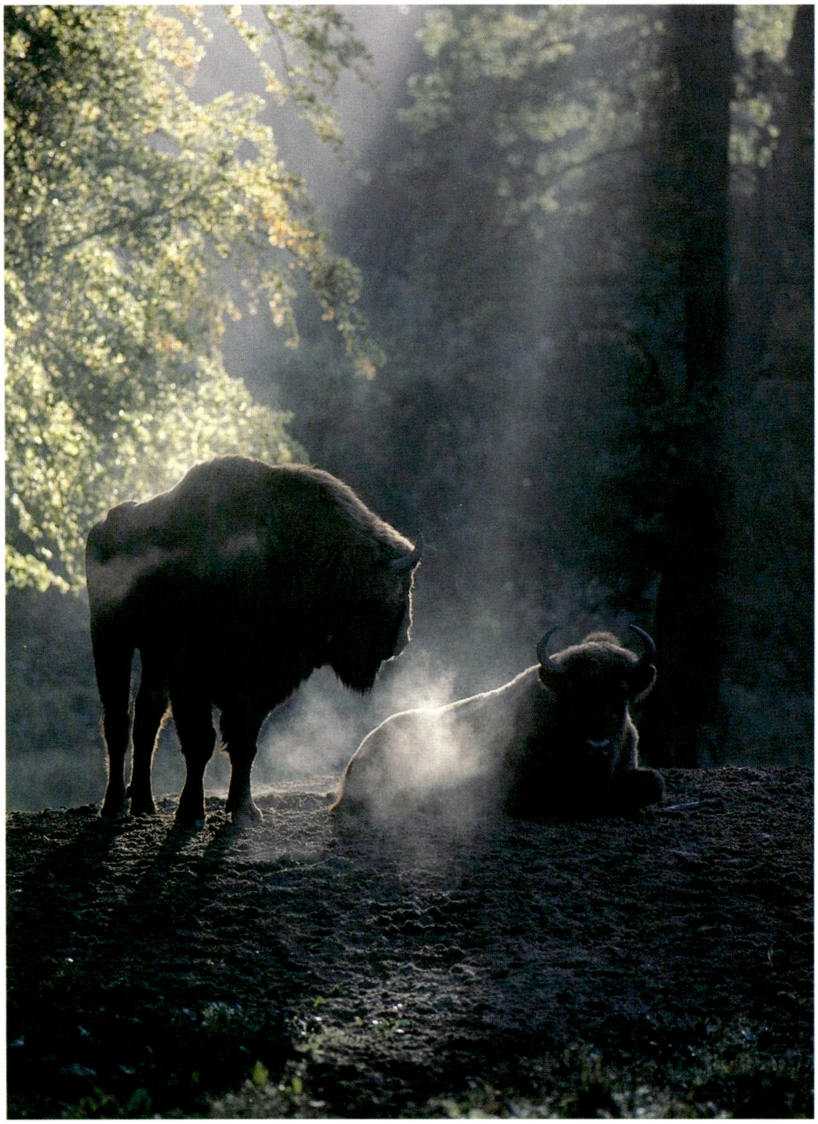

In Europa wurden die wildlebenden Wisente anfangs des 20. Jahrhunderts ausgerottet. In einigen Gebieten Osteuropas ist die Art aus Nachzuchten erfolgreich wieder angesiedelt worden. Bei uns findet man Wisente in manchen Tierparks, wo man sie in einer mehr oder weniger natürlichen Umgebung fotografieren kann.
Foto: Jürgen Weber

fördern nicht zuletzt auch die Fortpflanzungsbereitschaft ihrer Bewohner, und drollige Jungtiere sind ein wirksamer Publikumsmagnet. Vorläufig ist die Masse der Zoobesucher ja noch naiv genug, sich über den Verbleib der überzähligen Tiere keine Gedanken zu machen.

Löwen, Tiger, Bären und dergleichen landen gelegentlich in dubiosen Händen oder enden sogar als «Jagd»-Trophäe an der Wand eines gutbetuchten Schiesswütigen. In den USA sind sogenannte *canned hunts* ein Millionengeschäft: Hunderte privater «Safari-Abenteuer-Farmen» züchten vom Fasan über Grosskatzen bis hin zu exklusiven Kreuzungsprodukten verschiedenste Tiere eigens fürs spätere Abknallen. Die Kunden können den handzahmen oder wehrlosen Opfern nicht selten buchstäblich den Revolver an die Schläfe setzen. Solche Farmen decken ihren grossen Bedarf an exotischem Schlachtvieh an Tierauktionen, die angeblich auch von namhaften zoologischen Gärten beliefert werden sollen.

Auf der anderen Seite haben sich viele Zoos um die Rettung einiger unmittelbar vom Aussterben bedrohter Arten – etwa der Arabischen Oryxantilope oder des Przewalskipferdes – verdient gemacht. Die Auswilderung in Gefangenschaft gezüchteter Tiere ist aber nur dann möglich und sinnvoll, wenn noch genügend grosse natürliche Lebensräume vorhanden sind, in denen wiederangesiedelte Arten überleben können. Leider scheitern viele theoretisch mögliche Rettungsversuche an dieser Klippe.

Auch aus fotografischer Sicht sind Zoos voller Widersprüche: Auf der einen Seite sind sie ein Eldorado mit einer riesigen Artenvielfalt auf kleinstem Raum, während auf der anderen Seite die stark eingeschränkte Bewegungsfreiheit sowohl der Tiere als auch der Besucher das Fotografieren sehr erschweren. Gerade dies kann manchmal jedoch eine gute Lektion sein. Ferner stellt die Trägheit vieler Zootiere oder ein ewiggleiches Verhalten wie das sprichwörtliche hin- und hertigern eine harte Geduldsprobe dar. Im Zoo ist es genau gleich wie auf einer Safari: Die Quantität der gemachten Fotos nimmt zu, je mehr verschiedene Tiere man sich vorknöpft, während gleichzeitig die inhaltliche Qualität stark nachlässt. Wird dagegen eine einzelne Art über längere Zeit beobachtet und im richtigen Moment fotografiert, dürfte die Ausbeute mengenmässig geringer, aber inhaltlich viel bemerkenswerter ausfallen.

Grosszügige Wildgehege mit vorwiegend einheimischen Arten trennen Mensch und Tier zwar durch Abschrankungen, Zäune und dergleichen. Dafür haben die Tiere zum Teil einen sehr grossen Auslauf in mehr oder weniger natürlicher Umgebung (bis auf gemähte Wiesen sowie allenfalls künstliche Unterstände, Tränken und Felsen). Oft besteht die Möglichkeit, die Tiere von verschiedenen Positionen aus aufzunehmen, indem man sich den Zäunen entlang bewegt. Wenn ein enges Maschendrahtgitter die Aussicht behindert, lässt es sich mittels eines aufgeblendeten Teleobjektivs, dessen Sonnenblende möglichst dicht ans Gitter gehalten wird (um Reflexe abzuschatten), meist recht gut eliminieren.

Aufgrund des grossen Bewegungsspielraumes, den viele Gehege dem Wild bieten, braucht man hie und da auch lange und längste Brennweiten – fast wie in der freien Wildbahn. In einem solchen Gehege kann man folglich wertvolle Erfahrungen beim Umgang mit Superteles und Stativen sammeln. Ebenso bieten sich reichlich Gelegenheiten, um die natürliche Beleuchtung zu erforschen. Schliesslich sind die Tiere in der Regel zu jeder Tages- und Jahreszeit und bei jedem Wetter zugegen. Wie wär's mit einem röhrenden Hirsch im Morgennebel oder mit im Schnee spielenden Ottern?

Wildgehege sind oft wie geschaffen für Verhaltensstudien. Da das Problem der grossen

Fluchtdistanzen und Aktionsradien freilebender Tiere hier vermindert ist, kann man sich besser auf die Hauptsache konzentrieren: den richtigen Moment für den Druck auf den Auslöser.

Schnappschüsse, die sitzen

Ganz gleich, ob man nun zu Hause, im Stadtpark, im Zoo oder in einem Wildgehege zahme oder halbzahme Tiere aufnimmt – fast immer sind schnelle Reaktionen gefragt. Zumindest, wenn man es auf aussergewöhnliche Bilder abgesehen hat. Auf solche mit dem besonderen Gesichtsausdruck, dem dramatischen Spiel von Licht und Schatten und ganz besonders auf Fotos vom Höhepunkt einer Bewegung. Auf solche Momente hat man es ja dann auch in der freien Wildbahn abgesehen. Dort gibt es jedoch nur selten eine zweite Chance für den «goldenen Schuss», wenn man die erste Gelegenheit verpasst. Deshalb ist das Üben der entscheidenden Handgriffe an zahmen Tieren mit Sicherheit keine Zeit- oder Filmverschwendung. Sogar dann nicht, wenn man schon im voraus weiss, dass man für Fotos von Strassentauben oder von Nachbars Pudel keine andere Verwendung hat als die blosse Erfolgskontrolle der Übung.

Die handwerkliche Voraussetzung für Schnappschüsse, die auf Anhieb gelingen, ist lernbar. Oder treffender ausgedrückt: trainierbar. Je mehr und je öfter man fotografiert, um so schneller und sicherer wird man bei der Belichtungs- und Scharfeinstellung sowie beim Gestalten der Bilder. Wenn man sein Stativ konsequent benutzt, werden die wenigen Handgriffe ebenfalls bald zur Routine.

Eine optimale Nutzung unerwarteter Aufnahmesituationen ist oftmals nur eine Frage der Vorbereitung. Während man ein Tier als mögliches Motiv beobachtet, sollten die Geräte ständig aufnahmebereit sein, so dass man nur noch auszulösen braucht, sobald sich etwas Interessantes ereignet. Im Klartext muss man dazu die Höhe des Stativs, die Belichtung, den Ausschnitt und die Schärfe von Anfang an sofort einstellen und wenn nötig laufend nachjustieren.

In der Tierfotografie spielt auch die «geistige» Vorbereitung eine entscheidende Rolle: Man muss das Motiv und sein Verhalten kennen, auf alles gefasst sein. Ein Tier kann fast ohne Vorwarnung losrennen, springen, abfliegen, sich strekken oder am Boden wälzen, gähnen, mit Artgenossen interagieren usw. Wenn man jedoch mit dem beobachteten Tier soweit vertraut ist, dass man die Handlungsabläufe intuitiv vorausahnen kann, bleibt hie und da noch genügend Zeit für letzte Ausschnitts- und Schärfekorrekturen. Auch die Anzeichen einer unmittelbar bevorstehenden Bewegung sind in diesem Fall viel leichter zu erkennen. Beim Eintreten des entscheidenden Momentes kann man dann blitzschnell reagieren.

Wenn Bewegung oder eine kurzlebige Beleuchtungssituation im Spiel ist, darf man nicht zimperlich sein. Im Zweifelsfall sollte man zuerst

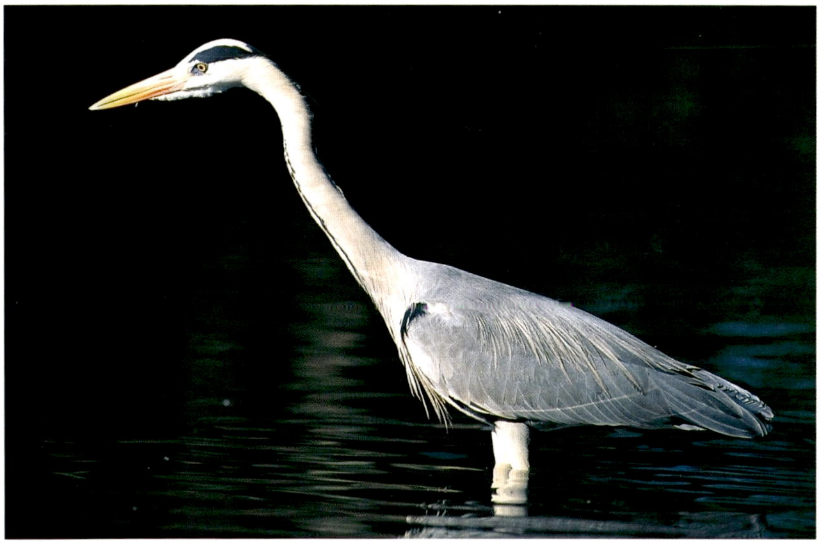

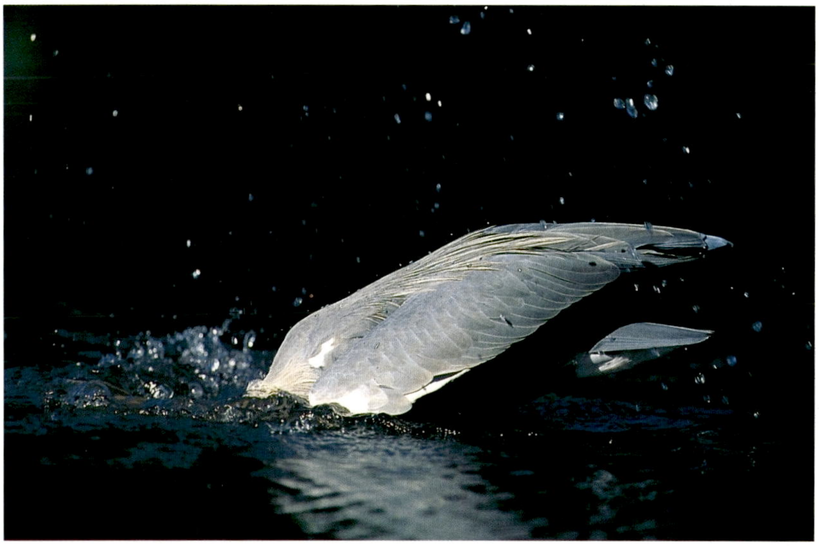

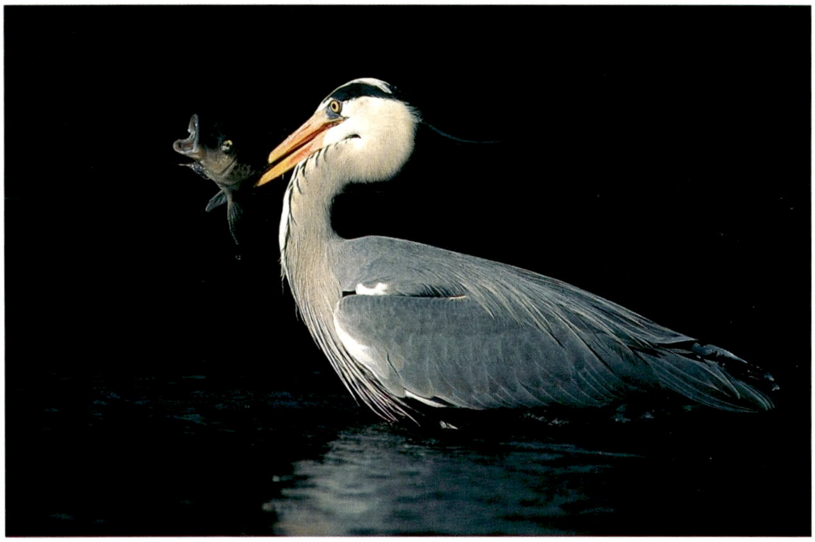

Für diese Fischfang-Sequenz hat ein recht zutraulicher Graureiher Modell gestanden.
Fotos: Nigel Dennis / NHPA

einmal auslösen und dann über mögliche Feinkorrekturen am Bildaufbau nachdenken. Sehr wahrscheinlich wird ein relativ grosser Teil dieser Schüsse «aus der Hüfte» misslingen. Die gelegentlichen Treffer können den Ausschuss jedoch mehr als wettmachen. Das Rezept für eine hohe Erfolgsquote lautet ganz einfach: Üben, üben, üben...

Dynamische Fotos

Es ist Ihnen sicher schon aufgefallen: Ständig ist von Bewegung und Aktion die Rede. Das hängt damit zusammen, dass ich die Natur nicht als eine Sammlung leichenstarrer Ausstellungsobjekte betrachte, sondern als einen riesigen lebenden Organismus, der sich seinerseits wieder aus Lebewesen und bewegter Materie zusammensetzt. Wo man auch hinschaut, über kurz oder lang ist alles beweglich und veränderlich: Das Wasser, das den Bach hinunterfliesst und dabei am Felsen nagt; das frische Grün, das im Frühling aus dem Boden spriesst. Und natürlich die Tiere!

Um all dies Lebendige mit der Kamera festzuhalten, muss man sich einiges einfallen lassen. Denn das einzelne Bild zeigt weder das Vorher noch das Nachher. Wenn eine elegante Bewegung auf dem Film eingefroren wird, können die Fotos bald einmal starr und leblos wirken. Dem versuche ich mit allen verfügbaren Mitteln entgegenzuwirken. Sonst könnte ich ja ebensogut Mülltonnen oder Parfümfläschchen fotografieren. Damit will ich nicht die Sachfotografen und ihre Kunst schmähen; ich möchte lediglich zum Ausdruck bringen, dass mich persönlich nicht die Dinge selbst faszinieren, sondern das Leben, das in ihnen steckt. Die Dynamik, die ich meine, braucht keineswegs besonders spektakulär zu sein. Auch ein völlig regungsloses Motiv lässt sich dynamisch fotografieren. Es kommt häufig nur auf die richtige Betrachtungsweise an.

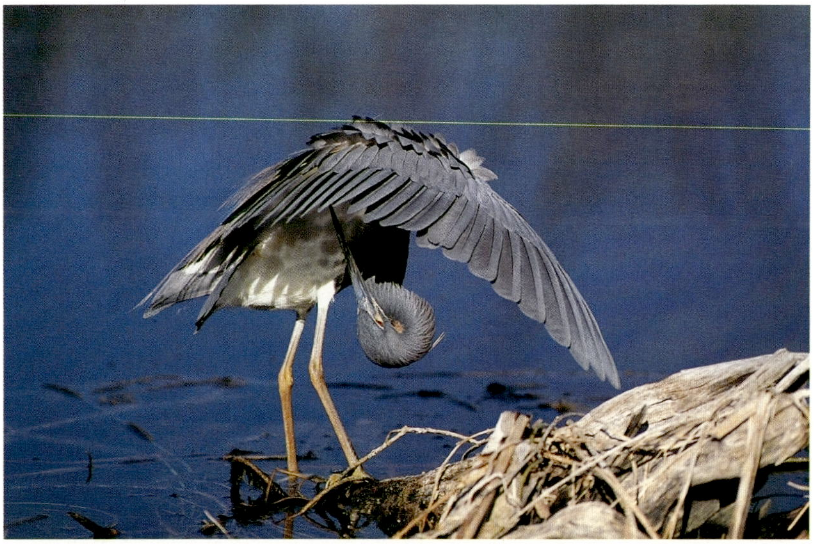

Wenn man Tieren eine Weile zuschaut, bekommt man früher oder später Gelegenheit für Verhaltensstudien. Der Dreifarbreiher zum Beispiel stellt bei der Gefiederpflege ein interessanteres Motiv dar als wenn er nur herumstünde wie bestellt und nicht abgeholt.
Foto: Eric A. Soder

Wie fängt man Bewegung ein?

Es klingt banal: Man muss halt günstige Gelegenheiten rechtzeitig erkennen und sie beim Schopf packen. Das Problem dabei ist die praktische Umsetzung, denn der gesamte Vorgang des Fotografierens ist viel langsamer als das normale Sehen. Deshalb muss man der Zeit in Gedanken und dem Motiv in Taten immer ein Stück voraus sein. Dies bedingt natürlich viel Wissen über und Erfahrung mit dem Verhalten des jeweiligen Tieres.

Zum Lernen ist es jedoch auch vor Ort noch nicht zu spät: Was man unverhofft zu sehen bekommt – vielleicht ein drohendes Maulaufreissen oder eine komische Verrenkung zum Kratzen an einer schwer zugänglichen Körperstelle –, kann sich durchaus wiederholen. Beim zweiten oder dritten Mal sollte man dann darauf gefasst sein und rechtzeitig in Position gehen. Weitere Beispiele von mehr oder minder häufig wiederholten Verhaltensweisen sind das Markieren des Reviers mit Lauten oder Duftmarken sowie die verschiedenen Stadien des Fortpflanzungsverhaltens – Werbung, Liebesspiel, Paarung, Begrüssungszeremonien, Fütterung des Partners oder der Jungen.

In der Praxis wird man oft Zeuge von Dingen, die man zuvor noch nie gesehen hat. Wie kann man sich denn nun auf so etwas vorbereiten? Das ist im wesentlichen eine Frage der Einstellung. Hier ist Einfühlungsvermögen gefragt: Es gilt, ständig abzuschätzen, was als nächstes geschehen könnte; gleichzeitig müssen äussere Einflüsse im Auge behalten, ihre Wirkung auf das Motiv erahnt werden.

Das Warten auf «Action» kann sich manchmal über Stunden hinziehen. In Wildgehegen liegen die Luchse scheinbar den ganzen Tag faul im Schatten, und die Hirsche ziehen gemächlich weidend hin und her. Wenn Sie jetzt denken, dass sich die Tiere mit Zurufen, Händeklatschen oder Steinchenwerfen auf Trab bringen liessen, sind Sie total auf dem Holzweg. Erstens glauben fast alle Besucher des Geheges, sie seien die einzigen, die auf eine so «clevere» Idee kommen. Von wegen! Die geplagten Tiere sind längst gegen alle üblichen Schocktherapien immun. Und zweitens geht es in der Naturfotoschule um die subtilere Naturfotografie, nicht um rücksichtslose Holzhammermethoden. Um den Blick eines Tieres zur Kamera zu lenken, genügt oft ein blosses Schnalzen mit der Zunge oder das Knirschen im Kies durch eine Drehung des Schuhabsatzes. Wenn nicht, sollte man von weiteren Reizungen absehen.

Zeichnet sich nach geduldigem Zuschauen endlich eine dramatische Szene ab, darf man sich nicht gleich vom Jagdfieber packen lassen und einfach aufs Geratewohl drauflos fotografieren.

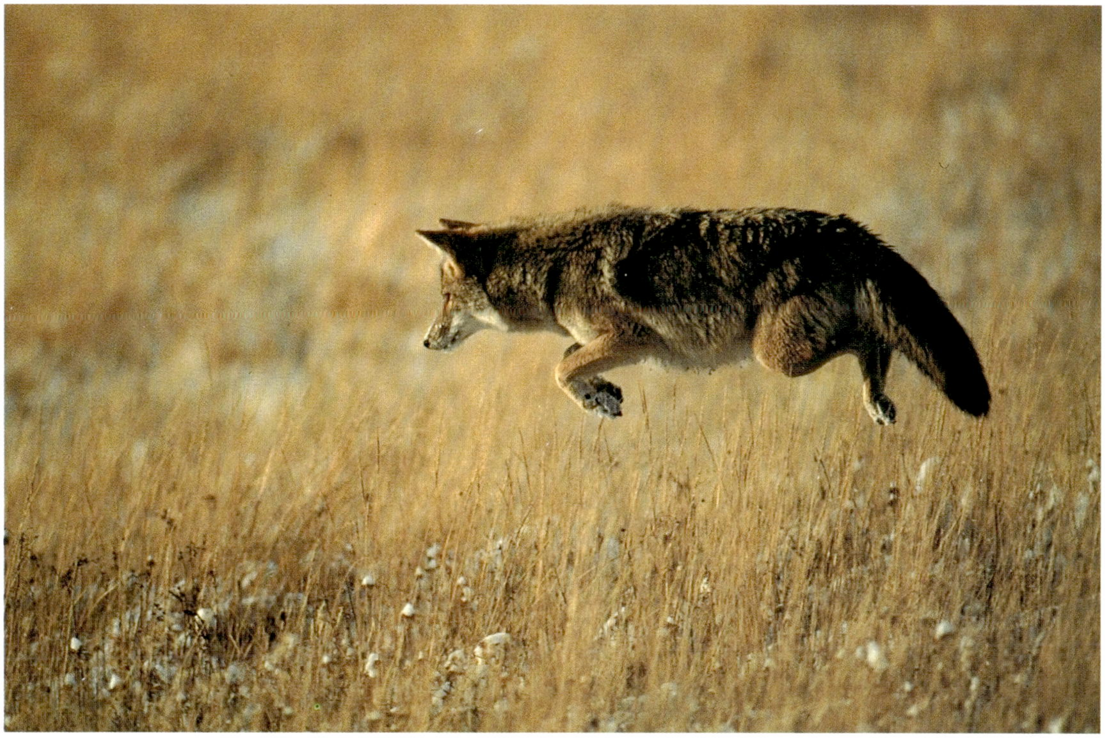

Eine kurze Verschlusszeit friert hier die Bewegung des springenden Kojoten ein. Der leere Raum in Blickrichtung des Tieres erzeugt jedoch eine Spannung, durch welche die Dynamik des Sprunges nach der Beute im Bild erhalten bleibt.
Foto: Jeff Foott

Dann würde die Bildausbeute mit ziemlicher Sicherheit unbefriedigend ausfallen. Stattdessen muss man gezielt versuchen, die Höhepunkte der Bewegung zu erfassen. Das geht natürlich nur, wenn man beim Fotografieren ruhig Blut bewahrt und im rechten Moment locker den Auslöser betätigt. Hüten Sie sich vor verkrampftem und ruckartigem Auslösen – dies führt höchstens zu verwackelten und verkanteten Bildern.

Fotografische Ausdrucksweisen

Im Gegensatz zum Film oder Video vermag ein einzelnes Foto Bewegungen nicht so wiederzugeben wie wir sie sehen. Es gibt jedoch zwei Methoden, um dennoch «lebendige» Bilder aufzunehmen. Die eine besteht darin, mittels geschicktem Bildaufbau eine Spannung zu erzeugen, die eine tatsächliche oder scheinbare Bewegungsrichtung suggestiv unterstützt. Die andere Methode ist der absichtliche Einbezug dosierter Bewegungsunschärfen ins Bild.

Denken wir uns zum Beispiel ein stehendes Pferd, das von der Seite aufgenommen wird. Wir plazieren es im Sucher so, dass es nur die eine Bildhälfte ausfüllt und dass der Kopf zur leeren Fläche hin weist. Der grosse Leerraum innerhalb des begrenzten Bildfensters bringt einen Betrachter nun auf die naheliegende Idee, das Pferd könne jeden Moment ein paar Schritte in diesen Raum tun. Steht das Pferd jedoch in der Mitte des Formatrahmens, so fehlt dem Bild diese Spannung; es wirkt statisch und langweilig.

Manchmal lässt sich auch ein (vorzugsweise lebendes) Bezugsobjekt ins Bild integrieren: Jungtiere, Artgenossen, Rivalen, Feinde oder Beutetiere. Wenn das als Hauptmotiv dargestellte Tier angestrengt in die Richtung des oder der anderen späht und dabei womöglich eine augenfällig drohende, unterwürfige oder ängstliche Haltung annimmt, kommt sofort Dynamik ins Foto. Eine besonders eindringliche Wirkung – «*visual impact*» – hat auch der direkte Blickkontakt eines Tieres zur Kamera. Hierdurch wird der Betrachter selbst unmittelbar angesprochen.

Fotografiert man ein Motiv, das sich tatsächlich bewegt, kann eine geometrische Spannung

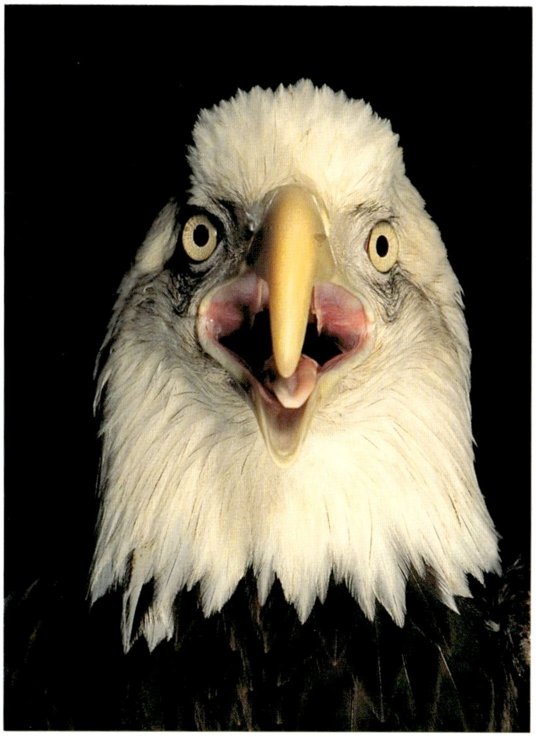

Dieses bestechende Porträt eines Weisskopfseeadlers demonstriert die kombinierte Wirkung des direkten Blickkontaktes und einer exakt frontalen Ansicht. Vor dem dunklen Hintergrund kommt das Haupt des majestätischen Vogels optimal zur Geltung.
Foto: Art Wolfe

ebenfalls sehr bildwirksam eingesetzt werden. Ferner machen angehobene Beine, eine «Bugwelle» im Wasser oder schlagende Flügel mit durchgebogenen Federn selbst eine gänzlich eingefrorene (Fort-)Bewegung deutlich erkennbar.

Am effektvollsten lassen sich Bewegungen mittels langer Belichtung abbilden. Wischeffekte sorgen dann für einen Eindruck rasanter Geschwindigkeit, mitunter auch einer mühelosen Leichtigkeit. Die Bildwirkung lässt sich dabei allerdings nur schwer im voraus abschätzen, weil das Ausmass der Unschärfen ja sowohl von der gewählten Verschlusszeit als auch von der relativen Geschwindigkeit bezüglich des Bildformates abhängt. Daher muss man bei dieser Art der Actionfotografie stets mit einem hohen Ausschussanteil rechnen.

Grundsätzlich gibt es zwei mögliche Betrachtungsweisen für bewegte Motive: eine «ortsbezogene» und eine «objektbezogene». Bei der ortsbezogenen Sichtweise wird die Kamera starr auf den Hintergrund gerichtet, so dass dieser normal (scharf) abgebildet wird, während das bewegte Motiv als mehr oder weniger verwischte Spur aufgezeichnet wird. Ein beliebtes Beispiel für diese Aufnahmetechnik stellt fliessendes Wasser dar: Bei Wildbächen und Wasserfällen erzielt man so eine überaus attraktive Darstellung der Fliessbewegung.

Ein Spezialfall dieser Abbildungsform sind Mehrfachbelichtungen, bei denen in schneller Folge mehrere scharfe Phasenbilder übereinander belichtet werden. Für derartige Bewegungsstudien von Tieren sind jedoch häufig so hohe Aufnahmefrequenzen und derart kurze Einzelbelichtungen nötig, dass dieser Stroboskop-Effekt nur mit entsprechend ausgerüsteten Blitzgeräten und allenfalls einem speziellen Steuergerät für Zentralverschluss-Objektive (an einer Mittelformatkamera) zufriedenstellende Ergebnisse liefert. Normale motorisierte Kleinbildkameras erreichen demgegenüber nur maximal drei bis sechs Bilder pro Sekunde. Wegen des enormen technischen Aufwandes ist die Stroboskopfotografie praktisch nur im Studio realisierbar.

Um sich fortbewegende Tiere aufzunehmen, wird man sich daher in der Regel für die andere Sichtweise entscheiden. Die Gestalt, die «Persönlichkeit» des Tieres kann relativ einfach erhalten werden, indem man die Kamera während der Belichtung mitzieht. Dadurch bleibt das Tier im Sucher stets an derselben Stelle und wird somit bis auf die rhythmisch vor- und zurückschwingenden Beine beziehungsweise die auf- und abschlagenden Flügel ziemlich scharf abgebildet. Dafür wird nun der gesamte Hintergrund verwischt wiedergegeben. Der Betrachter identifiziert sich deswegen mit dem fotografierten Tier, statt sich – wie im Fall der ortsbezogenen Darstellungsform – als unbeteiligter Beobachter zu fühlen. Gleichzeitig wird der Geschwindigkeits-Eindruck durch das Zusammenspiel von verwischtem Hintergrund und partiellen Unschärfen am Motiv quasi verdoppelt.

Mitziehen mit Gefühl

Die Technik des Mitziehens ist eine reine Übungssache. Bis man sie soweit im Griff hat, dass man mit langen Teleobjektiven und Belichtungszeiten von 1/60s bis hinunter zu vielleicht 1/8s noch

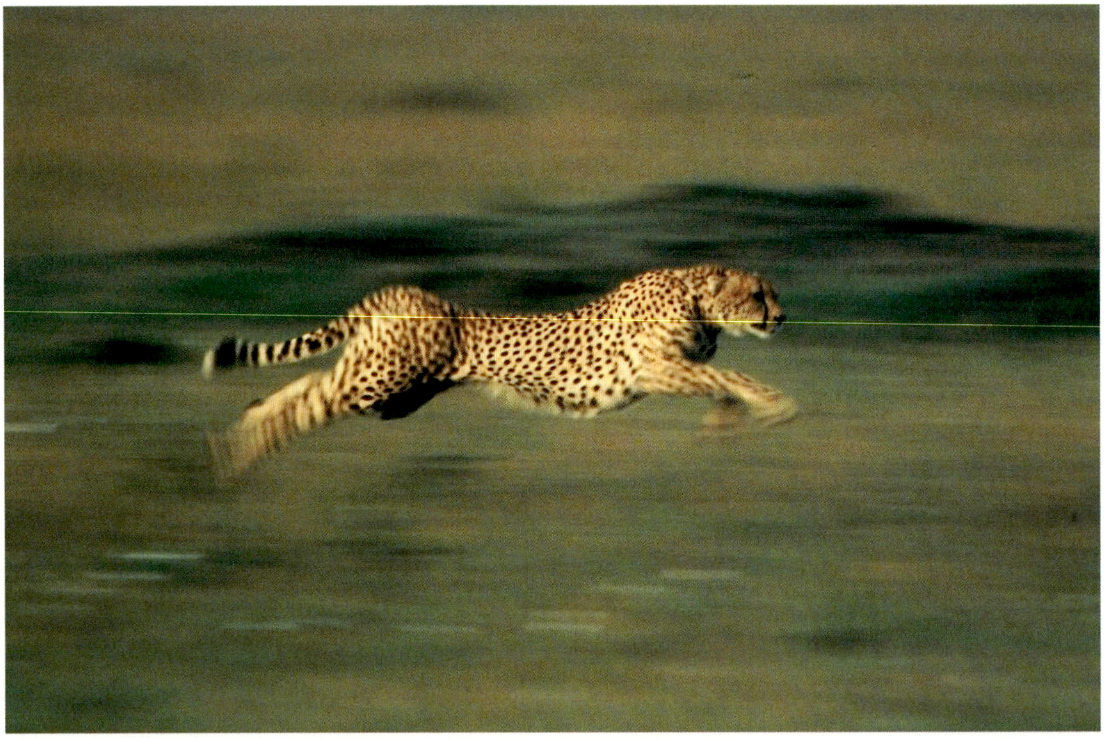

Der Gepard gilt als schnellster Sprinter unter den Landsäugetieren. Er setzt bei der Jagd voll auf den Überraschungseffekt, zumal er für längere Treibjagden zu wenig Ausdauer besitzt. Der flüchtige Moment ist im Foto mit Hilfe bewusster Bewegungsunschärfen eindrücklich festgehalten.
Foto: Günter Ziesler/ Bruce Coleman

eine akzeptable Allgemeinschärfe auf dem Hauptmotiv erhält, wird man viele Filme mit lauter unbrauchbaren Fotos füllen müssen. Selbst nach jahrelanger praktischer Erfahrung bleibt ein gewisser Anteil an Ausschussbildern unvermeidlich.

Brennweiten bis etwa 200mm lassen sich am leichtesten freihändig handhaben. Sobald man das Motiv im Sucher erfasst hat, folgt man der ganzen Bewegung so ruhig und gleichmässig wie möglich. Am besten versucht man gezielt, immer dann auszulösen, wenn die Bein- oder Flügelbewegung einen «toten Punkt» erreicht. Wenn's geht, drückt man mehrmals hintereinander ab, stets locker und ohne die Kamera zu verreissen. Ein motorischer Filmtransport ist hierbei fast unerlässlich, und Autofokus manchmal eine grosse Hilfe.

Schwere Teleobjektive mit eigenem Stativfuss sollte man auch zum Mitziehen auf dem Dreibein belassen. Spätestens hier wird man merken, weshalb ein brauchbares Stativ mindestens zwei oder drei Kilogramm auf die Waage bringen muss. Sonst hebt es nämlich viel zu leicht von der Unterlage ab, wenn man oben die Aufnahmeeinheit bewegt. Wie bereits beim Besprechen der Ausrüstung erläutert, eignet sich ein guter Kugelkopf mit Friktionsklemmung für die Actionfotografie am besten. Die Kugel sollte beim Mitziehen gerade so leicht laufen, dass sie nicht «stottert». Wenn sich der Kugelkopf nur ruckartig bewegen lässt, muss die Friktion ein bisschen gelöst werden.

Die einzustellende Verschlusszeit richtet sich natürlich in erster Linie nach dem gewünschten Grad der Bewegungsunschärfe. Ausschlaggebend ist jeweils die relative Geschwindigkeit der Bewegung(en) in Bezug auf das Filmfenster. Bringt man es zum Beispiel fertig, einen sprintenden Hund im Sucher konstant an derselben Stelle zu halten, dann scheint der Körper stillzustehen, während sich die Beine am schnellsten bewegen. Die optimale Wiedergabe wäre in diesem Fall dann erreicht, wenn der Körper des Hundes – und insbesondere sein Kopf – völlig scharf abgebildet wird und die Beine stark verwischt. Beides zusammen ist fast ein Ding der Unmöglichkeit, weil sich der Kopf beim Rennen leicht auf und ab bewegt und sich das Rückgrat bei jedem Sprung durchbiegt. Da die Läufe jedoch eine viel weitreichendere Bewegung durchmachen als Kopf und Rumpf, sind in der Praxis ganz akzeptable Kompromisse möglich – auch wenn das Foto schliesslich nicht an die bestechende Detailschärfe einer Aufnahme mit extrem kurzer Belichtungszeit heranreicht.

Schon bei Trockenübungen ohne Film sollte man sich angewöhnen, den Hintergrund im Auge zu behalten. Denn selbstverständlich lassen sich auch mitgezogene Schnappschüsse durch eine bewusste Bildgestaltung verbessern. Wer sich vor einer Aufnahmeserie das Umfeld des Motivs einprägt, kann gezielt im richtigen Moment auslösen, wenn das Tier vor einem ruhigen Hintergrund vorbeirennt oder wenn der Vogel vor der untergehenden Sonne durchfliegt. Ebenso wichtig ist natürlich die Wahl eines günstigen Aufnahmestandpunktes unter Berücksichtigung der Richtungen des Lichts und der Bewegung.

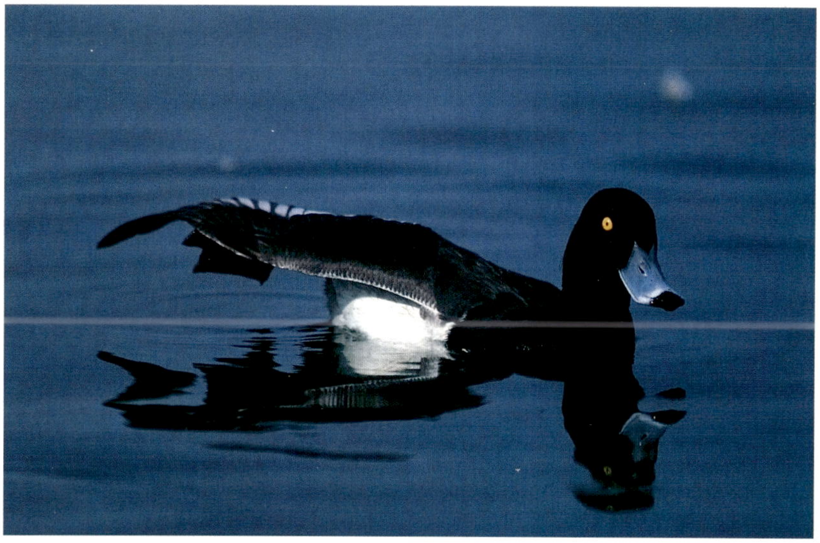

Das sich streckende Reiherenten-Männchen habe ich im Winter aufgenommen. In der Schweiz überwintern zahlreiche Reiherenten auf den Mittellandseen, wo sie zum Teil recht zutraulich werden.
Foto: Eric A. Soder / Sutter

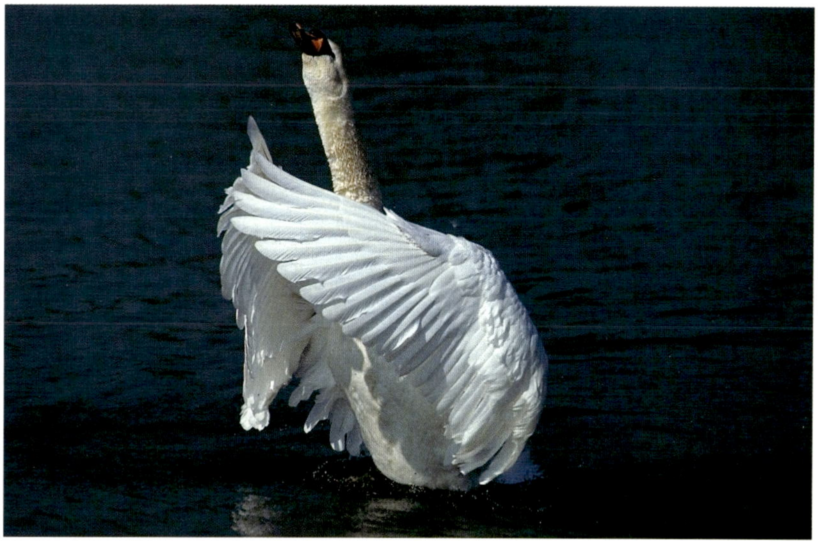

Wie viele andere Wasservögel schlägt der Höckerschwan nach der Gefiederpflege oder nach einem Streit jeweils ein paarmal kräftig mit den Flügeln. Um einen Höhepunkt dieser Bewegung einzufangen, muss man etwa eine Zehntelssekunde zuvor auf den Auslöser drücken.
Foto: Daniel Hardegger

Freilebende Tiere belauschen

Wenn man die Ausrüstung und die Aufnahmetechnik sicher beherrscht, kann man sich nach und nach auch an schwierigere Fälle wagen. Das magische Stichwort heisst «Tiere in der freien Wildbahn». Für den Anfang können das zum Beispiel Spatzen oder Meisen im Garten sein, Eichhörnchen in einem nahegelegenen Wald

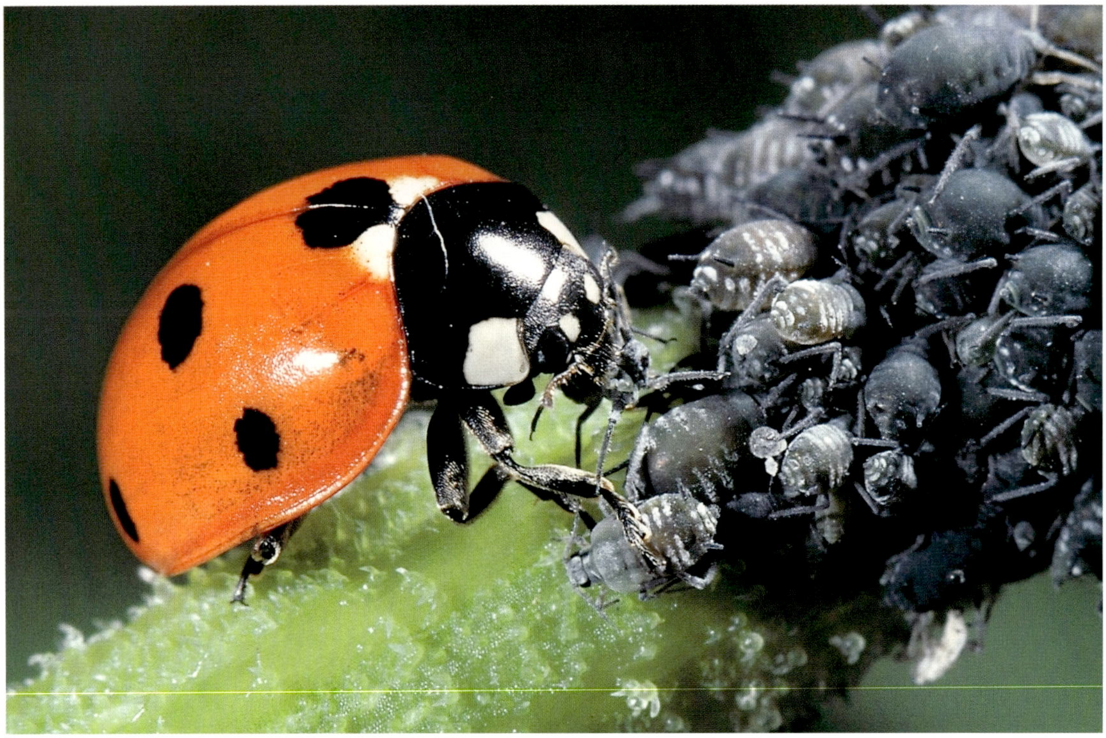

Fressen und gefressen werden am Beispiel von Marienkäfer und Blattläusen. Die Welt des Kleinen hält für jene, die sich auch einmal bücken oder auf den Boden liegen, eine Fülle interessanter Motive bereit.
Foto: Hans D. Dossenbach

oder Frösche in einem Tümpel. Auf jeden Fall solche Tiere, die man nicht allzu weit weg von zu Hause suchen muss und die nicht übertrieben scheu sind. Jetzt sind vor allem Geduld und Feingefühl gefragt; bei der Motivsuche ebenso wie beim anschliessenden Fotografieren. Ständig müssen die Reaktionen des Tieres beobachtet werden, damit man sich nicht zu schnell und/ oder auf eine zu kurze Distanz nähert.

Geschick und Erfahrung erfordert auch das Arbeiten mit dem Tarnzelt oder aus einem sonstigen Versteck. Der eigene Standort muss hier sehr sorgfältig ausgewählt werden, damit man einerseits keine Störungen verursacht und andererseits auch wirklich zum Schuss kommt.

Will man sich ernsthaft mit einem wilden Tier befassen, so muss man sich dafür viel Zeit nehmen. Bevor man das Tier nicht richtig kennengelernt hat und dieses sich im Gegenzug an die Anwesenheit der Fotografin oder des Fotografen gewöhnt hat, dürften kaum besonders aussergewöhnliche Aufnahmen entstehen. Es ist wie in der Porträtfotografie mit Menschen: Das Modell muss sich wohlfühlen, sonst wirkt es verkrampft und setzt eine gequälte Miene auf. Ein verschüchterter Ausdruck steht einem Tier ebenso schlecht wie einem menschlichen Modell.

Viele Naturfotografen versuchen daher, sich vor ihren Motiven zu verbergen, um deren natürliches Verhalten nicht zu beeinflussen. Ich persönlich bevorzuge jedoch eine andere Taktik: Die unauffällige, aber völlig offene Annäherung. Dabei kann das Tier selber bestimmen, ob es kooperieren will oder sich lieber zurückzieht. Wenn man sehr behutsam vorgeht, liefert diese Gewöhnungsmethode meiner Ansicht nach interessantere Fotos. Auf jeden Fall ist es ein sehr schönes Erlebnis, wenn sich ein wildes Tier aus freien Stücken in Fotoreichweite zum Ausruhen hinbettet. Dann kann man völlig sicher sein, dass es einen nicht (mehr) als Bedrohung einstuft.

Viele Singvögel lieben das Baden im seichten Wasser. Aus einem Tarnzelt kann man sie verhältnismässig leicht beim ausgiebigen Planschen beobachten. Sogar der vorsichtige Eichelhäher hat am Badeplatz seine helle Freude.
Foto: Manfred Rogl

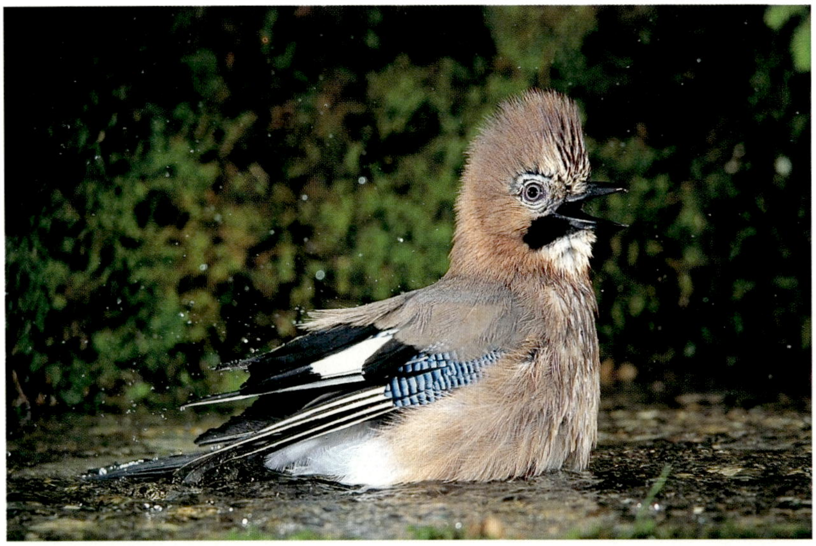

Umsichtiges Verhalten in der Natur

Wenn wir uns in einer natürlichen Umgebung bewegen, sollten wir uns immer wieder in Erinnerung rufen, dass wir mitten unter unzähligen Lebewesen sind. Diese müssen wir respektieren und die Qualität ihres Lebensraumes erhalten. Selbstverständlich nicht nur beim Fotografieren, dann aber ganz besonders. Wenn wir schon mit dem Gedanken kommen, uns an der Schönheit der Natur zu erfreuen, wäre es ja pervers, eben diese Schönheit egoistisch zu konsumieren und sie dabei gleichzeitig zu zerstören. Andere sollen auch etwas davon haben – vor allem natürlich die Tiere und Pflanzen selbst!

Als Naturfotograf(in) muss man stets bestrebt sein, an der Natur so wenig wie möglich zu verändern. Pflanzen ausreissen oder Äste abbrechen sind rücksichtslose Methoden der Bild gestaltung. So etwas sollte man – wenn überhaupt – höchstens bei einzelnen abgestorbenen Pflanzenteilen tun. Wenn auf der Suche nach Insekten oder anderen kleinen Tieren Steine oder verrottende Holzstücke umgedreht werden, sollte man sie hinterher wieder in die ursprüngliche Position zurücklegen. Andernfalls wird das feuchte Mikroklima an der aufgedeckten Stelle zerstört, so dass die dort angesiedelten Pilze und Insektenlarven vertrocknen und eingehen.

Ein ständiges Reizthema sind auch nistende Vögel und andere Tiere in der kritischen Phase der Jungenaufzucht. Selbst wenn man ganz ehrenhaft auf Nestaufnahmen verzichtet, weil solche Szenen ohnehin schon x-tausendmal abgelichtet worden sind, darf man dieses Thema gleichwohl nicht einfach abhaken. Denn es gibt nicht nur jene Nester, die man fotografieren will oder eben nicht, sondern auch solche, in deren Nähe man ganz zufällig gerät – vielleicht sogar, ohne es zu merken. Während der Fortpflanzungsperiode muss man daher ständig auf der Hut sein, wenn man sich in der Nähe möglicher Standorte von Nestern oder Bauen aufhält. Es kann beispielsweise geschehen, dass ein Vogel aufgeregt und anhaltend Alarm schlägt, nachdem Sie sich unter einen Baum gesetzt haben. Dann müsste Ihnen sofort ein Licht aufgehen, was das zu bedeuten hat: Sie versperren ihm den Weg zu den wärmebedürftigen Eiern oder den hungrigen Jungen. In diesem Fall sucht man sich schleunigst einen anderen Baum als Schattenspender.

Gelegentlich können wir auch indirekte Störungen verursachen, indem wir zum Beispiel versehentlich Enten oder Krähen aufscheuchen, deren plötzliche lärmige Fluchtreaktion das eventuell weiter entfernte Objekt unseres Interesses ebenfalls zum sofortigen Rückzug veranlasst. Oder wir können durch eine unüberlegte Arbeitsweise wehrlose Jungtiere gewissermassen ihren Fressfeinden zuspielen, indem wir eine Geruchsspur zu ihnen hin legen oder ihre Eltern fernhalten und sie so an der Verteidigung ihrer Jungen hindern. Soweit darf es nicht kommen!

Auch unbeteiligte Mitmenschen sind ein Faktor, mit dem man rechnen muss. Es passiert relativ oft, dass zufällig Leute vorbeikommen und sich zum Leidwesen des Tieres und des reglos wartenden Fotografen überaus auffällig benehmen. Wenn man sich zum Beispiel mühsam am Boden kriechend endlich auf Fotodistanz an ein scheues Tier herangepirscht hat, kann es an manchen Plätzen durchaus geschehen, dass jemand geradewegs auf Sie zumarschiert, um sich nach Ihrer Kameramarke oder der verwendeten Objektivbrennweite zu erkundigen. So etwas geht natürlich auf keine Kuhhaut! Das angepeilte Tier wird sich unverzüglich in die Büsche schlagen. Sehr unangenehm ist es auch, wenn wohlmeinende Zeitgenossen extra zu einem herüberkommen, um zu fragen, ob sie

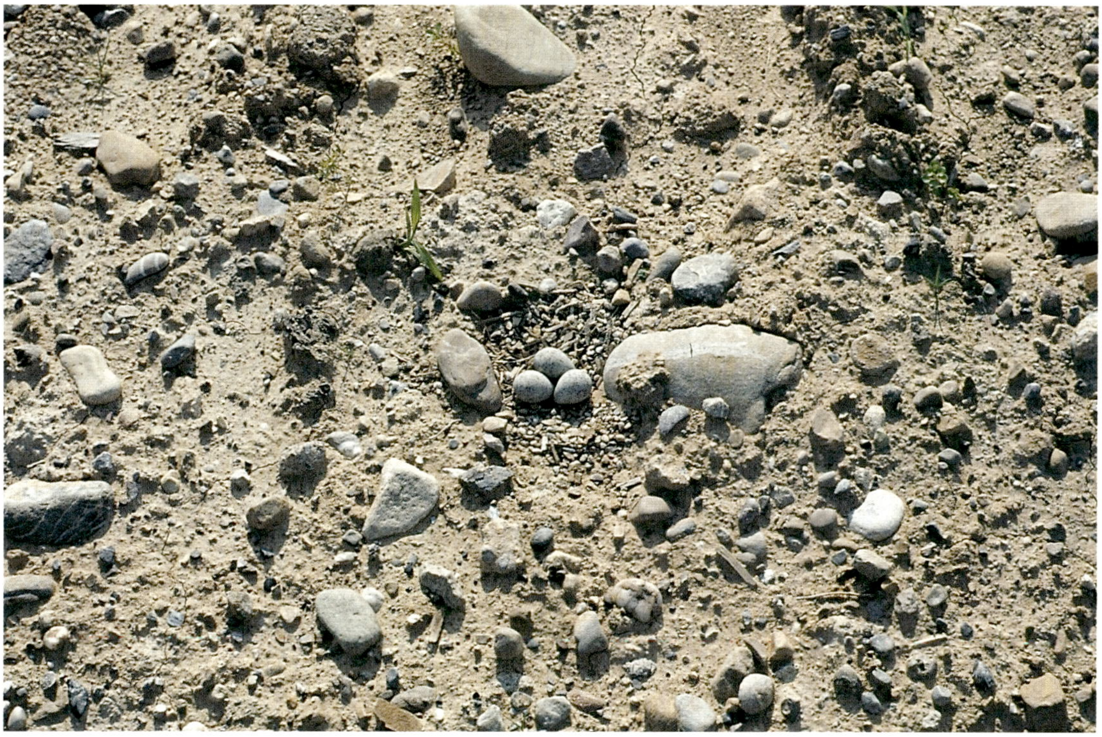

Das gut getarnte Gelege gehört einem Paar Flussregenpfeifer. Diese einst häufigen Bodenbrüter finden bei uns heutzutage nur mit Mühe geeignete Lebensräume. Dort, wo es noch welche gibt, können häufige Störungen den Bruterfolg zunichte machen. Darauf muss man auch als Fotograf Rücksicht nehmen.
Foto: Stefan Kohl

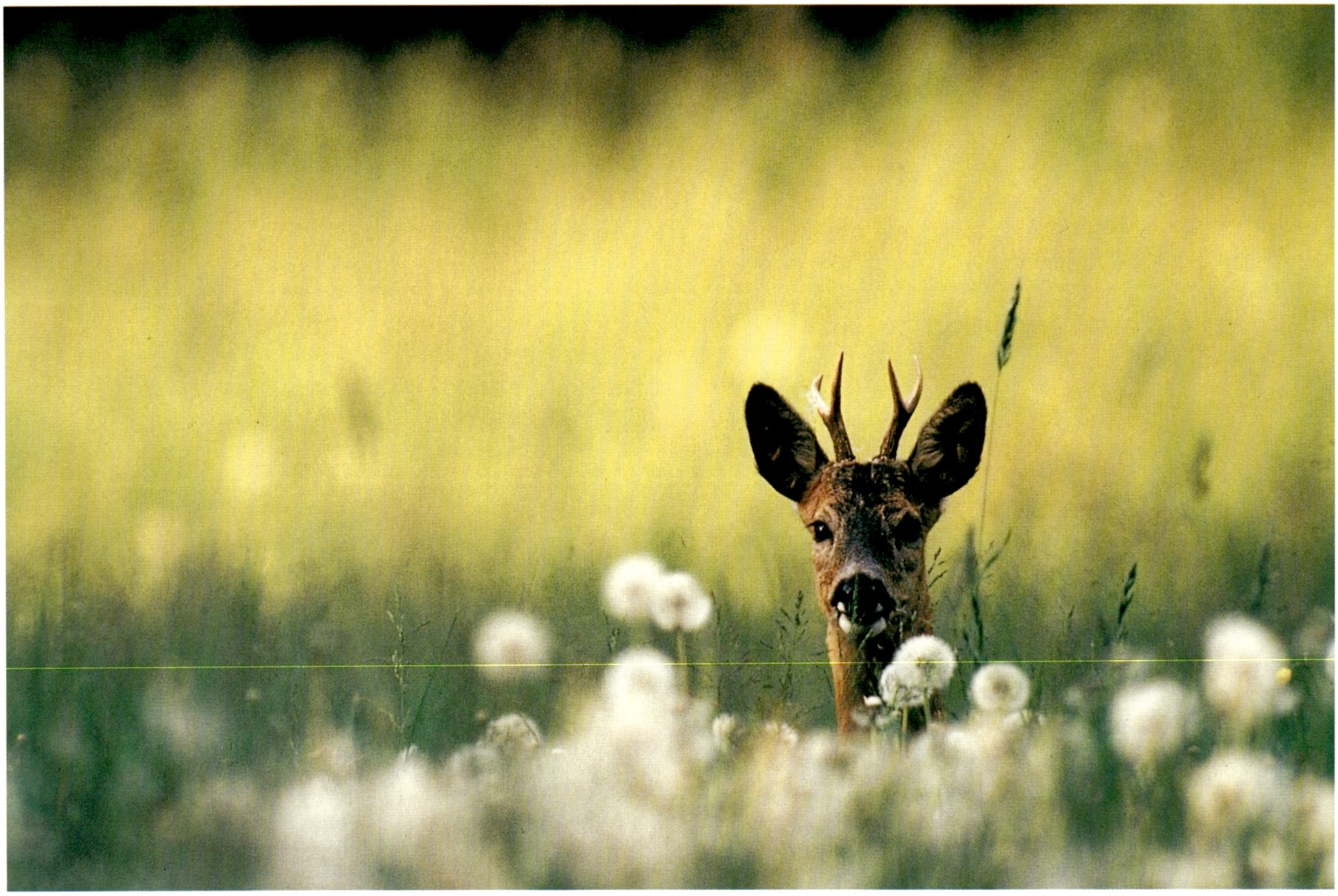

Es ist oftmals sehr schwierig, sich unbemerkt an wilde Tiere anzuschleichen. Stattdessen kann man auch an einer günstigen Stelle warten, bis sich die Tiere an einen gewöhnen und dann vielleicht von selbst näherkommen. So ist die Aufnahme dieses Rehbocks entstanden.
Foto: Eric A. Soder

stören oder etwas verscheuchen. In dem Moment tun sie es dann erst recht. Um unerwünschten Zuschauern aus dem Weg zu gehen, empfiehlt sich vor allem frühes Aufstehen, das Fotografieren bei kaltem Regenwetter und das Betreten sumpfigen Geländes. Inwieweit dies den fotografischen Zielen dienlich ist, sei dahingestellt.

Annäherung an Wildtiere

Bei der Überlistung scheuer Tiere unterscheidet man nach dem Vorbild des Weidwerks zwischen den beiden klassischen Methoden «Pirsch» und «Ansitz». Auf der Pirsch versucht der Jäger beziehungsweise der Fotograf sein Opfer möglichst unbemerkt bis auf Schussweite anzuschleichen. Beim Ansitz dagegen versteckt man sich an einer geeigneten Stelle mit freiem Blickfeld und guter Beleuchtung. Aufgrund von vorausgegangenen Beobachtungen ist mit einiger Gewissheit zu erwarten, dass sich das Wild zu ganz bestimmten Tageszeiten dort einfinden und für einen wohlgezielten Blattschuss oder eine Porträtaufnahme posieren wird. Nicht selten bekommt man auch noch andere Tiere vor die Linse, mit denen man vorher nicht unbedingt gerechnet hat.

In der Praxis zeigt sich, dass die Jagdtechniken für tierfotografische Belange ein bisschen angepasst werden müssen. Der Jäger will schliesslich im Idealfall nur einen einzigen Schuss pro Tier abgeben. Nach dem Abdrücken erkennt er sofort, ob das Wild sauber erlegt worden ist oder nicht. Für einen Tierfotografen steht der Erfolg oder Misserfolg dagegen erst nach dem Entwikkeln des Films definitiv fest. Aus diesem Grund wird er bei jeder sich bietenden Gelegenheit versuchen, so viele Fotos wie möglich zu schiessen. Dazu muss das Motiv natürlich auch lange genug hinhalten.

Wenn Sie sich jedoch tatsächlich einmal unbemerkt bis auf fünf Meter an einen Rehbock angeschlichen haben, wird dieser spätestens beim ersten Klicken des Verschlusses wie von der Tarantel gestochen abspringen und laut schrekkend das Weite suchen. Nach einem solchen Schock wäre das Tier für weitere Aufnahmen natürlich nicht mehr zu gewinnen. Ein ernsthafter Tierfreund wird es aber schon gar nicht so weit kommen lassen! Wenn man sich einem Tier stattdessen offen nähert, dann wissen beide Seiten, woran sie sind. Manchmal kann sogar leises Zureden mit einem beruhigenden Tonfall helfen, die anfängliche Scheu des Tieres zu überwinden.

Um grobe Störungen zu vermeiden und näher an furchtsame Gestalten heranzukommen, gibt es eine ganze Menge weiterer «Tricks». Regel Nummer eins: Nie direkt auf das Motiv zugehen.

Ausserdem sollte man ein Tier auch nicht unentwegt anstarren. Wer sich zu offensichtlich für ein Tier interessiert, flösst ihm Angst ein. Besser ist es, scheinbar zufällig näher zu kommen. Dasselbe gilt, wenn man unerwartet auf ein verstecktes Motiv stösst: Bleibt man plötzlich stehen und blickt dem Tier in die Augen, so wird es viel eher die Flucht ergreifen als wenn man zunächst weitergeht und erst in sicherer Entfernung anhält. Dann kann man in aller Ruhe die Lage abschätzen und wenn nötig das Objektiv wechseln. Währenddessen behält man das Tier stets unauffällig im Auge.

Rehe verhalten sich gemäss meinen Erfahrungen besonders schlau: Wenn sie überrumpelt werden, ihnen aber keine ernste Gefahr droht, bleiben sie reglos stehen und schauen zu, wie man an ihnen vorbeigeht. Solange man nicht stehenbleibt, vertrauen sie meist voll auf ihre Tarnung. Sobald man sie jedoch nicht mehr sehen kann, weil der Wald oder ein Hügel die Sicht verdeckt, machen sie sich auf leisen Hufen aus dem Staub. Es ist also ziemlich aussichtslos, um das Hindernis herum schleichen zu wollen, um sich von der anderen Seite anzupirschen. Bis man die Strecke in weitem Bogen zurückgelegt hat, sind die Rehe meist von der Bildfläche verschwunden. Sofort umkehren und ein zweites Mal an den Tieren vorbeischlendern zieht jedoch oft ebensowenig. Dann erkennen die Rehe, dass man sie entdeckt hat, und machen sich unverzüglich aus den Staub. Das beste, was man in einem solchen Fall tun kann, ist abwarten und auf eine neue Gelegenheit hoffen. Geduld bringt Rosen! Es ist durchaus möglich, dass die Rehe nach einer Weile von selbst näherkommen. Auch viele andere Tiere können mitunter sehr neugierig werden, wenn sie merken, dass man ihnen nichts Böses anhaben will.

Fluchtdistanzen sind variabel

Unter einer Fluchtdistanz darf man sich keinesfalls so etwas wie eine physikalische Naturkonstante vorstellen. Vielmehr handelt es sich um eine sehr individuelle und situationsabhängige Grenze. Vor ein paar Wochen habe ich wieder zwei typische Beispiele erlebt. Im einen Fall ging es um einen einzelnen, besonders verwegenen Kormoran. Er jagte in einem Bach nach Fischen, obschon nur wenige Meter neben dem von Bäumen gesäumten Ufer ein vielbenutzter Fussweg vorbeiführt. Interessanterweise haben manche Spaziergänger den fast gänsegrossen Vogel nicht einmal bemerkt, wenn er in nur zehn bis fünfzehn Metern Distanz an ihnen vorbeischwamm oder -tauchte. Als der angrenzende See ganz zufror, blieb der Kormoran häufig sogar den ganzen Tag über im Bach und trocknete, auf einem Baumstubben oder einem aus dem Wasser ragenden Ast sitzend, seine Flügel an der Sonne. Während er mich nach einer Weile kaum mehr beachtete, erregten vor allem Hunde sein Misstrauen. Der Kormoran schaute sich dann jeweils aufgeregt um.

Im November hatten sich am selben See zwei Singschwäne zur Überwinterung eingefunden. Jeden Morgen flogen sie zum Weiden auf die nahen Felder und am Abend wieder zurück auf den See. Natürlich versuchte ich sogleich, ein paar Fotos von den hier seltenen Gästen einzuheimsen. Es zeigte sich aber, dass die Singschwäne sehr vorsichtig waren und mich kaum näher als in etwa 100m Abstand duldeten. Deshalb liess ich sie in Ruhe und schrieb stattdessen an der Naturfotoschule weiter. Im Januar fror dann, wie bereits erwähnt, der See zu. Das engte die Bewegungsfreiheit der beiden Singschwäne drastisch ein. Trotzdem hielten sie sich nach wie vor fast an derselben Stelle in der Nähe der Bachmündung auf. Innert weniger Tage schrumpfte ihre Fluchtdistanz auf vielleicht vierzig Meter zusammen. Eines Abends gelang es

Das Gefieder des Kormorans ist im Gegensatz zu demjenigen anderer Vögel nicht wasserabweisend eingefettet. Deshalb breitet es der Kormoran nach dem Fischen stets zum Trocknen aus. Dieses aussergewöhnlich zutrauliche Exemplar habe ich ohne Tarnung aus nur etwa 12-15m Distanz fotografiert.
Foto: Eric A. Soder

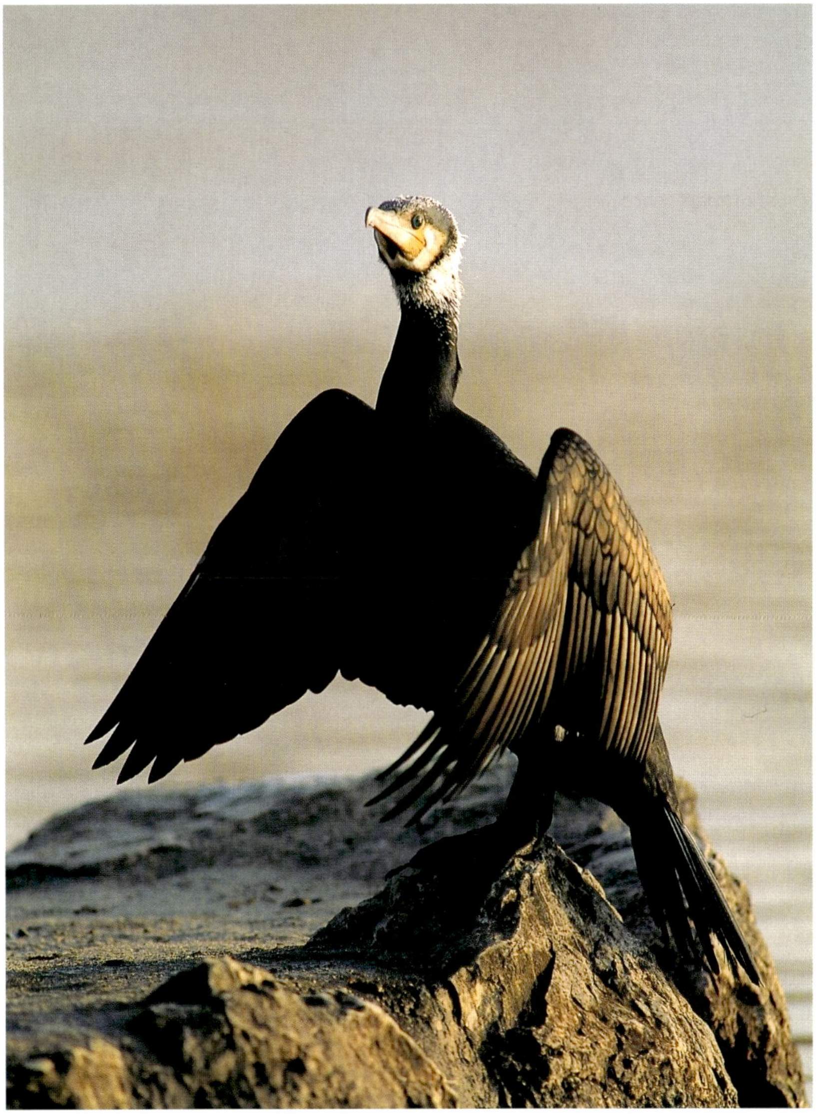

mir dann auch, mich auf dem Eis kriechend so nahe an die Singschwäne heranzupirschen, dass sie fast das Sucherbild ausfüllten (bei etwa 800mm Brennweite). Ein paar Tage später fotografierte ich sie auch an ihrem bevorzugten Ruheplatz, einem etwa zwanzig mal sechzig Meter grossen eisfreien Uferabschnitt. Hinter dem Stativ geduckt, ohne besondere Tarnung gelang es mir abermals, zahlreiche Fotos zu schiessen. Diesmal mit einem besonders schönen Hintergrund: Auf dem blanken Eis hatten sich walnussgrosse Eisblumen gebildet.

In beiden Fällen handelt es sich um eindeutige Ausnahmen, die sich in absehbarer Zeit wahrscheinlich nicht wiederholen werden (obschon ich bereits ein Jahr zuvor an derselben Stelle einen fast zahmen – vielleicht den gleichen? – Kormoran angetroffen habe). Als Tierfotograf muss man in solchen Fällen die Gunst der Stunde zu nutzen wissen. «Glücksfälle» treten in der einen oder anderen Form bei den unterschiedlichsten Tieren auf. Da gibt es zum Beispiel alle paar Jahre irgendwo einen Auerhahn, der Bergwanderer und Fotografen anbalzt, einen Fuchs, der bei einem Bauern in der Scheune oder mitten im städtischen Friedhof Junge aufzieht, oder ein Paar Distelfinken, die im Ahornbaum direkt vor dem eigenen Balkon brüten. Man müsste nur rechtzeitig mit der Kamera zur Stelle sein…

Pirschen mit Feingefühl

Grundsätzlich ist die Fotopirsch vor allem dann angezeigt, wenn man möglichst viele verschiedene Gelegenheiten zum Aufnehmen eines bestimmten Tieres sucht. Hierbei gelangen meist relativ lange Brennweiten (z.B. 300 oder 400mm) zum Einsatz. Nur bei vergleichsweise zutraulichen Tieren kann man ausnahmsweise auch Normal- und Weitwinkelobjektive gebrauchen. Eines lassen Sie sich jedoch gesagt sein: *Im Normalfall* wird man wilde Tiere nur mit viel Geschick und/oder sehr langen Brennweiten wirklich formatfüllend in den Sucher bekommen – wenn überhaupt.

Wer die Pirsch mehr von der sportlichen Seite nimmt, kann und wird sich ungeachtet der geringen Erfolgsaussichten auch mit scheueren Kreaturen anlegen. Um auf Fotodistanz an sie heranzukommen, gibt es ein recht allgemeingültiges Patentrezept: Sich kleinmachen. Man braucht sich nur einmal in die Lage von, sagen wir, einem am Waldboden nach Bucheckern suchenden Eichhörnchen zu versetzen: Ein aufrecht stehender Mensch ist aus dieser Sicht etwa so gross wie ein zehngeschossiges Hochhaus. Aus der Nähe wirkt er somit ausgesprochen furchteinflössend. Sogar wenn man sich auf den Hinterläufen aufrichtet, erreicht man nicht einmal die Höhe seiner Knie. Wenn sich der Mensch jedoch auf den

Diese beiden Singschwäne sind anfangs sehr scheu gewesen. Dank des besonders kalten Winters haben sich dann schliesslich aber doch ein paar Gelegenheiten ergeben, sie aus kürzerer Entfernung aufzunehmen. Dazu habe ich das niedrig eingestellte Stativ stückweise näher herangeschoben und dazwischen wieder gewartet, bis die Schwäne keine Anzeichen von Erregung mehr zeigten.
Foto: Eric A. Soder

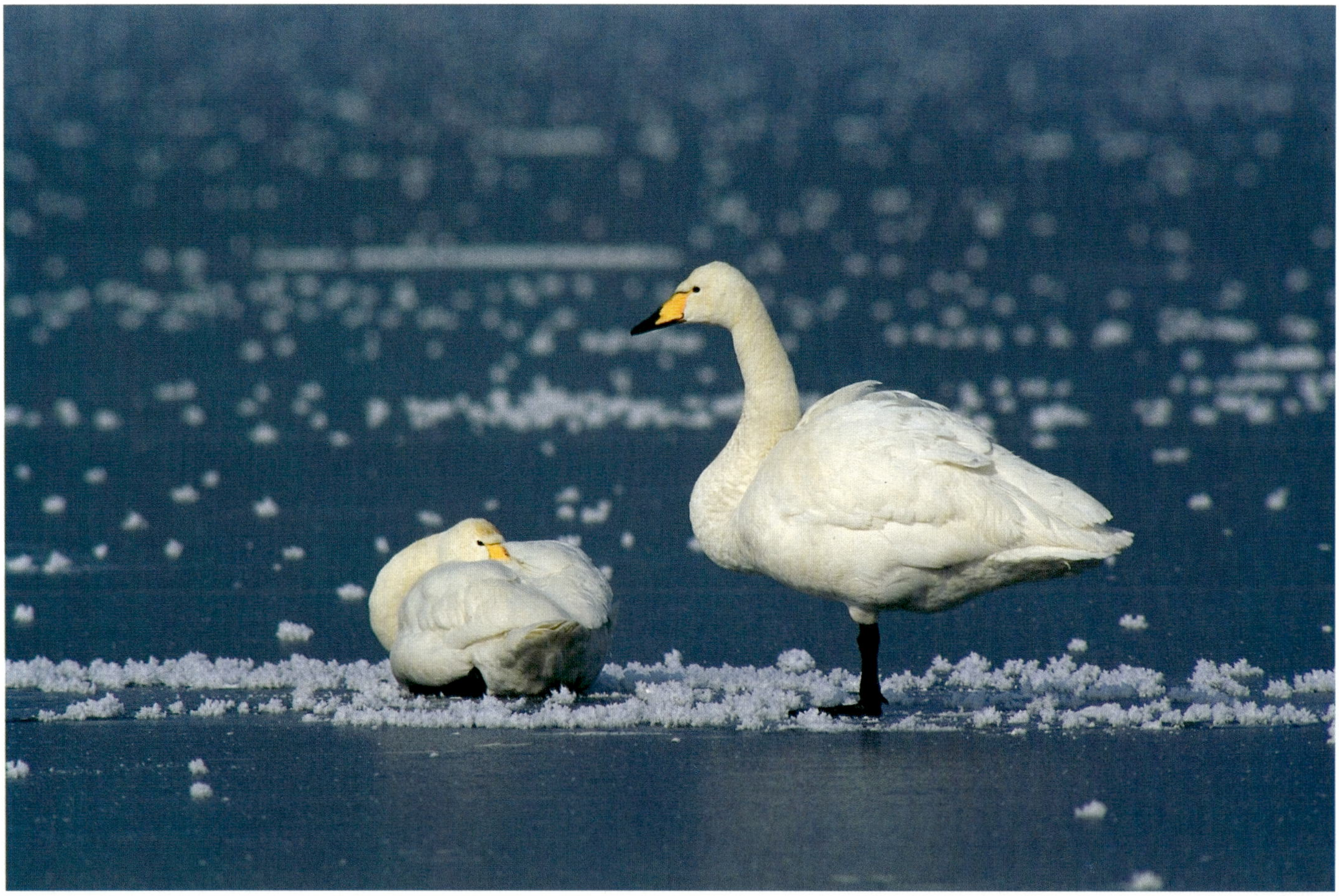

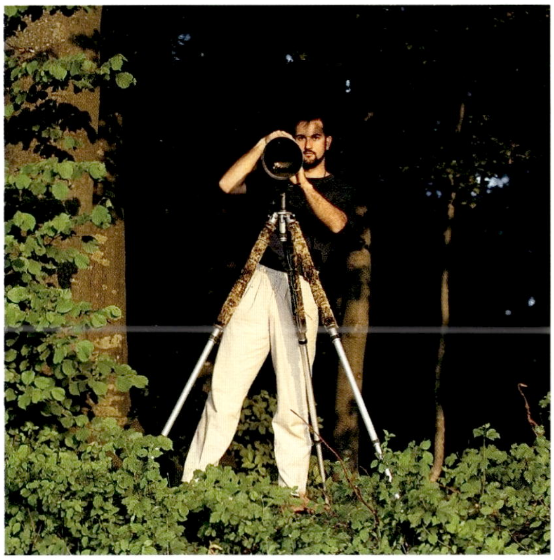

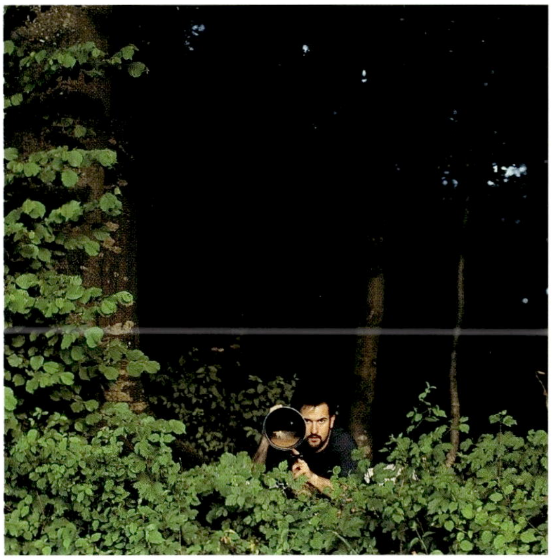

Links stehe ich hinter dem beinahe voll ausgezogenen Stativ, während ich auf dem rechten Bild die Stativbeine flach gespreizt und mich auf den Boden gelegt habe. Der Vergleich sollte Ihnen klarmachen, weshalb die unbequemere Variante in der Tierfotografie mehr Erfolg verspricht.
Fotos: Eric A. Soder

Boden legt, sieht man nur noch den Kopf und die beiden Arme. So muss man nicht mehr zu ihm hinaufschauen. Der Körper eines zwischen dem dürren Laub liegenden Menschen ist nicht viel auffälliger als ein abgesägter Baumstumpf, auf dem man zum Frühstück an einem Tannzapfen zu nagen pflegt.

Schon durch blosses Hinsetzen oder tiefes In-die-Knie-Gehen reduziert sich die Körperhöhe des Fotografen etwa auf die Hälfte. Dies kann manchmal auch bei grösseren Tieren wahre Wunder wirken, was die Fluchtdistanz anbelangt. Obschon ein sitzender Mensch immer noch in etwa die Grösse eines Wolfs oder eines Luchses besitzt und somit ins Feindschema selbst eines ausgewachsenen Hirsches passt. Entscheidend ist, dass man sich nur sehr langsam bewegt. Oder zumindest so, dass das Tier die Bewegung nicht erkennen kann, weil es gerade wegschaut oder weil eine Bodenunebenheit den unteren Teil Ihres Körpers verdeckt.

In unebenem Gelände sollte man sich einem Tier stets von unten her nähern. So erscheint man wiederum weniger bedrohlich, als wenn man – wie eine Raubkatze – von einer höheren Warte auf sein Opfer herunterzuspringen droht. Im übrigen pflegen die meisten Tiere (mit Ausnahme derjenigen, die Höhlen bewohnen) bei Gefahr nach oben zu flüchten. Dies gilt im besonderen für Vögel (die auf einen höheren Ast oder gleich völlig ausser Reichweite fliegen), aber auch für Gebirgstiere wie Gemsen und Steinwild. Beide Arten reagieren sehr empfindlich auf Fotografen, die plötzlich weiter oben am Hang hinter einem Grat auftauchen. Deshalb nähert man sich ihnen besser vom Tal her. Und zwar so, dass die voraussichtliche Aufnahmeposition etwa auf der gleichen Höhe wie das Motiv liegt, gegebenenfalls auch knapp darunter. Steil von unten zu fotografieren ist wegen des ungünstigen Blickwinkels jedoch wenig empfehlenswert.

Versperrt man Tieren den Fluchtweg, so fühlen sie sich eingeengt und werden versuchen, irgendwie auszuweichen. Aus demselben Grund ist es auch äusserst ungeschickt, wenn sich beispielsweise zwei Fotografen aus entgegengesetzten Richtungen an dasselbe Tier anpirschen. Scheuem Wild sollte überhaupt jeweils nur eine Person aufs Mal näherzutreten versuchen. Die Fotopirsch eignet sich aber auch in den meisten übrigen Fällen kaum für Gruppenanlässe. Der unvermeidliche Aufruhr beim gemeinsamen Auftreten mehrerer Menschen macht sogar an und für sich zahme Tiere leicht nervös.

Anderes Tier, andere Taktik

Bei der Annäherung an ein beliebiges Tier muss man natürlich immer auf dessen Wahrnehmungsvermögen sowie das spezielle Verhalten sowohl der Art als auch des Individuums Rücksicht nehmen. So sind etwa die Säugetiere mit einem gut ausgebildeten Gehör ausgestattet, das sie für allerlei Laute empfänglich macht. Die Mehrzahl der Vögel reagiert hingegen kaum auf

Liebe kann auch Tiere blind machen: Dieser Auerhahn hat seine natürliche Scheu völlig abgelegt und balzt anstelle der Hennen auch Menschen an. Beim Fotografieren besteht das Problem ausnahmsweise nicht darin, nah genug heranzukommen, sondern sich den aufdringlichen Hahn vom Leib zu halten.
Foto: Eric A. Soder / Sutter

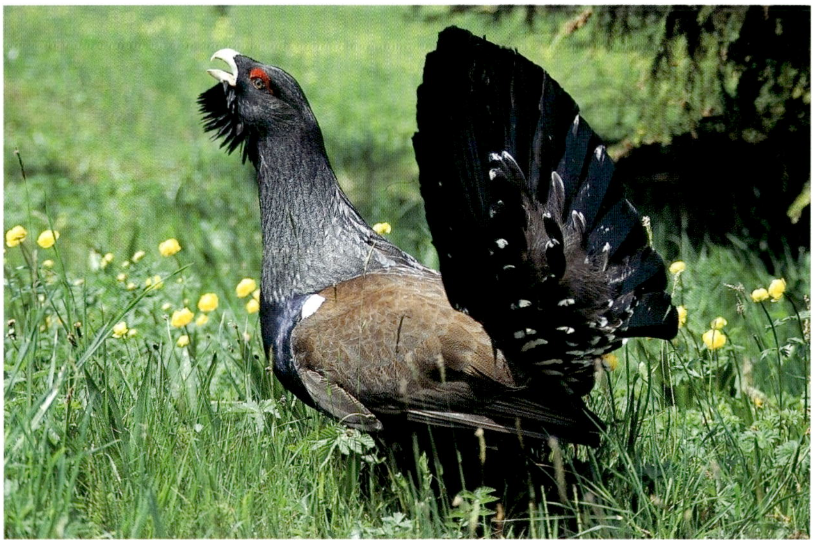

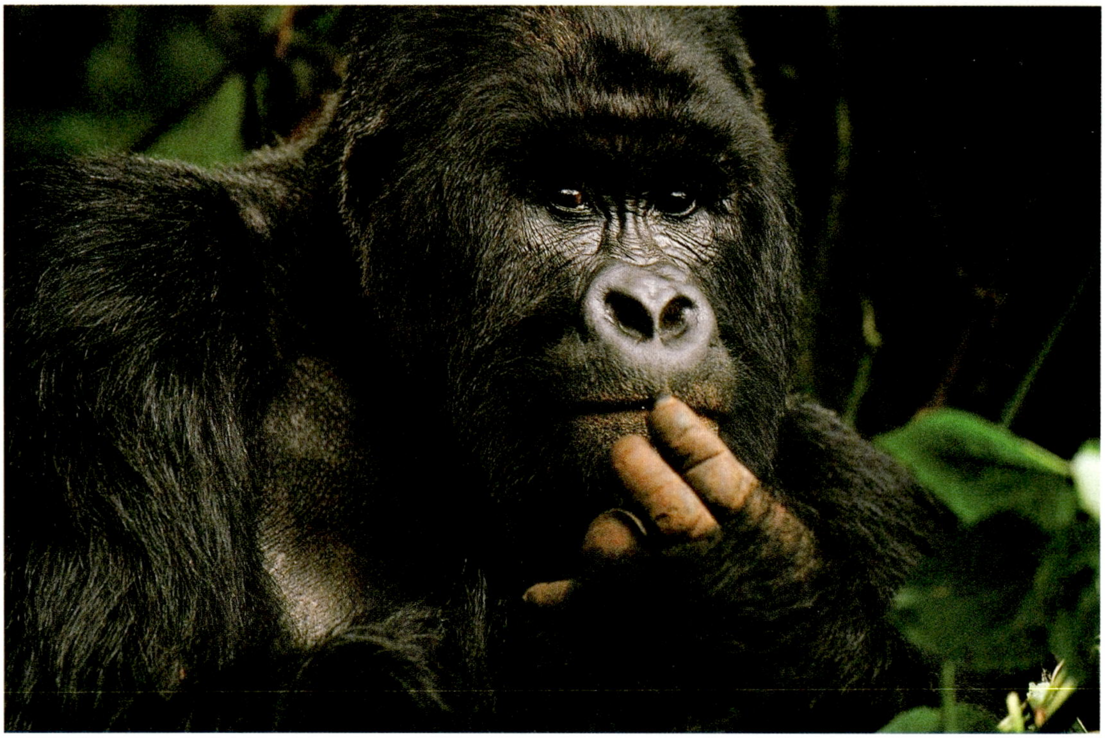

Berggorillas sind Waldbewohner, die in Familien leben und zusammen auf Nahrungssuche gehen. Wenn man sich richtig verhält, kann man einer solchen Gruppe recht lange aus der Nähe zuschauen. Tritt man ihnen jedoch zu nahe, so ziehen sie sich entweder zurück, oder ein ausgewachsenes Tier wird handgreiflich.
Foto: D. Parer & E. Parer-Cook / Auscape

Geräusche bis hin zum Schallpegel normalen Sprechens, dafür aber um so mehr auf Bewegungen. Ähnliches gilt für Insekten, Lurche und Reptilien. Greifvögel und einige Säugetiere machen um alles auffällig Glänzende (dazu zählt u.a. auch die Frontlinse eines Objektivs) einen grossen Bogen.
Auf künstliche Lichtquellen reagieren die Tiere sehr unterschiedlich. Sofern das Einschalten einer Taschenlampe geräuschlos erfolgt, bleiben Hasen, Rehe, Füchse und Dachse normalerweise kurz stehen und weichen dann dem blendenden Lichtkegel ohne besondere Hast aus. Stockenten ergreifen dagegen sofort panisch die Flucht, wenn sie nachts mit einem Scheinwerfer angestrahlt werden. Auch bodenbewohnende Insekten sind in der Regel sehr lichtscheu, während umgekehrt Nachtfalter und Mücken von (ultravioletter) Licht angezogen werden. Eine gewisse Sonderstellung nimmt das Blitzlicht ein. Dem kurzen Lichtimpuls gegenüber verhalten sich die meisten Tiere ziemlich gleichgültig.

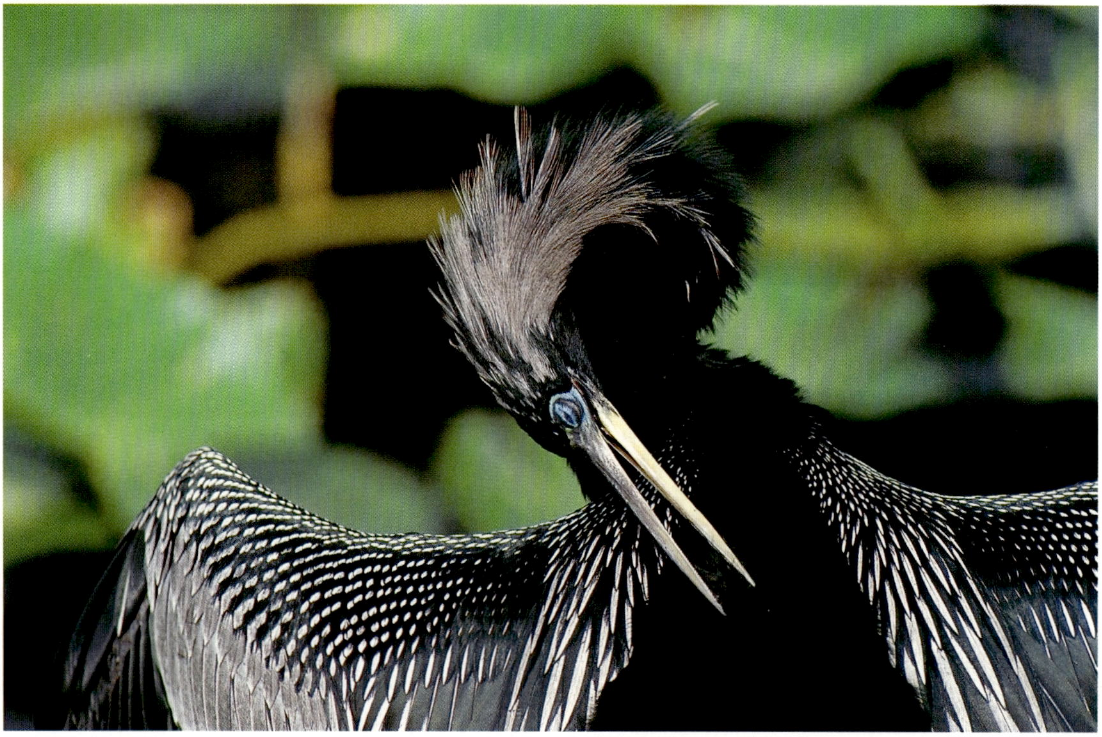

Den Schlangenhalsvogel habe ich an dem nach dieser Art benannten Anhinga Trail im Everglades Nationalpark aufgenommen. Durch die Heerscharen von Parkbesuchern, die während des Winters tagtäglich den kurzen Rundweg bevölkern, sind die Tiere hier so an Menschen gewöhnt, dass sie in unmittelbarer Nähe des Weges fischen, ihre Beute verspeisen oder sogar direkt vor den Leuten aufs Geländer sitzen.
Foto: Eric A. Soder

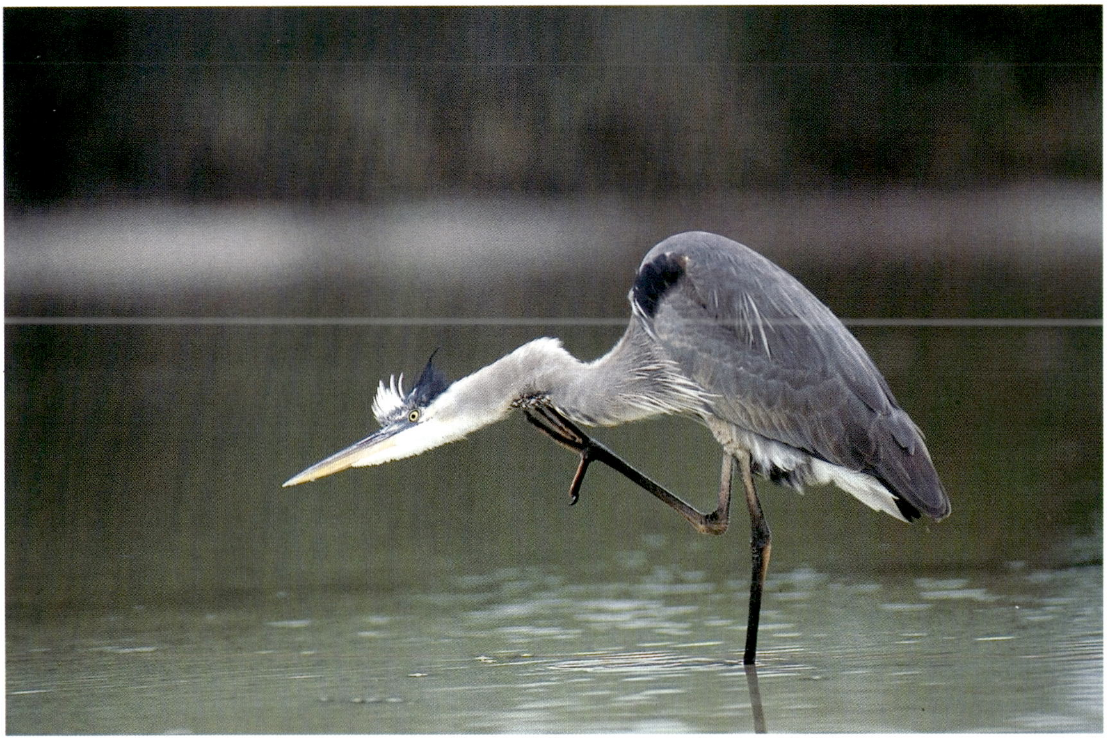

Wenn ein Reiher sich durch eine herannahende Gestalt beunruhigt fühlt, streckt er seinen Kopf so weit er kann nach oben und erstarrt. Geht man weiter auf ihn zu, fliegt er weg. Macht man sich jedoch in gebührendem Abstand klein, lässt der Reiher den Kopf nach und nach wieder absinken und fährt mit der ursprünglichen Tätigkeit fort.
Foto: Eric A. Soder

Wie gesagt ist auch die Art und Weise, wie man sich anpirscht, entscheidend. Indem man wie beim Blumenpflücken ohne erkennbare Richtung und mit etwas beschäftigt wirkend näherdriftet, vermag man langsam und indirekt an Terrain zu gewinnen. Je mehr Zeit dabei verstreicht, um so besser stehen die Chancen, vom Tier in dessen Nähe toleriert zu werden. Wenn man die Sache richtig angeht, ist es gar nicht so schwierig, das Vertrauen eines Tieres zu gewinnen. Einziger Vorbehalt: Es kann manchmal sehr, sehr lange dauern, bis man die erwünschte Aufnahme im Kasten hat. Hie und da muss man es tagelang immer wieder versuchen, und zwar möglichst an derselben Stelle, mit demselben Tier.

Es ist manchmal frappierend, wie stark eine anfangs unüberwindlich scheinende Fluchtdistanz zusammenschrumpft. Nicht selten kann man dabei allerdings nass oder dreckig werden, weil man bäuchlings im Sumpf oder im Schnee herumrobben muss, wenn offenes Gelände zu wenig Deckung bietet. Die Mühe ist es jedoch sicher wert, wenn man zum Beispiel bis auf rund einen Meter Abstand an einen Zeisig herankommt, der am Boden nach Nahrung pickt.

Wegen des eher ungewöhnlichen Standpunktes führt es auch zu interessanten Resultaten, wenn man sich der Ufervegetation eines Gewässers von der nassen Seite her nähert, statt sich mühsam vom Land her durchs Schilf zu kämpfen. Nicht zuletzt bietet das offene Wasser auch eine freie Sicht. Wenn nötig kann man sich als schwimmendes Pflanzenbüschel tarnen oder ganz einfach in ein kleines Boot steigen und eine Plane darüberziehen. Die Fortbewegung geschieht dann am besten von Hand oder mit einem kurzen Paddel, in Gewässern mit Strömung dagegen durch langsames Nachgeben oder Ziehen an einem zuvor an geeigneter Stelle verankerten Seil. Überaus günstig ist ferner eine tragende Eisschicht, auf der man bequem auflegen oder das Stativ flach aufstellen kann.

In gewissen Fällen kann auch ein Auto helfen, sich scheuen Tieren auf kürzere Distanzen zu nähern. Nicht nur auf einer Safari, sondern auch am Rand einer Wiese oder eines Sumpfes, wo sich allerlei vierfüssiges oder geflügeltes Wild aufhält.

Ansitz

Anstatt sich einem Tier an die Fersen zu heften, kann man es auch von selbst zur Kamera hinkommen lassen. Ansitzen lohnt sich insbesondere dann, wenn ein Tier einen bestimmten Ort mit hoher Wahrscheinlichkeit aufsuchen wird. Hierauf deuten beispielsweise vom Tier hinterlassene Spuren und/oder regelmässige Beobachtungen an der betreffenden Stelle. Erfolgversprechende Ansitzplätze befinden sich zum Beispiel bei Nahrungsquellen, Tränken, Badeplätzen/Suhlen, Wildwechseln, Kratzbäumen, markanten Geländepunkten oder an einem Flaschenhals einer Vogelzugstrasse bzw. Säugetier-Wanderroute.

Am Ruheplatz, Nest oder Bau eines Tieres sollte man dagegen nur dann ansitzen, wenn nachhaltige Störungen ausgeschlossen werden können. Besonders wichtig ist dies während der gesamten Brut- und Aufzuchtsperiode bis zur

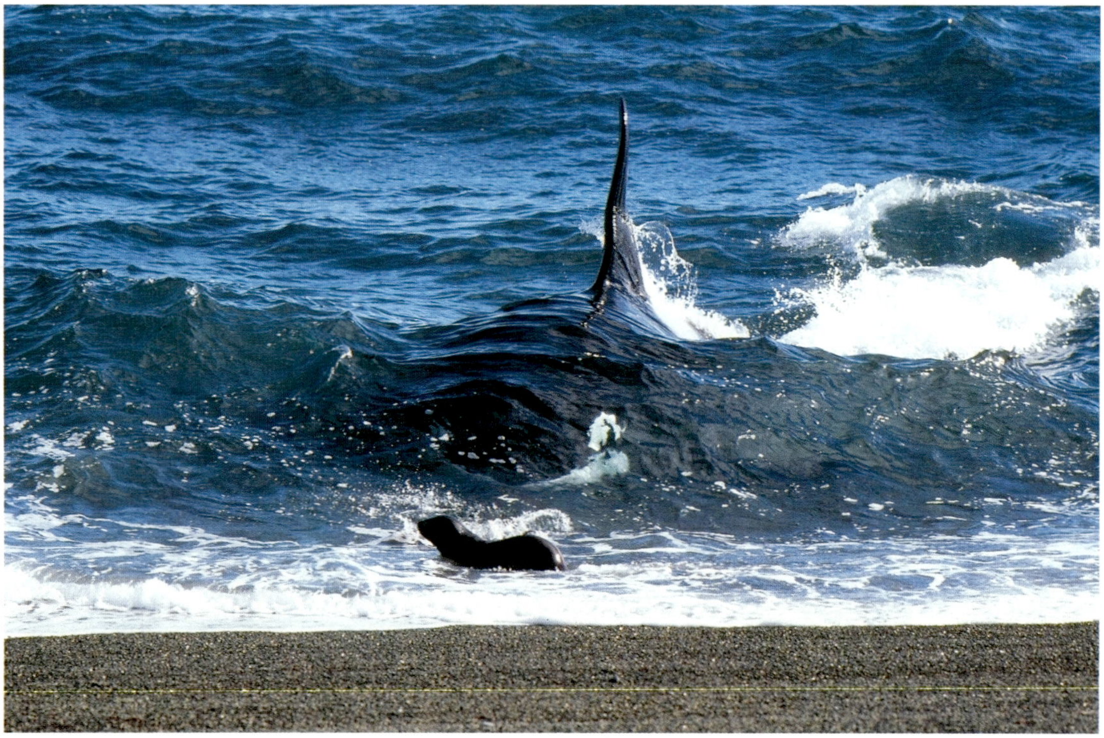

Kennt man das Revier und die Beute eines Raubtiers, fehlt nur noch der Zeitpunkt für den Angriff. Hier hat sich das Warten gelohnt: Ein Schwertwal schiesst auf den am Strand liegenden Seelöwen zu.
Foto: Jeff Foott

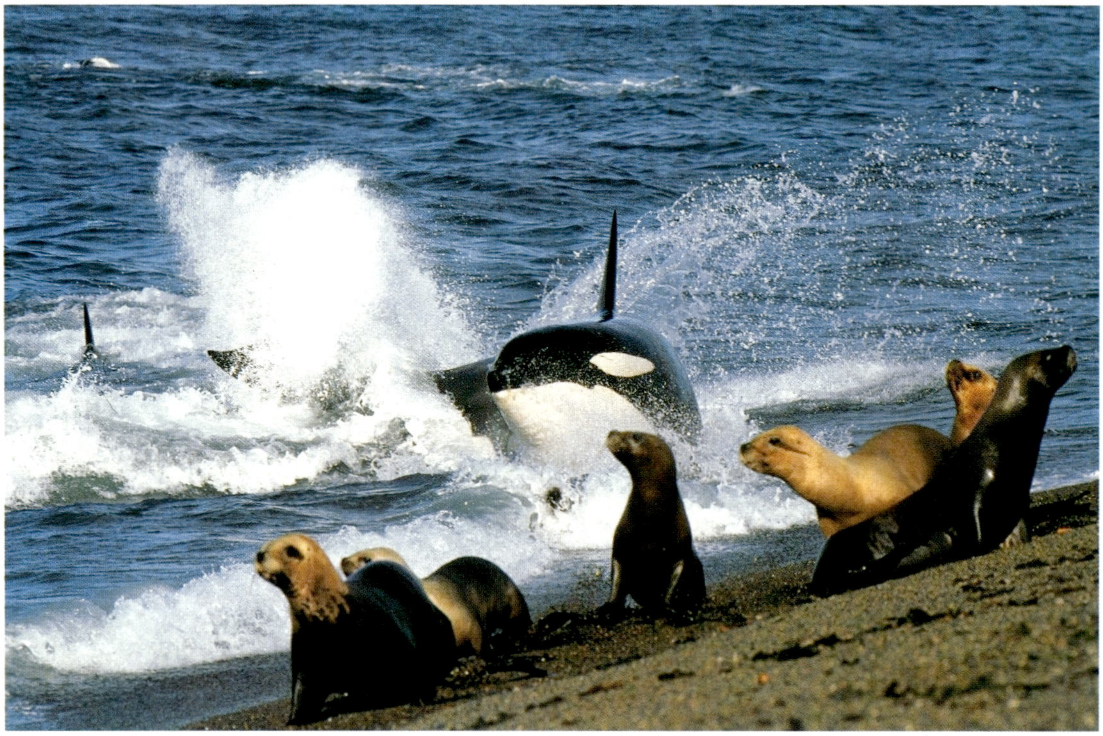

Diese Gruppe von Seelöwen hat sich rechtzeitig in Sicherheit bringen können. Der Schwertwal geht fürs erste leer aus.
Foto: D. Parer & E. Parer-Cook / Auscape

Selbständigkeit der Jungen. Dasselbe gilt auch für Balz- und Brunftplätze all jener Arten, die in Gruppen Turnierwettkämpfe oder Paarungsrituale austragen. Etwa Auer- und Birkhühner, Kraniche, Flamingos, Hirsche und andere. Sollten die Tiere bei Ihrem Versuch, die Balz, die Jungen oder eine Fütterung zu fotografieren, länger als üblich fernbleiben, muss der Ansitz sofort und vollständig abgebrochen werden. Man sollte sich vor Augen halten, dass die in Presse und Fernsehen gezeigten Fotos und Filme von zum Teil sehr intimen Familienszenen fast immer in jahrelanger Kleinarbeit und nicht selten mit zahmen Tieren in eigens eingerichteten Fotogehegen entstanden sind. Es wäre daher total verfehlt, wenn man sich als Amateur das Ziel setzt, selbst einmal eine Fotoserie vom Eisvogel in der Brutröhre oder von etwas Vergleichbarem aufzunehmen. Solche heiklen Dokumentationen sollte man Fachleuten überlassen, die nebst ihrem Wissen auch genügend Zeit und Geld für eine sorgfältige Ausführung haben.

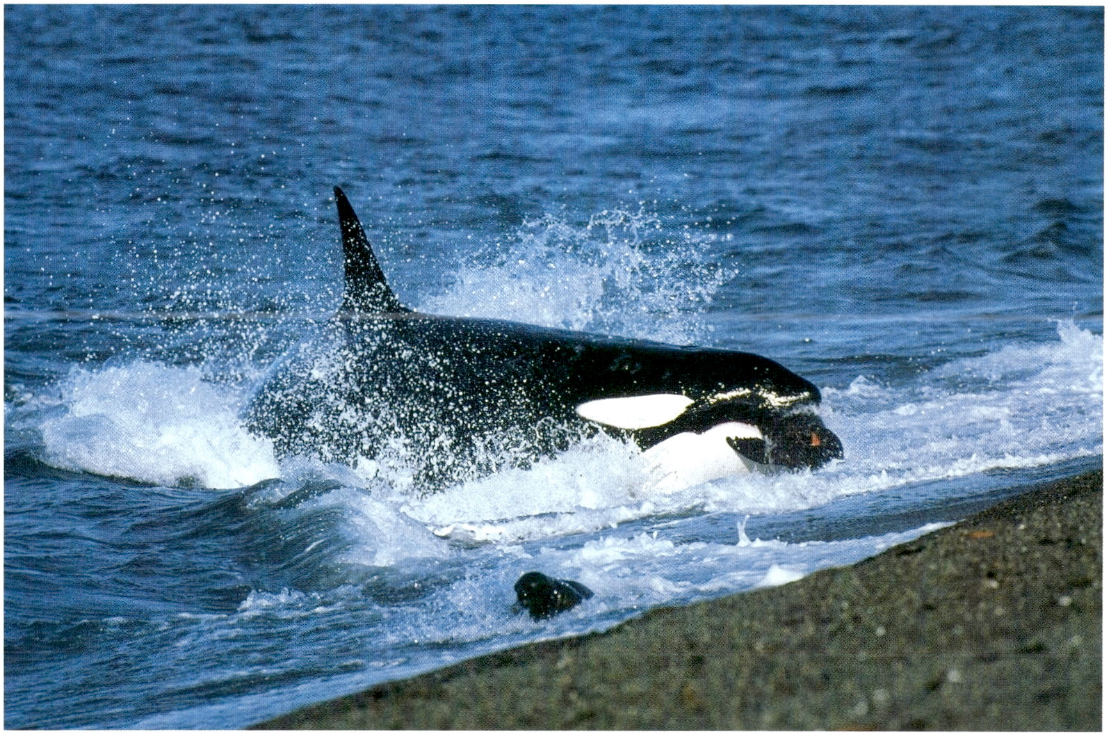

Diesmal hat der Wal nicht ins Leere gebissen. Pech für den unvorsichtigen Seelöwen und Glück für die Fotografen...
Foto: D. Parer & E. Parer-Cook / Auscape

Ein Ansitz braucht aber keineswegs immer mit einem grossen Aufwand oder einer Beunruhigung der Tiere verbunden zu sein. Manchmal ist sogar ein Versteck überflüssig, so dass man sich ganz einfach irgendwo hinsetzen und warten kann. Etwa auf quakende Frösche, sich sonnende Eidechsen, vorbeifliegende (bzw. -schwimmende) Vögel oder auf umherstreifende Säugetiere.

Um vorsichtige Tiere aufzunehmen oder um mit kürzerer Brennweite zu arbeiten, ist jedoch häufig eine Tarnung erforderlich. Man postiert sich dazu an unauffälliger Stelle, zum Beispiel in einem Gebüsch, zwischen dichtem Strauchwerk am Waldrand, auf der Schattenseite eines dicken Baumstammes, im hohen Gras, in einer Felsspalte oder dergleichen. Dann deckt man sich mit einem Tarnnetz zu oder errichtet mit dürrem Laub, herumliegenden Ästen, losen Steinen oder ähnlichem ein einfaches Versteck. Am Schluss sollte von aussen nur noch ein unauffälliges, schattiges Loch zu sehen sein, aus dem das Objektiv möglichst wenig herausragt. Wie beim Pirschen gilt auch hier: Je kleiner und niedriger der Umriss des Verstecks ist, um so weniger werden sich die Tiere davor fürchten.

Das Hauptproblem bei der Konstruktion von Unterständen zum Fotografieren besteht darin, dass die Tarnung Blicke von aussen fernhalten, dem Fotografen aber gleichzeitig eine bequeme Rundumsicht bieten sollte. Im Idealfall stünde ein grosser Schwenkbereich fürs Objektiv zur Verfügung, ferner auch die Möglichkeit, das Stativ umzustellen und Objektive zu wechseln, ohne dass dies von aussen sichtbar wäre. Je besser aber diese Bedingungen vom Versteck erfüllt werden, um so grösser muss es sein. Damit wird der Tarneffekt teilweise wieder zunichte gemacht. Ein mannshohes Tarnzelt ist auf einer Ebene nun einmal nicht zu übersehen, auch wenn die Farbe noch so perfekt in die Umgebung passt. Legt man sich dagegen flach auf den Boden, so muss man sich auf ein Blickfeld von 90 bis 180 Grad beschränken. Mehr liegt selbst für einen Verrenkungskünstler kaum drin, wenn das Versteck nicht als Ganzes drehbar ist.

Tarnzelte im engeren Sinn eignen sich vor allem als mobile Fotoverstecke oder für länger dauernde Ansitze, bei denen das Versteck eventuell für ein paar Tage an Ort und Stelle bleibt. In beiden Fällen sollte man bequem ab Stativ fotografieren können, damit die Kamera stets und ohne Fummeln sofort zur Aufnahme bereitsteht. Für mehrwöchige Ansitze kann es sich manchmal lohnen, ein richtiges kleines Holzhäuschen (mit fester Verankerung) zu bauen. Ein solches Versteck hält Wind, Regen und Vandalen am ehesten stand. Man darf jedoch nicht versäumen, sich vor dem Errichten eines festen Ansitzverstecks an zuständiger Stelle um das nötige Einverständnis zu bemühen.

Gut' Ding will Weile haben

Ein perfekt getarntes Versteck garantiert allerdings noch keinen sicheren Erfolg. Scheue Tiere müssen sich zuerst an das neue Objekt gewöhnen, bevor sie sich in dessen Nähe wagen. Umgekehrt kann es durchaus geschehen, dass schon während des Einrichtens erste Motive aufkreuzen. Deshalb ist es wichtig, dass man die Tarnung

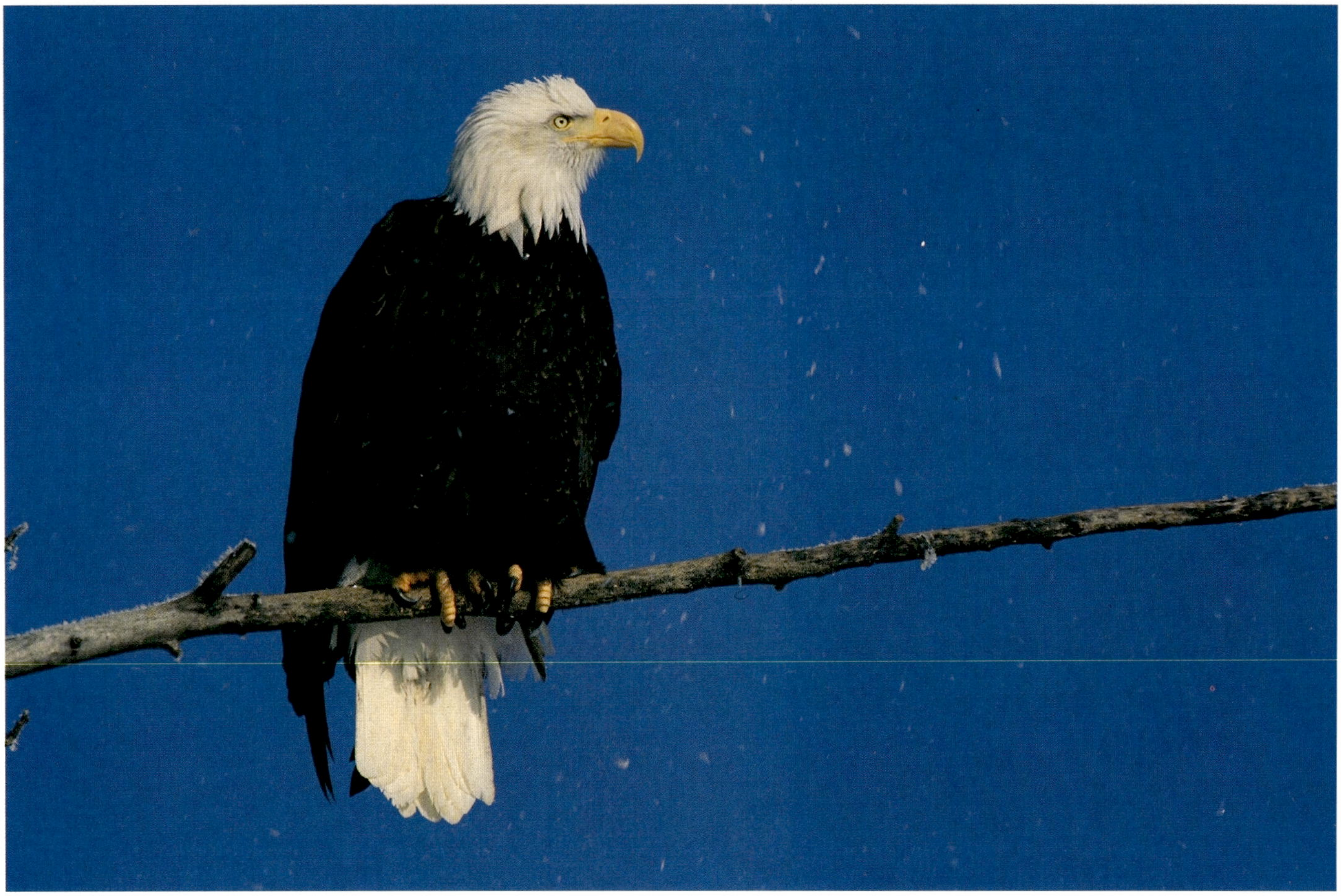

Im Spätherbst versammeln sich unzählige Weisskopfseeadler am Chilkat River in Alaska, um sich an den letzten Lachsen gütlich zu tun. An diesem schönen Tag rieselt der Rauhreif von den Bäumen herunter, während der Wappenvogel der Vereinigten Staaten würdevoll Modell steht.
Foto: John Shaw

im voraus genau plant und alles erforderliche Material bereithält, damit der Aufbau speditiv abläuft. Man sollte wenn immer möglich frühzeitig zur Stelle sein und das Versteck nur dann betreten oder verlassen, wenn die Tiere es nicht sehen. Viele Greifvögel, insbesondere Geier, sind in dieser Hinsicht besonders argwöhnisch. Oft bedarf es einer ein- bis mehrtägigen Gewöhnungszeit, während der ein frisch errichteter und mit einer Objektivattrappe versehener Unterschlupf von den in sicherer Höhe kreisenden Vögeln misstrauisch unter die Lupe genommen wird. Unterdessen geht man am besten einer anderen Beschäftigung nach, um nicht fruchtlos seine Zeit zu verplempern und dabei womöglich noch alles zu vermasseln. Wenn die Tiere das Versteck dann endlich als harmlos erkannt haben, stehen die Chancen zum Fotografieren um so besser.

Noch schwieriger als Vögel mit scharfem Blick sind scheue Säugetiere von der Ungefährlichkeit eines Fotoverstecks zu überzeugen. Mit ihrer feinen Nase und dem hochempfindlichen Gehör reagieren sie prompt auf die menschliche Witterung oder auf unübliche Geräusche. Trotzdem ist es möglich, sich ihrer Wahrnehmung zu entziehen. Indem man nämlich auf einen Baum oder auf einen Hochsitz klettert. Zwei bis fünf Meter Höhe können bereits genügen.

Vor ein paar Tagen erst hat sich dies für mich wieder einmal bestätigt: Um abends ein wenig frische Luft zu schnappen, bin ich per Drahtesel zu einem der Dachsbaue in der Nähe gefahren. Als ich ankam, zogen sich einige Rehe, die sich auf der Wiese versammelt hatten, in den Wald zurück. Eine Weile nachdem ich mich in der Nähe des Baues auf einen Ast knapp vier Meter über dem Boden gesetzt hatte, trat wieder ein Reh aus dem Wald und begann friedlich zu äsen. Nach ein paar Minuten wurde es jedoch von einem Radfahrer mit Hund aufgescheucht. Es kam über die Wiese in den Wald gerannt, hielt kurz inne und lief dann praktisch direkt unter mir durch – ohne mich zu bemerken.

Vielleicht zwanzig Minuten später stellte ich plötzlich fest, dass etwa sechs Meter in Luftlinie von mir entfernt ein erwachsener Fuchs stand. In der Dunkelheit war mir entgangen, aus welchem Teil des Baues er gekommen war. Der Fuchs blieb zuerst reglos stehen, dann kam er schnüffelnd noch etwas näher zu dem Baum, auf dem ich mich befand. Möglicherweise hatte er die frische Fährte des Rehs wahrgenommen. Ohne die geringsten Anzeichen, dass er mich bemerkt hätte, bewegte sich der Fuchs suchend weiter. Als er eine Zeitlang in einem Eingang des Baues gestanden hatte und eben wieder weiterziehen wollte, fiel etwas vom Wind Losgerütteltes aus

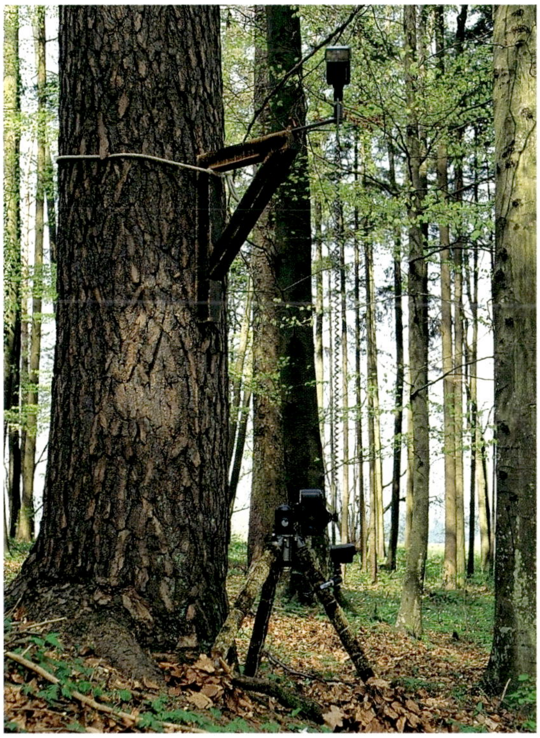

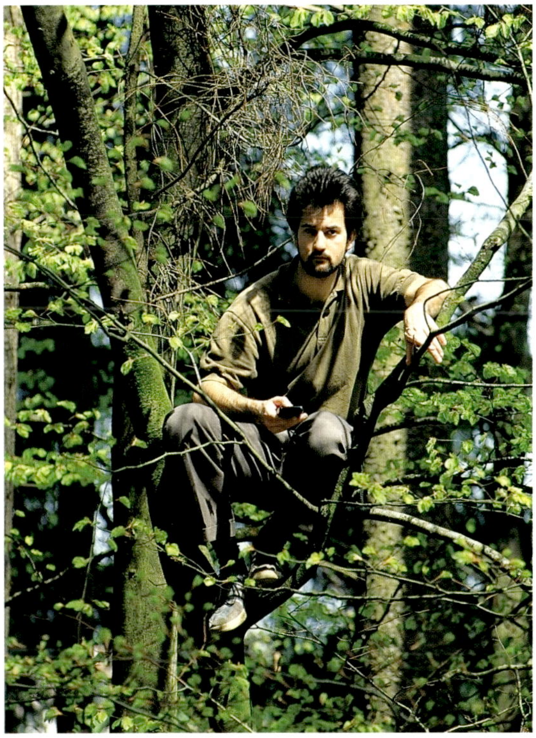

Auf dem linken Foto ist zu sehen, wie ich das Stativ und das Blitzgerät in der Nähe eines Dachsbaues aufgestellt habe, um das unten gezeigte Bild aufzunehmen. Von meinem Ausguck in einem etwas weiter entfernten Baum kann ich die Kamera kabellos fernauslösen.
Fotos: Eric A. Soder

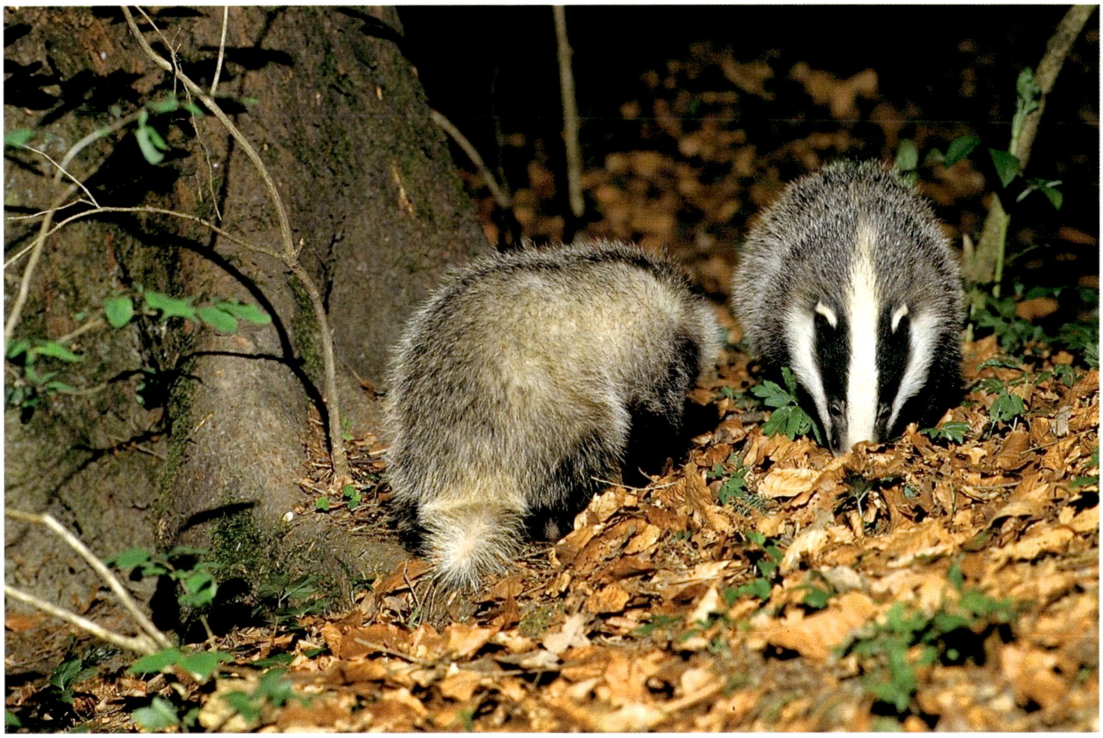

Zwei junge Dachse schnüffeln am Boden herum. Da ich die Szene von links, fast senkrecht zur optischen Achse sehe, muss ich den Bildausschnitt und die Lage der Schärfenebene anhand des im Foto sichtbaren Baumstamms und des kleinen Strauchs links davor abschätzen.
Foto: Eric A. Soder

grosser Höhe ins trockene Laub. Der Fuchs zuckte zusammen, schaute sich einmal kurz um und rannte dann quer über den Bau ins dichtere Unterholz.

Hätte ich eine Kamera dabeigehabt und den Fuchs fotografiert, wäre er beim ersten Klicken sicherlich noch überstürzter geflüchtet. So wie die Dachse, die ich letztes Jahr am selben Ort im Bild festhielt. Nach ein paar Nächten, in denen ich jeweils gar kein oder lediglich ein einzelnes Bild aufnehmen konnte, schenkten die Dachse den Auslösegeräuschen der fernausgelösten Kamera nach und nach weniger Beachtung. So konnte ich das Stativ schliesslich nur zwei Meter vom damaligen Hauptausgang des Baues entfernt aufstellen (direkt neben einem Baum, auf dessen anderer Seite ich das Blitzgerät festband). Einer der Dachse liess sich prompt von vorn und im Profil porträtieren, bevor er sich schliesslich auf Nahrungssuche begab. Die hinter der Kamera spielenden Jungen konnte ich in dieser Nacht natürlich nicht aufnehmen.

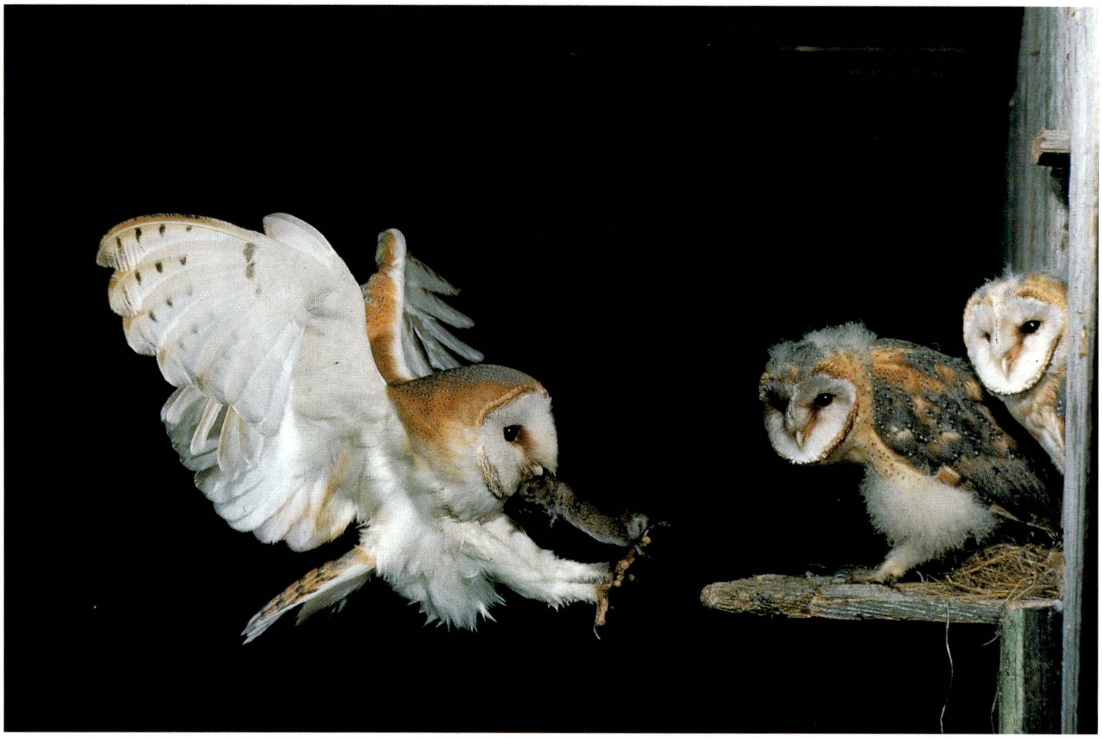

Die Schleiereule kehrt mit frischer Beute zu ihren Jungen zurück. Da die Anflugrichtung in der Regel gleich bleibt, kann in einer solchen Situation eine Lichtschranke verwendet werden, um die Kamera im richtigen Moment auszulösen. Bei schnell fliegenden Vögeln bedingt die Auslöseverzögerung meist ein wenig Pröbeln, bis die Einstellungen stimmen.
Foto: Manfred Rogl

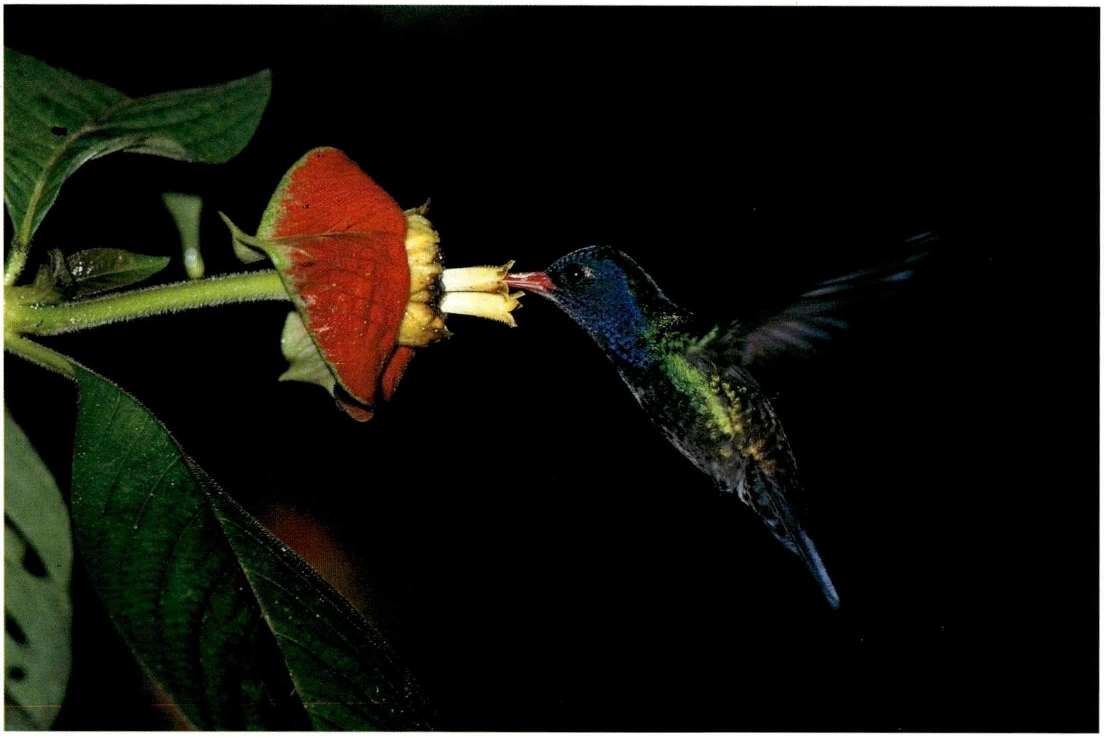

Wer flink genug ist, kann einen vor der Blüte schwirrenden Kolibri ohne Lichtschranke aufnehmen. Trotzdem ist es hilfreich, wenn man die Kamera auf dem Stativ schon im voraus auf die Blüte richtet und die Schärfe voreinstellt. Der abgebildete Weisskinnsaphir ist mit Blitzlicht fotografiert worden.
Foto: Günter Ziesler

Mehr Technik gefällig?

Sehr scheue Tiere erfordern manchmal einen besonderen apparativen Aufwand. Bei geräuschempfindlichen Tieren kann zum Beispiel ein sogenannter «Blimp» eingesetzt werden. Dabei handelt es sich um eine Kamerahülle aus schalldämmendem Material, die das Gehäuse möglichst dicht umschliesst. Behelfsmässig kann man auch einen Pullover oder eine Jacke um die Kamera wickeln. Eine bequemere Bedienung verspricht die «Lärmschutztasche CS-13» von Nikon, die eine Manschette für das Hineingreifen mit der rechten Hand aufweist und ansonsten bis auf zwei weitere Öffnungen für Objektiv und Suchereinblick dicht abschliesst. Auch Canon führt zwei spezielle Schutztaschen für die EOS-1 (ohne bzw. mit angesetztem Booster) im Sortiment. Per Klettverschluss kann an diese beiden Taschen zusätzlich eine Verlängerung fürs Objektiv angebracht werden, um dieses vor Regen und Kälte zu schützen. Auch einige Zubehörfirmen bieten ähnliche Hüllen an.

Bei scheuen Tieren kann gelegentlich auch die eigene Körpergrösse Probleme aufwerfen, wenn man sich mangels Deckung kaum zu verbergen imstande ist. In diesem Fall hilft ein Fernauslöser weiter. Die Kamera allein lässt sich in der Regel bedeutend näher am Ort des Geschehens installieren als ein ganzes Tarnzelt. Auf diese Weise gelangen unter Umständen sehr kurze Brennweiten zum Einsatz, wodurch ein Tier samt seinem natürlichen Umfeld scharf abgebildet werden kann. In solchen Fällen muss man jedoch stets darauf bedacht sein, die Gerätschaften – insbesondere die Kabelverbindungen und lose Kleinteile – vor möglichen Übergriffen durch die Tiere zu schützen.

Für die Fernauslösung der Kamera stehen verschiedenste Methoden zur Auswahl: Am zuverlässigsten arbeiten elektrische Kabelauslöser und Geräte mit moduliertem Licht (sofern eine freie Sichtverbindung zwischen Sender und Empfänger besteht). Pneumatische Fernauslöser sind wegen der merklichen Auslöseverzögerung weniger gut für die Tierfotografie geeignet, und Funkfernsteuerungen sind manchmal etwas anfällig auf Störsignale. Ähnliches gilt für einfachere Fernauslöser, die auf beliebige Lichtimpulse reagieren. Besonderes Augenmerk verdient auch die Möglichkeit zur gleichzeitigen Verwendung des Fernauslösers mit Blitzgeräten: Wenn der Blitzschuh «besetzt» ist, muss der Empfänger anderswo befestigt werden. Ferner könnten Servozellen für den Multiblitzbetrieb auch auf die Lichtimpulse eines IR-Fernauslösers reagieren und die Blitzgeräte zu früh zünden.

Bei schwierigen Motiven kann man eine automatische Fotofalle stellen, in der sich das Tier gewissermassen selbst fotografiert. Hierzu verwendet man Trittkontakte, Lichtschranken oder die Funktion «Fokusfalle» bei entsprechend ausgerüsteten Autofokus-Systemen. Vor allem in Verbindung mit Blitzlicht vermag man mit Hilfe einer Fotofalle auch schnellste Bewegungen, die das menschliche Reaktionsvermögen überfordern, scharf auf den Film bannen.

Der Übergang zur studiomässigen Hochgeschwindigkeitsfotografie ist manchmal ziemlich fliessend. Springende Frösche, fliegende Insekten, vor einer Blüte schwirrende Kolibris und dergleichen kann man mit viel Geschick und einer Riesenportion Glück auch in der freien Natur fotografieren. Wissenschaftler und Berufsfotografen arbeiten jedoch lieber unter kontrollierten Bedingungen im Studio. Mit empfindlichen Infrarot-Lichtschranken, welche die im verdunkelten Raum installierten Blitzgeräte bei geöffnetem Verschluss direkt zünden. Oder mit Spezialkameras, die eine minimale Auslöseverzögerung besitzen. Dazu zählen unter anderem die Canon EOS RT und die Hasselblad-Gehäuse 500 EL/M, 553 ELX sowie weitere Modelle verschiedener Marken und Aufnahmeformate.

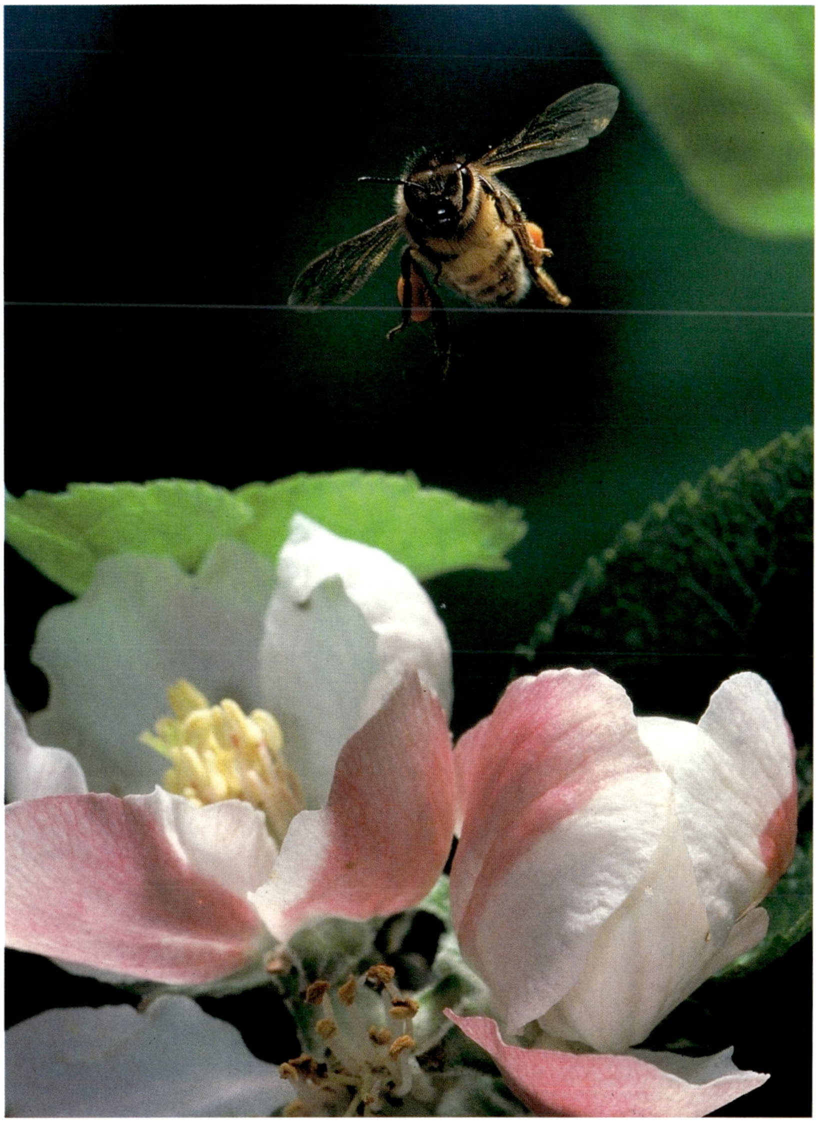

Auch Insekten wie diese Honigbiene lassen sich mit einer Riesenportion Glück ohne besondere technische Hilfsmittel ablichten. Der extrem hohe Ausschussanteil kann allerdings ziemlich frustrierend sein. Mit Hilfe von Blitzlicht sowie einer speziellen Lichtschranke ist eine wesentlich höhere Trefferquote zu erzielen.
Foto: Stephen Dalton/ NHPA

Eine normale KB-Spiegelreflexkamera lässt sich natürlich ebenfalls per Lichtschranke auslösen. Bei grossen Massstäben und bei hoher Geschwindigkeit kann sich jedoch die Auslöseverzögerung von durchschnittlich etwa 1/10s bereits als erschwerender Faktor erweisen. Als Alternative bietet sich in gewissen Fällen das Arbeiten mit der weiter oben erwähnten «Schärfefalle» an, die bei einigen Autofokuskameras mit der Prädiktionssteuerung gekoppelt ist. In dieser Methode sehe ich ein lohnendes Betätigungsfeld für Hobbyfotografen, da sie praktisch sehr einfach anzuwenden ist. Ausserdem benötigt man dafür höchstens eine gängige Multifunktionsrückwand und einen Kabelauslöser als Ergänzung der vorhandenen Ausrüstung – keine Lichtschranken oder Spezialkameras.

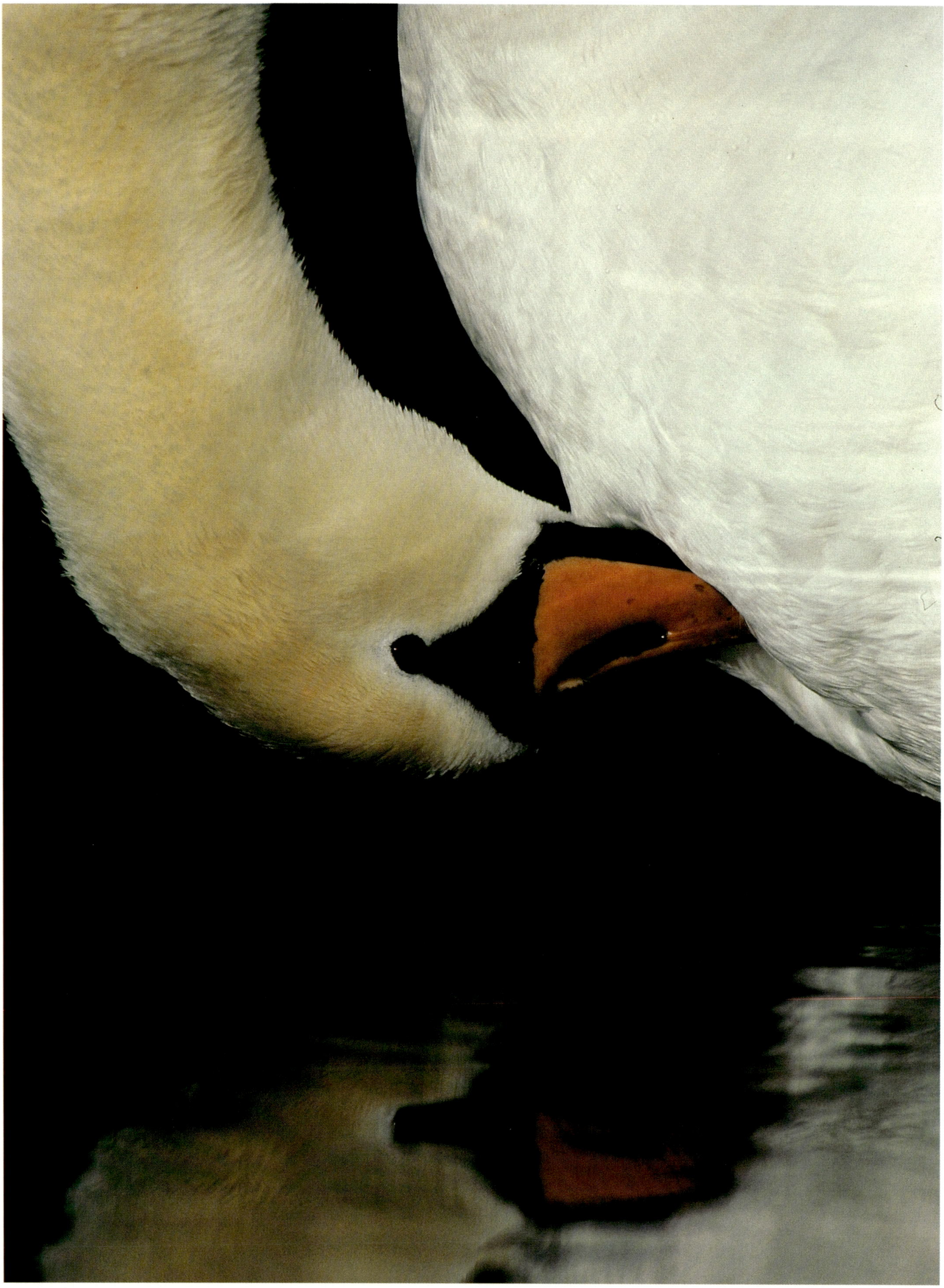

Von der Bildidee zur Präsentation

Fotografieren beginnt nicht erst mit dem Griff zur Kamera und endet ebensowenig schon mit dem Druck auf den Auslöser. Wahre Fotografie ist beinahe so etwas wie eine eigenständige Weltanschauung. Wer sich ernsthaft mit diesem visuellen Medium befassen will, sollte sich nicht zu sehr an einzelnen Fotos orientieren, sondern vielmehr an Themen für umfassende Projekte. Auch für die Beurteilung dessen, was man bisher erreicht oder geleistet hat, sind ein weiter Horizont und eine kritische Distanz die wichtigsten Voraussetzungen.

Wenn sichtbare Bewegungen schon Tierfotos im allgemeinen interessanter machen, dann gilt dies auch für Detailaufnahmen im besonderen. Der Höckerschwan bietet manche günstige Aufnahmegelegenheit, während er sein Gefieder pflegt.
Foto: Eric A. Soder

Da die Geschmäcker bekanntlich verschieden sind, lässt sich das Können zweier Fotografen – wenn überhaupt – nur anhand ihres jeweiligen Gesamtwerks vergleichen. Besonders deutlich habe ich dies bei der Auswahl der Fotos für die Naturfotoschule erlebt. Einzelne der besten Aufnahmen aus Amateurhand erreichten dasselbe Niveau wie Bilder von weltbekannten Profis. Was die untere Qualitätsgrenze der angebotenen Aufnahmen anging, bewiesen die Berufskollegen jedoch durchwegs ein besseres Augenmass.

Einige unerfahrene Hobbyfotografen lieferten dem Verlag haufenweise Bildmaterial, das nicht einmal die technischen Minimalanforderungen an potentielle Druckvorlagen erfüllte. Jenen Bildautoren mangelte es offenbar an einem einigermassen objektiven (d.h. auch von anderen Leuten nachvollziehbaren) Qualitätsmassstab. Oder sie waren schlicht und ergreifend zu wenig selbstkritisch.

Selbstverständlich bräuchte man sich als Amateur keinen Deut um die branchenüblichen

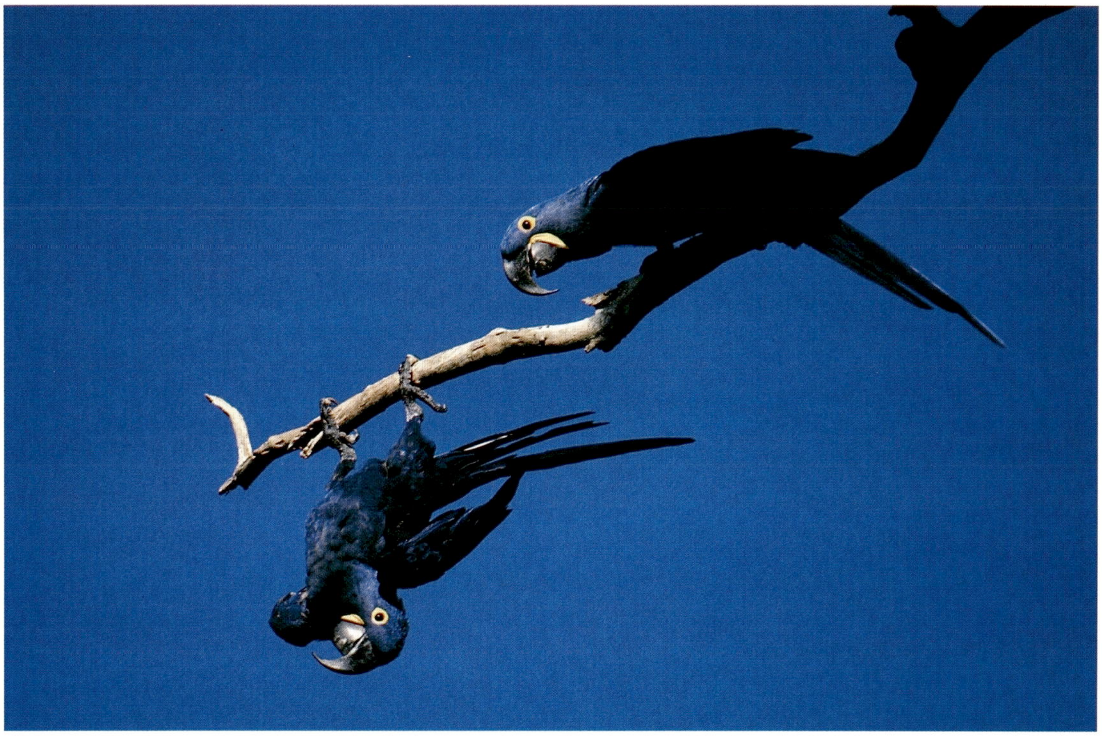

Die beiden übermütig spielenden Hyazintharas zeigen, wie wichtig die ständige Aufnahmebereitschaft sein kann. Dazu gehört auch, dass man sich rechtzeitig über die Bildgestaltung Gedanken macht. Zumindest darüber, ob das sich bewegende Motiv überhaupt ins Bildformat hineinpasst.
Foto: Günter Ziesler

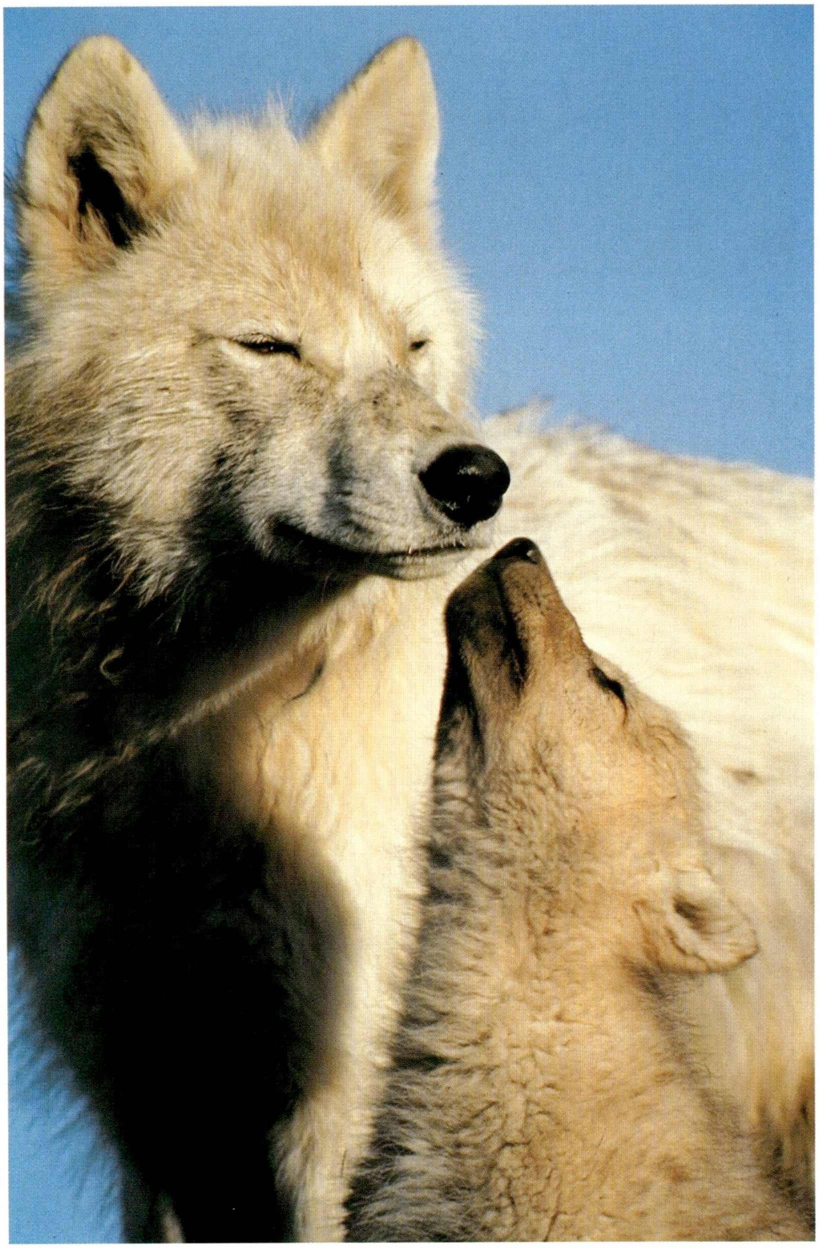

Die konzentrierte Darstellung des Wolfs und des Welpen spricht den Betrachter sehr direkt an. Dieser rührenden Detailaufnahme haben auch die Bildredakteure einiger prominenter Magazine nicht widerstehen können.
Foto: Jim Brandenburg/ Minden Pictures

Kriterien der kommerziellen Fotografie zu scheren. Es ist ferner auch unumstritten, dass die «breite Masse» beim Betrachten einer Aufnahme in keiner Weise erkennen kann, welch mühsame Kleinarbeit vielleicht dahintersteckt. Sobald man ein Foto jedoch zur Publikation anbietet, muss man davon ausgehen, dass es an den geltenden Idealen gemessen wird. Zur Qualifikation als brauchbare Druckvorlage muss das Dia scharf, richtig belichtet und je nach Motiv auch schön farbig sein. Bilder mit irgendwelchen sichtbaren Unzulänglichkeiten bleiben in der Regel von vornherein auf der Strecke – und zwar meist auch dann, wenn das Motiv an sich originell fotografiert worden ist.

Ein Fotograf braucht stets ein kritisches Auge – nicht nur beim Beurteilen seiner fertigen Bilder, sondern bereits dem Motiv gegenüber. Nicht alles, was glänzt, ist Gold.

Konzept und Ausarbeitung

Eindrückliche Aufnahmen sind selten ein reines Zufallsprodukt. Auch dann nicht, wenn sich dem Lichtbildner völlig unerwartet eine Gelegenheit für ein fantastisches Foto bietet. Denn in solchen Situationen müssen Bildgestaltung und Aufnahmetechnik zielgerichtet und ganz «automatisch» ablaufen. Zum Zögern oder lange Überlegen fehlt häufig die Zeit – zu flüchtig sind die Augenblicke, in denen am Motiv alles stimmt, um ein Meisterwerk abzugeben.

Wie gesagt stellt jedoch nicht das einsame Knüllermotiv das Mass aller Dinge dar, sondern eine mehr oder weniger umfangreiche Auswahl, die sich aus lauter überzeugenden Fotos zusammensetzt. Je vielfältiger die einzelnen Aspekte zum gemeinsamen Thema sind, um so besser.

Für ein gelungenes fotografisches «Werk» braucht es somit viele Bildideen, die man sorgfältig ausbrütet und reifen lässt. Erst am Schluss eines manchmal sehr lange dauernden geistigen Entstehungsprozesses erfolgt die Produktion materieller Bilder. Wenn die Realisation einer Bildidee in der Praxis mit Schwierigkeiten verbunden ist, kann sich allerdings auch diese Phase zeitlich in die Länge ziehen. Gelegentlich sogar auf Jahre hinaus. Naturfotografie ist zu einem wesentlichen Teil eine Sache der Planung und des richtigen Timings – auch wenn in vielen Fällen eine gewisse Portion Glück dazugehört.

Bilder visualisieren

Die technische Seite der Fotografie erfordert Wissen, Fingerfertigkeit und viel Übung. Für den kreativen Teil der Lichtbildnerei gelten ganz ähnliche Voraussetzungen: Kenntnisse formaler Regeln, eine flexible, manchmal unkonventionelle Denkweise und reichlich praktische Erfahrung.

Die Bildaussage, der inhaltliche Kern eines Fotos, ist oft schwer zu umschreiben. Denn ein gutes Bild sagt wirklich mehr als tausend Worte! Entscheidend ist, dass man als Fotografin oder Fotograf das, was man «sagen» möchte, mit den Mitteln der Fotografie auch richtig auszudrücken vermag. Um es einmal ganz krass zu formulieren: Wenn es um die Schönheit einer Pflanze oder einen intimen Moment im Leben eines Tieres geht, dann ist die Aussagekraft eines verwackelten und von zu weit weg aufgenommenen Knipsbildes gleich null. Zahlreiche Gegenbeispiele in diesem Buch führen Ihnen anschaulich vor Augen, wie man es besser machen kann. Die Idee, die hinter jedem Foto steckt, ist stets von eminenter Wichtigkeit.

Anfänger begehen hie und da den Fehler, zuerst ein konkretes Motiv zu suchen – sagen wir, eine grüngeringelte Schopfdrilse. Manchmal beissen sie sich dabei derart fest, dass sogar die schönsten Prachtsexemplare der viel häufigeren rotgepunkteten Schopfdrilse links liegengelassen werden. Koste es was es wolle, es muss eine grüngeringelte sein. Ist dann endlich irgendwo eine solche zu finden, wird sie mit viel Enthusiasmus ausgiebig fotografiert: schräg von oben, schräg von oben (etwas näher), schräg von oben (noch etwas näher), schräg von oben (diesmal mit Aufhellblitz), schräg von oben (ab Stativ), schräg von oben (mit einem anderen Film) usw. Das Resultat: ein Fall für den Mülleimer.

Ein Könner geht das «Problem» von einer anderen Seite an, auch wenn er sich ebenso inbrünstig wie der Anfänger wünscht, eine grüngeringelte Schopfdrilse auf den Film zu bannen. Findet er eine, dann lautet seine erste Frage: Wie kommt der prächtige filigrane Schopf der Drilse am besten zur Geltung? Er fotografiert ihn einmal senkrecht von oben, um die perfekte Radialsymmetrie zu zeigen, ein andermal leicht von unten, um sowohl den grossen Schopf als auch die irisierend grüngeringelte Seitenansicht gegen einen dunklen Hintergrund freizustellen.

Sie merken, worauf es mir ankommt. Und übrigens: Schopfdrilsen sind weder Pflanzen noch Tiere, sondern ein reines Fantasieprodukt. Bilder lassen sich nämlich auch als Trockenübung gestalten. Genau das versteht man unter dem «Visualisieren» eines Fotos. Wie haben Sie sich eine Schopfdrilse vorgestellt? Denken Sie sich einen rechteckigen Rahmen darum herum, und Sie hätten eine perfekt gestaltete Aufnahme ohne jeglichen störenden Ballast.

Indem man für sich selbst gewissermassen eine geistige Kartei visueller Schemata anlegt, kann man bei Bedarf leicht ein passendes Motiv zur Aussage suchen statt umgekehrt. Ein visuelles Schema kann zum Beispiel eine klare Bilddiagonale, ein tiefer/hoher Horizont, ein direkt zur Kamera gerichteter Blick oder eine durch Streiflicht hervorgehobene Struktur sein. Solche unvollendeten, körperlosen Bildansätze lassen sich später (in der Praxis) wie Bauklötze zu einem Ganzen zusammenfügen. So gesehen ist die Fotografie ein fortwährendes Ideen-Recycling. Es verlangt daher nach einer stetigen Weiterentwicklung und Diversifikation, soll die «geniale Masche» nicht innert kurzer Zeit totgeritten werden. Hier ist Fantasie gefragt.

Es ist unter Umständen sehr hilfreich, wenn man vor dem Fotografieren ein paar Skizzen wirklich und greifbar zu Papier bringt. Ein gutes Foto lässt sich in der Regel mit wenigen markanten Linien und Flächen umreissen. Braucht man dagegen viel Zeit, um das Motiv und dessen Umfeld durch genaue Details erkennbar zu

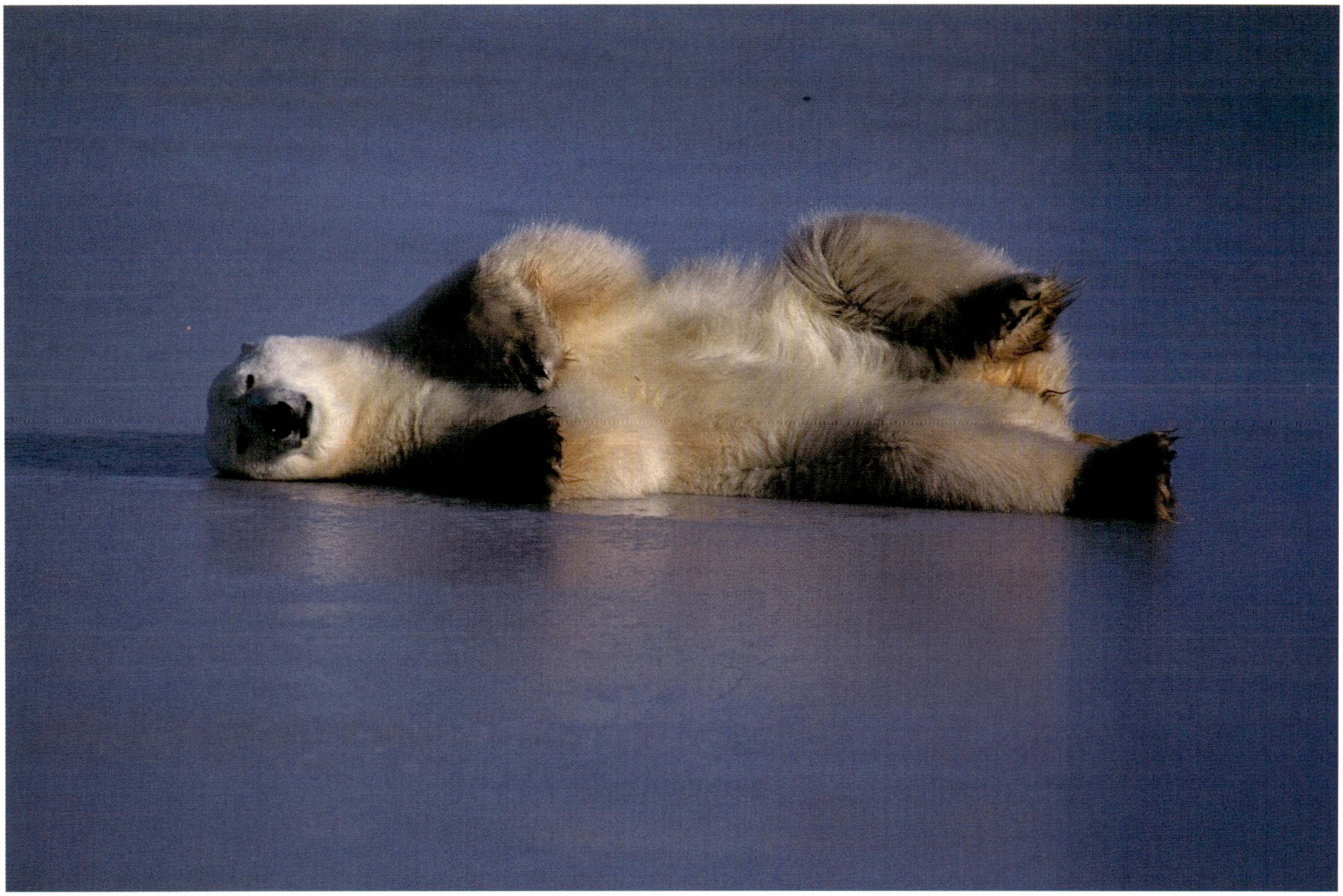

Weniger ist mehr. Das Bild zeigt nur das wirklich Wesentliche: den Eisbären und das Eis, auf dem er sich genüsslich räkelt.
Foto: Art Wolfe

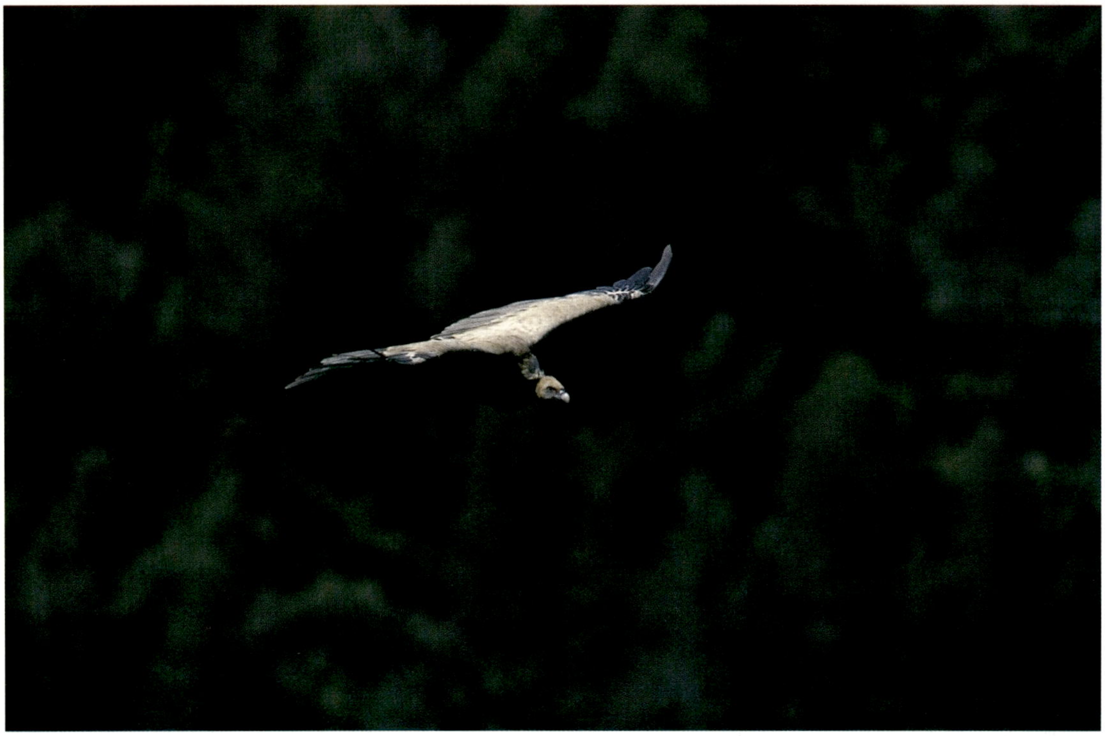

Den fliegenden Gänsegeier habe ich bei 600mm Brennweite mit 1/500 oder 1/250s aufgenommen. Um auf niedrigempfindlichem Film brauchbare Resultate zu erhalten, habe ich das Stativ benutzt und während einiger Tage mehrere Filme mit solchen Aufnahmen gefüllt.
Foto: Eric A. Soder

Die Fotosequenz auf der gegenüberliegenden Seite zeigt eine Töpferwespe beim Brutgeschäft: Zunächst holt sich das Insekt Lehm als Baumaterial. Daraus töpfert es ein kugelförmiges Nest mit einem Einfülltrichter. Durch diesen führt sie eine per Giftstich gelähmte Raupe als lebende Fleischkonserve für die Larve ein. Nach der Eiablage wird der Trichter wieder entfernt und die Brutkammer verschlossen.
Fotos: Hans D. Dossenbach

machen, so würde ein entsprechendes Foto wahrscheinlich ebenfalls zu kompliziert und überladen wirken.

Realisation

Weil Naturmotive schwer beeinflussbar sind, dauert es mitunter Jahre, bis man etwas Bestimmtes so vor die Linse kriegt, wie man es sich vorgestellt hat. Meistens jedoch stimmen die Details nicht so ganz mit den eigenen Wünschen überein. Zumindest nicht auf Anhieb. Dann sind Flexibilität und Improvisationstalent gefragt, um auch aus einem nicht ganz idealen Motiv meisterhafte Fotos herauszuarbeiten.

Manchmal ist es eine echte Herausforderung, anfangs unüberwindlich scheinende Schwierigkeiten zu bewältigen. Diese können zum Beispiel auf grosse Fluchtdistanzen kleiner Tiere zurückzuführen sein, auf hohe Beleuchtungskontraste oder auf eine dichte Vegetation, die das Motiv verdeckt. Hie und da können sich auch Unzulänglichkeiten der verwendeten Ausrüstung bemerkbar machen. Häufiger jedoch ist eine falsche Arbeitsweise für das Misslingen schwieriger Vorhaben verantwortlich. In der Naturfotografie lässt sich der Erfolg eben nicht erzwingen. Faktoren wie die beschränkte verfügbare Zeit, ein ungünstiger Standort oder schlechte Witterung lassen sich nicht einfach nach Belieben verändern. Ebensowenig können erstklassige Geräte über mangelnde Ideen oder fehlenden Tiefgang bei der Auseinandersetzung des Fotografen mit dem Motiv hinwegtäuschen.

Wer allerdings Fehlschläge gelassen hinnehmen kann und nicht zu früh locker lässt, wird über kurz oder lang auch Positives erleben. Die alte Litanei behält nach wie vor ihre Gültigkeit: Übung macht den Meister!

In der Naturfotografie bewegt man sich oft nahe bei Extremen verschiedenster Art. Angefangen von den Arbeitsbedingungen, bis hin zur eingesetzten Fotoausrüstung. Dort, wo man tatsächlich an die Grenzen des Möglichen stösst, muss man offen sein für neue Ideen und Sichtweisen. Aber auch für eventuelle technische Neuerungen, die sich in der Praxis vielleicht nutzbringend einsetzen lassen. Wenn sich solche Möglichkeiten auftun, gilt es daher zunächst einmal, sie kritisch zu beurteilen und für sich persönlich die jeweiligen Vor- und Nachteile abzuwägen. Natürlich immer unter der Voraussetzung, dass die fraglichen Materialien oder Geräte zu einem vernünftigen Preis erhältlich sind.

Erfahrungsgemäss ergeben sich beim Fotografieren am meisten technische Schwierigkeiten, wenn es um starke Vergrösserungen geht. Also beim Einsatz von Teleobjektiven sowie im Nahbereich. Das Hauptproblem besteht hier darin, wirklich scharfe Aufnahmen hinzukriegen. Fotografiert man aus freier Hand, so muss man einen Kompromiss zwischen ausreichender Abbildungsgrösse und Sicherheit vor dem Verwakkeln finden. Beim Aufnehmen fliegender Vögel (ab etwa Krähengrösse) habe ich persönlich die Erfahrung gemacht, dass maximal 400mm Brennweite und 1/500s oder eine kürzere Belichtungszeit am wahrscheinlichsten brauchbare Resultate liefern. Solange das Motiv einigermassen stillhält, lassen sich dagegen 600mm und 1/125s vom Stativ aus noch recht gut bewältigen (bei Action-Aufnahmen mit weitgehend einzufrierender Bewegung sollte die Verschlusszeit allerdings wiederum längstens 1/500s, besser jedoch 1/1000s oder weniger betragen). Im Nahbereich, bei Massstäben von 1:4 oder grösser, ist das Stativ für ungeblitzte Fotos fast immer Pflicht. Nur in Ausnahmefällen würde ich versuchen, mit 105mm und 1/250s bis zum Massstab 1:2 oder 1:1,5 aus der Hand zu fotografieren (möglichst mit Abstützen der Ellenbogen oder durch direktes Auflegen der Kamera auf eine geeignete Unterlage).

Das zweitgrösste technische Problem ist in der Regel die genaue Belichtung von Diafilmen. Mit diesem Thema muss man sich wohl oder übel während längerer Zeit gründlich auseinandersetzen. In der Lernphase ist es ausserordentlich wichtig, dass man pro Motiv jeweils zwei oder mehr Belichtungsvarianten aufnimmt und darüber genaue Notizen führt. Nur so kann man später die Ergebnisse richtig beurteilen und allfällige Korrekturen ermitteln.

Sequenzen – Stehbild statt Laufbild?

Hier geht es einmal mehr um Bewegungen, um Handlungsabläufe. Beim Filmen können diese «einfach» integral wiedergegeben werden. So wie wir sie normalerweise sehen, manchmal auch beschleunigt oder verlangsamt. Anders jedoch beim Fotografieren: Hier bleibt die Bewegung selbst oft unsichtbar. Der Betrachter muss sie sich beim Anschauen separater Fotos von mehreren aufeinanderfolgenden Phasen selbst dazudenken. Daraus lassen sich die Möglichkeiten, aber auch die Grenzen der Bildsequenz ableiten: Die einzelnen Fotos stellen eine Aneinanderreihung von zeitlich versetzten Momentaufnahmen einer Handlung dar, liefern in der Regel jedoch keinerlei Anhaltspunkte über die tatsächliche Dauer des abgebildeten Vorgangs.

Für eine aussagekräftige Fotosequenz bedarf es einer in sich abgeschlossenen Handlung mit einem oder mehreren klaren Höhepunkten. Die einfachste Form der Sequenz besteht in einem Vergleich vom Typ «vorher-nachher». Zum Beispiel bei einer Pflanze: Das erste Foto zeigt eine Knospe, das zweite die daraus hervorgegangene Blüte. Zusätzlich liesse sich eine beliebige Anzahl Zwischenstufen festhalten, während sich die Knospe öffnet. Weil die Bewegung in diesem Fall leicht nachvollziehbar ist, liefern diese weiteren Phasen allerdings wenig zusätzliche Information. Wenn die Einzelbilder in regelmässigen Zeitintervallen aufgenommen werden (z.B. mit einer automatischen Timersteuerung), kann immerhin die zeitliche Abfolge dokumentiert werden. Solches dürfte in erster Linie bei wissenschaftlichen Anwendungen von Interesse sein. Damit eine

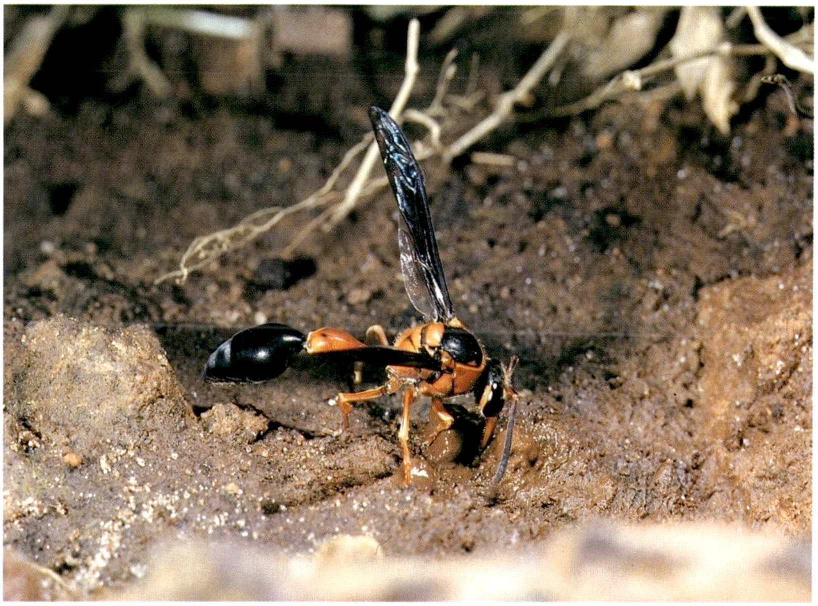

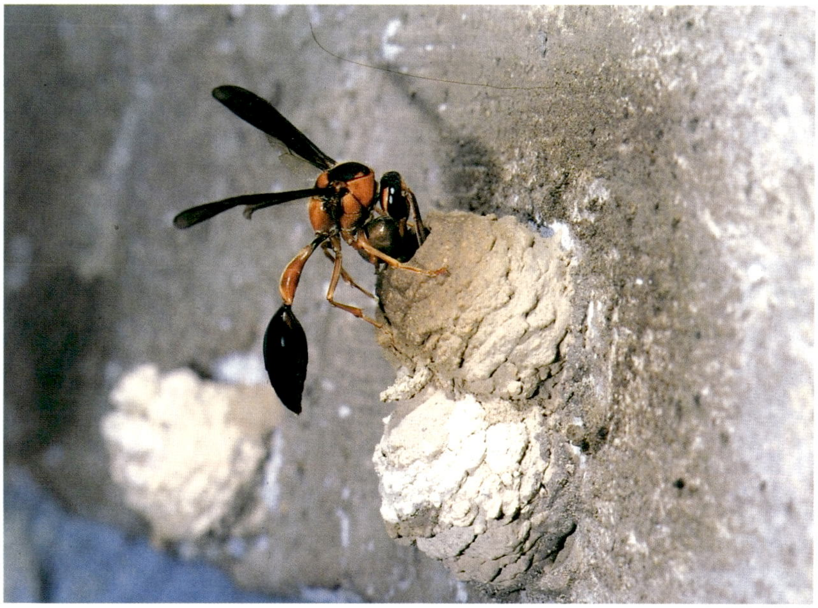

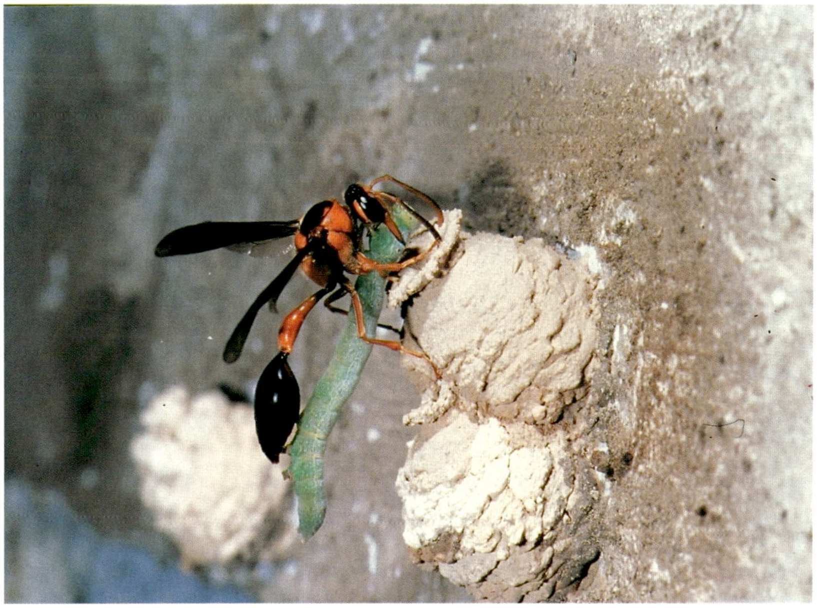

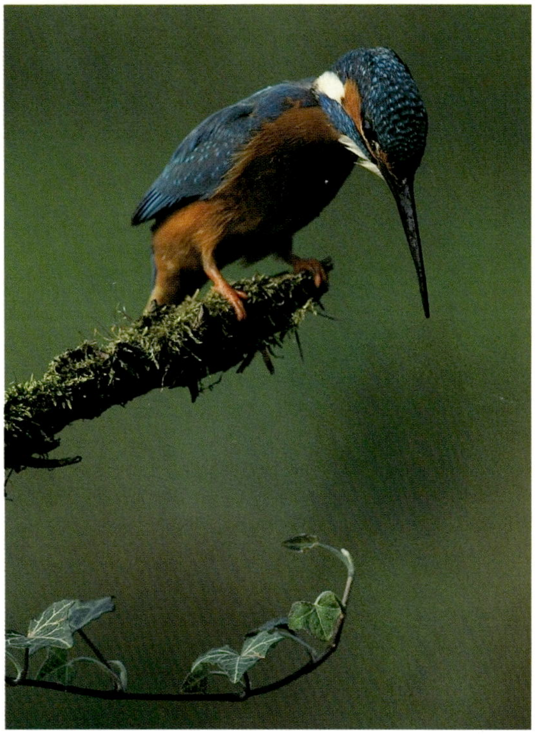

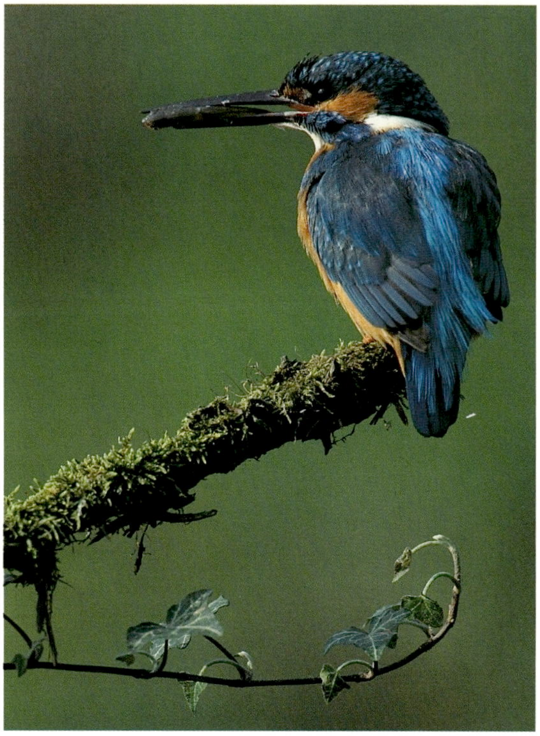

Eine gelungene Kürzest-Sequenz, die indirekt über die Art der Nahrungsbeschaffung des Eisvogels Aufschluss gibt. Gleichzeitig auch ein Paradebeispiel dafür, dass es nach dem ersten Foto noch lange nicht Zeit zum Zusammenpacken ist.
Fotos: Herbert Kehrer

Tarnung als Thema für eine Bildserie:

Die Kupferglucke (eine Schmetterlingsart) zwischen dürrem Laub...
Foto: Robert Staub

...eine Krabbe, die sich im Zuge der Evolution an eine gelbe Koralle angepasst hat...
Foto: Alby Ziebell / Auscape

...und ein am Grund ebenso leicht zu übersehender Bewohner des seichten Wassers.
Foto: Jeff Foott

derartige Fotosequenz formal überzeugend ausfällt, sollten der Ausschnitt, der Massstab sowie der Hintergrund der einzelnen Aufnahmen genau übereinstimmen. Dies setzt eine vorausschauende Planung voraus, damit einerseits das Aufnahmeformat optimal ausgenutzt wird und anderseits das Motiv nicht über den Bildrand hinaus wächst. Aus praktischer Sicht ist dringend zu empfehlen, dass man ein Stativ verwendet.

Spannendere Sequenzen als solche vom Wachstum einer Pflanze sind bei Tieren möglich. Die Entwicklung vom Ei (bzw. von der Geburt an) bis zum ausgewachsenen Tier oder die Metamorphose eines Insekts sind allerdings mitunter extrem schwierig zu realisieren und häufig mit einem grossen Risiko für das Tier verbunden. Am ehesten gelingt vielleicht noch eine Sequenz vom Schlüpfen einer Libelle. Nachdem sich die während ein bis drei Jahren im Wasser lebende Larve bis zur Schlüpfreife entwickelt hat, klettert sie an einem Pflanzenstengel ins Trockene. Dort häutet sie sich zum letzten Mal, pumpt ihre anfangs weichen und zerknüllten Flügel mit Blut zur vollen Grösse auf, lässt sie trocknen und fliegt schliesslich weg, um eine Partnerin oder einen Partner zu suchen. Der ganze Schlüpfvorgang dauert in der Regel wenige Stunden.

Dem Verhalten der Tiere widme ich meine grösste Aufmerksamkeit. Sequenzen sind hierbei natürlich ein sehr wichtiges fotografisches Ausdrucksmittel; oftmals stellen sie gleichzeitig aber auch eine grosse Herausforderung dar. Hie und da ist es nämlich aufgrund der Schnelligkeit der vom Motiv ausgeführten Bewegung(en) praktisch unmöglich, in einem Zug eine vollständige Sequenz aufzunehmen. Dann muss der jeweilige Ablauf in einzelne Phasen zerlegt werden, die man getrennt – zu verschiedenen Zeiten, eventuell auch an verschiedenen Orten – fotografiert und die man schliesslich zu einer Sequenz zusammenfügt. Voraussetzung dafür ist eine weitgehende Übereinstimmung von Motiv und Hintergrund bei allen Aufnahmen.

Eine solche Verhaltenssequenz kann manchmal ganz alltägliche Dinge zeigen und trotzdem sehr interessant sein. Zum Beispiel ein Haubentaucher bei der Nahrungsbeschaffung: Wenn wir ihn antreffen, schwimmt er erhobenen Hauptes vor dem Schilf hin und her. Von Zeit zu Zeit steckt er den Kopf ins Wasser, um nach Fischen Ausschau zu halten. Plötzlich hält der Vogel inne, legt das Gefieder eng an den Körper an und sinkt ein wenig tiefer ins Wasser. Durch heftiges Abstossen mit beiden Füssen hebt er seinen Körper für einen Sekundenbruchteil aus dem Wasser, um in elegantem Bogen ins nasse Element einzutauchen. Wie ein Torpedo schiesst der stromlinienförmige Körper auf der Jagd nach Fischen durchs Wasser. Vor ihm glitzert etwas; der Schnabel stösst zu, und schon ist das Opfer gepackt. Der Haubentaucher schlüpft alsbald fast lautlos durch die Wasseroberfläche nach oben. Durch ruckartige Bewegungen dreht er nun seinen Fang im Schnabel so, dass er ihn mit dem Kopf voran verschlingen kann. Dann sieht man nur noch einen Klumpen den Hals hinuntergleiten, und die Mahlzeit ist beendet. Dies geschieht im Leben eines Haubentauchers mehrmals täglich. Sieht man von Unterwasseraufnahmen ab, ist dieses Motiv recht leicht zu haben.

Serien

Das Wort «Serie» wird im allgemeinen als Oberbegriff für sämtliche Darstellungsarten, bei denen mehrere Fotos zusammen ein Ganzes bilden, verstanden. Eine Fotoserie im engeren Sinn unterscheidet sich indes grundlegend von einer Sequenz. Erstere befasst sich nicht unbedingt mit einer Handlung, sondern mit verschiedenen Aspekten zu einem bestimmten gemeinsamen Thema. Eine typische Serie könnte zum Beispiel folgenden Inhalt besitzen:

- ein gleiches Objekt in unterschiedlichen Darstellungen oder in wechselndem Umfeld
- verwandte Objekte als Gegenüberstellung von Typen, Formen, Farbvarianten, Arten usw.
- unterschiedliche Objekte in gemeinsamem Kontext, z.B. gleiches Merkmal (Form, Farbe, Zeichnung, Struktur), dasselbe Verhalten (Tarnung, Pose, Bewegung), ähnliche Umgebung (Pflanzen auf kargen Böden, Tiere in der Stadt)
- Wiederholungen/Symmetrien (Spiegelbilder, Gruppen, synchrones Verhalten), Gegensätze
- Beziehungen zwischen verschiedenen Objekten, speziell bei Tieren (jeweils alt/jung, Männchen/Weibchen, Räuber/Beute)

Eine Serie würde ich dann als gelungen betrachten, wenn das Thema ohne einen erklärenden Kommentar schon aus der Summe der Einzelbilder erkennbar ist. Je offensichtlicher die inhaltliche Gemeinsamkeit hervorsticht, um so besser hält die Serie als solche zusammen.

Die Anzahl Fotos einer Serie kann von Fall zu Fall stark variieren. Im Prinzip lässt sich jede Serie sogar über Jahre hinweg laufend ergänzen und umgestalten. Denn schliesslich umfasst jedes Thema eine Vielfalt von Teilaspekten. Die entsprechenden Aufnahmen sind untereinander beliebig austauschbar.

Gestellte «Natur»-Fotos

Auf dem Weg von der Idee zum Bild ist die Versuchung, das Motiv direkt zu beeinflussen, ziemlich gross. Wie ich schon wiederholt dargelegt habe, vertrete ich persönlich jedoch die Ansicht, dass derartige «kreative Eingriffe» fast immer überflüssig sind. Ausnahmen von der Regel sehe ich hauptsächlich dort, wo der Mensch ohnehin einen starken Einfluss ausübt, zum Beispiel in Gärten oder Parkanlagen, bei Zierpflanzen, Haus- und Nutztieren.

Ich finde es bedauerlich, dass manche Leute Makromotive und Kleintiere schon fast aus Prinzip immer zuerst einsammeln oder einfangen, um sie in ein ihrer Ansicht nach fotogeneres Umfeld zu verfrachten. Im kommerziellen Bereich wird nicht einmal vor grossen Säugetieren haltgemacht. Solche «durchgestylten» Fotos von dressierten und/oder im Studio abgelichteten Tieren begegnen uns im Alltag auf Schritt und

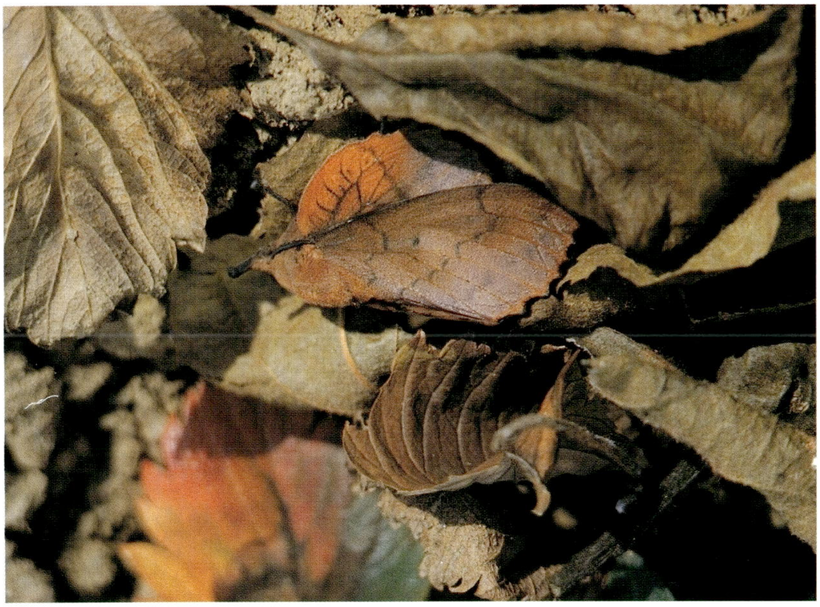

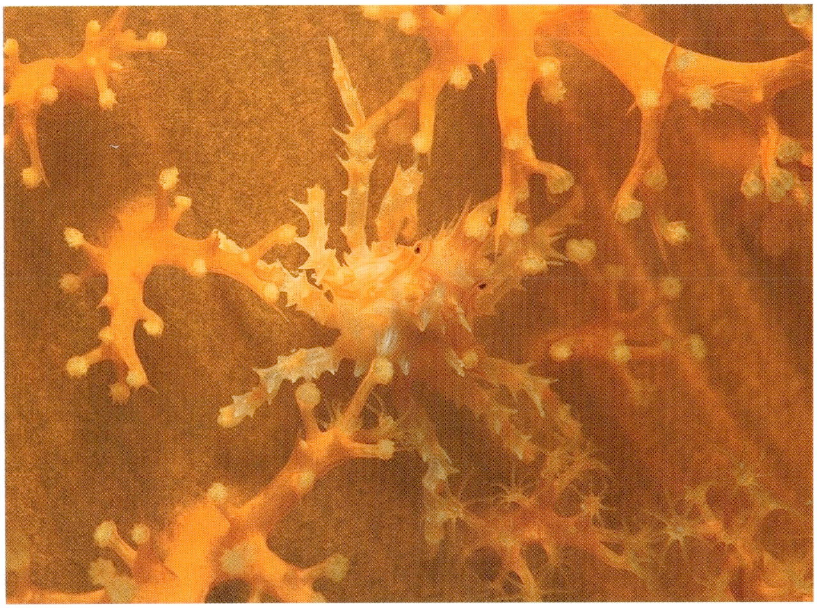

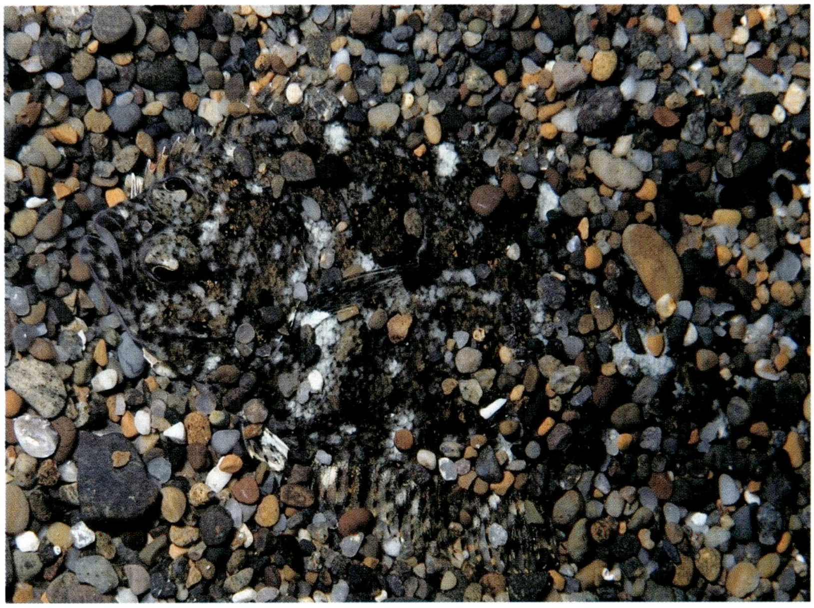

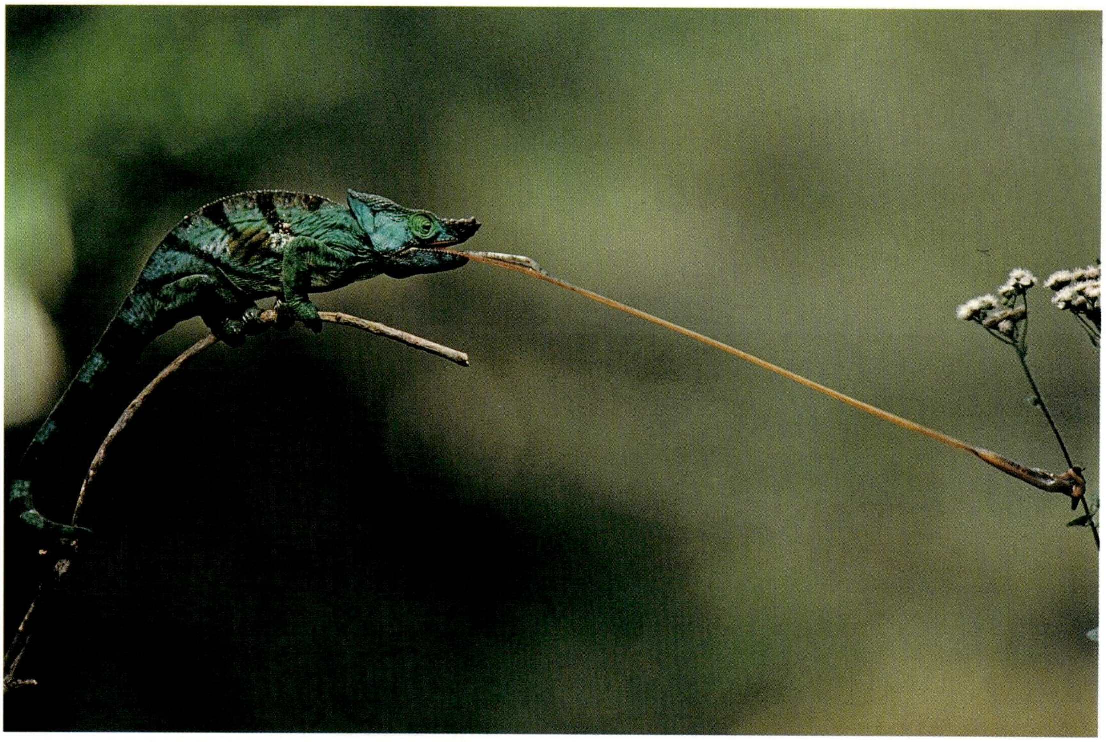

Der Zungenschlag eines Chamäleons: Man ist sicher, dass es passiert (sonst würde das Tier verhungern), aber man weiss nicht, wann genau es soweit ist. Nur wer die Geduld zum Warten aufbringt und dann schnell genug reagiert, kann Aufnahmen wie diese zustande bringen.
Foto: Frans Lanting/ Minden Pictures

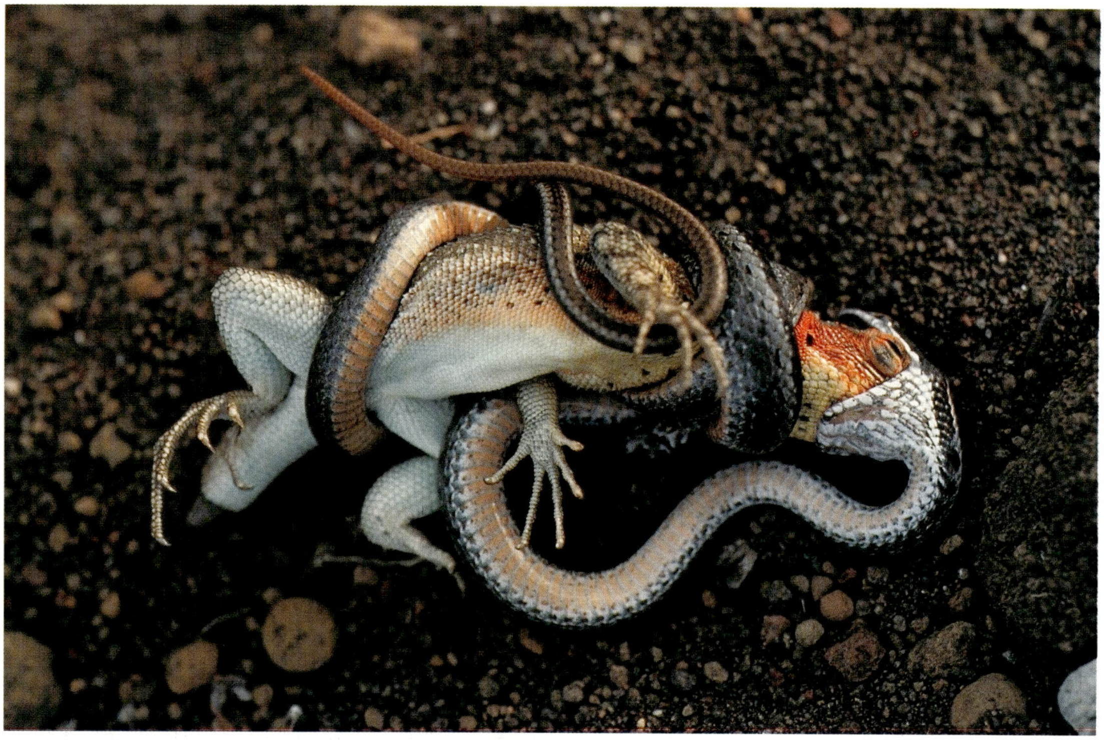

Schlangen nehmen unter Umständen nur alle paar Wochen ein Stück Nahrung zu sich. Deshalb kann das Verschlingen der Beute in freier Wildbahn nur mit viel Glück beobachtet und fotografiert werden. Bei einem in Gefangenschaft gehaltenen Tier könnte man dagegen vom Züchter zu einer vorbestimmten Zeit eine ausgesuchte Beute verfüttern lassen.
Foto: Frans Lanting/ Minden Pictures

Tritt: in Reklamen, auf Kalendern, im Fernsehen. Für den Laien ist es meist schwierig bis unmöglich, «manipulierte» Produktionen von «natürlichen» zu unterscheiden. Gerade in dokumentarischen Zusammenhängen – etwa in Tierfilmen – müssen aus technischen Gründen oft massive Manipulationen am Motiv ausgeführt werden, um eine «natürliche» Verhaltensweise innert nützlicher Frist und in ausreichender Qualität darstellen zu können. Ähnliches gilt zum Beispiel auch für die Hochgeschwindigkeitsfotografie.

Inwiefern gestellte Naturaufnahmen ethisch vertretbar sind, muss jeder Fotograf letztlich selbst beurteilen können. Dabei sollte man sich vom Gedanken leiten lassen, dass das Wohlergehen des Tieres oder die Unversehrtheit einer Pflanze bzw. eines Lebensraumes stets Vorrang vor einem Foto besitzt. Unter Umständen kann jedoch das Fotografieren unter kontrollierten Bedingungen (im Studio, in einem Gehege oder einer Volière) umweltgerechter sein als der mitunter hoffnungslose Versuch, ähnliche Fotos in

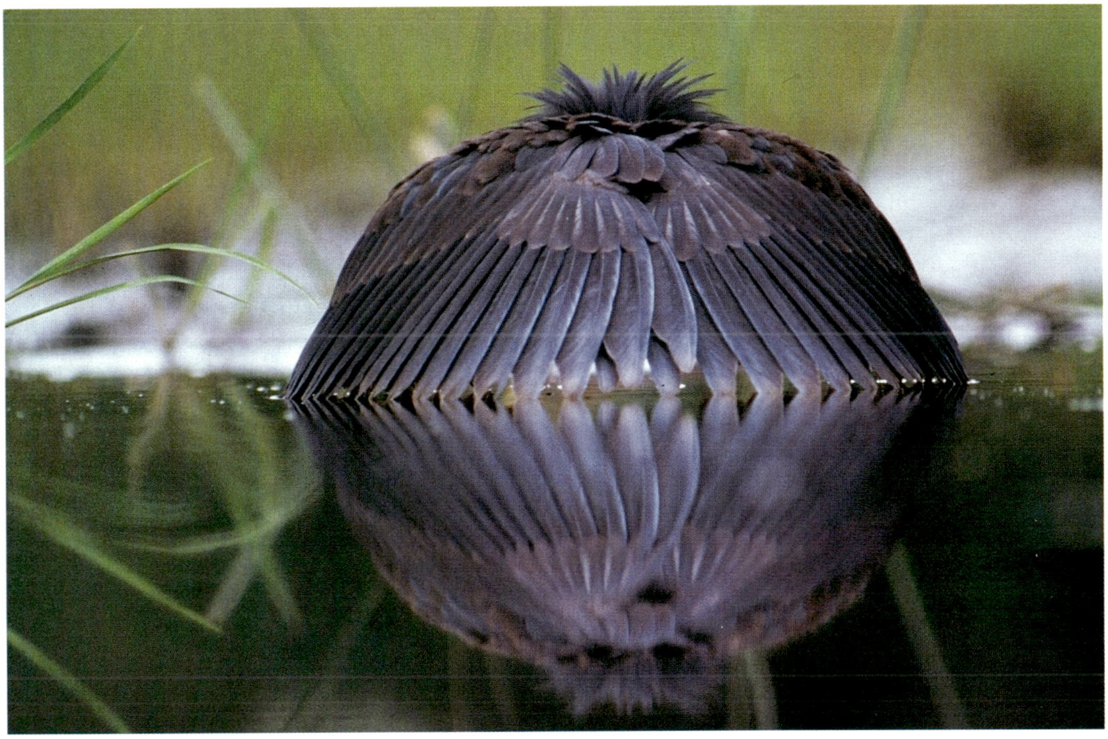

Dieses seltsame Gebilde ist ein fischender Glokkenreiher. Der Vogel lockt die Fische in den Schatten seiner kuppelförmig aufgespannten Flügel und damit in die Reichweite seines Schnabels. Zudem kann er seine Beute so besser sehen, weil ihn die Sonne nicht blendet.
Foto: Frans Lanting/ Minden Pictures

der freien Natur zu realisieren. Dies gilt insbesondere für Tiere, sofern sie artgerecht in menschlicher Obhut gehalten werden können – natürlich von Fachleuten und mit dem Segen des Gesetzes. Zum Beispiel in Freigehegen oder auf Forschungsstationen. Weil solche Tiere meist sehr zutraulich sind, kann man sie in fast allen Lebenslagen ohne Bedenken fotografieren. Bei wilden Tieren trifft dies dagegen ganz und gar nicht zu. Im Gegenteil: Geht ein unvorsichtiger Tierfotograf in der freien Wildbahn zu weit, kann dies für das Tier schlimme Folgen haben.

Nach der Filmentwicklung

Wer fleissig fotografiert, belichtet in der Regel Hunderte oder gar Tausende von Aufnahmen im Jahr. Will man aus all den unternommenen Anstrengungen etwas lernen und die Früchte seines Schaffens richtig geniessen, so gibt es noch eine Menge zu tun, wenn man die fertigen Fotografien endlich in Händen hält. Zunächst müssen sie alle gesichtet und einer kritischen Prüfung unterzogen werden, wobei man alle misslungenen Bilder aussondert. Was übrig bleibt, gilt es dann in zweckmässiger Weise zu archivieren. Und zwar so, dass man die einzelnen Dias, Negative oder Abzüge innert nützlicher Frist wiederfindet, wenn man sie braucht. Denn Naturfotos sind zu schade, um sie einfach in irgend einer Schublade ihrem Schicksal zu überlassen.

Je länger der Archivbestand anwächst, desto wichtiger wird die geordnete Unterbringung der Bilder in zweckmässigen Behältnissen. Es wäre wahrlich kein Vergnügen, wenn man zum Beispiel drei Schuhkartons voller Filmschächtelchen durchklauben müsste, um eine Diaschau zusammenzustellen.

Neben der fachgerechten Aufbewahrung des Bildmaterials sollte man auch der Präsentation desselben die nötige Aufmerksamkeit schenken. Spätestens dann, wenn man seine Fotos anderen Leuten zeigen oder zur Nutzung überlassen möchte, wird man die Aufnahmen in eine vor-

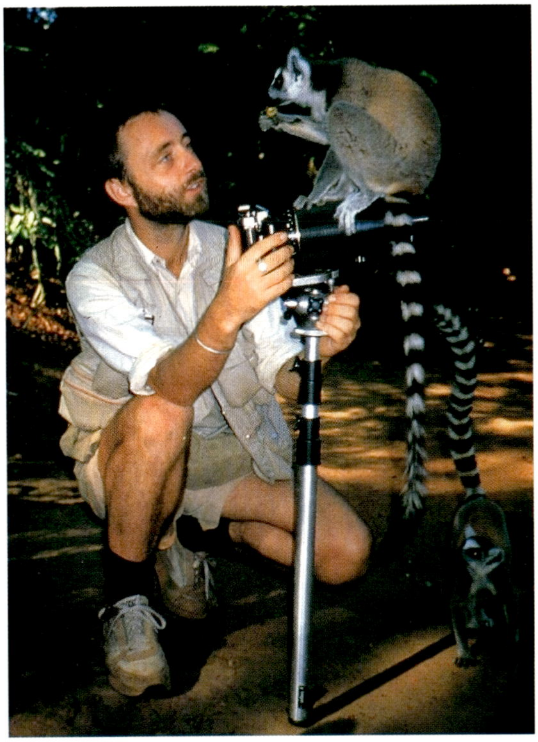

Frans Lanting ist bekannt für seine lebendigen Tierreportagen. Er nimmt sich meist sehr viel Zeit dafür, die Tiere an seine Anwesenheit zu gewöhnen, um sie aus der Nähe fotografieren zu können. Hier hat er es mit zahmen Lemuren etwas leichter.
Foto: Frans Lanting/ Minden Pictures

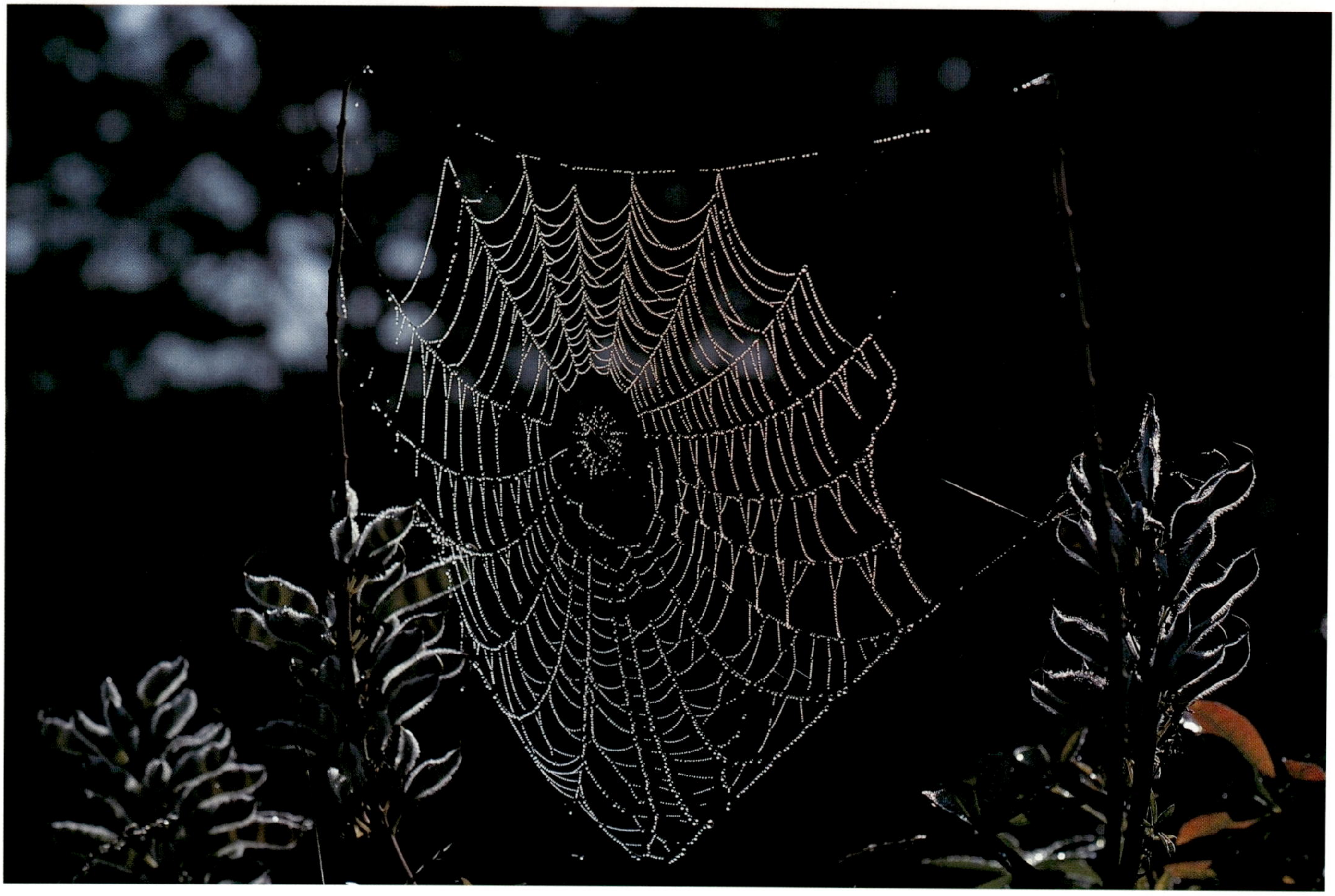

Ein mit Tautropfen behängtes Spinnennetz erscheint im richtigen Blickwinkel zur Sonne in irisierenden Farben. Hier lohnt es sich, eine Belichtungsreihe aufzunehmen. Auf dem Leuchtpult kann man später das Dia mit den schönsten Farben aussuchen.
Foto: Roland Gerth

zeigbare Form bringen sowie mit Namen und Adresse kennzeichnen wollen. Ferner muss man die empfindlichen Bildträger gegebenenfalls so verpacken, dass sie bestmöglich vor dem Verschleiss geschützt sind.

Bewährungsprobe am Leuchtpult

Wann immer belichtete fotografische Filme im Hinblick auf die Bildqualität zu begutachten sind, verwenden Profis eine genormte Leuchtplatte und eine farbkorrigierte Betrachtungslupe. Diese Methode ist allen anderen so haushoch überlegen, was Genauigkeit und Bequemlichkeit angeht, dass ich sie auch Hobbyfotografen vorbehaltlos empfehle. Wer regelmässig mit Dias hantiert oder Negative selbst vergrössert, sollte hier ebensowenig sparen wie bei den Aufnahmeobjektiven. Ein kleines, aber feines 5000K-Leuchtpult und eine «anständige» Lupe (z.B. von Emo, Rodenstock oder Schneider) dürften zusammen auf etwa 300-500 Mark/Franken zu stehen kommen. Damit besitzt man dann die technische Grundlage, um Originalfilme sicher beurteilen zu können. Dies ist die unabdingbare Voraussetzung, um Vorlagen für grossformatige Vergrösserungen oder Druckerzeugnisse auszuwählen, wenn man später keine Überraschungen erleben will. Anhand von projizierten oder in kleinerem Format vergrösserten Bildern lässt sich die Bildqualität nicht zuverlässig beurteilen, da es sich dabei um Bilder der zweiten Generation handelt. Schärfe, Farbwiedergabe und allfällige Verzerrungen lassen sich nur im Original verbindlich bestimmen.

Wenn man nun also seine Dias auf einer Leuchtplatte prüft, die gemäss ISO-Norm eine Leuchtdichte von $1300 \pm 300 cd/m^2$, einen Farbwiedergabewert von Ra90 oder mehr und eine relative Farbtemperatur von 5000K aufweisen sollte, stellt sich die heikle Frage: Was tun mit den nicht ganz befriedigend ausgefallenen Aufnahmen? Es empfiehlt sich, zunächst einmal nach der Art und dem Grund des Fehlers zu suchen. Ist das Bild verwackelt oder «nur» zuwenig genau scharfgestellt? Weshalb ist es zu hell oder zu dunkel? Worin liegt die Ursache für einen Farbstich? – Wer diese Fragen beantworten kann, lernt aus seinen Misserfolgen und hat bei zukünftigen Versuchen bessere Chancen, gelungene Bilder heimzubringen.

Nach der Fehlersuche mache ich mit technisch mangelhaften Dias jeweils kurzen Prozess. Alle Schüsse in den Ofen landen direkt im Papierkorb. Die Archivierung unscharfer oder fehlbelichteter Dias wäre schliesslich reine Platz- und Zeitverschwendung. Auch wenn ich später wieder einmal mein Archiv durchforste, steht der Abfalleimer stets in Wurfnähe bereit für den Fall, dass

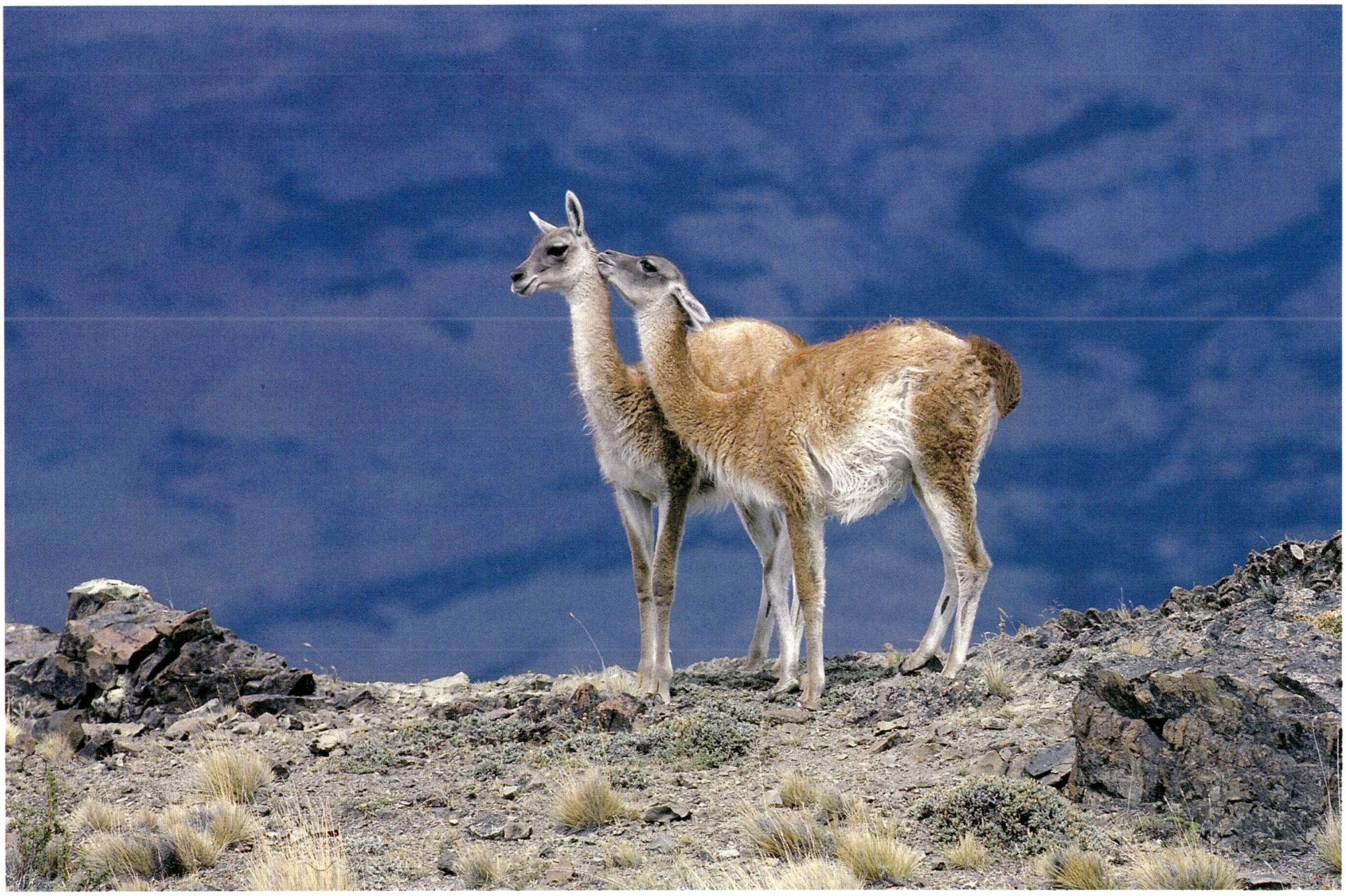

ich auf Bilder stosse, die den gestiegenen Ansprüchen nicht mehr genügen.

Bedeutend schwieriger als das Erkennen technischer Mängel ist das Festlegen von Kriterien für die Bewertung ästhetischer Qualitäten. Zuweilen fällt es auch mir schwer, mich von unwiederbringlichen Fotos zu trennen, die in der einen oder anderen Hinsicht nicht so recht überzeugen. Auf lange Sicht kann man von einer strengen Selbstkritik jedoch sehr profitieren. Jede schwache Leistung, die man als solche erkennt und eingesteht, ist ein Ansporn, das nächste Mal besser zu sein. So kann man sich ständig weiterentwickeln. Gibt man sich jedoch in selbstbetrügerischer Manier mit jedem «Schrott» zufrieden, wird man kaum je nennenswerte Fortschritte erzielen.

Bestimmen und Beschriften

Von guten Fotos ist eigentlich zu erwarten, dass sie für sich selber sprechen. Trotzdem sind Naturaufnahmen manchmal erklärungsbedürftig. Wo Pflanzen oder Tiere abgebildet sind, taucht als erstes häufig die Frage auf, um welche Pflanze oder welches Tier es sich genau handelt. Es fällt durchaus nicht jedermann leicht, zum Beispiel den Zottigen und den Altertümlichen Klappertopf auseinanderzuhalten oder eine Blasius-Hufeisennase von einem Braunen Langohr zu unterscheiden. Im Gegensatz zu den an anderer Stelle erwähnten Schopfdrilsen gibt es diese vier Namen tatsächlich: Klappertöpfe sind Krautpflanzen mit kleinen gelben Blüten; Langohren und Hufeisennasen gehören zur Ordnung der Fledermäuse. Alle vier genannten Arten kommen laut meinen Bestimmungsbüchern auch in der Schweiz vor.

Wenn man Pflanzen und Tiere genau bestimmen will, ist man gut beraten, dies wenn immer möglich gleich vor Ort zu tun. Es gibt zahlreiche Arten, die einander zum Verwechseln ähnlich sehen. Versucht man diese später anhand von Fotos zu bestimmen, bleibt man als Nicht-Fachmann regelmässig an allen möglichen Stolperdrähten der Fachliteratur hängen. Hat man eine schöne Blüte mit allen Details aufgenommen, wird im Bestimmungsschlüssel des Pflanzenführers nach der Form des Stengelquerschnitts oder nach behaarten oder unbehaarten Blättern gefragt, die im Bild natürlich gerade nicht mehr sichtbar sind. Und beim Watvogel, der direkt ins Objektiv blickt, wäre das Verhältnis der Schnabel- zur Kopflänge das einzige sichere Bestimmungsmerkmal gewesen. Daher ist eine nachträgliche genaue Bestimmung in solchen Fällen nicht mehr möglich. Garten- und Waldbaumläufer zum Beispiel gleichen einander wie ein Ei dem anderen. Die Stimmen dieser beiden gefiederten

Um zu kontrollieren, ob das Foto wirklich jedes Härchen im Fell der beiden Guanakos scharf wiedergibt, benutzt man am besten eine farbkorrigierte Betrachtungslupe. Falls die Aufnahme einem kritischen Blick nicht standhielte, bräuchte man sie gar nicht erst zu archivieren.
Foto: Art Wolfe

Winzlinge sind dagegen sehr verschieden, so dass die Unterscheidung der beiden Arten geübten Ornithologen kaum Mühe bereitet.

Falls man bei der späteren Verwendung seiner Aufnahmen genauere Informationen zu den fotografierten Motiven benötigt, ist es ratsam, schon beim Fotografieren stets ein Notizheft mitzuführen und alles Nötige sorgsam zu vermerken. Am besten hält man sich an folgendes Fünfpunkteschema:

- *Wer* hat die Aufnahme gemacht / ist darauf abgebildet?
- *Was* ist das für ein Objekt / genau ist auf dem Foto zu erkennen?
- *Wo* ist das Bild entstanden?
- *Wann* wurde es aufgenommen – Jahreszeit, Tageszeit, Witterung?
- *Wie* wurde das Foto realisiert – technische Daten, spezielle Methoden, besondere Umstände?

Später kann man die relevanten Angaben auf die Fotos übertragen. Etwa mit weichem Bleistift auf die Rückseite der betreffenden Abzüge. Von Kugelschreibern, Filzstiften und ähnlichem sollte man beim Schreiben auf Fotopapier die Finger lassen, weil die Schreibflüssigkeit in die Trägerschicht eindringen, verschmieren oder irgendwo

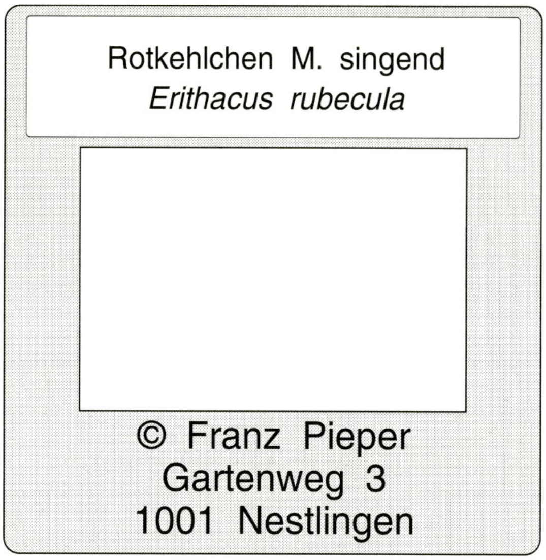

klebenbleiben könnte. Papprähmchen für Dias sind in dieser Hinsicht etwas weniger heikel. Diarähmchen aus Kunststoff lassen sich dagegen zum Teil nur mit wasserfestem Filzstift beschriften, wobei manchmal die Gefahr besteht, dass die Schrift zerfliesst. Für professionelle Zwecke gibt es spezielle Drucker, mit denen man direkt auf Diarähmchen (auch auf solche aus Plastik) schreiben kann. Mir persönlich erscheint es jedoch praktischer, Selbstklebe-Etiketten zu verwenden. Diese können wahlweise von Hand, mit

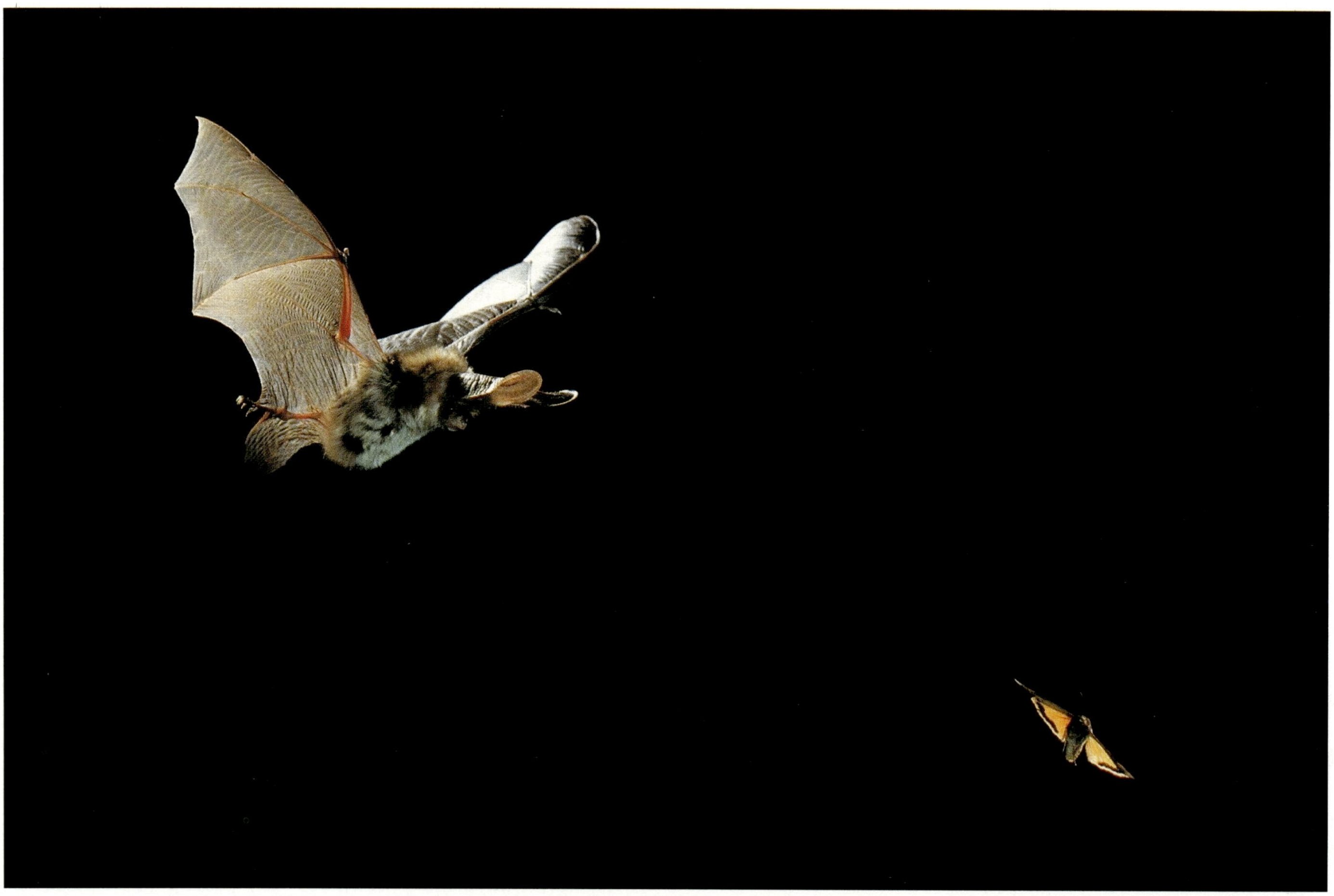

Das Braune Langohr ortet seine Beute in der Dunkelheit mittels Rufen im Ultraschall-Bereich. Die an eine Radarantenne erinnernde Form der Fledermausohren hilft dem Tier, die Richtung des vom Falter reflektierten Schalls zu bestimmen.
Foto: Stephen Dalton/ NHPA

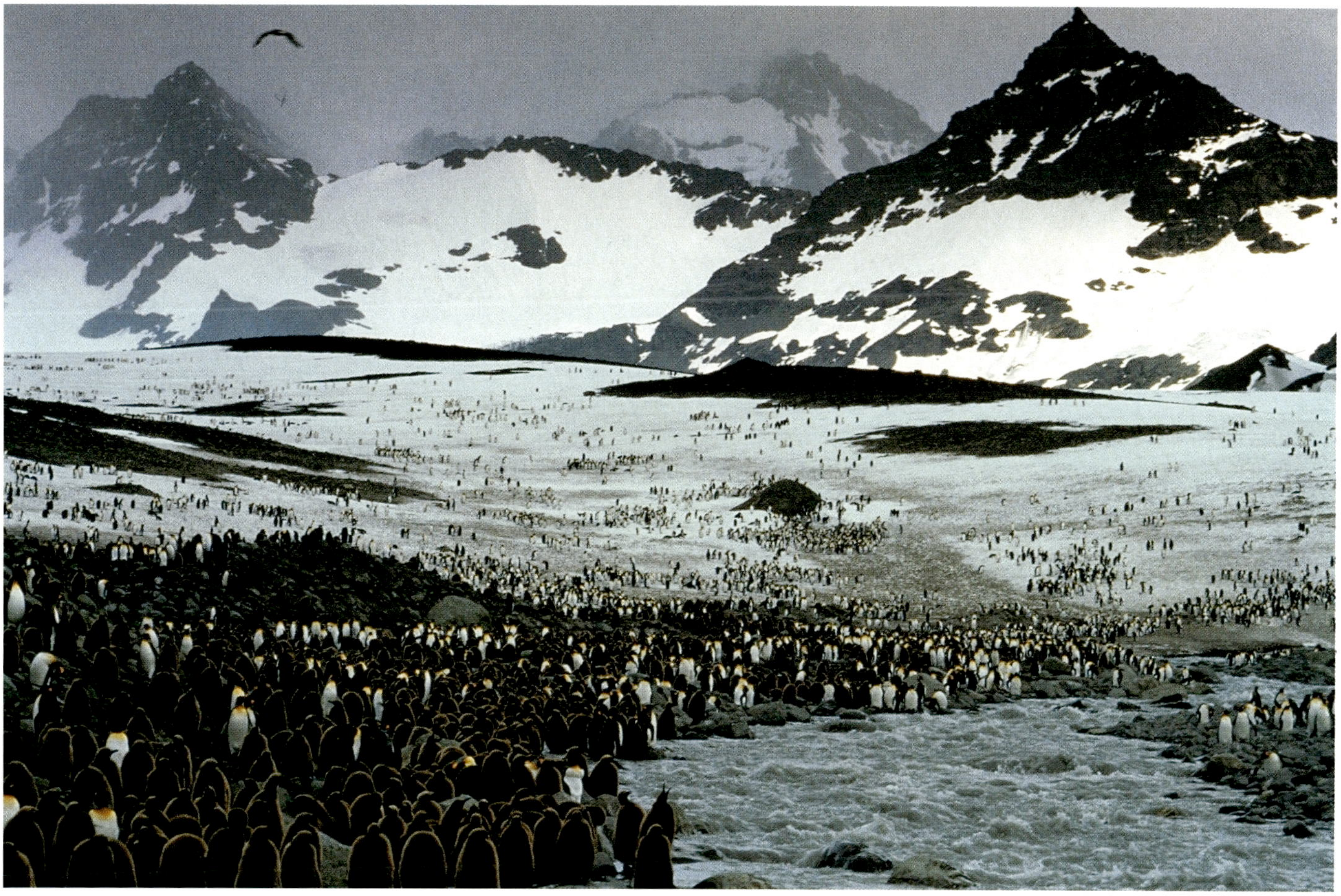

der Schreibmaschine oder per Computer mit dem jeweiligen Text versehen werden. Natürlich lassen sich solche Etiketten auch auf die Rückseite von Vergrösserungen kleben, was der Planlage allerdings nicht besonders zuträglich ist. Für umfangreichere Bildlegenden zu Kleinbilddias numeriert man die Dias am besten durch und schreibt die entsprechenden Erklärungen separat auf ein Blatt Papier. Einen Urhebervermerk und/oder die eigene Adresse kann man unter anderem auch in Form eines Stempelaufdrucks anbringen. In diesem Fall sollte man unbedingt darauf achten, eine wischfeste Stempelfarbe zu verwenden und sie stets vollständig trocknen zu lassen, bevor die gerahmten Dias in Sichttaschen oder Azetathüllen hineingeschoben werden.

Sortieren und Archivieren

Auch hierfür liessen sich verschiedenste Methoden aufzählen. In der Praxis bewährt sich das Sortieren nach verwandten Themen, Sachgebieten oder geografischen Regionen. Bei grösseren Bildbeständen lassen sich die jeweiligen Gruppen ihrerseits noch feiner gliedern. Die einzelnen Bildstrecken werden schliesslich in alphabetischer oder chronologischer Reihenfolge geordnet. Ebenfalls möglich ist eine hierarchische Klassifikation der Motive nach systematischen Kriterien. Dies setzt zwar später beim Suchen relativ umfangreiche Kenntnisse voraus, hat aber den Vorteil, dass sachlich oder inhaltlich verwandte Motive gut überschaubar bleiben.

Wer ein umfangreiches Archiv besitzt und intensiv mit seinen Bildern arbeitet, kann zur Verringerung des Suchaufwandes eine Kartei oder Datenbank mit Kreuzverweisen anlegen. Wenn die Fotos zum Beispiel nach einem Motivschlüssel geordnet vorliegen, kann man sie zusätzlich auch unter geografischen Gebieten oder Reisedaten verzeichnen. Raffinierte Computerprogramme bieten sogar die Möglichkeit zur Abfrage beliebiger Stichworte sowie von Teilen oder Kombinationen davon. Der einzige Haken dabei ist, dass die jeweiligen Stichworte natürlich zuerst einmal eingegeben werden müssen. Diese Datenerfassung nimmt sehr viel Zeit in Anspruch – Zeit, die man stattdessen mit Fotografieren verbringen könnte.

Wichtiger als das ausgeklügelte Verwalten des Archivguts ist dessen sachgemässe Lagerung. Dias und Negative müssen insbesondere vor Lichteinwirkung geschützt werden, da sie andernfalls ausbleichen. Direktes Sonnenlicht und andere Arten von Strahlung mit hohem UV-Anteil sind Gift für jede fotografische Emulsion; intensives Licht kann schon nach Minuten bis Stunden (!) eine messbare Farbveränderung herbeiführen und den Film bald völlig ruinieren.

Ein Kolonie von Königspinguinen auf Süd-Georgien. Hier muss man sich entscheiden, ob man das Bild im Archiv bei den Tieren oder den Landschaften ablegen soll. Schwierig einzuordnen sind auch solche Aufnahmen, auf denen zwei oder mehr verschiedene Arten von Pflanzen oder Tieren abgebildet sind.
Foto: Frans Lanting/Minden Pictures

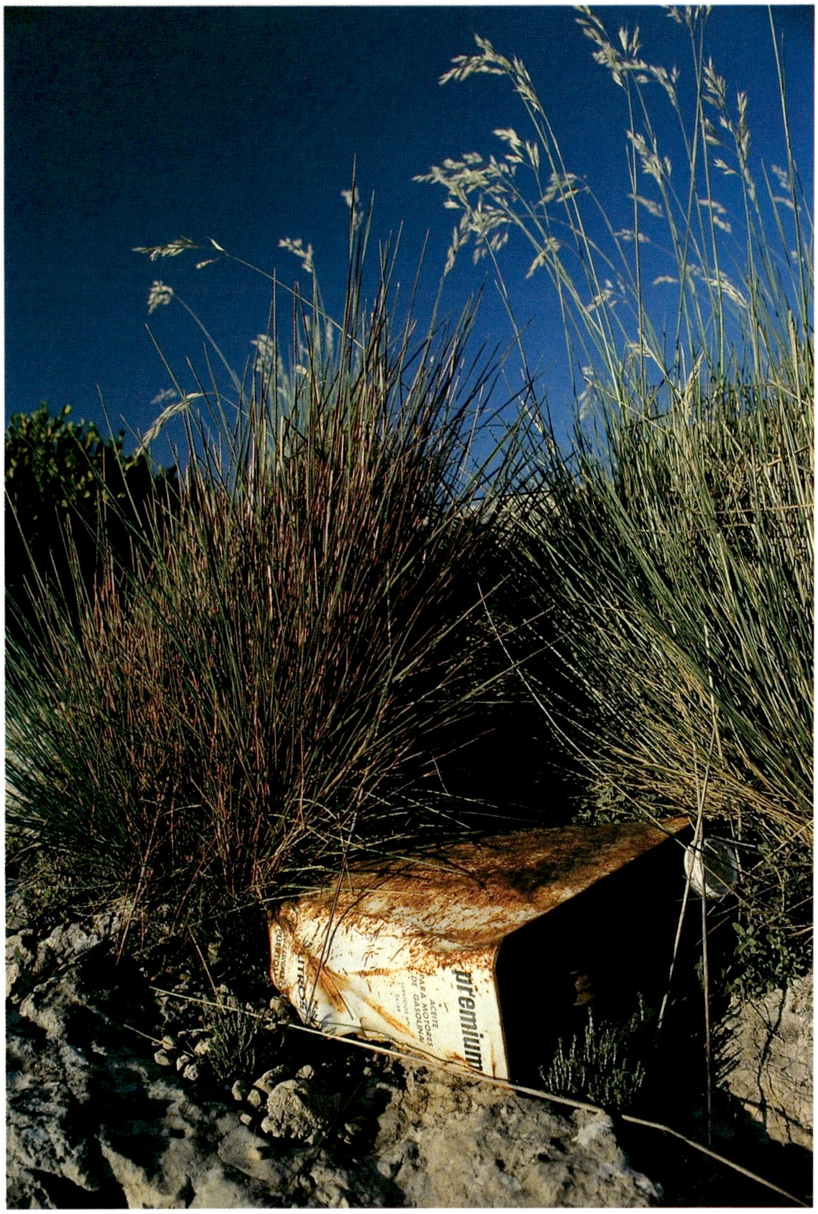

Ein achtlos liegengelassener Ölkanister rostet auf einem abgelegenen Berggipfel vor sich hin. Liesse man seine Dias ähnlich auf dem Tisch herumliegen, würden sie rasch ausbleichen. Um dies zu vermeiden, lagert man das Bildmaterial im Dunkeln.
Foto: Eric A. Soder

Allein schon die lang andauernde und/oder mehrmals wiederholte Projektion eines Dias wirkt sich auf dessen Farbpigmente schädlich aus. Wird der belichtete Film dagegen im Dunkeln, kühl und bei optimaler Luftfeuchtigkeit gelagert, vermag er Jahrzehnte zu überdauern, ohne dass sich die Farben merklich ändern. Dias werden am besten ungeglast gelagert, weil sonst die Gefahr des Festklebens an den Deckgläsern oder von Pilzbefall der Emulsion besteht.

Als gute Kompromisslösung für die Unterbringung von Dias finden im professionellen Bereich vor allem Hängeregistratur-Stahlschränke Verwendung. Diese bieten einen weitgehenden Schutz vor Licht und Staub, erlauben jedoch gleichzeitig einen raschen Zugriff auf das Bildmaterial. Die Sichtmappen, in denen die Diapositive gelagert werden, sollten aus weichmacherfreiem Kunststoff bestehen. Wahlweise können die Dias auch einzeln in Passepartouts montiert und in Azetathüllen gepackt werden (oder umgekehrt). Ferner sind im Handel auch Plastikhüllen zum Einschweissen erhältlich. Die Hüllen oder Passepartouts lassen sich dann in stapelbaren Karteiboxen oder in geeigneten Schubladenschränken übersichtlich verstauen.

Präsentation

Die Diaprojektion gilt zu Recht als eindrücklichste Form der Präsentation fotografischer Aufnahmen. Die Ursache für die unübertroffene Brillanz projizierter Dias liegt darin, dass Durchsichtsbilder aus physikalischen Gründen einen viel grösseren Helligkeitsumfang aufweisen als Aufsichtsbilder. Dadurch erscheinen die Motive in der Projektion lebensechter als auf einer Papiervergrösserung. Bei letzterer hängt die Bildwirkung sehr stark von der Oberfläche, von der Beleuchtung und nicht zuletzt auch von dem sich auf dem Foto spiegelnden Umfeld ab. Demgegenüber erreicht man mit einem Diaprojektor und einer geeigneten Leinwand in einem verdunkelten Raum eine konstant hohe Wiedergabequalität.

Je nach Geschmack und Geldbeutel lässt sich eine Diavorführung technisch perfektionieren. In einer ersten Stufe kann man mittels Überblendsteuerung die Dunkelpausen eliminieren, so dass die Augen weniger rasch ermüden. Die meisten überblendfähigen Projektoren sind mit einem Anschluss für ein programmierbares Steuergerät und/oder für die Synchronisation mittels Tonband ausgerüstet. Damit lässt sich die zeitliche Abfolge der Bilder vorprogrammieren und die ganze Vorführung akustisch untermalen. Wem dies noch nicht genügen sollte, der kann weitere Projektoren zum Aufbau hinzufügen, um eine Multivisionsschau und allenfalls sogar Panorama-Effekte aus zusammengesetzten Einzelaufnahmen zu erzielen.

So gross das Erlebnis einer Diaprojektion auch sein mag, es lässt sich nicht leugnen, dass mit dieser Art der Vorführung jedesmal ein ziemlich grosser Arbeitsaufwand verbunden ist. Für eine längerfristige Präsentation ohne vorgegebenen Zeitplan wird man sich daher doch eher für die zweitbeste Variante – nämlich Papiervergrösserungen – entscheiden. Damit meine ich aber wohlgemerkt nicht 9 x 13cm-Printerabzüge, sondern sorgfältig ausgearbeitete und grosszügig dimensionierte Poster-Vergrösserungen ausgewählter Aufnahmen. Ich persönlich bevorzuge für derartige Vergrösserungen Hochglanzpapiere mit Metallic-Oberfläche, allen voran das legendäre Cibachrome (heisst jetzt Ilfochrome) auf Polyesterträger. Es gibt jedoch auch für das Negativ-Positiv-Verfahren entsprechende Papiere. Ein aufgezogenes Bild, das am besten ohne Glas mit einem Passepartout aus stabilem Spe-

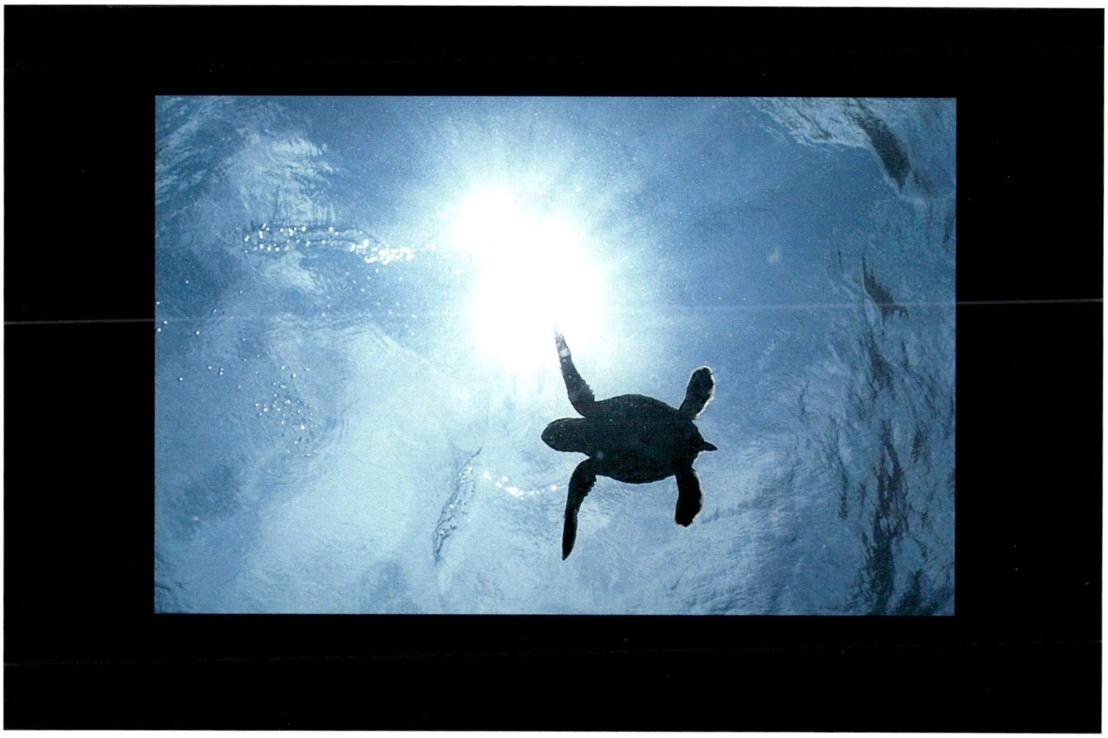

In einem schwarzen Passepartout kommen die Farben und das strahlende Licht um die Meeresschildkröte herum besonders schön zur Geltung. Ein weisser Rand um das Bild wirkt dagegen manchmal etwas nüchtern.
Foto: D. Parer & E. Parer-Cook / Auscape

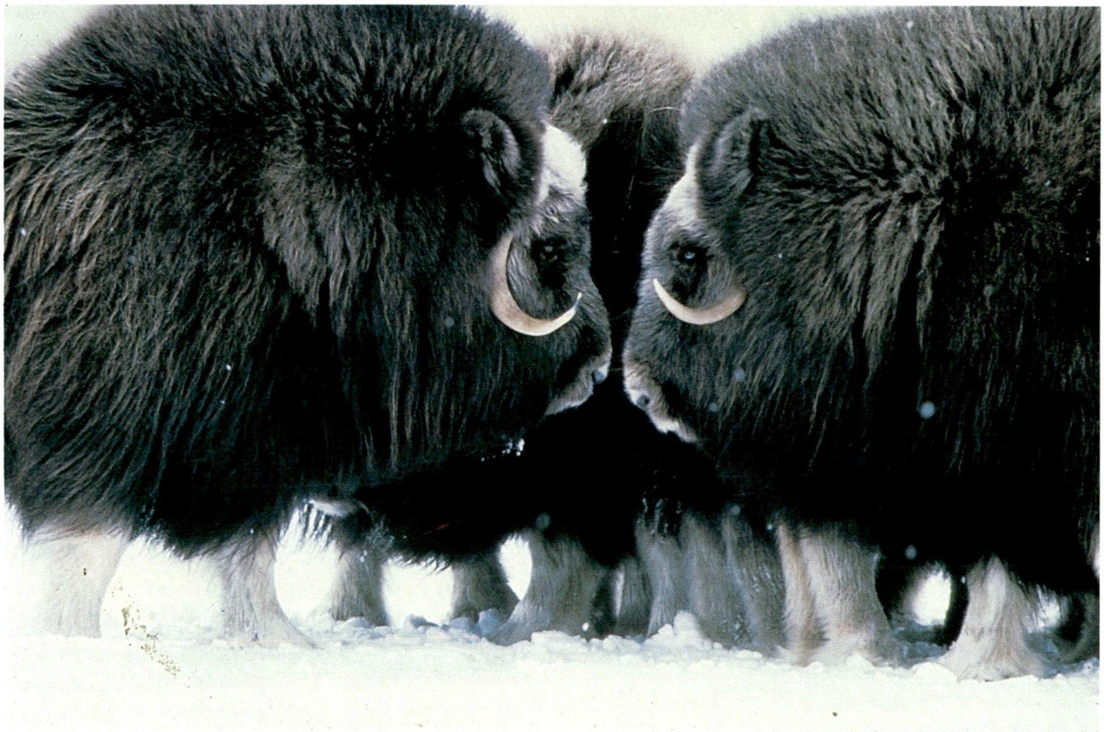

Diese Gruppe von Moschusochsen würde in der Projektion sicher mehr hergeben als auf einem Farbabzug. Der hohe Kontrast des Originals lässt sich beim Vergrössern schlecht verarbeiten. Dasselbe gilt auch für die nebenstehende Reproduktion im Vierfarbdruck.
Foto: Bill Thomas

zialkarton gerahmt wird, besitzt in meinen Augen etwas sehr Edles. Vorausgesetzt, dass die Aufnahme qualitativ und ästhetisch überzeugt, erhält man so ein respektables Vorzeigestück.

Grundsätzlich können Fotos auch in gedruckter Form veröffentlicht werden; etwa auf Postkarten, Kalendern, in Zeitschriften, Büchern usw. Im allgemeinen ist diese Art der Verbreitung allerdings solchen Fotografen vorbehalten, die sich mit den Gepflogenheiten des Marktes genau auskennen. Das weite Feld der kommerziellen Bildernutzung ist jedoch kein Thema der *Natur-Fotoschule.*

Um dieses Buch mit einem positiven Satz abzuschliessen, wünsche ich Ihnen nun eine Menge interessanter Erlebnisse auf Ihren Streifzügen durch die Natur und gut' Licht beim Fotografieren.

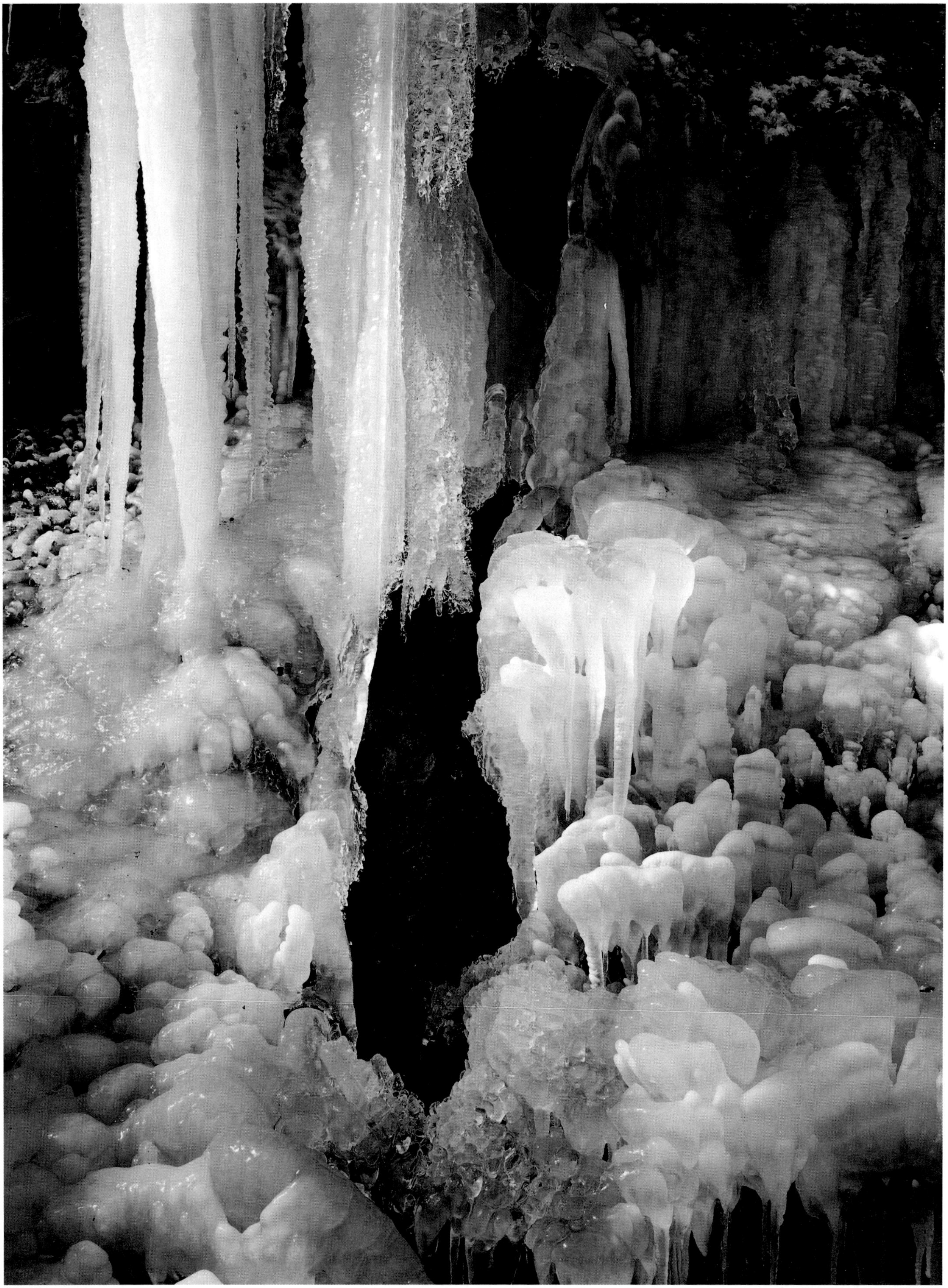

Literaturauswahl

Bücher

Bauer, Erwin & Peggy: *Wildlife Adventures with a Camera,* Harry N. Abrams, Inc., New York, 1984. Erlebnisberichte, Bildband.

Dalton, Stephen: *Caught in Motion,* Weidenfeld and Nicolson, London, 1982 (deutsche Ausgabe: *Im Flug gestoppt,* Südwest Verlag, München, 1985). Tierfotos in Kurzzeittechnik. Bildband.

– *Secret Lives,* Century Hutchinson, London, 1988 (deutsche Ausgabe: *Poesie des Augenblicks,* Gerstenberg, Hildesheim, 1988). Das Schönste aus 25 Jahren Naturfotografie. Bildband.

Dittrich, Bruno: *Naturfotografie,* Rasch und Röhring, Hamburg, 1987. Praxisbeispiele, Anregungen zum Vorgehen.

Fitzharris, Tim: *The Audubon Society Guide to Nature Photography,* Little, Brown & Co., Boston, 1990 (deutsche Ausgabe: *Handbuch der Naturfotografie,* Christian Verlag, München, 1991). Lehrbuch, das jedoch stellenweise mit einigen meines Erachtens höchst unverantwortlichen Anregungen gespickt ist. Das routinemässige Auslegen nicht artgerechter Köder, das Unterkühlen von Insekten und ähnliches werden kritische Leser hoffentlich nicht nachahmen. Ansonsten gute Tips in Sachen Technik und Bildgestaltung. Grosszügige und anregende Abbildungen.

Hawkins, Andrew / Avon, Dennis: *Photography – The Guide to Technique,* Blandord Press, GB, 1979 (deutsche Ausgabe: Photographieren in Theorie und Praxis, Buch- u. Verlagshaus Paul Pietsch, Stuttgart, 1981). Lehrbuch. Theorie und Technik kompetent erklärt.

Jorek, Norbert: *Naturfotografie – Der Schritt zur Profi-Qualität,* BIOlogik-Verlag, Saerbeck, 1985. Zur Weiterbildung: Einblicke in die kommerzielle Naturfotografie.

Lange, Harald: *Tierfotografie,* VEB Fotokinoverlag, Leipzig, 1983. Lehrbuch. Geschichte und Methoden der klassischen Tierfotografie.

Maas, Herbert E.: *Naturschutzgerechte Tierfotografie,* Kilda-Verlag, Greven, 1987. Ethische Fragen, grundsätzliche Anregungen, Bildbeispiele aus einer GDT-Ausstellung.

Owens, Mark & Delia: *Cry of the Kalahari,* Houghton Mifflin Co., Boston, 1984 (ist auch in deutscher Sprache erschienen). Äusserst eindrücklicher Erlebnis- und Stimmungsbericht: Das Forscherpaar lebte jahrelang in (anfangs) menschenleerer Wüste mitten unter den Tieren. Kein Bildband!

Pölking, Fritz: *Vogelfotografie,* Kilda-Verlag, Greven, 1987. Lehrbuch. Sehr direkt und praxisnah geschrieben.

Pott, Eckart: *Hohe Schule der Naturfotografie,* Umschau Verlag, Frankfurt a/Main, 1991. «Erzählendes» Lehrbuch, nützliche Praxistips.

Shaw, John: *The Nature Photographer's Complete Guide to Professional Field Techniques,* AMPHOTO, New York, 1984. Das englischsprachige Standardwerk zum Thema Technik der Naturfotografie (klare Didaktik, mit erstklassigen Fotos illustriert).

– *John Shaw's Closeups in Nature,* AMPHOTO, New York, 1987. Lehrbuch über die Techniken der Makrofotografie.

– *John Shaw's Focus on Nature,* AMPHOTO, New York, 1991. Konkrete Anregungen zur Bildgestaltung anhand von über 100 erstklassigen Fotos und deren Entstehungsgeschichte.

Sigrist, Martin/Stegmann, Erwin: *Makro-Fotoschule,* Verlag 'PHOTOGRAPHIE' AG, Schaffhausen, 1989. Umfassendes Lehrbuch über die Makrofotografie.

Thomas, Bill: *How You Can Make $50'000 a Year as a Nature Photojournalist,* Writer's Digest Books, Cincinnati, 1986. Umfassender Leitfaden für Profis und solche, die es werden wollen (Ideen, Märkte, Marketing).

– *Talking with the Animals,* William Morrow & Co., New York, 1985. Über das Verhalten in der Natur und den Umgang mit Tieren.

Ziesler, Günter / Hofer, Angelika: *Safari – The East African Diaries of a Wildlife Photographer,* Eddison/Sadd Editions, London, 1984 (deutsche Ausgabe: *Safari – aus den Kenia-Tagebüchern eines Naturfotografen,* Doring Verlag, Schorndorf, 1986). Erlebnisberichte, Bildband.

Zeitschriften

Animan - Mensch und Natur
(erscheint auch in Französisch), Editions Animan SA, Lausanne

BBC Wildlife
Wildlife Publications Ltd. (BBC Enterprises), London

Fotografie draussen
Verlag Tecklenborg, Steinfurt

Geo
Verlag Gruner+Jahr, Hamburg

National Geographic
National Geographic Society, Washington DC

National Wildlife / International Wildlife
National Wildlife Federation, Vienna (VA)

Natural History
The American Museum of Natural History, New York (NY)

Nature Photographer
Nature Photographer Publishing Company Inc.,
West Palm Beach (FL)

Outdoor Photographer
Werner Publishing Corp., Los Angeles (CA)

Das Tier
Hallwag Verlag, Bern und Stuttgart

Wildtiere
Infodienst Wildbiologie, Zürich

Der Fotograf selbst hat diese 8x10"-Grossformataufnahme auf Multigrade FB vergrössert.
Foto: Erich Dal Canton

Liefernachweise

Canon Optics AG
Max-Högger-Str. 2
Postfach
CH-8048 Zürich

Isar-Foto
(Fachhandlung/Versand/
Katalog auf Anfrage)
Münchner Str. 1
Postfach 5
D-W-8021 Icking

Kirk Enterprises
(mail orders/list upon request)
4370 E. US Hwy. 20
Angola, IN 46703
USA

Leica Camera AG
Hauptstr. 104
Postfach
CH-2560 Nidau

Leonard Rue Enterprises
(mail orders/catalogue upon
request)
138 Millbrook Road
Blairstown, NJ 07825
USA

Nikon AG
Kaspar-Fenner-Str. 6
CH-8700 Küsnacht

Novoflex Fotogerätebau
Karl Müller
Donaustr. 78
Postfach 1744
D-W-8940 Memmingen

Pentax (Schweiz) AG
Industriestr. 2
CH-8305 Dietlikon

Really Right Stuff
(mail orders/list upon request)
P.O. Box 6531
Los Osos, CA 93412
USA

Bildautoren

Auscape International Pty. Ltd.
P.O. Box 1204
Strawberry Hills, NSW 2012
Australia

Bruce Coleman Ltd.
Unit 16,
Chiltern Business Village
Arundel Road
Uxbridge
GB-Middlesex UB8 2SN

Erich Dal Canton
Feldstr. 12
CH-8116 Würenlos

Dr. Gertrud &
Dr. Helmut Denzau-Neumann
Memelstr. 61
D-W-4300 Essen 15

Willi Dolder
Postfach
CH-9004 St. Gallen

Hans D. Dossenbach
Oberdorf
CH-8252 Schlatt

Jeff Foott Productions
P.O. Box 2167
Jackson, WY 83001
USA

Roland Gerth
Bachstr. 639
CH-9425 Thal

Daniel Hardegger
Mülibachstr. 65
CH-8617 Mönchaltorf

Reto Hug
Schulstr. 100
CH-8413 Neftenbach

Herbert Kehrer
Im Brühl 21
D-W-7054 Korb

Stefan Kohl
Seestr. 107
CH-8610 Uster

Hans-Dieter Krah
Wilhelmstr. 4
D-W-5242 Kirchen, Sieg 1

Felix Labhardt
Bruderholzstr. 26
CH-4103 Bottmingen

Manfred Loner
Angatherweg 19c
A-6300 Wörgl

Helen Longest-Slaughter
P.O. Box 2037
West Palm Beach, FL 33402
USA

Minden Pictures
24 Seascape Village
Aptos, CA 95003
USA

NHPA (Natural History
Photographic Agency)
Little Tye
57 High Street
Ardingly
GB-Sussex RH17 6TB

Fritz Pölking
Münsterstr. 71
D-W-4402 Greven

Fritz Rauschenbach
Liebigstr. 2
D-W-5047 Wesseling

Michel Roggo
Brugerastr. 1
CH-3186 Düdingen

Manfred Rogl
Neugasse 27
CH-6340 Baar

Leonard Rue Enterprises
138 Millbrook Road
Blairstown, NJ 07825
USA

Max Schmid
Brauerstr. 64
CH-8400 Winterthur

Walter Seeling
Steinmüllergasse 39
A-1160 Wien

John Shaw
5504 Rutledge Drive
Greensboro, NC 27455
USA

Eric A. Soder
Weibelacherstr. 7
CH-8617 Mönchaltorf

Dr. Robert Staub
Tödistr. 25
CH-8344 Bäretswil

Foto-Agentur Sutter
Leimenweg 7
CH-4419 Lupsingen

Bill Thomas
P.O. Box 194
Lowell, FL 32663
USA

Jürgen Weber
Auf dem Kampe 3
D-W-3000 Hannover 91

Art Wolfe, Inc.
6971 47th Avenue SW
Seattle, WA 98136
USA

Konrad Wothe
Konrad-Witz-Str. 15
D-W-8000 München 71

Günter Ziesler
Am Riesenanger 7
D-W-8958 Füssen